# Mémoires sur Claude Pellot

ÉTUDE SUR L'ADMINISTRATION
ET SUR LA JUSTICE AU XVIIe SIÈCLE

OUVRAGE DU MÊME AUTEUR

*Les deux Procès de condamnation, les Enquêtes et la Réhabilitation de Jeanne d'Arc*, mis pour la première fois en français, d'après les textes latins officiels, avec notes, notices, documents et une introduction.

2 vol. grand in-8°, prix 16 francs.

# MÉMOIRES

SUR LA VIE PUBLIQUE ET PRIVÉE

DE

# Claude Pellot

CONSEILLER, MAITRE DES REQUÊTES, INTENDANT

ET

PREMIER PRÉSIDENT DU PARLEMENT DE NORMANDIE

(1619-1683)

*d'après de nombreux documents inédits
notamment sa correspondance avec Colbert et le chancelier Séguier*

PAR

E. O'REILLY

CONSEILLER A LA COUR D'APPEL DE ROUEN

---

TOME SECOND

Claude Pellot premier président du parlement de Normandie

| PARIS | ROUEN |
|---|---|
| H. CHAMPION, LIBRAIRE | E. CAGNIARD, ÉDITEUR |
| 15, quai Malaquais, 15 | 88, rue Jeanne-Darc, 88 |

M.DCCC.LXXXII

# CLAUDE PELLOT

## PREMIER PRÉSIDENT DU PARLEMENT

### 1670-1683

... Je trouve, Monsieur, bien dangereux, sur la déposition de quatre ou cinq misérables, qui ne savent le plus souvent ce qu'ils disent, de condamner des personnes à mort... La matière, il me semble, est assez importante, afin que S. M. fît quelque règlement la-dessus, et que les juges seussent quelles preuves il faut pour condamner pareils gens. Car il y en a qui s'en moquent, d'autres qui ne s'en moquent pas et qui les font brusler, et il est fascheux que l'on voye que l'on se joue ainsi de la vie des hommes... (Lettre de Pellot à Colbert, à l'occasion de condamnations à mort contre de prétendus sorciers.)

... Monsieur Pellot estant chef de toute la justice de la généralité en laquelle vous allez servir (Rouen), il est nécessaire pour le service du Roy que vous teniez avec luy une estroite et parfaite correspondance. En oultre de cette raison générale, vous me ferez plaisir d'en user ainsy par la raison de la longue amitié qui est entre luy et moy... (Colbert à l'intendant de Creil.)

... Il y a lieu d'esperer que le bon ordre que vous avez establi dans la ville de Rouen continuera et augmentera tous les jours... (Colbert à Pellot.)

... *Vous ne devez pas douter que je n'aye toujours bien de la joye de trouver des occasions de vous asseurer de mon estime et de mon amitié...* (Le même au même.)

... *La ville de Rouen a ressenty les effets du zèle et de l'application de M. Pellot pour le bien de la justice, le soulagement des pauvres, ... et l'ornement de cette grande ville. Les rues étoient mal pavées, fort sales et puantes, par les ordures qu'on y jetoit... Il les fit repaver ; ... on fit des cloaques publics dans divers quartiers pour empescher les ordures et la puanteur qui les infectoient, et l'on establit l'usage de ces banneaux, comme à Paris, pour enlever les boues des rues et des places. Par cette bonne police, la ville a été délivrée des maladies populaires dont elle estoit souvent affligée... Il n'y avoit point de promenade ; pour le plaisir et la commodité du public, il fit planter le cours qui est au bout du port, le long de la rivière, un des plus beaux et des plus agréables qui soit en France (le cours Saint-Paul)... L'hopital n'avoit pas assez de ressources pour nourrir et entretenir la moitié de ses pauvres... M. Pellot lui fit obtenir du Roy un octroy considérable pour le faire subsister et en entretenir les bastiments... Il alloit luy-mesme visiter les travaux... Sa présence les faisoient avancer et animoit les ouvriers, qui recevoient souvent des marques de sa libéralité... Sa générosité a fait voir à sa famille, après sa mort, qu'il n'estoit pas du nombre de ceux que les employs enrichissent, puisque, outre les bienfaits du Roy, il y a dépensé une partie de son bien...* (Eloge du premier président Pellot.)

# LIVRE ONZIÈME

# CHAPITRE PREMIER

CLAUDE PELLOT, PREMIER PRÉSIDENT. — LE PARLEMENT ET LA NORMANDIE EN 1669

§ 1. *Claude Pellot est nommé premier président du parlement de Normandie. Il se remarie. Magdeleine Colbert. Sa famille. Détails domestiques. Apogée du crédit de Colbert et de Pellot. Importance sous l'ancienne monarchie d'un chef de parlement. Lettre curieuse à ce sujet de Colbert, au président de Montesquieu, oncle de l'auteur de l'Esprit des lois.*

Pellot était à peine devenu veuf, qu'une occasion de reprendre femme lui fut fournie par Colbert, dont une autre parente, Magdeleine Colbert, se trouvait alors veuve, sans enfants.

Magdeleine Colbert avait eu pour premier mari Etienne-Gérard Le Camus [1], conseiller du roi en ses conseils, surintendant des bâtiments, arts et manufactures du royaume [2], le propre frère de Claude Le Camus [3], première femme de

---

[1] Notice sur Pellot, aux manuscrits Bigot, fonds Martainville.

[2] « Le vendredy 17 avril 1648, j'appris que Mr Le Camus estoit contrôleur général et que son frère, le maistre des comptes à Montpellier, estoit surintendant des bastiments du roy, moyennant 200,000 livres qu'il donnoit à M. le cardinal. » *D'Ormesson*, t. I, p. 475.

[3] Transaction entre deux des enfants du premier président, au chap. III du livre XVIII, ci-après.

Pellot. Elle avait donc été pendant sa première union, la belle-sœur de celle-ci.

Elle-même était fille de Nicolas Colbert [1], secrétaire du roi, dont une sœur, Marie Colbert, avait épousé Nicolas Le Camus, père de Claude Le Camus [2].

En même temps que belles-sœurs, Magdeleine Colbert et Claude Le Camus étaient donc cousines-germaines. Et comme le premier mari de Magdeleine était oncle des onze enfants de Pellot, elle avait été de plus, pendant son premier mariage, tante par alliance de ceux-ci [3]. Son alliance avec Pellot et sa parenté avec ses enfants rendaient

---

[1] *Lett., Inst. et Mém.*, t. I, p. 474.
[2] *Ibidem.*
[3] Magdeleine Colbert, appelée à devenir la seconde femme de Pellot, était sœur de Michel Colbert, né en 1635 et docteur en Sorbonne. Entré fort jeune dans l'ordre de Prémontré, il en était prieur quand l'abbé général avait résolu de le faire élire à sa place. L'élection avait eu lieu, en effet, en 1668; mais elle avait été attaquée, et, au moment du mariage de sa sœur, Michel Colbert était en instance à Rome pour obtenir ses bulles qui ne lui furent expédiées qu'en 1672. Abbé général à trente-cinq ans avec le titre de prélat, Michel Colbert devint réformateur de son ordre et employa les trente-deux années de son gouvernement à reconstruire à Paris le célèbre collège de Prémontré et à en relever les études. Ayant eu l'heureuse fortune de découvrir dans l'abbaye de Valsery Vertot qui n'y était encore qu'un religieux obscur, il l'amena à Prémontré, mit à sa disposition la riche bibliothèque de cette abbaye, en fit son secrétaire et le mit à même, ainsi, de se livrer, ensuite, dans la paix et le recueillement d'une cure de campagne, aux études qui ont produit les chefs-d'œuvre historiques que l'on sait. Nous retrouverons Michel Colbert attentif à consoler sa sœur, quand celle-ci sera devenue veuve une seconde fois, en 1683. *Biographie Michaud*, au mot Michel Colbert. *Adde* Moréri, que la biographie Michaud n'a guère fait que copier. *Correspondance admin.*, t. IV, p. 106, une plainte adressée contre lui à Colbert par le procureur syndic de son ordre. Notice sur Vertot, en tête de ses œuvres. Edit. Janet de 1819. *Lett. de consolation* adressées par Michel Colbert à M<sup>me</sup> V<sup>e</sup> Pellot, sa sœur, un vol. in-12. Biographies Feller et Michaud.

leur mariage impossible sans dispenses. Il fallut s'adresser à Rome :

« J'ay reçu, écrivait Pellot à Colbert, la dispense de Rome que j'attendois pour mon mariage avec Madame veuve Le Camus, et tout est disposé maintenant pour le conclure. Ainsi, je vous prie de me faire avoir mon congé : je seray peu de jours à Paris et retourneray ici incontinent [1]. Pellot. »

Nul doute que son second mariage n'ait été pour beaucoup dans le pas décisif que fit alors sa fortune. Arrivé, à cinquante ans, au plus haut degré d'expérience des choses et des hommes, l'âge des chevauchées était fini pour lui, et tout lui commandait une existence moins agitée, une situation mieux assise qui le rapprochât de Paris où l'appelaient les goûts et les habitudes de sa seconde femme.

C'était l'heure de l'apogée du crédit de Colbert. Ce grand ministre avait attiré à lui toute l'administration, et la justice avait fini par entrer elle-même dans son domaine, à mesure que Séguier s'était acheminé vers l'extrême vieillesse.

« C'est un fait notoire, écrivait d'Ormesson en 1669, que M. Colbert, depuis dix ans, fait la principale charge de chancelier [2]. »

La nomination de Pellot à la première présidence fut donc chose facile. Il était bien connu du roi, ce qui est prouvé de reste par la façon dont le roi parlait de lui à la Reine-mère, dès 1661, dans sa lettre à la suite de l'arrestation de Fouquet [3]. Séguier, de son côté, ne pouvait avoir oublié ses services à Rouen pendant le semestre. D'ailleurs, Pellot n'avait, depuis, cessé d'entretenir avec lui une correspondance dont nous

---

[1] *Mélanges Colbert*, Biblioth. nationale, vol. 169, p. 419. Inédit.
[2] *Journal*, t. II, p. 626,
[3] On a lu cette lettre, t. I, p. 265.

avons donné de précieux fragments. Séguier fut heureux de contribuer à mettre à la tête d'un parlement qui lui avait été hostile, un homme dont toute la vie, comme magistrat et comme intendant, avait été une longue lutte, sous son impulsion, en faveur de la prérogative royale. Et quant à Colbert, non plus comme ami et parent, mais comme contrôleur général, il ne pouvait que lui plaire de voir la justice d'une vaste province aux mains d'un homme «tout à lui », dont il pourrait se servir le cas échéant.

Une note du président Bigot [1] affirme que Pellot dut sa première présidence, d'abord, ce qui n'est pas douteux, à son alliance avec Colbert, ensuite et particulièrement « à la résignation qui fut faite par son frère, de son abbaye [2] en faveur d'un frère de M. Colbert ». Mais c'est ajouter là un très mince motif aux raisons puissantes et décisives que nous venons de dire.

La même note ajoute que Claude Pellot avait été « choisi par le Roy, dès le mois de novembre 1668, et que, néanmoins, il ne vint à Paris qu'au mois de septembre 1669 », pour n'être nommé qu'au mois de novembre suivant.

« Il y a beaucoup de changement dans les intendances, écrivait au mois d'aout 1669 Olivier d'Ormesson ; M. Pelot quitte la Guyenne et Montauban ; M. Daguesseau va en Guyenne et M. de Sève à Montauban... »

La promesse de la première présidence dut coïncider avec la promesse de mariage de Magdeleine Colbert, et constituer, en quelque sorte, l'apport nuptial de celle-ci ? Il est certain que jeune encore, beaucoup plus jeune que son second mari [3],

---

[1] Manuscrit Bigot, fonds Martainville, p. 24.

[2] L'abbaye de Villefranche en Rouergue ; le frère de Claude Pellot vint, en effet, en 1669, à Rouen comme coadjuteur de la Chartreuse St-Julien, à l'époque où celui-ci fut nommé premier président.

[3] Née en 1630, Madeleine Colbert avait quarante ans en 1670, quand le premier président en avait déjà cinquante et un.

mêlée à la haute société de Paris, Magdeleine Colbert dut tenir à s'assurer une situation qui la maintint dans le milieu et sur le pied où elle vivait. En outre, elle apportait à son mari « une maison des champs » sise sur les bords de la Seine près de Paris, à Suresnes, maison qui leur eût été inutile s'ils eussent habité Bordeaux, mais qui allait leur être un asile et un repos pour le temps qu'ils pourraient enlever à la vie officielle de Rouen.

Au surplus, que le roi ait choisi Pellot dès le mois de novembre 1668, c'est-à-dire quatre mois seulement après la mort de sa première femme, nous n'avons point à y contredire, d'autant que la note du président Bigot, par la source dont elle émane, peut très bien avoir été l'écho d'une confidence du premier président. D'ailleurs, une phrase d'Olivier d'Ormesson ajoute du poids à cette note : « M. Pelot, écrit-il sous la date de novembre 1669, est, *enfin*, pourvu de la charge de premier président de Rouen [1]. » *Enfin*, il en était donc depuis longtemps question ?

Mais alors on cherche quel put être le motif de cet ajournement d'une année ? Fut-ce une raison de service ? Nous sommes porté à le croire, quand nous avons vu dans sa lettre du 5 juillet 1669 [2] Pellot écrire à Colbert qu'il est forcé de rester encore à Bordeaux, parce que les bourgeois de cette ville qu'il voulait contraindre à prendre des actions dans une compagnie maritime, menaçaient de faire de l'éclat.

Du reste, un point est constant, c'est que sa nomination fut signée seulement le 22 novembre 1669.

Son prédécesseur avait, il est vrai, obtenu du roi un brevet de 150,000 livres sur sa charge [3], et ce brevet, c'était une

---

[1] *Journal*, t. II, p. 576.

[2] On a lu cette lettre, t. I, p. 567.

[3] « Le Roy, pour récompenser les services de Louis Faucon de Ris et de ses ancêtres, lui accorda, en 1663, un brevet de retenue de

loi dans ce cas, Pellot eut à assurer les moyens de l'acquitter avant d'entrer en fonctions. Mais ce ne put être un retard à sa prise de possession, moins encore à sa nomination ; car ce paiement lui eût été facile sur sa propre fortune, si Colbert n'eût diminué la charge de moitié par un don royal de 75,000 livres comptant, et s'il ne l'eût fait gratifier, en outre, pour le surplus, au profit de son fils aîné, d'un brevet de retenue de même somme. « M. Pelot, écrit d'Ormesson, est enfin pourvu de la charge de premier président de Rouen, moyennant cinquante mille écus (150,000 livres) à M. de Ris, et le Roy en paye 25,000 (75,000 livres) [1]. » De telle sorte que Pellot, tenu à débourser moitié seulement du brevet de son prédécesseur, eut, de suite, sur la tête de son fils, l'équivalent de cette même moitié.

Nous n'avons pas à apprendre aux personnes pour lesquelles ce livre est fait que la vénalité n'atteignit jamais les charges de premier président dont la royauté se réserva toujours la libre disposition. Il le fallait en effet, et ce n'était qu'un contre-poids, faible encore, dans le jeu de l'organisation judiciaire d'alors ; car c'était bien le moins qu'au-dessus de magistrats, propriétaires de leurs charges et jaloux à l'excès de la facile indépendance que cette propriété leur permettait, le roi eut au sein de son parlement un agent à lui, un seul, révocable à son gré, sur lequel il pût absolument compter, et sur lequel le parlement pût se régler dans les affaires de gouvernement.

C'ést ce qu'exprimait fort bien en ce temps-là Colbert, dans une lettre au président de Montesquieu, l'oncle de l'auteur de l'*Esprit des lois*, quand il vint, jeune encore, à

---

150,000 livres. C'est le premier exemple que l'on ayt eu, dans le parlement de Rouen, de pareille grace. » *Hist. manusc.*, t. II, p. 117.

[1] *Journal d'Oliv. d'Ormesson*, t. II, p. 576. *Adde* la notice aux manuscrits Bigot.

succéder à son père ; car il y eut successivement à Bordeaux trois présidents du nom de Montesquieu :

« L'amitié que j'avois pour feu M. le président votre père [1], m'oblige de prendre part à tout ce qui vous regarde, et de vous dire que, dans toute votre conduite, vous devrez toujours prendre garde de vous attacher uniquement à la personne de M. le premier président [2], qui sera toujours appuyé et autorisé par le roy. Ainsy, vous pouvez compter que toutes les fois que vous vous détacherez de sa personne et de ce qu'il désirera pour le service du roy, vous vous détacherez aussi de tout ce qui peut être du désir et des intentions de S. M... COLBERT [3]. »

Mais il arriva parfois que les hommes aptes à ces hautes situations n'avaient pas la fortune nécessaire : le roi, alors, leur accordait, à défaut d'une somme comptant, une somme à payer par leur successeur à leurs héritiers. Dans ce dernier cas, une ordonnance que l'on appelait « brevet de retenue », constituait un droit futur mais certain pour le fonctionnaire ; ce qui était encore une manière de le gratifier lui-même, car rien ne l'empêchait d'escompter ce brevet de son vivant, soit pour l'établissement de ses enfants, soit pour toute autre nécessité pressante ou actuelle.

---

[1] Jean de Montesquieu, grand-père de l'auteur de l'*Esprit des lois*. « d'une suffisance médiocre, peu autorisé dans sa compagnie, assez fixe, et encore plus attaché à ses intérêts ; a beaucoup de bénéfices dans sa famille. » Tab. du parlement de Bordeaux, *Correspondance admin.*, t. II, p. 127.
[2] M. de Pontac. « Très affectionné au service du Roy. » *Ibidem*.
[3] *Lett., Inst. et Mém.*, t. III, p. 104.

§ 2. *Les trois Faucon de Ris prédécesseurs de Pellot* (1608-1663).

Depuis sept ans, la première présidence était vacante par le décès [1] du dernier titulaire, Jean Louis Faucon de Ris, troisième premier président de ce nom. Il avait occupé ce siège pendant seize ans, de 1647 à 1663 [2], avec des précédents semblables à ceux de Pellot ; c'est-à-dire qu'il avait été, comme lui, d'abord conseiller au parlement de Normandie [3], puis maître des requêtes et enfin intendant [4]. Et il était à

[1] « Le mercredi 14e jour de febvrier 1663, au sortir du Palais, vers midy, M. le P. Pt messire Louis de Faulcon, retourné en son logis, tomba malade d'une apoplexie. Sa maladie dura quinze jours, jusques au jeudy matin, premier jour de mars, auquel jour, à trois ou quatre heures du matin il décéda. Sa mort ne fut point déclarée que dix jours après, pendant lequel jour, 10e de mars, depuis 10 heures du matin, le palais choma et les portes en furent fermées. Le mesme jour de samedy 10 mars, à neuf ou dix heures, son corps fut porté sans cérémonie à la chapelle des Carmes de cette ville, où sont inhumés ses prédécesseurs, c'est assavoir messire Alexandre de Faulcon son oncle, et messire de Faulcon sr de Frainville, son père. Mr de Rys, son fils unique, est conseiller aux requêtes du palais... Il est décédé à l'age de 51 ou 52 ans, ayant exercé sa charge pendant 16 années avec toutes les qualités convenables à une personne de sa dignité, avec une gravité qui luy estoit naturelle, une patience admirable aux audiences, personne de probité et de suffisance, amateur et protecteur des gens de lettres et particulièrement du collége des advocats de ce Parlement. » Recueil manuscrit d'arrêts du parlement de Normandie de 1655 à 1672, par Me Lenormand avocat. (Aux archives de la Seine-Inférieure.) Inédit.

[2] Dès 1643, Jean-Louis Faucon de Ris, alors intendant à Lyon, avait été reçu premier président en survivance, et, après qu'il eut tenu la grande audience, son père avait repris ses fonctions, qu'il avait encore exercées pendant quatre ans. *Hist. manusc.*, t. I, p. 377, et Reg. secret de 1643.

[3] En 1631. *Catalogue et arm. du Parlement de Normandie.*

[4] Farin, *Hist. de Rouen.*

Lyon en cette dernière qualité, quand, en 1647, un peu avant la Fronde, il avait pris possession de la première présidence de Rouen, par le décès de son père qui avait, lui, régné sur le parlement pendant vingt ans, de 1628 à 1647, à l'époque des séditions de Rouen et de la fameuse chevauchée de Séguier.

Le 3 août 1647 [1], en effet, Charles Faucon de Ris, deuxième premier président de ce nom, venu à Dieppe saluer le jeune roi et la reine, « estoit tombé mort entre les bras de ses domestiques, » au moment où, sa harangue achevée, il descendait avec ses collègues les degrés de la résidence royale.

Ce deuxième Faucon de Ris avait été, lui aussi, maître

[1] « Sortant de devant le Roy et la Reyne, Mr le P.-P., descendant les degrés et prenant son chappeau, estoit tombé entre les bras de ses domestiques, et M. Desmaretz, qui estoit, de bonheur, tout proche, luy ayant faict souvenir de Dieu, le prenant par la main, le dit sr P.-P. ne parlant plus avoit néantmoins tesmoigné une véritable contrition et souvenir de Dieu par le serement de main ; duquel accident la Reyne ayant esté advertie, estoit descendue, et avoit eu soing particulier de faire promptement assister le d. sr P.-P. par le médecin du Roy et autres médecins, mesme faict apporter d'un remède qu'elle avoit vue esprouver en pareille maladie, duql remède le médecin dit avoir grande estime, mais qu'il ne pourroit avoir son effet au d. sr P.-P. à cause de son grand aage. Et ayant pris congé de S. M., ils (les deputez) s'estoient retirez pour faire leur retour, très fort touchez de la perte que la Compagnie faisoit de son chef... » Extrait de la relation lue au parlement le 7 août 1647. Registre secret, à sa date. Inédit.

Et d'Ormesson, dans son *Journal* : « Le samedy 10 aoust, je fus au palais Cardinal où je vis le Roy en bonne santé... On me dit la mort du Premier-Président de Rouen, lequel ayant dîné chez M. de Montigny, gouverneur de Dieppe, remarqua qu'ils estoient treize à table. L'on fit venir un fils de M. de Montigny. Le Premier-Président tesmoigna n'avoir jamais eu plus de santé. Ensuite, il fit sa harangue, qui fut mauvaise, et se retirant sur le bas de la montée, il tomba mort sans dire aultre chose : « Mon Dieu ! que je me trouve mal ! » Il feut porté dans la chambre de M. de Guitaut où la Reyne le vint voir. On luy donna force coups de lancette ; mais il estoit mort. » T. I, p. 391.

des requêtes de l'hôtel [1], la royauté aimant à prendre ses premiers présidents en dehors des parlements, et voulant pour eux un noviciat extra-judiciaire. Il était venu, en 1628, occuper la première présidence à la mort d'Alexandre Faucon de Ris [2], premier du nom, son frère aîné, décédé en 1628, après avoir été à la tête du parlement de Rouen pendant vingt années, à la mort, survenue en 1608, du célèbre premier président Groulard [3]. Alexandre Faucon de Ris était mort en 1628 « grandement regretté, quoique parisien de naissance, ayant eu grande affection à la province [4]. »

Nous aurons tout dit sur cette illustre lignée de premiers présidents, quand nous aurons ajouté que ces trois de Ris qui furent, tour à tour, chefs du parlement de Normandie, de 1608 à 1663, étaient eux-mêmes enfants, Alexandre et Charles au premier, Louis au deuxième degré, d'un premier président du même nom, Claude Faucon de Ris [5], d'abord membre, à Paris, du grand conseil sous Henri III [6], puis premier président du parlement de Rennes à l'époque où ce parlement avait été fait semestre [7], de sorte que trois Faucon de Ris, destinée singulière, régnèrent sur des parlements semestres, le père à Rennes, le fils et le petit-fils à Rouen.

Ajoutons enfin que quand Claude Pellot viendra à mourir, ce sera un quatrième de Ris [8], un fils de son prédéces-

---

[1] Farin, *Histoire de Rouen*.

[2] En 1627, plus d'une année avant la mort de son frère, Charles Faucon de Ris avait obtenu des lettres de survivance ; aussi, à la mort d'Alexandre, comme le roi était au siège de la Rochelle, le parlement avait, sans plus de façon, installé son frère, comme premier président. *Ibidem*.

[3] *Ibidem*. Add. *Catalogue et armorial du Parlement de Normandie*.

[4] *Histoire du Parlement de Normandie* de Floquet, t. IV, p. 503.

[5] Farin, t. I, p. 201.

[6] *Ibidem*.

[7] *Ibidem*.

[8] Cette longue faveur des Faucon de Ris s'explique par leur parenté

seur, qui prendra alors la tête du parlement de Normandie [1], et qui, d'abord avocat [2], puis, comme Pellot, conseiller au parlement, quittera comme Pellot, pour y revenir, l'intendance de Guyenne [3], qu'avaient eue aussi, en leur temps, Séguier et d'Aligre II à leur début, tant avait d'importance le gouvernement de Bordeaux, cette ville turbulente, fameuse par ses séditions.

C'étaient des personnages de haute vertu que ces Faucon de Ris, d'un dévouement à la royauté traditionnel et héréditaire. A Rouen, pendant les évènements si compliqués dont nous avons parlé : les désordres de 1639, leur répression par Séguier, l'interdiction du parlement, le semestre, les luttes intestines suscitées par les anciens, la fronde, la paix de S<sup>t</sup>-Germain, on avait toujours vu Charles Faucon de Ris d'abord, Louis Faucon de Ris ensuite, inébranlables dans leur fidélité, et, par suite, souvent en lutte avec leur puissante compagnie......

Telle était la succession qui allait écheoir à Claude Pellot ; et il fallait que le roi fut bien sûr de lui pour la lui donner, car elle était restée ouverte pendant sept ans, faute, il semble, d'un magistrat à qui la confier, quoique, pendant cette longue vacance, elle eût été l'objet de bien des ambitions.

Dès le mois de mai 1665, Olivier d'Ormesson, trompé par

---

avec les Médicis de Florence dont ils étaient originaires, et, par suite, avec la famille royale de France. Voir, à ce sujet, le chap. II du livre XVIII.

[1] *Catalogue et arm. du Parlement de Normandie*, p. 5.

[2] « Le ieudy 28<sup>e</sup> jour d'aoust 1659, en la petite audience, la dernière d'avant les vacations, président monsieur le Président de Franquetot, maistre Charles de Faulcon, fils unique de mons<sup>r</sup> le Premier-Président, fut resceu au serment d'advocat sur les conclusions de mons<sup>r</sup> l'advocat général Le Guerchois, et présenté par M<sup>e</sup> Jean Carue, ancien advocat. » Recueil manuscrit d'arrêts du parlement de Normandie de 1655 à 1672, par M<sup>e</sup> Lenormand, advocat. C'est le futur successeur de Pellot.

[3] *Lett., Inst. et Mém.*, t. II, p. 265.

des bruits qui avaient cours, écrivait : « Mⁱ Tubeuf va intendant en Languedoc, à la place de M. de Bezon, *auquel on destine la Première Présidence de Rouen* ¹. » De Bezons n'avait pas eu la première présidence de Rouen, et, pendant quatre ans encore, l'intérim s'était continué aux mains du doyen des présidents à mortier, du deuxième président, comme on disait alors, d'abord Messire Robert de Franquetot ², comte de Coigny, jusqu'en 1666 ; puis messire Alexandre Bigot, baron de Monville, celui-là même qui, pendant le semestre et la Fronde, avait joué un rôle si actif contre Séguier, la reine régente et Pellot ; de sorte que, par un singulier retour, c'était cet ancien frondeur qui allait recevoir premier président le jeune conseiller d'autrefois, contre lequel lui et les autres anciens n'avaient pas eu, alors, assez de duretés et de dédains.

### § 3. *Situation politique du parlement en 1669. — Projet de déplacement conçu par Colbert,*

Mais que les temps étaient changés ! Pendant les vingt années qu'avaient duré les chevauchées de Pellot, le parlement de Rouen était devenu des plus corrects. Comme tous les autres, il s'était incliné devant la puissance royale, et Pellot allait le trouver aussi docile en 1669, qu'il l'avait laissé factieux en 1647.

---

[1] *Journal*, t. II, p. 359.

[2] Farin, *Hist. de Rouen*, t. I. — « De Franquetot : homme de petit esprit, lequel, néanmoins, ayant passé quelques années dans la charge de lieutenant général (civil) du Cotentin et plusieurs dans celle de président au parlement, s'est acquis quelque capacité ; toutefois assez médiocre pour les fonctions de sa charge. Il est fort impatient, n'a nul interest sordide, mais donne beaucoup, dans la justice, à ses amis et à la faveur. » Tableau du parlement de Rouen dressé en 1662.

C'est que, dans cet intervalle, les parlements s'étaient modifiés du tout au tout ; leurs excès les avaient perdus, et la France, par un juste retour, était restée indifférente à leur abaissement.

Comprimé par Richelieu qui le fait humilier par Séguier, puis le remplace par une commission et ne le rétablit qu'en le rendant semestre, nous avons vu le parlement de Rouen relever la tête au moment où la minorité d'un roi de cinq ans avait offert aux mécontents une occasion facile de se donner carrière. Mais cette révolte sans but et cette guerre plus odieuse encore que ridicule avait produit son effet : les peuples avaient eu soif d'ordre, et tous s'étaient précipités vers la royauté, sortie de là plus puissante. Que ne sut-elle, redevenue maîtresse, se tenir jusqu'au bout dans une modération nécessaire plus qu'à tout autre à l'autorité absolue !

Lorsque le roi avait fait enregistrer, dans un lit de justice tenu à Paris en 1665, l'Edit qui réduisait l'intérêt de l'argent du denier dix-huit au denier vingt, c'est-à-dire de cinq et demi à cinq, il s'était bien encore trouvé quelques jeunes étourdis des enquêtes pour réclamer ; mais aucun n'avait osé signer de protestation [1]. Informé de ce dernier essai de désordre, le roi avait enjoint d'assembler les chambres sans délai. Elles avaient été réunies, en effet, le 12 janvier 1666, et le premier président Lamoignon ayant rappelé la défense de délibérer sur un édit soumis à l'enregistrement en lit de justice, « personne n'ouvrit la bouche ; M$^r$ le Cogneux, président de la Tournelle, se leva ; chacun le suivit l'un après l'autre, et la Compagnie se sépara, sans qu'il fut dit un seul mot [2]. » Voilà où avait conduit l'abus de parler ! D'Ormesson s'en étonne : « Il n'y a point d'exemple d'une chose pareille en parlement [3]. » Hélas ! oui, il y en avait, et il devait y en

---

[1] *Journal d'Olivier d'Ormesson*, t. II, p. 27.
[2] *Ibidem.*
[3] *Ibidem.* — « Je voulois me servir de cette rencontre pour faire un

avoir d'autres par la suite, de mêmes causes devant amener de mêmes effets.

L'année suivante, plusieurs membres du même parlement ayant tenté de s'opposer à l'enregistrement de la fameuse ordonnance sur la réformation de la justice civile, une des gloires du règne, le roi les avait dû exiler dans leurs terres [1].

Enfin, pour qu'il ne restât trace des excès passés, un jour, en 1667, trois ans avant que Pellot ne rentrât à Rouen, le roi s'était fait apporter par le greffier de son parlement de Paris les registres du temps de la Fronde où était authentiqué l'abaissement de la royauté, et les avait fait lacérer sous ses yeux ; et ainsi s'était enfin réalisée cette parole vraiment souveraine, que Séguier, en 1649, avait mise dans la bouche de la reine régente, au milieu des humiliations de la Fronde : « Qu'il falloit qu'il n'y eut qu'un maître, et qu'elle ne pouvoit tolérer l'établissement d'une puissance monstrueuse, faisant de la monarchie un chef à deux cents têtes [2]. »

Ce fut dans l'ordonnance de la justice civile que fut écrite la réformation des remontrances. Nécessité, désormais, d'enregistrer sans retard les ordonnances que le roi adresserait aux parlements *par ordre exprès ;* pour les autres, remontrances permises, mais pendant six semaines, et sans retard ensuite de l'exécution. Sur l'enregistrement même de cette ordonnance, le roi voulut expérimenter sa réforme. Nous avons vu au volume précédent [3] ce que Pellot eut à faire à ce sujet dans la Guyenne et le Béarn. Un jour aussi, le par-

---

exemple éclatant ou de l'entier assujettissement de cette compagnie, ou de ma juste sévérité à punir ses attentats... » *Mém. de Louis XIV,* t. II, p. 48.

[1] Chéruel, *Institutions de la France*, t. II, v° Parlements.

[2] Lettres de la reine-régente aux prévôt des marchands, échevins et bourgeois de Paris, du 1er février 1649. (*Recueil des anciennes lois françaises*, t. XVII, p. 152.)

[3] Pages 523 et suiv.

lement de Rouen avait vu de Montausier, gouverneur de la
province, et La Galissonnière, intendant, porteurs d'un ordre
du roi, venir requérir l'enregistrement de cette ordonnance
sous leurs yeux. Bigot présidait ce jour-là : « Un commandement si exprès, leur avait-il dit, ne peut être que suivi de
soumission ; en cette circonstance comme en toutes, le Parlement donnera au roi des marques de son obéissance 1. »
Langage tout nouveau dans la bouche du vieux frondeur, et
qui dut lui coûter fort !

Tel était l'état d'extrême apaisement et de parfaite quiétude
de notre parlement, état unique peut-être dans les trois
siècles de son orageuse existence, au moment où Pellot
allait y faire sa rentrée. En ce temps-là, la Normandie était
heureuse et prospère ; l'ordre et la paix régnaient partout ; le
commerce et l'industrie prenaient un puissant essor. C'était
le grand éclat du grand règne 2 ; le temps où Corneille, La
Fontaine, Racine, Molière, Boileau, Bossuet 3 produisaient
leurs chefs-d'œuvre ; où le roi, jeune et victorieux, bâtissait
Versailles, et où, chacun l'imitant à l'envi, notre province se
couvrait de résidences magnifiques qui sont, aujourd'hui

---

1 Reg. secret du parlement de Normandie, année 1667.

2 « Année 1663 : Le beau siècle de Louis XIV commence à se développer ; on pourroit y appliquer ce que dit Velleius Paterculus du siècle d'Auguste : *Eminentia cujusque operis, arctissimis temporum claustris circumdata*. Les chefs-d'œuvre, dans chaque genre, y sont renfermés dans le cercle étroit de quelques années. » *Hist. de France* du président Hénault.

3 L'*Oraison funèbre de la duchesse d'Orléans*, ce chef-d'œuvre de Bossuet, est précisément de 1670. — *Bérénice*, dédiée à Colbert, 1670. — *Britannicus*, 1669. — *Les premières Satires de Boileau*, 1667, et *l'Art poétique* 1674. — *Les premières Fables de La Fontaine*, 1668. — *Tartuffe*, 1667 ; *l'Avare*, 1668 ; *le Bourgeois gentilhomme*, 1670 ; *les Femmes savantes*, 1672 ; *le Malade imaginaire*, 1673, année de la mort de Molière.

encore, l'orgueil de nos campagnes. Issus la plupart de familles de haute bourgeoisie que l'économie, le commerce et les héritages avaient lentement et sagement enrichies, les membres du parlement, répandus dans toute la province, y occupaient des situations considérables qui ajoutaient encore au prestige que leur donnait un siège au parlement, transmis souvent de génération en génération. Car elles furent nombreuses, en Normandie comme partout, les familles pour lesquelles les charges de judicature furent longtemps comme un patrimoine. Le parlement était devenu le partage des fils de famille arrivés à la fortune par le haut négoce, et Colbert s'en plaignait à propos précisément de la ville de Rouen : « la multiplicité des officiers de compagnies souveraines ayant diverty du commerce de cette ville tous les hommes ayant du bien et de l'industrie [1]. »

Ce passage, extrait d'un mémoire autographe sur les moyens d'augmenter le commerce dans le royaume, donne de la vraisemblance au récit de l'académicien Ségrais, recueilli plus tard à Caen chez l'intendant Foucault, comme les autres *Segraisiana* [2] :

« Que Mr Colbert avoit eu à cette époque la pensée d'ôter le Parlement de Rouen et de le faire venir à Caen, ce qui auroit rendu la ville de Rouen beaucoup plus marchande, et en auroit fait un port important comme Hambourg, Lubeck ou Anvers, parce que les marchands n'auroient plus songé alors à faire leurs fils conseillers ni à marier leurs filles dans la robe ; le Parlement se seroit bien trouvé de la ville de Caen, laquelle n'étant pas de grand commerce en auroit elle-même beaucoup profité [3]. »

« L'on débite par la ville (Paris), écrivait de son côté d'Or-

---

[1] *Lett., Inst. et Mém.*, t. VII, p. 285.
[2] *Biographie Michaud*, v° Segrais.
[3] *Lett., Inst. et Mém.*, t. VII, p. 285.

messon, que l'on veut transférer le Parlement de Rouen à Caen, pour faire la ville de Rouen toute de commerce... [1] »

Fût-ce à cause de ces projets, qui en définitive ne se réalisèrent point, que, pendant ces années-là, le parlement de Rouen serait resté sans premier président?

### § 4. *Lettres de provision du premier président. Son serment entre les mains du roi.*

Nous allons reproduire ici les lettres de provision du premier président Pellot telles qu'il nous a été donné de les retrouver sur les registres du parlement [2]. Quoique nous en ayons donné déjà des fragments, nous les reproduirons en entier ; car elles nous sont précieuses à plus d'un titre, mais surtout en ce que, par un privilège dont il n'y a pas au même degré un autre exemple dans les mêmes registres, la partie de sa vie que nous avons déjà parcourue y est attestée par le souverain lui-même, en termes des plus louangeurs. Aussi doit-on y voir la plume amie de Colbert, alors plus chancelier que le vieux Séguier lui-même.

« Mʳ Colbert fait, depuis dix ans, la principale partie de la charge de chancelier, en distribuant tous les employs aux maîtres des requêtes ; en proposant, seul, au roy les personnes propres pour les charges, les donnant toutes à ses parents, comme celle de Premier Président de la Cour des Aydes à Nicolas Le Camus ; ... celle de Premier Président de Rouen à Mʳ Pelot qui a épousé une Camus : ... Mʳ Colbert a usurpé tout cet employ par la faiblesse du chancelier. » Ainsi s'exprimait d'Ormesson en 1669 [3], d'Or-

---

[1] *Journal*, t. II, p. 232.
[2] Reg. secret de l'année 1670. Inédit.
[3] *Journal*, t. II, p. 626.

messon, l'adversaire, il est vrai, systématique et avoué de Colbert, depuis que leur dissentiment dans le procès du surintendant avait fait de l'un la victime de l'autre.

Voici ces lettres de provision [1] :

« Louis, *par la grâce de Dieu, Roy de France et de Navarre, à tous ceux que ces présentes lettres verront,* Salut. L'Estat, office et charge de premier président en nostre cour de Parlement de Rouen estant vacant depuis quelque temps par le décedz du s$^r$ de Ris qui en estoit pourveu ; comme elle est des plus importantes au bien de nostre service et la première de la justice en notre province de Normandie, nous avons recherché avec grand soing de la remplir d'un subject qui ayt les vertus et qualitez propres pour l'exercer dignement ; et aprez y avoir meurement pensé et jetté les yeux sur divers subjects, nous avons rappellé pour cet effet de l'Intendance de nostre Province de Guyenne nostre amé et féal le sieur Pelot, conseiller en nos conseils, cy-devant maistre des Requêtes ordinaires de nostre hostel, ayant estimé ne pouvoir faire meilleur choix que de sa personne, tant à cause de sa suffisance, capacité et grande expérience au fait de la justice, que pour reconnoistre les bons et recommandables services qu'il nous a rendus en nos conseils et dans les intendances de justice, police et finances qu'il a exercées en cinq de nos provinces, premièrement en celle de Dauphiné pendant trois ans [2] où, en l'absence du gouverneur, il fit vivre nos trouppes qui y estoient en garnison en si bon ordre et discipline, et régla leurs logements de telle sorte que, quoy qu'ils fussent en plus grand nombre qu'elles n'estoient cy-devant, le païs néantmoins n'en fut aucunement incommodé, fict lever et payer nos deniers

---

[1] Reg. secret de 1670. Inédit.
[2] Inexact, comme nous l'avons établi au t. I, p. 218, en note.

avecque tant d'exactitude que tous les ans, il fut porté plus
de neuf cent mil livres dans nos coffres, au lieu que auparavant il n'en rentroit presque rien, et rendit plusieurs
autres services importants ; l'ayant envoyé en nostre armée
de Catalogne pour prendre connoissance des plaintes que
faisoient les généraux contre les officiers à cause de la déroute
de Campredon et nous en rendre compte, il s'en est acquitté
avecque toute la fidélité que nous pouvions désirer ; ensuite
de quoy ¹ nous l'avons faict passer dans l'intendance de nos
provinces de Poictou et de Limousin ou, pendant quatre
années ² qu'il y auroit demeuré, il a restabli nostre authorité dans les parroisses de l'élection des Sables situéez dans
les marais et des lieux presque inaccessibles, et qui avoient
esté durant plus de vingt-deux ans dans la désobéissance ;
il a esté le premier qui a commencé par nos ordres à réduire
les remises des receveurs ; et comme nous aurions joinct à
ces deux provinces l'intendance de la généralité de Montauban, il l'auroit exercée un an entier ; c'est pourquoy,
ayant estimé à propos de distraire de son département les
généralités de Poictiers et de Limoges et en leur place luy
donner celle de Bordeaux, il nous y auroit servy l'espace de
six années à nostre satisfaction et de tous les gens de bien ;
il a liquidé pour plus de vingt millions de debtes des communautez, lesquelles estoient auparavant en proye à leurs
créanciers ; leur a, par ce moyen, donné le repos qu'elles
souhoitoient ; en outre, il a travaillé au tarif de la généralité
de Montauban avec tant de succez qu'il a réglé la part de
chacune communauté dans le paiement de la taille suivant
sa contenance ; et ainsy les impositions s'y font à présent
sans peine et sans non-valleurs, ce qui est un ouvrage sy
advantageux pour nos peuples que, dans diverses provinces

---

[1] Nous avons déjà relevé cette inexactitude t. I, p. 227, en note.
[2] Inexact : d'octobre 1658 à janvier 1664, cela fait plus de cinq ans.

de notre royaume comme en celles de Languedoc, Provence et Dauphiné, aussy bien que dans ladite généralité de Montauban, l'on l'avoit souvent entrepris sans l'avoir pu finir ; il a, aussy, faict par nos ordres beaucoup d'ouvrages publics, et, entre autres, réparé la tour de Cordouan, rendu la rivière du Lot navigable, commencé celle de Bayse, faict faire quantité de ponts et bastiments considérables, empesché, par plusieurs exemples de justice qu'il a faicts, l'oppression et les violences qui estoient ordinairement en nostre province de Guyenne, et appuyé le foible contre le puissant ; fini et chastié la rébellion des *invisibles* qui avoient le nommé Audijos pour chef et qui estoit fort opinâtrée et enracinée, ensemble celle survenue en nostre païs de Conserans, et qui estoient d'autant plus à craindre qu'ils avoient pour retraitte et azile les montagnes des Pyrennées ; purgé le païs de grand nombre de faux monnayeurs, faussaires et autres malfaiteurs ; et enfin réduict tout nostre province de Guyenne dans l'ordre et dans une parfaicte soumission à nos volontés, ce qui nous faict espérer que, dans cette charge de premier président audit parlement de Rouen, nous et le public recevrons de la bonne conduite du s$^r$ Pelot le fruict et l'advantage que nous nous en promettons. *Sçavoir faisons* que, mus par ces causes, et autres bonnes considérations à ce nous mouvant, et ayant pleine confiance aussi en son sens, probité, intégrité, bonne vie, mœurs, religion catholique, apostolique, romaine, assuré de sa fidélité, de son zèle et de son affection à nostre service, à nostre dict s$^r$ Pelot avons donné et octroyé, donnons et octroyons, par ces présentes signées de nostre main, les estat, charge et office de nostre conseiller et premier président en nostre dicte cour de Parlement de Rouen, vacante, comme dict est, par le décès du dict feu s$^r$ de Ris, pour l'avoir et doresnavant exercer, en jouir et user aux honneurs, authoritez, préséances, prérogatives, préeminences, franchises, libertés, grâces, pensions, appointements, droicts, proffits, revenus et émoluments accoutumés et qui y sont attribuez, tels et semblables que les avoit et recevoit le dict feu s^r de Ris, son prédécesseur en ladite charge, tant qu'il nous plaira. Sy donnons en mandement à nos amez et féaulx les gens tenant nostre Cour de Parlement de Rouen que ledict s^r Pelot duquel nous avons pris et reçu le serment en tel cas requis et accoustumé, ils le reçoivent, mettent et instituent, comme par nous, en possession et en saisine dudit estat et office, pour par luy, ensemble de tout ce qui dépend, en user et jouir, et qu'ils l'en laissent user et jouir pleinement et paisiblement, et aient à lui obéir et entendre en tout, ainsi qu'il appartiendra, ès choses concernant ledit office. Mandons et ordonnons au garde de nostre trésor royal et à nos amez et féaux les présidents, trésoriers généraux de France au bureau de nos finances establi à Rouen, que par les trésoriers et payeurs des gaiges et droits des officiers de nostre cour de Parlement ou autres nos receveurs et comptables qu'il appartiendra, ils fassent, chacun en droit soy, les gaiges, appointements, pensions et droits payer, bailler et délivrer doresnavant par chacun an, aux termes et en la manière accoustumée, audict s^r Pelot, à commencer des jour et date dessous fixés; et raportant par lui copie d'icelles dûment collationnées par une fois seulement, auront les quittances dudit s^r Pelot force suffisante. Nous voulons que tout ce qui luy sera payé, baillé et délivré en ceste occasion soit passé et alloué en nos comptes, auxquels mandons ainsy le faire sans difficulté. Car tel est nostre plaisir. En signe de quoy, nous avons faict mettre nostre scel. Ainsi faict et donné à S^t Germain en Laye, le xxii^e jour de novembre, l'an de grâce mil six cent soixante neuf et de nostre règne le vingt septième. Louis, et sur le reply, par le roy, Philipeaux, avec paraphe. Scellé d'un grand sceau de cire jaune. Sur le reply est escrit : aujourd'hui, xxii^e jour de novembre 1669, le roy estant à

St Germain en Laye, le sr Pelot desnommé aux présentes, a faict et prêté entre les mains [1] de Sa Majesté, le serment de fidélité qu'il estoit tenu de faire pour raison de l'estat et office de Premier Président au Parlement de Rouen, dont Sa Majesté l'a aujourd'hui pourveu, moy son conseiller secrétaire d'estat et de ses commandements présent. PHILIPPAUX [2]. »

Voici le serment qui fut prêté par Pellot « entre les mains » du roi :

« Sire, je jure et je promets à V. M. de garder et de servir les ordonnances faictes tant par Elle que par les Roys ses prédécesseurs qui n'ont esté révoquées, comme aussi de les faire entretenir aux présidents et autres officiers de vostre cour de Parlement de Normandie, et particulièrement l'ordonnance publiée et registrée le 21 février 1667 [3]. Je jure, en outre, que je ne souffriray pas qu'il soit mis en délibération en ladite cour de Parlement aucunes affaires concernant l'administration de l'Estat. Je promets aussi de tenir la main et faire tout ce qui dépendra de moy à ce qu'en la

[1] « Celui qui vient prêter serment de fidélité au Roy, laisse son chapeau, ses gants et son épée entre les mains de l'huissier de chambre, puis il s'agenouille sur un carreau qu'un premier valet de chambre lui présente, devant les piés de S. M., assise sur son fauteuil, chapeau sur la tête ; le serment est lu par le secrétaire d'État dans le département duquel tombe la charge, dignité ou commission de celuy qui fait le serment de fidélité, le Roy tenant entre ses mains celles de celuy qui le fait. Le serment prêté, celui qui l'a fait se lève, fait une révérence à S. M., puis il reprend de l'huissier ce qu'il lui avoit laissé en garde... » (*L'État de la France,* 1678.) Le serment « entre les mains » n'était point alors une expression figurée.

[2] Philippeaux, marquis de Châteauneuf, neveu par alliance du premier président, pour avoir épousé Marie Particelli d'Emmery, nièce de Claude Le Camus, sa première femme, comme on l'a vu précédemment t. I, p. 650.

[3] Restrictive du droit de remontrances.

délibération à l'enregistrement des édits de V. M. qui seront envoyés à la d. cour pour y estre registrez ou délibérez, les formes prescrites par ladite ordonnance soient exactement observées. Ainsy, je le jure et promets à V. M., Sire, à peine d'estre jugé par elle indigne de la charge dont il luy a pleu me pourvoir... »

§ 5. *Réception de Pellot au parlement. Son serment. Son compliment d'installation. Formule de son serment devant le parlement.*

Quatre mois après, eut lieu avec grand appareil la réception de Pellot et la lecture solennelle de ces lettres. On remarquera avec quel soin le procès-verbal a omis parmi ses titres, le plus marquant à coup sûr, celui que le roi a mis en première ligne. Mais il semble que ce titre d'intendant fut encore pour les anciens du parlement non avenu, comme une usurpation sur leurs attributions. Quatorze années de services, ceux-là même qui ont été décisifs pour le roi, ne comptent point pour son parlement. Bien certainement, ce fut le président Bigot qui dicta ce procès-verbal, dernière satisfaction à de vieux préjugés, que Pellot eut la vertu de laisser inaperçue :

« Du 14 avril 1670, en Parlement, les Chambres assemblées, Messire Claude Pellot, conseiller du roy en ses conseils, cy-devant conseiller en cette cour, et, depuis, maistre des requestes ordinaires de son hostel, pourvu par Sa Majesté de l'estat, office et charge de premier président en ladite cour, sur la requeste par luy présentée, et, sur ce, ouy le procureur général du roy, a esté reçu aux estat et office de premier président en ladicte cour, suyvant ses lettres de provision données à Paris le vingt-deuxiésme jour de novembre mil-six-cent-soixante-neuf ; il a faict et prêté serment en tel cas requis et accoustumé, à Rouen, en Parlement, les Chambres assemblées, le quatorzième jour d'avril mil-six-cent-soixante-et-dix [1]. »

Le registre officiel est muet sur ce qui fut dit alors; mais on lit dans l'Histoire manuscrite du parlement [2] :

« Claude Pellot présenta ses lettres et fut reçu en la manière ordinaire, le 14 avril 1670. Il fit enregistrer en même temps un brevet de retenue de 75,000 livres que le Roy lui avoit accordé, et prêta serment à genoux entre les mains du président Bigot, sans avoir eu à entendre lecture de sa profession de foy [3], dont il fut dispensé, parce qu'elle luy avoit été faite lors de sa réception à la charge de Conseiller. Il fit ensuite un fort beau compliment à la compagnie dont il fut remercié par le président Bigot. »

Ce « fort beau compliment », nous avions cru longtemps qu'il fallait en regretter la perte, quand nous avons été assez heureux pour en retrouver aux archives départementales de la Seine-Inférieure [4] un texte contemporain manuscrit, le seul peut-être qui en existe, car nous ne croyons pas qu'il

[1] Reg. secret de 1670. Inédit.
[2] T. II, p. 202.
[3] « Sous l'année 1562 : Comme la compagnie étoit fort jalouse de faire paroitre son attachement à la religion catholique, et qu'elle desiroit connoistre ceux de son corps qui pourroient avoir donné dans les nouvelles opinions, il fut ordonné en 1562 que chacun affirmeroit par serment qu'il avoit communié à la manière des catholiques et n'avoit point assisté aux prêches ; et l'on renouvela ce serment après avoir fait lecture des articles arrêtés en Sorbonne en 1543, qui commencent par ces mots : « *Certa et firma fides credentium est : 1º baptisma omnibus...* » ce qui s'observe encore à présent. Lorsque l'on reçoit quelqu'un des présidents, conseillers et gens du roy, l'usage est de leur faire la lecture des premiers articles de cette profession de foy, avant de les admettre au serment... » *Hist. manusc.*, t. I, p. 64.
[4] Grâce à M. de Beaurepaire. Au fonds du Parlement, titres généraux. Inédit.

ait jamais été imprimé, et les registres du parlement, par une raison qu'il ne nous a pas été donné de saisir, ne l'ont pas reproduit. Nous le transcrivons ici :

« *Discours que M<sup>r</sup> Pellot a prononcé au parlement le 16 avril 1670, en prenant sa séance de Premier-Président.*

« Messieurs, l'honneur que sa Majesté me faict de me choisir pour cette place parmi tant de suiets qui la pouvoient remplir mieux que moy, m'impose une nécessité particulière de donner tous mes soins et toute mon application pour m'en bien acquiter. Ce dessein je vous l'avoue m'a paru d'abord difficile, venant avec si peu d'expérience du palais et si peu de connoissances des loix du pays, parmy tant d'officiers, si consommés et si expérimentés ; mais, après y avoir fait réfléxion, ce qui a faict ma peine et mon embarras m'a faict juger que ce seroit ma facilité et mon secours, puisque je n'aurois quasy qu'à suivre des personnes si éclairées et concourir avec une compagnie que l'on sçait si bien intentionnée pour le service du Roy et le soulagement de ses peuples, espérant outre cela qu'elle aura quelque indulgence pour mes manquemens et qu'elle excusera un homme qui a esté quatorze ans dans les employs des provinces qui n'ont pas tout-à-faict des rapports avec celle-cy. De mon costé, je vous puis affirmer, M<sup>rs</sup>, que si sa M<sup>é</sup> a quelque confiance en moy et a tesmoigné de la satisfaction de mes services, j'emploieray avec plaisir cette confiance et le mérite de ce que j'ay faict pour l'avantage général et particulier de cette compagnie, à quoy si je suis obligé par le rang que je tiens, je m'y trouve également porté par mon inclination, puisque je luy dois les premieres maximes de la profession, et que je me trouve maintenant, par un heureux retour, si glorieusement porté où j'ay autrefois pris les com mencements dans la robe, ce qui rappele, je vous l'avoue, et fortifie les sentiments d'estime que j'ay eus pour elle, qui me fairont rechercher toute ma vie, avec zèle et attachement, les occasions de luy rendre mes très humbles services et obéissances... »

Il faut admirer l'art avec lequel l'orateur sut passer sous silence tout ce qui eût pu rappeler aux anciens sur lesquels il allait désormais régner, des temps malheureux, alors bien loin, et combien sut être humble pour se mieux faire accepter, l'obscur et dédaigné conseiller d'autrefois que la fortune était allée prendre par la main pour le placer ainsi au sommet. Vraiment, le vieux Bigot lui-même ne dut trouver rien à redire à un tel discours. Nous n'avons malheureusement pas sa réponse, qui nous eût été fort précieuse.

Une chose peut d'abord étonner, c'est que le parlement ait exigé de son premier président un serment et un serment à genoux, quand les lettres de provision dont il fut donné lecture solennelle, attestent que Pellot avait déjà prêté serment « entre les mains du roi ». Mais le parlement était bien aise de faire, une fois au moins, acte d'autorité sur son premier président. D'ailleurs il ne faut pas oublier qu'il s'agissait là d'un serment à la province, à ses privilèges, à ses coutumes, autant que d'un serment au roi. En voici la formule, que lut le président Bigot :

« Vous jurez, par Dieu et son saint Évangile, que bien et loyalement vous servirez le Roy ; que ses droits et le bien de la chose publique vous garderez ; que vous tiendrez le peuple et les subjects du Roy en paix, selon votre pouvoir ; que vous ferez justice au pauvre comme au riche sans acception d'aucuns ; que vous garderez et ferez garder les ordonnances royaulx portées en la Coùr ; que vous garderez les usages et coutumes de la Normandie ; tiendrez secrètes les délibérations ; ne prendrez ni exigerez sur les subjects du Roy, aucuns dons, ni aultres proffits corrompables ; ne prendrez charge des affaires d'aucuns seigneurs, chapitres, communautés, ni aultres personnes quelconques ? »

A quoi le premier président, à genoux devant le président Bigot, son ancien adversaire, une main dans ses mains et l'autre sur les saints évangiles, avait répondu : *je le jure !*

Tel était le serment des officiers du parlement, ainsi que maintes pages de ses registres le constatent, et on ne voit pas qu'il en ait jamais existé un autre pour ses premiers présidents.

### § 6. *Tableau du parlement en 1669. Notes sur le personnel des magistrats de la grande chambre, des présidents à mortier et du parquet.*

Nous donnerons ici le tableau du parlement, tel qu'il existait en 1669, avec la date de réception de chaque magistrat [1]. On va voir que Pellot retrouva trente-six des anciens avec lesquels il avait eu, de 1641 à 1647, les luttes que l'on sait. Mais des nouveaux qui avaient été, comme lui, pourvus en vertu de l'édit du semestre, il en retrouva un seul, Charles de la Vache, sieur du Saussay. Tous les autres, comme lui, étaient sortis du parlement, quelques-uns pour entrer dans l'administration, de Fortia, notamment, qui était devenu maître des requêtes et que nous avons vu intendant à Orléans et à Poitiers, puis en Auvergne au temps des Grands Jours, après avoir, comme Pellot, épousé une parente de Colbert.

---

[1] Nous avons trouvé ce tableau dans Farin, *Hist. de Rouen*, t. I, p. 208 de l'édition *princeps*, imprimée en MDCLXVIII.

### Présidents à Mortier [1] :

1637. Alexandre Bigot, baron de Monville. 1627.
1649. Charles Bretel, sieur d'Etalleville. 1646.
1656. Guy Duval, s<sup>r</sup> de Bonneval. 1654.
1657. Poerier, s<sup>r</sup> d'Amfreville.
1659. Jacques Turgot, s<sup>r</sup> de Lanteuil [2]. 1647.
1661. Jean Beuzelin, s<sup>r</sup> de Bosmelet. 1653.

### Conseillers :

1617. François Auber, s<sup>r</sup> de la Haye, clerc [3].
1618. Pierre Costé, s<sup>r</sup> de Saint Supplix.
1618. Louis Paumier, s<sup>r</sup> de Bucaille.
1621. René le Coigneux, clerc.
1625. Charles Labbé, s<sup>r</sup> de la Motte.
1631. Barthélemy Brice, clerc.
1631. François de Vigneral.
1631. Henry d'Anviray, s<sup>r</sup> de Mathonville et de Hac-
  quenouville.
1631. Nicolas du Houlley, clerc.
1634. Pierre de la Place, s<sup>r</sup> de Renfeugère, clerc.
1636. Claude Leroux, s<sup>r</sup> de Cambremont.
1637. Gilles Fermanel, clerc.
1637. Louis Jubert, s<sup>r</sup> de Bonnemare.
1637. Guillaume Gueroult.

---

[1] La première date pour les présidents est celle de leur présidence ; celle qui suit leur nom est celle de leur nomination comme conseillers.

[2] De la famille de Turgot de Saint-Clair, maître des requêtes, dont il a été question au t. 1<sup>er</sup>, p. 152, et qui avait été conseiller au parlement de Normandie avant d'être maître des requêtes.

[3] Il y avait au parlement 13 conseillers-clercs et 3 appartenant à la religion p. r. Ce nombre ne pouvait être dépassé. *Hist. manusc.*, t. II, p. 267.

1641. Charles de la Vache, sr du Saussey.
1644. Alexandre Sallot, sr de Colleville.
1644. Louis de Brinon, sr de Meullers.
1644. Jean le Roux, sr du Bourgtheroulde.
1644. François de Caradas, sr du Héron.
1644. Jacques des Hommets, baron de Crèvecœur.
1644. Jacques du Val, sr de l'Escande.
1644. Nicolas Busquet, sr du Champ-d'Oisel.
1645. Alexandre du Moncel, sr de Louraille.
1645. Nicolas Romé, sr de Fresquienne et baron du Bec-Crespin.
1646. Charles Puchot, sr du Plessis.
1647. Charles Baudry, sr de Bretteville.
1647. Nicolas Peigney, sr d'Arques.
1647. Jacques Voisin, sr de Neufbosc.
1647. Guillaume Bigot, sr de la Turgère.
1647. François le Cornu, sr de Bimorel, clerc.
1649. Louis Jubert, sr de Brécourt et de Sénancour.
1650. Pierre Paulmier, sr de la Bucaille.
1650. Fauvel, sr de Touvents.
1651. Jacques de Gruchet, sr de Soquence.
1651. Nicolas Asselin, sr de Frenelles.
1651. Charles de la Porte, sr du Framboisier.
1651. Louis Charles, sr de la Blandinière.
1651. Alphonse de la Palme, sr de Feugerolles.
1651. Charles Ferrare, sr du Tot.
1652. Raoul Bretel, sr de Grémonville, clerc.
1652. Robert Soyer, sr d'Infreville.
1652. Alexandre Guyot, clerc.
1652. Alphonse Auber, sr de Trémauville.
1652. Claude de la Place, sr de Grainville, clerc.
1652. Jacques Dery.
1653. Nicolas Puchot, sr des Alleurs.
1653. Nicolas Charles, sr de la Blandinière.

1653. Dominique de Montfort, sr de Ste Foy.
1653. François Clérel, sr de la Roque-Rampan.
1654. François Marguerit, sr de Guibray.
1654. Jean-Jacques Ango, sr de la Mothe.
1654. Jacques Scot, sr de Fumechon.
1654. Antoine Damiens, sr de Ganseville, clerc.
1654. Robert Bigot, sr de Monville.
1654. Roland de Bernières, sr de Louvigny et de Hacqueville.
1654. Alexandre de Moges, sr de St Georges.
1655. Robert le Roux, sr de Tilly.
1656. Charles de Roger, sr de Brisolière.
1656. Augustin Blouet, sr de Camilly.
1656. Adrien de Novinces, sr d'Aubigny, clerc.
1656. Jacques Amfrie, sr de Chaulieu.
1657. Robert le Blanc, sr du Rollet et de la Croisette.
1657. Nicolas Romé, sr de l'Esprevier.
1657. Tanneguy du Moucel, sr de Richemont.
1658. Henry d'Ambray, sr de Montigny.
1659. Jean Toustain, sr de Heberville et d'Anglesqueville.
1659. Pierre le Sueur, sr de Colleville.
1659. Gilles Hallé, sr d'Orgeville.
1659. Jean Hebert.
1659. Gilles de Gerville, sr de Glatigny.
1659. Jacques Toustain, sr de Gelleville.
1660. Alexandre Bouchart, sr de Blosseville.
1660. Pierre d'Amfermet, sr de Boissy.
1662. Pierre Hue, sr de Biéville et de la Trouerie.
1662. Jean Tiremois, sr de Hautenge et de Herqueville.
1662. Nicolas du Bosc, sr de Radepont.
1663. René Auber, sr de Daubeuf.
1663. Hervé de Crosville, sr du Lieu.
1663. Alexandre Guenet.

1663. Louis Voisin, sʳ de Sᵗ Paul.
1664. Michel de Farcy, sʳ de Paynel.
1664. Jean Dyel, sʳ de Sᵗ Igny.
1665. Ollivier Angeray, sʳ de Courvaudon.
1665. Emery Marc, sʳ de la Ferté, clerc.
1665. Alphonse du Houlley, sʳ d'Argouges, clerc.
1665. Jean-Baptiste Boyvin, sʳ de Bonnetot.
1665. Pierre Ferrare, clerc.
1665. Jean Heurtault.
1666. Estienne Petit.
1666. Jean l'Hullier.
1667. Adam de la Basoge, sʳ de Heuqueville.
1667. Guillaume Brice, sʳ de Montéraulier.
1668. Raoul de Vigneral, sʳ de Cantelou.
1668. Marc-Antoine de Brévedent, sʳ de la Houssaye.
1669. Jean Paviot, sʳ du Mesnil.

### *Procureur Général :*

1653. Philippe Maignard, sʳ de Hauville.

### *Premier Avocat-Général :*

1663. Léonor Agnès, sʳ de Prefontaine et du Bois.

### *Deuxième Avocat-Général :*

1653. Pierre Le Guerchois.
1663. Greffier en chef pour le civil, Pierre Bonnel.
1663. Greffier en chef pour le criminel [1], Gilles Fouquet.

A la suite de ce tableau, nous donnerons sur une partie de ce personnel les notes fort sévères, et, magistrat, nous voulons croire souvent injustes, qui furent, en 1662, transmises à Colbert. Le personnel des présidents à mortier, de la grande-chambre et du parquet est seul compris dans ces notes.

[1] De 1499 à 1696, il y eut deux greffiers en chef au parlement de Normandie, l'un pour le civil et l'autre pour le criminel.

Vingt-cinq conseillers siégeaient à la grand'chambre, en 1670 comme en 1662 ; cependant, on n'en trouvera ici que 22, parce que trois étaient disparus dans l'intervalle. Sans nul doute, ces notes ne doivent pas être accueillies sans réserve : elles n'ont.pas une source judiciaire. Mais c'est de l'histoire, et nous n'avons jugé malséant de les reproduire, pour faire connaître quelle était, au milieu des ardeurs contemporaines, l'opinion de l'intendant de Rouen sur le parlement au moment où Pellot en prit la direction; car, à coup sûr, elle dut lui servir, tout d'abord, à lui-même.

« Lorsque, écrit l'auteur de la *Correspondance administrative*, qui, le premier, a imprimé ces notes, Colbert fut entré dans le gouvernement, son premier soin fut de connaître le personnel de toutes les Cours supérieures du royaume. En conséquence, il écrivit aux Intendants des Provinces où il y avait des parlements pour qu'ils lui adressassent des notes exactes sur la capacité et la moralité de tous les membres qui le composaient... Ces notes sont un document curieux et singulier ; elles se ressentent naturellement de la disposition d'esprit de ceux qui les ont fournies. Sans doute, Colbert avait demandé avant tout l'impartialité et la stricte vérité; mais il est probable que quelques Intendants se laissèrent aller au ressentiment que leur inspirait la collision continuelle qui existait alors entre leurs prétentions et celles des Parlements... Les Intendants ne devaient pas être tous capables de porter un jugement impartial sur le personnel du parlement avec lequel ils étaient si fréquemment en conflit; aussi, les notes de quelques-uns sont-elles bien méchantes... [1] » Ajoutons : celles, surtout, de l'intendant Jean Bochart de Champigny, comme on va pouvoir en juger.

[1] *Corresp. admin.*, Introd. au t. II, p. III et IV.

*Présidents à Mortier :*

« Bigot : Très habile homme et très puissant dans sa compagnie, y ayant une grande et forte cabale ; beaucoup de probité dans les affaires où luy ni ses amis ne sont pas intéressez ; mais quand il est question de son intérêt ou de celuy de ses amis, il ne sçait ce que c'est que de faire justice ; c'est le plus puissant homme de la robbe dans le Parlement et dans la province, par l'appuy qu'il donne à ses amis.

« Bretel, s' d'Estalleville : Très capable et très méchant homme, voulant avoir du bien de quelque manière que ce soit, descrié dans sa compagnie.

« Du Val, s' de Bonneval : Homme peu esclairé dans la fonction de sa charge.

« Poerier, s' d'Amfreville : Très homme de bien, de capacité suffisante.

« Turgot : Homme capable et de probité pour la justice ; faisant fort peu sa charge, estant fort attaché à ses plaisirs, et menant une vie indigne de sa profession ; buvant et tabaquant avec toutes sortes de personnes chez lui.

« Beuzelin, s' de Bosmelet : Homme de probité, de capacité médiocre. Il y a peu de temps qu'il exerce sa charge.

*Conseillers :*

« Auber, clerc : Homme de grande piété, de probité et de capacité suffisante, facile à se laisser préoccuper.

« Costé, s' de St Supplix : Capable, violent, entreprenant, et de peu de probité pour la justice.

« Paulmier, s' de la Bucaille : Très-habile, de peu de probité.

« Lecoigneux : Clerc, grand homme de bien, bon juge, mais de capacité médiocre.

« Labbey, sʳ de la Mothe : Capable, mais de nulle probité.

« Lecornier de Sᵗ Hélène : Très homme de bien et très habile.

« Sécart, sʳ de Sᵗ Arnoult : Très faible dans sa charge.

« Brice : Clerc, homme de probité, capacité médiocre.

« De Vigneral : Très habile, homme d'honneur et de probité, donnant, toutefois, quelque chose à la faveur.

« Danviray : Capable, mais d'une probité douteuse.

« Du Houlley : Clerc, capable, mais donnant trop dans la justice à ses amis.

« De Montenay : Homme de médiocre capacité et peu laborieux.

« Anseray, sʳ de Courvaudon : Clerc, homme de probité et de capacité, peu laborieux.

« De la Place, sʳ de Fumechon : De probité et de capacité.

« De la Basoge (de la R. P. R.) : Probité, et peu de capacité.

« Le Roux, sʳ de Cambremont : Habile et bon juge.

« Fermanel : Clerc, habile et bon juge.

« Jubert, sʳ de Bonnemare : Homme de probité et de médiocre capacité.

« Guéroult : Homme de probité et de capacité médiocre.

« Sallet, sʳ de Colleville : Très habile et très homme de bien.

« De Brinon, sʳ de Mullers : Très habile et très homme de bien.

« Deshommets : Très habile et très homme de bien.

« Leguerchois : Advocat général, très habile, de grande probité, un des plus éloquents hommes du royaume.

« Maignard, sʳ de Bernières : Procureur-général, homme de probité, peu de capacité, trop faible pour une charge aussi importante, ce qui est cause que le public en souffre.

« De Préfontaines : Homme de probité et de capacité. »

Les intendants en faisant ce travail avaient eu à répondre à une instruction de Colbert à laquelle l'intendant de Rouen s'était, en définitive, conformé, en passant sous silence le personnel des enquêtes et des requêtes :

« … — Justice. Pour ce qui concerne la justice, en cas qu'il y ait un parlement ou quelques autres compagnies souveraines dans la généralité, il sera nécessaire que le Maître des Requestes examine soigneusement, et dans le général et dans le particulier, ceux qui les composent… Il sera bon et mesme très nécessaire de connoistre le détail des intérêts et des qualités des principaux officiers de ces compagnies… Il faut savoir le nombre des officiers de chacune compagnie, les noms du Premier Président, des Présidents à mortier, Présidents aux enquestes et principaux des chambres ; les bonnes ou mauvaises qualités du premier, ses alliances et son crédit dans la compagnie, et ensuite des autres [1]… »

Cette instruction avait été soumise par Colbert à Séguier, avec un billet ainsi conçu :

« Voicy un projet d'instruction pour les Maîtres des Requestes départis dans les Provinces. Si Monseigneur le Chancelier a agréable de le signer, au cas qu'il n'y trouve rien à réformer, nous les enverrons après [2]… »

Bien entendu, Séguier n'y avait rien trouvé à redire, et avait laissé faire Colbert.

### § 7. *Les divers services du parlement au temps de Pellot.*

Jamais, sauf pendant le semestre, l'importance numérique du parlement de Rouen n'avait été plus grande : un premier président, six présidents à mortier, quatre-vingt-quinze con-

---

[1] *Lett., Inst. et Mém.*, t. IV, p. 32.
[2] *Ibidem.*

seillers, un procureur général, un premier et un deuxième avocat général, en tout plus de 100 magistrats [1].

Ce personnel en comprenait, il est vrai, un certain nombre hors de service, car pour quelques-uns l'entrée au parlement remontait à plus de cinquante ans. Mais une inamovibilité en quelque sorte absolue permettait alors aux magistrats de s'éterniser. « En France, écrivait la Roche Flavyn, nous ne gardons médiocrité aucune, soit à entrer en la République, soit à en sortir ; nous y entrons trop jeunes et nous en sortons trop vieux. Il y a saison d'y entrer et saison de s'en retirer. Nous ne nous servons d'aucun temps pour clore notre vie avec repos et tranquillité d'esprit [2]. »

Ce nombreux personnel était réparti en cinq chambres, et si la répartition s'en fut faite également, chacune aurait été composée de vingt membres. Mais il était loin d'en être ainsi. D'ailleurs, les vétérans de la compagnie que l'âge ou les infirmités tenaient éloignés, ne quittaient guère leurs terres et ne venaient guère au palais que dans les grandes occasions [3].

Il y avait donc :

[1] Que le temps était loin où Louis XII avait établi à Rouen « un corps de justice souveraine et perpétuelle, composé de quatre présidents et de 28 conseillers, dont 13 ecclésiastiques ». Il est à remarquer que le nombre des conseillers-clercs était resté invariable depuis la création du parlement. Du temps de Pellot, le procureur général n'avait pas de substituts. L'institution des substituts est plus récente ; il en existait six en 1708.

[2] *Les parlements de France*, p. 117.

[3] Fléchier, dans ses *Mémoires sur les grands jours d'Auvergne*, raconte ceci d'un magistrat du parlement de Paris, qui prouve combien peu la loi de la résidence était observée alors :

« M. de Brion, après avoir épousé Mademoiselle de la Barde, lui proposa de faire un voyage en Auvergne pour un mois, où il la retient depuis quelques années, et laisse sa charge inutile, son nom étant presque inconnu dans le Parlement, et sa personne presque inconnue dans sa chambre même... » P. 50.

La grand'chambre, le véritable sénat, où se jugeaient les affaires les plus importantes, et où siégeaient le premier président, deux présidents à mortier et vingt-cinq conseillers [1], tous d'expérience consommée, qui n'y arrivaient qu'après un long stage aux enquêtes, et par ancienneté. L'entrée à la grand'chambre constituait une promotion véritable et nécessitait une installation et un arrêt. Cependant, le conseiller des enquêtes, en tour d'y passer, ne pouvait plus à cette époque, comme il l'avait pu précédemment, céder de sa seule autorité son rang en faveur d'un collègue moins ancien [2].

Il y avait la chambre des enquêtes, composée de deux présidents et de plus de cinquante conseillers, où se jugeaient les affaires courantes. Nous verrons, en 1678, le premier-président Pellot dédoubler cette chambre, abusivement nombreuse, et en constituer deux, de vingt-cinq magistrats chacune, ce qui fut encore excessif [3].

A la chambre des enquêtes se trouvaient de jeunes magistrats qui, entrés au parlement grâce à des dispenses, avaient parfois à peine l'âge viril. Cette chambre, à Rouen comme ailleurs, était, ainsi, un foyer d'opposition. La royauté recueillait ce qu'elle avait semé, car l'inexpérience et la présomption siégeaient trop souvent, par son fait, sur les fleurs de lys.

Quand, quelques années plus tôt, en 1665, le roi et Colbert s'étaient occupés de réduire la puissance parlementaire, il

---

[1] Une ordonnance du roi, datée de Lyon 1622, avait donné pouvoir au parlement, en toute matière « de juger, pourvu qu'il fut prononcé la cour garnie de dix conseillers, en ce compris le Président ». (Houard, *Dictionnaire de droit Normand*, v° parlement, p. 140.) Un examen attentif des registres du parlement nous permet d'affirmer que le nombre habituel des magistrats siégeant à la grand'chambre n'excédait pas douze

[2] *Hist. manusc. du parlement*, t. I, p. 102.

[3] Jusqu'en 1547, il y avait eu deux chambres des enquêtes. *Hist. manusc. du parlement*, t. I, p. 86.

avait été question d'envoyer les enquêtes siéger dans les provinces. On en eût fait autant de parlements au petit pied. Y eut-on gagné? « La consternation, écrivait, à ce propos, d'Ormesson, est grande dans la robe, car il paroît qu'on la veut détruire, par le souvenir du passé [1]. » Bon ou mauvais, ce projet n'eut pas de suite.

Il y avait la Tournelle, composée de deux présidents et de douze conseillers, où se jugeaient les affaires criminelles, soumise, ainsi que l'indiquait son nom, mais soumise seule de tout le parlement à un roulement annuel. C'est là que prenaient place ces magistrats répressifs dont le type n'existe plus, pour lesquels la torture, avec toutes ses horreurs, était un mode normal d'instruction.

Il y avait la chambre de l'édit [2], où siégeait à tour de rôle, sous le régime de l'édit de Nantes, un des trois membres du parlement appartenant à la « religion prétendue réformée », comme garantie d'une justice plus exacte, dans les causes civiles ou criminelles où ses coréligionnaires étaient engagés.

Enfin, au-dessous, bien au-dessous, il y avait la chambre des requestes du palais, avec une juridiction distincte et un personnel distinct de dix magistrats, de création plus récente (1580). Aussi le parlement avait-il toujours affecté de tenir les requêtes à distance, jusqu'au jour où Pellot y ayant fait entrer son propre fils (1678), s'efforcera d'obtenir pour son personnel un pied d'égalité vis-à-vis du reste du parlement. La chambre des requêtes jugeait en premier ressort les causes

---

[1] *Journal*, t. II, p. 332.

[2] Elle fut, presque à l'époque où Pellot fut nommé premier président, supprimée à Rouen et à Paris. Dans les ressorts de Bordeaux, de Grenoble et de Toulouse, où les protestants étaient plus nombreux, il y avait une chambre *mi-partie*, ainsi nommée parce qu'elle contenait autant de protestants que de catholiques. Elle continua de fonctionner jusqu'à la révocation de l'édit de Nantes, en 1685.

privilégiées, soustraites, à ce titre, aux justices inférieures [1], mais ne les jugeait guère que pour la forme, tant l'appel à la haute justice du parlement était proche.

A cette époque, les magistrats des requêtes ne prêtaient pas serment dans l'intérieur du parlement, sur l'évangile et à genoux devant le premier président, comme les autres membres du parlement; mais, comme les juges des présidiaux et des bailliages, debout et en dehors de la barre [2] ou des « barreaux ».

Pour ces diverses chambres, le temps consacré aux affaires était fort circonscrit, et pendant près de deux cents jours de l'année, le palais était fermé et l'on n'y plaidait point.

D'abord, les grandes vacances qui commençaient vers le 20 août, duraient jusqu'à la St-Martin, onze novembre, jour où avait lieu la rentrée : durée des grandes vacances, 75 jours au moins.

Noël, bientôt, exigeait quinze jours, de l'avant-veille de la fête au premier jour utile après les rois.

Les vacances de Pâques se célébraient pendant plus de 15 jours, du vendredi avant les Rameaux au lundi de Quasimodo.

La Pentecôte, elle, prenait dix jours, du vendredi avant la fête au lundi de la Trinité.

Il y avait, enfin, au cours de l'année, quarante jours fériés [3], outre les dimanches, notamment le 12 août où la

---

[1] *Hist. manusc. du parlement*, t. I, p. 60.
[2] *Ibidem*.
[3] *Janvier* : 20, St-Sébastien; 22, St-Vincent; 25, Conversion de St-Paul.
*Février*: 2, Purification de la Vierge ; 24, St-Mathias ; jour des Cendres.
*Mars* : Annonciation de N.-S.
*Avril* : 25, St-Marc.
*Mai* : 1er, St-Jacques; 3, Invention de la Ste-Croix ; 19, Translation.

Normandie célébrait avec grand éclat son affranchissement de la domination anglaise, survenu vingt ans après le merveilleux procès et la merveilleuse mort de notre immortelle Jeanne-d'Arc [1].

Mais le service de la justice proprement dit était loin de remplir tous les instants du parlement. Ce n'en était peut-être même pas le service le plus considérable, ni surtout le plus considéré.

Donc, en outre de ces cinq chambres nécessaires au service judiciaire, grand'chambre, tournelle, enquêtes, chambre de l'édit, requêtes, il y avait des chambres spécialement chargées du service administratif : c'étaient, entre autres, LA CHAMBRE DE POLICE, LA CHAMBRE DE SANTÉ ET LA CHAMBRE PERTUELLE.

*Juin* : 11, St-Barnabé ; 24, St-J.-B.; 29, St-Pierre et St-Paul.
*Juillet* : 5, St-Marcel ; 22, Ste-Magdeleine; 25, St-Jacques; 26, Ste-Anne.
*Août* : 6, Transfiguration; 10, St-Laurent; 12, Réduction de la Normandie; 15, Assomption de N.-D.; 24, St-Barth lemy; 25, St-Louis; 29, Décollation de St-Jean.
*Septembre* : 8, Nativité de N.-D.; 14, Exaltation de la sainte Croix ; 21, St-Mathieu; 29, St-Michel.
*Octobre* : 1er, Dédicace ; 4, St-François; 9, St-Denys ; 18, St-Luc; 23, St-Romain; 28, St-Simon.
*Novembre* : 1er, Toussaint; 2, Trépassés; 11, St-Martin; 25, Ste-Catherine; 30, St-André.
*Décembre* : 5, St-Nicolas ; 9, Conception de N.-D.; 29, St-Thomas.
Total, 42 jours fériés.

*Tableau des festes du palais,* à la suite du recueil des édits concernant les membres des requêtes du parlement de Normandie. Rouen, 1708, chez Desroques. Bib. de Rouen, E. 900.

[1] *Les deux procès de condamnation, les enquêtes et la réhabilitation de Jeanne-d'Arc*, traduits pour la première fois sur les textes latins officiels, par E. O'Reilly, Conseiller à la cour impériale de Rouen. Paris, 1867, 2 vol. in-8º, chez Plon. (Voir, au sujet de cette fête de Rouen, l'*Introduction* des deux procès.)

« Comme la Police, c'est-à-dire l'administration étoit un des objets qui paroissoit mériter une attention plus particulière, on tient tous les quinze jours et quelquefois même plus souvent la Chambre de police générale, composée du premier Président, d'un Président, de quelques anciens Conseillers, du Procureur du roy, du baillage et de quelques échevins [1]. » Cette chambre jouait un grand rôle ; c'était elle, par exemple, qui réglait le prix du pain et des autres denrées. Elle renvoyait l'exécution de ses arrêtés aux juridictions subalternes, soit qu'elle les prît elle-même, soit que, pour plus d'autorité, elles les obtint des chambres assemblées [2].

La chambre de santé, composée de six magistrats sous la direction du premier président, réglait ce qui concernait la santé publique dans toute la province. Pour les règlements généraux portant interdiction de commerce, ou autres de cette importance, elle prenait un arrêt des chambres assemblées. En 1668, par exemple, une année avant le retour de Pellot ; « lorsqu'une peste qui régnoit en Angleterre, en Hollande et à Hambourg, eut pénétré en France, et d'Amiens et Beauvais gagné Rouen, la chambre de santé eut à arrêter des mesures énergiques [3]. » Un instant, il fut question de suspendre la justice et de fermer les églises. Le gouverneur de la province qui avait siège au parlement, prit part aux délibérations de la chambre de santé, ainsi que l'intendant. Le parlement fit venir Isnard, médecin fameux qui, à Londres, avait fait merveilles, et des éventeurs qui furent chargés de désinfecter les marchandises [4].

La chambre perpétuelle avait, entre autres, dans ses attributions, la police des eaux et forêts.

[1] *Hist. manusc. du parlement*, t. I, p. 23.
[2] *Ibidem*.
[3] *Ibidem*, t. II, p. 75.
[4] *Ibidem*.

Il n'y avait pas eu de grands jours dans le ressort, depuis ceux tenus à Bayeux en 1540. « En .cette année 1540, des plaintes étant venues à S. M. sur le retard du parlement à enregistrer quelques ordonnances, sur sa lenteur à rendre justice, sur plusieurs arrêts rendus contre les règles et sur la mauvaise conduite de quelques-uns, le roy avoit écrit à la compagnie de surseoir à l'envoi des magistrats désignés pour les grands jours de Bayeux. Il vint à Rouen, raconte Paviot, précédé du chancelier Poyet [1]. Celui-ci fit connaître les plaintes du roy, et s'étendit longuement sur l'indécence des habits des magistrats, leur bonne chère, le jeu auquel ils se livroient, leur peu d'égard pour leurs présidents, et la négligence de ceux-ci à informer le roy des abus de leur compagnie. Le premier président [2] voulût parler; Poyet leva la séance sans l'entendre. Le 11 septembre, le roy arrivé à l'abbaye de St-Ouen, manda le parlement, et après avoir marqué son mécontentement, lui défendit l'entrée du palais jusqu'à ce qu'il en eut ordonné autrement... Au bout de quelques mois, comprenant que les plaintes qu'on lui avoit faites ne pouvoient tomber sur tous, il adressa au cardinal d'Amboise un édit par lequel il témoignoit à la compagnie sa satisfaction de la manière dont les magistrats avoient, dans l'intervalle, tenu les grands jours [3], et ne maintint l'inter-

---

[1] Guillaume Poyet, auteur de la fameuse ordonnance de Villers-Cotterets qui établit la nécessité des registres de baptême, de mariage et de décès, et rendit l'usage de la langue française obligatoire. Disgrâcié en 1542 ; mis en jugement et condamné en 1543, dans un procès célèbre où François Ier vint déposer en personne contre lui.

[2] Messire François de Marsillac baron de Courcelles.

[3] Il n'y eut pas en France d'institution plus populaire que celle des grands jours. Quand le tiers état de Normandie empruntait « la voix de Jérémie pour plaindre sa misère , aussitôt, ainsi que l'aiguille du cadran touchée de la pierre d'aymant tire toujours vers le nord, ainsi ce pauvre peuple, accablé de toutes sortes d'afflictions, donne son regard vers son prince et son roy, duquel il attend quelque soulagement.

diction que contre neuf de ses membres, qui n'en furent relevés que quelques années plus tard... La réintégration du parlement avoit eu lieu, le 7 janvier 1541, par le cardinal d'Amboise qui en avoit pris texte pour exhorter la compagnie à l'union, à se comporter de manière à ne point désormais s'attirer de reproches, et à conserver dans ses mœurs et ses habillements la décence convenable... [1] »

### § 8. *Juridictions qui relevaient du parlement.*

A ce parlement souverain, composé d'un personnel si imposant, chargé d'attributions si diverses, auquel devaient hommage toutes les autorités de la province sans exception, même les autorités administratives, à ce parlement souverain ressortissaient toutes les justices de Normandie, présidiaux, bailliages, vicomtés, justices seigneuriales, justices ecclésiastiques, tribunaux consulaires, amirautés, etc.

On n'arrivait à son sanctuaire qu'après avoir traversé parfois jusqu'à quatre juridictions.

Sept grands bailliages se partageaient son vaste ressort, dont quatre en haute Normandie, c'étaient ceux de Rouen, de Caux, d'Evreux, et de Gisors; et trois en basse Nor-

---

Autrement, la tempeste est si grande et ce misérable vaisseau flotte entre tant d'accueils, que s'il n'eut secours de V. M. comme de son vray pilote, il n'y a plus d'espoir de salut... » (Art. VII). Et l'un des remèdes réclamés, ce sont les grands jours : « Pour réprimer les voleries et exactions faictes au pauvre peuple, nous supplions S. M. qu'il en soit rendu justice exemplaire... *Et faire exécuter la promesse que vous nous avez faicte par plusieurs fois, touchant la venue des grands jours.* » (Art. XII des remontrances de 1620). — Malgré ces supplications du tiers-état, les influences contraires firent si bien que la Normandie ne revit pas de grands jours depuis 1540. Il est vrai qu'elle eut en 1640 la chevauchée de Séguier, qui les valait bien.

[1] *Hist. manusc. du parlement*, t. I, p. 26.

mandie, c'étaient ceux de Caen, du Cotentin et d'Alençon [1].

Chacun de ces sept grands bailliages était subdivisé en vicomtés.

Le grand bailliage de Caux en comprenait neuf : Caudebec, Montivilliers, Arques, Eu, Neufchâtel, le Havre, Cany, Longueville, Dieppe.

Le grand bailliage de Rouen en comprenait quatre : Rouen, Pont-de-l'Arche, Pont-Audemer, Pont-l'Évêque.

Evreux en comprenait huit : Evreux, Conches, Breteuil, Beaumont-le-Roger, Orbec, Lisieux, Pacy, Nonancourt.

Gisors en comprenait six : Gisors, Vernon, Andelys, Lyons, Chaumont, Magny.

Caen, six : Caen, Bayeux, Falaise, Vire, Condé, Thorigny.

Le grand bailliage du Cotentin, dix : Coutances, Carentan, Valognes, Avranches, Mortain, Saint-Lô, Perriers, Saint-Sauveur-le-Vicomte, Grandville, Cherbourg.

Alençon, enfin, dix : Alençon, Argentan, Domfront, Bernay, Montreuil, Verneuil, Châteauneuf, Lisnes, Laigle et Lessay. Total, 53 vicomtés [2].

Chaque vicomté était le siège d'une juridiction de premier ou de second degré, ayant ses lieutenants civil et criminel, son procureur du roi, ses procureurs, avocats, huissiers, sergents, en un mot un personnel judiciaire complet.

---

[1] Alençon avait eu son échiquier particulier au XVIe siècle, lorsque « la duché d'Alençon » avait été érigée en apanage distinct, par François Ier, en faveur de sa sœur. Mais en 1548, au décès d'elle et de son mari, cet échiquier avait disparu, et après de longs débats, contre l'avis des prélats, seigneurs et juges qui avaient demandé à relever du parlement de Paris, un édit de 1550 avait attribué Alençon au parlement de Rouen. *Hist. manusc. du parlement*, t. I, p. 33.

[2] Piganiol de la Force, *Description de la France*. Aux deux volumes concernant la Normandie. — Les vicomtés siégeant aux chefs-lieux de bailliages furent supprimées 80 ans plus tard, en 1749. Expilly, *Dictinnaire*, v° Normandie, t. V, p. 240.

L'appel des décisions des vicomtés était, de droit, au grand bailliage, et celui des grands bailliages au présidial, car, depuis 1551, chaque grand bailliage possédait un présidial qui avait [1] le plus souvent son siège dans la même ville que lui.

Institués pour soustraire à la justice coûteuse et lointaine des parlements l'appel des affaires civiles de moindre importance, et pour assurer plus fortement la répression des crimes, les présidiaux dont il a été si souvent question au cours des intendances de Pellot, étaient la justice vivante et agissante par excellence. Ce fut d'eux que les intendants se servirent pour contrebattre les parlements. Ils comptaient, d'ordinaire, neuf magistrats, et connaissaient, au civil, sans appel jusqu'à concurrence de 250 livres, des sentences des grands bailliages [2] qu'ils jugeaient, dans ce cas, comme on disait alors, « présidialement ». Au criminel, ils jugeaient, seuls ou avec l'assistance de l'intendant, sans appel, certains crimes même capitaux, brigandages sur les grands chemins, vols à main armée ou avec effraction, rassemblements armés, levées illégales de troupes, fausse-monnaie, faux, méfaits des vagabonds et des militaires en marche; puis, les autres crimes, à charge d'appel au parlement.

Les officiers des présidiaux avaient cherché, en qualité de juges semi-souverains, à se soustraire à l'obligation d'être examinés et reçus, comme les autres, par le parlement [3]. Mais c'était au parlement qu'étaient adressées leurs lettres de provision, et c'était du parlement qu'ils devaient solliciter leur investiture, que le parlement n'accordait qu'après examen,

---

[1] Le présidial du bailliage de Gisors siégeait aux Andelys.

[2] Dans le midi de la France, on donnait aux bailliages le nom de sénéchaussées, et au bailli le nom de sénéchal.

[3] « Président de présidial, ce qui s'appelle être de la première qualité dans la province. » Fléchier, *Mémoires*, p. 6.

et refusait même, quand le sujet lui paraissait indigne, incapable ou en dehors des conditions légales [1].

La plupart des nombreuses justices seigneuriales et d'église ressortissaient directement au parlement, ainsi que tous les tribunaux consulaires qui, depuis 1596, jugeaient, sans appel, jusqu'à concurrence de 250 livres [2].

Quel personnel nombreux de juges et de gens de justice nécessitait un tel luxe de juridictions, bigarrées de coutumes locales nuancées à l'infini, satellites plus ou moins lointaines de la coutume-mère !

Et quelle charge pour un premier président d'avoir à assurer le jeu régulier de la justice à travers ces rouages compliqués, mis de si loin en mouvement par tant d'agents de toute sorte, répandus sur toute l'étendue d'un si vaste ressort qui comprend aujourd'hui deux cours d'appel ! Un seul homme, vraiment, y pouvait-il bien suffire ?

### § 9. *Les Appeaux*.

Aussi, était-il nécessaire de rapprocher ce nombre infini d'officiers de justice, à des époques préfixes. Il était donc un usage cher au parlement de Normandie, et encore dans toute sa splendeur au temps de Pellot, usage non moins utile à la justice que flatteur pour le parlement : les *Appeaux*, dernier vestige du temps où les juges étaient tenus de venir défendre eux-mêmes leurs sentences frappées d'appel. Il y avait alors

---

[1] *Hist. manusc. du parlement*, t. II, p. 196.

[2] *Ibidem*, t. I, p. 68. Il en était de même des amirautés ; elles ressortissaient directement au parlement. Les amirautés étaient des circonscriptions maritimes où l'amiral exerçait, en ce qui concernait les affaires de marine, un droit de justice. Il y était représenté par des officiers qui étaient à sa nomination, bien qu'ils eussent des provisions ou commissions du roi. (*Lett.*, *Inst. et Mém.*, t. II, p. 425.)

une assise distincte et des appeaux distincts pour chaque bailliage [1]. A la rentrée de la Saint-Martin, les assises et les appeaux du grand bailliage de Rouen ; au lendemain des rois, les assises et les appeaux du grand bailliage de Caux ; au mois de février, les assises et les appeaux d'Evreux et de Gisors; au lendemain de Quasimodo, les assises et les appeaux de Caen ; au lendemain de la Trinité, les assises et les appeaux du Cotentin ; en juin ou en juillet, selon la date de Pâques, les assises et les appeaux d'Alençon. Or, à l'ouverture de chacune de ces assises, Rouen était rempli de tous les appelans et intimés du bailliage, leurs juges en tête. En effet, ils avaient, sous peine d'interdiction, officiers du bailliage et officiers de leurs vicomtés, à comparoir, ce jour-là, en personne, devant le parlement, pour assister à l'appeau des causes de leur bailliage, puis à l'appeau de leurs noms. Chacun répondait, passait en saluant, puis se retirait, après avoir rendu cet hommage aux « seigneurs du parlement [2] ». Tel était le formalisme auquel les juges des présidiaux parvinrent toujours à se soustraire [3].

Au commencement du mois de janvier 1640, lorsque des conseillers d'État et des maîtres des requêtes étaient à Rouen, aux lieu et place du parlement interdit, le chancelier, par respect pour les coutumes de Normandie, avait décidé que « le bailly de Caux et aultres qui ont accoustumé de se trouver aux audiences prochaines après les roys, comparoistroient en la manière accoustumée ». Ils s'étaient empressés de se rendre à l'audience du neuf janvier, où « le premier huissier de la Court, le bonnet fourré en teste, avoit appelé l'un après l'autre le bailly de Caux, les vicomtes de

[1] Piganiol de La Force, *Introduction à la description de la France,* t. I, p. 200. Expilly, t. V, p. 243.
[2] Piganiol de La Force et Expilly, *loc. citat.*
[3] *Hist. manusc. du parlement*, t. I, p. 97.

Dieppe et tous les aultres vicomtes du même bailliage, chacun selon leur rang, mesme les gens du roy, officiers des eaux et forêts, juges de l'amirauté, et aultres accoustumés ; la pluspart estoient présentz et s'étoient levez et découvertz ; le procureur-général avoit requis acte de la comparition des présents qui seroient tenus prester le serment, et demeurer au pied de la cour pendant la huitaine, et deffault contre les absentz, par vertu duquel ils auroient à comparaître à la huitaine, à peine de suspension de leurs charges ; ce quy avoit esté ordonné, le s$^r$ d'Ormesson prononçant. »

Ainsi le raconte de Verthamont dans son *diaire* [1].

### § 10. *Services administratifs et financiers de la province. Intendants de la généralité de Rouen, sous Pellot.*

Administrativement et financièrement, la Normandie était divisée en trois généralités ayant chacune un intendant, dont les chefs-lieux étaient Rouen, Caen, Alençon.

A chaque généralité était attaché un bureau des trésoriers généraux des finances, composé d'un président, de dix-huit trésoriers et d'un procureur du roi. Ce bureau avait l'inspection et le contrôle des finances ; jugeait en certains cas, par appel, les sentences des élus, et connaissait, en outre, des affaires concernant le domaine du roi et la police des grands chemins [2].

Chaque généralité était subdivisée pour le service financier en élections ayant, chacune, un conseil d'élus.

La généralité de Rouen comprenait 13 élections [3].

---

[1] Pages 120 et 123.

[2] Piganiol de La Force, t. II, p. 60.

[3] Rouen, Andelys, Arques, Beaumont, Caudebec, Evreux, Gisors, Magny, Montivilliers, Neufchâtel, Pont-de-l'Arche, Pont-l'Évêque, Pont-Audemer.

Celle de Caen en comprenait 9 [1].
Celle d'Alençon, 9 aussi : total 31 élections [2].

Deux juridictions supérieures existaient à Rouen pour le service financier : la Chambre des Comptes dont le nom indique l'attribution, et la Cour des Aides [3] qui par appel des sentences des élus, était juge en dernier ressort des procès, même criminels, concernant les impôts, de quelque nature qu'ils fussent, taille, gabelle ou aides [4] proprement dits.

[1] Caen, Avranches, Bayeux, Carentan, Coutances, Mortain, St-Lô, Vire, Valognes.
[2] Alençon, Argentan, Bernay, Conches, Domfront, Falaise, Lisieux, Mortagne, Verneuil.
[3] En 1707, les deux cours furent réunies en une seule, sous le titre de Cour des Comptes, Aides et Finances de Normandie.
[4] On appelait spécialement Aides les impôts sur les liquides.

Le personnel de la Cour des Aides de Rouen, y compris son procureur général, laissait, à cette époque, fort à désirer. « Cette compagnie, écrivait Colbert à l'intendant de Rouen, a toujours été accusée de beaucoup de désordres dans l'administration de la justice. Quoique le projet de règlement que vous m'avez envoyé soit bon pour lui donner de bons principes et de bonnes manières, et faire voir ce qui doibt se faire pour empescher la suite des désordres dans lesquels elle est tombée, je ne crois pas que ce soit la meilleure voye. Il vaudroit beaucoup mieux examiner avec soin tous ses arrests, discerner ceux qui sont contraires aux ordonnances, et en ce cas, les casser et lui enjoindre de nommer les rapporteurs; et lorsque nous verrions qu'un mesme rapporteur auroit donné trois ou quatre mauvais arrests, l'interdire et lui enjoindre de vendre sa charge. Je puis vous assurer que cette voie est la meilleure et la plus courte... COLBERT. » *Lett., Inst. et Mém.*, t. II, p. 382.

« Il s'est présenté depuis peu, écrivait Colbert au Premier-Président des aides de Rouen, une affaire au conseil dans laquelle on a veu que vous aviez donné une ordonnance dans vostre maison de campagne. J'ai esté bien ayse de vous donner avis que vous devez bien vous donner de garde de donner de pareilles ordonnances, parce que vous n'en avez pas le pouvoir, et que vous scavez fort bien que le devoir et les fonctions de vostre charge sont renfermés dans le lieu où la Cour des Aydes tient sa juridiction, et avec les conseillers et officiers qui la composent; et vous

Outre la Chambre des Comptes et la Cour des Aides, il y avait à Rouen la Table de Marbre, la Vicomté de l'Eau et la Cour des Monnaies.

La Table de Marbre était juge des eaux-et-forêts. La vicomté de l'Eau « connaissoit de tout ce qui arrivoit sur la Seine, depuis Vernon jusqu'à la mer, ainsi que de tous les poids et mesures de Rouen [1] ».

Pendant que Pellot fut à la tête du parlement, les intendants de la généralité de Rouen furent :

1º Jacques Barin, seigneur de la Galissonnière, que Pellot y trouva à son arrivée. Maître des requêtes en 1665, il quittera Rouen en 1672, pour devenir, par le crédit de Montausier [2], conseiller d'État. Le tableau des maîtres des requêtes le dépeint ainsi : « De l'esprit, sçavant, un peu intéressé, de la cabale dévote [3]. » Mort conseiller d'État en 1683.

2º Jean de Creil, seigneur de Soisy. D'abord conseiller au parlement de Paris [4], puis en 1670, maître des requêtes ; mort en 1697 [5] conseiller d'État.

3º En 1675, Louis le Blanc, d'abord conseiller au Châtelet, puis à la Cour des Comptes de Paris, maître des

---

jugerez facilement vous-mesme que si vous continuiez à en user de cette sorte, vous obligeriez le Roy à vous témoigner qu'il ne seroit pas satisfait de vostre conduite. COLBERT. » *Mélanges Clairambault*, vol. 463, p. 980. Inédit.

[1] Expilly, t. V, p. 243.

[2] Journal d'Ormesson, t. II, p. 626.

[3] C'est-à-dire janséniste. Chéruel, *Sous d'Ormesson*, t. II, p. 421.

[4] « Sçait son métier, y est fort attaché, aime le sacq et ses intérêts du palais ; incapable néantmoins de faire une salleté et une bassesse, peut servir ses amis utilement ; tient à la dévotion ; est fort gouverné par M. Méliand, son beau-père. » *Tableau du parlement de Paris*, t. II, p. 4.

[5] Tableau des intendants sous Colbert, pour celui-ci et les deux suivants. *Lett., Inst. et Mém.*, t. II, p. 327.

requêtes en 1669; administrateur des plus distingués qui, en 1682, perdit son intendance par révocation.

4° En 1682, enfin, Claude Méliand [1], qui quitta l'intendance de Caen, qu'il occupait depuis 1677, pour celle de Rouen. Maître des requêtes depuis 1673. Beau-frère de Jean de Creil [2].

Toute la province était, pour la religion, sous le gouvernement de l'archevêque de Rouen, métropolitain, primat de Normandie, ayant six évêques suffragants : Evreux, Lisieux, Bayeux, Avranches, Séez et Coutances.

A côté de ces évêchés et souvent en rivalité avec eux, car un privilège aussi antique que l'église de France les avait soustraites à leur juridiction, existaient, entre autres, les abbayes fameuses du Bec, du Mont St-Michel, de Jumièges, de St-Ouen, de Boscherville, de St-Wandrille, de Bonport et de Fécamp, que la Normandie pouvait, à bon droit, considérer comme autant de mères et de tutrices, car c'étaient elles qui par le christianisme, l'avaient initiée à la civilisation, avant et après les grandes invasions normandes.

Enfin, le tout, justice, administration, finances, église même, était sous l'autorité politique d'un représentant direct de la royauté qui avait le titre de gouverneur : haut et puissant dignitaire ayant sous ses ordres deux vice-gouverneurs, ses lieutenants généraux, l'un pour la haute, l'autre pour la basse Normandie.

---

[1] De la famille de Méliand, procureur général au parlement de Paris, qui, en 1650, avait vendu sa charge 700,000 livres (*Introduction au Journal d'Ormesson*, t. II, p. 6), charge que Fouquet revendit, en 1660, 1,500,000 livres à de Harlay, frère de l'archevêque de Rouen.

[2] Intendants de la généralité de Caen, sous Pellot : Guy Chamilliard, 1666; Philippe Dreux, 1675; François Bazin, 1677. — Intendants de la généralité d'Alençon, sous Pellot : de Marle, 1666; Michel Colbert, 1671, révoqué en 1675; Philippe Dreux, 1675; De Morangis, 1682.

§ 11. *Les hauts dignitaires de Rouen en 1669.*

En outre du premier président, les hauts dignitaires de Rouen étaient :

1º Le gouverneur de la province ; 2º son lieutenant-général pour la Haute-Normandie, gouverneur, en même temps, de la ville et du château de Rouen, représentant en vertu d'une commission spéciale, avec un égal pouvoir et de mêmes honneurs, le gouverneur de la province absent ; 3º l'archevêque métropolitain.

Arrêtons-nous un instant sur chacun de ces trois personnages, qui étaient, en 1669, le duc de Montausier, le second marquis de Beuvron et le second de Harlay [1].

Le duc de Montausier. La Normandie, à partir de 1620, avait été, pendant quarante-trois ans, sous le gouvernement de Henry d'Orléans, duc de Longueville et d'Estouteville [2], descendant du fameux Dunois bâtard d'Orléans, un des héros de nos guerres nationales du XVᵉ siècle, mais descendant bien déchu. Tour à tour en lutte avec Richelieu et Mazarin, qui lui avait, au temps de la Fronde, enlevé son gouvernement ; engagé à la suite des princes de Condé et de Conti, ses beaux-frères, dans la Fronde où leur sœur la duchesse de Longueville [3], sa femme, fut encore plus engagée

---

[1] Le lieutenant-général pour la Basse-Normandie était, en 1669, Henry de Matignon comte de Thorigny.

[2] En 1650, le gouverneur de la Normandie fut, pendant quelque temps, Jean Rouxel, comte de Grancey (frère de Rouxel de Médavy, qui fut archevêque de Rouen, après Harlay de Champvallon, en 1672), maréchal de France.

[3] Madame de Motteville, sous l'année 1653 : « ... c'est alors qu'elle (madame de Longueville) a connu que la figure de ce monde passe, et la regardant avec mépris, elle a, depuis, employé sa vie au service de

que lui, nous l'avons vu, en 1648, chercher avec l'aide du parlement à soulever sa province contre la reine-mère et contre Mazarin. « D'un caractère généreux mais faible, s'engageant aisément, se dégageant volontiers, au fond sans passion et sans ambition, ayant tout ce qu'il faut pour briller au second rang, mais incapable du premier. » Tel nous le dépeint l'historien de la duchesse de Longueville [1]. De Retz qui l'avait fort pratiqué, a dit de lui « qu'il étoit d'une irrésolution continuelle, et l'homme qui aimoit le moins le commencement de toutes les affaires [2] ».

A sa mort, en 1663, le roi avait disposé de son magnifique gouvernement en faveur de Charles de Sainte-Maure duc de Montausier. Dès 1645, après quinze années de vaillants services militaires en faveur de la cause royale, Montausier avait renoncé au protestantisme, pour épouser Julie Lucine d'Angennes, la célèbre Arténice de l'hôtel Rambouillet. Il était au moment de la Fronde gouverneur de l'Angoumois et de la Saintonge, et son dévouement en cette circonstance critique lui avait valu, avec le titre de duc et pair, le gouvernement de Normandie. Il résida fort peu à Rouen, et il n'y résidait plus en 1670, ayant été, dès 1668, nommé gouverneur du jeune Dauphin. Aussi, ses relations officielles avec le premier président eurent-elles lieu à Paris, et plus encore à Fontainebleau, à Saint-Germain et à Versailles.

Le seul acte de lui que nous ayons trouvé sur les registres du parlement est la présentation solennelle qu'il vint y faire, en 1667, avec la Galissonnière, de l'ordonnance sur la réformation de la justice civile, porteur d'un ordre du roi en

---

Dieu... je lui ay ouy dire avec douleur qu'elle ne croyoit jamais assez faire, pour expier ce qu'elle devoit à la justice divine, par la part qu'elle avoit eue à la guerre civile... »

[1] V. Cousin, *Société française au XVIIe siècle*, t. I, chap. 1er.
[2] *Mém. de Retz*, t. I, p. 235. Edit. Champollion.

demandant l'enregistrement immédiat [1]. C'était une année avant qu'il eut été nommé gouverneur du Dauphin, et il pouvait bien alors résider encore à Rouen, quoique sa femme n'y résidât déjà plus, ayant eu plusieurs années auparavant la charge de gouvernante des enfants de France.

On sait de quel éloge l'a accablé Massillon[2] : « Homme d'une vertu rare et austère ; d'une probité au-dessus de nos mœurs; d'une vérité à l'épreuve de la Cour ; philosophe sans ostentation; chrétien sans faiblsse, courtisan sans passion, l'arbitre du bon goût et de la rigidité des bienséances, l'ennemi du faux, l'ami et le protecteur du mérite, le zélateur de la gloire de la nation, le censeur de la licence publique, enfin, un de ces hommes qui semblent être comme les restes des anciennes mœurs, et qui seuls ne sont pas de leur siècle... »

Sa franchise et sa rudesse n'ont pas peu contribué à faire de lui, aux yeux de ses contemporains, le type que Molière aurait eu en vue pour son Alceste. Boileau a rendu proverbiable la sûreté de son goût, « Vous savez à quel point il me paraît orné de toutes les vertus, a écrit de lui M<sup>me</sup> de Sévigné : c'est une sincérité et une honnêteté de l'ancienne chevalerie... [3] »

Fléchier, avant d'être précepteur du fils de M. de Caumartin, avait été, en même temps que Montausier, un des hôtes assidus de l'hôtel Rambouillet, et c'était dans cette école de bel esprit et de beau langage, qu'il avait connu Julie Lucine d'Angennes. Plus tard, lors des Grands Jours d'Auvergne, en 1665, M. de Caumartin qui venait d'épouser en deuxièmes noces M<sup>lle</sup> de Verthamont, fille de l'auteur du journal de la chevauchée de Séguier, avait emmené avec lui, outre sa mère et sa jeune femme, son fils âgé de douze ans,

---

[1] Reg. secret du parlement, année 1667.

[2] Oraison funèbre du grand Dauphin. Montausier était un des appuis du parti janséniste auprès du roi.

[3] Lettre à sa fille, du 4 août 1677.

avec Fléchier son précepteur, et c'avait été pour mesdames de Caumartin et les femmes des autres magistrats, leurs compagnes dans cette rude expédition au cœur de l'hiver en Auvergne, mais aussi pour Julie Lucine d'Angennes de Rambouillet, duchesse de Montausier, que Fléchier avait écrit, au courant de sa plume enjouée et spirituelle, ses remarquables Mémoires des Grands Jours, qui ont été souvent mis à contribution par nous.

A quelques années de là, en 1672 [1], Fléchier payait un pieux tribut à sa mémoire, dans sa première oraison funèbre; de même qu'il devait, dix-huit ans plus tard en 1690, dans la dernière qui soit sortie de sa bouche éloquente, rendre un juste hommage à la mémoire de « très haut et très puissant seigneur, messire Charles de Sainte-Maure, duc de Montausier, pair de France, gouverneur de Normandie, chevalier des ordres du roy, cy-devant gouverneur de monseigneur le Dauphin. »

Le marquis de Beuvron. François-Timoléon d'Harcourt marquis de Beuvron et d'Ectot [2] avait succédé à son père François d'Harcourt-Beuvron-d'Ectot, dans le gouvernement de la ville et du château de Rouen. Il n'est guère en Normandie de nom plus illustre que celui des d'Harcourt [3]. On le trouve associé à celui des barons qui envahirent la Sicile et l'Angleterre. Celui qui gouvernait Rouen au temps

---

[1] « Quelques jours avant Noël 1671, la compagnie assista aux honneurs funèbres que la ville rendoit à la mémoire de Lucine d'Angennes de Rambouillet, femme du duc de Montausier, gouverneur de la Province, moins recommandable par ses grâces naturelles et son rang, que par son génie supérieur et son amour pour les belles-lettres, soutenus d'une grande piété... » *Hist. manuscrite*, t. II, p. 294.

[2] Le père Anselme, t. V, p. 132.

[3] Il ne faut pas confondre la maison normande des d'Harcourt-Beuvron avec la branche Lorraine des d'Harcourt dont un membre en 1649, avait infligé à Longueville, vers Quillebeuf, un échec complet.

où Pellot y fut premier président, était un homme de beaucoup d'esprit et d'un grand caractère, que Louis XIV honora de son amitié et de son estime, et dont madame de Sévigné parle souvent dans ses lettres [1]. Saint-Simon nous apprend qu'il fut le favori de M$^{me}$ de Maintenon. Grâce à l'appui du duc de Longueville, il avait, en 1648, étant fort jeune, épousé une fille de Letellier de Tourneville, ce riche financier dont la maison avait été mise à sac lors de la sédition de 1639[2]. Devenu veuf, Beuvron, en 1677, épousera une fille du maréchal Fabert[3] qui lui apportera en mariage la terre et le château de la Mailleraie où il mourut en 1709. Quoique mêlé aux guerres de Louis XIV et à la vie de Versailles, sa résidence à Rouen n'en était pas moins fréquente. Il fut en relations amicales et suivies avec le premier président, et, de fait, pendant sa première présidence, avec le simple titre de lieutenant-général, gouverneur de la Normandie. Nous le verrons en 1674 jouer, aux côtés de Pellot, un rôle actif dans la recherche des complices du chevalier de Rohan.

HARLAY DE CHAMPVALLON. De l'illustre famille qui a donné des procureurs-généraux et des premiers présidents au parlement de Paris. Il était à la tête de la province ecclésiastique de Normandie, depuis 1651, année où il avait remplacé son oncle. Ses contemporains ont été unanimes pour le représenter comme le plus beau, le plus éloquent, le plus avenant et le plus habile des prélats. « Personne ne reçut de la nature un plus merveilleux talent pour l'éloquence. Il réunissoit

---

[1] *Le Gouvernement de la Normandie au XVIII$^e$ siècle,* par Hippeau, t. I., Introduction.

[2] Aux *Historiettes*, t. V, p. 104, le chap. intitulé Madame d'Hequetot et mademoiselle de Beuvron. Tallemant y raconte à sa manière la façon dont s'était fait ce mariage. (Edit. de 1834.)

[3] Abraham Fabert, né à Metz en 1599, maréchal de France en 1654, mort le 17 mai 1662.

non seulement tout ce qui peut contribuer au charme des oreilles, une élocution noble et coulante, une prononciation animée, mais encore tout ce qui fixe agréablement les yeux, une physionomie solaire, un grand air de majesté, un geste libre et régulier [1]. » « Prélat d'un génie élevé et pacifique, auquel il n'auroit rien manqué, s'il avoit sû autant édifier l'Église par ses vertus, qu'il étoit capable de lui faire honneur par ses talents et de la conduire par sa prudence [2]. » « Né avec tous les talents du corps et de l'esprit, et s'il n'avoit eu que les derniers, le plus grand prélat de l'Église [3]. » Tel nous le dépeignent les contemporains. Archevêque de Rouen à vingt-six ans [4], il s'adonna alors exclusivement à ses devoirs de pasteur, prêchant chaque dimanche, travaillant sans relâche à la conversion des protestants, nombreux dans sa Province, parcourant les villes et les campagnes, établissant des conférences au sein de son clergé. Il n'avait encore que trente-six ans, en 1660, quand l'assemblée générale du clergé l'avait choisi pour son président, dignité qui devait lui être déférée nombre de fois par la suite, car il fut jusqu'à sa mort, en quelque sorte le président-né des assemblées du clergé de France.

Sa facilité était si grande qu'un jour, à Rouen, un prédicateur s'étant vu obligé de descendre de la chaire de la cathédrale après avoir établi ses divisions, Harlay avait pris sa place, et, sur le même plan, improvisé un sermon merveilleux.

Tel était le prélat, exact et austère, que Pellot trouva à

---

[1] D'Olivet.
[2] Le chancelier d'Aguesseau, *Mém. sur les aff. de l'Eglise de France*, t. XIII de l'édit. de 1789, p. 162.
[3] Saint-Simon. Notes sur Dangeau.
[4] Biographie Michaud, au mot Harlay de Champvallon, pour tout ce qui suit.

Rouen, mais pas pour longtemps, car en 1672 il fut appelé au siège de Paris [1] après Hardouin de Péréfixe.

Que ne resta-t-il à Rouen ? A Paris, sa situation fut tout autre. Sa souplesse de caractère, la facilité de son esprit, son ambition, son ardeur devinrent pour la volonté royale un instrument trop docile [2]. En 1677, il poursuivit sans succès la succession de d'Aligre, ayant rêvé le rôle de premier ministre, sans songer que le temps des Richelieu et des Mazarin n'était plus. En 1682, il présida l'assemblée du clergé qui proclama les fameux quatre articles. On [3] lui a reproché d'avoir pesé alors sur le clergé du second ordre dont on redoutait l'indépendance, et de l'avoir amené à renoncer à la voix délibérative qu'il avait eue jusque-là.

C'est de lui que le doux Fénélon, au plus fort de la lutte du quiétisme, écrivait au roi, en termes bien durs dans une telle bouche [4] : « Vous avez un archevêque corrompu, scandaleux, incorrigible, faux, malin, artificieux, ennemi de toute vertu et qui fait gémir les gens de bien. Vous vous en accomodez, parce qu'il ne songe qu'à vous plaire par ses flatteries. Il y a plus de vingt ans qu'en prostituant son honneur, il jouit de votre confiance. Vous lui livrez les gens de bien, vous lui laissez tyranniser l'Église, et nul prélat vertueux n'est traité aussi bien que lui. »

Il mourut subitement en 1695, sans être non plus que son oncle parvenu au cardinalat, et, comme lui, en pleine disgrâce. « Son profond savoir, écrit Saint-Simon, l'éloquence et la facilité de ses sermons, l'excellent choix de ses sujets et l'habile conduite du diocèse, tout cela fut mis, alors, en

---

[1] Le futur premier président, son frère, Achille de Harlay, était alors procureur-général au Parlement de Paris.

[2] Gérin. *Recherches hist. sur l'assemblée du clergé* de 1682, p. 175.

[3] *Ibidem*.

[4] Lettre citée par Gérin. *Ibidem*.

opposition avec sa conduite facile, ses mœurs galantes, ses manières de courtisan de grand air. Cet esprit étendu, juste, solide et toutefois fleuri, qui, pour la partie du gouvernement en faisoit un grand évêque, et pour celle du monde un grand seigneur fort aimable, ne put s'accomoder à cette décadence et au discrédit subit... Le monde qui n'eut plus besoin de lui pour les évêchés et des abayes l'abandonna. Toutes les grâces de son esprit et de son corps qui étoient infinies et qui lui étoient parfaitement naturelles se flétrirent... le P. Gaillard fit son oraison funèbre à N.-D ; la matière étoit plus que délicate et la fin terrible. Le célèbre jésuite prit son parti ; il loua tout ce qui méritoit de l'être, puis tourna court sur la morale. Il fit un chef-d'œuvre d'éloquence et de piété¹. »

Tels furent les trois hauts dignitaires que Pellot trouva à Rouen à son retour en Normandie. Du reste, il les connaissait de vieille date, Beuvron et Harlay de Champvallon pour les avoir vus autrefois à Rouen, de 1641 à 1647, Beuvron aux côtés de son père, Harlay de Champvallon aux côtés de son oncle ; et Montausier, pour avoir eu de fréquents rapports avec lui, du temps qu'ils étaient : le duc, gouverneur de l'Angoumois et de la Saintonge, et lui, intendant de la

---

¹ *Mémoires*, t. I, chap. xvii. C'est lui, au dire des commentateurs, que la Bruyère a eu en vue dans ce passage de son chapitre DE L'HOMME: « Il coûte moins à certains hommes de s'enrichir de mille vertus que de se corriger d'un seul défaut. Ils sont même si malheureux, que ce vice est souvent celui qui convenoit le moins à leur état et qui pouvoit leur donner dans le monde plus de ridicule. Il affoiblit l'éclat de leurs grandes qualités ; empesche qu'ils ne soient des hommes parfaits et que leur réputation ne soit entière. On ne leur demande point qu'ils soient plus éclairés et plus incorruptibles, qu'ils soient plus amis de l'ordre, de la discipline, plus fidèles à leurs devoirs, plus zélés pour le bien public, plus graves : on veut seulement... »

généralité de Poitiers, qui comprenait la Saintonge et l'Augoumois.

Nous aurons à parler plus loin [1] d'un prélat dont nous avons, du reste, déjà prononcé le nom [2], qui, dès 1682, succédera à Harlay de Champvallon : Rouxel de Médavy.

[1] Au chap. v du liv. XVI, p. 470 et suiv.
[2] Au tome I, p. 31.

## CHAPITRE DEUXIÈME

### DÉBUTS DU PREMIER PRÉSIDENT

§ 1. *Le premier président Pellot sauve la vie à une cinquantaine de malheureux, condamnés à être brûlés comme sorciers. Sa lettre remarquable à ce sujet. Jurisprudence cruelle du Parlement de Normandie contre les sorciers. Pellot, à l'insu du Parlement, obtient un arrêt du grand conseil qui condamne cette jurisprudence.*

Le début de Pellot au parlement fut un coup de maître : c'est la lettre qui suit, sur laquelle nous appelons l'attention.

« Pellot, premier président, à Colbert. Rouen, 10 juillet 1670 [1] :

« Je crois que vous ne serez pas marry que je vous rende compte d'un jugement qui a esté rendu aujourdhuy par la chambre des Tournelles de ce Parlement, parce qu'il est de conséquence et peut avoir des suites. L'on y a condamné un homme et deux femmes comme convaincus de sortilège, et l'on a confirmé les sentences des juges des lieux données contre eux, qui les condamnent à estre pendus et ensuite

---

[1] Biblioth. nat., *Mélanges Clairambault*, vol. 792 f° 48, original.

bruslés, que l'on doit envoyer pour estre exécutés sur les lieux [1].

« L'on a condamné l'une des deux femmes sur les preuves de quatre ou cinq jeunes garçons de onze ans jusqu'à quatorze, quinze et seize, qui ont déposé l'avoir veue au sabbat, dans les lieux qu'ils marquent, et y avoir fait ce que l'on dit que les sorcières y commettent ordinairement, sans qu'elle soit accusée d'aucuns empoisonnement, sortilège et maléfice. Contre l'autre femme, il y a des pareilles preuves de ces jeunes garçons qui disent l'avoir veue au sabbat et qu'elle a guéry quelques personnes dans le moment en les touchant, sans leur appliquer aucun remède.

« Pour l'homme, outre les preuves qu'il y a contre luy d'avoir été au sabbat, qui résultent seulement des dépositions de ces jeunes garçons, il y a des preuves de maléfice qui sont qu'en menaçant des gens qui lui avoient fait quelque chose,

---

[1] « Dispositif de la sentence rendue au Présidial de Carentan le XX mai 1670, au rapport de M. Gomair Morel :

« Nous avons déclaré la dite Charlotte Ledy, deument atteinte et convaincue du crime de sortilège ; d'auoir, par maléfice, causé des maladies à diverses personnes, et par enchantement procuré leur santé à d'autres ; d'auoir hanté et fréquenté les sabbats et assemblées des sorciers ; auoir renoncé Dieu et adoré le Démon, et auoir commis les autres actions qui se commettent aux sabbats ; pour réparation des quels crimes, nous l'avons condamnée à faire l'amende honorable, pieds nus et en chemise, tenant en ses mains une torche ardente du poid de deux livres, devant la principale porte de l'Eglise de ce lieu ; et là estant, en genoux, demander pardon à Dieu, au Roy et à la justice, et, après, estre conduite par l'executeur des sentences criminelles au lieu où l'on a accoustumé de supplicier les criminels pour y estre pendue et estranglée en une potence qui y sera plantée pour cet effet, et ensuite son corps bruslé et réduit en cendres, et les cendres jettées au vent, ses biens acquis et confisqués au Roy. » (Suit le dispositif de deux autres sentences semblables, l'une du 5 mai 1670, l'autre du 20 du même mois, contre Gabriel Leseigneur et Charlotte Levavasseur.) — *Mélanges Clairambault*, vol. 792, f° 45. Inédit.

ils sont tombés dans des maladies qui les ont fait languir long-temps: de plus, on prétend qu'il a à la tête une marque insensible, la quelle ayant esté piquée par des aiguilles, il n'a tesmoigné aucun sentiment, quoique, ayant été piqué dans d'autre parties du corps, il ayt paru avoir ressenty ces piqures, suivant qu'il appert par le procès verbal du juge des lieux.

« L'homme est un paysan agé de soixante-quinze ans; l'une des femmes à soixante-dix ans et l'autre cinquante ou cinquante-cinq, qui vivoient doucement et avoient quelque bien dans leur mesnage, dont l'une n'est point accusée d'avoir jamais fait mal à personne. Elles n'ont rien avoué, non plus que l'homme devant le juge des lieux, ni sur la sellette à la Tournelle, et ont parlé fort raisonnablement, disant aux juges qu'ils étoient trop gens de bien et gens de justice pour les condamner sur la déposition de quatre ou cinq jeunes gens qui ne scavoient ce qu'ils disoient et ont la cervelle renversée, qui croient ce qu'ils ont resvé et vû en dormant; que si cela avoit lieu, personne n'auroit sa vie en sûreté. Et l'homme a ajouté, touchant sa marque insensible, qu'il a fort bien senty quand on l'a piqué en cet endroit-là; que le greffier n'y a pas pris garde et qu'il a écrit ce qu'il a voulu; que si on le vouloit visiter de nouveau, l'on verroit qu'il ne manquoit pas de sentiment en cet endroit-là.

« De quatorze juges, y il en a eu huit de l'avis où il s'est passé, et six autres à différer le jugement jusqu'à ce que l'on eust de plus grandes preuves.

« L'on doit juger une autre sorcière demain, et il y a un prestre qui a demandé son renvoy à la grande Chambre[1] et qui sera jugé. Outre cela, il doit en venir 21 ou 22 d'une bande, et 8 ou 10 de l'autre, dans un jour ou deux, du même

---

[1] Les ecclésiastiques étaient, par privilège, justiciables de la Grande-Chambre, et échappaient, ainsi, à la Tournelle. Voir ci-après, p. 88.

endroit d'où sont venus ceux-cy, qui est entre Coutances et Carentan, lesquels on dit qu'ils accusent diverses personnes de condition.

« Ainsy l'on verra s'il ne faut point de plus fortes preuves pour condamner ces gens, car l'on dit que, dans ce pays-là, l'on découvre tous les jours des personnes que l'on accuse de sortilège, et l'on appréhende que plus on en condamnera, plus on en découvrira et il en paroitra. De sorte que si S. M. trouve à propos de donner quelques ordres, ils viendront assez en temps, car ces trois que l'on a condamnés aujourdhuy, on ne les conduira de trois ou quatre jours au lieu de l'exécution pour attendre ceux qui doivent être condamnés et les mener tous ensemble. J'en escris, aussi, à M. de Chateauneuf, Secrétaire d'Etat [1].

« *(De la main de Pellot.)* Je trouve, Monsieur, bien dangereux, sur la déposition de quatre ou cinq misérables qui ne scavent le plus souvent ce qu'ils disent, de condamner des personnes à mort. Le chapitre XII, *Episcopi (quæstio V, causa XXVI discendi, 11 pars)* n'est pas de ce sentiment, et croit que pareilles gens sont visionnaires qu'il faut désabuser; et la *loi IV, titre XVIII codicis, livre IX,* ne les veut pas traiter bien rigoureusement. La matière, il me semble, est assez importante, afin que S. M. fist quelque réglement là-dessus, et que les juges seussent quelles preuves il faut pour condamner pareils gens. Car il y en a qui s'en moquent, d'autres qui ne s'en moquent pas et qui les font brusler, et il est facheux que l'on voye que l'on se joue de la vie des hommes... [2] PELLOT. »

Il y avait trois mois à peine, que Pellot était reçu premier-

[1] Son neveu. Voir t. I, p. 650.
[2] Cette lettre a été déjà imprimée aux *Lett., Inst. et Mém.*, t. VI, p. 401. — Nous en avons pris copie sur l'original aux *Mélanges Clairambault*, vol. 792, fº 62.

président, quand ces monstrueuses condamnations que se permettaient certains présidiaux et le parlement appelèrent son attention et motivèrent la lettre qu'on vient de lire.

On ne sait ce qu'on doit admirer le plus : sa promptitude à réagir; son ton indigné autant que calme; la force de ses raisons; son grand respect de la vie de ses justiciables.

Vrai modèle que cette lettre, pour ceux qui ont, avec de telles responsabilités, la garde d'existences pour lesquelles leur lumière et leur conscience sont tout.

Une femme condamnée par un parlement à être pendue et brûlée, sur la déclaration de 4 ou 5 jeunes garçons de 11 à 16 ans qui disent l'avoir vue au sabbat!

Une autre, condamnée de même, sur les mêmes déclarations, avec cette circonstance, aggravante pour un parlement, qu'elle a guéri sans remèdes!

Un homme, enfin, condamné aussi, sur les mêmes déclarations, avec cette circonstance, doublement aggravante pour le même parlement, que des personnes menacées par lui ont langui quelque temps, et qu'il a sur le corps un point qui, piqué avec une aiguille, est demeuré insensible, au dire d'un greffier de présidial !

L'homme, un brave paysan de 75 ans; les deux femmes, l'une de 70 ans, l'autre de 50 à 55 ans, n'ayant jamais péché, vivant doucement dans leur ménage, ayant quelque bien.

Pellot, qui à coup sûr avait assisté en témoin à l'audience de la Tournelle, avait été frappé de la sagesse et de la sincérité de leurs réponses. En effet, elles sont d'un sens profond, et plus sages que la sentence contre laquelle se débattaient ces infortunés :

« Nous n'avons jamais fait mal à personne : ces cinq ou six jeunes garçons ne sçavent ce qu'ils disent; si on pouvoit attacher de l'importance à leurs dires, quelle vie seroit en seureté ? Le greffier, ajoutait le vieillard de 75 ans, a beau avoir mis sur son procès-verbal que j'ai sur le corps une marque insensible : il a pu mettre ce qu'il a voulu ; moi, j'affirme avoir senti et souffert : qu'on recommence l'épreuve ! vous, juges, qui êtes sur vos sièges avant tout pour assurer la vie des autres, vous êtes trop gens de bien et de justice pour nous condamner sur le dire de 4 ou 5 enfants qui ont la cervelle renversée et croient ce qu'ils ont rêvé ! »

Cependant, aucune autre instruction n'avait eu lieu, et sur les 14 magistrats de la Tournelle, 8 ayant été d'avis de confirmer la décision des premiers juges, la pendaison et la combustion allaient suivre, sans aucun retard, car les parlements étaient souverains ; et il ne restait qu'à les conduire à Carentan, lieu de leur sacrifice. Et cet arrêt allait faire jurisprudence contre trois ou quatre autres bandes, dont une de vingt et une autre de dix, qui, condamnés déjà, dans des conditions et sur des preuves pareilles, venaient, pleins d'espoir en sa justice, solliciter du parlement leur salut. Hélas ! il en aurait été d'eux comme des autres !

« Moi, ajoute Pellot, je trouve bien dangereux, sur la déposition de 4 ou 5 misérables qui ne scavent le plus souvent ce qu'ils disent, de condamner des personnes à mort ; s'il y a des juges qui s'en moquent, d'autres ne s'en moquent pas et font condamner ; il est fâcheux que l'on se joue ainsi de la vie des hommes ; et que l'on juge ainsi, ajoutera-t-il quelques jours après, par ignorance, ou pour se faire craindre et considérer... »

Les lettres de Pellot à Colbert et au marquis de Châteauneuf portèrent coup, et furent suivies sur l'heure d'un ordre de sursis, auquel devait succéder bientôt une rémission complète. Les trois infortunés furent sauvés, grâce à l'empressement du premier président, qui expédia en grande hâte à Carentan, où ils avaient été conduits, un courrier qui y arriva au moment où s'achevaient les préparatifs de l'exécution.

« Pellot, P.-P. du Parlement, à Colbert. Rouen, 19 juillet 1670 :

« L'ordre que j'ay reçu de S. M., pour faire surseoir l'exécution des trois personnes condamnées par ce parlement à mort pour sortilège, est venu fort à propos, car ayant envoyé un courrier à Carentan où elles avoient été conduites pour être exécutées, il y arriva le jour que l'on devoit faire l'exécution. L'on sursoiera aussi le jugement de plus d'une vingtaine qui etoient dans nos prisons, et qui auroient couru une même fortune.

« Ainsy, S. M. aura tout le temps qu'il faudra pour pourvoir de quelque réglement touchant ces sortes de condamnations où il y avoit beaucoup d'abus ; car les juges les faisoient ou par ignorance, ou par préoccupation, ou pour se faire craindre et considérer... [1] PELLOT. »

Pourrait-on croire que le parlement de Rouen, dans sa manie de remontrances, et dans sa foi absolue en son infaillibilité, ait cherché à justifier ses hécatombes de sorciers ?

Nous ne résistons pas à placer ici une analyse de l'étrange plaidoyer qui se trouve dans le manuscrit de Pavyot, qui, bien entendu, y adhère complètement. Ce méchant *factum* fut l'œuvre du président Bigot qui fut à la tête de la commis-

---

[1] *Mélanges Clairambault*, vol. 792, p. 77. Adde, *Correspondance admin.*, t. II. p. 184. — L'inconvénient du mode de classement des dépêches dans les collections Depping et Clément se présente ici dans tout son jour. On lit dans ce dernier recueil la dépêche de Pellot à Colbert du 10 juillet 1670 transcrite ci-dessus, p. 65 ; et c'est dans le recueil de Depping qu'il faut aller chercher la lettre du 19 juillet qui sauva les malheureux prétendus sorciers ! De sorte que Clément, pour n'avoir pas reproduit les quelques lignes de la dépêche du 19 juillet, laisse son lecteur dans l'ignorance de ce qu'il advint de la lettre si éloquente de Pellot, du 10 juillet. Quant à la *Corresp. adm.*, elle ne dit pas un mot de cette lettre du 10 juillet, sans laquelle celle du 19 manque d'intérêt.

sion à laquelle le parlement avait remis le soin de sa justification.

Le premier président, qui savait à quels préjugés il avait affaire et quelle colère il pouvait assumer, loin d'avouer son initiative, se dissimula de telle sorte que le parlement ne sut jamais d'où était parti le coup qui vint ébranler à ce point les erreurs de la Tournelle. La publication de sa lettre du 10 juillet fait connaître, pour la première fois, le rôle de Pellot en cette circonstance.

Voici la remontrance du parlement, et comment Pavyot cherche à la justifier :

« L'opinion dans laquelle on étoit en Cour que le Parlement de Rouen pensoit différemment des autres sur la matière des sorciers, et observoit une jurisprudence particulière pour la punition de ceux qui étoient convaincus de ce crime, détermina le Roy à faire écrire, par la Vrillière, secrétaire d'Etat, que l'intention de Sa Majesté étoit de commuer la peine de mort prononcée par la Tournelle contre certains malfaicteurs accusés de sortilèges, en un bannissement perpétuel ; que l'on surcit toute procédure à l'égard de quelqu'autres, et que le Premier-Président assemblast les plus habiles du Palais avec le Procureur-Général, pour examiner si la jurisprudence du Parlement de Normandie, en matière de sortilège, étoit plustost à suivre que celle de Paris, et des autres Parlements qui jugeoient différemment, Sa Majesté désirant faire une loy uniforme pour tout son Royaume.

« Cette lettre donna lieu d'assembler les Chambres pour nommer des commissaires ; leur travail portoit en substance, que le crime de sortilège étoit un des plus grands qui se pussent commettre, attaquant la Divinité, et produisant des maux infinis ; l'écriture sainte prononceoit contr'eux la peine de mort, les Pères de l'Eglise leurs anathêmes, et les canons les plus grands châtiments ; l'Eglise de France n'estimant pas que la prison perpétuelle, qu'elle regardoit comme la plus grande peine, suffit pour la punition d'un pareil crime, les renvoyoit au bras séculier ¹ ; les jurisconsultes et les constitutions des Empereurs et principalement celles de Constantin et Théodose avoient estably contr'eux les plus grands suplices, et Charles VIII par ordonnance de 1490, des peines fort sévères, suivant l'exigence des cas. C'étoit sur ces fondements que les Parlements avoient proportionné la punition aux crimes, et celuy de Rouen ne trouvoit pas que sa jurisprudence fut différente de celle des autres. S'il s'étoit souvent porté à condamner à mort ceux qui estoient convaicus de sortilège, et s'il s'estoit, quelquefois, départy de cette sévérité, çà avoit esté par rapport aux faits particuliers, et aux preuves qui estoient trouvées dans certains procès. Les officiers qui tenoient la chambre de la Tournelle avoient donc condamné en parfaite connoissance de cause ceux auxquels le Roy avoit bien voulu accorder des lettres de commutation de peine ; leur décision méritoit de tout point d'être approuvée, et S. M. étoit suppliée de vouloir bien faire ses réfléxions sur la conséquence de ses lettres de commutation, dans un temps où la province étoit désolée par la malice de ces sortes de gens ². »

Comme on le peut bien penser, le roi ne prit garde à cette remontrance. Pellot y veillait, d'ailleurs, et continuait en secret son œuvre.

A moins de deux années de là, le 23 avril 1672, lorsque pendant l'intérim qui suivit la mort de Séguier, Colbert

---

¹ Il faut dire, à l'honneur de l'Église de France, qu'elle était demeurée entièrement étrangère à l'affaire, et que ce n'était pas à la suite d'une décision d'elle, et d'un renvoi par elle au bras séculier, que le présidial de Carentan avait statué.
² *Hist. manusc. du Parlement*, t. II, p. 298.

était plus que jamais chancelier et que le crédit de Pellot à la chancellerie était prépondérant, parut un arrêt du conseil qui eut dans la France entière un grand retentissement. Nous pouvons nous tromper; mais nous en attribuons la rédaction au premier président qui avait l'habitude d'envoyer à la Vrillière et à Colbert des projets d'arrêt.

Voici cet arrêt remarquable[1]:

### § 2. *Arrêt du grand conseil qui anéantit les poursuites pour sorcellerie pendantes devant le parlement de Normandie.*

« Le Roy ayant esté informé des procédures faites par quelques juges du ressort du Parlement de Normandie contre plusieurs accusez de sortilège et de maléfices, dont quelques uns auroient esté mesmes condamnez à mort par lesd$^s$ juges, et les sentences confirmées par les arrestz dud. Parlement; et jugeant Sa Majesté que, dans cette recherche, on pourroit envelopper beaucoup d'innocens à faute d'avoir suiuy par lesd$^s$ juges l'ordre des procédures qui ont esté establies par les ordonnances, Elle auroit ordonné que les charges et informations seroient apportées en son con$^{el}$, et que, cependant, il seroit surcis à touttes poursuittes à l'exécution desd. arrests; et depuis, faict examiner en son con$^{el}$ lesd. procédures, Sa Majesté auoit commué la peine de mort contre les condannez par lesd$^s$ arrest en un bannissement, ne trouvant pas qu'il y eut des preuves assez fortes pour asseoir lesd$^s$ condannations de mort ; mais parcequil reste plusieurs accusez dud. crime de sortilège dans les prisons de la conciergerie de Rouen et des autres sièges dud. ressort dont les procès ne peuvent estre sitost terminez, et jusqu'à ce que Sa Majesté ayt par une déclaōn généralle pour ses Cours, Juri-

---

[1] Registre secret de l'année 1672. Inédit.

dictions et Justices, réglé les procédures qui doiuent estre faictes par les juges dans l'instruction des procès pour crime de sortilège, estably la qualité des preuues et des tesmoins qui pourront estre reçeus et sur lesquelles les juges pourront fonder la condamnation des coupables, à quoi Sa Majesté veut bien, pour le soulagement de ses sujetz, donner ses soins et son applicaõn, et que, cependant, lesd. accusez sont toujours détenus dans lesd$^s$ prisons auec une si grande misère, que partie d'entre eux y sont desjà morts de nécessité et les autres dans un estat misérable ; A quoy estant nécessaire de pourvoir ; Veu, par Sa Majesté, les plainctes, décrets, informations, interrogatoires, récolemens, confrontaõns, sentences, arrets et autres procédures faites aud. parlement et ès autres Jurisdictions de lad$^e$ province, concernant led. crime de sortilège ; Sa Majesté estant en son conseil, en attendant et jusques à ce que, par un réglement générale et uniforme pour touttes les Cours, Jurisdictions et Iustices, Elle ayt prescrit l'ordre des procédures, et la qualité des preuves qui seront nécessaires pour l'instruction et jugement des procès de ceux qui seront accusez du crime de sortilège, A ordonné et ordonne que touttes les procédures qui ont esté faites pour raison dud. crime de sortilège seulement, décrets et jugemens qui ont esté rendus, demeureront esteints et supprimez, à l'exception seulement des arrests contradictoires et deffinitifs portant condannaõn de mort qui ont esté execcuttez, si aucuns y a, et de ceux dont les peines de mort portées par lesd. arrestz ont esté commuées par Sa Majesté en des bannissemens qui demeureront en leur force et vertu ; En conséquence, ordonne Sa Majesté que les prisons seront incessamment ouuertes à tous ceux qui y sont détenus pour raison dud. crime ; faict Sa Majesté deffences à tous ses sujetz de lad. province de Normandie de s'attaquer, ressentir, ny injurier, ny prouoquer l'un l'autre par reproche de ce qui s'est passé au faict desd. accusations et condannations ; sera néantmoins le procès faict et parfaict à ceux qui seront, à l'avenir, accusez dud. crime de sortilège, et leur procès insstruict, et iceux jugés conformément et aux termes de la déclaraōn qui sera incessamment enuoyée par Sa Majeste en ses cours, sans que, sous prétexte du présent arrest, ceux desd. provinces qui sont accusez d'autres crimes que celuy de sortilège, puissent estre élargis desd. prisons; mais leur sera le procès faict et parfaict et jugé pour lesd. crimes autres que celui de sortilège ; et sera le présent arrest enregistré au greffe dud. parlement de Normandie et dans tous les sièges dud. ressort; enjoinct Sa Majesté à son procureur général aud. parlement et à ses procureurs ez sièges dud. ressort d'y tenir la main, et aud. procureur général d'en informer Sa Majesté. Faict au con<sup>el</sup> d'estat du Roy, Sa Majesté y estant tenu en S<sup>t</sup>-Germain-en-Laye, le XX<sup>e</sup> d'auril, mil six cens soixante et douze. — Louis, *par la grâce de Dieu Roy de France et de Navarre, à Nos amez et féaux les gens tenans notre cour de parlement de Rouen, et à tous autres nos officiers des sièges de son ressort qu'il appartiendra,* Salut. Nous vous mandons et ordonnons par ces présents signés de nostre main, que l'arrest de nostre con<sup>el</sup> d'estat cy attaché soubz le contrescel de nostre chancellerie donné au sujet des accusez de nostre province de Normandie du crime de sortilège et de maléfices, Vous ayez à exécuter selon sa forme et teneur ; en faisant mettre en liberté et hors de prison tous ceux qui sont détenus prisonniers pour raison dud. crime; et en outre enregistrer led. arrest dans vos greffes pour y avoir recours en cas de besoin ; de ce faire, chacun en droit soy, vous donnons pouvoir, autorité, commission et mandement spécial ; Enjoignons à nostre procureur général aud. parlement et à noz procureurs esd. sièges de son ressort d'y tenir la main, mesme à nostre procureur général de nous en informer; Commandons au premier nost. huissier ou sergent, sur ce requis de faire p<sup>r</sup> l'exécution dud. arrest, si besoin est, tous exploitz et actes de justices nécessaires, sans demander autre permission, et nonobstant clameur de haro, chartre Normande, prise à partie ; et sera adjousté foy aux coppies dud. arrest et à cesd. présentés deuement collationnées, comme à l'original. Car tel est nostre plaisir. Donné à Saint-Germain-en-Laye, le XXVe jour d'auril l'an de grâce mil six cens soixante-douze, et de nostre regne le XXXe... [1] Louis. »

Le croira-t-on ? le parlement ne se tint pas encore pour battu. Par une véritable entreprise sur la prérogative royale, avant de procéder à l'enregistrement, il ordonna, on ne sait sous quel prétexte, « que tous les procès de ceux qui estoient accusés de sortilège et détenus dans la conciergerie du palais ou du ressort, seroient apportés au greffe de la Cour, pour estre communiqués au procureur général, et ensuite examinés [2]. »

Il faut croire que le procureur général que le parlement cherchait ainsi à impliquer dans son mauvais cas, comprit autrement sa mission, et que « malgré son peu de capacité et sa faiblesse pour sa charge si importante, faiblesse dont le public avoit à souffrir [3] » il insista pour la liberté immédiate des malheureux sur lesquels Pellot avait fait tomber avec tant d'à-propos la protection du roi.

---

[1] Registre secret de 1672. Nous avons relevé cet arrêt sur une expédition authentique, émanée du conseil d'État, qui existe, à sa date, dans les registres du parlement. Il a été, à l'époque, imprimé dans plusieurs recueils.
[2] *Hist. manusc. du Parlement*, t. II, p. 300.
[3] *Correspondance admin.*, tableau du parlement, t. II, p. 122.

### § 3. *Réveil, après Pellot, de la jurisprudence du parlement. De prétendus sorciers d'Avranches sont sauvés par l'intendant Foucault, 1694.*

Mais les poursuites pour sorcellerie ne devaient pas être si promptes à disparaître. Après Pellot, lorsque son énergie ne sera plus là pour y veiller, elles reprendront de plus belle, et vainement les trois intendants de Normandie s'efforceront d'y mettre ordre.

Une page des *Mémoires de Foucault* nous est, là-dessus, toute une révélation. Il est, depuis 1689, intendant de la généralité de Caen, après son intendance de Poitiers où il avait été envoyé en quittant le Béarn. Tout entier au soin de convertir les protestants, il entendait qu'on fût humain au moins envers les sorciers :

« Le Sr de Glatigny, lieutenant criminel d'Avranches, écrit-il sous la date du 14 décembre 1694, a fait arrêter un prêtre, une femme et une fille, auxquels il fait le procès comme sorciers. Sur la représentation de la procédure, j'ay trouvé la preuve fort légère. J'ay même parlé aux accusés en présence de Mr l'Evêque d'Avranches [1], et nous avons appris que la fille étoit d'un esprit foible et d'une réputation qui n'étoit pas entière. On prétendoit qu'elle étoit devenue enceinte du fait d'un cavalier, et que, pour sauver son honneur, elle disoit qu'elle avoit été ensorcelée et corrompue au sabbat par ce prêtre qui avoit soixante ans. Le prêtre a tout méconnu et le Sr de Glatigny l'a fait dépoiller tout nu, et lui a fait enfoncer des aiguilles dans toutes les parties du corps, pour chercher la marque insensible. J'ay informé Mr le Chancelier de cette belle procédure, et, en attendant ses ordres j'ay fait surseoir à cette instruction qui se faisoit à grands frais, aux dépens du Roy... »

[1] Le célèbre Huet. Il avait, en 1689, remplacé Gabriel Philippe de Froulay de Tessé, cousin de Mme de Sévigné.

C'était au même endroit d'où étaient sortis les procès anéantis, vingt-cinq ans auparavant, par Pellot, qu'était né celui que Foucault eut la vertu d'enrayer ainsi. Cette fois encore comme au temps de Pellot, en 1694 comme en 1670, il avait suffi de quelques misérables ayant la cervelle renversée et ne sachant ce qu'ils disaient; mieux encore, il avait suffi des dires d'une fille sans mœurs. On n'avait pas manqué non plus de greffier pour attester une marque insensible, et on n'aurait pas manqué de juges pour condamner sur cette belle attestation. Car des juges « les uns l'auroient fait par ignorance ou par préoccupation, les autres pour se faire craindre et considérer »; parce que en ce temps-là, « s'il y en avoit qui se moquoient de ces sortes de poursuites et les repoussoient, d'autres ne s'en moquoient pas et faisoient condamner, se jouant ainsi de la vie des hommes. »

Une autre affaire va nous montrer de quoi étaient, en effet, capables, quand il s'agissait de sorcellerie, des juges d'ailleurs intègres.

### § 4. *D'autres prétendus sorciers sont, en la même année 1694, brûlés par arrêt du parlement.*

A la fin de cette même année 1694, sur un rapport de Bigot de Monville, conseiller-commissaire, la chambre des vacations du parlement jugea une bande qui avait été condamnée à l'autre extrémité du ressort, non pas même par un présidial, mais par la haute-justice seigneuriale de Gaillefontaine [1]. Le 3 novembre, cette chambre, confirmant la sentence de Gaillefontaine [2], déclara entre autres :

---

[1] Que pouvait-ce bien être que la haute-justice seigneuriale de Gaillefontaine, pour condamner à mort si prestement ?

[2] Quelle urgence y avait-il à juger un tel procès ? et pourquoi l'avoir

« Guillaume Mazure, dit le Prince, et Jean Mazure, son fils, tous deux vachers dans la paroisse du Fossé, *atteints et convaincus d'avoir composé le sort dont fut fait deux assiettes jetées dans la mare d'un gentilhomme nommé Bretteville, fait secher de lait ses vaches, fait mourir plusieurs de ses vaches, et autres maléfices ;* pour punition de quoi, le dit Guillaume Mazure dit le Prince sera condamné à faire amende honorable, teste et pieds nus, la corde au cou, en chemise, tenant une torche ardente du poids de deux livres, devant le portail de l'église de Gaillefontaine, pour, là estant à genoux, demander pardon à Dieu, aux hommes et à justice ; et, ce fait, être, en la place publique du même lieu, pendu et étranglé en une potence qui pour cet effet y sera plantée, son cadavre jeté ensuite au feu, et réduit en cendres, et les dites cendres jetées au vent ; et le dit Jean Mazure, son fils, condamné d'être présent à la dite exécution, teste et pieds nus, la corde au cou, et banni à perpétuité du royaume... »

Un élève et ami de Port-Royal, Pierre Thomas, sieur du Fossé, dans la paroisse duquel les faits s'étaient passés, et sous les yeux duquel l'exécution avait eu lieu, loin d'y trouver à redire, n'a eu qu'un reproche à adresser aux juges : leur lenteur à faire cette belle justice. Mais il lui semble tout naturel, ainsi qu'au juge seigneurial et au parlement, que, pour découvrir ces prétendus sorciers, de Bretteville se soit lui-même érigé en juge-instructeur et ait eu recours aux lumières d'un autre sorcier dont les sottes révélations paraissent avoir été l'unique preuve à l'appui de cet étrange procès :

« En 1694, écrit-il dans ses *Mémoires*[1], que nous ne ferons

soumis à la justice expéditive et sommaire des vacations, quand, à quelques jours de là, il eût pu être jugé par la Tournelle, avec plus de solennité et de garanties pour les accusés ?

[1] *Mémoires de Pierre Thomas, sieur du Fossé*, édités, de 1875 à 1878,

qu'abréger, il étoit venu s'établir dans la paroisse du Fossé une bande de misérables vachers qui usoient souvent de maléfices pour faire mourir les bestiaux, et sur les moindres sujets de dispute se vengeoient des gens par la mortalité qu'ils envoyoient au milieu de leurs chevaux et de leurs vaches. L'un de ces misérables ayant eu un différend avec un gentilhomme de la paroisse du Fossé, nommé de Bretteville, usa de ses maléfices contre ses bestiaux, et luy fit mourir ce qu'il avoit de plus belles vaches. Comme l'autorité ecclésiastique refusoit de lui venir en aide [1], ce gentilhomme alla chercher à sept ou huit lieues de là un homme fort extraordinaire qui se vantoit d'avoir une bulle du pape, en vertu de laquelle il prétendoit être autorisé pour découvrir les sorciers. De Bretteville amena cette sorte de devin qui luy fit connoître fort promptement ceux qui avoient causé la mortalité de ses bestiaux. Ce gentilhomme se faisant aussitôt justice, prit avec luy deux de ses amis, alla se saisir de ces misérables, les lia, les amena en sa maison, et, en présence du devin, les soumit à la question pour les obliger à confesser la vérité et à lever le sort qu'ils avoient jeté sur ses bestiaux. Tant qu'on ne frappa ces malheureux qu'avec des batons d'un bois ordinaire, ajoute sérieusement le grave du Fossé, il sembloit que ce ne fut pas sur leurs corps qu'on donnoit des coups, tant ils étoient insensibles. Mais le devin ayant averti qu'ils sentiroient les coups de baton de sureau ou de vigne, d'abord qu'on eut apporté de ces batons et qu'on eut commencé de les en frapper, ils crioient comme si on les eut écorchés. Enfin, après qu'on leur eut fait souffrir mille maux pendant toute une nuit, on les mit entre les mains de la justice, sans toutefois que le gentilhomme voulut se rendre partie, car il

par M. Bouquet, dans la collection de la Société de Normandie. Rouen, 3 vol. in-8º, avec une remarquable introduction et des notes.

[1] Passage important en ce qu'il prouve que la justice ecclésiastique avait, bien avant la justice civile, renoncé à poursuivre les sorciers.

avoit déjà fait d'assez grandes pertes sans s'exposer à perdre encore bien de l'argent pour les faire pendre. »

Et Dufossé termine par cette critique de la justice de son temps :

« Tel est souvent le zèle de ces sortes d'officiers ; établis pour la punition des crimes, ils poursuivent avec ardeur les criminels quand ils sentent que la rétribution doit suivre leurs jugements, mais ils ont de l'indifférence pour les autres où ils savent qu'il n'y a rien à gagner pour eux. Enfin, des prisonniers, il y en eut qui moururent misérablement dans la prison ; les autres furent condamnés à être pendus et brulés, ce qui fut exécuté. Et l'on remarqua que Mazure dit le Prince, montant à la potence, s'efforçoit lui-même de s'étrangler, et mourut en désespéré, comme un homme qui avoit entièrement abandonné Dieu, pour se livrer au démon... »

De telles poursuites étaient bien faites en effet pour exaspérer les gens. Que des vachers empoisonnent des bestiaux par des procédés à eux connus, c'est là un genre de méfait qui était, en ce temps-là, aussi fréquent qu'il l'est de nos jours. Mais y avoir vu un fait de sorcellerie, passible du supplice du feu, voilà qui révoltait Pellot, avec grande raison.

« A tuer les gens, avait dit l'auteur des *Essais* bien avant Pellot, il faut une clarté lumineuse et nette. »

Montaigne ajoute que, passant un jour par les terres d'un seigneur, celui-ci, pour rabattre son incrédulité au fait de la sorcellerie, lui fit la grâce de le mettre en présence de dix à douze sorciers que ce seigneur détenait dans ses prisons, et, entre autres, une vieille vraiment bien sorcière en laideur et difformité, très fameuse de longue main en cette profession. Montaigne vit toutes les prétendues preuves, les prétendues confessions, arrachées au milieu des horreurs de la question, « et je ne scay quelle marque insensible sur cette misérable vieille; » il s'enquit « et leur parla tout son saoul, y apportant la plus saine attention qu'il put, lui qui n'étoit pas homme à se laisser guères garrotter le jugement par préoccupation. Enfin, et en conscience, finit-il par dire, je leur eusse plutôt ordonné de l'ellébore que de la cigue... »

## CHAPITRE TROISIÈME

*Pellot provoque du parlement des mesures contre les abus du régime féodal.*

Le 25 mars 1669, de Marle, intendant de la généralité d'Alençon [1], avait écrit à Colbert en ces termes :
« J'ay desja eu l'honneur de vous escrire plusieurs fois que le soulagement des peuples sembloit désirer de vos soings que vous eussiez la bonté de donner quelques ordres pour faire régler tous les droits que les seigneurs de fiefs prétendent sur leurs vassaux. C'est un abus qui contribue à la ruine de la plupart des paroisses, et dont les habitans aiment mieux souffrir la persécution que de réclamer par devant les juges des lieux parce qu'ils se trouvent encore condamnés aux dépens... Vous apprendrez qu'un gentilhomme nommé Estienne de Maxuel, qui n'a qu'un simple fief dans la paroisse de S$^t$-Victor d'Espinay, election de Bernay, dont M$^r$ l'Evesque d'Avranches est seigneur, a fait condamner ses vassaux à 1,900 livres, pour des prétendus curages de fossés, et cette paroisse ne paye que 2,200 livres de tailles... Charles de Meurdrac, escuyer, sieur de Boissey, a fait un rôle de la somme de 535 livres 5 sols, pour le charroy de deux meules pour le moulin de Lancrel, sur les habitants de la paroisse d'Amigny, eslection d'Alençon, qui n'est imposé à la taille qu'à 723 livres... On prétend que plusieurs autres com-

[1] Bernard-Hector de Marle, s$^r$ de Vésigny, intendant d'Alençon de 1666 à 1671, fut, cette année-là, remplacé par Michel Colbert.

mettent de pareils abus qui font une nouvelle taille, dont les lumières viendroient si l'on pouvoit en espérer quelque soulagement... [1] »

Colbert communiqua cette dépêche à Pellot, et celui-ci, à quelque temps de là, lui communiqua un arrêt de règlement que son parlement venait, à sa provocation, de rendre à ce sujet.

« Il n'y a rien de plus avantageux pour le soulagement des peuples, lui répondit Colbert, que la procédure qui a été faite au parlement de Rouen, pour faire rapporter aux seigneurs les titres de tous les droits qu'ils lèvent sur leurs tenanciers, et même d'en faire un règlement général. Mais vous scavez que le principal point consiste non pas à faire des règlements, mais à les faire exécuter... [2] COLBERT. »

Il était en effet facile au parlement d'écrire sur ses registres un règlement de plus ; mais l'exécution ? Et si le parlement avait peine à tenir sa balance au-dessus des classes privilégiées, qu'était-ce de la balance des justices inférieures ? En référer aux juges des lieux contre les abus du pouvoir féodal, n'était-ce pas, comme l'écrivait à Colbert l'intendant d'Alençon, bien loin d'avoir satisfaction, se faire encore condamner aux dépens ? Bien heureux, quand quelque autre vexation ne venait pas vous châtier d'avoir dénoncé de tels abus à la justice !

[1] *Corresp. administ.*, t. III, p. 185.
[2] *Ibidem*, t. I, p. 816.

# CHAPITRE QUATRIÈME

PREMIER REGARD SUR L'INTÉRIEUR DU PARLEMENT

Rappelons, le plus brièvement possible, l'économie intérieure du parlement au temps de Pellot. Disons un mot de ses immunités, qui ajoutaient tant alors à son prestige.

§ 1. *La charte du parlement. Singulier conflit auquel elle avait donné lieu entre un conseiller et un avocat général.*

Bien des années auparavant, un arrêt du grand conseil avait constitué la charte intérieure du parlement de Normandie. En voici les articles principaux [1] :

1º Les chambres de ce parlement porteront les mêmes noms que dans les autres parlements : grand'chambre, tournelle, enquêtes, édit [2] ;

2º Il sera tenu des mercuriales le premier mercredi [3] de chaque mois, auxquelles assisteront les présidents, huit con-

---

[1] *Hist. manusc. du Parlement*, t. I, p. 302.

[2] Notons en passant qu'il n'est pas question des requêtes dans ce règlement, comme si elles n'eussent point fait partie du parlement.

[3] De là, le nom de mercuriales, *mercurii dies,* donné à ces réunions disciplinaires.

seillers de la grand'chambre et les six plus anciens des enquêtes, pour décider des matières de discipline à soumettre ensuite à la compagnie ;

3º Quand la tournelle, les enquêtes ou l'édit voudront une assemblée générale du parlement, celle de ces chambres qui la voudra en fera demande à la grand'chambre ;

4º Une assemblée générale du parlement ne pourra jamais se faire qu'en la grand'chambre, sous la présidence du premier président ;

5º Les différends entre la grand'chambre et la tournelle seront jugés par la grand'chambre ;

6º Les différends entre la grand'chambre et les enquêtes seront jugés aussi par la grand'chambre, mais en y ajoutant les six anciens des enquêtes ;

7º Les enquêtes pourront venir en consultation à la grand'chambre, quand il se présentera pour elles quelque cas embarrassant ;

8º Lorsqu'il y aura une interprétation à donner à quelque article de la coutume, la grand'chambre devra appeler les six anciens des enquêtes ;

9º Les délibérations sur l'enregistrement des édits, déclarations, lettres de jussion, etc., etc., se feront toutes les chambres assemblées ;

10º Les magistrats des enquêtes doivent suppléer à la grand'chambre, quand elle n'est pas au nombre de dix au moins [1] ;

11º Les conseillers des enquêtes n'auront séance à la grand'chambre que quand ils y viendront pour suppléer ou pour apporter un partage [2] ;

12º En matière criminelle, la grand'chambre connaît des causes privilégiées concernant les seigneurs, gentilshommes,

---

[1] Nombre *minimum* pour juger.
[2] C'était la grand'chambre qui départageait les enquêtes.

officiers de justice, lieutenants de bailli, avocats du roi, procureurs du roi, ecclésiastiques ; et, en ce cas, elle doit s'adjoindre la Tournelle. Les greffiers des juridictions, tabellions, huissiers, sergents n'ont pas le privilège des officiers de leurs sièges, et restent, même en appel, justiciables de la Tournelle seule.

Cette charte avait été provoquée par la grand'chambre, à laquelle elle donnait sur les autres une autorité qui était en parfait rapport avec sa situation. Mais le mécontentement des enquêtes n'en fut pas moins extrême. N'osant s'en prendre à la grand'chambre, elles jugèrent plus prudent d'attaquer l'avocat général du Viquet [1], dont elle avait, en cette circonstance, réclamé l'utile concours.

Un jour donc, du Viquet s'étant rencontré avec de Brinon [2], conseiller aux enquêtes, il y eut à ce sujet querelle entre eux. Du Viquet se vint plaindre que de Brinon l'eut insulté et eut menacé de le maltraiter ; Brinon prétendit que c'était du Viquet qui avait commencé. Les chambres assemblées, du Viquet récusa les enquêtes, à raison de la mauvaise volonté qu'elles avaient contre lui, à cause du règlement auquel il avait participé. Les enquêtes ayant voulu opiner sur sa récusation, le premier président s'y était opposé. Alors de Brinon s'en était pris au premier président qu'il avait récusé à son tour, ainsi que toute la grand'chambre, « ce qui avoit amené une brouille générale dans le palais, qui tendoit à ne pouvoir faire trouver de juges. A la fin, il fut décidé que tous les présidents et la Grand'chambre seroient juges des récusations respectives. Mais de Brinon

[1] Robert du Viquet, né en 1593. Célèbre avocat au grand conseil. Il avait été reçu, sans examen, avocat général au parlement de Normandie, après Thomas de Verdun, mort à 88 ans, en 1641.

[2] Pierre de Brinon, sr de Vaudichon et de Meulers, conseiller depuis 1603, mort en 1658. Il descendait de Jean de Brinon qui fut premier président de 1515 à 1528.

refusa de comparaître, et réclama pour juge tout le parlement. Il porta même plainte au chancelier; mais n'en fut pas moins interdit » [1].

Tels étaient les conflits dont le parlement était trop souvent le théâtre; ses archives sont pleines de ces luttes intestines qui donnèrent fort à faire au premier président Pellot. Il fut assez heureux, on le verra, pour introduire au sein de sa compagnie un esprit de conciliation et de paix.

### § 2. *Le pain, le vin, le sel et les épices du parlement.*

La Roche-Flavyn, dans ses treize livres [2], à déduit fort au long les privilèges de toute sorte dont jouissaient les officiers des parlements :

« Leur personne inviolable et sacrée; les Présidents, conseillers et autres officiers, ainsi que leurs enfants et veuves, annoblis; leurs épices et gages insaisissables; exempts de taille, de gabelle et de toutes autres taxes; de tutelle et de toutes autres charges personnelles, service militaire, ban, arrière-ban, logement des gens de guerre, service du guet et garde de la ville; leurs demeures privées, respectables à ce point que les artisans ne peuvent exercer près d'elles métiers bruyants; magistrats à perpétuelle demeure; cependant, affaiblis de vieillesse ou d'infirmités, ils se doivent retirer, car il ne faut pas envieillir en la magistrature ; et l'on doit éviter le triste spectacle dont la Roche-Flavyn fut témoin quand il était conseiller : « J'ay vu, écrit-il, Monsieur Enjorlan, conseiller, auquel le s$^r$ de Pibrac, président, fut obligé de dire qu'il se reposat et permit l'exercice de son état

---

[1] *Hist. manusc. du Parlement*, t. I, p. 224.
[2] *Les 13 livres des parlements de France.* Edit. de Genève, de 1621, liv. X, p. 770.

à son fils qui estoit receu à sa survivance depuis plus de dix ans, et ce, pour les incommodités ordinaires de la vieillesse et sa décrépitude, que la chambre ne pouvoit plus souffrir, ayant donné occasion aux parisiens de dire que le dit sieur, son clerc et sa mule avoyent bien, ensemble, deux cents ans, tant tous trois estoyent vieils. »

Du temps de Pellot, le parlement de Rouen jouissait de tous ces privilèges, que les rois lui avaient conférés :

En 1518, par un édit qui lui avait donné les mêmes grâces et privilèges dont jouissait le parlement de Paris [1].

En 1519, par un édit qui l'avait expressément exempté du ban et de l'arrière-ban [2].

En 1523, par un édit portant exemption de la gabelle et ordonnant qu'il serait délivré gratuitement chaque année, à chacun de ses officiers et à leurs veuves, autant de sel qu'il leur en faudrait pour leur maison, sans fixation de quantité, à la seule condition de n'en point mesuser [3].

Enfin, Louis XIV enfant, quand il était venu à Rouen, en 1650, avec sa mère et Mazarin ayant à sa suite Colbert [4], avait mis le comble à toutes ces faveurs par des lettres patentes conservées en original au palais de justice de Rouen...

« La satisfaction que nous avons eue de nostre cour de parlement de Rouen, nous ayant obligé de témoigner l'état que nous faisons d'icelle... de l'avis de la reine régente nostre très-honorée dame et mère, de nostre très amé oncle le duc d'Orléans, et de nostre certaine science, plaine puissance et authorité royale, nous avons dit et déclaré, disons et déclarons nos présidents, conseillers, advocats et procureurs gé-

---

[1] *Hist. manusc. du Parlement*, t. I, p. 90.
[2] *Ibidem*.
[3] *Ibidem*.
[4] Lettre de Colbert à Mazarin : «... après quelques épreuves de mon zèle dans les campagnes de 1649 et 1650, V. Emin. me commanda de la suivre en Normandie... » *Lett., Inst. et Mém.*, t. I, p. 229.

néraux, les greffiers en chef civil et criminel, les deux notaires et secrétaires de nostre Cour, présentement pourveus desdits offices et qui le seront cy-après, tous nobles, et les tenons pour tels; voulons et nous plaist qu'ils jouïssent, eux, leurs veufves demeurantes en viduité, leur postérité et lignée, tant masles que femelles, naïs et à naistre, des mêmes droits, privilèges, franchises, immunités, rangs, séances et prééminances que les autres nobles, barons et gentilshommes de nostre royaume, pourvu qu'ils ayent servy vingt années ou qu'ils décèdent revêtus desdits offices, nonobstant qu'ils ne fussent de noble race... [1] »

A ce prix, la reine régente et Mazarin avaient gagné notre parlement et lui avaient évité de donner une seconde fois dans les folies de la Fronde.

Il était dans la nature des choses que les agents du fisc s'ingéniassent à restreindre ces luxuriants privilèges, et que le parlement s'étudiat, au contraire, à les étendre.

En 1630, par exemple, le roi, dans un pressant besoin d'argent, ayant mis une nouvelle taxe d'un écu sur le sel, *même sur les exempts*, le commis des gabelles, avec bien de la raison il semble, avait refusé le sel aux officiers du parlement qui ne consentiraient pas à payer cet écu. Néanmoins, le parlement, sans souci des besoins de l'État, avait rendu arrêt portant que le commis aurait à délivrer le sel sans ce droit [2].

Le même conflit recommence quelques années plus tard. Le fermier ayant voulu faire payer aux officiers du parlement « 13 livres par minot » [3], parce que les *privilégiés* eux-mêmes en étaient tenus par un nouvel édit, il lui fut répondu que, par le mot privilégiés, il ne fallait point

[1] Introduction au *Catalogue et Armorial du Parlement de Normandie*, p. XXII.
[2] *Hist. manusc. du Parlement*, t. I, p. 287.
[3] Le minot représentait en poids 52 livres.

entendre le parlement, et celui-ci rendit arrêt qui condamna le fermier à délivrer le sel sans droit, même par corps. Mais un arrêt du grand conseil décida que le parlement paierait le sel quatre livres dix sols, prix que l'état payait lui-même aux marais salants [1]. C'était encore le payer dix fois moins cher que ne le payait le plus pauvre de ses justiciables.

Vraiment, on ne peut assez blâmer cet égoïsme, quand on sait de quel poids pesait alors la gabelle. Nos états de Normandie sont remplis de doléances à ce sujet :

« Le sel, ce don de bien, ce trésor de la France, dont la nature est de donner goust, assaisonner et conserver toutes choses, est perdu en ceste province par le prix excessif où il est, qui dégouste, affadit et ruyne le peuple, réduit pour la pluspart à vivre caninement, c'est-à-dire à ne manger que du pain et à ne boire que de l'eau [2]. » Tel est leur langage en 1620. Et, en 1630, ils ajoutent, s'adressant au roi :

« L'un des plus durs fléaux qui battent vostre pauvre peuple est le prix du sel, qui est si excessif à présent qu'il lui couste plus que le reste de sa nourriture [3]. »

Au lieu de s'obstiner dans un privilège inique, le parlement n'eût-il pas mieux fait de partager avec ses justiciables le poids d'un impôt si lourd ? Mais qui eut tenu alors notre langage n'eût été compris de personne.

Un autre privilège étrange donnait lieu à bien d'autres difficultés : c'était le privilège dont jouissait le parlement, pareil à celui dont nous avons vu que jouissaient les bourgeois de Bordeaux de faire entrer dans la ville, en franchise, les boissons et autres produits de leur crû. « Un nouvel impôt de vingt sols par muids [4] ayant été assis à

[1] *Hist. manusc. du Parlement*, t. I, p. 282.
[2] Art. XVI du cahier de 1626.
[3] Art. IX du cahier de 1630. *Cahiers des États de Normandie* sous Louis XIII et Louis XIV, publiés par M. de Beaurepaire, en 1877.
[4] Environ 2 hectolitres et demi.

Rouen sur le vin, et les officiers du parlement ayant refusé de le payer, le fermier des aydes se permit de mettre arrêt sur leurs gages. Le parlement ordonna main-levée de la saisie, avec défense au fermier de troubler le parlement dans son privilège. Cette décision ne plut pas au chancelier qui écrivit à la compagnie qu'il n'en avoit jamais été rendu de pareille, le parlement n'ayant aucun droit sur les finances du Roy et ne pouvant être juge dans sa propre cause [1]. »

Un tel privilège donnait lieu à une foule d'abus. Certains officiers n'allaient-ils pas jusqu'à tenir tavernes où se débitaient en franchise des liquides censés provenir de leur crû ! S'il fallait en croire les agents du fisc, en une seule année il aurait, chose peu croyable, été introduit en fraude dans Rouen, sous ce couvert, l'énorme quantité de 30,000 pièces de liquides, tant cidre sans doute et cervoise que vin [2].

Les fermiers des aydes finirent par obtenir un arrêt du conseil qui réduisit à 25 muids le privilège des présidents et à 15 celui des conseillers [3], ce qui faisait encore près de 2,000 pièces. Comme toujours, la compagnie résolut des remontrances; mais au lieu d'être écoutée, un arrêt du conseil la renvoya à la Cour des aydes, ce qui dut fort lui déplaire !

« Le privilège dont jouissoit le parlement pour l'exemption du droit [4] accordée aux officiers qui faisoient vendre dans la ville des boissons de leur crû, étoit toujours l'objet de la maligne exactitude des commis, écrit naïvement Pavyot. Ils se transportèrent un jour chez Brèvedent, conseiller, qui tenoit taverne, où ils commirent beaucoup d'insolences. Le

---

[1] *Hist. manusc. du Parlement*, t. I, p. 230.
[2] *Ibidem*, p. 240.
[3] *Ibidem*, p. 300. Soit 75 hectolitres pour les présidents et 45 pour les conseillers? Ce n'était déjà pas mal.
[4] *Ibidem*, p. 309.

parlement fit défense aux commis de faire aucune entreprise, jusqu'à ce que le Roy eut entendu ses remontrances. Il y a toute apparence, ajoute Pavyot, que les députés qui se rendirent à Paris à cette occasion n'obtinrent pas satisfaction » [1]. Nous le croyons bien !

Il est remarquable combien le parlement dépensait pour ses députations. Mais ses revenus étaient grands ; ses coffres étaient alimentés de diverses sources, notamment de celle-ci :

« On avoit pris arrêt par lequel il avoit été convenu que, pour faire face aux nécessités des voyages à Paris, on ne recevroit point de président qu'il ne donnat deux cents écus pour être mis dans le coffre commun, ce qui fut fixé à cent écus pour les conseillers. Les présidents s'y opposèrent ; mais on ne laissa pas d'en faire un règlement qui a toujours été observé depuis [2]. »

Un usage s'était introduit, en vertu duquel chaque membre acquérait par vingt années d'exercice le droit de présenter et faire nommer un procureur duquel il touchait une forte épice. « Un jour, deux Procureurs ayant obtenu leur nomination du Roy directement, leur syndic avoit fait signifier défense de procéder à la réception de six Procureurs qui venoient d'être nommés par six Conseillers. Mais le Parlement, sans égard à cette défense, avoit reçu ces six Procureurs et fait réprimande au syndic, sur l'insolence du mémoire qu'il avoit adressé au Parlement à cette occasion [3]. »

Cet usage singulier n'existait plus du temps de Pellot ; il avait été converti en une épice de 400 livres, que chaque procureur, lorsqu'il se faisait recevoir, devait payer « à celui des Présidents ou Conseillers qui eut été en tour de le nommer [4] ».

[1] *Hist. manusc. du Parlement*, p. 306.
[2] *Ibidem*, p. 315.
[3] *Ibidem*, t. I, p. 96.
[4] *Ibidem*, p. 96.

Ce n'était pas assez des privilèges des officiers du parlement au siège de leur ressort ; il fallait que chacun pût manifester sa souveraineté dans toute la province, et principalement dans ses terres. Ségrais s'est plaint des procédés tyranniques de l'un d'eux qu'il avait pour voisin de campagne. « N'étoit-ce pas une chose effroyable qu'alors (1660), un conseiller au Parlement faisoit trembler tout le monde à quatre lieux autour de lui [1] ? » En admettant que le grief fût fondé, et que Ségrais n'ait point de bonne foi pris parti pour quelques gens contre lesquels un parlementaire aurait cru devoir sévir avec raison, ce n'eût encore été là qu'une exception. Mais l'influence rurale des officiers du parlement ne pouvait être que salutaire. Aussi, une année, au moment de se séparer pour ses vacances, le parlement avait-il arrêté « que les officiers de la cour allant dans les diverses parties de la province, s'informeroient des abus qui se commettoient dans les juridictions subalternes, et en dresseroient des procès-verbaux pour être, à leur retour, requis par le procureur général ce qu'il appartiendroit [2] ».

Les épices avaient donné lieu à un bien autre abus que le pain, le vin et le sel. Non content du privilège d'être payé pour ses épices avant tous autres créanciers, le parlement, en 1665, n'était-il pas allé jusqu'à refuser audience avant qu'une provision dont il fixait le taux n'eût été consignée [3]! Il fallut, du temps de Pellot, qu'un ordre du roi décidât que, pour leurs épices, les magistrats attendissent au moins

---

[1] *Segraisiana*. Edit. de 1722, p. 38. Ségrais, après avoir passé sa vie à la Cour, se retira sur la fin en Normandie. Faisant alors un retour sur sa jeunesse, il disait : « On est plus heureux présentement qu'on ne l'étoit auparavant, lorsque le moindre gentilhomme faisoit le tyran sur ses terres .. n'étoit-ce pas une chose effroyable, etc.... »
[2] *Hist. manusc. du Parlement*, t. I, p. 82.
[3] *Ibidem*, t. II, p. 363.

qu'ils eussent rendu le service à raison duquel ils se croyaient fondés à en réclamer [1].

Du reste, on eût été mal venu à blâmer auprès du parlement ce funeste système qui, parti de rien et flétri déjà par le chancelier L'Hôpital [2] en 1561, avait été, depuis, chaque jour grandissant. Les magistrats qui avaient acheté fort cher leur office, s'efforçaient d'en tirer tout le parti possible ; de là, un abus contre lequel Colbert ne cessait de s'indigner, et devenu tel qu'un jour, un arrêt du conseil avait dû casser un exécutoire du parlement de Rouen, décerné pour épices excessives. Vite, un délégué s'était rendu à Paris pour faire des remontrances, et représenter combien cette rétribution étoit peu proportionnée aux emplois laborieux des magistrats : « Que si l'on rattachoit des honoraires à la dispensation des choses saintes, cela ne se devoit pas moins dans l'administration de la justice [3]. » Voilà l'abus élevé à la hauteur d'un droit, et d'un droit sacré, presque d'un sacrement !

Voici ce qu'un jour Colbert eut à écrire à de Ris, intendant à Bordeaux, futur premier président de Rouen :

« Le Roy a esté fort surpris d'apprendre par vostre lettre du 3 de ce mois, dont je luy ai rendu compte... que les conseillers du parlement (de Bordeaux) retenoient les arrests jusqu'à ce que les épices eussent esté payés ; et quoyque M$^r$ le premier president vous ayt assuré que cela n'arriveroit plus, S. M. m'ordonne de vous dire que c'est une subversion dans l'ordre de la justice telle... que si cela continuoit, elle estimeroit du bien de son service et de la justice qu'elle rend à ses peuples de faire un chastiment si exemplaire qu'il osteroit l'envie aux officiers dudict parlement et

---

[1] *Hist. manusc. du Parlement*, t. II, p. 363.
[2] On a lu sa harangue au t. I, p. 33.
[3] *Hist. manusc. du Parlement*, t. II, p. 363.

de tous les autres de continuer à l'avenir ce mesme désordre [1]. »

« Si les officiers de la Cour des Aides, écrivait-il encore, ne taxent pas modérément leurs épices, et ne jugent pas à l'audience ce qui doit y être jugé,... le Roy sera obligé d'y mettre ordre, et comme le mal est très-grand, le remède apporté sera de même... [2] »

Malgré tout, les épices restèrent, jusqu'à la fin des parlements, une véritable plaie.

[1] *Lett., Inst. et Mém.*, t. VI, p. 64.
[2] *Ibidem*. — Les affaires jugées sur rapport produisaient des épices plus fortes que les autres.

# CHAPITRE CINQUIÈME

### SUITE DU PRÉCÉDENT

§ 1. *Élévation du prix des charges au temps de Pellot. Comment les règlements étaient éludés. Minces profits en dehors des épices. Du soin extrême que mettait le Parlement à maintenir sa supériorité.*

Le prix des charges était alors fort élevé, et au delà de tout ce qu'on avait pu, dans le principe, imaginer. Près d'un milliard était stérilisé dans les offices de toute nature [1]. Un édit de 1666 voulant y mettre ordre avait fixé pour les charges de judicature un maximum qui désormais ne pourrait être franchi :

Au parlement de Normandie ce maximum fut [2] :

| | | |
|---|---|---|
| Pour une charge de président à mortier . . | 150,000 | liv. |
| — président aux requêtes . | 66,000 | |
| — conseiller clerc. . . . . | 40,000 | |
| — conseiller lays . . . . . | 70,000 | |
| — conseiller aux requêtes . | 48,000 | |
| — avocat général. . . . . | 50,000 | |

En présence de ces prix, quels étaient les produits de la

[1] Introduction au *Journal de d'Ormesson*, t. I, p. CXII.
[2] *Hist. manusc.*, t. II, p. 237.

charge ? Lors de la création du semestre, les gages avaient été fixés [1], et nous ne voyons pas qu'ils aient beaucoup varié depuis :

Pour les présidents à mortier, à 3,000 livres ; pour les conseillers lays, à 1,500 livres ; pour les conseillers clercs et les conseillers aux requêtes, à 800 livres.

Il fallait donc que les épices, sans cesse grossies, vinssent rétablir l'équilibre entre le produit de la charge et son prix d'achat.

Mais l'édit de 1666 avait été impuissant, et ses sages prescriptions étaient sans cesse éludées.

En veut-on une preuve ? A coup sûr, on peut en première ligne des fonctionnaires intègres de l'ancienne monarchie placer les d'Ormesson, et notamment Olivier, le parent, l'ami le conseil de Mme de Sévigné, que nous avons vu jouer un rôle si digne dans le procès de Fouquet [2]. Or, cet intègre d'Ormesson ne craint pas d'écrire que, voulant se défaire de sa charge de maître des requêtes en 1667, une année à peine après l'édit qui en avait fixé le prix maximum, il avait chargé un courtier de ces sortes de trafics [3] de lui trouver un acheteur. Carrel, c'était le nom de ce courtier, lui procura de Guénégaud, seigneur des Brosses, avec lequel il traita moyennant 150,000 livres, prix maximum légalement, plus un pot de vin de 84,000 livres. « Je fus fort content, ajoute-t-il naïvement, ayant rencontré un marchand, c'est ainsi qu'il nomme son cessionnaire, tel que je le pouvois souhaiter. Simonet, notaire, m'a donné son billet pour le pot de vin de 84,000 livres [4]. »

---

[1] *Hist. manusc. du Parlement*, t. II, p. 90.
[2] T. I, p. 273.
[3] *Journal*, t. II, p. 532. « Les charges étaient devenues une vraie marchandise qui avait ses courtiers comme les autres branches de commerce... » Introduction au t. II, p. 12.
[4] Au total 234,000 livres, somme représentée aujourd'hui par plus de

Il fallait qu'un grand prestige relevât ces charges, car, malgré les gages du roi et les épices des justiciables, elles n'offraient pas un avantage pécuniaire appréciable. Mais l'honneur ! mais le rang ! mais les privilèges ! mais la noblesse ! Voilà qui leur donnait une très grande valeur, et plaçait très haut leurs heureux possesseurs, à leurs propres yeux et aux yeux des autres. Aussi, le parlement se montrait-il jaloux de ses privilèges et du rang de sa souveraineté. Ses archives sont remplies de ses revendications envers et contre tous : gouverneurs, chapitre, chambre des comptes, des aides, présidiaux, bailliages, échevins : on remplirait ce livre à tout dire.

Par exemple, un arrêt avait décidé qu'aux messes de la cathédrale auxquelles ils se trouveraient assister, l'encens serait offert aux présidents du parlement, immédiatement après l'archevêque et le haut doyen [1]. Le chapitre de la cathédrale ayant négligé de rendre, un jour de Noël, ces honneurs au premier président, le parlement avait obligé le greffier du chapitre de venir lui présenter le livre où était porté le cérémonial. Ce livre n'ayant point été produit, il fut ordonné que « deux des chanoines qui avoient officié viendroient rendre compte de leur entreprise. L'un deux s'excusa sur le peu de temps qu'il étoit chanoine. L'autre allégua une incommodité des jambes, peut-être affectée, » écrit l'historien du Parlement [2].

Quant Harlay de Champvallon eut pris possession de son siège, il désira venir s'asseoir au parlement. La compagnie y consentit, « mais à la condition qu'il prêteroit serment *flexis genibus*, comme les autres, sur le tableau ordinaire où

huit cent mille francs, d'Ormesson réalisait sur la revente de sa charge un bénéfice de plus de 50,000 livres, l'ayant achetée 180,000 livres en 1642. (*Journal*, t. I, p. 2.)

[1] *Hist. manusc. du Parlement*, t. I, p. 34.
[2] *Ibidem.*

est la représentation du crucifix et l'évangile *in principio*, ainsi qu'avait fait Harlay Ier. Comme l'exemple de celui-ci étoit unique, on avoit craint qu'il y fist quelque difficulté. Il eut le bon esprit de s'exécuter de bonne grâce. Ayant donc pris séance, il fit un compliment fort éloquent, assurant la compagnie de son désir de bien remplir sa place de conseiller, et de conserver une parfaite union avec d'aussi dignes magistrats ; puis il se leva, sortit du parquet, et vint prêter serment à genoux, disant fort spirituellement qu'il ne refuseroit jamais de tenir à Dieu ce qu'il venoit de promettre au Parlement. Cet exemple, ajoute tristement Pavyot, n'a pas été imité de ses successeurs, sans qu'ils en ayent pu rendre une raison essentielle[1]. » Aussi, l'accès du parlement leur fut-il interdit; et, pour n'avoir pas consenti ce cérémonial, Rouxel de Médavy, par exemple, successeur de Harlay de Champvallon, ne siégea jamais au parlement[2].

Un jour de *Te Deum*, le chapitre ayant omis de faire changer *l'exaudiat*, les principaux chanoines furent mandés pour rendre compte d'une pareille négligence « qui faisoit mal présumer de leur affection au service du Roy ».

En l'absence du gouverneur et de ses lieutenants généraux, c'était le premier président qui donnait le mot d'ordre, et commandait les armes dans la ville, et, à son défaut, ce droit étrange appartenait au doyen des présidents à mortier. Il surgit, un jour, conflit entre le président des vacations et un autre président plus ancien, ne faisant point partie de cette chambre, et il fut décidé que les présidents, suivant leur rang, qui resteraient à la ville pendant les vacances, donneraient le mot d'ordre et commanderaient les armes, quoiqu'ils ne fussent pas des vacations, s'ils étaient plus anciens, parce

[1] *Hist. manusc.*, t. I, p. 339.
[2] *Ibidem*.

qu'il ne s'agissait en cela de rien qui eût rapport aux fonctions de juge [1].

Les diverses chambres n'étaient pas moins jalouses de leurs attributions respectives. Le parlement tenait surtout à maintenir les vacations dans un cercle fort circonscrit, et par exemple, cette chambre n'avait pouvoir de recevoir aucun officier du parlement. Un président à mortier s'étant fait recevoir par elle, sa réception fut considérée comme non avenue, et il lui fallut la renouveler devant toutes les chambres [2].

Les présidiaux avaient tenté de se soustraire au joug ; mais le parlement avait tenu bon, et conservé sur eux son contrôle. Ils devaient lui soumettre leurs candidatures, et il se livrait à ce propos, à des recherches minutieuses qui prouvaient bien qu'il entendait avoir leur sort entre ses mains.

Mais c'était surtout vis-à-vis du chapitre que le parlement tenait à marquer sa supériorité, quand il y avait lieu à une messe de *Te Deum*. Il poussait à son égard ses exigences jusqu'au plaisant :

« Après avoir prescrit aux eschevins de disposer tout ce qui dépend d'eux pour le *Te Deum*, le premier président mande le grand vicaire de l'archevêque, pour lui marquer jour et l'heure que le Parlement a choisi. Après que premier président et le grand vicaire sont convenus en particulier du jour et de l'heure, lorsque ce dernier en vient donner avis au Parlement, le premier président prenant parole *en même temps que lui, et pendant qu'il parle*, lui dit que la compagnie a choisy ce même jour et cette même heure [3]. »

C'était en l'absence du gouverneur et de ses lieutenants

---

[1] *Hist. manusc.*, t. I, p. 314.
[2] *Ibidem*, t. II, p. 219.
[3] *Ibidem*, p. 246.

généraux que le chef du parlement avait le commandement des armes et donnait le mot d'ordre. Le bruit, sous Pellot, s'étant répandu qu'on voulait changer cet usage, celui-ci fit assembler les chambres et déclara qu'il en désirait la conservation, « non, certes, pour lui personnellement, mais pour l'honneur de la compagnie, et on résolut qu'il ne devoit être rien changé à l'ordre établi 1. »

Quand Montausier fut nommé gouverneur, il avait, avant de se faire recevoir au parlement « fait demander par Letellier, secrétaire d'État, un extrait de ce qui s'étoit passé en pareille circonstance depuis soixante ans. Il vint à Rouen et, après avoir été salué par les députés du parlement, se rendit au Palais où il prêta serment, à genoux, entre les mains du président de Franquetot 2. »

La capitale de la province voyait avec peine le droit qu'exerçait sur elle le parlement. Un jour, du temps de Pellot, le conseil de ville présenta requête au grand conseil pour faire proclamer son indépendance au regard du parlement. Le premier président insista pour le rejet d'une telle requête « qui supposoit à tort une égalité entre le parlement et l'Hôtel-de-Ville, la supériorité du parlement le mettant en devoir de veiller aux abus qui pouvoient se passer dans les élections et dans la gestion des deniers municipaux 3. »

On ne voit, en vérité, pas avec un tel raisonnement pourquoi le parlement n'aurait point réclamé un même contrôle sur toutes les villes et paroisses de son vaste ressort ; et il y prétendait, en effet.

Un jour, la compagnie de la cinquantaine avait fourni une fort belle escorte à la ville et quelques hommes seulement au parlement. Le capitaine, mandé, eut une semonce,

---

1 *Hist. manusc. du Parlement*, t. I, p. 300.
2 *Ibidem*, p. 215.
3 *Ibidem*, p. 271.

et ayant dans son trouble maladroitement allégué l'insuffisance de son personnel, il dut promettre de songer, à l'avenir, au parlement avant de songer à la ville [1].

Aux cérémonies publiques, le gouverneur de la province, comme premier dignitaire, prenait place au milieu du chœur de la cathédrale avec la noblesse ; le parlement, lui, occupait le rang supérieur des stalles du chœur, de chaque côté, « les hautes chaires » comme on disait alors. Le reste était laissé à la chambre des comptes, à la cour des aides et au chapitre. Un jour, en l'absence du gouverneur, Beuvron, son lieutenant général, ayant manifesté l'intention de siéger en son lieu et place au milieu du chœur, force lui fut de s'en abstenir, et de venir se placer à la suite du premier président. Le roi fut obligé d'écrire qu'il entendait qu'en l'absence du gouverneur, de mêmes honneurs appartinssent à son lieutenant général [2].

Le feu de joie, complément obligé de toutes les fêtes, avait donné lieu à de bien autres démêlés. En l'absence du gouverneur, à qui appartenait-il de l'allumer ? A son lieutenant général ou au premier président ? Cette grosse question et les négociations auxquelles elle donna lieu sont tout au long dans un procès-verbal inédit, que nous ne résistons pas à reproduire, à raison de l'intérêt palpitant dont ce futile incident fut pour nos anciens.

Le héros de cette grave affaire n'est autre que le premier des trois d'Harcourt-Beuvron, qui, successivement, occupèrent les hautes fonctions de lieutenant général en haute Normandie, pendant plus d'un siècle. Mais nous allons au préalable reproduire les trois procès-verbaux de sa réception, d'abord comme vice-gouverneur, puis comme conseiller, afin de donner une idée du droit que s'arrogeait le parlement sur

[1] *Hist. manusc. du Parlement*, t. II, p. 307.
[2] *Ibidem*.

les représentants les plus éminents du pouvoir royal, avant de les admettre. Nous n'avons cependant pas vu que ceux des archevêques qui se firent recevoir au parlement aient eu à subir un tel contrôle de vie, de mœurs, de religion et de fidélité; et c'est vraiment fort heureux.

### § 2. *Etroite précaution que prenait le parlement avant d'admettre un conseiller d'honneur.*

1° « Du lundy, 27ᵉ jour d'avril 1643, en parlement [1].

« Les chambres ont été assemblées, compris les requêtes du palais, où estoient ceux de Mʳˢ du sémestre d'aoust trouvez en cette ville.

« Mʳ de Brinon a faict rapport de la requeste présentée par Mʳ François de Harcourt, marquis de Beuvron, à ce qu'il soit procédé à la vérification et enregistrement des lettres patentes de S. M., données à St-Germain-en-Laye le premier jour de mars dernier, par lesquelles S. M. a establist ledit marquis de Beuvron, son lieutenant-général au gouvernement de cette province, par la démission du comte de Guiche [2], Mareschal de France, pour, en l'absence du sʳ duc de Longueville, gouverneur d'icelle, y représenter la personne de S. M., aux pouvoir, fonctions et facultez mentionnées aux dictes lettres (sans préjudice du sʳ de Matignon aux bailliages d'Alençon, Caen et Costentin) et jouir de l'effect des dictes lettres, après qu'elles auront été registrées en la Cour ; Délibéré ; A esté arresté que les dictes lettres seront publiées, et registrées, pour en jouir par le dict sʳ de Harcourt suivant les ordonnances royaux, sauf, en toutes choses, l'authorité de la Cour et des juges ordinaires, en ce qui concerne les fonctions de la dicte charge. »

---

[1] Reg. secret du parlement, année 1643. Inédit.
[2] Antoine de Gramont, comte de Guiche. Nous avons eu plusieurs fois à en parler au tome I, notamment au liv. VIII.

2° « Du jeudy trentiesme jour d'avril 1643 [1], Messieurs sont montez en l'audience publique, en laquelle, après l'appel de deux causes qui ont esté remyses, ont été judiciairement lues les lettres patentes accordées par le Roy en faveur de M$^r$ François de Harcourt, marquis de Beuvron, pourveu par icelles à l'estat et charge de lieutenant-général pour S. M. au gouvernement de cette province en l'absence de M$^r$ le duc de Longueville, gouverneur ;

« Après laquelle lecture, Basnage [2], advocat, a faict harangue sur les vertus et mérites du dit s$^r$ Marquis de Beuvron. Présent, Le Guerchois, advocat général, pour le Procureur général du Roy. »

3° « Du jeudy, septiesme jour de may 1643 [3], après la première audience, les chambres et sémestres assemblez, compris les requestes.

M$^r$ de Brinon a faict rapport de l'information faicte sur la vie, mœurs, religion catholique et fidélité au service du Roy [4]

[1] Reg. secret du parlement, année 1643. Inédit.
[2] Le célèbre jurisconsulte commentateur de la coutume de Normandie.
[3] Reg. secret du parlement, année 1643. Inédit.
[4] Les archevêques de Rouen qui, même sans cette « information faicte sur leur vie, mœurs, religion catholique et fidélité au service du Roy », consentirent de siéger au parlement comme conseillers d'honneur, ne sont pas nombreux. L'historien du parlement, Pavyot, n'en cite aucun avant François de Harlay et avant Harlay de Chanvallon, son neveu. Il est donc douteux qu'aucun des prédécesseurs de ces deux prélats ait jamais pris séance au parlement. Mais ce qui est bien constant, c'est qu'aucun archevêque de Rouen, depuis eux, n'y siégea. Leur abstention provint, non point de ce qu'ils auraient eu à subir cette information, à laquelle leur caractère, en effet, ne leur aurait guères permis de se soumettre, et qu'il est même assez étonnant que les représentants les plus éminents du pouvoir royal aient acceptée, en ces temps surtout, où chacun était si ardent à défendre les privilèges de sa charge et se montrait si chatouilleux de sa dignité personnelle : non : si aucun des archevêques de Rouen, du moins jusqu'à l'époque où écrivait Pavyot. n'a, sauf les deux Harlay, siégé au parlement, c'est par suite

de M. François de Harcourt, marquis de Beuvron, lieutenant de sa Majesté au gouvernement de cette province, et des lettres patentes du cinq avril dernier par lesquelles S M. luy accorde entrée, séance, voix et opinion délibérative en ladicte Cour, comme les autres Conseillers;

« Le tout vû et délibéré, a passé de registrer les dictes lettres, pour jouir de l'effect d'icelles par l'impétrant, en prestant le serment. »

§ 3. *A qui appartenait-il d'allumer le feu de joie, lors des Te Deum ? — Deux conflits à ce sujet entre le parlement et le premier marquis de Beuvron. Le premier président Pellot met fin à ces conflits.*

« En 1643, le *Te Deum* auquel le Parlement eut ordre de se trouver pour la prise de Thionville, fit naître une contestation entre le Parlement et le 1er Marquis de Beuvron à peine instalé, par rapport au rang dans la cérémonie et par rapport au feu de joie, devant l'Eglise Cathédrale. Le premier point fut aisé à concilier : l'on convint que le Marquis de Beuvron iroit à costé du Premier-Président, à sa gauche ; il n'en fut pas de même pour le feu. Quoique le Premier-Président l'eut allumé plusieurs fois, Beuvron soutint qu'il ne l'avoit fait qu'en l'absence des gouverneurs et de leurs lieutenants-généraux ; que c'estoit un fait militaire dont il ne se relascheroit point, et qu'enfin il avoit des ordres de tenir bon sur cet article. De sorte que l'on convint, par conciliation, qu'on ne placeroit, point, cette fois-là, de feu devant N.-D., mais devant l'hotel de ville où le marquis alla le

---

d'une autre formalité à laquelle le parlement entendait les astreindre : nous voulons parler de ce serment à genoux entre les mains du premier président devant tout le parlement. En quoi, cependant, ce serment judiciaire, condition préalable et nécessaire à la fonction de juge, à cette époque comme de nos jours, intéressait-il leur dignité ?

mettre après être retourné au Palais avec le Parlement [1]. »

La querelle recommença l'année suivante, plus violente, et voici le long et curieux document qui en témoigne, dressé avec un soin tout particulier par nos anciens :

« L'an 1644, en Parlement, le dimanche matin septiesme jour du mois d'aoust, Monsieur le Premier-Président ayant eu nouvelle que M. l'archevesque avoit, suyvant la volonté du Roy, adverty le clergé de rendre grace à Dieu pour la rédition de la ville de Graveline [2], ce aujourd'huy après midy, *ainsy que la Cour l'avoit proposé* et que M. le duc de Longueville l'avoit agréable ; aussitost, mandé les huissiers de la Cour, avec ordre d'aller aux maisons de tous M$^{rs}$ les Présidents, Conseillers, gens du Roy, greffiers et notaires secrétaires, les advertyr de s'assembler, pour cet effect, au palais, à trois heures après-midy ; à la quelle heure, la Cour s'estant assemblée en robes rouges, où estoient messieurs... Pellot conseiller... Sur l'advis donné que M$^r$ le Marquis de Beuvron, lieutenant pour le Roy en cette province estoit résolu d'assister à la cérémonie et occuper une chaire proche celle de Monsieur le duc de Longueville [3], devant le pulpitre

[1] *Hist. manusc. du Parlement*, t. I, p. 22.

[2] « Le 28 juillet 1644, M. le duc d'Orléans ayant sous lui les mareschaux de la Meilleraie et Gassion prit Gravelines, défendue vaillamment pendant deux mois par don Fernando Solis. Ce fut à ce siège où se signala tout ce qu'il y avoit de grands dans le royaume, que s'éleva la contestation entre les mareschaux de la Meilleraie et Gassion, à qui prendroit possession de la ville. On alloit en venir aux mains, quand Lambert, maréchal de camp, défendit aux troupes, au nom de M. le duc d'Orléans, de les reconnaître ni l'un ni l'autre, et le prince décida que, selon la règle, c'est le droit du régiment des gardes à la tête duquel étoit le maréchal de la Meilleraie, d'entrer le premier dans les places conquises. » Le président Hénault.

[3] « La Compagnie apprit que le marquis de Beuvron avoit l'intention de se trouver avec le duc de Longueville à N.-D., de se placer dans un fauteuil auprès de luy, dans le milieu du chœur, et d'allumer le feu avec

du cœur de l'Église, mesme qu'il y avoit torche préparée pour lui présenter pour allumer le feu de joye : A esté mis en délibération ce qui seroit à faire ? et a esté trouvé à propos de faire entendre aud. sieur de Longueville l'importance de cette entreprise; que la Compagnie ne s'intéressoit point en ce qui touchoit la chaire et place que led. seigneur duc de Longueville avoit desseing de prendre pour lui-même, en face l'autel, proche le pulpitre; bien que cette place soit réservée à la personne du Roy seul, néantmoins led. seigneur représentant Sa Majesté en ce lieu, la Compagnie pouvoit l'avoir ainsy agréable ; mais pour M. de Beuvron, elle avoit estimé que c'estoit une entreprise à luy de prendre place en cet endroit; que led. sieur pouvoit assister avec la Compagnie, et y occuper la place deube à sa qualité [1] ; et pour la torche que c'estoit une entreprise qui touchoit le corps de la Cour : Ce que M. le Procureur général [2] a esté exhorté d'aller faire entendre aud. seigneur duc.

« Et led. sieur Procureur général estant de retour, a déclaré que ayant représenté aud. sieur de Longueville, de la part de la Compagnie, ce qu'elle luy avoit chargé de remontrer, led. sieur luy avoit, pour réponse, tesmoigné qu'il trouvoit estrange que la Compagnie enviast la place qu'il donneroit à M. le marquis de Beuvron, laquelle il pourroit donner à un sergent maior [3] ou à tout aultre, de qualité moindre que led. sieur de Beuvron; et pour ce qui concerne la torche, luy avoit, le sieur duc, dict que si monsieur le Premier-Pré-

---

luy : La Compagnie ne pouvoit souffrir une telle innovation. » *Hist. manusc. du Parlement*, t. II, p. 13.

[1] C'est-à-dire marcher et s'asseoir à la suite et aux côtés du premier président.

[2] François du Fossez, sr de la Fosse, procureur général de 1641 à 1645, après Sallet, sr de Quilly, qui était mort de peur pendant la sédition de 1639.

[3] *Sergent major*, c'est-à-dire un auxiliaire d'un rang inférieur.

sident la vouloit disputer au sieur de Beuvron, il tascheroit de concilier l'affaire. Surquoy, opiné *quid agendum?* A esté advisé d'exhorter le sieur Procureur général de retourner envers led. sieur de Longueville, et luy donner à entendre que la Compagnie consentoit, puisqu'il le désiroit, une chaire proche la sienne, pour la séance, aud. sieur de Beuvron, mais, pour la torche, qu'il eust agréable de ne pas souffrir que l'authorité de la Cour fust en cela préjudiciée; et, pour le regard du sieur marquis de Beuvron, le sieur Procureur général luy fera sçavoir que, s'il persiste à cette entreprise, la Compagnie estoit résolue de ne luy plus rendre aucuns honneurs publics.

« Et estant led. sieur Procureur général sorty et revenu, a dit qu'il avoit fait sçavoir au sieur de Longueville et au sieur de Beuvron l'intention et la résolution de la Compagnie, et qu'il avoit employé toutes les raisons que le sujet luy sembloit mériter, pour faire réussir cette affaire au contentement de la Compagnie; que led. sieur duc les ayant benignement entendues, lui avoit répété les mesmes responses qu'il avoit faictes à la première conférence, et adjousté que les parolles de menace de ne rendre plus d'honneurs publiques aud. sieur de Beuvron luy sembloient un peu extraordinaires, et que telz honneurs estoient attribuez à la charge et qualité dud. sieur; lequel sieur de Beuvron, s'adressant, lors, à luy Procureur général, avoit dit qu'il n'avoit de nécessité d'aller à cette cérémonie, puisque Monsieur le duc de Longueville avoit agréable d'y assister en personne, aprez lequel il ne prétendoit aller qu'en l'ordre, mais néantmoins, pour ce qui est de la torche, que le Roy lui faisant commandement, par ses lettres, d'assister au feu de joye, il ne pouvoit moins faire que d'obéir : Laquelle lettre ledit sieur de Longueville ayant fait représenter, il s'en estoit saisy, luy Procureur général, pour la faire voir à la Compagnie.

« Surquoy, après lecture faicte de lad. lettre de cachet, portant commandement aud. sieur de Beuvron d'assister au feu de joye, et veu que, par la lettre du Roy adressée à la Cour, il n'est point porté que la Compagnie doibve assister au feu de joye, l'affaire mise en délibération, a esté arresté que la Cour sera présente, en corps, en l'Église Notre-Dame, pour assister au *Te Deum*, suyvant la volonté du Roy [1]. »

Voici l'expédient à l'aide duquel Pellot parvint à trancher cette grave affaire : trois torches seront disposées, l'une pour le gouverneur ou pour son lieutenant général ; l'autre pour le premier président ; une troisième pour l'un des échevins, et toutes trois allumeront le feu de joie *en même temps* [2].

A quelques années de là, un ordre du roi décida, vu l'absence continuelle du duc de Montausier, retenu à Versailles comme gouverneur du dauphin, que le marquis de Beuvron qui le remplaçait, aurait droit aux mêmes honneurs que lui [3].

### § 4. *Honneurs que le parlement devait au marquis de Beuvron, du temps de Pellot. — Honneurs que le marquis de Beuvron devait au parlement.*

Le roi donc ayant mandé au parlement son intention que le marquis de Beuvron fût reçu comme on recevait le gouverneur, quand Beuvron rentrait à Rouen après son service auprès du roi, le parlement avait à lui envoyer une députation, chargée, en son nom, de le complimenter. Beuvron s'empressait, dès le lendemain, de rendre cette visite.

Voici deux procès-verbaux qui constatent ce cérémonial, à travers lequel nos anciens surent trouver place encore

---

[1] Inédit.
[2] *Hist. manusc.*, t. I, p. 310.
[3] *Ibidem.*

pour un conflit, car il n'y avait pas pour eux de bonne fête sans cela :

« Du jeudy, 12ᵉ jour de may 1762, en Parlement [1], sur ce que Mʳ le Premier-Président Pellot a proposé de députer pour aller salluer Mʳ le Marquis de Beuvron lieutenant-général au gouvernement de cette province de retour en cette ville du jourdhuy, ont esté députez Mʳˢ Auber, conseiller-clerc et D'anviray, avec un de Mʳˢ les gents du Roy. Par Mʳ Labey a esté protesté que la nomination de Mʳ Auber, conseiller-clerc, ne lui pourra préjudicier, prétendant qu'en l'absence de Mʳ Costé doyen [2], il estoit un ordre d'estre nommé de préférence à Mʳˢ les conseillers ecclésiastiques, dont il demande acte, pour en estre délibéré, les chambres assemblées... »

« Du vendredy, 13ᵉ jour de mai 1672 [3], en Parlement. Sur l'advis donné que Mʳ le Marquis de Beuvron, lieutenant du gouverneur, arrivoit au Palais, ont esté envoyés Mʳˢ Auber et Labey pour le recevoir ; cependant, ont esté les chambres assemblées, compris celle des requestes du Palais. Ledit sʳ de Beuvron, entré, conduit par les dicts sieurs députés, passant au travers du parquet, a salué la Compagnie, laquelle luy a rendu le salut, et assis sur un carreau de velours pour ce préparé, a dict qu'il n'avoit voulu différer de venir remercier la Compagnie de l'honneur qu'il a reçu par Mʳˢ les députez, et l'assurer de son affection. Dont M. le Premier-Président Pellot l'a remercié au nom de la Compagnie; et a témoigné qu'elle avoit beaucoup de joye de le voir de retour et d'estre venu prendre sa place, à l'occasion qui s'offre de l'enregistrement des pouvoirs de Sa Majesté la

---

[1] Reg. secret, année 1672. Inédit.
[2] Costé, sʳ de Saint-Supplix.
[3] *Ibidem.* Inédit.

Reine de commander dans le Royaume en l'absence du Roy [1]; qu'il l'assuroit des bonnes intentions de la Compagnie de concourir avec luy pour maintenir les peuples dans la paix et leurs devoirs d'obéissance envers leurs Majestés.

« A esté, au rapport de M<sup>r</sup> Auber, donné lecture de ces lettres patentes signées du Roy, et, après délibéré, a esté arresté que les dictes lettres patentes seront registrées au registre de la Cour, pour estre exécutées selon leur forme et teneur, icelles publiées, et les *vidimus* en estre envoyés dans tous les bailliages…

« Cela fait, le dit S<sup>r</sup> Marquis de Beuvron a été reconduit par les dicts s<sup>rs</sup> députez. »

---

[1] Le 7 avril 1672, la France et l'Angleterre avaient déclaré la guerre à la Hollande. Le roi s'était mis à la tête d'un de ses trois corps d'armée ayant sous lui Turenne. Le fameux passage du Rhin où fut tué le jeune duc de Longueville, eut lieu, cette année-là, le 12 juin, juste un mois après cette visite de Beuvron au parlement. Quand ses plans de campagne devaient le porter hors du royaume, et auraient exposé la reine à des dangers si elle l'eût suivi, le roi la laissait à Versailles et la décorait du titre de régente.

# CHAPITRE SIXIÈME

### RENTRÉE DU PARLEMENT DE NORMANDIE EN 1671

―――

*Harangue de M. le premier président Pellot.*

La rentrée de 1671 fut l'occasion de belles harangues que prononcèrent le célèbre avocat général le Guerchois, et le premier président Pellot. Ces harangues n'existent pas sur les registres du parlement; nous les avons eues, manuscrites, aux archives de la Seine-Inférieure [1]. Malheureusement, celle du premier président n'y est qu'à l'état d'analyse. Cependant, et sous cette forme, on peut encore juger de son mérite. En choisissant son sujet: l'excellence du commerce maritime, l'utilité de compagnies maritimes puissantes, Pellot sortait des voies battues, et était, comme en matière de sorcellerie, en avance, et de beaucoup, sur son auditoire. Il s'inspirait des idées de Colbert qui, rêvant de faire de la capitale de la Normandie une ville toute de commerce [2], voyait avec peine « les marchands de Rouen pousser leurs fils à la magistrature, et placer leurs filles et leurs riches dotes dans la robe ; et que la multiplicité des

[1] Fonds du parlement. Titres généraux. Document inédit que nous devons à l'obligeance de M. de Beaurepaire.
[2] *Journal d'Olivier d'Ormesson*, t. II, p. 332.

offices divertit du haut commerce tous les hommes ayant du
bien ¹. » A coup sûr, la harangue de Pellot lui alla au cœur.
Mais ces riches marchands n'en persistèrent pas moins dans
leurs errements surannés, et ces gens de sapience qui avaient
gagné leur fortune à la sueur de leur front, continuèrent à
ne rien trouver de mieux, pour leurs filles et la conservation
de leurs riches dots, qu'un gendre au parlement.

Nous resterions encore dans notre sujet, en reproduisant
ici la « harangue de M. l'advocat général le Guerchois ² ».
Malheureusement, la place nous manque, et force nous est,
à notre extrême regret, de nous borner.

« .... Ce mesme jour, Mʳ Pellot, Premier-Président, fist
aussy une harangue. Il dit que : Ce n'estoit point par une
affectation de parler et d'imiter les autres qu'il entreprenoit
de faire un discours en ce jour, mais afin qu'on ne creut pas
que ce jour fut une cérémonie plus tost qu'un renouvellement de son devoir ; que la matière ne manquoit pas, mais
que la quantité embarassoit dans le choix ; qu'il se détermi-
neroit à la louange du Roy qui faisoit tous les jours fleurir
son Estat, et que parmy mille belles qualités qu'il renfermoit,

¹ *Lett., Inst. et Mém.*, t. VII, p. 285.
² *Mém. de Pierre Thomas, sieur du Fossé*, t. II, p. 236, sous
l'année 1666 : « Nous vîmes à Rouen M. de Guerchoys, avocat-général
du Parlement qui pouvoit estre à juste titre et qui étoit, en effet, regardé comme un des grands orateurs de son siècle. Il étoit fils et petit-
fils d'advocats-généraux ; et, ayant perdu son père, lorsqu'il se croyoit
encore trop jeune pour luy succéder dans cet employ important, comme
il se voyoit pressé par ses proches et ses amis qui connoissoient l'excellence de son génie, de songer à soutenir la gloire de ses ancestres, il
céda à leurs instances et s'acquitta de sa charge d'une manière qui es-
tonna non seulement la province mais ceux-mêmes qui, bien qu'éblouis
de l'éclat du Parlement de Paris, trouvoient dans cet homme une lumière, une sagesse, un feu, une pénétration et une érudition qui les
surprenoit et les charmoit en mesme temps. »

il se réduiroit à dire qu'il travailloit à donner l'abondance à ses peuples, en renversant la chicane [1], en abrogeant les proceds, et en establissant le commerce [2].

« Il fit voir les désavantages qui arrivoient par les proceds qui causent la ruine de tout le monde, et les avantages du commerce qui rend toutes les familles riches par le profit légitime qui en revenoit ; qu'il ressembloit à ces grandes rivières qui aportent toutes sortes de biens par tous les lieux par où elles passent; au lieu que les proceds ressemblent à ces torrents impétueux qui emportent tout ce qu'ils rencontrent en leur chemin ; ou du moins, s'ils ne ravagent pas les terres tout d'un coup, ils les minent peu à peu et les détruisent avec le temps.

« Il parla ensuite de tout ce qui se faisoit pour le commerce des Indes [3], qui nous aportoit des biens immenses, et que nous nous passerions de nos voisins qui en avoient tant profité ; et ce qui les iritoit, c'est qu'ils voyoient que nous n'avons plus besoin d'eux, et que nous alons establir nostre fortune sur les débris de la leur ; et que s'il sembloit que l'on détruisoit le commerce en le voulans établir, il ne faloit pas s'en étonner, parce que les grandes entreprises ne réussissent pas tout d'un coup; Nostre humeur françoise qui est naturellement impatiente, veut voir réussir les choses au mesme temps. Mais il n'appartient qu'à Dieu de faire les choses en un moment ; les hommes sont obligés d'en user autrement et d'attendre que le temps fasse réussir leurs entreprises. L'éloignement du chemin, la dépence, les avances qu'il faut faire, et le mauvais succès n'ont point rebuté nos voisins ;

---

[1] Allusion à la célèbre ordonnance de 1667 sur la procédure civile.

[2] Allusion aux réformes déjà introduites dans la législation commerciale (l'ordonnance sur le commerce vint quatre ans plus tard, en 1675) et à la création de compagnies maritimes.

[3] Les compagnies des Indes Occidentales et Orientales, dont il a été question au chap. v du liv. VIII, t. I, p. 557.

les Espagnols furent défaicts la première fois, ils y retournèrent ; la seconde, ils furent plus heureux ; les Anglois, de mesme, perdirent leur première charge, ils ne se rebutèrent point pour cela ; les Hollandois eurent du mauvais succez la première et la deuxième fois ; ils retournèrent une troisième fois et une quatrième fois, et ils ont raporté des richesses immenses. La France est en estat de réussir. Nous sommes maistres de la mer ; nous avons de bons vaissaux et des ports bien fortifiés ; nos hommes sont expérimentés ; rien ne nous faict obstacle, et nous avons sujet d'espérer un bon succès ; que si nous en sommes présentement incommodés, il ne faut pour cela nous rebuter ; on ne peut guérir les maladies qu'en affoiblissant le corps. Nous nous en trouverons soulagés dans la suite, et nous serons suffisamment récompensés de nos peines. Quand un laboureur jette son grain en terre, il semble qu'il le perd parce qu'il n'en reçoit pas le profit en mesme temps. Mais le temps de la moisson estant venu, il recueille avec plaisir ce qu'il sembloit avoir perdu, et il le reçoit au centuple... »

Un avocat du parlement qui assistait à cette solennelle rentrée de 1671, l'a mentionnée dans un recueil d'arrêts notables rédigé par lui pour son propre usage :

« Le douzième de novembre 1671, se fist l'ouverture du Parlement et la comparution des juges du bailliage de Rouen. Après que Mons$^r$ l'advocat général le Guerchois eust parlé à son ordinaire, Mons$^r$ le Premier-Président, Messire Claude Pellot, fist une belle harangue sur l'utilité du commerce et l'abréviation des procés.

« Le lendemain qui estoit le vendredy 13$^e$, ledit seigneur Premier-Président fist encor une belle harangue sur les debvoirs des juges, dans la chambre du conseil où les chambres estoient assemblées, s'estant fait admirer en l'une et en l'autre. Nous estions présent à la première qu'il fist le jeudy, en l'audience de l'ouverture du Parlement[1]. »

Dans le même recueil nous avons lu ce qui suit :

« Le mercredy douziesme de novembre 1670, se fist l'ouverture du Parlement où, après que les ad$^{ats}$ et proc$^{rs}$ eurent faict le serment et que Mons$^r$ l'adv$^{at}$ génér. le Guerchois eut parlé, Monsieur le Premier-Président, Messire Claude Pellot, fist une belle harangue qui attira l'admiration de tous les auditeurs. »

C'est, hélas! tout ce que nous avons pu retrouver de la belle harangue de 1670, si admirée de l'avocat auquel il fut donné de l'entendre. Et l'admiration attestée par lui était sincère ; car c'est dans un recueil manuscrit, composé pour lui seul, qu'il en a, le jour même, consigné l'expression, où nous l'avons retrouvée après plus de deux siècles.

[1] Arrêts notables du parlement de Normandie, de 1655 à 1672, recueillis par M. Lenormand, avocat. Un vol. manuscrit in-4º, aux archives de la Seine-Inférieure. Inédit.

# CHAPITRE SEPTIÈME

### PELLOT ET LE PRIVILÈGE DE SAINT ROMAIN

*Ce qu'était le privilège de saint Romain. Son origine. Ses abus. Efforts du parlement pour le contenir dans de justes bornes. Tendances de l'Église de Rouen à l'étendre. Conflits à ce sujet. — Insinuation du privilège. Ce que c'était que l'insinuation. Ses effets. Procès-verbal de l'insinuation. — La confrérie de saint Romain. — La fête de l'Ascension à la cathédrale et au parlement. — Procès-verbal de la délivrance du prisonnier. — Le premier président Pellot assure le dernier mot au parlement.*

Le privilège de saint Romain, cause fréquente de conflit entre le parlement et l'église de Rouen, fut réglé par le premier président Pellot de manière à satisfaire les deux intérêts que ce privilège mettait en présence.

On connaît ce privilège et le droit qu'il donnait au chapitre de la cathédrale, de venir réclamer du parlement, chaque année, le jour de l'Ascension, la délivrance d'un prisonnier.

D'où lui venait ce droit [1] ?

---

[1] *Histoire du privilège de saint Romain*, par Floquet. Rouen, Legrand, édit. 1833, 2 vol. in-8º, t. I, p. 2 et suiv.

Selon les uns, un monstre ravageait la Normandie au
viie siècle. Un jour, l'évêque Romain, suivi d'un prisonnier,
était allé droit à lui, l'avait dompté d'un signe de croix et
remis doux et paisible au prisonnier qui n'avait plus eu qu'à
le conduire à Rouen, lié avec ses propres chaînes ; le prisonnier avait obtenu sa liberté pour prix de ce service, et la
remise annuelle d'un condamné au chapitre était la reconnaissance de ce bienfait.

Telle était la légende populaire. Mais, selon les autres, il
y avait là une figure de l'apostolat de l'évêque Romain, des-
tructeur du monstre de l'idolâtrie et de ses hécatombes
humaines [1]. Le privilège de l'église de Rouen aurait eu
alors une origine qui le rapprocherait beaucoup de privilèges semblables qui existaient dans d'autres églises, à Orléans, par exemple, en souvenir de l'apostolat du grand
évêque saint Aignan, et à Lyon où l'archevêque avait le privilège de donner la liberté à un forçat toutes les fois qu'une
chaîne passait dans sa ville [2].

D'autres y voyaient une sorte de représentation du mystère
qui se célèbre le jour de l'Ascension, où le Christ, rejetant
ses chaînes terrestres, affranchit le genre humain rendu par
lui à la liberté de la patrie céleste.

Quoi qu'il en soit, un privilège si exorbitant eut besoin
d'une double garantie. S'il ne fallait pas que l'autorité judiciaire pût en neutraliser l'exercice, il ne fallait pas non plus
que l'autorité ecclésiastique pût aller jusqu'à encourager le
crime par des générosités excessives.

Pour le plein exercice de son droit, le Chapitre avait une
immunité aussi exorbitante que le privilège lui-même :
c'était l'*insinuation* [3].

---

[1] *Hist. du privilège*, t. I, p. 49.
[2] Fléchier, *Mémoires*, p. 227.
[3] *Hist. du privilège*, t. II, p. 168.

Pour sa propre garantie, la justice, elle, avait obtenu trois choses : 1º nécessité de la mise en état de tout condamné qui voudrait se réclamer du privilège, c'est-à-dire sa soumission préalable à l'autorité civile qui avait sévi contre lui [1] ; 2º exclusion de certains crimes que leur énormité mettait au-dessus de semblable grâce [2] ; 3º réserve, contre le prisonnier affranchi, pour tous crimes que le criminel n'aurait pas confessés, et sur lesquels, par conséquent, l'exemption n'aurait pas porté [3].

Malgré tout, les conflits étaient fréquents entre les deux autorités et plus d'une fois le chapitre avait obtenu justice au grand conseil, du contrôle incommode du parlement, contrôle que le chapitre entendait réduire à une simple formalité dans la limite toutefois des réserves qui viennent d'être dites. On peut penser si le parlement se tenait pour offensé de ces pourvois, surtout quand ils étaient suivis de succès.

Tel était l'état des choses au moment où Pellot vint à Rouen. Nous allons dire comment il rendit le parlement arbitre suprême et souverain. Mais pour la parfaite intelligence de ce qui va suivre, voyons d'abord tout le formalisme par lequel il y avait à passer, à partir de l'*insinuation* du privilège jusqu'au vote du parlement. Ces coutumes antiques auxquelles nos pères tenaient tant et qui eurent si longtemps en Normandie force de loi, méritent d'être rappelées.

[1] Edit de Henri IV, de 1597.
[2] Viol, assassinat, hérésie, lèse-majesté, fausse monnaie. On disait de ces crimes qu'ils n'étaient pas *fiertables*. Parlant à sa fille d'un assassinat des plus noirs, Mme de Sévigné lui écrivait le 5 janvier 1674 : « Les criminels qui sont délivrés à Rouen ne sont point de cette qualité. C'est le seul crime qui soit réservé ; Beuvron l'a dit à M. de Grignan. » Beuvron aurait mal renseigné Mme de Sévigné ; il y avait d'autres crimes réservés que l'assassinat, comme on vient de le dire.
[3] La délivrance du principal condamné entraînait, fait curieux à noter, celle de tous ses complices, même non présents.

Donc, dix-huit jours avant l'Ascension, le chapitre déléguait quatre de ses membres avec quatre chapelains de la confrérie de Saint-Romain [1]. Précédés de leur messager et suivis de leur « notaire » ils entraient solennellement dans la grand'chambre où ils étaient reçus par le premier président auquel ils notifiaient le privilège [2]. Le premier président leur donnait acte de leur démarche et déclarait, par arrêt en bonne forme, le privilège *insinué*. Voici alors ce qui arrivait : à partir de cet instant jusqu'à l'Ascension, aucune peine criminelle, de quelque nature qu'elle fût, ne pouvait être prononcée et moins encore subie ; aucun accusé ne pouvait être soumis à la question, ni même sortir de la ville ; chose à peine croyable, le chapitre allait jusqu'à se mettre en possession des clés des prisons [3]. En réalité, le cours de la justice criminelle était interrompu, si bien que, pendant ces dix-huit jours, les magistrats de la Tournelle oisive étaient tenus d'aller siéger aux Chambres civiles [4].

Nous donnons ici un procès-verbal comme il en était dressé, chaque année, pour constater l'*Insinuation :*

« Du lundy 24ᵉ jour d'avril 1672 [5], en Parlement, en la grand'chambre, ont esté faicts entrer après l'avoir demandé, Maistres Jean Duhamel, Phileas Charles, Martin Dieppedalle et Guillaume le Vieux, tous quatre chanoines en l'Église Cathédrale Nostre-Dame de ceste ville de Rouen, et Messieurs Estienne le Hue, Pierre du Mesnil, Alexandre François Chefdeville, et Adrien Crespin, chapelains en ladicte Église, lesquels, parlant ledict maistre Jean Duhamel, ont dict : « qu'ils estoient députés de la part des

---

[1] *Hist. du privilège*, t. II, p. 168.
[2] *Ibidem.*
[3] *Ibidem.*
[4] *Ibidem.*
[5] Reg. secret de 1672. Inédit.

« Doyen, Chanoines et Chapitre de Nostre-Dame de Rouen,
« pour supplier très-humblement la Cour d'avoir agréable
« l'*Insinuation* du privilège de la *fierte de St Romain* quy
« est tel que nul prisonnier estant dans les prisons de cette
« ville ne sera molesté, questionné, ny jugé qu'après que
« ledict privilège aura eu son effect. »

« Monsieur Le Guerchois, advocat-général, pour le Procureur général du Roy a dict : « qu'il n'empeschoit pas
« qu'acte fust accordé aux dicts Doyen, Chanoines et Cha-
« pitre de l'insinuation du Privilège. »

« Monsieur le Premier-Président Pellot a prononcé : « la
« cour, ce requérant le Procureur général du Roy, a accordé
« acte aux Doyen, Chanoines et Chapitre de l'Église Cathé-
« drale N. D. de Rouen, de l'*Insinuation* du privilège de
« St Romain, pour, par eux, en jouir et user, conformé-
« ment aux déclarations du Roy, arrests et réglemens de la
« Cour. »

L'Église, qui avait su créer pour toutes ses œuvres des sociétés coopératives dites confréries, n'avait pas manqué d'en établir une à Rouen, pour le service « du privilège de la *fierte* ». Il y avait donc la confrérie de Saint-Romain, confrérie puissante, dont la charte remontait au XIIIe siècle. C'était elle qui allait requérir avec le chapitre l'insinuation ; qui s'emparait ce jour-là des clés des prisons ; qui y introduisait pendant dix-huit jours tout condamné disposé à se réclamer du privilège ; qui, le jour de l'Ascension, présentait au parlement le *cartel* d'élection ; qui, de l'ordre du chapitre, allait à la prison en extraire le condamné ; qui conduisait celui-ci devant le parlement, puis le remettait au chapitre et en tenait de lui la garde pour toute la journée de l'Ascension où les cérémonies dont le condamné était le héros se succédaient sans interruption, et pour la nuit suivante ; car, le lendemain, il fallait encore le présenter au chapitre qui, ce jour-là seulement, lui donnait enfin définitivement la liberté [1].

C'était un grand jour pour tout Rouen que le jour du privilège de la *fierte*; mais, par dessus tout, c'était un grand jour pour le chapitre et pour le parlement. Toute la ville était en liesse, et le parlement lui-même. Après avoir assisté à une messe solennelle au palais [2], le parlement procédait à un examen minutieux du procès du condamné que lui réclamait le chapitre, à la suite duquel le *cartel* était le plus souvent admis et le condamné élargi par un arrêt en bonne forme. Le parlement n'assistait pas au reste de la cérémonie, à la procession notamment, où l'antique église de Rouen développait toutes ses pompes et manifestait avec éclat au peuple avide sa puissance même sur la justice. Pour le parlement, la fête était consommée par un festin [3] qui se donnait avec un luxe extraordinaire dans le palais même. Du temps de Pellot, c'étaient les deux derniers conseillers reçus qui en faisaient les frais, et ces frais étaient considérables, car ils s'élevèrent parfois jusqu'à 3,000 livres, à une époque où l'argent avait une valeur quintuple de sa valeur actuelle [4].

Le parlement ne manquait jamais de convier à ces agapes

[1] *Mémoire du Chap. de Rouen pour la défense du privilège*, t. II, p. 565.

[2] *Histoire du privilège*, t. II, p. 211. On l'appelait la messe du prisonnier.

[3] On l'appelait le dîner du cochon.

[4] Ce repas luxueux fut supprimé en 1692. « Cette année-là, il fut décidé qu'un chacun mangeroit chez soy avant de se trouver à la cérémonie, et que les deux conseillers qui auraient eu à payer le festin, verseroient, chacun, 1000 livres dans les coffres de la Cour. » Pavyot.
— Au parlement de Paris, tout conseiller nouveau devait une contribution de 1000 livres pour le festin annuel ; ce fait nous est attesté par d'Ormesson : .... « J'ouys le vent que l'on me vouloit faire payer mon festin de mille livres : de ce jour, pour l'éviter, je pris résolution,

les magistrats notables de passage à Rouen. Ainsi, le procès-verbal qu'on lira plus loin atteste que, cette année-là, ses deux invités furent un maître des requêtes de l'hôtel et un conseiller du parlement de Dijon.

Une autre année, ce fut le duc de Montausier, que ses fonctions de gouverneur du dauphin retenaient d'ordinaire à Versailles. Cet attrait de la présence inusitée du gouverneur à une fête qui en avait déjà tant par elle-même amena, cette fois, une foule plus grande encore. « La quantité de gens qui voulut voir la cérémonie ayant fort incommodé les juges, on arrêta par délibération des chambres assemblées, que le jugement du prisonnier qui s'étoit toujours pratiqué, jusque-là, publiquement, dans la grande chambre du plaidoyer, ne s'y feroit plus désormais, mais dans celle du Conseil, ce qui s'est pratiqué toujours depuis, pour éviter la populace [1]... »

Il arriva quelquefois que le parlement méconnut le devoir d'abstention que lui imposait l'insinuation. En 1667, par exemple, quelques jours avant l'Ascension, un soldat du régiment de Champagne alors en garnison à Rouen, ayant tué un particulier, les officiers de ce régiment voulurent faire le procès à ce soldat. « Mais comme il ne s'agissoit pas d'un crime commis entre soldats, le parlement envoya arrêter le coupable qui fut amené au Palais et mis entre les deux guichets, le Chapitre de la cathédrale s'étant déjà saisi des clés des prisons ; sans avoir égard à l'usage qui s'observe de ne condamner personne pendant le temps de l'*Insinuation*, on instruisit le procès du soldat qui fut jugé, condamné au dernier supplice et exécuté [2]. » L'infraction au privilège était flagrante, et cependant on ne voit pas que le Chapitre

de ne point retourner au Palais, prétextant une affaire... » *Journal,* t. I, p. 2.

[1] *Hist. manusc. du Parlement*, t. II, p. 232.
[2] *Ibidem*, p. 234.

s'en soit ému. Le parlement, cédant à cette susceptibilité jalouse qui l'égara plus d'une fois, précipitait les choses pour éviter une revendication possible de l'autorité militaire, et violait une immunité qui aurait pu être le salut de ce malheureux, si le privilège, d'aventure, était descendu sur lui. Nous aimons à croire que si Pellot eût été déjà à sa tête, pareil excès ne se fut pas commis.

Il n'était pas un criminel qui ne connut le privilège de la fierte. Longtemps tous les criminels de France y concoururent. Du temps de Pellot, le chapitre, d'accord avec le parlement, finit par le réduire aux seuls criminels jugés en Normandie [1]. On peut penser si son approche les tenait en éveil ; aussi les sollicitations affluaient-elles. Chaque année, le chapitre désignait une commission pour dépouiller les suppliques qui, pour être recevables, devaient être accompagnées d'une confession franche et loyale du crime, et d'une mise en état.

Donc, le matin de la fête de l'Ascension, les chanoines se réunissaient en assemblée capitulaire, et après avoir invoqué l'Esprit Saint, écoutaient le rapport de leur commission ; puis, après délibération, élisaient celui qui leur paraissait le plus digne [2]. Le nom de l'heureux privilégié était mis sur-le-champ sous une enveloppe dite *cartel* [3], et confié aux chapelains de la confrérie. Le parlement était à attendre et attendait parfois longtemps, car l'élection par le chapitre donnait lieu souvent à de longs débats [4]. Une fois en possession du cartel, le premier président en faisait l'ouver-

---

[1] *Hist. du privilège*, t. II, p. 66.
[2] *Ibidem*, p. 214 et suiv.
[3] *Ibidem*.
[4] *Ibidem*. — Les chanoines opinaient à haute voix. Le prisonnier était choisi à la pluralité des suffrages. Les chanoines qui avaient recommandé un prisonnier ne pouvaient prendre part au vote.

ture : « Lorsque l'on connoit le nom de celuy que le Chapitre a choisy, son procès est distribué et mis sur le champ sur le Bureau ; on prend lecture des pièces ; le prisonnier, amené par la confrérie de S‍t Romain est mis sur la scelette et interrogé. Si sa confession est conforme aux charges de la procédure, et que le crime ne soit point du nombre de ceux qui sont exceptés, le Premier-Président, après avoir entendu les conclusions des gens du Roy [1] et pris les opinions, ordonne que l'on fasse entrer le prisonnier auquel, étant à genoux, il faict un discours sur l'atrocité de son crime ; puis, il prononce qu'il sera remis aux Doyen, Chanoines et Chapitre de la Cathédrale pour jouir, luy et ses complices, du privilège de S‍t Romain en la manière accoutumée. Les huissiers du Parlement se joignent à la confrérie de S‍t Romain qui le conduit en plusieurs endroits de la ville, et, enfin, à la place de la Vieille-Tour qui fait partie du Palais des anciens Ducs de Normandie où le Chapitre le vient prendre en grande pompe, dans une procession de toutes les paroisses. Après qu'il a eu levé trois fois la fierte ou chasse de S‍t Romain, sur une espèce de perron fort élevé qui forme l'entrée du Palais des Ducs, on le conduit en grand appareil à l'Église Cathédralle, portant la chasse sur ses épaules. Là, se chante la grande messe ; à l'offertoire il va, en grand appareil, présenter ses fers au Chapitre ; il est ensuite mené chés le maître de la confrérie qui le régale ma-

[1] « Les gens du Roy » avaient, d'abord, à délibérer entre eux si le cas était ou non *fiertable*. Longtemps les avocats généraux eurent le privilège de parler seuls devant le parlement en cette circonstance, à l'exclusion du procureur général, et il en était encore ainsi au temps de Pellot. En 1729, pour la première fois, le procureur général souleva une prétention contraire. Les avocats généraux réclamèrent vivement ; le parlement ayant admis, *par provision*, la prétention du procureur général, ils se hâtèrent d'adresser une plainte au roi où ils disaient que le « procureur général n'ayant que le ministère de la plume, ne pouvoit à aucun titre prendre la parole à l'audience pour le cartel. »

gnifiquement 1. Le lendemain, il revient au Chapitre où le pénitencier luy fait une exhortation, pour luy représenter l'énormité de sa faute, et enfin on le renvoie 1... Comme il survient quelquefois des difficultés soit au Chapitre sur le choix du prisonnier, soit au Palais sur la qualité du crime dont il est accusé, il est arrivé souvent que la messe de la Cathédralle ne s'est ditte qu'à cinq ou six heures du soir. On ne manque pas de brusler au Chapitre la confession de tous ceux qui se sont présentés pour estre élus, et sur lesquels le choix du Chapitre n'est point tombé, et ils ont 24 heures pour se tirer des prisons où ils ne se sont fait écrouer qu'avec cette précaution 2. »

Comme nous l'avons déjà dit, le parlement jusque-là n'avait pas toujours eu le dernier mot. Plus d'une fois, un prisonnier déclaré indigne par le parlement n'en avait pas moins obtenu sa liberté par arrêt du conseil qui avait donné raison au chapitre 3.

En 1672, le parlement voulut profiter, pour régler ce point, du grand crédit de Pellot, et celui-ci se chargea de faire les démarches nécessaires 4.

Le chapitre crut sa cause perdue quand celui de ses membres qu'il avait envoyé à Paris 5 eut appris que le premier président avait obtenu de Colbert le renvoi de l'affaire au conseiller d'État Pussort, oncle du puissant ministre et allié de Pellot. Le bruit courut même que la déclaration du roi en faveur du parlement était signée 6. « Puisqu'il n'y a

---

1 Ce repas coûtait jusqu'à 1500 livres. Le maître de la confrérie était choisi parmi les plus riches bourgeois de Rouen. *Mém. du chap.*, au t. II, p. 560 de *l'Histoire du Privilège*.
2 *Hist. manusc. du parlement,* t. II, p. 238.
3 *Hist. du privilège,* t. II, p. 30.
4 *Ibidem.*
5 M. le chanoine Gaudon. *Ibidem.*
6 *Ibidem,* t. II, p. 31.

« plus lieu d'espérer de vaincre, écrivait un chanoine à
« son confrère délégué à Paris, songez à faire une retraite,
« la plus honorable que vous pourrez, ou, pour mieux dire,
« puisqu'il se faut rendre et qu'il n'y a pas lieu de tenir
« contre le crédit de Mr le Premier-Président Pellot, appuyé
« de M. Pussort, faites une capitulation, la moins désavan-
« tageuse qu'il vous sera possible. » « En attendant, lui avait-
« il écrit quelques jours plus tôt, combattez comme Josué, et
« pendant que nous prierons et lèverons vers l'Éternel nos
« mains suppliantes, combattez contre Amalec », c'est-à-dire
contre le premier président [1].

Les prières du chapitre furent exaucées. Le premier président qui avait promis d'apporter avant l'Ascension la décision tant souhaitée revint les mains vides [2]. Mais le chapitre qui vit bien que ce n'était que partie remise eut la sagesse de prendre les devants. De nombreuses conférences, tenues chez le premier président, aboutirent à une formule ainsi conçue : « Messieurs du Chapitre déclarent qu'ils reconnoissent que le Parlement est le seul juge de ceux qui lui sont nommés par le Chapitre, pour les déclarer dignes ou indignes du privilège de la fierte, et qu'ils ne se pourvoiront point contre ses arrêts [3]... »

[1] *Histoire du privilège*, t. II, p. 30.
[2] *Ibidem*.
[3] Extrait des registres secrets du parlement :
« Du mercredy XVIIIe jour de May 1672. Par M. le P. P. Pellot a esté rapporté que, ayant lundy dernier parlé de l'affaire qui concerne le Chapitre de l'Église de Rouen, touchant le Privilège de St Romain, en la présence de Messrs de la Cie qui s'y estoient trouvés, afin d'en conférer avec les Deputez du d. Chapitre, il avoit esté dressé un billet de la déclaration qu'ils avoient estimé raisonablement debvoir estre faite de la part du Chapitre à sçavoir : qu'ils passeront acte comme ils déclareront qu'ils recognoissent le Parlement pour le seul juge de ceux qui lui seront nommez par le Chapitre pour estre déclarez dignes ou indignes du privilège de la Fierte, conformément à la déclaration de Henri IV,

Le parlement ne pouvait exiger plus ; la soumission du chapitre était complète ; désormais le *veto* du parlement sera absolu. Ce fut à son premier président que le parlement dut ce succès, flatteur pour lui plus que nous ne saurions croire, car il mettait le chapitre à sa merci.

Terminons par la reproduction d'un arrêt tel qu'il en était dressé chaque année pour la journée de la *fierte :*

« Du jeudy 11e jour de may, feste de l'Ascension, en Parlement [1]. La Cour, assemblée en robes rouges, dans la grande salle des audiences du Palais, sur les neuf à dix heures du matin, pour la solemnité du Privilège de la fierte de Saint-Romain, où se sont trouvés Monsieur de Saint-Contest, maître des Requestes et Monsieur de Bretignière, conseiller au Parlement de Dijon, est allée sur les dix heures et demye, en ordre, ouyr la messe du Saint-Esprit, célébrée en la chapelle du Palais par Mr Louis Mittan de Froideville, prestre, curé de la paroisse de Saint-Lô, et chantée en musique par les musiciens de Nostre-Dame ; et la messe dicte, Messieurs, rentrés en la grande salle des audiences et ayant pris leurs places, lecture a été faicte, par le principal commis au greffe civil de la Cour, du tableau contenant les noms et surnoms de Messieurs les Présidents, conseillers, gens du Roy, greffiers, notaires et secrétaires de la Cour ; le festin faict préparer par Mrs Jores [2] et Richer, conseillers ; a comparu

et qu'ils ne se pourvoieront point contre les arrêts que le Parlement rendra sur ce subject, sinon par les voies portées par les Ordonnances et Déclarations du Roy, enregistreez au d. Parlement. » Inédit.

Quoi qu'en ait pu écrire Pavyot, il restait encore passage à des pourvois du chapitre, aux termes de la réserve portée dans cette déclaration, qui ne paraît pas aussi explicite que le parlement voulut bien le croire.

[1] Reg. secret de l'année 1672. Inédit.
[2] Jacques Jores, sieur de la Mottelière, et Alexandre-François Richer, sieur d'Aube.

Mᶜ Estienne Le Hue, prestre chapelain, Député du chapitre de Notre-Dame, assisté du Maistre de la confrérie de Sᵗ Romain, lequel a présenté à Monsieur le Premier-Président le Cartel de l'Election faite par le Chapitre d'un prisonnier pour jouir du privilège, lequel Cartel ayant esté descacheté et ouvert par Monsieur le Premier Président, s'est trouvé contenir ces mots : « *Simon Laisné, Escuyer, Seigneur de Tinnetot* [1] ; »

« Lequel prisonnier a esté, quelque temps après, amené par les huissiers de la Cour, mis sur la sellette et interrogé, dont M. Pierre de Bourcy, principal commis du greffe criminel, a faict registre.

« Le prisonnier fait retirer; Ouy M. Le Guerchois, avocat général, dont et de la délibération qui a esté faicte, le dict Mʳ Pierre de Bourcy a faict registre [2] ;

[1] Simon Lainé, écuyer, sieur de Tinnetot, âgé de 33 ans, demeurant à Rouen, paroisse Saint-Nicaise. — Le 5 septembre 1670, lui et quelques gentilshommes ses amis n'avaient fait que boire ; ayant acheté des rognons de mouton, ils entrèrent dans un cabaret où l'on refusa de faire cuire ces rognons. Ce refus les irritant, ils se jetèrent sur le maître de la maison, et de Tinnetot s'empara du fusil que celui-ci avait pris pour se défendre. Il était nuit ; de Tinnetot, entendant dans la rue Ancrière quelqu'un qui accourait derrière lui, crut que c'était le maître du fusil ou une personne chargée de l'arrêter ; il mit en avant son fusil qui était déjà armé quand il l'avait pris, le coup partit et tua le sieur de Quiévreville, son ami !

[2] Le premier président recueillait les voix sans sortir de sa place, et chaque membre opinait publiquement et à haute voix sans sortir non plus de sa place, d'abord le rapporteur, puis les conseillers, en commençant par le plus nouveau, et enfin les présidents. Le public entendait ce que disaient les magistrats, et savait à quel nombre de voix le cartel était admis ou rejeté. Il fallait pluralité de suffrages. Une année, le cartel fut rejeté par 19 voix contre 12 (ce qui prouve combien peu de magistrats, en définitive, prenaient part à la délibération). Quand il y avait arrêt de rejet, la cour le formulait ainsi : « La Cour, ouï M. l'avocat-général du Roy, a déclaré et déclare N. indigne du privilège de Sᵗ Romain. » *Hist. du privilège*, t. II, p. 268.

« Le prisonnier faict rentrer ; luy à genoux, en présence desdits chapelains et maître de confrérie ;

« A esté prononcé par Monsieur le Premier-Président :

« La Cour, et ce consentant le Procureur général du Roy, a accordé que le prisonnier sera délivré aux Doyen, Chanoines et Chapitre de Nostre Dame de Rouen pour jouir du privilège de Sainct Romain pour les cas par luy confessés et ainsy qu'il les a confessés, et non pour autres… »

# LIVRE DOUXIÈME

# CHAPITRE PREMIER

#### RENTRÉE DU PARLEMENT EN 1673

*Discours du premier président Pellot, sur la nécessité des mercuriales.*

« En 1652, à la suite du tumulte des affaires publiques [1] qui avoit dérangé la discipline du palais, on s'estoit occupé du rétablissement des mercuriales, et on avoit demandé que les officiers absents à la rentrée de la St-Martin et à la rentrée de la Quasimodo, fussent tenus de s'en excuser, au moins par lettres ; qu'il ne fut point tenu d'audience la veille des fêtes après-midi, suivant l'ancienne coutume ; que l'ouverture de la session de chaque bailliage se fit par une grande audience [2] ; qu'aucun conseiller-clerc ne fut reçu qu'il ne fut au moins sous-diacre. Le Premier-Président avoit appuyé sur ces divers points et exhorté les membres de la compagnie à vivre d'une manière conforme à leur état et à conserver l'union entre eux [3]. »

Mais l'usage des mercuriales était toujours en désuétude.

---

[1] La révolte des *nu-pieds*, l'interdiction du parlement, le semestre, la Fronde, etc., etc., dont il a été question au livre II, t. I.

[2] Les Appeaux.

[3] *Histoire manuscrite*, t. I, p. 99.

A la rentrée de 1673, le premier président Pellot fit un discours pour prouver « la nécessité du rétablissement des mercuriales qui avoit été proposé déjà l'année précédente, et pour lequel on avoit nommé des commissaires qui ne s'étoient point entendus, ce qui avoit laissé l'affaire en suspens [1] ».

Voici ce discours, tel que nous le trouvons sur les registres secrets [2] :

« Je crois debvoir représenter à la compagnie que nous debvons exécuter la résolution qui a esté prise par le parlement pour le renouvellement des mercuriales, ce que l'on commença à la vérité, mais l'on en demeura dans les commencements, à cause de quelques différends qui survinrent entre Messieurs les conseillers.

« Je scay que beaucoup disent que cela est inutile ; qu'il vaut mieux ne tenter pas que de commencer un ouvrage que l'on n'achève pas ; qu'il n'est pas honorable d'entreprendre ce que l'on ne conduict pas à la perfection ; qu'en recherchant les manquements et deffauts d'un chacun, l'on ne faict, le plus souvent, qu'exciter des haines et des inimitiez ; outre que l'on ne voit pas grand fruict de pareils soings, et qu'il arrive quasy tousjours qu'après avoir fort examiné tout ce qui est subject à la censure, on laisse, le plus souvent, par des esgards et des considérations, les plus grands désordres, et l'on reprend les moindres.

« Néantmoins, quoy que l'on sache qu'il y en a tousjours qui trouvent à redire à tout ce que l'on faict de meilleur, ou par chagrin ou par intérest, *nulla lex satis commoda omnibus,* et que la plupart des gens, *tantum ex publicis rebus sentiunt, quantum ad res privatas pertinet,* il est

---

[1] *Hist. manusc. du parlement,* t. I, p. 99.
[2] Registre secret de 1673. Inédit.

certain qu'un royaume, un estat, une compagnie, une communauté, une famille ne peuvent subsister sans ordre et sans subordination ; autrement, c'est un cahos et une confusion qui ne peut avoir de repos en soy, ny de durée.

« Tous les agents naturels travaillent à la perfection et conservation de leur estre, et il seroit fascheux que les officiers qui doivent veiller sur les autres négligeassent entièrement les moyens pour se perfectionner et rendre meilleurs. *Durum est, qui nescit tenere moderamina vitæ suæ, sit judex alienæ.*

« Dans tous les commencements des compagnies, il y a de la bonté, de la règle et de la justice ; mais, par la suite du temps, cette bonté se corrompt, cette règle se courbe, sy l'on ne prend le soing de donner de nouvelles vigueurs aux règlements et statuts, et sy l'on ne purge et retranche ce qui est vitieux ; comme les médecins disent qu'il faut faire pour conserver les corps humains dans la santé : *quotidie aggravatur quod indiget curatione.*

« L'on faict ces règlements en deux façons : quand il arrive quelque accident fascheux auquel l'on est obligé de remédier et que l'on void des désordres qui font tant de bruict que l'on ne se peut plus empescher d'en arrester le cours ; ou bien quand l'on juge que l'on est dans la disposition de tomber dans des maux, et que, par la prudence, on les prévoit et on les prévient.

« Le dernier motif pour faire des règlements doibt avoir plus de louange et d'approbation, car la médecine qui, par prévoyance, empesche qu'il n'arrive des maladies, est bien plus utile et salutaire que celle qui ne remédie que quand elles sont arrivées ; ce qui ne se peut bien faire que par les conférences que l'on tient sur les loys et sur les ordonnances, voyant en quoy l'on y contrevient.

« Ce que l'on peut adjouster à ce qui a esté faict, en reformant la compagnie au dedans et donnant de bons ordres au dehors, sur les advis, plaintes et mémoires, que l'on revoit; ce qui est, en un mot, l'usage et la fin des mercuriales.

« Sy nous n'avons pas les deffauts de nos antiens, nous avons les nostres qui n'ont pas moins besoing d'animadversion et de remède; ainsy, je croy que nous ne debvons pas seulement escouter les remonstrances que les gens du Roy font pour le renouvellement des mercuriales, mais que l'on doibt faire exécuter la résolution que l'on aura prise... »

Dès le lendemain, Pellot rendait compte à Colbert de son discours et de celui de l'avocat général [1] :

« Nous fismes hier nos harangues, M<sup>r</sup> de Guerchois, advocat général et moy, à l'ouverture du parlement, et aujourdhuy à la prestation du serment qui se faict les chambres assemblées, touchant les mercuriales, et l'on a député des conseillers pour ce sujet, ce qui n'avoit pas esté fait depuis cinquante ans ; car les advocats généraux requeroient bien tousjours que l'on députat des commissaires pour faire des mercuriales, mais l'on ne résolvoit rien sur leur réquisitoire. »

Pellot ne fut pas plus heureux que ses devanciers, et la mercuriale continua de rester une lettre morte, pendant qu'il fut à la tête du parlement, comme avant et après.

---

[1] Biblioth. nat., *Mélanges Colbert*, vol. 166, f° 339. Original. Inédit.

## CHAPITRE DEUXIÈME

LE DROIT DE REMONTRANCES SOUS LE PREMIER PRÉSIDENT PELLOT

Nous avons réuni dans ce chapitre et dans le suivant ce qui touche au droit de remontrances pendant la première présidence de Pellot.

§ 1. *Le parlement de Normandie viole l'ordonnance de 1667 en enregistrant avec modification la célèbre ordonnance de 1670 sur la procédure criminelle.*

La fameuse ordonnance de 1670, qui fut en matière criminelle ce qu'avait été en matière civile l'ordonnance de 1667 dont nous avons déjà parlé [1], élaborée avec tant de soin, sous l'influence de Colbert et de Séguier, par une commission qui comptait dans son sein le conseiller d'Etat Pussort et le premier président Lamoignon, fut envoyée au parlement de Rouen comme à tous les autres, pour être enregistrée.

Mais le nouveau mode d'enregistrement établi par l'ordonnance de 1667 fut comme non avenu pour notre parlement qui, au lieu d'enregistrer, nomma d'abord une commission. Après des conférences infinies [2], cette commission, au bout

[1] Au t. I, chap. 1 du livre IX, p. 323 et suiv.
[2] Les procès-verbaux de ces conférences sont au Registre secret de l'année 1670.

de six mois, conclut à de nombreuses corrections, et l'ordonnance criminelle ainsi modifiée fût transmise aux divers siéges du ressort [1]. Ce n'était plus l'ordonnance de Louis XIV, c'était l'ordonnance du parlement de Normandie. Que fut-il advenu si chaque parlement se fut passé semblable fantaisie? L'unité que Colbert avait en vue disparaissait, et on restait dans le chaos.

Le premier président avait tout fait pour éviter cet excès de pouvoir; le mal une fois fait, il se rendit à Paris et obtint qu'on le laissât agir par persuasion.

Laissons maintenant parler l'historien du parlement :

« Le Roy informé de ce qui s'estoit passé, qui estoit contraire à son ordonnance de 1667, ne fut pas content, et le marqua au Premier-Président Pellot pour le dire à la Compagnie. De sorte que s'estant mis certaines contestations dans quelques siéges inférieurs (on ne voit pas, en effet, pourquoi les siéges inférieurs n'auraient pas légiféré à leur tour), sur l'exécution de la nouvelle ordonnance, à cause des modifications contenues dans l'arrest d'enregistrement, le Procureur général proposa la difficulté aux Chambres assemblées où le Premier-Président fit part à la Compagnie du mécontentement du Roy [2]. »

Procès-verbal de l'assemblée générale du 7 janvier 1671 : « Le Premier-Président dit : ... que le Roy avoit tesmoigné n'estre pas content que la Compagnie ayt employé ses remontrances en l'*arrest d'enregistrement* de la nouvelle ordonnance, lesquelles debvoient estre faictes *séparément*, et non employées dans l'arrest... De sorte que, encore que l'arrest ne porte pas de restriction, ny de modification formelles, ains porte seulement que S. M. eut agréable d'accorder ce que la Compagnie avoit trouvé juste, néanmoins,

[1] Reg. secret de 1670.
[2] *Histoire manuscrite*, t. II, p. 157.

d'aultant que l'arrest le contenoit, cela avoit passé auprès du Roy pour une contravention à l'ordonnance de 1667, vù que l'arrest a esté envoyé en cette forme dans la province;

« Le parlement a ordonné qu'il seroit fait de nouveaux *vidimus*, avec un arrest d'enregistrement pur et simple qui sera envoyé dans tous les bailliages du ressort, et les juges seront avertis de se conformer à l'ordonnance jusqu'à ce qu'il ayt plu au Roy de s'expliquer sur les remontrances du Parlement [1]. »

Le parlement finit donc comme il eût dû commencer, et l'ordonnance criminelle devint une loi pour la Normandie, sans les corrections du parlement.

§ 2. *Le parlement malgré Pellot n'enregistre qu'avec remontrances l'Edit qui déclare les bestiaux insaisissables.*

Dans un règlement sur les tailles, du 12 janvier 1665 [2], Colbert avait défendu aux agents du fisc la saisie des bêtes de labour. L'ordonnance civile de 1667 avait renouvelé cette salutaire prohibition, et déclaré en outre insaisissables, même par les particuliers, soit une vache, soit trois brebis, soit deux chèvres, disposition que notre code de procédure a reproduite.

Colbert fit plus encore : dans le but « de restablir la culture des terres et de les améliorer par les engrais », il défendit, par un édit de 1671 valable pour six ans, de saisir aucuns bestiaux sur la poursuite soit des communes, soit des particuliers. Cet édit dut être soumis au parlement de Normandie qui, au grand déplaisir de Pellot, résolut des remontrances, dont il ne fut tenu compte. Depuis, par plusieurs

[1] Rég. secret de 1671.
[2] Il en a été question au tome I, page 368.

édits successifs, Colbert maintint cette interdiction qu'il considérait comme d'un intérêt suprême pour l'agriculture.

Voici à ce sujet deux lettres du premier président à Colbert :

« A Rouen ce 8e mars 1671. Mr de la Galissonière vous aura sans doubte rendu compte comme nostre Compagnie a délibéré sur la déclaration qui empesche pendant six ans la saisie des bestiaux, et qu'elle a résolu des remontrances. Ce n'est pas qu'elle ne trouve cette déclaration utile ; mais elle croit que le temps est un peu long et que cette province ne manquant de bestiaux et les exécutions n'y estant pas violentes comme ailleurs, ce remède pourroit, peut-estre, plus nuire que servir aux paysans et au menu peuple pour lesquels il est principalement faict, en empeschant qu'ils ne trouvent du crédit, et porte ainsi préjudice au commerce. Pour moy, j'ay représenté que ie ne connoissois pas assez la province pour juger ce que cette surcéance y produiroit, mais qu'ayant fait sur cela exécuter régulièrement les ordres dans celles où j'avois esté, j'avois remarqué qu'ils avoient produit un merveilleux effet pour les peuples... [1] PELLOT. »

Bref, l'avis le plus sage l'emporta, comme en témoigne la dépêche qui suit :

« A Rouen, ce xiiie juin 1671. Je vous envoye l'imprimé de la déclaration pour la surcéance de la saisie des bestiaux, et l'arrest d'enregistrement de nostre Compagnie. On l'a envoyé partout, et, quoy qu'on en dise, je suis persuadé qu'il ne peut que procurer du bien, surtout aux païsans et au menu peuple, qui est la force de l'Estat... [2] PELLOT. »

[1] Biblioth. nationale, *Mélanges Colbert*, col. 156, fo 273. Original. Inédit.
[2] *Ibidem*, vol. 156 *bis*, fo 670. Inédit.

§ 3. *Le parlement refuse d'enregistrer le fameux édit de Colbert sur les manufactures. Colbert envoie à Pellot un ordre du roi pour l'y contraindre.*

En août 1669, Colbert avait fait paraître tout un code industriel « sur les longueur, largeur, qualité des draps, serges et autres étoffes de laine et de fil qui s'employent aux manufactures, des draps d'or et d'argent, de soie, tapisserie, et autres étoffes et ouvrages ». C'était une réglementation à outrance, qui allait jusqu'à la destruction des marchandises fabriquées d'une manière irréglementaire, avec peines sévères contre les contrevenants.

Le parlement de Rouen refusa l'enregistrement.

Irrité, Colbert donna avis de ce refus au roi qui visitait alors ses nouvelles conquêtes de Flandre. Colbert, qui croyait Beuvron à Rouen, demanda un ordre exprès avec lequel celui-ci eût forcé la main au parlement :

« Paris, le 5 mai 1670. Je fus hier à Versailles et à Saint-Germain ; les charpentiers commencèrent, du matin, le comble de Trianon. J'espère que dans quinze jours la couverture en sera achevée, et, en même temps qu'une pièce sera couverte, l'on en fera le plafond et le lambris de stuc... (et après avoir continué à tenir le roi au courant de tout ce qui pouvait l'intéresser sur Versailles, Colbert ajoute) :

« J'avais envoyé au Parlement de Rouen le réglement général des manufactures, pour le registrer purement et simplement par les soins de M. Pellot, mais ce Parlement en a fait difficulté. Je supplie votre Majesté de me faire savoir si je dois écrire à M. de Beuvron de les y porter, pour les faire enregistrer par l'autorité de Votre Majesté[1] ? »

Réponse du roi, en marge :

[1] *Lett., Inst. et Mém.*, t. V, p. 297.

« M. de Beuvron est icy. Voyez ce qu'il y aura à faire, pour que je sois obéy par quelque autre moyen¹. »

« M. Pellot » : c'est tout dire, et rien que cela prouverait combien le premier président était apprécié du roi.

Ce fut lui qui eut à imposer l'enregistrement.

### § 4. *Sept lettres du premier président Pellot à Colbert, au sujet de l'enregistrement d'édits fiscaux.*

En 1672, année où commença la guerre avec la Hollande, il y eut à soumettre au parlement un grand nombre d'édits fiscaux. C'était toujours une grande affaire que l'enregistrement de ces sortes d'édits au parlement de Normandie « de tout temps regardé comme un des plus difficiles sur ce sujet ». Pellot eut à Paris de nombreuses conférences avec Berryer², un des principaux commis de Colbert, qui passait pour être l'inspirateur des nouvelles taxes. Les lettres qui vont suivre, toutes du mois de mai, laisseraient entendre que certains officiers du parlement purent n'être pas insen-

---

[1] Déjà, du temps de Mazarin, Colbert avait proposé que celui-ci voulut bien lui répondre en *marge* de ses lettres, « dans la pensée que cette manière seroit plus commode et plus prompte, quoique, prenait-il soin d'ajouter, il n'eut aucun scrupule que ses dépêches restassent aux mains du cardinal. » La chose s'était faite alors de cette façon, et toute la correspondance entre Colbert et Mazarin revenait ainsi aux mains de Colbert. Conservée par lui, elle a été retrouvée dans sa bibliothèque. Colbert correspondit de même avec Louis XIV dont les dépêches ont, par suite, été, de même, conservées. Colbert écrivait à gauche, le roi répondait à droite. *Histoire de Colbert*, par Clément, 2ᵉ édit., t. II, p. 59.

[2] Louis Berier ou Berryer, un des agents fiscaux les plus utiles à Colbert ; il passait pour lui inspirer les nouvelles taxes. D'abord secrétaire du Conseil, puis des commandements de la reine Marie-Thérèse, et procureur-syndic perpétuel des secrétaires du roi, il dut sa fortune à Colbert. A la mort de celui-ci il allait être recherché, a-t-on dit, comme concussionnaire, lorsque sa propre mort prévint les poursuites.

sibles aux grâces que le marquis de Beuvron était chargé de leur offrir. A ce point de vue, nous appelons l'attention sur la lettre du 30 mai, et sur celle qui va suivre immédiatement :

1ʳᵉ. — « Pellot à Colbert. Paris, ce 8 may 1672. Nous nous sommes entretenus fort au long, M. Berier et moy, sur la vérification des nouveaux édits dans nostre Compagnie. Elle a esté de tout temps une des plus difficiles du royaume sur ce sujet, et l'expérience m'a fait connoistre qu'elle n'est point changée. J'employerai tous les moyens imaginables pour en venir à bout, et vous me permettez bien, Monsieur, que je fasse espérer au général et au particulier les grâces qu'ils peuvent attendre et qui sont de leur portée. M. le marquis de Beuvron doibt aller recevoir vos ordres aujourd'huy. Il sera bien à propos que vous preniez la peine de luy en dire un mot, et qu'il face entendre aux principaux officiers qu'ils fairont une chose agréable à Sa Majesté si, à l'exemple de Paris, ils font leur debvoir et le font de bonne grâce. Je partirai sans faute demain pour m'en aller à Rouen et passerai par Saint-Germain où j'aurai l'honneur de vous saluer et de vous dire encore un mot sur cette matière. Je suis avec respect... [1] Pellot. »

2⁰. — « Le même au même. A Rouen, ce 13 may 1672. Nous arrivasmes avant-hier icy, M. le marquis de Beuvron et moy, en mesme temps. Il doibt partir demain, pour aller du côté de Dieppe pourvoir à la seureté de nos costes [2]; et moy, Monsieur, je dispose les choses pour porter nostre Compagnie à la vérification des Edits, ainsy que Sa Majesté le souhaitte, dont je ne manqueray pas de vous rendre

---

[1] Biblioth. nat., *Mélanges Colbert*, vol. 159, f⁰ 183. Inédit.
[2] Il s'agissait de les défendre contre une descente dont nous menaçaient les Hollandais. Voir, ci-après, le ch. vi du liv. XIII, p. 307.

compte. En attendant vos ordres, que j'exécuteray avec tout l'attachement et la soumission avec laquelle je seray toute ma vie... [1] Pellot.

« P. S. J'eus l'honneur de voir, hier, M. le duc de Saint-Aignan [2] qui passa icy et s'en va au Havre. »

3e. — « Le même au même. A Rouen, ce 26 may 1672. C'est seulement, Monsieur, pour vous donner advis comme je fis mettre, hier, en délibération en nostre compagnie la déclaration qui supprime quelques officiers des Eaux et Forests de cette province, et en crée d'autres, et fait quelques autres réglemens pour les dictes forests. Il fut résolu qu'elle seroit enregistrée, et je doibs donner à M. De Creil l'arrest d'enregistrement, qui s'est chargé de vous l'envoyer. L'on a mis à la fin de l'arrest que Sa Majesté sera suppliée de rembourser ces officiers, et qu'ils le soient entièrement; et je seray toute ma vie, avec un attachement entier et un très profond respect... [3] Pellot. »

4e. — « Le même au même. A Rouen, ce 28 may 1672. Le sieur Des Escoutes qui porte les édits que l'on veut faire vérifier en ce Parlement arriva hyer au soir. Je les ay distribuez, ce matin, à des conseillers, et l'on a mit le *soit monstré*, et, lundy ou mardy, j'assembleray les chambres pour délibérer. Ce qui fera plus de peine, c'est que, Monsieur, dans l'édit de la vente des domaines, l'aliénation du Tiers-et-Danger [4] y est comprise, ce qui faira juger que, par là, l'on veut esta-

---

[1] Biblioth. nat., *Mélanges Colbert,* vol., 159, fo 221. Inédit.

[2] Gouverneur du Havre. Le duc de Saint-Aignan fut gouverneur du Havre de 1664 à 1689, époque où il céda son gouvernement au duc de Beauvilliers, son troisième fils, qui le conserva jusqu'en 1714, où il le transmit au duc de Mortemart, son gendre.

[3] Biblioth. nat., *Mélanges Colbert,* vol. 159, fo 326. Inédit.

[4] On lira plus loin, au livre XIII, un chapitre relatif au Tiers-et-Danger, le chap. IV, p. 274.

blir ce droit dans la province, lequel l'on regarde, de la manière que l'on le veut lever, comme estant fort à charge, puisque l'on le veut prendre sur tous ceux qui ont des bois dans la province, quoy qu'ils ne l'ayent jamais payé, et cela va à près de la moitié de leurs bois. Pour les autres, Monsieur, je crois qu'il n'y aura pas difficulté, surtout si vous trouvez bon, pour celuy des procureurs, notaires, etc., que je face espérer à la Compagnie que l'on traitera les procureurs comme ceux du Parlement de Paris, et je n'ômettray rien de ce qui dépendra de moy pour le service de Sa Majesté et pour l'exécution de vos ordres... [1] Pellot. »

5e. — « Le même au même. A Rouen, ce 30 may 1672. J'ay reçu, Monsieur, la lettre du 27 que vous m'avez fait l'honneur de m'escrire, avec l'ordonnance signée de la Reyne[2], pour les gages du conseil de M. le président Bigot. Je la luy ay remise incontinent, dont il a esté extrêmement satisfait, et je ne doubte point que cette grâce ne l'oblige à faire son devoir dans les occasions.

« Je doibs, demain au matin, assembler les chambres pour faire délibérer sur les édits envoyez. Je n'obmez rien, Monsieur, pour obliger la Compagnie à ne faire pas de difficulté sur la vérification, ainsi que l'on souhaitte, et je ne manqueray pas de vous en rendre compte. Je suis... [3] Pellot. »

6e — « Le même au même. A Rouen, ce 31 may 1672. L'on a enregistré, ce matin, les édits purement et simplement ; l'on a ordonné seulement, touchant l'édit de l'aliénation des petits domaines où il est fait mention du droit du Tiers-et-Danger, que Sa Majesté sera suppliée que ce droit

---

[1] Biblioth. nat., *Mélanges Colbert*, vol. 159, fo 332. Inédit.
[2] La reine avait, à cette date, les pouvoirs et la qualité de régente.
[3] Biblioth. nat., *Mélanges Colbert*, vol. 159, fo 336. Inédit.

ne soit demandé qu'à ceux que l'on justifiera l'avoir payé par le passé, et que l'exécution dudict édit soit donnée à des commissaires des Compagnies souveraines, ainsy qu'il s'est pratiqué [1]. Comme tout cela, Monsieur, ne se fait que par remonstrances, la vérification pure et simple est faite, et Sa Majesté y aura tel esgard qu'il luy plaira. Jeudy, je les ferai publier à l'audience, et l'on vous envoyrra les arrêts d'enregistrement, et je crois que l'on peut faire fondement que nostre Compagnie ne cédera point à aucune autre en zèle et affection pour le service du Roy. Je suis... [2] Pellot. »

7º. — *Le même au même. A Rouen, le 5 juin 1672.* M. de Beuvron et M. De Creil vinrent hier à l'audience où, après un beau et très éloquent discours que fit M. Le Guerchois, advocat général, les édits furent leus et publiés pour estre ensuite incessamment envoyez dans les sièges de nostre ressort. Je seray toujours... [3] Pellot.

§ 5. *Le parlement refuse d'enregistrer l'édit sur les amendes. Efforts de Pellot pour couvrir sa Compagnie. Colère de Colbert. Exil du président d'Etalleville. Opinion d'un écrivain du XVIIe siècle sur l'anarchie parlementaire.*

Au mois d'août 1669, le roi avait publié deux édits que le parlement avait enregistrés sans difficulté [4].

Par le premier, les exploits, autres que ceux de procédure étaient désormais assujettis à la formalité du contrôle ; mais

---

[1] Il n'en fut rien, la vente des domaines engagés fut confiée à une commission administrative qui siégea à Paris aux Tuileries. (Voir le chap. viii du livre XVI.)

[2] Biblioth. nat., *Mélanges Colbert*, vol. 159, fº 354. Inédit.

[3] *Ibidem*, vol. 164, fº 150. Inédit.

[4] *Recueil des anciennes lois françaises*, t. XVII, à leur date.

l'huissier, pour les signifier, n'aurait plus besoin de deux témoins. Par le deuxième, tout appel déféré au parlement était assujetti à la consignation préalable d'une somme de douze livres, et l'appel aux présidiaux, à une consignation de six livres.

En 1671, deux édits vinrent ajouter à ceux-là [1] :

Ce ne furent plus seulement les exploits pour lesquels l'huissier avait été jusque-là assisté de témoins, qui durent être soumis au contrôle, ce furent tous les exploits. D'autre part, les amendes, quelles qu'elles fussent, devinrent recouvrables sur les biens des condamnés, par *privilège et préférence* à toutes autres créances.

Ces deux édits introduisaient deux innovations graves.

D'une part, si, en 1669, l'établissement du contrôle avait été, en définitive, avantageux aux justiciables, puisqu'il supprimait l'intervention de témoins, formalité plus dispendieuse, il n'en était pas de même en 1671 pour les autres exploits que le contrôle venait atteindre sans aucune compensation.

Et, d'autre part, si l'amende de fol appel avait été réglementée par l'édit de 1669, le privilège édicté en 1671 pour les amendes en général était de droit nouveau, dommageable aux autres créanciers, exorbitant au point qu'après être demeuré en vigueur jusqu'à la fin de l'ancien régime, il a été, à cette époque, rayé de nos codes pour n'y plus reparaître.

Le parlement vit de mauvais œil cette extension du contrôle et ce privilège des amendes. Il dressa des remontrances [2]. C'était son droit, aux termes de l'article 5 de l'ordonnance du mois d'avril 1667, ainsi conçu : « A l'égard des ordonnances, édits, déclarations et lettres patentes que

---

[1] *Recueil des anciennes lois françaises,* t. XVII, à leur date.
[2] Registre secret de l'année 1671.

nous pourrons envoyer dans nos cours pour être registrés seront tenues nos dites cours de nous représenter ce qu'elles jugeront à propos dans les *six semaines*. »

Seulement, ce droit de remontrance, écrit dans l'article 5, il fallait le concilier avec l'article 2 de la même ordonnance, ainsi conçu :

« Seront tenus nos cours de Parlement procéder *incessamment* à l'enregistrement des ordonnances, édits, etc., aussitôt qu'elles leur ont été envoyées, *sans y apporter aucun retardement* [1]. »

Mais le parlement ne l'entendit point ainsi : « L'on a apporté au Parlement, écrivait Pellot à Colbert, les deux déclarations qui adjoustent et changent quelque chose à celles des amendes du faux appel et du contrôle des exploits. La Compagnie a nommé des commissaires pour les examiner. Je crois que l'on faira sur icelles quelques remontrances, lesquelles, si l'on n'a pas agréables, on les enregistrera ensuite, suivant la volonté de S. M... [2] PELLOT. »

Ces deux déclarations donnèrent lieu, en effet, à des remontrances dont le roi, comme c'était son droit, n'avait tenu compte. Alors, le parlement, malgré ce qu'avait annoncé Pellot, n'avait pas enregistré. Là était la faute. Huit mois s'étaient ainsi écoulés, lorsque, le 20 novembre 1671, Colbert impatienté finit par écrire au premier président :

« Ne manquez pas, s'il vous plaist, de faire assembler promptement les chambres, afin de faire enregistrer purement et simplement les déclarations pour le contrôle des exploits et les amendes, et de procurer à S. M. la satisfaction qu'elle désire sur ce sujet... [3] COLBERT. »

Cette lettre, malgré tous les efforts du premier président,

---

[1] *Recueil des anciennes lois françaises*, t. XVII, à sa date.
[2] Biblioth. nat., *Mélanges Colbert*, vol. 156, fo 670. Inédit.
[3] *Lett., Inst. et Mém.*, t. II, p. 79.

resta sans effet, et force lui fut cependant d'y répondre. La riposte de Colbert fut aussi prompte que sévère. Se conformant à la volonté du souverain, d'accord pleinement en cela avec les besoins du pays, Colbert s'efforçait d'établir l'unité dans nos lois, et il lui était dur de rencontrer des parlements comme obstacle, refusant d'enregistrer ou n'enregistrant qu'avec variantes, ce qui était tout un :

« Saint-Germain, 8 janvier 1672. J'ai rendu compte au Roy de ce que vous m'escrivez par vostre lettre du 4 de ce mois, concernant l'enregistrement des deux délibérations pour le contrôle des exploits et les amendes ; mais je vous dois dire que toutes les difficultés que vostre Compagnie fait, luy attireront certainement quelque chose de fascheux de la part de Sa Majesté, pouvant vous assurer que, sur le sujet de l'exécution, *à la lettre*, des ordonnances que Sa Majesté a faites, il n'y a rien à quoy ceux qui sont à la teste de Compagnies se doivent appliquer davantage, par ce que Sa Majesté y est si délicate qu'il est presque impossible, quelque couleur que l'on apporte à y faire des modifications, qu'elles n'attirent des marques de l'indignation de sa Majesté. Je suis obligé de vous déclarer que le Roy n'a point esté informé des modifications employées dans l'arrest du parlement de Paris, et que si Sa Majesté l'avoit esté, assurément elle ne l'auroit pas souffert. Mais comme les remontrances que le Parlement de Rouen a faites ont porté Sa Majesté à vouloir estre informée avec plus de soin de ce qui se passe dans cette affaire, si elle trouve qu'il y apporte quelque modification ou qu'il n'ayt pas exécuté *à la lettre* l'ordonnance, je vous puis assurer que ce pas est trop délicat pour ne pas vous conseiller de porter vostre Compagnie à obéir avec la déférence et le respect qu'elle doit ; ou si vous ne pouvez en venir à bout de prendre vos mesures pour bien faire connoistre au roy que vous n'avez point de part à son refus... [1] COLBERT. »

[1] *Lett., Inst. et Mém.*, t. II, p. 79.

Sur ce, « le Premier Président réunit les chambres, et représenta à la compagnie que S. M. regardoit son retardement comme un défaut de soumission à ses ordres et aux dispositions de l'ordonnance de 1667. Alors, le Parlement se décida à enregistrer la déclaration sur le contrôle, mais en employant que c'estoit du très exprès commandement du Roy. Quant à celle sur les amendes, elle ne le fut point, et l'on se contenta d'ordonner que le Premier-Président seroit prié d'en écrire au Roy, pour luy en représenter l'importance[1]. »

L'année 1672 tout entière passa sans enregistrement. Au mois de décembre, Pellot ayant eu occasion de voir le roi, celui-ci n'avait pas manqué de l'entretenir de ce refus de sa Compagnie :

« Sa Majesté, écrivait-il à Colbert, de Paris, le 8 décembre, me parla de la déclaration des amendes, que nostre Parlement n'a pas vérifiée. Je luy répondis que c'est la préférence[2] qui fait de la peine ; que néanmoins je tascherois de la porter à faire ce que l'on souhaittoit. J'en confereray devant que de partir avec M. Pussor...[3] Pellot. »

Pressé de nouveau par Colbert, Pellot lui écrivit encore. L'excuse qu'il tenta était puérile : le délai pour l'enregistrement étant expiré sans que le parlement eût enregistré, il y aurait lieu de considérer la formalité comme accomplie, moyen commode, en effet, pour tirer d'embarras le premier président. Mais l'ordonnance de 1667 ne disait rien de semblable ; il fallait un acte formel. Ce fut en ces termes que lui répondit Colbert :

« Saint-Germain, 6 janvier 1673. Pour répondre à vostre billet du 26 du mois passé, je vous diray que vostre Compa-

---

[1] *Hist. manusc. du parlement*, t. II, p. 107.
[2] C'est-à-dire le privilège pour le paiement des amendes.
[3] Biblioth. nat., *Mélanges Colbert*, vol. 162, f° 467. Inédit.

gnie est beaucoup plus paresseuse à obéir aux ordres du Roy
que les autres du royaume. Vostre considération [1] empesche que l'on ne relève fortement ces manquements ; mais, à
la fin, je suis obligé de vous dire que cela ne peut pas durer.
Il y a dix-huit mois que le Parlement de Paris a enregistré,
avec liberté de suffrages [2], la déclaration pour les amendes, et
vostre Compagnie ne l'a point encore fait. Je ne vous dois
céder que, comme cette conduite sera fortement relevée, il
sera bien difficile qu'il n'en rejaillisse quelque chose sur
vous, parce qu'au moins vous deviez la mettre en estat, dans
le temps de l'ordonnance, ou d'enregistrer ou de refuser. Et
la raison de dire que lorsqu'une compagnie a passé le temps
porté par l'ordonnance, une déclaration est censée enregistrée,
ne peut estre valable, parce qu'il n'y a aucune Compagnie qui
s'en soit servie que la vostre ; et il me semble que, par un
million de raisons [3], elle devroit estre la première à chercher
les expédiens d'une obéissance plus prompte et plus agréable,
à S. M.... [4] COLBERT. »

Au reçu de cette lettre, Pellot dut assembler, une fois
encore, son parlement. Deux séances eurent lieu, les 12 et
13 janvier 1673 [5]. Elles furent des plus orageuses, et les
enquêtes finirent par étouffer la voix des sages :

« Au commencement de cette année, les chambres s'étant
assemblées plusieurs fois, afin de délibérer sur l'édit des
amendes, sans pouvoir rien déterminer, le Premier-Président
les convoqua le 12 janvier. Il représenta les ordres précis

---

[1] *Votre considération* : ce mot en dit beaucoup sur le grand crédit de
Pellot auprès de Colbert et du roi.

[2] C'est-à-dire sans lettres de jussion, ni ordre exprès.

[3] *Par un million de raisons* : que veut dire Colbert? Est-ce à
l'adresse du premier président? Est-ce un rappel du semestre? Est-ce
une allusion à de récentes gratifications ?

[4] *Lett., Inst. et Mém.*, t. II, p. 260.

[5] Reg. secret de l'année 1673, à leur date.

qu'il avoit du Roy; qu'il croyoit qu'il estoit à propos de se conformer aux autres parlements, et qu'enfin c'estoit la disposition de l'ordonnance de 1667. L'affaire ne fut point encore décidée ce jour-là; le lendemain, le P.-P. continua à représenter la même chose, et que la Compagnie ne pouvoit se dispenser d'imiter en cela le Parlement de Paris. Il prit les avis de la grand'chambre qui opina, tout d'une voix, qu'il falloit passer outre à l'enregistrement. Les enquestes, elles, ne furent pas sy dociles; de sorte que voyant que presque tous ceux dont elles étoient composées prendroient un party contraire, il dit qu'il estoit obligé de rompre cette délibération, comme contraire à l'ordonnance de 1667, et aux intentions de sa Majesté, dont il seroit dans la nécessité de luy rendre compte. Les enquestes qui n'avoient point perdu l'idée, dans laquelle elles avoient vescu, de la liberté qui devoit régner dans les suffrages, ne furent point ébranlées, et la séance fut rompue, sans qu'il y eut de délibération. [1] »

Le premier président se trouva dans la nécessité de faire ce dont il avait prévenu la compagnie : il avisa Colbert dans un rapport modéré où il prenait encore soin de ne rien dire du rôle de chacun dans ce regrettable incident. Mais Colbert, irrité au delà de toute expression, en réclama de lui un autre, précis, cette fois, circonstancié et personnel, afin que le roi pût connaître les auteurs de la résolution et les punir :

« Saint-Germain, ce 20 janvier 1673. Le Roy a été surpris d'entendre la lecture de la lettre que vous avez pris la peine de m'écrire le 14 de ce mois, sur ce qui s'est passé au Parlement de Rouen, lors de la délibération sur la déclaration concernant les amendes. Comme Sa Majesté ne peut pas souffrir une si mauvaise conduite, qui est préjudiciable au bien de son service et à la justice, qu'elle entend que cette Compagnie rende à ses sujets, n'y ayant rien qui y soit plus

[1] *Hist. manus. du parlement*, t. II, p. 230.

contraire que la cabale qui s'est formée dans les enquestes, Sa Majesté a voulu prendre une résolution forte sur cette affaire si extraordinaire. Mais, pour cela, elle n'a pas cru être suffisamment informée de tout ce qui s'est passé dans les dites enquestes. Néanmoins, comme il est absolument nécessaire de le scavoir pour connoistre les auteurs de la résolution qui a esté prise et pour punir ceux qui en sont véritablement coupables, Sa Majesté m'a ordonné de vous escrire qu'elle veut que vous m'envoyez une relation bien exacte et bien particulière de tout ce qui s'est passé, avec les noms des officiers, et de tout ce qui s'est dit lorsqu'ils se sont assemblés dans la grande chambre. Sa Majesté m'a ordonné d'ajouter seulement que la relation que vous m'enverrez sera tenue secrète, et que vous ne devez point craindre de dire la vérité de tout ce que vous scavez... [1] COLBERT. »

Le dénouement ne se fit pas attendre : « La résistance de la chambre des enquestes ne plut point au Roy; instruit que le président d'Etalleville qui souvent, déjà, avoit joué un pareil rôle et, dès 1657, avoit dû pour même cause, subir un premier exil [2], y avoit eu la part la plus considérable, il l'exila de nouveau à Chartres. Les enquestes, arriere et à l'inseu de la grand'chambre, délibérèrent que l'on prendroit une somme sur les deniers communs de la Compagnie, pour luy estre délivrée pour son voyage [3]. »

Deux lettres de Pellot sont analysées ainsi qu'il suit aux *Mélanges Clairambault :*

« Le 6 février 1673, Pellot annonce à Colbert que le président d'Etalleville est party, et qu'il luy a esté rendre visite [4]. »

---

[1] *Lett., Inst. et Mém.*, t. II, p. 265.
[2] *Hist. manus.*, t. II, p. 141. (Voir ci-dessus, p. 37, son portrait dans le tableau du parlement).
[3] *Ibidem*, p. 320.
[4] Biblioth. nat., vol. 794, f° 157. Inédit.

« Le lendemain, il lui écrit, sur ce que les enquestes ont résolu de donner au président d'Etalleville la somme de 600 livres de la bourse commune, le priant, en cas que le Roy ne l'ayt pas agréable, d'envoyer un ordre pour empescher le président d'avoir part aux extraordinaires [1]. »

« Colbert à Pellot. Saint-Germain, le 10 février 1673 : J'ay reçu les lettres que vous avez pris la peine de m'écrire le 6 et le 7 de ce mois sur le sujet du président d'Etalleville. M. de Chasteauneuf devant vous faire scavoir les intentions du Roy sur la résolution que les enquestes ont prise, et même vous envoyer les ordres de S. M. sur ce point, je me remettray, s'il vous plaist, à ce que vous en apprendrez par cette voye, vous assurant que je suis tousjours tout à vous... [2] COLBERT. »

Une manifestation que Pellot provoqua de la grand'chambre, prouve que les enquestes finirent par avoir le dessous :

« Mons$^r$ le P$^r$-Président a dit qu'il est aduerty que Mess$^{rs}$ des enquestes ont résolu de donner deux cens écus de la bourse commune à Mons$^r$ le P$^t$ d'Estalleuille, pour ayder à sa subsistance, pendant sa relégation à Chartres, et qu'ils ont dit à Mons$^r$ Salles, qui a l'administration de ce fonds, d'en demander le consem$^t$ à la grand'chambre ; M. le P$^r$-Président croit que Mons$^r$ Salles est trop aduisé pour faire cette proposition, et que la grand'chambre doit prendre garde de ne prendre pas une délibération sur ce subiect qui fut désagréable à Sa Majesté ; que tous nous debuons tascher de seruir le d. P. d'Estalleuille dans son malheur, si l'occasion s'en presentoit ; mais qu'il y auroit à redire sy la Compagnie consentoit que l'on fist une gratiffication extraord$^{re}$ pour un

---

[1] Biblioth. nat., vol. 794, f$^o$ 157. Inédit.

[2] Biblioth. des Invalides, manuscrits Colbert, vol. G. 90, f$^o$ 72. Inédit.

off' qui est dans la disgrace de Sa M^te et que ce seroit en quelque manière desaprouuer et blasmer ce que Sa Majesté a fait. »

« Surquoy, le s^r Salles a dit qu'il est vray que M^rs des enquestes luy auroient parlé de leur dessein de donner deux cens escus à M^r le P^t d'Estalleuille, mais qu'il n'auoit eu garde de faire cette proposition. Et M^rs ont dit qu'il ne falloit point se presser de rien résoudre sur ce subiect. Aussy M^r le P^r-P^t n'a point mis la chose en délibération [1]. »

Nous placerons ici une appréciation contemporaine sur le rôle des parlements au XVII^e siècle, et sur le devoir qui fut imposé à la royauté, sous peine de périr, de réagir contre leurs excès. A coup sûr, l'auteur de ce morceau avait été mêlé aux événements et connaissait bien les misères des parlements :

« La liberté qu'eurent les fils des traitans d'entrer dans les charges des cours supérieures en augmenta tellement le prix que le commerce en était considérablement diminué [2]. Les charges de conseiller au grand conseil se vendoient jusqu'à 50,000 écus ; celles du Parlement de Paris 70,000 écus ; de Maître des requêtes 100,000 écus [3] ; de Président à mortier 400,000 écus. Un édit du mois de décembre 1666 en fixa le prix : Président à mortier, 400,000 livres ; Maître des requêtes, 150,000 livres ; Conseiller au Parlement, 100,000 livres ; Conseiller au grand conseil, 90,000 livres. Les charges de Président à mortier des autres Parlements furent fixées à 40,000 écus et celles des Conseillers à 20,000 écus. Celles de Conseiller au parlement de Rouen furent portées à 70,000 livres. Mais on éluda la volonté du Roy par des pots de vin

---

[1] Registre secret, année 1673. Inédit.
[2] C'est ce qu'a déjà écrit Colbert (ci-dessus, p. 20).
[3] Ce fut, en effet, le prix que le célèbre la Reynie paya la sienne en 1661.

qu'on donnoit secrètement, et qui augmentoient beaucoup cette fixation [1]. Le seul moyen de faire cesser l'entêtement qu'on avoit d'acheter si cher ces charges, étoit d'en diminuer les fonctions, et ce fut à quoi Colbert travailla.

« Les cours supérieures avoient voulu, pendant la minorité du Roy, se modeler sur le Parlement d'Angleterre pour s'attribuer une partie de l'autorité royale. Dès Henri II, une restriction du pouvoir des Parlements étoit devenue nécessaire, lorsque Henri II eut rendu les charges vénales, car le mérite ne fut plus la porte pour y entrer, et il auroit été dangereux de confier les secrets de l'Etat à de jeunes gens sans expérience. Si l'on n'eut resserré la puissance et les fonctions des cours souveraines dans leurs anciennes bornes, la France n'eut plus été un Etat monarchique ; son gouvernement seroit devenu aristocratique ; et le Roy semblable au doge de Venise. C'est le pouvoir sans limites dont le Roy jouit aujourd'hui, qui lui a donné le moyen d'exécuter les grandes choses qui rendent son règne merveilleux. Le soulagement des peuples qui servoit de prétexte à l'usurpation des parlements n'étoit qu'une chimère, car jamais on n'a vu le peuple si foulé qu'en ces temps malheureux où les parlements, pendant la minorité des rois, empiétoient sur l'autorité royale. Colbert le fit comprendre à S. M... [2] »

Colbert n'eut pas, ajouterons-nous, à le faire comprendre à Pellot, qu'avait suffisamment instruit le spectacle qu'il avait eu sous les yeux, à Rouen d'abord, puis à Grenoble, à Toulouse, à Pau, à Bordeaux, partout enfin où il avait passé.

Nous ne croyons pas non plus que Colbert ait eu de grands efforts à faire pour inculquer au roi, qui en avait été

[1] A cet égard, on a vu, ci-dessus, p. 99, ce qui concerne d'Ormesson.
[2] *Vie de Colbert*, aux Archives curieuses de l'hist. de France, t. IV, p. 92.

victime, la haine de l'anarchie parlementaire. Nous croyons même que Louis XIV poussait cette haine plus loin encore que son ministre, ce qui n'est pas peu dire. N'en avait-il pas souffert davantage, notamment quand, en 1649, l'année où, le 9 février, la tête de Charles I*er* tombait sur la place de Whitehall, la révolte du parlement de Paris l'avait, dans la nuit du 6 au 7 janvier, contraint de sortir, en fugitif, de sa capitale, lui et tout son gouvernement?...

# CHAPITRE TROISIÈME

LE DROIT DE REMONTRANCES SOUS LE PREMIER PRÉSIDENT PELLOT
(SUITE)

§ 1. *Le marquis de Beuvron et l'intendant de Creil, porteurs d'un ordre exprès, font enregistrer l'édit de 1673 restrictif du droit de remontrances. Discours du premier président Pellot. Ce que pense de ce discours l'historien du parlement.*

L'ordonnance de 1667 qui avait réglé le droit de remontrances avait été conçue sur quelques points, en termes vagues. Sauf lorsque les édits étaient soumis au parlement par un fonctionnaire *porteur d'un ordre exprès du roi*, auquel cas l'enregistrement devait être immédiat, il n'y était pas dit d'une manière précise dans quel délai, les remontrances une fois formulées, l'enregistrement devrait s'effectuer; et certains parlements en avaient profité pour continuer comme par le passé. Nous l'avons vu par ce qui avait eu lieu en 1670, au sujet de l'ordonnance criminelle[1], et au mois de janvier 1673, au sujet de l'édit sur les amendes. Mais le roi, bien décidé à aller jusqu'au bout et déterminé peut-être par

[1] Ci-dessus, pages 139 et 153.

ce dernier refus du parlement de Rouen, voulut ajouter à l'ordonnance de 1667. Il le fit par ses lettres patentes du 24 février 1673, qui, elles, disaient en propres termes que les cours auraient à enregistrer purement et simplement, sans aucune modification, restriction ni sursis, et toutes affaires cessantes, dans les trois jours, sauf remontrances si bon leur semblait, mais par arrêt séparé, et dans les six semaines seulement qui suivraient. La chancellerie était vacante alors par le décès de Séguier, et Colbert, chancelier de fait, d'accord avec Pellot, sut pousser le roi à imposer ce nouveau frein au pouvoir des parlements.

Un jour donc du mois de mai 1673, le marquis de Beuvron se présenta, de l'ordre exprès du roi, accompagné de l'intendant de Creil, qui avait alors succédé à la Galissonnière, porteur, outre une douzaine d'édits fiscaux, des lettres patentes du 24 février dont il demanda l'enregistrement immédiat et sous ses yeux.

Après que de Creil et lui eurent exposé le sujet qui les amenait, il se manifesta dans l'assemblée un sentiment qu'ils avaient pressenti, et contre lequel la prudence du premier président avait pris ses mesures. En effet, dans un discours très habile et très apprêté, celui-ci commença par rappeler : « les conquêtes du Roy auxquelles la Compagnie prendroit certainement une vive part. Il étoit raisonnable que les sujets contribuassent de leurs biens aux avantages qui leur revenoient de tant de victoires [1] ; toutefois il ne pouvoit dissimuler que le vœu de la Compagnie seroit que l'on proportionnat les charges aux forces de ceux à qui on les imposoit... »

Puis, venant au nouveau mode d'enregistrement, et caressant en plein les préjugés de sa Compagnie :

---

[1] Le fameux passage du Rhin et la conquête d'une partie de la Hollande avaient eu lieu l'été précédent.

« Il auroit, ajouta-t-il, souhoité que le Roy eut bien voulu laisser la liberté aux suffrages, comme avoient fait ses prédécesseurs, et comme faisoient les empereurs romains dans le Sénat [1]. Le pouvoir contenu dans ces mots *sic volo, sic jubeo*, ne devroit être employé, comme le bouclier de Minerve, que dans les grandes nécessités ; le Parlement verroit avec peine qu'on lui apportât des Edits sans qu'il eut le pouvoir d'en délibérer; qu'on lui fit tenir conseil sans pouvoir le donner ; que l'on fermat la bouche aux plus sages et aux plus fidèles [2], et que les mouvements des cœurs véritablement royaux fussent réduits à se renfermer dans un silence forcé ; ce qui se feroit ainsi ne seroit plus qu'une ombre de délibération ; quoy que l'on put faire, il falloit, pour rendre les lois durables, qu'elles fussent non seulement imposées mais encore agréées par un suffrage public... Parmi les édits qui estoient apportés, il y en avoit de Bursaux; à l'égard de ceux-là, comme ils ne tendoient qu'à fournir au Roy les sommes dont il avoit besoin pour ses grandes affaires, il ne falloit point d'autre contrainte que l'affection de la Compagnie pour le service de S. M. ; s'il y avoit quelquefois été apporté quelque résistance, ce n'avoit esté que par la seule vue du soulagement des justiciables ; à l'égard de l'édit (il y en avoit un parmi ceux présentés) qui restregnoit les épices des juges, il eut été à souhoiter qu'il fut plus concerté ; il ne convenoit pas, certes, à la compagnie d'agir par des motifs d'intérest, mais en voulant arrester le cours des procès par le retranchement des épices, il y avoit bien à craindre que, dans la suite, le foible ne devint

---

[1] *Dans le Sénat :* mais Rome n'eut jamais une douzaine de Sénats ! L'état politique de Rome fut, au contraire, absolument antipathique à l'anarchie parlementaire contre laquelle la monarchie française lutta, aux xvii<sup>e</sup> et xviii<sup>e</sup> siècles, jusqu'à y succomber.

[2] *Aux plus sages et aux plus fidèles :* c'est Pellot, si mêlé aux passions et aux excès de « ces sages et de ces fidèles », qui ose parler ainsi ! Mais ce n'était, dans sa bouche, que précaution oratoire.

la victime du plus fort... [1] » Le Premier-Président finit en disant que « S. M. pourroit connoistre dans la suite la vérité de ce qu'il lui estoit représenté, et ce qu'il pouroit y avoir d'abusif dans ce réglement de la justice ; qu'elle y apporteroit sans doute les remèdes convenables ; mais qu'en l'état où estoient les choses, on ne devoit pas prendre d'autre party que d'enregistrer et de se soumettre aux volontés du Prince [2]. »

Le magistrat qui a donné cette analyse, rédigée par lui peut-être un peu dans son propre sens, ajoute : « Ce discours pouvoit bien avoir esté concerté avec le Marquis de Beuvron et avec de Creil, pour parvenir avec habilité à l'enregistrement. » C'est en effet notre pensée.

« Les ordonnances de 1667 et de 1673, commençant dès lors à s'observer, on vit l'autorité des Cours souveraines disparaître avec l'usage des remontrances. Les Compagnies réduites presque à la simple administration de la justice entre les particuliers [3], n'eurent plus à faire que quelques réglements de police ou de discipline particulière, ne conservant d'autre droit que celuy d'enregistrer les édits, sans les pouvoir refuser [4]. »

C'est avec cet accent désespéré que Paviot parle du régime nouveau qui continua jusqu'au jour où, à la mort de Louis XIV, une inqualifiable faiblesse du régent rendit aux parlements un droit dont ils firent usage jusqu'à entraîner la monarchie dans l'abîme.

[1] Il ne nous a pas été donné de comprendre cette pensée du premier président, que Pavyot a dû mal reproduire.

[2] *Hist. manusc. du parlement*, t. II, p. 306 et suiv.

[3] C'était le rêve de Richelieu, que réalisait Colbert, partisan fanatique de ce grand ministre, au point que, dans le conseil, il avait l'habitude d'ouvrir son avis par ces mots : « Le grand cardinal de Richelieu, Sire... » ce dont le roi finissait par rire.

[4] *Hist. manusc.*, t. II, p. 328.

Aussitôt l'enregistrement obtenu, Pellot s'était hâté, comme à son ordinaire, d'en écrire à Colbert :

« A Rouen, ce 17ᵉ may 1673. M. le Marquis de Beuvron a porté ce matin, avec Mʳ de Creil, les édits au Parlement, où il a passé qu'ils seroient enregistrez suivant les ordres de Sa Majesté. Après que Mʳ de Beuvron a parlé, Mʳ de Creil a dit quelque chose, et assez bien. A quoi j'ay repondu plus au long, et j'ay pris mon sujet sur les grandes actions de Sa Majesté, sur ce grand ouvrage qu'elle est sur le point d'achever qui tient toute l'Europe attentive, et les extraordinaires despenses qu'elle est obligée de faire pour ce sujet ; mais que les Compagnies souhaitteroient bien que l'on les laissat délibérer sur les édits comme il s'est pratiqué par le passé ; et j'ay fini en disant que l'on avoit toute raison d'espérer que, quand cette grande nécessité cesseroit, elle songeroit à soulager et descharger ses peuples. Demain, l'on portera les Edits à l'audience où Mʳˢ de Creil et Beuvron viendront, et ils seront publiez, pour estre ensuite envoyez aux bailliages de notre ressort... [1] PELLOT. »

### § 2. *Enregistrement de l'édit sur les formules. Correspondance de Pellot à ce sujet avec Colbert.*

En 1655, l'usage du papier et du parchemin *marqués* avait été établi pour la première fois. Plus tard, en 1673, on donna à ces papiers et parchemins le nom de *formules*, parce que Colbert avait imaginé certaines *formules* imprimées des actes judiciaires et notariés, dans lesquelles il n'y aurait plus ensuite qu'à insérer le particulier de chaque acte : le tout, pour arriver à l'uniformité des actes dans toute la France. Il reconnut bientôt les inconvénients pratiques

---

[1] Biblioth. nat., *Mélanges Colbert*, vol. 164, fº 109. Inédit.

qu'aurait eus ce système, inconvénients que Pellot fut un des premiers à lui signaler ; mais le nom de *formules* n'en resta pas moins, pour un temps, au papier et au parchemin marqués. Tous actes destinés à faire foi en justice furent astreints « à la marque », jusqu'aux livres de commerce.

La déclaration sur les formules fut la première à soumettre au parlement de Normandie, à la suite de l'édit de février, qui avait réduit le droit de remontrances. A ce titre, Colbert attachait de l'importance à cette vérification ; aussi Pellot prit-il soin de le tenir au courant. C'est par là surtout que les sept lettres qui suivent ont de l'intérêt.

1re. — « A M. Pellot. De Sceaux le 12 juin 1673. Pour réponse à la lettre que vous avez pris la peine de m'écrire le 13 de ce mois, je n'ay point encore veu les formules du Parlement de Rouen que vous avez envoyées à Mr Foucault[1] ; je les examineroy et j'auroy soin de procurer quelque gratification au sr Tellier sur la taxe... [2] COLBERT. »

2e. — « Pellot à Colbert. A Rouen, ce 20 juillet 1673. J'ay receu, ce matin, par la voie de Mr Foucault, la déclaration pour l'usage des formules adressante à notre Parlement. Je l'ay remise incontinent, en l'absence de Mr le Procureur général, à Mr le Guerchois, advocat-général, qui l'a présentée à la Compagnie, où elle a esté lue ; l'on a mis dessus le *soit monstré*, et ensuite l'on en poursuivra l'enregistrement sans perte de temps, dont je ne manqueray pas de vous rendre compte, et de ce qui sera fait dans cette occasion. Je suis... [3] PELLOT. »

---

[1] Projet de rédaction pour les formules que le parlement avait dressé. Foucault, père de l'intendant de ce nom, était greffier en chef du grand conseil.

[2] Biblioth. des Invalides, manuscrits Colbert. Inédit. Ce Tellier devait être l'auteur des formules qu'il avait dû adapter au style du parlement de Normandie.

[3] Biblioth. nationale, *Mélanges Colbert*, vol. 165, fo 206. Inédit.

3ᵉ. — « Le même au même. A Rouen, ce 21 juillet 1673. Nous avons enregistré, ce matin, la déclaration touchant l'usage des formules. La chose s'est passée conformement aux dernières Ordonnances [1] ; et l'on trouve que dans les grandes despenses où Sa Majesté se trouve engagée par la guerre, ne pouvant se passer de nouvelles affaires, il n'y en a point de plus douce et de plus raisonnable que celle-ci. Je vous rendray compte, Monsieur, demain, plus particulièrement, de ce qui a esté fait, estant pressé par l'ordinaire, et vous asseureray que je suis avec respect... [2] Pellot. »

4ᵉ. — « Le même au même. A Rouen, ce 22ᵉ juillet 1673. J'adjousteray, Monsieur, à la lettre que jeus l'honneur de vous escrire hier, touchant l'enregistrement qu'on a fait hier de la déclaration du 10ᵉ de ce mois pour l'usage des formules, ce qui s'est passé dans cette occasion. L'on fut tout d'un advis à l'enregistrement pur et simple, chacun témoignant ses sentiments qui sont que, dans les grandes despenses à quoy Sa Majesté est engagée par une guerre si glorieuse et si heureuse [3], elle ne peut point tirer de secours d'une affaire moins rude et moins à charge.

« Après ledit enregistrement, l'on résolut que l'on fairoit des remonstrances par écrit qui tendent à ce qu'il plaise à Sa Majesté, la guerre cessant, de révoquer ledit Edit, et que Sa Majesté aye la bonté de descharger de ce droit les actes et diligences que les procureurs du Roy sont obligés de faire pour son interest ou du public, et aussi les actes que sont obligés de faire les hospitaux, ou bien que Sa Majesté, en

---

[1] Conformément à l'ordonnance de 24 février 1673, qui avait prescrit un nouveau mode d'enregistrement.

[2] Biblioth. nat., *Mélanges Colbert*, vol. 165, fo 196. Inédit.

[3] Turenne avait, pendant trois mois, empêché l'électeur de Brandebourg et Montécuculli de secourir les Hollandais et de franchir le Rhin. Le 29 juin, le roi avait pris Maëstricht en 13 jours ; mais, le 15 octobre suivant, l'Espagne allait nous déclarer la guerre.

considération de cette augmentation de frais, leur donne quelque fonds de son domaine.

« Jeudi prochain, l'on publiera à l'audience ladite déclaration, et alors je ne manqueray pas de vous envoyer l'arrest d'enregistrement. Ensuite, l'on l'envoyera dans les sièges de nostre ressort.

« Sur quoy, Monsieur, je vous donneray advis d'un inconvénient qu'il y a : il faut bien quatre-vingt ou cent copies pour tous les sièges, ce qui ne se peut faire commodément qu'en les faisant imprimer ; ce qui obligea la Compagnie de faire imprimer, par l'imprimeur ordinaire, les dernières déclarations que nous avons enregistrées au mois de may dernier.

« Neanmoins, les gens de M<sup>r</sup> de la Feuillade[1] qui a le don de faire imprimer les nouvelles ordonnances, ont mis en peine ledit imprimeur, et luy ont fait donner assignation au Conseil, de sorte qu'il est bien juste de l'en descharger, car il n'imprime qu'une fois seulement les dites déclarations et par la nécessité qu'il y a de les envoyer dans les sièges de nostre ressort afin de les rendre publiques partout. Ainsi, Monsieur, il faut, en envoyant une déclaration, ou que l'on

---

[1] François d'Aubusson, vicomte puis marquis de La Feuillade, duc de Roannez en 1670, maréchal de France en 1675. Il venait de se distinguer en Hollande et devait, en 1676, se distinguer dans la conquête de la Franche-Comté. Il résulterait de cette lettre de Pellot, que le roi lui avait assuré le don, c'est-à-dire le profit de certaines impressions officielles. Ce fut lui qui dépensa 500,000 livres à construire, sur l'emplacement de l'hôtel de Senneterre, la place des Victoires, au milieu de laquelle il éleva une statue de Louis XIV en bronze doré, avec cette inscription : *Viro immortali*. Il avait, en 1670, épousé la sœur d'Arthur Goffier, duc de Roannez, connu par ses relations avec Port-Royal. Arthur Goffier avait abandonné son duché à sa sœur, à la condition que La Feuillade, son mari, prendrait le titre de Duc de Roannez. La Feuillade ne porta habituellement ce titre que pendant 5 ou 6 ans. — Mort en 1691.

envoye une quantité d'imprimez en laissant la place pour mettre l'arrest d'enregistrement, ou bien (ce qui est bien plus court) de permettre à l'imprimeur du Parlement de les faire imprimer seulement pour ce sujet, car d'en faire faire des copies écrites à la main, ce ne seroit jamais fait. Je seray...
Pellot.

« *P.-S.* — Un chacun croit, dans l'embarras et la longueur qu'il y auroit à dresser les formules, que l'on n'en faira point, et que l'on s'en tiendra à l'établissement du droit sur le papier et à le percevoir[1]. »

5ᵉ. — « Pour réponse à votre lettre du 22 de ce mois, lui écrivait Colbert le 28 juillet, je n'ay point douté que l'enregistrement de la déclaration pour l'usage des formules ne se fit de la même manière au Parlement de Rouen qu'il s'est fait dans toutes les autres compagnies, c'est-à-dire avec un consentement unanime, connoissant la nécessité qu'il y a de donner au Roy les moyens de soutenir les dépenses immenses de la guerre. Je vous prie de tenir la main à ce que cette déclaration soit ponctuellement exécutée ; et lorsque la paix sera faite, il faut espérer que sa Majesté prendra la résolution de remettre aux peuples les levées extraordinaires qui se font pendant la guerre, ou du moins qu'elle leur fera d'autres grâces en échange.

« A l'égard de l'imprimeur du Parlement, que les gens de Mʳ le Duc de Rouannez ont fait assigner au Conseil, je ne puis rien dire, si ce n'est qu'il faut en user sur ce point ainsy qu'il s'est pratiqué en pareils rencontres. Je suis tout à vous...[2] Colbert. »

6ᵉ. — « Pellot à Colbert. Rouen, ce 30 juillet 1672. Je vous

---

[1] Biblioth. nat., *Mélanges Colbert*, vol. 165 B, fº 204. Inédit.
[2] Biblioth. des Invalides, manuscrits Colbert, vol. G. 90, fº 277-278, Inédit.

envoye, Monsieur, l'arrest d'enregistrement de la déclaration touchant les formules. Je tiendray la main en tout ce que je pourroy, pour son exécution qui ne donnera pas, il me semble, beaucoup de pesne, ni ne causera pas de frais pour la levée des droits. L'on la fera imprimer ainsi, Monsieur, que vous le trouvez à propos, par la lettre du 22 de ce mois que vous m'avez fait l'honneur de m'escrire, pour l'envoyer seulement dans les sièges de notre ressort, et non point pour la vendre et débiter, afin que les gens de M$^r$ Roannez n'ayent pas sujet de se plaindre. »

La mise en action de l'impôt des formules ne s'effectua pas sans beaucoup de retard et de difficultés :

« 10 décembre. L'on met en train l'affaire des formules, et l'on termine toutes les difficultés que les greffiers et les procureurs forment à cet établissement... »

Dans la même lettre, Pellot marque « qu'il devoit partir deux députez du commerce de Rouen avec ceux de S$^t$ Malo, chargez de ce qui regarde le papier dont ils doibvent se servir pour leurs registres et la sureté du commerce [1]. »

7$^e$. — « S$^t$ Germain, le 14$^e$ janvier 1674. Les procureurs du Parlement de Paris prennent du papier formulé pour les registres qu'ils tiennent dans leurs Etudes pour marquer la réception et envoy des pièces de leurs parties, et tout ce qui concerne leurs fonctions. Les fermiers se sont plaints que les procureurs du Parlement de Rouen faisoient difficulté d'en prendre, et en effet n'en avoient point encore pris ; et comme c'est l'intention du Roy, et que tous les procureurs des Compagnies ne s'en sont point dispensez, je vous prie de leur ordonner de le faire, et j'escris, en même temps, à M$^r$ de Creil de les y condamner. Je suis tout à vous [2]. COLBERT. »

[1] Biblioth. nat., *Mélanges Clairambault*, vol. 795, f° 245. Inédit.
[2] Biblioth. des Invalides, manuscrits Colbert, vol. G. 90, f° 96. Inédit.

# CHAPITRE QUATRIÈME

### VARIA

§ 1ᵉʳ. *L'intendant de Creil. — Recommandation que lui fait Colbert, en l'envoyant à Rouen.*

Jacques Barin de la Galissonnière que Pellot avait trouvé à Rouen, en était parti en 1672, laissant son intendance à Jean de Creil, sieur de Soisy, dont le nom a déjà plusieurs fois passé sous nos yeux.

Celui-ci, administrateur fort distingué, vécut, comme avait fait la Galissonnière, dans les meilleurs termes avec le premier président, ayant eu soin de suivre de tout point cette instruction qu'il avait reçue à son arrivée :

« ... Mʳ Pellot étant chef de toute la justice de la généralité en laquelle vous allez servir, il est nécessaire pour le service du Roy que vous teniez avec lui une étroite et parfaite correspondance. En outre de cette raison générale, vous me ferez plaisir d'en user ainsy, par la raison de la longue amitié qui est entre luy et moi... [1] COLBERT.

Ce fut certes pour cet intendant une heureuse fortune de trouver à la tête de la justice un magistrat éminent, vieilli

---

[1] *Lett., Inst. et Mém.*, t. IV, p. 85.

dans l'administration, pénétré des vues de Colbert, uni avec ce dernier par les liens d'une amitié longue et étroite. Mais ce fut aussi pour le premier président une grande satisfaction d'avoir à ses côtés un administrateur digne de le comprendre, et qu'il savait avoir pour instruction de se régler sur lui en toutes choses. Cette lettre nous est fort précieuse, car elle nous autorise à dire, et tout est là d'ailleurs pour l'attester, que Pellot, pendant sa première présidence, fut à Rouen plus intendant que l'intendant lui-même.

Malgré la grande estime et la grande amitié qu'il eut pour Pellot et dont il ne cessa de lui donner des marques, Colbert ne devait pourtant pas aller avec lui jusqu'où il alla avec un autre de ses alliés, le baron d'Oppède [1], premier président d'Aix, auquel il avait, en 1661, conféré, en même temps, le titre et les attributions d'intendant de Provence [2]; cumul unique, pendant tout son ministère, privilège vraiment singulier, que des raisons de localité expliquent et justifient autant que l'estime et l'amitié de Colbert [3].

Si donc, en droit, Claude Pellot, au contraire de d'Oppède en Provence, fut en Normandie premier président sans être intendant, nous pouvons bien dire qu'en fait, et par la volonté de Colbert, il attira à lui toute l'administration, ce dont nous avons déjà eu et aurons bien des preuves encore par la suite.

[1] Henri de Forbin, baron d'Oppède. Son fils, ambassadeur en Portugal, et, après lui, premier président, avait épousé Jeanne Marin, fille de Denis Marin, conseiller d'État, et de Marguerite Colbert, petite-fille de Colbert de Terron. (*Lett., Inst. et Mém.*, t. I, p. 477.)

[2] *Lett., Inst. et Mém.*, t. II, p. CCLXXXV et 279.

[3] En Provence, le cumul de l'intendance et de la première présidence fut, depuis lors, la règle. (Discours de rentrée de la cour d'Aix, prononcé en 1875 par l'avocat général Gillebert.)

§ 2. *Mort de Séguier. Dernier regard sur son long ministère. — D'Aligre, octogénaire, est nommé garde des sceaux (1672), puis chancelier (1674). Ce que pense Madame de Sévigné de ce choix.*

« Le Roy ayant élevé Pierre Séguier à la dignité de garde des sceaux après la mort [1] du premier d'Aligre, on adressa ses lettres de provision au Parlement de Rouen pour y estre publiées, ce qui eut lieu le 22 février 1633. Ce fut la première fois que de pareilles lettres furent enregistrées en Parlement [2]... » Ainsi s'exprime Pavyot.

Le parlement avait répondu à cette communication par l'adresse suivante qui existe sur ces registres :

« Monseigneur, après le digne choix et élection qu'il a pleu au Roy faire de vostre personne pour chef de sa justice, nous avons atendu quelque peu de jours à vous tesmoigner le contentement qu'en ont receu Messieurs du Parlement et moy en particulier, afin que l'afluance de ceus qui vous visitent à cest heureus comensement vous puisse donner loisir de voir ce mot de lettre, et recepvoir nostre très humble salutation qui n'est pas seulement de debvoir, comme à nostre chef, mais de cœur et d'affection pour les grandes et excellentes qualitez que nous avons tousjours recognues en vous, lesquelles nous espérons voir de jour en jour produire les effets en ceste supresme charge, et que tous les gens de bien et spécialement le Parlement recevront, sous vostre conduite, protection et bienveillance en bien servant S. M., et rendant

[1] Deux inexactitudes : 1º au lieu de *mort*, lisez : *disgrâce*. D'Aligre, disgrâcié en 1630, perdit alors les sceaux, mais resta chancelier jusqu'en 1635, année où il mourut ; 2º ce fut Châteauneuf qui eut les sceaux après d'Aligre, en 1630. Séguier ne les eut qu'après Chateauneuf, en 1633.

[2] *Hist. manusc. du parlement*, t. I, p. 332.

bonne justice à ses subjets. C'est tout nostre désir, et qu'il plaise à Dieu vous conserver en bonne santé et prospérité, et nous croire, Monseigneur, vostre très humble et très obéissant serviteur, Faucon. A Rouen, en Parlement, ce 7 mars 1633... »

Les parlementaires de Rouen auraient-ils tenu ce langage, s'ils eussent pu pressentir la rigueur avec laquelle Séguier devait, en 1640, châtier leur faiblesse ?...

C'est la dernière fois que nous aurons à parler de ce chef éminent de la justice, qui fut fort mêlé, on l'a pu voir, à la vie de Claude Pellot.

Né en 1588, et plus âgé par conséquent de 30 ans, Pierre Séguier, après avoir été, fort jeune, novice pendant une année chez les Chartreux de Paris, avait, en 1615, à 27 ans, débuté dans la magistrature où sa famille s'était déjà illustrée et devait continuer de s'illustrer après lui. Conseiller au parlement de Paris, puis en 1621, quand il eut atteint 34 ans, maître des requêtes de l'hôtel, il avait été, la même année, nommé intendant de la généralité de Bordeaux, « poste très-délicat, à cause des différents intérêts du Roy, du gouverneur d'Espernon, du Parlement et du peuple qu'il y avoit à ménager, le duc d'Espernon et le Parlement étant presque toujours opposés l'un à l'autre [1]. »

Cette intendance avait mis en relief sa valeur administrative. Le succès lui avait, du reste, été facilité par son alliance avec Marc-Antoine de Gourgues, premier président du parlement de Bordeaux, son beau-frère pour avoir en premières noces épousé Marie, une de ses trois sœurs. Trois ans après, lorsque Richelieu venait de prendre pleine possession du pouvoir, Séguier avait remplacé Antoine, son oncle, dans sa charge de président à mortier au parlement de

---

[1] *Éloge de Séguier* par l'abbé Tallemand, frère de Tallemand des Réaux, aux Harangues de l'Académie, t. I, p. 243.

Paris, et exercé cette haute magistrature avec éclat jusqu'en 1633. A cette époque, était survenue la subite disgrâce de Châteauneuf, auquel Richelieu avait fait donner en 1630 les sceaux retirés à d'Aligre I<sup>er</sup>. Richelieu, au milieu d'une foule de compétiteurs, était allé chercher lui-même Séguier qui, moyennant 500,000 livres, avait cédé sa présidence à de Maisons. Exilé, d'Aligre n'en était pas moins resté chancelier, car cette dignité, sous l'ancienne monarchie, participait de l'inamovilité [1] de la magistrature dont elle était la plus haute expression.

Mais en 1635, d'Aligre I<sup>er</sup> étant mort, Séguier était devenu chancelier. Il avait 47 ans et devait, à travers bien des vicissitudes qui lui enlevèrent plus d'une fois les sceaux, se perpétuer, pendant quarante années, dans cette haute dignité de chancelier. Bien qu'il dut sa fortune à Richelieu, et que la chute éclatante de ses deux prédécesseurs fut bien faite pour lui faire redouter une même vicissitude, il n'avait pas toujours ployé sous sa rude volonté, et avant comme après sa mort, s'était montré dévoué à la reine. C'était lui surtout qui avait contribué à faire casser le testament du roi, œuvre de Richelieu, et à faire reconnaître Anne d'Autriche comme seule régente. Cet acte de suprême dévouement lui avait valu de conserver les sceaux lors de la réaction qui était venue briser les hommes de Richelieu. Vainement, Châteauneuf, libre après dix années d'emprisonnement et d'exil, était-il

---

[1] Le chancelier est le chef de la justice et de tous les conseils du roi. Les cours supérieures lui rendent les premiers honneurs après ceux qu'elles rendent au roi : « Luy seul a le droit de les présider, et luy seul dans tout le royaume ne porte jamais le deuil pour quelque sujet que ce puisse être, parce que le chancelier de France se détache en quelque sorte de luy-même, pour ne représenter que la justice dont il est le chef. La charge de chancelier est à vie et nos rois ne peuvent leur ôter que les sceaux, à moins que de leur faire faire leur procès... » (Gouvernement civil de la France, t. II, *de l'Introduction à la description de la France*, de Piganiol de La Force, p. 164.

venu alors lui disputer le pouvoir. On avait vu un moment leur fortune se balancer, et le ministère comme partagé entre les deux rivaux [1] ; il y avait eu pendant un moment comme deux chanceliers. « On les appeloit les deux sosies, parce que l'un et l'autre avoient et la tapisserie et la robe de chancelier, estoient d'une même taille, fort noirs de visage et de poils, et tous deux d'un visage fort sévère [2]. » A la fin, Séguier l'avait emporté. Pendant les troubles qui suivirent, il était demeuré toujours fidèle à la cause royale, et, chaque fois que la reine s'était vue forcée de faire des concessions aux frondeurs, elle avait *emprunté* les sceaux au chancelier. Châteauneuf avait eu la tardive satisfaction de les ravoir de 1650 à 1653, époque où il mourut. Le premier président Molé les avait eus plusieurs fois, et en dernier lieu jusqu'à sa mort, en 1654, où ils avaient été rendus enfin au chancelier, pour ne lui être plus ôtés...

A partir du grand essor que prend la royauté à la mort de Mazarin, Séguier nous apparaît à la suite de Colbert dans tous les actes de cette phase éclatante du grand règne. Il marche résolument avec lui dans le procès de Fouquet; il est son auxiliaire aussi utile que convaincu dans la rédaction des grandes ordonnances ; sur la fin, devenu vieux, le besoin du repos et de la retraite s'empare de lui ; alors il a vertu de s'effacer devant un ministre dont il a su des premiers pressentir le génie merveilleux...

« Le 28 janvier 1672, écrit d'Ormesson [3], mourut à St-Germain, à quatre-vingt-six ans, Mʳ Pierre Séguier, chancelier de France, après quarante ans de service dans sa

---

[1] « Il (Séguier) se trouva dans la haine publique tant à cause qu'il avoit esté establi dans sa charge par défunt M. le cardinal de Richelieu, comme aussy parce qu'il s'estoit extraordinairement enrichy... » (*Mém. d'Omer Talon*, année 1643.)

[2] *Journal d'Olivier d'Ormesson*, t. I, p. 69.

[3] *Journal*, t. II, p. 624.

charge... Depuis quelques années, le chancelier étoit fort deschu de la vigueur de son esprit, et sur la fin, il ne connoissoit plus ceux qui l'abordoient et avoit perdu la mémoire ; mais dans ses derniers jours l'esprit lui estoit revenu entier, et il est mort avec beaucoup de piété et de connoissance. Sa famille avoit reporté au Roy les sceaux quelques jours auparavant ; le roy les avoit reçus avec bien de l'honnesteté, et avoit dit qu'il ne les vouloit garder qu'en dépost et pour les rendre à M<sup>r</sup> le Chancelier, lorsqu'il seroit revenu à la santé [1]. »

Après la mort de Séguier, le roi lui-même garda les sceaux pendant trois mois, ce qui n'était pas sans exemple, car Louis XIII les avait gardés après la mort du connétable de Luynes, et Henri IV après la démission de Montholon [2]. d'Aligre II eut les sceaux dès le 26 avril 1672. Il était déjà fort âgé, étant né en 1592 [3] et le propre fils du prédécesseur de Séguier [4]. Ce fut Colbert qui remplit l'intérim, et on avait même fini par croire qu'il allait à son titre de contrôleur général réunir celui de chancelier. Le choix de d'Aligre

[1] Il avait toujours été d'une santé fort délicate et avait toujours eu la manie des médicamentations extraordinaires. Il fut un des fanatiques de l'or potable, que prétendait avoir inventé un charlatan italien, du nom de Cornaro :

« M. Séguier, chancelier de France, qui avoit, comme on sçait, un grand jugement, sceut faire, en cela comme en beaucoup d'autres choses, le discernement du vray d'avec le faux : ayant connu par une longue expérience la bonté de ce remède, il offrit au s<sup>r</sup> de Cornaro dix mille écus pour en avoir le secret sans le pouvoir obtenir, et receut, les vingt dernières années de sa vie, un secours considérable d'un remède si excellent, dont il achetoit la petite phiole jusqu'à cinq louis... » (*Mém. de Pierre Thomas, sieur du Fossé*, t. III, p. 138). Dès 1640, époque de sa chevauchée à Rouen, Séguier ne cessait de se médicamenter, comme le raconte trop en détail son Diaire rédigé par de Verthamont.

[2] *Recueil des anciennes lois françaises*. Introd. au tome XVII.

[3] *Biographie Michaud*, au mot d'Aligre.

[4] *Ibidem*.

fut du reste son œuvre, et, par là, il parvint cette fois à écarter Letellier. « Par le choix de d'Aligre, écrit d'Ormesson, on voit que M. Colbert est toujours le patron. M. Letellier avoit prétendu à la charge de chancelier et il l'auroit eue, si M. Colbert ne s'y fut opposé formellement pour faire nommer d'Aligre, ayant dit au Roy que si M. Letellier entroit dans cette charge, il ne pourroit plus le servir, car il le trouveroit contraire à tout ce qu'il voudroit faire [1]... »

Le premier président Pellot passa à Paris les mois qui suivirent la mort de Séguier. Colbert qu'il voyait tous les jours, le tenait au courant des intrigues qui se croisaient. Il sut des premiers que Colbert n'aurait pas les sceaux, mais que Letellier ne les aurait pas non plus, et que le choix du roi, choix singulier, mais auquel Colbert n'avait pas été étranger, était tombé sur d'Aligre. « Le Roy, écrit le marquis de Sourches, ne vouloit souffrir auprès de sa personne que des gens qu'il connoissoit de longue main, et ne pouvoit souffrir les visages nouveaux... [2] » Fut-ce là la cause de la nomination d'un octogénaire à un poste si important ?

Pellot put de suite en informer son parlement, ce que prouve la délibération suivante :

« Le 29 avril 1672, la Cour assemblée, M. le Président Bigot ayant proposé d'escrire à M. d'Aligre de l'admission duquel aux fonctions de garde des sceaux, M. le Premier-Président Pellot qui estoit présentement à Paris venoit d'envoyer à la Compagnie nouvelles certaines ; surquoy délibéré ; a été unaniment trouvé bon d'escrire et d'envoyer la lettre à M. le Premier-Président, avant qu'il ne sorte de Paris... [3] », pour qu'il pût la remettre lui-même au nouveau ministre.

[1] *Journal d'Olivier d'Ormesson*, t. II, p. 450.
[2] *Mémoires*, t. II, p. 9.
[3] Reg. secret de 1672. Inédit.

La lettre du parlement fut suivie d'une réponse très gracieuse de d'Aligre :

« Messieurs [1], j'ay tant d'attachement à vostre illustre compagnie par les miens et par moy-mesme, que je ne doute point de la satisfaction que vous me tesmoignez de l'honneur qu'il a pleu au Roy de me faire en me chargeant de la garde de ses sceaux. Mais comme je scay bien que cet employ est au dessus de mes forces, et vous mesme, Messieurs, en avez plus de connoissance que les autres par les commissions que j'ay exercées dans vostre province pendant plusieurs années [2], je ne puis imputer l'estime que vous voulez bien faire de moy qu'à la bonté que vous avez pour une personne que vous considérez comme incorporée à vostre compagnie dès ce temps-là ; et c'est en ceste qualité que je reçois cet honneur, comme une preuve de vostre affection qui m'oblige à un vœu perpétuel de demeurer avec une véritable liaison, Messieurs, vostre très humble et très affectionné serviteur, D'ALIGRE. A Saint-Germain-en-Laye, ce 2 juin 1672. »

Quinze mois plus tard, le vieux d'Aligre était fait de plus chancelier. Ce cumul, *in extremis*, sur une tête plus qu'octogénaire, avait paru impossible :

« Voilà d'Hacqueville qui entre, écrivait M$^{me}$ de Sévigné à sa fille, à la fin d'une longue lettre du 8 janvier 1674, et qui m'apprend une nouvelle que nous voulons que vous sachiez par cet ordinaire : c'est que M$^r$ le garde des sceaux est Chancelier ; personne ne doute que ce ne soit pour donner les sceaux à quelque autre. C'est une nouvelle que l'on saura

---

[1] Reg. secret de 1672. Inédit.

[2] D'Aligre avait été intendant de la généralité de Caen avant d'être intendant de la Guyenne et ambassadeur à Venise. Vers 1637, il avait, avec le père de Blaise Pascal, intendant de Rouen, fait partie d'une commission chargée en Normandie de la recherche des faux nobles.

dans quatre jours; elle est d'importance et sera d'un grand poids, pour le côté qu'elle sera... [1] »

Se ravisant, elle écrit le 12 : « ... on ne parle point d'ôter les sceaux à Mʳ le Chancelier ; le bon homme fut si surpris de se voir chancelier encore par-dessus, qu'il crut qu'il y avoit quelque anguille sous roche ; et, ne pouvant pas comprendre ce surcroit de dignité, il dit au roi : « Sire, est-ce que votre Majesté m'ôte les sceaux ? — Non, lui dit le roi ; dormez en repos, Mʳ le Chancelier. » Et en effet, on dit qu'il dort quasi toujours ; on philosophe, et on demande pourquoi cette augmentation ?... »

De droit, la garde des sceaux de France appartenait au chancelier dont la charge était à vie ; et il n'y avait qu'un moyen de réduire le chancelier à un rôle passif, c'était de lui retirer les sceaux. Ainsi Richelieu en avait agi avec d'Aligre Iᵉʳ qui était, pendant les cinq dernières années de sa vie, resté chancelier, quoique les sceaux eussent été successivement à Châteauneuf, puis à Séguier. Ainsi en avait agi Anne d'Autriche avec Séguier lui-même, à qui les sceaux avaient été plusieurs fois ôtés, pour être remis à Châteauneuf et à Molé.

A partir de d'Aligre II, et sous ses successeurs, Le Tellier, Boucherat, Pontchartrain et Voisin, les sceaux demeureront toujours au chancelier. Mais, sous d'Aguesseau, à deux reprises, les sceaux seront ôtés au chancelier pour être remis :

Une première fois, en 1718, à d'Argenson, lors de l'opposition du chancelier au système de Law ;

Une deuxième fois, en 1722, à d'Armenonville, lors du refus que fera d'Aguesseau de subir la préséance du cardinal Dubois.

---

[1] *Pour le côté qu'elle sera* : c'est-à-dire pour le côté Colbert, ou pour le côté Letellier-Louvois.

Le parlement de Paris refusera d'enregistrer les provisions de d'Armenonville, par ce motif « que la garde des sceaux est inhérente à la charge de chancelier, et qu'il n'auroit pas dû être créé, au préjudice de celui-ci, une charge de garde des sceaux : d'Armenonville auroit dû recevoir une simple commission, sans charge... »

Et il faudra faire enregistrer ses provisions d'autorité, lors du lit de justice où sera proclamée la majorité de Louis XV, en 1722.

### §. 3. *Dédicace, aussi instructive que singulière, d'un médecin de Rouen au premier président Pellot.*

Quelle idée eut, un jour, maître Germain l'Honoré, docteur en médecine au collège de Rouen, de dédier « à Monseigneur Pellot, conseiller du Roy en ses conseils, et Premier-Président au Parlement de Normandie », un fascicule de 22 pages in-4º, « imprimé à Rouen, chez Antoine Maurry, tenant sa boutique sur la montée du Palais, en MDCLXXIII, touchant la description d'un monstre dont une femme de la ville de Rouen accoucha le mois d'octobre 1672 [1] ? »

Mais quelle idée plus singulière encore eut ce même docteur de rapprocher les hauts faits du premier président du monstre en question ?

Eh bien ! nous allons reproduire cette dédicace, chef-d'œuvre de mauvais goût. En effet, elle nous offre un grand intérêt, en ce qu'elle établit la haute situation que, dès 1673, avait prise à Rouen Claude Pellot. En laissant de côté les exagérations particulières à ce genre de littérature, il en ressort plusieurs points importants :

---

[1] Nous devons à la complaisance de l'honorable M. Lormier la communication de cette pièce rarissime.

En moins de quatre ans, Pellot, en véritable intendant, avait rétabli l'ordre et la police dans la ville de Rouen, assuré la propreté de ses rues, rendu à leur cours légitime ses fontaines publiques usurpées, et mis en bonne voie un travail important entre la ville et la côte Sainte-Catherine, à travers le vaste marais, foyer permanent d'insalubrité, dont une partie est aujourd'hui le Champ de Mars. En moins de quatre ans, Pellot, sur cet emplacement pestilentiel (et combien ce médecin dut y applaudir!) avait ouvert « un grand et spacieux cours qui avoit produit aux habitants de la ville la liberté d'un air plus pur, et les plaisirs d'une promenade salubre et délicieuse ».

Par sa date même, cette curieuse épitre dédicatoire nous fournit la date des travaux en question. Colbert, de son côté, les a aussi datés, dans une dépêche du 13 juillet 1674 qui renferme ce passage :

« Il y a lieu d'espérer que le bon ordre que vous avez étably dans cette ville (Rouen) continuera et augmentera tous les jours... » [1]

Nous n'en dirons pas davantage ici, réservant un chapitre particulier [2] aux nombreuses améliorations que la ville de Rouen a dues à son premier président. Nous trouverons encore l'occasion d'en parler quand nous dirons les relations de Pellot avec le poète Commire qui en a fait, aussi, le sujet d'une dédicace, et quand nous transcrirons le panégyrique de Me Lespeudry, avocat, qui n'hésite pas à faire de son art de restaurer les villes, la qualité maîtresse du premier président, son héros. Mais écoutons maître l'Honoré :

« Monseigneur, il ne semble pas que la description d'un monstre puisse fournir le sujet d'une Epitre dédicatoire. Les

---

[1] Biblioth. des Invalides, manuscrits Colbert, vol. G. 90, f° 592. Inédit.

[2] Le chap. XVI du liv. VI.

idées qu'elle donne paroissent bien opposées à toutes celles de grandeur et de magnificence qu'inspire votre sage et rare conduite. Cependant, il est vrai qu'elle nous fait voir quelque chose d'aussi extraordinaire et d'aussi singulier dans la politique, que les monstres le sont dans la nature. Ce que vous avez fait pour le service et pour les intérêts du Roy dans quatre des plus étendues Provinces du Royaume ; la Justice, la Police, les Finances et la Guerre mesme que vous y avez administrées chacune en particulier, comme si vous n'aviez jamais fait que celle-là, et toutes en général, avec la même application et facilité, la mesme présence, la mesme force, et la mesme étendue d'esprit que si quatre différents hommes les eussent exercées ; ces soins veillans à tout, par lesquels vous avez fait rétablir la Tour de Courdouan, ce Phare célèbre de la Garonne, et tous les autres ouvrages de ces païs là ; cette noble élévation, qui, vous appliquant au bien public, a changé toute la face de cette Province depuis que vous y remplissez avec tant d'éclat la première place de la justice, témoin ce grand et spacieux cours ouvert aux portes de sa capitale et qui, malgré la situation de cette ville abymée dans les montagnes, produit à ses habitants la liberté d'un air plus pur et les plaisirs d'une promenade salubre et délicieuse ; cette Police qui met en estat une ville qui, par le passé, n'estoit signalée que par ses boues, sa négligence et sa confusion, de disputer de netteté et de commodité avec Paris, c'est-à-dire avec la plus florissante ville et la mieux policée du monde ; cette justice exacte par laquelle, sans acception de personnes, vous obligez de restituer au public les Eaux de ses Fontaines qu'on détournoit ou qu'on retenoit avec autant d'injustice que d'incommodité : ce sont là, Monseigneur, les choses que vous faites voir partout où vous avez paru ; elles sont grandes, fort désirées, mais peu communes ; ce sont des prodiges utiles, qui sont les souhaits des peuples et leur félicité ; les monstres, au contraire, sont l'horreur de la nature, l'effroy et l'aversion de tout le monde, et sont estimez par bien des gens pour des préjugés de quelque malheur. Comme il est pourtant de la prudence des hommes de tirer, à l'exemple de Dieu, quelque bien des plus mauvaises choses, si on a remarqué au ciel des comètes et les autres météores les plus terribles, on n'a pas négligé sur la terre la connoissance des monstres. Celui-cy a quelque chose de si surprenant que j'ai cru qu'il méritoit une place parmy tant de descriptions que nous ont laissé de très grands hommes, lesquelles composent une portion importante de l'Histoire naturelle. La protection que vous donnez aux lettres et à tous ceux qui les professent, m'a fait espérer que vous auriez agréable que cette description paroisse sous votre nom plein de gloire ; elle sera, en général, un monument illustre de l'hommage que vous doivent tous les gens d'honneur, et, en particulier, du zèle ardent et du profond respect avec lequel je suis, Monseigneur, votre très-humble et très-obéissant serviteur, GERMAIN L'HONORÉ, *Docteur en Médecine, aggrégé au collège de Rouen.* »

Remercions ce docteur amphigourique de nous avoir mis à même, par son « monument illustre », d'apprécier ce que le premier président avait, en si peu d'années, fait à Rouen de « glorieux ».

# CHAPITRE CINQUIÈME

### DÉTAILS DOMESTIQUES

§ 1. *Pellot marie sa fille Marie-Anne. Texte de l'acte de mariage. Les Bec-de-Lièvre.*

En février 1674, Pellot maria Marie-Anne, la dernière de ses huit filles, à Thomas-Charles de Bec-de-Lièvre, fils cadet de Pierre de Bec-de-Lièvre, premier président, depuis 1644 [1], de la cour des aides. « Homme de condition fort riche et honneste homme [2], écrivait, de ce dernier, Pellot à Colbert, trois ans auparavant, mais si incommodé de sa santé, qu'il ne peut agir et ne marche que par respect [3]. »

Ce mariage est attesté par l'acte suivant [4] :

« Le dimanche quatriesme jour de feburier mil six cents

---

[1] Farin, *Hist. de Rouen*, t. I, p. 231. Précédemment, en 1633, il avait été reçu conseiller au parlement.

[2] Lettre de Pellot à Colbert, du 29 décembre 1671. On la trouvera *in extenso*, ci-après, p. 207.

[3] L'honneste homme, dans la langue du XVIIe siècle, était l'homme « obligeant, civil, qui scait vivre » Furetière. « On n'est jamais tout à fait honneste homme, que les femmes ne s'en soient meslées... l'honneste homme remplit bien tous les devoirs de la société. » St-Evremond, cité par Furetière, au mot *honneste*.

[4] Aux Archives de l'état civil de Rouen, au palais de justice. Inédit.

soixante et quatorze, aprez les fiançailles faictes, et aprez la proclamation des trois baons faicte tant en cette paroisse de Saint-Patrice qu'en la paroisse de Saint-Godard de Rouen [1], suiuant l'attestation de Monsieur le curé de la dicte paroisse, dabtée du second jour de ce moys, signée Amelin avec paraphe, le tout sans opposition, mariage a esté célébré par Monsieur le curé : de Messire Thomas-Charles de BEC-DE-LIEURE, cheualier, seigneur de Brumare et du Bois Daubigny, fils de messire Pierre de Becdelieure Chevalier, Marquis de Queuilly, Et de Hocqueuille, Conseiller du Roy en ses conseils et Premier-Président en la Cour des Aides de Normandie [2], Et de Dame Magdeleine de Moy, ses père et mère, de la dite paroisse de Saint-Godard d'une part ; Et de Dam<sup>elle</sup> Marie Anne PELLOT, fille de Messire Claude Pellot cheuallier, Seigneur du port Dauid, St-Martin Lars, les Deffens Etc., Conseiller du Roy en ses conseils, Maistre des

---

[1] Paroisse du futur.— Le p. président de Bec-de-Lièvre demeurait en effet sur St-Godard. « La prison dépendant du château-fort, construit en 1204 par Philippe-Auguste, étant tombée en ruine, le Roy Louis XIV en donna la place à Monsieur le Président d'Hocqueville (de Bec-de-Lièvre) qui y a fait construire avec les matériaux la partie de sa maison qui regarde le midy. Cette prison étoit extrêmement forte, les murailles étoient d'une épaisseur extraordinaire ; en l'an 1659, lorsque ce même Président la fit entièrement démolir, j'y allay voir par curiosité, ajoute Farin, trois cachots semblables à trois petites grotes, aussi obscurs qu'ils étoient affreux. Le curé de St-Godard administroit les sacrements aux criminels qui étoient enfermés dans cette prison. » *Hist. de Rouen*, t. I, p. 119 de l'édit. *princeps* de 1668.

[2] « Homme capable, intéressé, et de nulle probité. » Tableau de la Cour des Aides de Rouen. *Corresp. administ.*, t. II, p. 125. « Compagnie dans le dernier descry dans la Province, pour les injustices qu'elle commet journellement contre les particuliers. » *Ibidem*. Il eut été difficile à l'intendant Bochart de Champigny de médire davantage de cette compagnie et de son chef. Pellot y mettra le comble en écrivant ceci de son procureur général : « Un misérable, interdit de sa compagnie, embarqué dans mille méchantes affaires, ne se servant de sa charge que pour vexer. » Voir le chap. VI du présent livre, p. 207.

Requestes honoraire de son hostel, et Premier-President au Parlement de Normandie, Et de Dame Claude le Camus, ses père et Mère, de cette parroisse, d'autre part ; ledit Epoux agé de vingt-cinq ans ou environ ; et la dicte épouse âgée de dix-huit ans ou enuiron [1] ; ledit Mariage célébré présence desdits Messire Pierre de Becdelieure, père dudit Espoux, et de Messire Claude Pellot Premier-Président audit Parlement, père de ladite Espouze, et de Messire Paul de Masquarani cheuallier seigneur de la Verrière, Et de M. Pierre Guerchois, Aduocat Général du Parlement de Rouen, soubs signez auec les dites parties (signé) PELLOT, MASCRANI, M. A. PELLOT, DE BECDELIEURE, DE BRUMARE, LE GUERCHOYS, (le tout avec paraphe) ».

Thomas-Charles de Bec-de-Lièvre n'avait pas encore vingt-sept ans, âge voulu pour être conseiller, et il lui fallut solliciter des dispenses du roi.

Dans une lettre du 10 décembre 1673, Pellot informait Colbert « qu'il avoit prié M. de Chasteauneuf de faire expédier la dispense d'âge que le Roy lui avoit promise pour le fils de M. de Hocqueville [2]. »

Noble famille que ces Bec-de-Lièvre, illustrée au sein du parlement pendant trois siècles.

Au seizième, on y compte, dès 1512, un conseiller de ce nom, René de Bec-de-Lièvre, seigneur de Sarcilly [3] ; au dix-septième, dès 1604, un conseiller-clerc, Pierre de Bec-de-Lièvre, sieur de Quevilly ; puis, en 1695, à vingt ans, un petit-fils de Claude Pellot et son filleul, Claude de Bec-de-Lièvre, seigneur de Quevilly [4], qui sera, en 1704, à vingt-

---

[1] Elle était née en 1656.
[2] Biblioth. nat., *Mélanges Clairambault*, vol. 795, f° 345. Inédit.
[3] *Catalogue et armorial du parlement de Normandie*, pour ce nom et les suivants.
[4] Voir son acte de naissance ci-après, p. 196.

neuf ans, président à mortier à la place de son père. En 1710, enfin, Pierre de Bec-de-Lièvre [1], sieur de Brumare, autre petit-fils du premier président, entrera comme conseiller au parlement, à trente-quatre ans.

En 1682, le gendre de Pellot obtiendra une charge de président à mortier de nouvelle création, que, dès 1681, le premier président sollicitait pour lui : « Vous pouvez être bien assuré, écrira Colbert à son ami le 26 mai 1681, que je feray souvenir au Roy de Monsieur votre gendre, lorsque S. M. disposera de cette place de Président à Mortier [2]. »

Cette union avait été précédée d'un contrat à la suite duquel se lit le paiement de la dot, attesté par une quittance du gendre au beau-père. Ce double document est pour nous d'importance et demande à être reproduit, car c'est une page des Mémoires de la vie privée du premier président.

### § 2. Contrat réglant les conditions civiles du mariage de Marie Anne Pellot. Les signataires de son contrat. Quittance de sa dot.

« Pour parvenir [3] au mariage qui, au plaisir de Dieu, sera faict et célébré en face de nostre Mère sainte Église catholique, apostolique et romaine,

« Entre Messire Thomas Charles de Bec de lievre Chevalier, Seigneur de Brumare et du bois d'Aubigny, fils puiné de haut et puissant seigneur Messire Pierre de Bec de lievre, chevalier, Marquis de Quevilly et de Hocqueville, Conseiller ordinaire du Roy en tous ses conseils et Premier-Président

---

[1] Voir son acte de naissance ci-après, p. 197.
[2] Biblioth. nat., *Mélanges Colbert*, vol. 167, f° 81. Inédit.
[3] *Reg. du Tabellionage de la ville de Rouen, pour l'année 1674.* Aux archives du palais de justice de Rouen, fonds de la Cour d'appel. Inédit.

de sa Cour des Aydes de Normandie, et de Dame Madeleine de Moy, ses père et mère, *d'une part.*

« Et Demoiselle Marie Anne Pellot, fille de haut et puissant seigneur Messire Claude Pellot chevalier, seigneur de sainct Martin Lars, les Deffans et du Port David, Conseiller du Roy en tous ses conseils, Maistre des Requestes honoraire de son hostel et Premier-Président en sa Cour du Parlement de Normandie, et de Dame Claude le Camus, ses père et mère, *d'autre part.*

« Ont esté faicts les accords et conventions comme il en suit, scavoir est :

« Que les dits seigneur de Brumare et Demoiselle Pellot, en la présence et de l'avis et consentement des dits seigneurs et Dame, leurs pères et mère [1], et de M$^{rs}$ leurs parents et amis soussignez, se sont promis, l'un et l'autre, la foy en légitime mariage, s'espouser le plustot que la commodité le permettra, les cérémonies de l'Église observées.

« En faveur duquel mariage, les dicts seigneur et Dame de Hocqueville ont donné, par le présent, aud. seigneur de Brumare leur filx, par avancement de succession, six mille livres [2] de revenu annuel, à commencer du jour de la célébration du mariage : pour cet effet, le dit seigneur de Hocqueville donnera des baux nouvellement faicts sur son Marquisat de Quevilly, pour les dicts six mille livres ;

« Mesme, promettent les dicts seigneur et Dame de Hocqueville, aud. seigneur de Brumare, aussy par avancement de succession, un office de Conseiller au Parlement de Rouen, duquel le d. seigneur de Brumare ne pourra disposer que du consentement dud. seigneur son père. Tout lequel avancement de succession reviendra aud. Seigneur de Hocque-

---

[1] « *Mère* » au singulier, vu le décès, en 1668, de Claude Lecamus dame Pellot, mère de la future, comme on l'a vu au t. I, chap. v, du liv. X, p. 644.

[2] Soit 30,000 francs de nos valeurs actuelles.

ville père, au cas que le dict sieur de Brumare décédast sans enfants vivants, procréez dud. futur mariage.

« Et a led. seigneur de Brumare, du consentement des dicts seigneur son père et Dame sa mère, gaigé douaire costumier [1] à ladite Demoiselle future espouse, sur tous ses biens présens et à venir, mesme sur le dict office de Conseiller en la Cour, sans que, le cas eschéant, il soit besoin d'en faire aucune demande ni interpellation judiciaire.

« Sy le dict seigneur futur espoux décède avant le seigneur son père, le douaire sur la somme de six mil livres sera de trois mil livres, sans préjudice du douaire sur le dict office.

« A l'exécution desquelles dictes clauses le dict seigneur père s'est, dès à présent, obligé : lequel douaire sera réduit au tiers [2], sa succession arrivant.

« Et promettent, en outre, les d. seigneur et Dame de Hocqueville, acquitter et descharger led. sieur futur espoux de toutes dettes personnelles, mobiliaires et immobiliaires, auxquelles il pourroit estre obligé jusqu'au jour des espousailles [3].

« Et, de la part du seigneur Pellot, a esté promis à la dicte Damoiselle sa fille la somme de soixante mille livres [4], la quelle sera payée aud. seig$^r$ futur espoux trois jours avant la célébration dudict mariage [5], et reçue à la caution solidaire des dicts seigneur et Dame, ses père et mère [6].

---

[1] *Gaigé douaire coutumier* : « Si le fils quand il se marie, a encore ses père et mère, et si ceux-ci consentent au mariage, la femme a douaire sur les biens des père et mère et aieux de son époux jusqu'à concurrence de la part de celui-ci dans leur succession. » Houard, *Dict. de droit normand*, v. Douaire.

[2] C'est le tiers coutumier de la coutume de Normandie.

[3] *Espousailles* : célébration du mariage à l'église.

[4] 300,000 francs de nos valeurs actuelles.

[5] Malgré cette clause, on verra, p. 195, que la dot, loin d'avoir été payée trois jours avant le mariage, c'est-à-dire le 1$^{er}$ février, ne le fût que le 21 avril.

[6] *A la caution solidaire des père et mère du futur* : c'est-à-dire que

« Promet, aussy, led. seigneur Pr-Président de loger et novrir les dicts seigneur et Damoiselle future espouse, durant cinq ans, avec cinq domestiques, lorsqu'ils seront à Rouen ou à Paris [1], chez led. seigneur Pr-Président, la dicte pension et norriture estimée à la somme de trois mil livres, par chacun an. Et, en cas que le dict seigneur Premier-Président fust absent plus d'un mois, faire récompense [2] de la dicte norriture.

« Id. led. donnera à la dicte Damoiselle sa fille, pour ses habits de nopces, bagues et joyaux, la somme de cinq mille livres. Les dictes sommes revenantes, ensemble, à celle de quatre-vingts-mille livres, baillées par le dict seigneur Premier-Président sur ce qui en appartient à la dicte Damoiselle de la succession de la dicte deffuncte Dame le Camus sa mère, et le surplus sur ce qu'elle peut espérer [3] en la succession dud. seigneur son père.

« A laquelle demeure réservée [4] la dicte Damoiselle, ainsy qu'à toutes autres qui luy pourroient escheoir, et au legs de dix mil livres qui luy a esté faict par feu Monsieur le Camus, surintendant des bâtiments, son oncle [5].

« A la quelle fin, le dict seigneur Premier-Président promet donner coppie du testament dud. sieur le Camus.

---

les père et mère du futur seront tenus, comme celui-ci, à la restitution de la dot, si jamais il y a lieu de la restituer.

[1] Il résulterait de ce passage que le premier président avait à Paris une habitation importante.

[2] *Faire récompense*, c'est-à-dire tenir compte en ce cas aux jeunes époux de leur frais de nourriture.

[3] Espérer !

[4] *A la quelle demeure réservée la dite demoiselle* : c'est-à-dire que la future ne renonce pas à réclamer dans la succession de son père une plus forte part, si cette succession est en état de lui fournir davantage.

[5] Etienne Gérard le Camus, frère de la première femme de Claude Pellot, et premier mari de Magdeleine Colbert, deuxième femme du même, comme on l'a vu au chap. v du livre X, p. 653.

« La dicte somme de quatre-vingt mil liv. tiendra nature de dot à la dicte Damoiselle pour les deux tiers seulement[1], pour en estre payé l'intérêt au denier dix-huit, le cas escheant, à la dicte Demoiselle, à commencer du jour du décès du dit sieur futur espoux ; et le tiers des quatre vingts mil livres, et de tout ce qui escherra à la dicte Damoiselle par donation, succession ou autrement, mesme le tiers du legs du d. feu sieur le Camus, demeurera, pour don mobil, aud. sieur futur espoux [2].

« En tous ces cas, ce qui tiendra nature de dot demeure, dès à present, employé et consigné sur tous les biens dud. seigneur futur espoux [3]. Et au cas de reversion de dot [4], le dict seigneur Premier-Président retient à son profit ce qui s'en trouvera avoir esté donné, par avancement sur sa succession, de la dicte somme de quatre-vingt-mil livres.

« Sy le dict seigneur futur espoux prédécède sans enfans de la dicte Damoiselle, elle remportera, par préciput [5] et en exemption de toutes dettes, sa chambre meublée, bagues et joyaux, habits et linge à son usage et son carrosse, ou la somme de dix mille livres pour toutes les choses susdites, à son choix.

« Et s'il y a des enfants, elle remportera les effets susdits, ou la somme de six mil livres, à son choix.

« Cessans toutes les quelles clauses le présent n'eust esté fait, qui a esté signé, conformement aux articles d'entre les

---

[1] *Tiendra nature de dot pour les deux tiers seulement* : c'est-à-dire que la future reste propriétaire des deux tiers de sa dot.

[2] *Don mobil au futur espoux* : le don mobil était une donation de la femme au mari.

[3] C'est-à-dire que tous les biens du futur époux sont hypothéqués à la garantie de la dot de la future.

[4] *En cas de reversion de dot* : c'est-à-dire au cas où la dot reviendrait à la future ou à ses héritiers.

[5] *Préciput* : préalablement, et en sus de toute autre chose.

d. parties [1], ce dernier jour de janvier, l'an 1674, en la présence des notaires de Rouen soussignez, et de Jean Lehoc et Jean Lesueur témoins. »

Suivent les signatures, sur deux colonnes, et dans cet ordre :

Pellot.
Magdeleine Colbert.
Mascranny de la Verrière.
Elisabeth de Conserans.
Tronchet du Coudré.
M. Tronchet.
Crosnier et Lauvon, notaires

Marie Anne Pellot.
De Bec de Lièvre.
De Bec de Lièvre.
De Moy.
M. de Moy.
De Bec de Lièvre de Moy.
Pellot.
Leboultz.
Genevieve de Bec de Lièvre.
Barbe de Bec de Lièvre.
Madeleine de Bec de Lièvre.
Le Guerchoys.
Danviray.
Balthazar le Marinier de Cany.
Magdeleine Le Marchand.
Magdeleine Hébert.
M. de Louvigny.
J. Roque.
Martel.
Dargence.
Giverville Estienne.

Ces signatures sont celles des « pères, mère, parents et amis des jeunes époux » :

[1] *Conformément aux articles d'entre les dites parties :* il était d'usage alors d'arrêter, avant le contrat de mariage, des articles sous signatures privées que le notaire, par le contrat, ne faisait ensuite qu'authentiquer.

## DÉTAILS DOMESTIQUES

*Pellot* : père de la future.

*Magdeleine Colbert* : deuxième femme de Claude Pellot.

*Mascranny de la Verrière* : grand maître des eaux et forêts de Normandie, cousin germain de la future.

*Elisabeth de Conserans* : sœur de la future.

*Tronchet du Coudré et Marie Tronchet*, sa fille. Parents ou amis ? De la famille de celui qui avait été grand audiencier de France et avait épousé une Montholon. De ses cinq petits enfants, l'un était alors conseiller au parlement de Paris, un autre aumônier du roi. Les autres avaient pour prénoms Claude, Antoine, Jean. Nous ne savons du quel il peut s'agir ici.

*Marie-Anne Pellot* : future.

*De Bec-de-Lièvre* : futur.

*De Bec-de-Lièvre* : premier président de la cour des aides, père du futur.

*De Moy* : aïeul maternel du futur.

*M. de Moy* : aïeule maternelle du futur.

*De Bec-de-Lièvre de Moy* : mère du futur.

*Pellot* : frère aîné de la future, né à Lyon en avril 1658 ; il avait alors à peine 16 ans.

*Leboultz* : membre du parlement de Paris, gendre du premier président de Bec-de-Lièvre ; crayonné, ainsi, en 1662 : « Homme du monde, assez agréable d'esprit et de mœurs, suivant néanmoins de loin son père, aussi Conseiller au même Parlement ; aimant la dépense et sans intérêt [1]. »

*Geneviève de Bec-de-Lièvre* : sœur du futur et femme du précédent.

*Barbe de Bec-de-Lièvre* : femme de l'avocat général le Guerchois, sœur du futur.

*Madeleine de Bec-de-Lièvre* : autre sœur du futur, femme de Balthazard le Marinier de Cany.

---

[1] Tableau du parlem{t} de Paris, *Correspondance adm.*, t. II, p. 91.

*Le Guerchois* : le célèbre avocat général qui fut plus tard procureur général, ami de Pellot, et gendre du premier président de Bec-de-Lièvre, pour avoir épousé, le 29 mai 1659, sa fille Barbe.

*Danviray*, sieur *de Mathonville et de Hacquenonville* : doyen du parlement, beau-frère du Pr Pt de Bec-de-Lièvre.

*Balthazar le Marinier de Cany* : gendre du premier président de la cour des aides, beau-frère du futur, seigneur de Cany-Barville. Il se ruina à construire le magnifique château de Cany [1] qui existe encore aujourd'hui. Le 3 juin 1683, il le vendra à son beau-frère, Pierre de Bec-de-Lièvre, marquis de Quevilly, frère aîné du gendre de Pellot. Un siècle plus tard, le 31 janvier 1787, une descendante de ce Pierre, Anne-Marie de Bec-de-Lièvre de Cany, épousera Anne Christian de Montmorency, auquel elle apportera le domaine et le château de Cany, qui, aujourd'hui encore, sont la propriété des Montmorency-Luxembourg [2].

*Magdeleine Lemarchand* : amie de la future, fille d'un magistrat de la cour des comptes.

*Magdeleine Hébert* : amie de la future, fille d'un magistrat de la cour des comptes.

*Marie de Louvigny* : fille de Rolland de Bernières, sieur de Louvigny et de Hacqueville, membre du parlement depuis 1654, amie de la future.

*Roque* : fils de Roque, sieur de Galleville et de Varengeville. Il voyagera en Italie, à quelques années de là, avec le fils aîné du premier président [3] ; ami du futur.

*Martel* : fils de Guillaume Martel, échevin de Rouen en 1662 ; ami du futur.

*Dargence* : fils de Marc Aurele de Giverville, sieur d'Ar-

---

[1] Situé au chef-lieu de canton de ce nom, dans la Seine-Inférieure.

[2] *Excursion archéologique à Valmont et à Cany*, par Robert d'Estaintot. Caen, Leblanc-Hardel, 1879.

[3] Voir le chap. ix du liv. XIII.

gence, trésorier de France à la généralité de Rouen ; ami du futur.

**Estienne de Giverville** : fils de Gilles de Giverville, sieur de Glatigny, conseiller à la cour des aides ; ami du futur.

Suit la quittance de la dot :

« Par devant les dits notaires, a comparu le dit seigneur de Brumare, demeurant à Rouen, rue du Moulinet [1], paroisse de Saint-Patrice, le quel, en la présence et du consentement et à la caution solidaire des dits seigneur et Dame de Hocqueville, ses père et mère, a reconnu et confessé avoir receu ce jour du dit seigneur Pellot, Premier-Président, la somme de soixante mil livres mentionnée au contrat de mariage ci-dessus escrit, et en meme temps les hardes, habits de nopces, bagues et joyaux que le dit seigneur Premier-Président avoit aussi promis à M. d. Damoiselle sa fille ; dont il s'est tenu content. Par devant les dits notaires, ce fut fait à Rouen, le 21e jour d'avril l'an 1674, aud. temps. (Signé).

DE BEC DE LIÈVRE [2]. DE BEC DE LIÈVRE DE BRUMARE [3].
DE MOY [4]. CROSNIER. LAUVON [5].

### § 3. *Heureuse fécondité de Marie-Anne Pellot. Trois enfants en trois ans.*

Les trois actes suivants, pris sur les registres de l'église St-Patrice de Rouen, établissent combien fut féconde l'union de Marie-Anne Pellot et de Thomas-Charles de Bec-de-Lièvre.

---

[1] Chez le premier président, aux termes d'une des clauses du contrat de mariage qui vient d'être reproduit ci-dessus, p. 192.
[2] Père du mari.
[3] Mari.
[4] Mère du mari.
[5] Notaires.

1° « Le mardy vingt et unième jour de may mil six cens soixante et quinze, a esté baptisé, par M. le Curé, le fils de Messire Thomas Charles de Becdelieure, cheualier, seigneur de Brumare et du Boisdaubigny, Conseiller du Roy en son Parlement de Normandie, et de Dame Marie-Anne Pellot, ses père et mère : Et a esté nommé Claude [1], par haut et puissant seigneur Messire Claude Pellot, cheuallier, seigneur de S$^t$-Martin Lars, Les defans et du port dauid, Con$^{er}$ ordinaire du Roy en tous ses conseils, maistre des Requestes honoraire de son hostel et Premier-Président au Parlement de Normandie, Et par Dame Madeleine de Moy, femme de Messire Pierre de Bec de Lieure, cheualier, marquis de Queuilly et de Hocqueuille, Con$^{er}$ ordinaire du Roy en tous ses conseils et son Premier-Président en sa Cour des Aydes de Normandie, parein et mareine, sous signez avec mond sieur de Brumare, pere dud. enfant, né du jour précédent [2]. »

2° « Le Mercredi vingt yesme jour de May Mil six Cents soixante Et saize, a esté Baptizé par Monsieur le Curé, le fils de Messire Thomas-Charles de Becdelieure, cheuallier, seigneur de Brumare Et du Bois Daubigny, cons$^r$ du Roy En son Parlement de Normandie, Et de Dame Marie-Anne Pellot, son Espouse, qui nasquit le dixiesme du courant, Et a esté nommé Pierre [3] par Messire Pierre de Becdelieure,

---

[1] Moins bien doué que son frère cadet, il ne fut qu'en 1710 conseiller au parlement de Normandie, à trente-quatre ans.

[2] Aux archives de l'état civil de Rouen. Inédit.

[3] Il fut, dès 1704, président à mortier au parlement de Normandie, après son père, à vingt-neuf ans. Il avait été conseiller dès 1695, à vingt ans. (Cat. et arm. du parlement.)

DÉTAILS DOMESTIQUES

Cheuallier, Marquis de Queuilly Et d'Hacqueuille, Cons' du Roy En ses conseils Et son Premier-Président En sa Cour des Aydes de Normandie, Et par Dame Magdelaine Colbert, femme de Monsieur le Premier-Président du Parlem' de Rouen, parrain Et Marraine, soulz signez auec ledit seigneur de Brumare, père dudit Enfant[1]. »

*Madelaine Colbert*
*De Becdelieure*
*De Becdelieure De Brumare*

3º « Le Mercredy neufuiesme jour de juin Mil six cens soixante et dix-sept, a esté Baptisée par Mons' le Curé, la fille de Messire Thomas-Charles de Bec de Lieure, cheuallier, seigneur de Brumare et du Bois Daubigny, cons' du Roy en son Parlement de Normandie, et de Dame Marie-Anne Pellot son espouse, qui nasquit le vingt deux du mois de May dernier, Et a esté nommée Marie-Anne par Mess^re Pierre de Becdelieure, cheuallier, marquis de Queuilly et d'Hocqueuille, Conseiller du Roy au grand Conseil et par Dame Jeanne Pellot, femme de Barthellemy du Guetton, cheuallier, conte de Chatteauuiex Et autres terres, de Lyon, parrain Et Marraine, soulz signez auec le dict seigneur de Brumare, père dudit enfant[2]. »

[1] Aux archives de l'état-civil de Rouen. Inédit.
[2] *Ibidem.*

Pierre de Bec-de-Lièvre, parrain dans ce dernier acte, n'est autre que le frère aîné de l'heureux père. Il venait de succéder, comme aîné, au marquisat de Quevilly et aux autres titres que lui avait laissés le premier président de la cour des aides, son père, décédé depuis peu.

Jeanne Pellot, femme Barthélemy de Guetton, comtesse de Chatteauviex (Châteauvieux), que nous voyons y intervenir comme marraine, était une sœur du premier président, venue de Lyon tout exprès pour le baptême de la jeune Marie-Anne, sa petite-nièce, et c'était même cette circonstance qui avait retardé la cérémonie de près d'un mois.

§ 4. *Union malheureuse d'Elisabeth Pellot, vicomtesse de Conserans. Elle se réfugie auprès de son père. Indignité du vicomte de Conserans. Renvoi en ce qui le concerne à un chapitre ultérieur.*

Il avait fallu cet heureux mariage pour consoler Pellot du malheur survenu à sa fille Elisabeth, qu'il avait, du temps qu'il était en Guyenne, mariée avec un si grand éclat à Paul Gabriel de Foix de Mauléon, vicomte de Conserans [1]. Cette union n'avait pas été heureuse, et nous aurons à en dire long là-dessus, plus tard [2]. Dès 1671, le premier président avait dû séparer les époux, et à la suite de cette séparation, l'infortunée vicomtesse était venue habiter en Normandie avec son unique enfant, une fille; ensuite elle avait dû quitter momentanément Rouen pour régler ses intérêts, et Pellot avait, à cette occasion, sollicité de Colbert des lettres de recommandation :

« A Paris, ce 16 septembre 1671. J'ay esté, Monsieur, souvent à vostre porte pour scavoir l'estat de vostre santé;

---

[1] Voir au t. I, le chap. 1 du liv. X, p. 585.
[2] Au chap. VIII du liv. XVIII.

DÉTAILS DOMESTIQUES

mais je n'ay pas voulu vous incommoder. Je me resjouis qu'elle soit bonne, et je vous la souhaitte entière et parfaite. Je vous prie de me donner deux lettres de recommandation, suivant le mémoire cy-joint, pour ma fille de Conserans, que j'ay séparée d'avec son mari, et qui retourne en Guyenne, pour mettre ordre à ses affaires. Il vous plaira de les envoyer, icy, à mon logis. Je va, pour trois ou quatre jours, à la campagne[1] et serai toujours, avec tout le respect imaginable...[2] PELLOT. »

A la suite de cette séparation, le vicomte de Conserans avait pris du service dans l'armée qui, sous les ordres du maréchal de Schomberg, luttait aux Pyrénées, après la déclaration de guerre faite en 1673 par l'Espagne. Il y fut même blessé, comme l'atteste ce passage d'une lettre de Colbert, du 9 juillet 1674 : « ... Je suis bien aise que M$^r$ de Conserans, vostre gendre, se soit signalé dans l'armée de Catalogne[3], et je prens part au déplaisir que ses blessures vous ont donné. Je suis tout à vous, COLBERT[4]. »

Pour le moment, nous ne voulons rien dire de plus. Nous reparlerons plus loin de ce triste personnage ; et le lecteur verra alors à quel homme indigne Pellot avait uni sa fille Elisabeth. Que ne mourut-il, en 1674, devant l'ennemi !...

---

[1] A Suresnes, près Paris.
[2] Biblioth. nationale, *Mélanges Colbert*, vol. 167 B, f° 494. Inédit. Original.
[3] Pendant la campagne de Catalogne, en 1674, le comte de Schomberg, après s'être rendu maître de Figuières, de Baschera et de quelques autres petites places, prit Bellegarde le 27 juillet, dont les Espagnols s'étaient emparés l'année d'auparavant. Il fut fait maréchal de France. (Le président Hénault.)
[4] Biblioth. des Invalides, manusc. Colbert, vol. G. 90, f° 107. Inédit.

§ 5. *Une sœur du grand Colbert, religieuse à Rouen (1673-1678). Soins que Pellot prend d'elle. Faveurs qu'il obtient pour son couvent. Vie de cette sainte religieuse. Son intimité avec une sœur de Fouquet.*

Des cinq sœurs de Colbert, quatre se vouèrent à la vie religieuse [1], et trois devinrent des abbesses considérables : Cécile, de l'abbaye royale du Lys près Melun ; Claire, de l'abbaye royale de St Claire de Rheims ; Agnès, de Sainte-Marie de Chaillot. La quatrième, Louise-Antoinette, était, dès l'âge de 18 ans, au 1er monastère de la Visitation de Paris. En 1673, à 43 ans, elle fut élue supérieure du 2e monastère de Rouen où elle vécut pendant cinq ans. Dès le lendemain, le premier président Pellot, qui avait eu sa fille Marie-Anne élevée dans ce pieux monastère, et qui avait bien pu n'être pas étranger à cette élection, s'empressa d'en écrire sa joie à son ami :

« A Rouen, ce 19e may 1673. J'ay appris que les religieuses de Ste Marie de cette ville ont esleu, hier, pour leur supérieure, Madame vostre sœur, religieuse de Ste Marie de Paris. La ville de Rouen regardera asseurément comme un bonheur d'avoir une personne de son mérite et qui vous touche de si près ; et moy, j'auray une joie bien particulière d'avoir, par ce moyen, des occasions de luy rendre mes très-humbles services et de faire paroistre l'attachement que j'auray toujours pour toute vostre maison... [2] PELLOT. »

Ces services, Pellot ne perdit pas de temps pour les rendre :

« Je vous remercie de tout mon cœur, lui écrivait Colbert dès le 16 juin, de toutes les assistances que vous avez eu pour agréable de donner à ma sœur. Je vous prie de les luy

---

[1] *Lett., Inst. et Mém.*, t. I.
[2] Biblioth. nationale, *Mélanges Colbert*, vol. 164, fo 150. Inédit.

continuer, en cas qu'elle en ayt besoin, et de croire que je prendray sur mon compte toute l'obligation qu'elle vous aura. Je suis tout à vous... ¹ »

Moins de deux mois après, Pellot avait amené la ville de Rouen à des concessions très avantageuses à la communauté. C'est ce qu'atteste sa lettre qui suit, où il ne s'agit de rien de moins que du don à la communauté d'une des rues de la ville :

« A Rouen, ce 12 aoust 1673, Madame vostre sœur, supérieure des religieuses de la Visitation de cette ville, vous demande, Monsieur, une grace, qui est de leur faire obtenir de Sa Majesté une ruelle qui sépare leurs héritages, et qui leur donnera moyen d'augmenter, une fois autant, leur enclos, sans nouvelle acquisition ; elles demandent aussi quelques pièces du rempart pour continuer, plus à droite ligne qu'il se pourra, la muraille de leur enclos. J'ai parlé de cela dans les assemblées que nous tenons de la police ; et après que le lieu a esté visité, on a trouvé que cette grâce ne donnera aucune incommodité au public, au contraire luy sera utile, puisque, par ce moyen, l'on ostera cette ruelle qui est remplie d'ordures et d'immondices, et ne cause que de mauvaises odeurs dans ces quartiers-là. Néanmoins, Monsieur, pour faire les choses dans l'ordre, je vous envoie un projet d'arrest, en suite duquel on pourra accorder ausdites religieuses des lettres qui seront enregistrées au Parlement sans difficultés. Je suis... ² PELLOT. »

« J'apprends, lui répondait Colbert dès le 18, par toutes les lettres de ma sœur, les bontez que vous avez pour elle, et les marques d'amitié que vous luy donnez en tous rencontres ; et quoy que je n'en aye pas moins attendu de votre amitié, je ne laisse pas de vous en faire de nouveaux remerciements

[1] Biblioth. des Invalides, manusc. Colbert, vol. G. 90, f° 298. Inédit.
[2] Biblioth. nationale, *Mélanges Colbert*, vol. 164, f° 332. Inédit.

et de vous dire que je prendray avec plaisir sur mon compte les assistances que vous voudrez bien luy donner dans tout ce qui regardera la conduite de sa maison.

« J'ay receu, avec votre lettre, le projet d'arrest du Con<sup>el</sup>, sur le sujet de la petite rue que la ville de Rouen a accordée aux religieuses de la Visitation ; je feray signer cet arrest, et, en mesme temps, expédier les lettres patentes qui sont nécessaires pour son exécution, que je vous envoyeray. Je suis tout à vous. COLBERT [1]. »

Certes, ce n'était pas là un mince cadeau.

Au mois de janvier suivant, Pellot adressait à Colbert ses souhaits et compliments de bonne année, et l'entretenait du triste état de santé de Louise-Antoinette :

« Après vous avoir souhaitté, Monsieur, une bonne et heureuse année, et avec beaucoup de santé, et qui soit suivie de nombre d'autres de mesme, je vous tesmoignerai la part que je prends à vostre joie de la grâce que Sa Majesté a faite à Madame la duchesse de Chevreuse [2], vostre fille, en la choisissant pour une des dames du Palais, puisque c'est une place qu'elle remplira avec tant de réputation et tant de mérite. Madame vostre sœur a esté incommodée, depuis trois jours, d'une fluxion sur la poitrine ; l'on l'a saignée trois fois ; néanmoins, Monsieur, cela ne sera rien, car elle n'a point eu de fiebvre, a toujours bien craché, et cette nuit elle a assez bien reposé, de sorte que son mal diminue beaucoup. Elle a un bon médecin pour sa maison ; pourtant je luy ay envoyé ce-

---

[1] Biblioth. des Invalides, manusc. Colbert, vol. G. 90, f<sup>o</sup> 334. Inédit.

[2] Jeanne-Marie-Thérèse, l'aînée des trois filles de Colbert, avait, le 3 février 1667, épousé le duc de Chevreuse, fils de Louis-Charles d'Albert, duc de Luynes, grand fauconnier du roi et capitaine des chevau-légers de sa garde. — La même année, il maria la seconde au duc de Beauvilliers, dont le père, François, duc de Saint-Aignan, était gouverneur du Havre depuis 1664. Le duc de Beauvilliers eut ce gouvernement après son père, de 1689 à 1714. (*Lett., Inst. et Mém.*, t. I, p. 478.)

luy dont je me sers, qui passe pour le meilleur de la ville ¹.
Je suis... ² PELLOT. »

Il revenait sur le même sujet quelques jours après, le 13 :
« Madame votre sœur se porte beaucoup mieux ; elle ne sort
pas encore néanmoins de sa chambre, et ses médecins disent
qu'elle doibt craindre pour la poitrine, qu'elle l'a fort délicate, et qu'ainsi il sera nécessaire que, dans le temps, elle face
les remèdes qui lui peuvent estre utiles ³. »

Cette présence à Rouen de Louise-Antoinette ne put
que resserrer les liens qui unissaient au puissant ministre
le premier président et sa famille. Magdeleine Colbert, seconde femme du premier président, était avec sa cousine
Louise-Antoinette, dont elle avait l'âge, en rapports assidus.

Nous donnons ici, à titre de document utile se ratta-
chant à notre sujet, un court extrait de « *l'abrégé de la vie
et des vertus de la très-honorée sœur Louise-Antoinette
Colbert, décédée au premier monastère de la Visitation de
Paris, le 2 juillet 1698, à l'âge de 68 ans, après 49 années de profession* ⁴ ». Il confirme de tout point les lettres
qu'on vient de lire, et nous révèle d'autres faveurs auxquelles, à coup sûr, Pellot ne fut pas non plus étranger.

« La famille Colbert, obscure dans son origine, est devenue célèbre au XVIIᵉ siècle par l'élévation d'un de ses membres qui exerça sous Louis XIV, les charges de ministre et
secrétaire d'Etat, et, lors de la chute du surintendant Fouquet,
celle de contrôleur général des finances. C'était le propre
frère de la sainte religieuse dont nous publions les vertus.

---

¹ Le sʳ Lhonoré, dont il a été question à la page 187.
² Biblioth. nationale, *Mélanges Colbert*, vol. 167, fo 81. Inédit.
³ *Ibidem*, fo 156. Inédit. Original, comme le précédent.
⁴ *Année sainte des religieuses de la Visitation des Dames de Sainte-
Marie*.

« ... Elevée par ses dignes parents dans la crainte et l'amour de Dieu, elle comprit de bonne heure la vanité des biens, des plaisirs et des honneurs du monde, et vint à dix-huit ans s'offrir à l'époux divin dans le premier monastère de Paris. La vertueuse mère Louise-Angélique de la Fayette, alors Directrice, ne tarda pas à découvrir ses bonnes qualités, et, charmée de la candeur, sincérité et droiture de son ame, prit un grand soin de la former à la perfection, prévoyant, dès lors, que cette jeune sœur étoit appelée à rendre de signalés services à l'Institut. En effet, après un fervent noviciat, elle prononça les vœux sacrés, remplit, à la satisfaction générale, les divers emplois de la maison, et gouverna successivement notre second monastère de Rouen (1673), celui de Chaillot (1679), le premier de Paris (1682), et celui de Dieppe (1685)...

« Ses douces et fortes vertus, plus encore que ses bienfaits et ses talents, ont fait aimer et bénir sa mémoire par toutes les personnes qui l'ont connue ou qui ont eu le bonheur de vivre sous sa conduite. Les témoignages de nos monastères sont unanimes ; nous ne rapporterons que celui de nos sœurs de Rouen :

« A son arrivée chez nous, disent-elles, cette digne supé-
« rieure fit continuer nos batiments commencés, et construire
« un grand mur de clôture [1]. Elle nous fit donner, par
« Ordonnance Royale, une rue nécessaire pour enfermer
« dans notre enclos un jardin qui nous appartenoit [2]. De
« plus, à sa considération, Messieurs de la Ville nous cédèrent
« quelques pieds de terre pour y élever une terrasse [3]. Avec
« nos lettres d'établissement que nous n'avions pas encore,
« elle nous obtint de l'Etat l'entrée de nos boissons sans
« droits à payer, et nous fit donner notre bois de chauffage

[1] Voir la lettre ci-dessus de Pellot à Colbert, page 201.
[2] *Ibidem.*
[3] *Ibidem.*

« pour plusieurs années [1] ; enfin, elle nous procura des dons
« considérables en argent, et s'acquit ainsi des droits im-
« mortels à notre reconnaissance... »

« A Dieppe, elle fit également agrandir les batimens du monastère...

« En 1691, Marie-Thérèse Fouquet, sœur du célèbre surintendant, fut nommée supérieure du premier monastère de Paris ; elle choisit pour assistante notre très honorée sœur Louise-Antoinette Colbert, sœur du ministre qui avait succédé aux charges et à la faveur du surintendant, son frère. Ce nom seul de Colbert devait réveiller toutes les souffrances de son cœur : mais elle sut les dominer. Cette victoire, remportée sur la nature, cette mutuelle déférence, ces égards réciproques et l'union qui régnait entre elles, firent l'édification de tous. Un grand Cardinal disait, après en avoir été témoin : « C'est chose admirable de voir les prévenances de la mère Fouquet pour la sœur Colbert ! » Le roi l'apprit et loua la vertu de cette véritable religieuse...

« Le 1er juin 1698, Louise-Antoinette Colbert tomba dans de violentes convulsions qui durèrent plusieurs heures. Ce fut le soir de la Visitation qu'elle quitta la terre pour chanter sans fin avec l'humble Marie : *Magnificat anima mea Dominum...* »

Une sœur de Fouquet et une sœur de Colbert fondues ensemble dans une amitié étroite et vraie : quel contraste avec la haine capitale de ces deux hommes qui avait amené la chute effroyable de l'un et l'élévation prodigieuse de l'autre !

---

[1] Bien sûr, ce fut Pellot qui obtint aussi cette double faveur dont nous n'avons révélation que par ce texte.

# CHAPITRE SIXIÈME

VARIA

---

§ 1. *Diverses recommandations de Pellot à Colbert.*

Voici d'abord cinq lettres qui démontrent combien étaient étendus les devoirs divers que valaient au premier président sa grande expérience et son grand crédit. Il prétendait disposer du rang à donner aux avocats généraux de la cour des aides de Rouen; provoquait les mesures propres à protéger le commerce normand contre les pirates de la Hollande; procédait à Paris même où se trouvaient cependant des magistrats éminents, à des arbitrages entre de hautes familles; appuyait auprès de Colbert une candidature à la première présidence de la cour des comptes de Normandie; enfin lui recommandait un magistrat de Bayonne, injustement persécuté.

Pellot à Colbert : « A Rouen, ce 29 décembre 1671. Je n'ay pas pu, Monsieur, m'empescher de vous escrire aujourd'huy en faveur du sieur Asselin, qui a traitté de la charge de M$^r$ Marette, advocat-général de la Cour des Aydes de cette ville, et qui va à Paris pour poursuivre ses provisions. Néanmoins, j'estime qu'il faut s'en tenir à ce que j'ay eu l'honneur de vous mander par ma lettre du 27$^e$ de ce mois, sur son sujet et sur celuy du S$^r$ Druel, qui a traitté de l'autre charge d'advocat-général. Car si l'on expédioit les provisions dudit Asselin devant que ledit Druel fut receu, l'on ne doubte pas que ledit Asselin, qui est bien inférieur à l'acquit et l'expérience de l'autre, auroit la première charge d'advocat-général, ce qui est fort à considérer comme vous scavez, Monsieur, dans ces sortes de charges, et surtout dans cette compagnie où un ancien advocat-général faira tout et aura du crédit, s'il vaut quelque chose, le procureur général [1] estant un misérable [2] interdit de sa compagnie, embarqué dans mille méchantes affaires, qui ne se sert de sa charge que pour vexer, et qui n'a ni mérite ni réputation, et le Premier-Président estant véritablement un homme de condition, fort riche et honneste homme [3], mais si incommodé de sa santé qu'il ne peut agir et ne marche que par respect. Si l'on suivoit la recommandation, l'on ne parleroit que pour ledit Asselin, car il n'y a que le mérite qui parle pour ledit Druel. Je suis... [4] PELLOT. »

Le même au même : « A Rouen, ce xviie aoust 1672.

[1] Nicolas de Toustain ? Du moins celui-ci fut-il installé en 1666, et est-il porté sur le tableau dressé par Farin en 1668. (*Hist. de Rouen*, t. I, p. 237.)

[2] « Je sais bien qu'il seroit important qu'il y eut dans la charge de Procureur général de la Cour des Aydes de Rouen, un homme habile et de probité qui put contribuer à redresser cette compagnie. Mais je vous avoue qu'elle est dans une si mauvaise réputation que je doute même qu'un officier de cette qualité put produire cet effet. Je vous prie pour cela de vous informer du sieur Bertou, et de me faire savoir si vous estimez qu'il soit tel qu'il le faudroit dans cette place. Mais vous devez particulièrement vous appliquer à examiner avec soin la conduite de cette compagnie pour redresser autant qu'il sera en vous, ce qu'elle fait bien souvent très mal... » Lettre de Colbert à l'intendant Leblanc, du 16 juillet 1677. (*Lett., Inst. et Mém.*, t. II, p. 377.)

[3] De Bec-de-Lièvre. C'est la contre-partie du jugement si sévère de l'intendant de Champigny, ci-dessus, p. 185. Pellot parle ici sans intérêt, le mariage de sa fille n'ayant eu lieu que trois ans plus tard.

[4] Biblioth. nat., *Mélanges Colbert*, vol. 157, f° 595. Inédit.

Les marchands de cette ville sont un peu alarmez de diverses prises que les pirates hollandais ou zélandais ont faites dans la Manche, ou à l'entrée [1]. Ils disent que « depuis quinze
« jours, ils ont bien pris trente vaisseaux [2] où ils sont inter-
« ressez, entre lesquels il y en a un qui venoit de Bayonne,
« où il y avoit trois cens bales de laine qui valoit pour le
« moins LX$^m$, et un autre chargé d'huile de baleine,
« de pareille valeur ; que tous les vaisseaux terre-neufviers
« et chargés d'huile de baleine doivent venir dans quinze
« jours ou un mois, et courent grand risque si l'on n'y met
« ordre ; que lesdits pirates, au commencement, quand ils
« prenoient des vaisseaux français, ils mettoient les matelots
« à terre, mais maintenant, ils les amènent et les font pri-
« sonniers ; qu'ils ont des nouvelles d'Amsterdam et d'au-
« tres lieux de la Zélande, que l'on arme pour aller en
« course divers vaisseaux qui sont forts, et dont mesme, il y
« en aura qui seront montez de trente pièces de canons ; que
« s'il y avoit quelques vaisseaux du Roy qui fussent à l'en-
« trée de la Manche, vers le Pas-de-Calais, et d'autres vers
« Cherbourg, et quelques uns qui croisassent dans la
« Manche, la seureté y seroit entière ; que vous avez bien,
« Monsieur, fait savoir icy que le Roy avoit donné des ordres
« à un chef d'escouade de croiser dans la Manche avec six
« vaisseaux, mais ils n'apprenent pas qu'il y en aye aucun. »
Voilà ce qu'ils m'ont représenté ; sur quoy, je leur ay dit que j'aurois l'honneur de vous escrire, et les ay asseurez que Sa Majesté n'avoit rien tant à cœur que de procurer la seureté du commerce, mais qu'il est bien difficile, malgré les ordres que l'on peut donner, qu'il ne se fit tousjours quelque

---

[1] Pas-de-Calais ; la guerre existait alors entre la France et la Hollande.

[2] On peut, par les chiffres jetés là en passant, juger de l'importance qu'avait alors le commerce maritime de Rouen.

prise dans ce temps de guerre avec les Hollandois [1]. Je seray... [2] Pellot. »

Le même au même : « A Paris, ce 8 décembre 1672. Je ne suis pas, Monsieur, parti encore pour Rouen, parce que j'ay eu des affaires qui m'ont retenu, et, entre autres, l'accommodement de Mr le Marquis de Bordeilles [3] avec Mr le Président de Bailleul [4], pour lequel ceux qui s'en meslent avec moy avons conféré mardy durant toute l'après diné, et debvons encore nous assembler samedy pour voir ce qu'il se pourra faire. Je ne scais pas quel en sera le succez, car les parties paroissent fort esloignées ; mais, néanmoins, elles ont grand intérest, l'une et l'autre, de sortir d'affaires. J'aurai l'honneur, Monsieur, de vous mander des nouvelles; ainsi, je ne pourroi m'en aller qu'au commencement de la sepmaine prochaine... [5] Pellot. »

Colbert à Pellot : « Mr de Courvaudon m'a rendu vostre lettre, sur la demande qu'il fait de la charge de Premier-Président de la Cour des Comptes de Normandie, vacante par le décès de Mr de Motteville, son beau-père ; j'en ay desja

[1] Deux ans plus tard, Pellot obtint des mesures sérieuses de protection en faveur des armateurs Dieppois. (Voir le chap. VI du liv. XIII, ci-après. p. 313.)

[2] Biblioth. nationale, *Mélanges Colbert*, vol. 161, f° 143. Inédit.

[3] Sans doute le fils de Claude de Bourdeille, comte de Montrésor, célèbre par ses intrigues, qui a laissé des mémoires, mort en 1663.

[4] De Bailleul, président à mortier au parlement de Paris, fils de Nicolas de Bailleul, marquis de Château-Gonthier, qui était mort en 1652, après avoir été surintendant des finances, en 1643, à l'époque du semestre. Voici le portrait du client de Pellot : « Doux et d'humeur facile, s'acquiérant par sa civilité beaucoup d'amis dans le palais et à la Cour où il en recherche volontiers. Voit assez souvent M. de Montbazon, le Cte de Béthune, d'Antragues ; a épousé mademoiselle Le Ragois sœur de M. le Président de Brétonvilliers, dont il a eu de grand biens. » *Correspondance admin.*, t. II, p. 35.

[5] Biblioth. nationale, *Mélanges Colbert*, vol. 162, f° 467. Inédit.

parlé au Roy, et je crois qu'il aura satisfaction, étant aussi raisonnable que m'a paru l'être l'offre qu'il fait de rendre la charge au fils pour le même prix qu'il l'aura achetée, aussitôt qu'il aura atteint l'âge. Vous ne devez point faire connoistre ce que je vous escris, parce que si le fils dud. s<sup>r</sup> de Motteville [1] ne vient pas ici dans peu de jours, l'affaire dudit s<sup>r</sup> de Courvaudon sera achevée... [2] COLBERT. »

En 1665, lors de la sédition d'Audijos, Pellot avait obligé le vice-sénéchal prévôt des Landes, à se démettre en faveur de son lieutenant. A ce sujet, il avait à cette époque adressé à Colbert les deux lettres suivantes :

« 22 octobre 1665. Le s<sup>r</sup> St Paul, vice-sénéchal des Landes, estant homme qui s'est toujours très mal acquitté de son employ et n'a fait aucun devoir pendant ces derniers désordres de la Chalosse, je l'ay obligé de se deffaire de sa charge en faveur du s<sup>r</sup> Laralde, qui est son lieutenant, lequel est homme de bonne naissance, très vigilant et très vigoureux, a fait force bonnes actions et a rendu tous les services que l'on pouvoit désirer de luy pendant le cours de ces séditions passées... [3] PELLOT. »

« 30 décembre 1665. Il sera bien à propos d'envoyer dans ce pays de Chalosse le prevost des Landes avec sa c<sup>ie</sup>, lequel,

---

[1] Georges Langlois, 3e du nom, seigneur de Motteville, premier président de la cour des comptes de Normandie, depuis 1641, s'était marié trois fois, comme son père auquel il avait succédé, et avait eu des enfants de ses trois femmes, notamment de la seconde, une fille Marie-Magdeleine, qui, en 1665, avait épousé Olivier d'Anzeray, seigneur de Courvaudon, dont il s'agit ici. (La Chesnaye-des-Bois, t. XI, p. 424 et 425.) Langlois III est crayonné ainsi dans le tableau de la cour des comptes : « Homme de probité et de capacité, s'attachant fort peu à sa charge; demeurant la plus partie du temps à Paris, ou à sa terre de Motteville. » *Correspondance admin.*, t. II, p. 130.

[2] Biblioth. nationale, *Mélanges Clairambault*, vol. 464, f° 242. Inédit.

[3] *Correspondance admin.*, t. III, p. 113.

étant appuyé par l'hautorité de M. le marquis de Poyanne, s'attachera entièrement à prendre ces bandits et à leur faire incontinent leur procès ; et comme j'ay faict achepter cette charge de Prévost au sʳ de la Ralde qui est homme fort hardy et affectionné, lequel est à Paris qui poursuit l'expédition de ses provisions, et que j'ay pris la liberté de vous recommander, il faudroit, je vous prie, le faire expédier promptement et le renvoyer sur les lieux... PELLOT. »

Tout s'était bien passé tant que Pellot avait été en Guyenne ; mais ensuite, sous Daguesseau, était survenue la réaction, si bien qu'au cours d'une émotion populaire, Laralde avait été laissé pour mort sur la place. Pellot sut s'employer pour lui avec le zèle qu'il savait mettre en pareil cas, et ce lui fut une occasion d'exhaler ses sentiments contre Bayonne et ses préventions contre Daguesseau, son successeur à Bordeaux :

Pellot à Colbert, ce 28 janvier 1674. « Monsieur, le sʳ de La Ralde, Vice-Seneschal des Landes, comme j'estois en Guyenne, ayant servi utilement sous mes ordres avec le dernier attachement et fidélité, vous agréerez que je vous suplie de luy départir vostre protection dans la mauvaise affaire qui luy est arrivée à Sᵗ Jean de Luz, au païs de Labour, en exécutant les ordres du Roy, où il a esté maltraité au dernier point et laissé pour mort sur la place, et deux ou trois de ses archers ont esté tuez. Ce qu'il y a encore de plus fascheux, c'est qu'on le détient prisonnier à Bayonne. J'ay vû, Monsieur, toutes les procédures qu'on a faites contre luy ; je ne vois pas qu'il aye manqué et qu'on puisse dire qu'il soit cause de son malheur. Mais les gens de ce pays-là sont fascheux, quinteux, et quoy qu'il les faille mesnager et principalement dans ce tems [1], il ne faut pas,

---

[1] (1674). Nous étions alors en guerre avec l'Espagne, et nos frontières des Pyrénées étaient menacées.

néantmoins, souffrir leurs folies et leurs emportemens ; quand ilz en font et qu'on les châtie, ils en deviennent plus sages. D'ailleurs, ledit sr de La Ralde mérite d'estre un peu favorisé et appuyé dans cette occasion, car il n'y a pas d'homme en ce paiis-là qui soit plus capable d'exécuter les ordres avec plus de vigueur et de fermeté, et qui, outre cela, a du crédit et des amis. C'est ce que je suis obligé de vous dire sur ce sujet, et que je seray toujours, avec le dernier respect, vostre très humble... [1] PELLOT. »

### § 2. Cent cordes de bois que les forêts de Normandie devaient au premier président. Colbert conteste ce privilège et oblige Pellot à lui en produire les titres.

Outre de nombreux privilèges généraux que nous avons déjà déduits, certains parlementaires en possédaient de particuliers dont on trouve traces à chaque pas.

Le premier président, par exemple, réclamait le privilège de se chauffer gratuitement à même les bois de l'État, et, pour cela, ne revendiquait rien moins que la délivrance annuelle de 100 cordes de bois, soit quelque chose comme 400 stères, quantité considérable qu'il ne pouvait consommer en entier et qu'il devait revendre en grande partie. Aussi, un jour, Colbert qui avait l'œil à tout y trouva-t-il à redire ; et quoique le premier président fût son ami, et que celui-ci se servit de son propre neveu, Mascranny, grand maître des forêts de Normandie, ne voulut-il s'exécuter qu'à bonnes enseignes, et sur titres en règle. De là, sa lettre à Mascranny, du 26 novembre 1672 :

« Mr le Premier-Président du Parlement de Rouen a présenté Requeste au Roy, par laquelle il supplie S. M. de le vouloir faire jouir du chauffage de trois arpents de bois en

[1] Biblioth. nationale, *Mélanges Colbert*, vol. 167, fo 252. Inédit.

essence, dont ses prédécesseurs ont jouy, ou de cent cordes de bois, dont la délivrance leur estoit faite par les grands-maîtres. Comme il ne rapporte aucun titre pour la justification de ce droit, il est nécessaire que vous m'envoyiez les arrests du conseil et les lettres patentes qui leur ont esté accordées à cet effet, afin qu'après avoir fait rapport à S. M., il luy soit pourvu, ainsy que de raison... [1] Colbert. »

Sans savoir la solution que reçut cette affaire, nous affirmons bien que Colbert ne permit pas qu'il fût délivré au premier président une quantité de bois qui eût suffi à chauffer tout le parlement. Comme nous l'avons vu pour les privilèges des bourgeois de Bordeaux [2], Colbert savait réduire « ainsy que de raison » des privilèges si excessifs.

§ 3. *Pellot obtient un surcroît d'épices en faveur de deux de ses collègues. Argument singulier dont il se sert pour l'obtenir de Colbert.*

Une faveur non moins singulière, c'était le prélèvement que le parlement exerçait sur les amendes, véritable supplément de gages, sorte d'épices prises non plus sur les justiciables, mais sur le roi lui-même. Un jour, Pellot s'occupa de puiser à cette source pour deux de ses collègues, le doyen des présidents de la Tournelle et le doyen des présidents des enquêtes, qui jusque-là en avaient profité peu ou prou. Le raisonnement qu'il imagina auprès de Colbert pour leur faire gagner leur cause est fort simple : Qu'on leur accorde un peu de ces amendes, et ils seront mieux portés à en prononcer, et le fisc lui-même y gagnera. C'est tout au long dans son mémoire du 4 novembre 1673, que nous

---

[1] *Lett., Inst. et Mém.*, t. III, p. 207.
[2] Au tome Ier, p. 551.

allons reproduire en entier, car il a trait à d'autres réclamations qui, elles aussi, ont de l'intérêt, notamment celle où il met en avant les améliorations apportées à la police de Rouen [1].

« Il se fit une assemblée sur la fin de la dernière séance [2] du Parlement de Rouën chez Monsieur le Premier-Président Pellot où estoient des principaux officiers dud. Parlement, avec led. sieur Premier-Président et deux fermiers du Domaine de la Province de Normandie, dans laquelle il fut résolu, tout d'un concert, que led. sieur Premier-Président estant à Paris [3], priroit Messieurs du Conseil de faire quelques changements dans led. Estat, ainsi qu'il s'ensuit :

« *Premièrement*, dans l'article où il y a 40 livres pour la Messe des Requestes du Palais, que l'on le changeroit et que l'on mettroit ladite somme de 40 livres pour la Messe des vacations, attendu que les officiers des Requestes n'ont pas besoing de cette Messe, et qu'ils peuvent assister à celles qui se disent à la chapelle du Parlement, qui est tout proche la chambre des Requestes; mais qu'il n'y a point de fond pour celle qui se doibt dire pour la chambre des vacations.

« *Secondement*, que, dans le chapitre des pensions sur lesd. amendes, l'on en debvroit ajouter une de quatre cens livres pour l'ancien Président de la Tournelle [4] et une autre de trois cens livres pour l'ancien Président des Enquestes, à cause que lesdits Présidents voyant que d'autres

---

[1] Ce curieux document nous a été communiqué par notre honorable collègue, M. le conseiller Félix. Le texte qu'il en possède est du temps et porte la signature originale de Pellot. C'est celui qui fut envoyé à Colbert.

[2] Avant les vacations.

[3] C'est-à-dire quand il serait à Paris.

[4] *L'ancien président*, c'est-à-dire le doyen des deux présidents ; il y avait deux présidents à la Tournelle, et deux à la chambre des enquêtes, comme on l'a vu plus haut, p. 41.

ont des pensions et qu'eux n'en ont point, par chagrin ils font (prononcent) peu d'amendes ou diminuent celles qu'ils font ; et ainsi, augmentant les deux pensions, les amendes seront asseurément augmentées.

« *En troisième lieu,* l'on estimeroit qu'il faudroit mettre, à la fin de l'estat desd. charges du Parlement, que les charges sur le fond des amendes que fait le Parlement seroient prises par *préférence*¹, au lieu que par led. Etat, on assigne indifféremment, sans distinction, les charges desd. compagnies de Roüen sur le fond que lesd. compagnies font.

« *En quatrième lieu,* il faut remarquer, outre cela, que, depuis près de quatre années que led. sieur Premier-Président est à Roüen, l'on a eu un soing particulier de la police de Roüen pour la conformer à celle de Paris, en quoy l'on a assez bien réussy, nonobstant toutes les traverses et oppositions que l'on a eues ; mais, pour cela, l'on a fait travailler fort exactement les commissaires des quartiers, sergents et autres officiers qui ont agi sans aucun fruict et esmolument, et auxquels, néantmoins, l'on a promis quelques gratifications pour leurs peines et salaires ; ainsy, il est fort à propos qu'il soit mis dans un article dud. Estat que l'on donnera mil ou douze-cens livres auxd. officiers qui ont travaillé pour la police, suivant les ordres dud. sieur Premier-Président, sur les deniers qui proviendront des amendes de ladite police ; car l'on fait porter présentement ce fond entièrement entre les mains du fermier du Domaine, ce que l'on ne faisoit pas autrefois, car l'on l'apliquoit aux hospitaux ou aux officiers exécuteùrs des ordres de lad. po-

---

2 C'est-à-dire avant la cour des comptes, la cour des aides, le bailliage, etc. : privilège essentiel pour le parlement, comme preuve de sa supériorité hiérarchique ; simple affaire d'amour-propre, au surplus, car la rentrée de sa créance ne pouvait péricliter en aucun cas. Aussi comprend-on que Colbert n'ait pas accueilli cet enfantillage.

lice. Cet article est très important; autrement, toute lad. police de Roüen qui a d'heureux commencemens, seroit renversée, ne se pouvant faire que les officiers donnent leurs peines sans aucuns émolumens.

« Moyennant ce que dessus, les amendes de Roüen augmenteront considérablement, les officiers du Parlement ayant résolu de faire des amendes plus fortes, ce qu'ils ont desja commencé, dont les fermiers du d. domaine qui estoient présens à l'assemblée dont est fait mention cy-dessus, sont demeurés d'accord. Ce 4 novembre 1673. PELLOT. »

A la suite, on lit cette note :

« Je prie M. Colbert de mettre icy les articles de ce mémoire, sur les changements des charges des amendes. »

Puis, plus bas, et de la main sans doute de Colbert :

« A l'ancien Président de la Tournelle, 500 livres ; à l'ancien Président des Enquestes, 500; aux Enquesteurs, sergents et autres officiers des justices qui travaillent à la police, 800, qui seront payées par les ordres du sieur Premier-Président. »

C'était, pour ses deux collègues, plus même que Pellot n'avait demandé. Mais Colbert avait compris que ce serait là une dépense productive, les amendes devant grossir, du moment que les deux présidents n'auraient plus « le chagrin » de les prononcer sans en profiter.

Et le crédit de 40 livres de la chambre des requêtes? Cette chambre si humiliée conserva-t-elle pour ses messes la modique attribution que le premier président avait la cruauté de proposer de lui ravir? Son fils, il est vrai, ne devait y être conseiller qu'en 1678, cinq ans après.

Et le privilège du parlement sur les autres justices, comptes, aides, présidial, bailliage?

Il ne paraît pas que, sur ces deux points, Colbert se soit rendu aux raisons du premier président.

## § 4. *Gratifications.*

Outre les privilèges que nous venons de dire, Pellot recevait d'amples gratifications. Voici un billet que lui adressait Colbert, le 11 mai 1674, et la façon toute naturelle avec laquelle celui-ci s'exprime au sujet d'une ample gratification de douze mille livres [1], donne à penser que celle-là fut précédée et suivie de beaucoup d'autres :

« Je vous envoye l'ordonnance de douze mille livres que le Roy vous a accordée par gratification. Je suis tout à vous .. [2] COLBERT. »

La date, ici, a son importance : mai 1674 :

C'était au moment où Pellot pesait de tout son poids sur son parlement, pour hâter la rentrée d'un impôt fort impopulaire et fort onéreux, dont nous aurons à parler [3], l'impôt du tiers-et-danger.

C'était peu de temps après que Pellot avait obtenu, à grand peine, l'enregistrement de l'édit sur les amendes [4] et de l'édit qui restreignait le droit de remontrances [5].

C'était, enfin, au moment où il venait de marier sa fille Marie-Anne, et où une largesse royale avait, pour lui, un à-propos particulier [6].

---

[1] Soit 60,000 fr. de nos valeurs actuelles.
[2] Biblioth. des Invalides, manuscrits Colbert, vol. G. 90, f° 374. Inédit.
[3] Au chap. IV du livre XIII.
[4] Au chap. II, § 5 du livre XII.
[5] Au chap. III, § 1 du même livre.
[6] Au chap. V, § 1 du même livre.

## CHAPITRE SEPTIÈME

AUTRES DÉTAILS DOMESTIQUES

---

*Pellot use au profit de sa famille de son crédit auprès de Colbert. Aveux de détresse. Il sollicite une abbaye pour son fils Paul, âgé de neuf ans. Dispenses d'âge, accordées par le pape à cet enfant.*

En 1674, Pellot avait marié Marie-Anne, une de ses huit filles. Deux autres, il est vrai, étaient déjà mariées, et cinq en religion ; mais, après ce troisième mariage, il lui restait ses trois fils : Claude, qui avait 16 ans ; Etienne Gérard, qui en avait 14, et Paul, le dernier, 10.

Une si nombreuse famille, l'établissement de huit enfants, l'éducation des trois autres, les devoirs de la première présidence qu'il remplissait avec magnificence, lui imposaient de lourds sacrifices.

Sans doute, ses ressources étaient grandes. Elles se constituaient d'abord de son patrimoine propre, puis de la fortune de Claude Le Camus, sa première femme, enfin de ce que lui avait apporté sa seconde femme, Magdeleine Colbert. A quoi il convient d'ajouter d'abord ses gages de premier président, 20,000 livres, puis ses épices civiles et criminelles [1], outre

---

[1] A partir de 1550, les épices de chaque chambre étaient mises en commun et partagées entre les présidents et conseillers par égales por-

DÉTAILS DOMESTIQUES 219

des redevances en nature de toute sorte, et d'amples gratifications royales ou ministérielles, dans le genre de celle de 12,000 livres que nous venons de dire [1].

Il faut y ajouter encore autre chose : par une pratique qu'on ne peut guère expliquer, mais qui était licite, puisqu'on le voit en écrire ouvertement à Colbert, Pellot, quand il était intendant à Montauban, était devenu propriétaire, à Pamiers, dans le comté de Foix, d'une charge de finances [2], qu'il faisait gérer par un commis. Il en traita même, cette année-là, pour un prix qui vint encore ajouter à ses ressources [3].

Cependant, tout cela ne lui suffisait pas, et c'est par un hommage à son intégrité, que l'éloge anonyme nous apprend sa détresse : « Bien loin de s'enrichir au service du Roy, il y laissoit, chaque année, de son bien, au point qu'il devoit, en définitive, transmettre à ses enfants un patrimoine amoindri [4]. »

Nous en avons l'aveu dans une lettre qu'on va lire : « Il y a longtemps que je sers, écrit-il à Colbert le 3 mars 1674, je continue à faire de mon mieux dans le poste considérable où vous m'avez mis ; mais nous avons besoing d'un peu d'ayde,

---

tions. La part du premier président était double de celle d'un simple président ou conseiller. Quant aux gages du premier président, ils ne devaient pas être inférieurs à 20,000 livres. (Voir à ce sujet le chap. II du livre XVIII.)

[1] Ci-dessus, p. 217.

[2] Ces propriétés n'avaient alors rien d'extraordinaire. Nous lisons, par exemple, ceci dans le tableau du parlement de Paris, dressé en 1662, au milieu de beaucoup d'autres mentions semblables : « *Lamoignon Premier-Président* :... possède les aides de Chateaudun, valant 26,000 livres. *Pottier de Novion*, président à Mortier..., possède les aides d'Arques, de Fécamp, de Montivilliers, 47,000 livres, etc., etc. » (*Corresp. admin.*, t. II, p. 34 et suiv.)

[3] Voir ci-après, le chap. III du liv. XVIII.

[4] Biblioth. de Rouen. Fonds Martainville. Mss Bigot. Inédit.

car cet employ est de grande charge et dépense, outre que j'ay trois fils qui deviennent grands... »

Afin d'équilibrer son budget, Pellot avait, dès 1672, obtenu la promesse d'une abbaye.

En 1674, un mois après le mariage de sa fille Marie-Anne, qui est du mois de février, on le voit insister auprès de Colbert, et demander que cette abbaye soit mise sur la tête de son plus jeune fils, « moyen, ajoutait-il, de me gratifier moi-même. » Sa poursuite eut un double objectif: Fontaine, au diocèse de Rouen, sur les confins du Pays-de-Caux, près de St-Saens, d'un revenu de 9,000 livres; et la Croix-Saint-Leufroy, au diocèse et à deux lieues d'Evreux [1], d'un revenu de 14,000 livres.

De telles pratiques sont bien faites pour nous étonner: solliciter une abbaye pour un enfant de 10 ans! Elles étaient dans les mœurs du temps. N'avait-on pas vu, en 1664, malgré les traitements et gratifications dont il était déjà comblé, Colbert y recourir lui-même et quêter du pape des dispenses d'âge avec remise de droits de chancellerie, en faveur de son fils aîné, le Marquis de Seignelay, alors âgé de 10 ans, écolier de cinquième au collège des Jésuites de Paris sous le père Rapin [2]? Ne le verra-t-on pas, en 1681, obtenir l'abbaye de Bonport, d'un revenu de 17,000 livres, pour Louis, le dernier de ses fils, âgé de 14 ans [3]?

Pellot fut-il assez heureux pour obtenir dès 1674 l'abbaye de Fontaine?

La raison de croire à son succès serait ce passage non daté du mémoire du père Ménétrier:

« *A summo Pontifice Innocentio XI, singulari, inexpectata et proceribus regni denegata gratia, in cumulum*

---

[1] *Gallia Christiana*, t. XI, col. 660.
[2] Gérin, *Recherches sur l'Assemblée de 1682*, p. 180.
[3] *Lett., Inst. et Mém.*, t. VI, p. 402.

*regiæ beneficentiæ, unice et cum elogio decoratus est* [1]. »

Il s'agit là d'une grâce du souverain Pontife, singulière, inattendue, unique, refusée aux premiers du royaume, et venant mettre le comble à un bienfait du roi. Or, il est certain qu'il eût fallu, pour mettre en 1674 une abbaye sur une tête si jeune, outre le don royal, une dispense d'âge que le pape seul aurait eu droit d'accorder : faveur insigne, en effet, et presque inouïe, *singularis, inexpectata*, comme le prouve, outre ce texte de Ménétrier, une lettre d'un agent de France à Colbert, quand celui-ci en 1664 avait cru devoir en solliciter une semblable pour son fils Seignelay : « … Je dis au Cardinal Romain chargé de ce service, qu'il y avoit un mémoire de vous par lequel vous prétendiez avoir un bref qui dispensat d'âge M$^r$ de Seignelay. — Y a-t-il, m'a-t-il réparti, exemple que cela ayt été accordé ? — Je dis que oui [2]. » Mais il devait, par la question même et par la réponse, y en avoir fort peu.

Voici trois lettres de Pellot à Colbert au sujet de ces étranges sollicitations : quand il écrivait la première, son fils Paul avait à peine neuf ans :

« Rouen, 28 mai 1672. Comme Sa Majesté m'avoit fait la grâce de me promettre une abbaïe pour un des mes fils, je doibs, Monsieur, vous rendre compte d'une pensée que j'ay. M$^r$ l'Evêque d'Evreux est mort ou n'en peut pas reschapper. Le Roy pourroit donner son evesché à Monsieur l'abbé de S$^{te}$ Croix [3] qui a son abbaïe proche d'Evreux, en résignant à mon fils son abbaïe. L'abbaie vaut sèze ou dix-sept mille livres ; mais il faut nourrir les religieux, de sorte qu'il ne reviend pas huit ou neuf mille de reste au titulaire. Ainsi,

---

[1] Mémoire pour servir à l'oraison funèbre de M. Pellot. Biblioth. nat., fonds français, L N 29, n° 16,001.
[2] Gérin, *Recherches sur l'Assemblée de 1682*, p. 104.
[3] L'Abbé de la Croix-St-Leuffroy, au diocèse d'Evreux.

Sa Majesté récompenseroit en la personne de mon fils les services que je luy ay rendus et qu'elle a eus agréables, et mettroit dans cet Evesché une personne qui est d'un mérite reconnu et estimé de tout le monde. L'on luy avoit proposé d'eschanger son abbaye avec l'Evesché de Condom [1], mais il ne gousta point la proposition à cause qu'il faloit se transplanter trop loing, quitter la province, ses parens et ses amis; mais pour cet échange, il l'accepteroit sans doubte. J'en escris au révérend père Ferrier[2] qui m'a tesmoigné estre tout-à-fait bien disposé pour moy dans l'occasion. Mais, Monsieur, comme je ne puis recevoir du bien que de vous, je vous prie de me protéger, et de croire que je suis, avec plus de fidélité et de reconnoissance que personne du monde...[3] Pellot. »

Insuccès cette fois, et alors, autre lettre au même, deux ans après :

A Rouen, ce 3 mars 1674. « Monsieur, l'abbé de La Croix est à Paris, que j'ay eu l'honneur, autrefoys, de vous présenter. Il a une abbaïe proche d'icy qui me seroit fort commode. Si l'on le plaçoit dans la disposition que l'on doibt faire bientost de quelques Eveschéz, Sa Majesté pourroit donner son abbaïe à mon fils, et me gratifier ainsi qu'elle tesmoigne le souhaiter. J'en escris à Monsieur l'archevesque de Paris et au R. P. Ferrier qui paroissent bien disposez, et vous prie de continuer à me protéger dans cette occasion.

[1] En 1666, quand cet évêché fut donné au grand Bossuet, qui le conserva jusqu'en 1681, époque où il fut nommé à l'évêché de Meaux. Ainsi, Bossuet n'aurait eu Condom qu'au refus de François-Placide Baudu de Piancour, qui avait reculé devant cette sorte d'exil.

[2] Confesseur du roi après le P. Annat, mort en novembre 1674. Il avait la feuille des bénéfices. — François d'Aix, dit le Père la Chaize, lui succéda à cette dernière date.

[3] Biblioth. nat., *Mélanges Colbert*, vol. 159, fo 332. Inédit.

Il y a longtemps que je sers ; je continue à faire de mon mieux dans ce poste considérable où vous m'avez mis ; mais nous avons besoin d'un peu d'ayde, car cet employ est de grande charge et depense, outre que j'ay trois fils qui deviennent grands. Vous aurez, Monsieur, la bonté pour moy de représenter ces choses dans l'occasion, puisque je seray toute ma vie, avec le dernier attachement... [1] Pellot. »

Remarquons que c'est deux mois après cette lettre, en mai 1674, que se place une gratification royale de douze mille livres dont il a été question quelques pages plus haut, gratification que cette même lettre avait bien pu déterminer. N'eût-t-elle pas dû pour un temps le satisfaire ? Il n'en fut rien, et un mois après, le 24 juin, il revenait à la charge :

« L'Archevesché de Bourges n'est pas donné, on dit que Sa Majesté le destine à l'Evesque d'Amiens, et donnera cet evesché à un autre. Si, dans ce changement, l'on plaçoit l'abbé de la Croix, je pourrois avoir son abbaïe pour un de mes fils. Cet abbé est un homme de mérite et de condition, que Sa Majesté a aggréé pour un Euesché. Ou bien l'on pourroit donner à mon fils l'abbaïe de Fontène qui est près de Caux, qui vaut huit ou neuf mille livres de rente, je vous prie d'en parler au R. P. Ferrier, qui tesmoigne estre bien disposé pour moy. Mais si vous luy en parlez, ou à sa Majesté à son retour [2], l'une des deux affaires pourroit réussir dans un temps où Sa Majesté, par vostre protection, paroit estre satisfaite de mes services, et juge que je luy en puis rendre dans ce pays ; et ce seroit un établissement pour ma famille, qui en a besoin, estant chargé de trois fils... [3] Pellot. »

[1] Biblioth. nat., *Mélanges Colbert*, vol. 168, f° 402. Inédit.
[2] Le roi était alors occupé à conquérir la Franche-Comté. Besançon s'était rendu au roi le 15 mai, Dôle le 6 juin suivant.
[3] Biblioth. nat., *Mélanges Colbert*, vol. 169, f° 217. Inédit.

Que Pellot ait été ou non heureux en 1674 dans sa sollicitation de Fontaine, et nous ne le croyons pas, en définitive, toujours est-il qu'en 1677, trois ans après, ses vœux furent exaucés pour la Croix-St-Leuffroy. Or, c'est bien au don de cette dernière abbaye, pour lui « fort commode », et à la dispense d'âge qu'elle nécessita que se rapporte ce passage de Ménétrier : *A Summo Pontifice Innocentio XI, singulari, inexpectata et proceribus regni denegata gratia, in cumulum regiæ beneficentiæ, unice et cum elogio decoratusest.* En effet, l'élévation d'Innocent XI à la tiare ne date que de 1676.

François-Placide de Baudu de Piancourt ayant été appelé, en 1677, à l'évêché de Mende [1], nous lisons dans *Gallia Christiana* que Paul Pellot lui fut donné pour successeur ; il avait quatorze ans. De Piancourt fut le dernier chef régulier de cette abbaye célèbre qu'avait fondée saint Leuffroy au VIIIe siècle ; après lui survient la décadence, par l'introduction d'abbés commendataires dont le premier fut ce fils du premier président, presque un enfant[2]. « Piancourt, postremus abbatum regularium ; Pellot, commendam *primus* a Rege obtinuit mense julii 1677[3]. »

On lit dans les Mémoires du marquis de Sourches :

« Baudu de Piancour, Evêque de Mende, avoit été abbé régulier de La Croix-St-Leuffroy, en Normandie, et avoit,

---

[1] D'un revenu de 50,000 livres. De Piancourt était un ami de Harlay de Chanvallon, qui, en 1669, l'avait sacré comme abbé. (Gérin, *Recherches hist.*, p. 223.) Mais ce revenu de 50,000 livres n'alla pas tout entier à l'évêque ; le roi, usant d'un droit que ses prédécesseurs s'étaient arrogé, avait grevé ce revenu de pensions s'élevant ensemble à 12,000 livres. Parmi les pensionnaires sur cet évêché, nous trouvons Benserade pour 2,300 livres. (Lettres de l'évêque de Mende à Colbert, du 16 mars 1668, *Mélanges Colbert*, vol. 148.)

[2] Il était né en 1664.

[3] *Gallia Chhistiana*, t. XI, col. 637.

en 1677, résigné son abbaye à un fils de Mʳ Pellot, Premier-Président de Rouen, lequel, par la faveur de Mʳ Colbert, son parent, avoit fait donner l'Evesché à Mʳ de Piancourt [1]. »

Les lettres que nous venons de transcrire établissent la parfaite exactitude des curieux et importants Mémoires du marquis de Sourches sur tous ces points.

Quelques années plus tard, en 1681, Pellot poursuivra une autre faveur pour son même fils Paul. A l'abbaye de la Croix-Sᵗ-Leuffroy, il parviendra à réunir le prieuré de Villemoutiers, du diocèse de Lyon, en Bourgogne. En cette nouvelle circonstance, il lui faudra encore solliciter des dispenses et obtenir du cardinal d'Estrées, ambassadeur à Rome [2], qu'il renonce à certaines prétentions sur ce prieuré. A ce sujet, Pellot aura encore à se réclamer de Colbert.

« Je vous envoye, lui écrira celui-ci le 18 juin 1681, la lettre ci-jointe que vous m'avez demandée pour Mʳ le Cardinal d'Estrées, et je souhaite fort qu'elle réussisse, ainsi que vous le désirez. Je suis tout à vous... [3] Colbert. »

« A M. le Cardinal d'Estrées. Monseigneur, Mʳ Pellot, Premier-Président du Parlement de Normandie, étant de mes amis particuliers, et sachant qu'il fait poursuivre à Rome les provisions du Prieuré de Villemoutiers, pour son fils, sur lequel il y a quelque difficulté qui vous regarde même, à cause de votre abbaye de Sᵗᵉ Claude, je ne puis m'empêcher de vous recommander ses intérêts, et de vous

---

[1] Les Mémoires du marquis de Sourches existent manuscrits en 16 volumes, in-f°, et sont la propriété de M. le Duc des Cars. Un de ces volumes, égaré pendant la Révolution, le 3ᵉ, a été seul imprimé. Ouvrage des plus précieux et dont la publication intégrale est particulièrement souhaitable.

[2] Il occupa assez longtemps ce poste. C'était un neveu de la célèbre Gabrielle d'Estrées.

[3] Biblioth. nat., *Mélanges Clairambault*, vol. 464, p. 308. Inédit.

assurer que je partageray avec lui l'obligation qu'il vous en aura... [1] COLBERT. »

L'affaire réussira, et aussitôt cette nouvelle faveur obtenue, Pellot s'empressera d'en remercier son ami :

« Je suis bien aise, lui repondra celui-ci, avec autant de politesse que de modestie, d'avoir appris par vous que M. le Cardinal d'Estrées ayt terminé l'affaire qui regarde M. votre fils. C'est un effet de l'amitié et de la considération qu'il a pour vous, et non de la lettre que je luy ay écrite à ce sujet ; je seray bien aise, en toutes les occasions, de faire connoistre, la part que je prends en tout ce que vous touche... [2] COLBERT. »

Il convient de rapprocher de cette lettre le mot prêté à Turenne par d'Ormesson [3] : « M. Colbert est un compère qui ne perd aucune occasion d'établir les siens. »

---

[1] *Mélanges Clairambault*, vol. 364, p. 309. Inédit.
[2] Biblioth. nat., *Mélanges Colbert*, vol. 182, f° 207. Inédit.
[3] *Journal*, t. II, p. 213.

# CHAPITRE HUITIÈME

### LES TROIS MASCRANNY

1º *Mascranny, S<sup>r</sup> de la Verrière, maître général des eaux et forêts de Normandie.*

En 1674, les sollicitations de Pellot ne s'arrêtèrent pas à ce qui le touchait lui-même, ainsi que ses enfants; elles eurent aussi pour objet ses trois neveux Mascranny.

Ils étaient enfants d'Anne, sa sœur aînée, pour laquelle il eut toujours une vive affection, qui avait épousé, nous avons déjà eu à le dire [1], Paul Mascranny, prévôt des marchands de Lyon en 1667, dont le frère était, dès 1651, secrétaire des commandements du duc d'Orléans [2]. Deux occupaient alors à Rouen des situations importantes. L'un, Paul, sieur de la Verrière, après avoir, grâce au crédit de Pellot son oncle, travaillé dans les bureaux et sous la direction de Colbert, tenait alors la charge importante de maître général des eaux et forêts en Normandie, aux appointements de 10,000 livres [3]. Un autre, François, était chanoine de la cathédrale de Rouen. Enfin, le troisième, qui se faisait appeler

---

[1] Au livre I<sup>er</sup>, p. 13.
[2] *Lett., Inst. et Mém.*, t. I, p. 171.
[3] *Ibidem*, t. IV, p. 221. Ce qui répond à un traitement actuel de 50,000 francs.

de Montangle, du nom de la propriété patrimoniale que Claude Pellot avait, en 1646, cédée à son beau-frère [1], était officier de marine et occupé, cette année-là, sur une frégate [2] dont il avait le commandement, à observer la flotte Hollandaise, en croisière dans la Manche sous les ordres de Ruyter.

Satisfait de la situation de l'aîné de ses trois neveux, Pellot eût voulu pour les deux autres, l'abbé et de Montangle, une plus haute fortune. Nous allons voir ce qu'il fit dans ce but.

2° *Mascranny, chanoine de Rouen*[3]*, Pellot pose sa candidature pour l'assemblée générale du clergé. L'ancienne Église de France dans ses rapports avec l'État. Les assemblées provinciales et générales du clergé. Comment elles se constituaient. Candidatures officielles seules tolérées. Correspondance de Pellot avec Colbert à ce sujet. Insuccès de l'abbé Mascranny. Pellot lui voit préférer un fils du président Bigot.*

Un moyen sûr pour un ecclésiastique d'arriver aux grandes dignités, c'était d'être élu membre de l'assemblée générale du clergé.

On sait ce qu'était cette assemblée. L'Église, qui formait

---

[1] On a donné au t. I, p. 214, l'analyse de l'acte intervenu à ce sujet entre Pellot et son beau-frère Mascranny.

[2] Voici ce qu'était une frégate sous Louis XIV : « un petit vaisseau, à voiles et à rames, propre à découvrir et à porter des nouvelles. » Dict. de Richelet. C'est, du reste, ce que Pellot écrit lui-même dans sa lettre à Colbert du 25 octobre 1674, ci-dessous, p. 238.

[3] François Mascranny, chanoine, docteur en Sorbonne, chancelier de l'Église de Rouen, fut vicaire général de 1675 à 1691, année où, au décès de Médavy, Nicolas Colbert, devenu de simple co-adjuteur archevêque en titre, lui renouvela ses pouvoirs de vicaire général, qu'il conserva jusqu'en 1698. Archiv. de la Seine-Inférieure, archiv. ecclésiast., série G, nos 1 à 1566, p. 31.

alors un Etat dans l'Etat, était, en vertu de privilèges antiques, affranchie de toute contribution forcée, de toute participation directe aux charges publiques. Nous disons participation directe, sous forme de taxes imposées, parce qu'il est certain que l'Église, sous diverses formes et même sous forme de subsides en argent, avait, de tout temps, pris une part aux charges publiques.

Cependant, il arriva un moment où elle jugea utile de contribuer à l'impôt d'une manière annuelle et directe; seulement, ne voulant pas paraître renoncer à son privilège d'exemption, elle entendit procéder par voie gracieuse et sans principe d'obligation, et l'État, jusqu'en 1789, admit ce tempérament.

Or, l'Église manifestait sa gracieuseté de deux manières : par des décimes qu'elle prélevait elle-même sur les revenus des bénéfices, sorte de dîme qui, à l'époque où nous sommes, était à peu près invariable, et procurait par année à l'État environ deux millions [1] ; puis, par un don gratuit, variable selon les circonstances et les nécessités.

Sans entrer dans aucun détail, disons que la France ecclésiastique, modèle accompli de *self governement*, était divisée en provinces ; que chaque province ecclésiastique avait son assemblée où siégeaient des représentants de son clergé ; que chacune, pour son service financier, avait sa généralité à elle, son bureau de finances, son receveur général ou provincial, ses receveurs particuliers ou diocésains. Et c'était par ces divers rouages que s'effectuaient, entre chaque diocèse d'une même province, le département de la portion de décime et de don gratuit imposée à la province entière, puis la sous-répartition entre les bénéficiers de la

---

[1] Pour tout ce qui va suivre, Piganiol de La Force, *Introduction à la description de la France*, t. I. Cet ouvrage, fort instructif, a été écrit sur les archives des intendances, mises, à Paris, à la disposition de l'auteur. Il a été reproduit *passim* dans le grand dictionnaire de d'Expilly.

somme à payer par chacun ; car les titulaires de bénéfices étaient seuls contribuables, et seuls aussi, par suite, appelés à prendre part à l'élection de l'assemblée provinciale.

Mais il fallait, au dessus de ces assemblées provinciales, une assemblée maîtresse. Il en était une en effet, et c'était aussi un corps élu : l'assemblée générale du clergé de France. A elle, il appartenait de voter le chiffre du décime et du don gratuit, et d'en effectuer le département entre chaque province ecclésiastique.

Par son pouvoir d'élargir ou de restreindre le subside, l'assemblée générale était une puissance avec laquelle avait à compter l'autorité séculière. Aussi, était-ce à faire partie de cette assemblée qu'aspirait l'élément jeune et actif du clergé, tous ceux qui, dans son sein, n'étaient point insensibles aux avantages matériels et aux honneurs. Pour le clergé du second ordre surtout, c'était un échelon pour arriver aux évêchés et aux gros bénéfices, sorte de monnaie courante que l'État avait aux mains sous le régime de la commende qui avait enlevé l'octroi des bénéfices au libre suffrage des religieux ; et c'était à cette haute assemblée que Pellot visait pour son neveu Mascranny.

Cette assemblée générale était nommée par les assemblées provinciales dont chacune élisait quatre membres, pris : deux, parmi le clergé du premier ordre, c'est-à-dire parmi les évêques, et deux, parmi le clergé du second ordre, c'est-à-dire parmi les abbés, prieurs et autres bénéficiers. Cette assemblée générale avait une seule session, d'une durée de deux mois au maximum, tous les cinq ans. Tous les dix ans, avait lieu ce qu'on appelait la *grande assemblée*, et cinq ans après, la *petite assemblée*, produit d'une autre élection qui, elle, n'avait mission que de statuer sur des détails d'exécution.

La qualité de membre de l'assemblée générale ne survivait pas à la session pour laquelle l'élection avait été faite. Chaque session, tous les cinq ans, nécessitait une élection nouvelle, et rarement un même membre était élu deux fois consécutives.

Le roi avait la haute main dans ces élections du clergé. En voici quelques preuves entre bien d'autres. C'est d'abord ce que le roi écrivait, à l'occasion d'une élection qui lui avait déplu :

« A Saint-Germain-en-Laye, le XI<sup>e</sup> may 1675. Nos amés et féaux, sur ce que nous avons appris qu'il avoit esté pris quelque délibération dans la précédente assemblée de vostre Province, pour députer l'abbé de la Mivoye à l'assemblée générale du clergé, nous faisons cette lettre pour vous dire que pour causes importantes au bien de nostre service, nous voulons que vous ayez à faire choix d'un autre ecclésiastique du second ordre, pour le députer en sa place. Si n'y faites faute, car tel est nostre plaisir... [1] Louis. »

A l'époque où nous sommes, Colbert était chargé de tout ce qui touchait à la composition des assemblées générales du clergé. Nul doute même que la lettre que nous venons de transcrire, quoique signée du roi, ne soit son œuvre. Les trois suivantes, au contraire, portent tout au long la signature de Colbert et sont adressées à l'archevêque de Rouen, à l'évêque d'Avranches et à de Sève, intendant de Bordeaux :

« Le Roy estant persuadé que M<sup>r</sup> l'Evesque de Lisieux peut convenir d'avantage dans la prochaine assemblée générale du clergé qu'aucun autre des Evesques vos suffrageants, S. M. m'a ordonné de vous écrire que vous lui feriez plaisir de faire en sorte qu'il soit nommé pour député dans l'assemblée provinciale que vous devez incessamment tenir... [2] COLBERT. »

L'évêque de Lisieux fut nommé en effet ; mais, quelques

---

[1] *Corresp. admin.*, t. IV, p. 116.
[2] *Lett., Inst. et Mém.*, t. VI, p. 156.

jours après, Colbert écrivait à Froulay de Tessé, évêque d'Avranches : « S. M. m'a ordonné de vous écrire qu'elle a fait choix de vous pour remplir la place de M. de Lisieux qui avoit esté nommé, et elle fait écrire, en même temps, ses intentions sur ce fait à M₁ l'archevesque de Rouen ... [1] »

« S₁ Germain, le 26 octobre 1674... Je vous ay écrit, les années précédentes, concernant les assemblées du clergé. Comme les députations doivent estre faites dans peu de temps, je vous prie de vous appliquer à estre bien informé de tous les députez qui seront choisis dans les deux Provinces (ecclésiastiques) de Bordeaux et d'Auch, pour m'en rendre compte. En cas que M. l'archevesque de Bordeaux [2] doive estre député, le Roy *veut* que vous luy disiez, en son nom, que S. M. a fait choix de M₁ l'archevesque de Paris pour présider à l'assemblée, et que comme il est plus ancien Archevesque et que cette préférence pourroit lui faire de la peine, S. M. veut bien luy en faire donner avis, afin qu'il évite d'estre député...[3] COLBERT. »

Pellot, qui savait le rôle prépondérant de Colbert, n'eut rien de mieux à faire pour son neveu que de s'adresser à lui et au marquis de Seignelay qui, bien que fort jeune encore, (il n'avait que 20 ans) tenait déjà une place considérable à ses côtés.

Dans une lettre du mois de novembre 1673 [4], Colbert ayant pris l'initiative de demander à Pellot de lui faire connaître le plus secrètement possible les prélats et ecclésiastiques de sa province qui se portaient candidats, ce lui fut une occasion de mettre en avant son neveu :

[1] *Lett., Inst. et Mém.*, t. VI, p. 157.
[2] Henri de Béthune, né à Rome en 1604, archevêque de Bordeaux en 1646, mort en 1680.
[3] Biblioth. des Invalides, manuscrits Colbert, vol. G., fº 870. Inédit.
[4] *Ibidem, Mélanges Colbert*, vol. 160, fº 339. Inédit.

« Je m'informeray secrètement suivant que vous me l'ordonnez, lui écrivit-il d'abord, des Evesques et ecclésiastiques qui songent à estre Députez du clergé de cette province, et je ne manqueray pas de vous en envoyer un mémoire au plus tôt... [1] Pellot »

Et bientôt après, Colbert lui ayant demandé quelle chance l'abbé Mascranny pouvait avoir : « Les Prélats, lui répondit-il le 10 décembre, ne veulent s'engager sur la députation de l'abbé Mascranni que lorsque l'Assemblée se fera [2]. »

Or, l'assemblée ne se devait faire que l'année suivante; aussi, dans l'intervalle, redoubla-t-il d'efforts. De là, les trois lettres qui suivent :

1<sup>re</sup>. — « Pellot à Seignelay. A Rouen, ce 6<sup>e</sup> may 1674. Monsieur, ayant appris que vous recommandiez à M<sup>rs</sup> les prélats de cette province M<sup>r</sup> l'abbé Bailli pour estre député à la prochaine assemblée du clergé, j'ay cru vous debvoir donner advis qu'il y a bien longtemps que nous avons pris nos mesures pour faire avoir cette députation à l'abbé Mascranny, mon nepveu, frère du grand maistre des Eaux-et-forests de cette Province, dont, mesme, j'ay rendu compte à M<sup>r</sup> Colbert. Ainsi, Monsieur, il n'y auroit que vostre crédit qui pust empescher que son affaire ne réussit. Ce qui fait que nous vous supplions très-humblement, bien esloigné de luy estre contraire, de vouloir le protéger dans sa prétention, puis qu'asseurément M<sup>r</sup> l'abbé Bailli n'est point si fort vostre serviteur que nous le sommes, le grand maistre des Forests et moy, par l'attachement inviolable que nous sommes obligez d'avoir et aurons tousjours à vostre maison ; outre que ledit abbé Bailli a desjà esté député, et que l'abbé Mascranny est un très bon sujet, docteur de Sorbonne et très régulier, et bon ecclésiastique. J'adjouste que si, par

---

[1] Biblioth. nationale, *Mélanges Colbert*, vol. 166, f<sup>o</sup> 339. Inédit.
[2] *Ibidem*, *Mélanges Clairambault*, vol. 795, f<sup>o</sup> 245. Inédit.

vostre faveur, ledit abbé Bailli luy estoit préféré, cela nous fairoit grand tort dans ce pays. Si, nonobstant toutes ces raisons, vous insistez pour ledit abbé, nous mettons, Monsieur, bas les armes, puisque nous n'avons garde de contester contre nos maistres et contre ceux à qui nous debvons tout, et que je seray toujours, avec une soumission entière, Monsieur... PELLOT [1]. »

2ᵉ. — « Le même à Colbert. A Rouen, ce 25 novembre 1674. Messieurs les Evesques de la Province ont résolu de s'engager seulement dans le temps que se fera l'Assemblée provinciale dans sept ou huit moys ; aussi, comme il ne se sont point expliquez, on ne peut point scavoir positivement quels seront les députez du premier ordre et du second ordre.

« Néanmoins, on croit que la députation du premier ordre pourra tomber sur Mʳ l'évêque de Baieux qui est Nesmond, frère du président [2], Mʳ l'évêque de Coutance qui est Brienne, ou Mʳ l'évêque de Lisieux qui est Matignon, frère du lieutenant du Roy de la Province. Pour les autres évêques qui sont Mʳ l'évêque d'Evreux, Mʳ l'évêque d'Avranche qui est Froulé [3], et l'évêque de Séez qui est Forcoal, l'on croit qu'ils n'y prétendent pas ; de sorte qu'il y a grande apparence que deux de ces trois premiers le seront, et que M. l'évêque de Baieux y a plus de part qu'aucun. Il est très honneste homme, vertueux, fort attaché à sa profession, parent proche

---

[1] Biblioth. nationale, *Mélanges Colbert*, vol. 168, f⁰ 144, 145. Inédit.

[2] Président à mortier au parlement de Paris.

[3] Gabriel-Philippe de Froulay de Tessé, évêque d'Avranches depuis le 20 janvier 1669, mort en 1689. « Nous avons, écrivait d'Avranches à madame de Sévigné le 9 mai 1689, trouvé le bon Evêque de cette ville mort et enterré depuis huit jours : c'étoit un saint Evêque, qui avoit si peur de mourir hors de son diocèse que, pour éviter ce malheur il n'en sortoit point du tout. Il y en a d'autres qu'il faudroit que la mort tirat bien juste pour les y attraper. »

et ami de Mʳ le Pʳ-Président de Paris [1] ; et apparemment, pour la satisfaction du Roy et du clergé, la députation ne scauroit estre dans de meilleures mains. Mʳ l'évêque de Coutance est aussi bon prélat et régulier, mais il ne seroit pas peut-estre si traittable, estant assez attaché à ses sentiments. Pour l'évêque de Lisieux, il est tout-à-fait dans les intérêts du Roy et de sa maison, fort honnest homme et obligeant, quoyqu'il ne se pique pas de si grande régularité que les autres ; s'il estoit député, on pourroit en estre autant satisfait que d'aucun autre ; mais il pourra ne l'estre pas, estant dans le dessein que son nepveu l'abbé de Matignon le soit du second ordre.

« Pour le second ordre, ceux dont l'on parle sont l'abbé Bigot, fils du président de ce parlement : c'est un esprit brouillon qui aime les procès, qui est de l'humeur dont estoit son père quand il n'estoit pas raisonnable ; ainsy, il ne seroit pas propre pour cet employ ; son père, néanmoins, a escrit à Messieurs les Evêques.

« Mʳ l'archevêque de Rouen, y peut penser pour l'abbé Grancé, son nepveu ; mais il est trop jeune, n'ayant pas vingt et un ans.

« L'abbé Matignon, aumosnier du Roy, comme j'ay aussy marqué, y pense, et peut-estre y aura plus de part qu'aucun, en cas surtout que Monsieur l'évêque de Lisieux tesmoygne comme on dit qu'il a fait, qu'il ne veut pas estre député pourveu que son nepveu le soit ; car l'oncle et le nepveu ne le peuvent pas estre. L'on le connoit, c'est une bonne race, et tous les enfans qui sont honnestes gens chacun dans leur profession, sont, tous, attachez au service du Roy. Ce qu'il y a seulement, c'est qu'il a desja esté député dans les dernières assemblées.

« L'abbé Bailli est prétendant aussi, qui est frère de

[1] De Lamoignon.

l'advocat-général du Grand Conseil, et a pour cela son crédit dont les Evêques ont besoin tous les jours dans les procez qu'ils ont souvent au grand conseil pour des bénéfices. Ce qu'il a aussi contre luy, c'est qu'il a esté député dans les dernières assemblées.

« L'abbé de Champigni, chanoine de Nostre Dame de Rouen, prétent aussi à la députation, mais foiblement à ce que l'on m'a dit; il est fils d'un Champigni qui a esté intendant en Limousin, et depuis en cette province.

« L'abbé Mascranny, mon nepveu et frère du grand maistre des Eaux et forests de la Province, y songe aussi, Monsieur, en cas que vous l'ayez agréable, que vous n'y pensiez point pour quelqu'un, et que vous luy vouliez départir vostre protection ; et, en ce cas, il y aura autant de part qu'aucun autre. C'est un bon sujet, car il est très vertueux, aimant et attaché à sa profession, docteur de Sorbonne, très-doux et très-sage, qui presche, et qui sera attaché à vous comme toute nostre famille. Si j'apprends, sur ce sujet, quelque chose de nouveau, je vous en fairai part, et seray tousjours avec respect...[1] PELLOT. »

3e. — « Le même à Colbert. A Rouen, ce 27 novembre 1674. J'adjousteray, Monsieur, à ce que j'ay eu l'honneur de vous escrire par ma dernière, touchant la députation du clergé de cette province, que l'on m'a asseuré que Mr l'archevêque de Rouen sera bien aise d'estre un des députez du premier ordre. S'il le veut estre, il y a grande apparence qu'il le sera, et l'on doibt l'y porter, estant, comme il est, intelligent et bien intentionné ; aussi, l'autre place regarderoit asseurément Mr l'évêque de Bayeux qui tesmoygne vouloir l'avoir, et, estant un des plus estimez, un chacun se portera à la luy accorder, de sorte que, cela estant, la députation du premier

---

[1] Biblioth. nationale, *Mélanges Colbert*, vol. 169, fo 403-404. Inédit. Original.

ordre ne pourroit estre dans de meilleures mains que celles de ces deux prélats.

« Pour le second ordre, Mʳ de Matignon pouroit estre un des députez : sa qualité, son mérite et la faveur de Mʳ l'évêque de Lisieux, son oncle, fairont que personne ne le luy pourra guères disputer. Pour l'autre place, elle pourroit estre remplie de l'abbé Mascranny, mon nepveu, dont je vous ay, Monsieur, donné advis, en cas que vous n'eussiez pas d'autre veue. Cela estant, la province ne seroit pas mal en députez, pour le second ordre aussi bien que pour le premier ; et j'espère que le Roy en auroit satisfaction. Je seray toute ma vie... ¹ Pellot. »

Malheureusement il ne réussit pas ; les candidats officiels du second ordre, en 1674, furent :

1º L'abbé Champigny ², fils de l'intendant de ce nom ;

2º L'abbé Bigot, « esprit brouillon, aimant les procès, et de l'humeur dont estoit, quand il n'estoit pas raisonnable, le Président son père, » dont Pellot avait eu fort à souffrir au temps de la Fronde.

Mais l'année suivante, 1675, grâce encore au crédit de son oncle, Mascranny devint vicaire général ³.

### 3º *Mascranny, Sᵗ de Montangle*.

Pellot fut-il plus heureux avec son neveu de Montangle ?

---

¹ Biblioth. nationale, *Mélanges Colbert*, vol. 169, fº 413-414. Inédit. Original.

² « Un gros garçon, écrit Legendre dans sa vie latine de Harlay de Chanvallon, qui aimait la joie pourvu qu'il ne lui en coutat rien et qui, à force de révérences, s'était, enfin, mis en place. » Il fut en 1687 nommé à l'évêché de Valence.

³ Archives de la Seine-Inférieure, fonds ecclésiastiques, série G. nᵒˢ 1 à 1566, p. 31.

Voici la lettre qu'il écrivit, cette même année, à Colbert à son sujet :

« A Rouen, ce 25 octobre 1674. Monsieur, vous agréerez que je vous supplie de continuer vostre protection à mon nepveu de Montangle, frère du grand maistre des Eaux-et-Forests de cette Province. Il y a long-temps qu'il sert avec toute l'assiduité possible dans les charges de lieutenant, sur les vaisseaux du Roy, et tous les officiers qui le connoissent m'en ont parlé advantageusement, et je crois, Monsieur, qu'ils vous en rendront bon tesmoignage. Vous luy avez faict avoir, cette année, le commandement d'une frégate, pour donner des nouvelles de l'armée hollandaise. Je croy qu'il s'est bien acquitté de son employ. Si vous voulez, Monsieur, luy faire la grace de luy en faire avoir un plus grand, il est bien résolu de bien faire son debvoir comme il a tousjours faict, et moy bien dans l'intention de reconnoistre les grâces que moy et les miens recevons de vous et de vostre maison à laquelle nous sommes entièrement dévouez, et moy particulièrement qui seray, toute ma vie, avec autant de zèle que de reconnoissance, Monsieur... [1] Pellot. »

[1] Biblioth. nationale, *Mélanges Colbert*, vol. 169, f° 297-298. Inédit.

# LIVRE TREIZIÈME

# CHAPITRE PREMIER

DEUXIÈME REGARD SUR LE PARLEMENT. — CONFLITS

Revenons à notre parlement, et dans les deux chapitres qui vont suivre, jetons sur lui un nouveau regard. Cette fois, ce sont ses conflits qui vont nous occuper, matière inépuisable quand on consulte ses archives.

§ 1. *Le premier président Pellot règle un conflit entre la grand'chambre et la chambre des enquêtes* (1670).

Depuis longtemps, la distribution des causes entre la grande chambre et les enquêtes s'effectuait sans difficulté, conformément à un règlement qui faisait loi. Cette distribution avait alors beaucoup d'importance, à cause des épices. Tel procès enlevé à une chambre, c'était un préjudice pour ses conseillers, dont ce procès était en quelque sorte la propriété. Aussi nos anciens tenaient-ils, plus que nous ne saurions croire, à ce que les procès fussent distribués régulièrement. Or, insensiblement, des abus s'étaient introduits. Il semble que la grand'chambre eut plus d'attrait : pour les parties, à raison de plus d'expérience chez les juges ; pour les procureurs, à raison de ce que leurs émoluments y étaient plus élevés, vu l'importance des causes présumée plus grande.

La chambre des enquêtes, émue que les affaires lui échappassent ainsi, finit par enjoindre aux procureurs, lorsqu'il y aurait contestation entre eux sur la distribution, d'en conférer avec deux de ses membres. C'était une infraction au réglement qui portait que cette conférence appartenait au parquet. La chambre des enquêtes alla plus loin ; elle prononça des amendes et jusqu'à des interdictions contre les procureurs et avocats contrevenants. Mais alors la grande chambre s'émut à son tour et rendit des arrêts, enjoignant aux mêmes avocats et procureurs qui n'en pouvaient mais, de conclure et plaider devant elle [1].

A la rentrée de 1670, le premier président appela l'attention sur ce désordre et sur « la nécessité d'adviser aux moyens d'entretenir l'union et l'intelligence dans le palais. Il ne peut se dissimuler que, depuis quelque temps, les questions de compétence (de distribution) ont produit des choses contraires au bien de la justice ; les advocats et procureurs ne savent plus comment procéder dans les affaires controversées entre les chambres, se voyant menacés d'amendes et d'interdictions pour avoir poursuivy en grand'-chambre une affaire dont la compétence est réclamée par la chambre des enquestes, ce qui faict que certaines affaires sont entièrement abandonnées, et que, dans d'autres, l'on a vu les parties passer plus de six mois avant d'avoir des juges. Auparavant, ces difficultés se régloient, suivant l'usage observé dans tous les Parlements, par des conférences au Parquet et par des déférences mutuelles entre les Chambres qui entretenoient pour cela des correspondances entre elles, afin d'éviter des conflits qui coûtent souvent aux parties beaucoup plus que le principal même de leurs affaires. Cela se pratique ainsi au regard des autres Compagnies : quand on a vu, par exemple, que les subjects du Roy étoient véxés par des conflits qui survenoient journellement, pour la

---

[1] *Hist. manusc. du parlement*, t. II, p. 70.

compétence, entre le Parlement et la Cour des Aydes, on a faict un concordat par lequel on s'est lié à des conférences entre les deux Compagnies qui terminent à l'amiable ces sortes de contentions, sans qu'il soit besoin de recourir au Roy et à son conseil. Aujourd'huy que la Cour est réunie, elle trouvera juste d'arrester que l'on ne puisse plus mulcter des procureurs d'amende et d'interdiction, sous prétexte qu'ils auroient poursuivy des causes contentieuses entre les Chambres du Parlement. Car, lorsqu'il y a conflit de Compagnie à Compagnie, ou de Parlement à Parlement, l'ordre n'est pas de s'en prendre aux procureurs ; mais on fait deffence aux parties de procéder, et elles se pourvoient, ensuite, ainsi qu'elles le jugent à propos...[1] »

On reconnut la justesse de ces observations, et il fut arrêté que, pour la distribution, on s'en remettrait à l'avenir à la décision du premier président [2].

### § 2. *Pellot ne peut mettre fin à un conflit entre les présidents à mortier pour le service de la grand'chambre (1671). Le roi forcé d'intervenir donne tort au parlement.*

A la grand'chambre siégeaient à perpétuelle demeure le premier président et le doyen des présidents que l'on appelait deuxième président, puis un autre président qui « roulait » chaque année, et vingt-cinq conseillers à perpétuelle demeure [3].

Un jour, en l'absence du premier président Pellot, un conflit s'éleva sur le cas que voici :

---

[1] Registre secret de 1670. Inédit.
[2] *Hist. manusc.*, t. II, p. 70.
[3] Les conseillers honoraires, quand ils avaient, pendant leur activité, ce qui était le cas le plus fréquent, appartenu à la grand'chambre, y restaient attachés après leur retraite. Le parlement comptait en moyenne vingt magistrats honoraires.

Le deuxième président étant aussi absent, il se trouva que le troisième président de la grand'chambre était cette année-là, moins ancien que les deux présidents des enquêtes. D'où cette question : Mᴿ Beuzelin, seigneur de Bosmelet, troisième président de la grand'chambre, doit-il, en ce cas, la présider ? ou, au contraire, faut-il appeler pour y siéger avant lui MM. les présidents Duval, marquis de Bonneval, et Poërier, baron d'Amfreville, siégeant aux enquêtes, qui sont ses anciens ? Ce différend fut soumis aux chambres assemblées.

Nous copions textuellement deux procès-verbaux, dont le second nous donne la solution :

« Du 20 avril 1671 [1]. Les chambres assemblées, Mᴿ le Premier-Président Pellot a dict qu'il y a différent entre MM. les Présidents, sur le point de scavoir qui doibt présider dans la grand'chambre, en l'absence du premier et du second Présidents ? Si c'est au troisième Président qui sera, à son tour, en la grand'chambre, à l'exclusion de Messieurs les autres Présidents, quoiqu'ils soient ses antiens, mais qui seroient dans les autres chambres ?

« Sur quoy, M. le Président Beuzelin qui est maintenant le troisième en la grand'chambre, a dict qu'il s'en raportoit à la délibération de la Compagnie.

« M. le Président Duval a demandé que l'on remist la délibération à demain, affin qu'il peust en référer à MM. les Présidents ses confrères.

« Néantmoins, la Compagnie a trouvé à propos de mettre cette affaire en délibération aujourd'huy, à dix heures, puisqu'à cette heure-là, Messieurs les Présidents et Conseillers de la grand'chambre se doibvent assembler...

« A dix heures donc, M. le Premier-Président a proposé de délibérer sur le différent de Mʳˢ les Présidents.

---

[1] Registre secret, année 1671. Inédit.

« Surquoy, Monsieur le Président Duval a dict qu'il persistoit à demander de remettre la délibération à une autre fois, et l'empeschoit formellement à present.

« M. le Président Poërier a dict qu'il protestoit ; que c'estoit au Roy de régler cette affaire, et que si l'on prétendoit passer oultre, il déclaroit prendre à partie tous Messieurs de la grand'chambre ; et comme l'on a procédé à la dite délibération, M$^{rs}$ les Présidents Duval et Poërier sont sortis de leur place et se sont retirés. — *Résolution du Parlement :* Il a esté arresté qu'à l'advenir, en l'absence de M$^{rs}$ les Premier et second Présidents, le troisième en séance, et de service en la grand'chambre, présidera aux audiences et au conseil... »

M$^r$ le président Poërier d'Amfreville, « très homme de bien, de capacité suffisante, » n'en resta pas là en effet; lui et son collègue firent ce dont ils avaient menacé le parlement, ils saisirent le grand conseil, et voici quelle fut « la résolution du Roy ».

« Du deuxième jour de juin[1] 1671, en Parlement, les chambres assemblées;

« Par le greffier a esté dict qu'il luy avoit esté signifié, hier au soir, un arrest du conseil d'estat, daté de Dunkerque, le xvi$^e$ jour de may, à la requeste de MM. les Présidents Duval et Poërier, par lequel le Roy ordonne qu'en l'absence ou récusation du premier ou du second Président, le plus antien des Présidents, en ordre de réception, viendra prendre sa place à la grand'chambre, en sorte qu'il y aura toujours trois présidents en icelle, lequel ordre, S. M. veult estre observé en ce Parlement, ainsy qu'il se pratique dans les autres Parlements du Royaume... »

---

[1] Registre secret, année 1671. Inédit.

§ 3. *Pellot termine le conflit séculaire qui existait entre le parlement et la cour des comptes. — Généralité de conflits semblables au XVIIe siècle.*

L'établissement de la chambre des comptes de Normandie remontait à un édit de 1579 que le parlement avait enregistré, mais avec cette clause : « Pour les officiers de cette Chambre, jouir de l'effet de l'édit, de la même manière qu'en jouissent ceux de la Chambre des comptes de Paris [1]. »

En 1611, le roi ayant accordé à la chambre des comptes de Normandie des lettres confirmatives de ses privilèges, le parlement les avait enregistrées, mais toujours avec cette restriction : « Pour en jouir de la même manière que les officiers de la Chambre des comptes de Paris, sans que les gens des comptes puissent prétendre d'autre rang de marche et séance que celuy qu'ils ont accoutumé [2]. »

La mort du cardinal de Joyeuse [3] ayant mis, en 1615, François de Harlay, son coadjuteur, en possession de l'archevêché de Rouen, ce prélat résolut de faire dans sa ville métropolitaine une entrée solennelle. Le parlement arrêta qu'on lui rendrait de mêmes honneurs qu'au dernier cardinal de Bourbon ; mais comme l'on craignait quelque entreprise de la chambre des comptes, les gens du roi furent envoyés vers le duc de Montbazon, alors gouverneur, pour lui faire bien entendre que le parlement ayant seul en tels cas droit de rester dans la ville, il se placerait sous la voûte de la porte Saint-Hilaire, et que tous les autres corps, la

---

[1] *Hist. manusc.*, t. I, p. 217.

[2] *Ibidem*, p. 221.

[3] Trois cardinaux de Bourbon ont successivement occupé le siège métropolitain de Rouen, de 1550 à 1615. Celui dont il s'agit ici est le troisième, petit-neveu de Charles de Bourbon, roi de la Ligue sous le nom de Charles X, et lui-même archevêque de Rouen.

chambre des comptes comprise, devraient en sortir pour bien marquer leur infériorité. Ce programme arrêté, l'inquiétude du parlement n'en resta pas moins vive, et elle était fondée, comme la suite le fit bien voir.

En effet, ses délégués s'étant rendus en robe, montés sur leurs mules, à la porte Saint-Hilaire, en *dedans de la ville*, pour prendre possession de la place destinée à leur compagnie, furent forts étonnés d'y trouver des délégués des comptes, quoique Montbazon eut fait préparer *hors de la ville* un lieu pour ceux-ci, le même qu'ils avaient occupé à l'entrée du cardinal de Joyeuse. A la vue de cette usurpation, les délégués du parlement envoient leurs huissiers inviter à se retirer les délégués des comptes Beaumier et Caradas, jeunes maîtres venus là avec deux de leurs greffiers et plusieurs de leurs huissiers. A l'invitation des huissiers du parlement, Beaumier et Caradas opposent un refus; et quand on leur eut dit que c'est au parlement qu'ils manqueraient en persistant à rester, ils répondent ne se soucier des présidents et des conseillers pas plus que du parlement tout entier, et qu'ils conserveront cette place, que leur a donnée le duc de Montbazon. Sur cette réponse, les délégués du parlement s'avancent à leur tour et engagent Beaumier et Caradas à se retirer; mais ceux-ci, quoique en robe, saisissent leurs épées et s'en servent pour repousser les délégués du parlement. Un tumulte indescriptible survient, et voilà toute « la populace », comme dit Pavyot, témoin de cette scène scandaleuse. Plusieurs coups de mousquet sont tirés dans les jambes des mulets des délégués du parlement. Le président Bernières[1], qui est à leur tête, voyant Morel, ancien maître des comptes, un des capitaines de la ville, sou-

---

[1] Charles Maignard, sieur de Bernières, président à mortier en 1602. Son fils, qui avait le même prénom, le fut après lui, en 1622. Son petit-fils, Philippe Maignard, sieur de Hauville, était procureur général au temps de Pellot.

tenir Beaumier et Caradas, lui fait remarquer le tort qu'il a d'exciter une rébellion, et commande au lieutenant civil d'envoyer des sergents pour rétablir l'ordre. Ce ne fut pas sans peine, car l'un de ces sergents eut son cheval blessé d'un coup de mousquet. On pouvait croire la lutte terminée ; de Bernières et ses collègues avançaient pour se placer sous la voûte, quand Cocherel, autre maître des comptes, se dirige sur eux à son tour, la canne à la main, et leur déclare que Beaumier et Caradas sont bien où ils sont, qu'ils ne se sont mis là que de l'ordre du duc. Précisément, le duc passait à cet instant dans son carrosse, suivi de toute la noblesse. Aux observations du président de Bernières, le duc, qui ne comprend rien à son insistance finit, impatienté, par dire que la porte et la voûte, après tout, étaient à lui et qu'il pouvait bien en disposer comme bon lui semblait et en faveur de qui lui semblait. Cette attitude inattendue du duc encourage les gens des comptes : Beaumier, Caradas, Cocherel et leurs collègues reviennent à la charge ; bref, les voilà de nouveau maîtres de la place.

Les députés du parlement se retirent alors, laissant le terrain aux envahisseurs. Mais le duc, reconnaissant bientôt qu'il a été trop loin, revient sur ses pas et va s'excuser auprès des délégués du parlement, les priant de reprendre leur place, ce qu'ils firent. Les délégués des comptes cédèrent enfin et n'assistèrent point à la cérémonie. L'archevêque fut complimenté par le premier président du parlement, qui le conduisit à l'abbaye de Saint-Ouen, précédé de tous les corps de la ville, moins la chambre des comptes [1].

---

[1] Les prélats faisaient alors leur entrée à cheval, comme en témoigne un plaisant récit de Fléchier :

« Lorsque M. l'Evesque de Clermont fit son entrée (1664) et qu'il reçut les compliments de tous les corps, il y eut une troupe fort nombreuse d'habitants armés qui allèrent au devant de lui et l'accompagnèrent jusques dans son Palais, en le saluant incessamment de toute

Comme on le peut bien penser, le parlement n'en resta pas là. Beaumier, Caradas, leurs greffiers, leurs huissiers et Morel furent décrétés de prise de corps.

Restait à mettre le décret à exécution, chose difficile, car les décrétés ne marchaient plus qu'entourés de gens armés. Les procédures se suivirent entre les deux compagnies ; mais celles de la chambre des comptes furent cassées, avec défense de connaître d'autres matières que de celles qui lui étaient attribuées par les ordonnances [1].

Le nouvel archevêque qui voulut intervenir ne parvint pas à rétablir la paix, et cette futile question resta pendante. Il était réservé au premier président Pellot de la trancher ; car, jusqu'à lui, chaque fois qu'à une cérémonie publique les deux corps étaient en présence, la chambre des comptes ne pouvant renouveler la scène sanglante qui avait scandalisé la ville à l'entrée de Harlay Ier, avait soin de déposer aux mains du doyen des présidents à mortier une protestation écrite, parce qu'elle pensait que le siège occupé par celui-ci était précisément celui qui appartenait à son premier président.

leur mousqueterie. Son cheval qui étoit fougueux bondissoit si fort qu'on craignoit que la joie ne fut troublée par quelque malheur, et que le Prélat ne fut assez bon cavalier pour soutenir ces agitations violentes. Le cheval croyoit être dans un champ de bataille plutôt que dans une ville de paix, et porter un général d'armée et non pas un Évêque. Toutes les bénédictions que l'Évêque donnoit à grand'peine, restoient à demi-formées en l'air, et il ne pouvoit faire qu'un demi-signe de croix que le mouvement interrompoit à tous les coups qu'on venoit d'entendre. Toute la ville loua Dieu de leur avoir donné pour gouverneur de son Église un homme qui, outre qu'il étoit homme de bien, étoit encore bon escuyer ; et on reconnut l'importance qu'il y a qu'un Évêque soit bon homme de cheval, lorsqu'il fait son entrée dans sa Province... » *Mém. sur les grands jours d'Auvergne*, 2e édit. p. 145.

[1] *Hist. manusc. du parlement*, t. I, p. 222.

### § 4. *Conflit de la chambre des comptes avec les avocats du parlement.*

A ce propos, n'omettons pas de rappeler un conflit qui survint le 4 avril 1651, précisément aux funérailles du même archevêque Harlay Ier, et qui fut amené par la prétention des avocats de toujours marcher à la suite du parlement.

« Les officiers des comptes [1] les ayant rencontrés, voulurent les couper et passer devant eux. Les avocats s'y opposèrent ; il y eut des coups donnés ; quelques-uns des officiers des comptes plutôt que de céder allèrent jusqu'à se mêler avec le Parlement ! Le Procureur général ayant demandé qu'il fut informé, le Parlement nomma deux commissaires ; le duc de Longueville voulut s'entremettre et finit l'affaire au moyen d'un écrit convenu entre les parties, portant que « la
« Chambre des Comptes marcheroit dans les cérémonies pu-
« bliques immédiatement après le Parlement clos et fermé
« des gens du Roy et de ses huissiers, sans les advocats devant
« elle ».

Une lettre de Pellot prouve l'appui que, grâce à lui, Colbert consentait prêter au parlement :

« Rouen, ce 4 février 1674. Monsieur, Je ne peux pas apprendre que nostre Compagnie a un procez par devant vous contre la Chambre des comptes, sans vous supplier de luy continuer vostre protection. Elle en reçoit tant de marques dans toutes les occasions, qu'elle espère que vous luy fairez la grâce de luy en donner encore dans celle-cy où je crois que vous la trouverez bien fondée. Mr de Triqueville [2], un de nos conseillers, vous en dira un mot, si vous

---

[1] *Hist. manusc. du parlement*, t. II, p. 111 et suiv.

[2] Alexandre Costé, sieur de Triqueville et de Saint-Supplix, conseiller en 1652.

l'avez agréable. Ainsi, je finirai par ma protestation, ordinaire mais très véritable, que je seray tousjours avec le respect et le zèle possible, Monsieur...[1] Pellot. »

Voici comment un arrêt du grand conseil, que Pellot avait rédigé, mit fin à un conflit qui menaçait de s'éterniser :

Neuf hautes chaires [2] seront réservées dans le chœur de la cathédrale pour Messieurs de la chambre des comptes, du côté droit ; neuf autres chaires pour Messieurs de la chambre des aides, du côté gauche ; huit chaires du côté gauche et quatre du côté droit pour Messieurs les chanoines. Quant au parlement, l'arrêt du conseil le maintint dans la possession des hautes chaires le plus près de l'autel, tant du côté de l'évangile que du côté de l'épître [3], c'est-à-dire à droite et à gauche.

A cette époque, la cathédrale n'était pas dans l'état de déplorable nudité où allait la réduire le vandalisme de ses prétendus restaurateurs du XVIIIe siècle. Sans doute, les calvinistes, en 1562, avaient pillé et saccagé son riche et vénérable sanctuaire ; mais il restait son jubé magnifique [4], et, dans le chœur même, de superbes monuments des siècles passés : aux deux côtés du maître-autel, les sépultures de Henri III d'Angleterre et de Richard Cœur-de-Lion ; au milieu du chœur, le magnifique tombeau de Charles V [5]. Vraiment il devait rester peu de place pour satisfaire aux prétentions des deux cours rivales du parlement, au gouverneur, à son lieutenant général, au corps de la noblesse, aux eschevins, aux chanoines, etc., etc.

[1] Biblioth. nat., *Mélanges Colbert*, vol. 167, fo 294. Inédit.
[2] Il s'agit des stalles du chœur ; il en existe encore deux rangs comme au temps de Pellot. Celles du rang le plus élevé sont « les hautes chaires ».
[3] *Hist. manusc.*, t. II, p. 120.
[4] Que de vrais vandales ont remplacé par le jubé actuel.
[5] Farin, *Hist. de Rouen*, t. II, p. 14.

Au surplus, il ne faudrait pas croire que les cours de Normandie eussent le monopole de ces rivalités ardentes; le mal était général, de semblables conflits existaient partout. Citons-en deux exemples :

Le parlement de Paris en était venu aux mains dans l'église Notre-Dame avec la chambre des comptes, au sujet de la préséance [1].

A Aix, un jour, le parlement ayant fait fermer le chœur, au moment où la cour des comptes prétendait y entrer, un conseiller des comptes escalade la grille, et tandis que ses collègues forcent la garde, lui, du haut de cette grille menace du fusil qu'il vient d'arracher à un garde le premier président du parlement qui se cache derrière les stalles. Après la cérémonie, ce magistrat, dans sa chaise à porteurs, est poursuivi à coups de pierre par la cour des comptes, et forcé de se sauver à pied, par la boue, en grand costume. En punition, un arrêt du conseil enjoignit à la cour des comptes d'assister, en présence du parlement, à une grand'messe dans les stalles basses, tandis que l'auteur de l'escalade se tiendrait agenouillé, un cierge à la main, sur les marches de l'autel...[2]

A Rouen, les choses, en 1615, n'étaient guère allées moins loin. Et il y aura besoin aussi d'amende honorable, comme nous aurons à le raconter[3] au sujet d'un excès fort grave auquel, du temps de Pellot, un conseiller du parlement se porta un jour envers un de ses présidents.

[1] *Corresp. administ.*, t. II, p. 5.
[2] *Ibidem.*
[3] Au chap. I du livre XVI.

# CHAPITRE DEUXIÈME

DEUXIÈME REGARD SUR LE PARLEMENT. — CONFLITS. — (Suite)

§ 1. *Le premier président rétablit l'union entre le parlement et la cour des aides.*

Ce n'était pas seulement avec la chambre des comptes que notre parlement était en conflit ; il l'était aussi avec la chambre des aides. Les aides, de leur côté, étaient en lutte avec les comptes, parce que ceux-ci occupaient dans le chœur de la cathédrale des places auxquelles les aides prétendaient. La chambre des aides avait fait autrement que la chambre des comptes ; ce n'était ni par violence ni par protestation écrite qu'elle agissait, mais elle s'abstenait d'entrer dans le chœur et occupait une chapelle latérale [1].

L'aigreur et l'obstination étaient telles, qu'en 1664, au décès du troisième Faucon de Ris, les comptes et les aides avaient refusé d'assister à ses obsèques [2], pour cette futile question de préséance.

Sous le règne de Pellot, ces rivalités cessèrent. L'union de sa fille Marie-Anne avec un fils du premier pré-

[1] *Hist. manusc.*, t. II, p. 187.
[2] *Ibidem*, p. 212.

sident des aides [1] fut le gage de la paix qui régna désormais entre les aides et le parlement.

Quant à l'antagonisme des comptes et des aides, il dura jusqu'en l'année 1707, où par une sorte de mariage forcé les deux compagnies furent unies, sous le nom de cour des comptes, aides et finances de Normandie.

### § 2. *Conflit entre le doyen des magistrats clercs et le doyen des magistrats lays. Pellot ne peut parvenir à le résoudre.*

Dès 1615, il y avait eu contestation entre le conseiller-clerc, le plus ancien de toute la compagnie, et de Croismare, conseiller-lay, qui le suivait immédiatement, ce dernier soutenant qu'un conseiller-clerc ne pouvait jamais avoir les honneurs et la qualité de doyen. On s'assemble pour délibérer sur ce grave sujet, et après avoir fouillé tous les registres, et reconnu que le cas ne s'était pas encore présenté, on arrêta d'en passer par ce qui avait lieu au parlement de Paris où l'usage était en faveur du conseiller-lay.

La même difficulté se présenta sous la première présidence de Pellot, entre Labbey [2], doyen des conseillers-lays, et Auber [3], doyen des conseillers-clercs, antérieur en récep-

---

[1] De Bec-de-Lièvre, premier président, était fort mal avec l'intendant de Creil qui avait souvent à s'en plaindre à Colbert :

« Vous ne devez pas, lui répondait celui-ci, craindre les plaintes de M. d'Hocquerville sur tout ce que vous faites dans votre généralité pour le bien du service du Roy et le soulagement de ses peuples. Mais vous devez soigneusement prendre garde de ne point toucher à la juridiction des compagnies par aucun autre motif que celui de la nécessité des choses... » Lett. du 27 décembre 1672. (*Lett., Inst. et Mém.*, t. IV, p. 85.)

[2] Charles Labbey, sr de la Motte, conseiller depuis 1625, c'est-à-dire depuis 49 ans.

[3] François Auber, sr de la Haye, conseiller-clerc depuis 1617, c'est-à-dire depuis 57 ans (*Catalogue et armorial*).

tion à Labbey. Labbey prétendait avoir le droit de présider en l'absence des présidents, de rapporter les requestes des réceptions d'officiers, de jouir, en un mot, de tous les avantages et émoluments attachés à la qualité de doyen, quoique moins ancien qu'Auber, et parce que celui-ci était conseiller-clerc. On ne décida rien pour lors; mais, depuis, l'usage a justifié la prétention du conseiller-lay [1].

§ 3. *Procédé excessif de la Chambre des enquêtes envers les avocats du parlement. — Le premier président Pellot prend la défense des avocats.*

Un édit de 1673, rendu à la provocation de Colbert, posa en principe que la justice devait être gratuite ; que l'usage ayant introduit une rétribution au delà des gages, cette rétribution devait être tempérée autant que possible, en attendant le jour heureux où la justice serait entièrement gratuite. En conséquence, défense était faite de rien prendre de plus que les épices réglées par le président.

En outre, l'article 27 de cet édit était ainsi conçu : « Les avocats seront tenus de mettre au pied de leurs écritures le reçu de leurs salaires, à peine de destitution et de rejet de la taxe des dépens[2]. » Ce n'était rien moins que la taxe imposée au barreau.

Se fondant sur cet édit, les enquêtes crurent devoir, un jour, condamner à une amende des avocats contrevenants. On ne sait vraiment comment les enquêtes avaient pu aller jusque-là. « Le Premier-Président Pellot ne pouvoit tolérer un tel excès. La grand'chambre manda le syndic des avocats, lequel, après avoir expliqué l'injure que l'arrêt des Enquêtes leur faisoit, protesta qu'ils ne rentreroient au palais qu'il

---

[1] *Hist. manusc.*, t. II, p. 280.
[2] *Recueil des anciennes lois françaises*, t. XIX, p. 88.

ne leur eut été pourvu. Surquoy, la grand' Chambre arresta d'assembler tous les Présidents. Mais ceux des Enquêtes, sous prétexte qu'ils avoient assisté au jugement dont on se plaignoit, refusèrent de venir, de sorte qu'il fut ordonné que le Roy seroit informé de l'arrest des Enquestes et de l'absence des avocats, et cependant que l'amende prononcée contre eux seroit sursise, avec injonction aux avocats de continuer leurs fonctions dans le palais [1]. »

Cette obligation d'écrire leur salaire, cette taxe des plaidoiries n'était pas une invention de Colbert. Avant lui, Sully l'avait tentée, mais la mesure avait soulevé une telle tempête que Henri IV avait jugé prudent de céder. Il en fut encore de même cette fois; l'article 27 de l'édit de 1673 resta lettre morte[2] et cette disposition a disparu depuis longtemps de nos lois.

### § 4. *La journée des carreaux.*

Voici un conflit des plus singuliers : c'est au sujet des carreaux fleur-de-lysés, dont, aux cérémonies publiques, le premier président et les présidents prétendaient avoir seuls le privilège de se servir. Mais au moins, lorsque les présidents seraient absents et que leurs carreaux si convoités resteraient sans emploi, les conseillers les plus anciens ne pourraient-ils s'agenouiller dessus ?

Cette si grosse question passionna le parlement, « contestation peu importante aux yeux du public, » écrit naïvement Pavyot, et c'est assez notre avis.

Un jour, à la messe solennelle de l'Ascension, un conseiller ayant voulu se servir d'un carreau, « M. le président Poirier d'Amfreville s'y opposa vivement, ainsi que les autres Pré-

---

[1] *Hist. manusc.*, t. II, p. 309.
[2] *Vie de Colbert*, par Clément, 2ᵉ édit., t. II, p. 321.

sidents, ce qui rendit la cérémonie tumultueuse. » Nous aimons à penser que si le premier président Pellot, d'humeur moins batailleuse que le vieux parlementaire, eut été ce jour-là à sa tête, la compagnie se fût évité un ridicule digne du chantre du lutrin.

Le croira-t-on ? Il fallut que le roi s'en mêlât. Par arrêt de son conseil, il fut décidé que les présidents auraient seuls droit aux carreaux de velours rouge fleurdelisés, mais que les conseillers pourraient, si bon leur semblait, se donner la satisfaction de se servir de carreaux en laine sans fleur de lfs. Et, pour ne pas perdre une belle occasion de rire un peu, on appela « journée des carreaux [1] » le jour où avait éclaté ce grave conflit.

### § 5. *Griefs contre deux conseillers-clercs.*

Aux termes des ordonnances, on ne devait admettre comme conseillers-clercs que des candidats promus, au moins, au sous-diaconat. En 1675, de Brinon de Meulers, qui était clerc, sans être encore sous-diacre, obtint une dispense qui lui permettait d'être conseiller aux requêtes. Celles-ci formèrent opposition, « persuadées que cet usage, s'il s'autorisoit, feroit tort à la valeur de leurs charges. » Mais la compagnie passa outre [2].

Quelques années avant, un autre incident pareil avait eu lieu. De Novinces d'Aubigny [3] avait été admis comme conseiller-clerc, sans être sous-diacre. Quand son tour fut venu de passer à la grand'chambre, ses collègues des enquêtes réclamèrent ; mais leur opposition ne fut pas accueillie [4], Pellot ayant obtenu une exception en faveur de ce conseiller.

---

[1] *Hist. manusc.*, t. II, p. 370.
[2] *Ibidem*, p. 331.
[3] Adrien de Novinces, sr d'Aubigny, conseiller-clerc dès 1656. *Cat. et arm.*, p. 82.
[4] *Hist. manusc.*, t. II, p. 332.

### § 6. *Singulier conflit entre les présidents Bigot de Monville et Poërier d'Amfreville.*

Quand Pellot arriva à la tête du parlement, il y trouva pendante la prétention de la chambre des comptes au sujet de son rang.

Alors, à chaque cérémonie, on voyait un membre des comptes venir gravement, en pleine cathédrale, remettre une protestation écrite au doyen des présidents à mortier, parce que c'était ce magistrat qui occupait « la chaire » que réclamait le premier président des comptes.

Or, ce conflit en fit naître un autre, plus singulier encore, qui est raconté avec un sérieux imperturbable par Pavyot [1] :

« En 1675, les avantages que le Maréchal de Turenne avoit remportés sur les Allemands, qu'il avoit obligés à repasser le Rhin [2], ayant esté suivis d'un *Te Deum*, il se forma une contestation entre Bigot, devenu honoraire, et d'Amfreville, pour savoir qui des deux occuperoit, dans la cathédrale, la première place du côté gauche du chœur d'où le Président recevoit la protestation que la Chambre des Comptes avoit coutume de déposer. Comme cette place estoit la première après celle du Premier-Président, le Président Bigot qui, en sa qualité d'ancien, marchoit immédiatement après le Premier-Président, prétendit s'y devoir mettre ; d'Amfreville, lui, soutenoit devoir y estre, parce que Bigot n'étant plus qu'honoraire, ne pouvoit répondre à la protestation de la Chambre des Comptes. Sur quoy, Bigot disoit qu'il n'estoit point hors d'estat de le faire, puisqu'il ne s'agissoit point là d'une fonction judiciaire. Cependant, la compagnie décida que, quoique Bigot fut, *pendant la marche*, à costé du Premier-Président, il se mettroit, *dans le chœur*, à costé de

---

[1] *Hist. manusc.*, t. II, p. 357.
[2] A la suite du combat de Turkeim, gagné par Turenne le 5 janvier.

luy, ce qui n'estoit que la troisième place, mais sans qu'aucun des deux put se mettre dans le siége du Premier-Président lorsque celui-ci sortiroit pour aller allumer le feu devant l'Eglise. »

Ce fut le dernier acte du président Bigot, que la mort allait enlever à sa compagnie à quelque temps de là [1], et il était bien dans sa nature de finir par un tel conflit.

La solution toute de conciliation dont nous avons parlé [2], qu'imagina le premier président, bientôt après, pour clore le long conflit qui avait divisé les deux compagnies, n'aurait guère été du goût du président Bigot, car elle enleva au doyen des présidents l'occasion de recevoir, pour y faire sur le champ une réponse verbale accentuée, cette protestation écrite destinée par la chambre des comptes à enlever au parlement le bénéfice d'une possession paisible plus qu'annale. Et Dieu sait si, pendant son long doyenné présidentiel, le vieux Bigot en avait su faire de ces vertes réponses !

[1] Voir, à ce sujet, le chap. II du liv. XV.
[2] Ci-dessus, p. 251.

# CHAPITRE TROISIÈME

### PELLOT ET COLBERT UNIS PAR UNE ÉTROITE AMITIÉ

Ses relations avec Colbert étaient d'une nature telle que Pellot lui communiquait jusqu'à des arrêts qu'il se proposait de faire rendre par son parlement. Un jour, il lui en soumit un qui était fautif au premier chef en ce qu'il impliquait le droit pour le parlement d'établir un impôt. Ce vice eut dû d'autant moins lui échapper que lui-même, lorsqu'il était en Dauphiné, à une époque où les parlements avaient encore une sorte d'omnipotence, avait dénoncé à Séguier un arrêt semblable ; et c'était même cette dénonciation qui lui avait, on peut s'en souvenir [1], valu avec le parlement de Grenoble un premier conflit :

« A M. Pellot Premier-Président à Rouen. J'ay rendu compte au Roy du projet d'arrest que vous m'avez envoyé pour estre rendu par le Parlement. Sa Majesté ayant remarqué que cet arrest tend à faire une imposition réelle ou personnelle, elle m'ordonne de vous dire que la nécessité n'est pas assez grande pour avoir recours à un expédient aussy extraordinaire que celuy-là, et aussy peu usité par les parlements. L'exemple de l'année 1661 ne peut pas établir

[1] Voir au t. I, le chap. IV du liv. IV, p. 177.

un droit de cette qualité, et vostre compagnie n'a jamais eu le pouvoir d'ordonner une imposition générale sur les peuples, pour quelque cause que ce soit. Ainsy, Sa Majesté ne veut pas que cet arrest soit rendu en cette forme...[1] COLBERT. »

Si Pellot recourait à Colbert pour avoir son avis sur des affaires de justice et d'administration, Colbert ne se faisait faute non plus de solliciter son ami et de le consulter :

« A Mr Pellot, Pr-Pt à Rouen. Paris, 28 avril 1671. Quoique j'estime superflu de vous recommander les intérêts de Mr le duc de la Ferté Senneterre [2], et de luy rendre toute la justice qui luy est due, dans un procès qu'il a au Parlement de Rouen contre les moines de Thouars [3], lequel est près de juger, connoissant vostre exactitude, et sachant, d'ailleurs, combien vous avez d'égards pour les personnes de sa qualité et de son rang ; je ne laisse pas de vous dire que vous me ferez beaucoup de plaisir, en mon particulier, d'apporter toute l'application qui est nécessaire pour la décision de cette affaire, et de luy rendre tous les offices qui dépendent de vous. Je m'assure donc que vous voudrez bien me donner en ce rencontre une nouvelle marque de l'amitié que vous avez pour moy...[4] COLBERT. »

Colbert solliciteur de procès ! C'était bien un peu son habi-

[1] *Lett., Inst. et Mém.*, t. II, p. 101.
[2] Henri de Senneterre, maréchal de la Ferté. Né à Paris en 1600 ; se distingua au siège de la Rochelle en 1628, et fit des prodiges de valeur à la bataille de Rocroy. — Maréchal de France en 1651, il ne cessa de combattre avec éclat jusqu'à la paix des Pyrénées. Mort en 1681. Il était, en 1671, lieutenant général du Haut-Poitou. *Lett., Inst. et Mém.*, t. I, p. 8, et t. VII, p. 54.
[3] Thouars : ancienne ville du Poitou faisant aujourd'hui partie du département des Deux-Sèvres.
[4] *Ibidem*, t. VII, p. 54.

tude. Ainsi, pour n'en citer que quelques-unes, dans une lettre du 25 mars 1672 à Daguessau, alors intendant à Bordeaux, on le voit lui recommander le marquis d'Urfé, parent de la jeune marquise de Seignelay, sa bru :

« Comme il est de mes amis particuliers, je vous prie de renouveler les sollicitations que vous avez faites, ci-devant, de ma part, auprès de M. M. les Présidents, rapporteur et conseillers, et de leur dire qu'ils me feront plaisir de lui conserver toute la justice de sa cause, et, mesme, de la lui rendre autant favorable qu'il se pourra...¹ »

Le même jour, il recommande avec une même insistance le même marquis d'Urfé au gouverneur de la Guienne :

« Comme il est de mes amis particuliers, j'ose vous renouveler la même supplication, vous conjurant d'être bien persuadé que les bons offices que vous voudrez bien lui rendre en cette occasion me seront fort sensibles... ² »

Le 25 avril 1673, il recommande à l'intendant de Grenoble une demoiselle de Marines :

« Comme je m'intéresse beaucoup à sa satisfaction, et que je serois bien ayse qu'elle eust une prompte et heureuse issue de son affaire, je vous prie de croire que je mettray sur mon compte toute l'obligation qu'elle vous en aura...³ »

Enfin, le 17 octobre 1673, on le trouve insistant en faveur d'une de ses parentes, en procès devant le parlement de Bretagne, et écrivant au premier président de Rennes de vouloir bien lui rendre « la plus favorable justice qu'il se pourra⁴ ».

N'est-il pas singulier que Colbert qui prescrivait à ses intendants la justice la plus exacte, ait pu songer à les

---

1 *Lett., Inst. et Mém.*, Introd. au t. VII.
2 *Ibidem.*
3 *Ibidem.*
4 *Ibidem.*

employer auprès des parlements dans l'intérêt de ses parents et amis? Plus singulier encore qu'il ait cru pouvoir s'adresser aux magistrats eux-mêmes? Mais les pires pratiques sont impérieuses, quand elles ont pour elles l'usage et le temps ! La sollicitation était alors une sorte de devoir, dont un plaideur eût été mal venu à s'abstenir, si bien qu'il existait des solliciteurs de profession, destinés à suppléer les plaideurs empêchés, absents ou mal habiles; et les magistrats auraient trouvé mauvais qu'un plaideur ne fît pas auprès d'eux une démarche qu'ils considéraient comme un hommage qui leur était dû. La Bruyère, cet esprit si sensé, n'allait-il pas jusqu'à approuver cette pratique, quand il écrivait : « Qui sollicite pour autrui a la confiance d'un homme qui demande justice ; et en parlant ou agissant pour soi-mesme, on a l'embarras et la pudeur de celui qui demande grâce [1]... »

Quant au premier président Pellot, bien que Colbert lui demande de lui « donner, en ce rencontre (l'affaire du duc de la Ferté Sennetère), une *nouvelle* marque de l'amitié qu'il a pour luy », nous aurions aimé que ce fût au moins la dernière. Mais nous avons la preuve du contraire par les lettres qui vont suivre, relatives au maréchal de Gramont et à une dame de Janson :

« Ce 1er Mars 1674. Monsieur, les affaires de la nature de celles de Mr le Mareschal de Gramont [2] ne se font pas tout d'un coup. Comme l'on a voulu mettre à exécution l'arrest

---

[1] Au chap. *De la Cour*.
[2] Nous en avons déjà plusieurs fois parlé. Il était frère de Philibert, cte de Gramont, qui fut exilé pour avoir osé disputer au roi le cœur de Mme Lamotte-Houdencour, femme du maréchal de ce nom. Philibert de Gramont se réfugia alors en Angleterre où il acquit un grand renom à la Cour des Stuart. Hamilton et St-Evremont ont rendu son nom célèbre, le premier surtout, qui a écrit ses mémoires.

du conseil donné en sa faveur, le lieutenant-général de cette ville [1], et le receveur des consignations en ont, de concert, empesché l'exécution, ainsi qu'on peut voir par l'ordonnance dudit lieutenant-général et le procez verbal de l'huissier. Il n'y a point, Monsieur, de Compagnie de cette ville qui en eut voulu uzer de cette manière, à l'égard d'un arrest donné à votre rapport, sur pièces vues, en connoissance de cause, et très juste. Car les creanciers opposans qu'on a suscités, ne peuvent dire autre chose que ce qu'ils ont dit à la Chambre des Comptes, et que ce qui a esté vû par le conseil. Néantmoins, Monsieur, comme ledit lieutenant-général et le receveur des consignations viennent à résipisence, et disent que ce qu'ils ont faict n'est que pour se décharger et excuser envers lesdits créanciers, et qu'ilz m'ont assuré que si le conseil donne un nouvel arrest, ilz y defféreront sans contestation, j'estime qu'il en faut demeurer là, et donner un arrest conforme au projet cy-joint ; après quoy ce sera, sans doute, une affaire finie... [2] Pellot. »

« Versailles, le 9ᵉ Mars 1674 : Pour réponse a votre lettre du premier de ce mois, je vous envoye, ci-joint, l'arrest dont vous m'avez envoyé le projet, concernant Mʳ le Marcᵃˡ Duc de Gramont, afin que vous teniez, s'il vous plaist, la main à l'exécution de ce qui y est contenu... [3] Colbert. »

Et le 5 may suivant : « Vous trouverez cy-joint, une lettre que j'écris à Mʳ de Creil, pour le prier de tenir la main à l'exécution d'un arrest que je luy envoye pour Mʳ le maréchal de Gramont, *et comme on m'a assuré que vous voulez bien prendre la peine de solliciter cette affaire*, je vous prie de faire rendre ce paquet audᵗ Sʳ de Creil, et de

---

[1] C'est-à-dire le premier magistrat du présidial.
[2] Biblioth. nationale, *Mélanges Colbert*, vol. 167, fº 381. Inédit.
[3] Biblioth. des Invalides, manuscrits Colbert, vol. G. 90, fº 204. Inédit.

prendre soin que ledit arrest soit exécuté. Je suis tout à vous...[1] COLBERT. »

Une année plus tard, le 23 juin 1675, Pellot lui écrivait au sujet du procès Janson :

« J'auroi un soing particulier de l'affaire de Madame la Marquise de Janson [2] que vous me recommandez, et la fairoi juger au plus tost, ce qu'elle souhaitte particulièrement. Je suis avec respect... [3] PELLOT. »

Voilà qui contraste avec la poésie de Commire qui va nous représenter la balance du premier président comme inflexible :

> Non fortuna tuam flectunt, non munera libram,
> Ac te, jus unum, præside, pondus, habet [4].

Que croire ?

Faudra-t-il, à son propos, dire avec l'auteur des *Caractères,* parlant de la justice de son temps :

« Il n'est pas absolument impossible qu'une personne qui se trouve dans une grande faveur perde son procès ? »

Ou, au contraire, encore avec le même :

« Il se trouve des juges auprès de qui la faveur, l'autorité, les droits de l'amitié et de l'alliance nuisent à une bonne cause, et qu'une trop grande affection de passer pour incorruptibles expose à être injustes...[5] »

---

[1] Biblioth. des Invalides, manuscrits Colbert, vol. G. 90, f° 351. Inédit.

[2] Femme de Laurent Forbin, marquis de Janson, lieutenant général, gouverneur d'Antibes. Mort en 1692. Belle-sœur de Toussaint de Forbin Janson, qui fut cardinal et grand aumônier de France en 1706. *Lett., Inst. et Mém.*, t. II, p. 470.

[3] Biblioth. nationale, *Mélanges Clairambault*, vol. 796 f° 675. Inédit.

[4] *Commirii carminum* lib. IV, 1673. Voir ci-après le chap. IV du liv. XVI.

[5] La Bruyère, au chap. *De quelques usages.*

Entre ces deux extrêmes, nous préférons ce que dit Commire du premier président :

> Non fortuna tuam flectunt, non munera libram.

Aucune défaillance, ni en plus, ni en moins; ni en bas, ni en haut.

> Ac te, jus unum, præside, pondus habet.

Et la justice n'a qu'un poids, lorsque tu la présides.

M⟨r⟩ Clément reproche à Colbert de n'avoir pas eu d'amis [1]. Ce grief, en sa forme absolue, est-il bien fondé? De nombreuses lettres que nous avons déjà reproduites, d'autres qui vont suivre, contiennent du contraire des témoignages innombrables en ce qui concerne Pellot.

En voici un, par exemple, dans une lettre que Colbert adressait à M⟨r⟩ Fieubet [2], premier président à Toulouse, le 10 novembre 1673 :

« M⟨r⟩ Pellot, Premier-Président au Parlement de Rouen, qui est de mes amis particuliers, se loue de la conduite du S⟨r⟩ de Cantuelle, et m'a tesmoigné qu'il est un des principaux marchands de Toulouse. Comme j'apprends que l'on doit procéder incessamment à l'élection des capitouls de cette ville-là, et que je serois bien ayse que ledit S⟨r⟩ Cantuelle remplit une de ces charges, pourvu qu'il ayt toutes les qualités nécessaires pour en en estre honoré, je vous prie de luy donner toutes les assistances et la protection qui dépendront de vous, en sorte qu'il puisse avoir cette satisfaction... [3] COLBERT. »

[1] *Lett., Inst. et Mém.*, t. VII, p. XX de l'introduction.

[2] Il avait, nous l'avons déjà dit, épousé une cousine de Colbert. — Président aux requêtes du parlement de Toulouse à 28 ans, procureur général et enfin premier président à 31 ans. Mort à 64 ans en 1676. Le roi, en apprenant sa fin, dit qu'il perdait un des plus grands juges de son royaume et qu'il aurait peine à le remplacer. *Lett., Inst. et Mém.*, t. II, p. 663.

[3] *Lett., Inst. et Mém.*, t. VII, p. 74.

Ainsi, il avait suffi que Pellot lui en exprimât le désir ; aussitôt Colbert avait insisté pour la nomination du sʳ Cantuelle ; et Pellot lui répondait :

« Je vous remercie, Monsieur, très humblement de la lettre de recommandation que vous m'avez accordée pour le sieur Cantuelle, adressante à Mʳ le P.-P. de Thoulouze...[1] Pellot. »

Colbert ayant à quelque temps de là consulté Pellot sur un magistrat de Bordeaux, celui-ci lui répondait le 14 août 1674 :

« J'ay receu vostre lettre du 12ᵉ de ce mois, que vous m'avez fait l'honneur de m'escrire pour vous dire mes sentiments sur le sujet de feu M. Constantin, conseiller au Parlement de Bordeaux. Il estoit riche, bon justicier, homme d'honneur, qui entendoit son mestier, et ami de Mʳ le Premier-Président. Je ne sache pas qu'il se soit signalé n'y pour, n'y contre le service du Roy durant les derniers mouvemens[2], quoyque je connoisse tous ceux de cette trempe. Pendant que j'ay esté en Guyenne, il a vescu doucement et n'a pas donné sujet de se plaindre de luy...[3] Pellot. »

Un nommé Larchevesque s'étant plaint au roi du refus qu'avait fait la chambre des comptes de Rouen de le recevoir parce qu'il appartenait à une famille de marchands, Colbert ému d'une telle exclusion, et surtout de sa cause, pria le premier président de lui en faire connaître le vrai motif :

« Sᵗ Germain, 20 novembre 1674. La Chambre des Comptes de Rouen ayant fait refus de recevoir le sieur Larchevesque en une charge de maistre ordinaire de ladite

---

[1] Biblioth. nationale, *Mélanges Colbert*, vol. 166, fº 339. Inédit.

[2] Bordeaux, en 1653, avait été au pouvoir de l'*Ormée*, gouvernement démocratique, qui avait, avec une partie du parlement, reconnu Condé pour chef et voulu livrer la ville aux Anglais. Le parlement, après la pacification de Bordeaux, avait été exilé à Agen.

[3] Biblioth. nationale, *Mélanges Colbert*, vol. 157, fº 248. Inédit.

Chambre, je vous prie de vous informer secrètement des motifs qu'elle a eus. Comme il a asseuré le Roy que c'estoit seulement par la raison qu'il est fils de marchand, tout ce qui lui a été objecté d'ailleurs n'étant que prétexte, je vous conjure de me faire scavoir ce qui est en cela de la vérité, afin que j'en puisse rendre compte à S. M... [1] COLBERT. »

Nous n'avons pas la réponse de Pellot; mais elle ne dut pas être du goût de la chambre des comptes. Pouvait-il avoir oublié qu'il était lui-même d'une famille de marchands, comme, du reste, Colbert, son ami?

On voit, par cet exemple du s$^r$ Larchevesque, que Louis XIV, tout absolu qu'il était, aimait à rendre lui-même justice à ses sujets. Et il ne faudrait pas croire que le grand roi fût inabordable; tout le monde, au contraire, était reçu à lui remettre des placets, et, dans sa cour méthodique, ce point était réglé comme les autres. A cet effet, il y avait à Versailles, dans la salle des gardes, une table où à certains jours et à certaines heures le roi recevait lui-même ces placets; c'est-à-dire que les gens qui avaient à lui en donner venaient les déposer eux-mêmes, en sa présence, sur cette table. Ainsi se passaient les choses à cette époque du règne. Plus tard, ajoute le marquis de Sourches dans ses curieux *Mémoires*[2], « le roi se lassa de cette occupation, et ce fut M$^r$ de Louvois d'abord qui les reçut, puis, ensuite, son fils, M$^r$ le Marquis de Courtenvault. »

Que devenaient les placets remis ainsi au roi?

C'est encore le marquis de Sourches qui va nous l'apprendre, et il était bien placé pour le savoir, lui que sa charge de grand prévôt de France tenait mêlé à la vie du roi, qu'il ne quittait jamais[3]: « Huit jours après que ces placets

---

[1] *Correspondance admin.*, t. III, p. 402.
[2] T. I, p. 69.
[3] Le grand prévôt de France, dont la prévôté de l'hôtel était la ju-

étoient déposés, M^r de Louvois les rapportoit dans le conseil, et là on les renvoyoit aux ministres ou secrétaires d'État du département desquels étoit l'affaire dont il s'agissoit. Huit jours après, ceux auxquels ils avoient été renvoyés les rapportoient au conseil où le Roy ordonnoit ce qu'il jugeoit à propos. Sur les uns, on mettoit : *néant;* sur les autres : *le Roy y fera considération*; sur les autres : *accordé*; et sur les autres : où il falloit s'adresser pour avoir justice [1]. »

C'avait été sur un placet mis ainsi sous les yeux du roi, que Pellot avait eu à s'occuper du s^r Larchevesque.

Malgré le scepticisme de M^r Clément, il n'y a que vérité à dire que Colbert et Pellot furent unis dès leur jeunesse, c'est-à-dire dès cet âge heureux où l'amitié s'établit sans calcul, et qu'ils continuèrent depuis leur union sans y rien changer. Nous sommes en 1675 : les voilà arrivés tous deux à cinquante-cinq ans, et nous avons parcouru la plus grande partie de leurs deux existences, tant, depuis quarante ans, celle de l'un est mêlée à celle de l'autre. Leurs jours désormais sont comptés : huit ans plus tard, la mort les enlèvera presque en même temps, mais jusqu'à la dernière heure nous les verrons continuer leurs relations comme par le passé. Au mois de novembre 1673, Colbert écrit au premier président de Toulouse « l'amitié particulière » qui l'unit à Pellot, comme l'année précédente, écrivant à de Creil, il

---

ridiction, était attaché à la personne du roi et le suivait partout. Il connaissait de tous les méfaits qui se commettaient dans les résidences royales et à dix lieux à l'entour. Les maitres des requêtes de l'hôtel étaient juges de ces méfaits, sous la présidence du grand prévôt. Chéruel, *Mémoires sur Fouquet*, t. I, p. 401, et introduction aux *Mémoires du marquis de Sourches*, édit. de 1836, 2 vol. in-8o.

[1] On lit ceci dans un mémoire autographe de Colbert de 1663 «... Toutes choses, grandes et petites, importantes et bagatelles, sont également connues du Roy qui ne manque jamais une occasion de se faire rendre compte de tout. » *Lett., Inst. et Mém.*, t. II, p. 469.

avait attesté leur « longue amitié ». « Vous ne devez pas douter, lui écrivait-il à lui-même le 10 août 1674, que je n'aye toujours bien de la joie de trouver des occasions de vous asseurer de mon estime et de mon amitié [1]. » Aveux significatifs, sous une plume si froide et si réservée ! Et dans la correspondance déjà reproduite, aussi bien que dans celle qui va suivre, combien de passages où respirent les mêmes sentiments !...

Sans donc nous préoccuper du caractère des relations que Colbert pût avoir avec d'autres, nous bornant à ce qui a été et va continuer d'être notre seule étude, nous nous croyons fondé et nous nous croirons jusqu'au bout fondé à écrire ceci :

Pellot et Colbert furent véritablement amis.

En définitive, qu'a bien voulu dire M<sup>r</sup> Clément? Qu'il n'y eut pas, entre Colbert et Pellot, une de ces amitiés ardentes, idéales en quelque sorte, dans le genre, par exemple, de celle que Montaigne a pris plaisir à poétiser? Là-dessus, nous serons de son avis. Mais « l'accointance de Montaigne et de l'auteur *de la servitude volontaire* ne prinst commencement qu'environ six ans avant la mort de cestuy-ci [2]. » Et de cette amitié que la mort vint briser dans sa première fleur, ne faudrait-il pas dire avec La Boétie : « N'est-ce pas
« assez vescu jusques à l'aage auquel je suis? J'estois prest à
« entrer à mon trente-troisième an : pour l'inconstance des
« choses humaines cela ne pouvoit guères plus durer. Il
« estoit meshuy temps de se mettre aux affaires et de veoir
« mille choses malplaisantes; il est vray semblable que j'ay
« vescu jusques à cette heure avec plus de simplicité et moins
« de malice que je n'eusse par adventure faict, si Dieu m'eust

---

[1] Biblioth. nationale, manusc. Colbert, V. G., f° 659. Inédit.

[2] Avertissement de Montaigne au lecteur, en tête des œuvres de La Boétie. Edition de 1571.

« laissé vivre jusqu'à ce que le soing de m'enrichir et acco-
« moder mes affaires me feust entré dans la teste... [1] »

Montaigne et La Boétie n'auraient-ils pas eu en effet à pleurer tôt ou tard comme tant d'autres « les illusions des amitiés de la terre, qui s'en vont avec les années et les intérêts [2] ? » Plaçons-nous sur le terrain de « ces mille choses malplaisantes » qu'entrevoyait avec effroi, aux lueurs d'une autre vie, La Boétie mourant, « ce soing de s'enrichir et d'accommoder ses affaires » qui tourmente et divise les hommes, que Pellot et Colbert eurent à subir si longtemps, sans que jamais leur amitié y ait failli : le sceptique Montaigne est-il bien sûr que la sienne, qui fut si courte et qu'il s'est plu depuis à faire si sainte et désintéressée, y eût longtemps résisté ? Reconnaissons donc que Pellot et Colbert, par une amitié sage et mesurée, qui se continuera jusqu'à la fin à travers ces « mille choses malplaisantes », auront encore donné un assez rare exemple de fidélité et de constance.

Et puisque l'occasion s'en présente, citons à ce propos les paroles que l'auteur du traité de l'*Amitié* a mises dans la bouche d'un de ses interlocuteurs. C'est un texte latin : mais Pellot nous le pardonnera, lui qui aimait tant à en émailler ses harangues. Nous en trouverions d'ailleurs difficilement un autre qui rendît mieux hommage à sa persévérance :

« Ille quidem (Scipio) nihil difficilius esse dicebat quam amicitiam usque ad extremum vitæ permanere ; nam, vel ut non idem expediret, incidere sæpe, vel ut de republica non idem sentirent. Mutari etiam mores hominum sæpè dicebat, alias adversis rebus, alias ætate ingravescente... dirimi interdum contentione, vel uxoriæ conditionis, vel commodi

---

[1] Lettre de Montaigne à son père sur la mort de La Boétie.
[2] Bossuet, Oraison funèbre d'Anne de Gonzague.

alicujus quod idem adipisci uterque non posset. Quod si qui longius in amicitia provecti essent, tamen sæpe labefactari, si in honoris contentionem incidissent ; pestem enim majorem esse nullam amicitiis quam in plerisque pecuniæ cupiditatem, in optimis quibusque honoris certamen et gloriæ, ex quo inimicitias maximas sæpe inter amicissimos exstitisse... Hæc ita multa, quasi fata, impendere amicitiis, ut omnia subterfugere non modo sapientiæ sed etiam felicitatis diceret sibi videri !... »

« Il disait donc (Scipion) qu'il n'y avait rien au monde de plus difficile que de voir l'amitié persévérer jusqu'à la fin de la vie ; car il advient souvent aux deux amis ou de n'arriver pas au même succès, ou de finir par ne penser plus de même en politique. Il disait que les goûts et les habitudes changent souvent tantôt par l'adversité, tantôt par le seul effet de l'âge ; que l'amitié se trouve détruite aussi soit par l'antagonisme des mariages, soit par un avantage de l'un des amis que l'autre n'a pas au même degré ; que si quelques-uns peuvent encore conduire leur amitié à travers ces divers écueils, ils la voient néanmoins sombrer à la poursuite rivale d'une même place. Car il n'y a point pour l'amitié de fléau plus grand, chez le commun, que le désir de faire fortune, et, chez les meilleurs, que la poursuite des honneurs et de la gloire ; et de là, souvent, naissent les plus grandes inimitiés entre ceux qui furent d'abord les meilleurs amis... Tant de choses, comme autant de fatalités, menacent l'amitié, qu'à les éviter toutes, il y a, disait-il, non seulement sagesse, mais bonheur !... »

En vérité, il n'y a que justice à appliquer à nos deux amis ce texte immortel. Et nous ne pourrons surtout prendre au sérieux une notice nécrologique[1] contemporaine, qu'on

[1] On la lira *in extenso* au chap. 1er du liv. XVIII.

lira plus loin en entier dans le passage où il est dit « que Pellot avoit un esprit sublime, qu'il estoit fort capable de gouverner, estant grand politique, mais que M. Colbert, quoyque son parent, craignoit fort qu'il approchast de la Cour... » [1]

Non, il n'y eut point entre eux *honoris certamen et gloriæ* et jamais ce fléau, *pestis major*, ne vint troubler leur amitié...

[2] Biblioth. nationale, cabinet des Titres, dossier Pellot.

# CHAPITRE QUATRIÈME

### LE TIERS-ET-DANGER

### § 1. *Origine de cet impôt. Sa désuétude*

Une des mesures fiscales les plus violentes qui furent prises en Normandie pendant la première présidence de Pellot fut le rétablissement « *du tiers-et-danger* ». Cette affaire, de 1669 à 1675, remua la province, émut les intérêts, et exerça les légistes à un degré à peine croyable :

Voici quelle avait été, selon Houart[1], l'origine du tiers-et-danger, impôt spécial à la Normandie, que Colbert ressuscita, on peut le dire, tant il était oublié avant lui.

A la suite des invasions, la Normandie dépeuplée s'était couverte de forêts qui étaient entrées dans le domaine public. Aux $x^e$ et $xi^e$ siècles, quand un état régulier commença à renaître, les ducs de Normandie d'abord, puis les rois de France durent céder une partie de ces forêts ; mais ils ne le firent pas sans se réserver des redevances. Il en fut établi deux bien distinctes :

1° La redevance d'un tiers des coupes de bois qui se feraient, à l'avenir, sur le sol concédé ;

---

[1] *Dictionnaire de Droit Normand*, t. IV, v° Tiers-et-Danger, et t. I<sup>er</sup>, v° Bois.

2° La redevance d'un dixième de ces mêmes coupes pour le gros et menu-gibier dont le souverain consentait à se priver, affranchissant ainsi le sol concédé d'une servitude de chasse fort dommageable.

D'où le nom de tiers-et-danger qui fut donné à cette double redevance, le mot *dangerium*, dans la basse latinité, signifiant « paiement pour exemption de dommage ».

Telle est l'explication donnée par Houard après Ducange de ce droit aussi bizarre que son nom [1].

Quoi qu'il en soit, lorsqu'en Normandie un propriétaire de bois dont l'origine était domaniale, ce qui était le cas le plus fréquent, faisait une coupe, il devait pour droits : 1° le tiers de la valeur de la coupe, c'était le droit de *tiers* ; 2° le dixième de cette même valeur, c'était le droit de *danger*. Etant donné trente par exemple, le propriétaire devait au roi l'énorme redevance de treize. Le droit de *tiers et danger*, c'était donc, sur les bois d'origine domaniale, le droit d'un tiers et d'un dixième cumulés, c'est-à-dire un droit allant « à près de moitié de la valeur de la coupe [2] ».

§ 2. *Colbert ressuscite le tiers-et-danger et remet aux trois intendants de Normandie le soin de son rétablissement.*

Ce droit que l'on fut forcé de reconnaître avoir été parfaitement fondé dans l'origine, mais que l'on prétendait s'être

---

[1] Chéruel en donne une autre : le tiers, selon ce dernier, tirait son nom de ce qu'il s'élevait au tiers du prix de la vente. Dans les contrées où ce droit existait, on ne pouvait faire de vente sans autorisation royale, et, pour l'obtenir, on donnait encore le dixième du prix total de la vente : ce dixième était ce qu'on appelait *danger*. Il y avait des bois soumis au *tiers* sans *danger*, et d'autres au *danger* sans *tiers*. *Institutions, mœurs et coutumes*, au mot *tiers et danger*.

[2] Lettre de Pellot à Colbert, du 17 août 1672, ci-après. Voir aussi sa lettre ci-dessus du 28 mai 1672, p. 146.

éteint par désuétude, fut repris par Colbert avec la fougue et la suite qui étaient dans sa nature. On comprend que des réclamations ardentes se soient élevées. C'était en effet une sorte de confiscation.

Ce qui y mit le comble, ce fut la prétention de revenir sur le passé, et de ne s'arrêter, pour la recherche et le rappel de l'arriéré, que devant la prescription trentenaire. A ce compte, certains propriétaires eussent été absolument ruinés.

Le parlement ne pouvait manquer de prendre en main la cause de ses justiciables, outre qu'elle était bien un peu la sienne aussi, car, directement ou indirectement, elle affectait beaucoup de ses membres. Vainement, pour s'en exempter tout à fait, le parlement songea-t-il d'abord à se prévaloir de ses privilèges qui l'affranchissaient de tout impôt. Il lui fallut s'incliner devant les arrêts du conseil et devant la volonté de Colbert parlant au nom du roi, volonté qui ne supportait pas de contradiction.

La première lettre que nous donnerons sur ce sujet est celle par laquelle Colbert enjoint au grand-maître des eaux et forêts de Normandie de travailler, sous la direction de l'intendant de chacune des trois généralités, à la recherche du sol imposable et au rétablissement des rôles.

La grande maîtrise était alors aux mains de Mascranny, neveu du premier président. Mascranny crut sa dignité blessée d'être, en matière forestière, lui grand-maître, simple membre de commission, sous la présidence d'un intendant. Mais en une circonstance si délicate, pour le rétablissement d'un droit suranné contre lequel la province entière protestait, Colbert avait compris qu'il lui fallait, avant tout, la justice énergique et prompte de ses intendants; et d'ailleurs, il n'oubliait pas que c'était à l'incurie des eaux et forêts qu'était due cette sorte de désuétude contre laquelle il réagissait. Aussi lui exprima-t-il carrément son refus:

« Paris, 19 novembre 1670. J'apprends que vous faites

difficulté de travailler avec les commissaires-départis¹, au jugement des instances qui se présenteront pour raison du tiers-et-danger. Je ne scai où vous avez vu jusqu'à present que le Roy ait établi les grands maitres pour juges souverains; pour un homme qui a travaillé si longtemps sous moy, j'ay lieu de m'étonner que vous ayez pris une pensée si extraordinaire que celle-là. Il est donc nécessaire que vous choisissiez : ou de ne point travailler du tout, ou de travailler avec les commissaires-départis, avec cette différence qu'ils pourront juger sans vous, et que vous ne pourrez juger sans eux, ce qui est de l'ordre de la justice du royaume, et qui ne peut estre autrement... ² COLBERT. »

Bien sûr, Mascranny ne se le fit pas dire deux fois.

§ 3. *Efforts du parlement pour restreindre l'impôt du tiers-et-danger et pour s'y soustraire. Le roi autorise le parlement à en délibérer. Pellot, assisté du président Bigot, présente au roi les remontrances du parlement. Elles ne sont pas écoutées. Emotion des enquêtes. Pellot parvient à les contenir.*

Le parlement, qui aurait voulu éviter à ses justiciables et s'éviter à lui-même un si énorme tribut, provoqua les juristes normands à répondre aux écrits que Colbert, pour se gagner l'opinion, avait fait répandre dans la province.

« Nostre compagnie, écrivait Pellot à Colbert le 8 mars 1671, fait faire une réponse à un escrit qui a paru pour le tiers-et-danger, et pense, par là, faire voir les bonnes raisons que cette province a afin qu'il plaise à Sa Majesté apporter du tempérament dans cette recherche. Ainsi, Monsieur, l'on

---

¹ Commissaires-départis, c'est-à-dire intendants, comme on l'a vu livre V, chap. VI, p. 286.
² *Lett., Inst. et Mém.*, t. IV, p. 35.

vous supplie de surseoir pour quelque temps les délibérations du Conseil sur ce sujet, jusques à ce que cette réponse aie esté veue, et l'on l'envoyera dans peu. Nous avons quinze jours de vacations pendant ces festes [1] ; vous agréerez que je profite de ce temps pour aller faire un tour à Paris, recevoir vos ordres et vous assurer que je seray toute ma vie... [2] PELLOT. »

Les écrits des jurisconsultes normands [3] demeurèrent sans effet, et force fut au parlement d'admettre le droit, sauf à en discuter l'application.

Déjà, le parlement avait pris plusieurs délibérations sur ce grave sujet, lorsque, le 31 mai 1672, il arrêta de supplier le roi de ne comprendre dans le tiers-et-danger que les bois sur lesquels ses receveurs auraient antérieurement perçu des droits et dont ils auraient compté à la chambre des Comptes de Normandie [4]. Le parlement, ému de l'ingérence administrative, demanda aussi que les commissaires à l'exécution fussent, dans tous les cas, pris dans son sein, ne se croyant pas moins propre à conserver les intérêts du roi que la commission administrative érigée en tribunal sous la présidence de l'intendant [5]. Il alla plus loin : ne s'oubliant pas lui-même, il persista à demander que l'on admît pour ses propres membres un privilège d'exemption [6]. Colbert fut sourd à cette réclamation intéressée. L'émotion gagnant, les enquêtes ne parlaient de rien moins que d'adresser des remontrances, et insistaient auprès du premier président pour qu'il autorisât

---

[1] Les fêtes de Pâques.

[2] Biblioth. nationale, *Mélanges Colbert,* vol. 156, fo 272. Inédit.

[3] Deux traités, restés célèbres, parurent alors sur le tiers-et-danger : l'un de Christophe Bérault, l'autre de Froland, tous deux avocats au parlement de Normandie.

[4] *Histoire manuscrite,* t. II, p. 310. La délibération est au registre secret de 1672.

[5] *Ibidem.*

[6] *Ibidem.*

une réunion des chambres. Pellot, ne voulant rien prendre sur lui, en écrivit à Colbert :

« 17 aout 1672. Comme l'on poursuit, maintenant, sans relasche, l'affaire du tiers-et-danger dans cette province, et que Mʳˢ les commissaires-départis ont doné, déjà, divers jugements, cela alarme beaucoup les intéressés ; et se trouvant qu'il y a, parmi ce nombre, des officiers du Parlement, ils ont excité les enquestes à demander, pour ce sujet, l'assemblée des Chambres qui iroit apparemment à faire des remontrances au Roy et à envoyer, pour cet effet, des députés de la compagnie. J'ay représenté qu'il n'y avoit rien qui pressat, et qu'il falloit voir ce que porteroient les condamnations desdits Sʳˢ commissaires, et s'il y avoit lieu de s'en plaindre ; car s'ils ne condamnent que ceux qui sont sujets à ce droit, suivant les maximes dont l'on demeure maintenant d'accord, il n'y auroit rien à redire ; et si, au contraire, ils ne les avoient pas suivis et avoient establi une nouvelle jurisprudence, l'on verroit alors le biais qu'il faudroit prendre afin de faire entendre à S. M. les raisons que l'on a. L'on demeure, aujourd'huy, d'accord que ceux qui ont payé le droit par le passé ou qui y ont été assujetis, ne peuvent pas s'en exempter, quoiqu'ils ayent esté longues années sans le payer par la négligence des officiers ou autrement; mais l'on trouve rude d'obliger à ce droit, qui va à près de moitié du revenu des bois, ceux qui ne l'ont jamais payé et qui s'en trouvent exempts par une possession immémoriale. Je ne scay pas si l'on fera encore de grandes instances pour cette assemblée des Chambres, la quelle je tascheray à différer jusqu'à ce ce qu'elle soit jugée plus nécessaire pour cette affaire qu'elle ne paroit à present...[1] Pellot. »

Cette lettre fut mise sous les yeux du roi qui, par extraordinaire, ne vit aucun inconvénient à ce que le parlement

---

[1] *Correspondance administ.*, t. II, p. 185.

s'assemblât. Et en effet, les parlements étant alors sous l'entière dépendance du pouvoir royal, en quoi, après tout, leurs observations sur un tel sujet pouvaient-elles nuire? Colbert s'empressa de faire part à Pellot de cette concession inattendue, dans une lettre du 26 :

« J'ay reçu la lettre que vous avez pris la peine de m'écrire le 17 de ce mois, par laquelle vous me faites scavoir que vous avez empesché l'assemblée des Chambres qui vous a été demandée par tout le Parlement sur l'affaire du tiers-et-danger. Ayant fait lecture au Roy de cette lettre, Sa Majesté m'a ordonné de vous faire scavoir qu'elle ne veut pas que vous refusiez l'assemblée des Chambres, toutes les fois qu'elle vous sera demandée pour les affaires publiques... Ainsy, sur le sujet du tiers-et-danger où le public à intérêt, Sa Majesté veut que vous permettiez cette assemblée sans aucune difficulté ; et vous ne devez pas douter qu'en cette occasion comme dans toutes les autres, elle ne rende la justice ainsi qu'elle l'a accoustumé ; mais elle ne laissera pas perdre un des plus importants droits de sa couronne, si elle s'y trouve bien fondée... [1] Colbert. »

Donc, le 30 août 1672, le parlement qui était prêt de se séparer pour ses vacances, « s'assembla à la demande des enquêtes, par rapport au tiers-et-danger qui causoit beaucoup d'inquiétude, en ce que la déclaration enregistrée du mois d'avril 1669, déclaroit ce droit royal, général et inaliénable, ce qui étoit contraire à la notion que l'on en avoit eue jusques-là. Il fut décidé que l'on prieroit le Premier-Président d'agir fortement, pendant les vacances, auprès de S. M., pour la détromper de l'idée qu'on luy avoit donnée, et la prier de souffrir que la compagnie luy fît ses très-humbles emontrances. L'on députa le Président Bigot, et les Coneillers Brice, Danviray, Deshommets, Bretel, de la Porte et

[1] *Lett., Inst. et Mém.*, t. II, p. 261, en note.

Romé, pour se joindre au Premier-Président, et agir de concert avec luy dans la poursuite de cette importante affaire...[1] »

Le premier président s'empressa d'aviser dès le lendemain Colbert, dans une lettre dont le dernier trait ne manque pas de malice :

« 31 aout 1672. J'assemblay hier les chambres de ce Parlement, et je lus vostre lettre qui portoit que c'estoit l'intention de S. M. que l'on permit l'assemblée des chambres et la délibération, non pas seulement sur le fait du tiers-et-danger, mais aussi sur les affaires publiques, quand on le demanderoit, ne voulant point S. M. refuser les remontrances de la compagnie quand elle trouveroit à propos de luy en faire. Surquoy, la compagnie témoigna estre touchée avec sensibilité et admiration de la bonté de S. M., et résolut que l'on feroit une députation du nombre ordinaire d'officiers de la compagnie pour faire des remontrances verbales à S. M., sur le sujet du tiers-et-danger, dont l'on m'a fait l'honneur de me charger. Ainsy, quand je seray à Paris, j'auray l'honneur de recevoir vos ordres, afin de faire venir nos députés, et je puis assurer que notre compagnie usera bien de la permission qu'on lui donne...[2] PELLOT. »

« Pellot, Premier-Président, agit en Cour, ajoute Pavyot, pendant les vacances, de concert avec les députés de la compagnie, et ne manqua pas, à son retour, de rendre compte de leurs démarches. Il marqua que s'étant adressés au Roy, S. M. les avoit renvoyés à Colbert auquel ils avoient représenté vivement, par raisons et par titres authentiques, que l'on ne pouvoit assujettir au payement des bois qui n'y avoient jamais été sujets. Mais ce ministre n'avoit répondu autre chose sinon que ce droit étoit général ; s'étant retran-

---

[1] *Hist. manusc.*, t. II, p. 309.
[2] *Lett., Inst. et Mém.*, t. II, p. 261.

chés à demander une surséance à l'exécution, Colbert leur avoit dit que S. M. ne l'accorderoit point ¹. »

« Je dis un mot, écrivait Pellot à Colbert le 8 décembre 1672, en lui rendant compte d'une audience qu'il venait d'avoir du roi, je dis un mot du tiers-et-danger à Sa Majesté, et que nous avions conféré avec vous et représenté les raisons que l'on peut avoir pour faire voir que ce droit n'est pas général, que je fairois néanmoins exécuter ses ordres dans nostre compagnie à laquelle je ferois connoistre qu'il n'y avoit autre chose à faire qu'à s'en remettre à sa bonté et à sa justice... ² PELLOT. »

Quand les enquêtes eurent appris que les démarches des commissaires avaient été inutiles, elles s'émurent et demandèrent renvoi à un autre jour pour aviser. Le premier président qui craignait quelque éclat, s'y refusa, disant qu'il ne le croyait point convenable dans l'état où étaient les choses. Les enquêtes ayant insisté, le premier président répéta qu'il ne mettrait point l'affaire en délibération. Les enquêtes durent se borner à demander acte de ce refus du premier président ³.

Pellot fit connaître à Colbert cette insistance des enquêtes.

21 décembre 1672 : « Je fis hier raport à nostre Compagnie, les chambres assemblées, de tout ce que j'ay fait auprès de Sa Majesté et auprès de vous sur le sujet du tiers-et-danger, et je finis par dire que j'estimois que la Compagnie n'avoit plus rien à faire dans cette occasion, et que l'on debvoit tout attendre de la bonté et justice de Sa Majesté, laquelle auroit esgard, dans le jugement des instances des particuliers sur cette matière, aux raisons que l'on pourroit avoir

---

¹ *Hist. manusc.*, t. II, p. 303.
² Biblioth. nationale, *Mélanges Colbert*, vol. 162, f° 467. Inédit.
³ *Hist. manusc.*, t. II, p. 314.

pour s'exempter de la généralité du droit. Sur quoy, les enquestes firent instances pour faire mettre l'affaire en délibération ; mais comme je voiois que tout le monde alloit à l'avis de faire des remontrances et que des députez eussent à partir pour cet effet incessamment, je ne voulus point recueillir les voix et tesmoignoi, comme il faut, que je ne croiois pas que l'on pût ny que l'on dût faire ces remontrances qui ne seroint pas bien receues, et que je ne fairois plus délibérer sur cette affaire. Ainsi, Monsieur, elle en demeurera là, quoyqu'elle face, comme je vous l'ay dit, crier beaucoup de gens ; et il sera bien à propos, dans le temps, d'y apporter quelque adoucissement. Cependant, s'il se passe quelque chose de nouveau, je vous en donneray advis et je ne manqueray pas de faire de mon costé tout ce qui dépendra de moy pour le service du Roy et pour vostre entière satisfaction.

« J'ay appris, ajoute-t-il, que vostre santé est beaucoup meilleure, dont j'ay une ioye bien sensible, n'y ayant personne au monde qui s'y interesse plus que moy, qui seray toute ma vie, avec un attachement entier et tout le respect imaginable...[1] PELLOT. »

Réponse de Colbert :

« 20 Janvier 1673... A l'égard du tiers-et-danger, je vous diray seulement que le Roy sera bien ayse que le Parlement de Normandie ne fasse aucune démarche qui puisse luy donner aucune mauvaise satisfaction de sa conduite. Je ne doute pas que vous ne soyez aussi dans ce sentiment ; mais surtout observez avec grand soin qu'il ne paroisse jamais aux conseillers que l'on craigne les délibérations qu'ils peuvent prendre dans les Chambres assemblées. Et aussy, l'intention du Roy est que vous les leur accordiez, toutes les

---

[1] Biblioth. nationale, *Mélanges Colbert*, vol. 162, f° 609. Inédit. Original.

fois qu'ils vous les demanderont, et qu'après leur avoir bien remontré, dans vostre place, ce qui peut estre contraire aux ordonnances et aux intentions du Roy, vous les laissiez dans la liberté de leurs délibérations, parce que, lorsqu'ils se départiront de l'exécution des lois, Sa Majesté saura bien se faire obéir...[1] COLBERT. »

Pellot crut savoir que l'archevêque de Rouen et ses suffragants, pour calmer l'agitation, avaient écrit des lettres circulaires destinées à être lues aux messes paroissiales ; il en avisa Colbert, auquel il attribuait la pensée première de ces lettres, et celui-ci s'empressa de lui répondre :

« Saint-Germain, 26 fevrier 1673. Pour répondre au billet écrit de vostre main, le 19 de ce mois, vous pouvez croire que je ne me suis pas servy de M$^r$ l'archevesque de Rouen [2], pour aucune négociation du tiers-et-danger, ni mesme de la voye que vous m'escrivez que MM. les Evêques ont tenue en écrivant des lettres circulaires aux curés. Pour vous dire la vérité, je ne scais si cette voye peut estre soufferte, vu que, quand mesme on s'en serviroit à bien, et qu'elle ne peust servir à mal, comme elle n'a jamais esté pratiquée dans le royaume, il ne seroit pas à propos de la mettre en usage. MM. les Evesques peuvent bien, pour le spirituel de leurs diocèses, expédier des lettres circulaires, mais non pas pour les affaires du Roy, ni pour celles du public. A l'égard du tiers-et-danger, il n'a été introduit aucune négociation. Les ordres du Roy ne sont autres que de poursuivre l'establissement de ce droit et de faire exécuter avec diligence les jugements qui ont esté rendus par les commissaires-départis. Si quelqu'un a faict icy quelque proposition, on l'a seulement entendue pour en faire rapport au Roy, ainsy qu'on

---

[1] *Lett., Inst. et Mém.*, t. II, p. 265.

[2] Rouxel de Médavy, un ami de Colbert. Il venait de remplacer Harlay de Chanvallon sur le siège de Rouen.

fait de toutes autres choses, sans se départir de l'exécution ponctuelle des jugements rendus...[1] COLBERT. »

§ 4. *Persistance de Colbert. Son âpreté. Soumission du parlement. Colbert lui remet la suite de l'affaire. Création à cet effet d'une chambre de réformation. Pellot est chargé de la composer et de la présider.*

Après avoir, dans chaque généralité, remis à une commission administrative la recherche des bois et des possesseurs soumis au droit, Colbert, ce premier travail achevé et les rôles dressés, crut pouvoir accéder au vœu du parlement. Il pensa qu'il y aurait même intérêt à lui remettre l'affaire, si le parlement consentait à se montrer facile. Une fois donc le sol sujet au droit bien délimité par la commission administrative et les rôles de recouvrement arrêtés et transmis, il confia les solutions de détail à une chambre de réformation, prise au sein du parlement, laissant au premier président le soin de la composer et surtout de la présider. Seulement, Colbert insista auprès de celui-ci pour que le parlement agît promptement et demeurât inaccessible aux sollicitations dont il ne pourrait manquer d'être assiégé :

« Le 9 fevrier 1673. A l'egard de la chambre du tiers-et-danger, vous scavez bien comme il faut agir dans ces sortes d'occasions pour faire en sorte que le Roy tire de cette affaire le secours que Sa Majesté en attend. Pourvu que la chambre agisse ainsy que vous avez faict en tant d'autres occasions pendant que vous serviez comme Intendant dans les provinces, vous ne devez pas douter que Sa Majesté ne lui laisse la connoissance de cette affaire ; mais aussy, vous devez estre assuré que, pour peu qu'elle languisse, ou qu'elle se laisse aller aux recommandations ainsy qu'il se pratique

[1] *Lett., Inst. et Mém.*, t. II, p. 270.

trop souvent, Sa Majesté lui en ostera la commission et la donnera aux commissaires-départis (intendants). Mais vous devez être assuré que je désire fort qu'elle demeure en vos mains...[1] COLBERT. »

Colbert n'insistait pas moins auprès des intendants qu'auprès du premier président.

« A M. de Creil, Intendant à Rouen. S$^t$ Germain, le 24 fevrier 1673. Toutes mes lettres sont pleines de l'importance de l'affaire du tiers-et-danger, et je ne puis en laisser sortir une de mes mains sans vous le marquer encore bien précisément. Il est donc nécessaire pour le service du Roy que, sans perdre un seul moment, vous jugiez tout ce qui est en estat, et que vous y fassiez mettre tout ce qui n'y est pas. Mais il est encore plus nécessaire que, sans aucun retardement, vous teniez la main et obligiez les commis du fermier-général des Domaines qui sont près de vous à les faire exécuter tous incessamment, et, pour cet effet, que vous leur fassiez remettre tous vos jugements, et que vous les obligiez de faire saisir tous les bois des particuliers et de les faire vendre avec la mesme diligence, non seulement pour l'établissement du droit, mais mesme pour la restitution des vingt-neuf années à l'égard de ceux que vous y avez condamnés... Comme la campagne approche, et que le Roy aura besoin de sommes immenses pour pouvoir mettre ses armées en campagne, je vous conjure de contribuer par la diligence aux secours qui sont nécessaires à S. M....[2] COLBERT. »

Il fut question à cette époque d'une sorte de transaction :

« Versailles, le 17 mars 1673. Pour réponse au billet écrit de votre main le 12 de ce mois, la conférence qui s'est tenue chez vous sur le sujet de l'amortissement du droit de tiers-

---

[1] *Lett., Inst. et Mém.*, t. II, p. 176.
[2] Biblioth. des Invalides, manuscrits Colbert, v. G. 90, f° 92. Inédit.

et-danger n'aboutissant à rien qui puisse satisfaire le Roy, ceux des principaux intéressez qui sont à Paris ont fait parler, et se sont expliquez de donner beaucoup plus que les offres qui vous ont été faites. Je vous prie d'entendre seulement ce qui vous sera dit sur cela, et en cas qu'on vous prie de vous charger de cette négociation avec quelques autres officiers de votre Compagnie, il sera nécessaire que vous partiez dez le lendemain, sans attendre le 23 de ce mois, ainsi que vous me l'avez écrit, n'y ayant rien de plus important que de conclure promptement cette affaire pour avoir de l'argent. Je suis tout à vous... [1] COLBERT. »

Réplique de Pellot, du 19 :

« J'ay continué à faire diverses conférences avec des interessez au droit du tiers-et-danger, et les ay excités à faire des propositions qui pussent estre recevables, que le temps y estoit propre, et que dans peu ils y viendroient trop tard. Mais tout ce que j'ay pu faire et dire n'a pas abouti à grande chose, ainsi que j'ay eu l'honneur de vous le mander. Aujourd'huy je doibs conférer avec un plus grand nombre d'interessez, pour voir enfin à quoy ils se voudront porter et la résolution qu'ils voudront prendre ; et demain je partiray d'icy, sans faute, pour aller vous rendre compte moy-mesme de l'estat des choses et vous asseurer que je seray toute ma vie... [2] PELLOT. »

Quand le parlement avait eu enregistré l'édit relatif au tiers-et-danger, Colbert s'était empressé de l'annoncer au roi qui était alors en Lorraine, et l'avait consulté sur le mode à employer pour la perception. Cet impôt serait-il mis en parti? ou le roi se réserverait-il de le percevoir directement?

[1] Biblioth. des Invalides, manuscrits Colbert, v. G. 90, fo 120. Inédit.
[2] Biblioth. nationale, *Mélanges Colbert*, vol. 163, fo 408. Inédit.

*Colbert au Roy :*

« ... L'édit du tiers-et-danger en la Province de Normandie a esté enregistré.

« J'estime que l'on en pourra tirer 4 à 5 millions de livres.

« Il est nécessaire de scavoir si S. M. veut qu'on en traite au sixième de remise, ou si l'on en fera le recouvrement, sans traité. Le traité est plus seur, et les traitans ont plus d'application que des commis qui pourroient y estre establis ; mais peut être que, par receveur, on pourroit espagner quelque chose de la remise.

« Mon avis seroit d'en traiter, j'attendray l'ordre de V. M...[1] COLBERT. »

*Le Roy à Colbert :*

« Bon.

« Bon.

« Comme vous jugerez à propos.

« C'est à vous de juger ce qui est le mieux.

« LOUIS. »

Colbert se décida d'en traiter avec des partisans.

« Nous avons fait ouverture de la Chambre de réformation pour le tiers-et-danger, lui écrivait Pellot le 16 janvier 1674, et nous avons travaillé deux jours qui se sont passez à faire la lecture de la déclaration, convenir de quelque ordre et respondre des requestes. Je crois, Monsieur, que vous en aurez satisfaction, car je la vois en la meilleure disposition du

---

[1] *Lett., Inst. et Mém.*, t. II, p. CCCXXII.

monde pour cette affaire et contribuer en tout ce qu'elle pourra afin que Sa Majesté en tire un prompt secours...[1]
Pellot. »

« La Chambre de réformation de ce Parlement, écrivait-il encore le 22 février suivant, commence à travailler à l'affaire du tiers-et-danger, et si elle n'a quasi rien fait jusques à présent, c'est qu'il n'y avoit personne icy de la part des traitans, pour respondre aux requestes que l'on présentoit. Comme le S<sup>r</sup> S<sup>t</sup> Thorin [2] est venu icy de leur part, les choses iront à present sans retardement. Aujourd'huy, Monsieur, l'on a enregistré un arrest du Conseil à votre rapport, portant que les commissaires de ladite Chambre ne recevront aucune requeste d'opposition au rôle que l'on ne justifie des quitances de payement de cent solz par arpent. L'on faisoit quelque difficulté audit arrest, parce que la plupart desdits rôles qui ont esté signifiés ne sont pas bien faits, et que l'on taxe beaucoup de particuliers sur le pied d'un plus grand nombre d'arpens qu'ilz n'en possèdent, et quelques uns qui ne possèdent du tout point de bois. Cela n'a pas néantmoins empesché ledit enregistrement ; mais ladite Chambre m'a prié de vous escrire, Monsieur, de sçavoir de vous si, quand des particuliers, comme il s'en présente, déclareront qu'ils ne possèdent du tout point de bois et qu'en cas que l'on justifie le contraire, ilz consentent qu'ilz soient confisquez au profit du Roy, et qu'alors d'aucuns qui sont taxés pour un plus grand nombre de bois qu'ils ne possèdent, feront déclaration de la vérité et une pareille soumission (si, dis-je), vous ne trouverez pas bon que l'on décharge les premiers et que les autres ne payent par provision que sur le pied de leur

---

[1] Biblioth. nationale, *Mélanges Colbert*, vol. 169, f° 415. Inédit.

[2] Ce nom est écrit fort diversement dans la correspondance : S<sup>t</sup> Torin, S<sup>t</sup> Thorant, S<sup>t</sup> Orens, S<sup>t</sup> Aurant, etc., etc. C'était un traitant, ou commis de traitant.

déclaration, bien entendu néantmoins que l'on ne s'arrestera à ladite déclaration des derniers que quand elle sera considérablement différente d'avec les rôles? Cette difficulté levée, je n'en prévois pas, et demain nous devons faire quelques réglemens généraux pour le bien de l'affaire; ainsi je ne doute pas, Monsieur, qu'elle n'aille bien vite, avec satisfaction pour sa Majesté et soulagement pour la province. J'attendray vos ordres et seray toujours avec respect...[1] Pellot. »

### § 5. *Correspondance nombreuse.*

Dans le courant des mois de mars, avril et mai 1674, Pellot et Colbert échangèrent de nombreuses dépêches.

Celle de Colbert qui suit, est une réponse à celle de Pellot qu'on vient de lire.

1re. — « Versailles, le 2 mars 1674. Comme l'affaire du tiers-et-danger est maintenant entièrement entre vos mains, je vous prie d'en presser l'exécution, et de la terminer avec la diligence nécessaire, afin qu'elle produise au Roy le secours que sa M$^{te}$ s'en est promis; et pour y réussir, je suis obligé de vous dire qu'il faut sortir de la forme de procéder des compagnies réglées, et qu'il est nécessaire que vous réduisiez les commissaires qui composent la Chambre à suivre la même diligence que les Intendans apportent dans l'exécution des commissions que le Roy leur envoye.

« Quant aux deux questions que vous me faites, vous pouvez décharger sans difficulté celuy qui sera taxé, et qui fera sa déclaration de n'avoir aucun bois, et se soumettra à la perte s'il s'en trouve. Et à l'égard de ceux qui déclareront en avoir une moindre quantité, et qui s'offriront de payer comptant pour celles qu'ils déclareront, vous pourriez

---

[1] Biblioth. nationale, *Mélanges Colbert*, vol. 167, fo 357. Inédit.

encore les décharger en payant ; mais, sur ce point, il est nécessaire que vous observiez s'ils auront donné les facilitez qu'ils sont obligez par l'Edit et arrest pour le mesurage et arpentage de leurs bois, d'autant que, s'ils ont été réfractaires, ils ne peuvent être condamnés trop rigoureusement pour la peine de la contumace. Je suis tout à vous ..¹. COLBERT. »

2ᵐᵉ. — « Versailles, le 9 mars 1674. Je ne doute point que l'affaire du tiers-et-danger étant entre vos mains n'avance ainsi qu'il est nécessaire pour le service du Roy ; mais je ne puis m'empêcher de vous dire en toutes occasions qu'il est de la dernière conséquence d'en tirer un secours considérable dans ces deux mois de mars et avril. Je suis tout à vous ² COLBERT. »

3ᵐᵉ. — « Versailles, le 16 mars 1674. Pour réponse à la lettre que vous avez pris la peine de m'écrire le 13ᵉ de ce mois, je suis bien ayse que l'affaire du tiers-et-danger soit en bon train, et que la chambre ayt commencé à donner des arrêts qui lèvent beaucoup de difficultez. Je vous avoue que j'aurois été bien ayse et qu'il auroit même été nécessaire pour le service du Roy, que vous fussiez demeuré à Rouen jusques au mercredy de la semaine Sᵗᵉ ³, afin de ne point laisser passer aucun jour de travail pour avancer cette grande affaire... ⁴ COLBERT. »

Pendant les vacances de Pâques, Pellot conféra de vive

---

¹ Biblioth. des Invalides, manuscrits Colbert, vol. G., f° 151. Inédit.

² *Ibidem*, f° 169. Inédit.

³ « Au mois de mars ou en avril, échet la semaine sainte en laquelle on ne plaide point, et le Parlement cesse dès le vendredy au matin avant le dimanche des Rameaux jusqu'au lundi d'après Quasimodo, auquel jour est la comparence des juges du Baillage de Caen. » *Recueil des règlements du parlement de Normandie*. Rouen, 1708, chez Robert des Rocques.

⁴ Biblioth. des Invalides, manuscrits Colbert, vol. G. f° 186. Inédit.

voix à Paris. A son retour à Rouen, la correspondance reprend avec une nouvelle activité :

4$^{me}$. — « Paris, le 24 avril 1674. Je n'ay pu répondre jusques-à présent à vos deux mémoires des 13 et 21 de ce mois. L'arrest du 21 mars a été résolu au Conseil du Roy, à mon rapport. Ainsy, quoyqu'il contienne quelque extension des termes de l'Edit, l'intention du Roy est qu'il soit exécuté, et vous scavez mieux que personne qu'en matière d'affaires de finances, la fin que l'on doit se proposer est de tirer quelques secours, de les tirer promptement et d'épargner les frais. Et quoy que les conseillers de la Chambre qui ont peut-être intérest dans cette affaire et dans l'extension portée par cet arrest vous puissent dire, si vous considérez par vous mesme, sans leur assistance, ce qu'il comprend, vous trouverez assurément qu'il sera plus avantageux que tous ceux qui ont de petits boquetaux près de leurs maisons payent promptement dix livres pour chaque arpent, que de faire un procès en forme pour chacun. Je vous prie donc de faire enregistrer promptement cet arrest, et de le faire exécuter incessamment; et comme il est nécessaire que nous tirions un prompt secours de l'affaire du tiers-et-danger pour fournir aux dépenses de la campagne, je vous prie de vous appliquer tout de bon à l'avancer. Je suis tout à vous... [1] Colbert. »

5$^{me}$. — « Paris, le 4 mai 1674. Vous faites bien de laisser exécuter le dernier arrest du Conseil qui a été donné pour le tiers-et-danger. Je feray raport de la proposition que vous me faites de donner une Déclaration conforme à cet arrest, et vous feray scavoir la résolution qui aura été prise sur ce sujet. Je suis tout à vous... [2] Colbert.

---

[1] Biblioth. des Invalides, manuscrits Colbert, vol. G. 90, f° 293. Inédit.
[2] *Ibidem*, f° 343. Inédit.

6me. — « Paris, le 11e may 1674. Pour réponse à vostre billet du 6e de ce mois, je vous ay expliqué par mes précédentes tout ce qu'il y avoit à faire pour le tiers-et-danger ; je vous prie seulement de vous donner tout le mouvement qui pourra dépendre de vous pour avancer ce recouvrement...[1] COLBERT. »

7me. — Colbert à Pellot, le 21 juin 1674 : « Je vous prie de continuer à donner toute votre application à l'affaire du tiers-et-danger, étant très important d'en avancer le recouvrement avec toute la diligence possible. Je suis tout à vous...[2] COLBERT. »

8me. — Pellot à Colbert, le 24 juin 1674 : « J'ay receu aujourdhuy le billet du 21 que vous m'avez fait l'honneur de m'escrire. Nous travaillons sans discontinuation à l'affaire du tiers-et-danger, afin que le recouvrement s'avance et qu'il se face sans vexation. Je suis mesme résolu (ainsi Monsieur, que vous l'avez trouvé à propos et que vous vous estes expliqué à mon nepveu La Verrière), de rester ici pendant les vacations [3] afin que ce recouvrement ne retarde point et pour mettre ordre aux autres affaires qui regardent le service de Sa Majesté...[4] PELLOT. »

## § 6. *Neuf autres lettres relatives aussi au tiers-et-danger.*

Plaçons ici neuf autres lettres qui vont nous montrer encore mieux avec quelle furie, le mot n'est que juste, Colbert, pendant tout l'été de 1674, excita Pellot à poursuivre le recouvrement du tiers-et-danger.

[1] Biblioth. des Invalides, manuscrits Colbert, vol. G. 90, fo 374. Inédit.
[2] *Ibidem*, fo 542. Inédit.
[3] On verra plus loin que Pellot, cette année-là, présida en effet la chambre des vacations. Liv. XIV, chap. I, p. 323.
[4] Biblioth. nationale, *Mélanges Colbert*, vol. 169, fo 396. Inédit. Original.

1ʳᵉ. — « A M. Pellot. A Sceaux, le 29 juin 1674. Pour réponse à votre billet du 24ᵉ de ce mois, je vous prie de tenir la main à ce que la ville de Rouen paye dans le terme qu'elle a promis les deux cent quarante mille livres qu'elle doit au Roy. Et pour ce qui concerne le tiers-et-danger, je vous prie pareillement de donner toute votre application à ce que le recouvrement s'en fasse avec le plus de diligence qu'il se pourra. Mais je trouve que les traitans commencent à diminuer notablement ce qui en doit provenir ; et comme le Roy a fait état d'en tirer un grand secours, faites en sorte qu'il produise tout autant qu'il sera possible...[1] COLBERT. »

2ᵐᵉ. — « 13 juillet 1674. A l'égard du tiers-et-danger, je vous prie de tenir la main à ce que le recouvrement continue d'être fait avec la plus grande diligence qu'il sera possible ; mais je m'étonne qu'il paroisse, par votre mémoire, que vous voulliez le surseoir à l'égard des officiers d'armée, et de ceux qui sont à la garde des côtes, d'autant que Sa Mᵗᵉ n'a voulu donner aucune surséance à ces deux sortes de personnes, quelque instance qu'on luy en ayt fait. Je suis tout à vous...[2] COLBERT. »

3ᵉ « A Versailles, le 27 juillet 1674. Pour réponse au billet que vous m'avez écrit du 19ᵉ de ce mois, je vous réitère toujours que l'intention du Roy et le bien de son service veulent que vous teniez la main à avancer le recouvrement du tiers-et-danger, afin que Sa Mᵗᵉ en puisse tirer les secours auxquels elle s'est attendue...[3] COLBERT. »

4ᵉ. — « A Versailles, le 10ᵉ aoust 1674. Pour réponse au billet que vous avez pris la peine de m'écrire le 2 de ce mois, vous pouvez sans difficulté venir à Paris pendant le temps

---

[1] Biblioth. des Invalides, manuscrits Colbert, vol. G., f⁰ 561. Inédit.
[2] *Ibidem*, f⁰ 593. Inédit.
[3] *Ibidem*, f⁰ 622. Inédit.

que le Parlement de Rouen cesse et ne vous laisse aucune occupation ; et vous ne devez pas douter que je n'aye toujours bien de la joie de trouver des occasions de vous asseurer de mon estime et de mon amitié; mais je vous prie de donner si bien vos ordres, avant votre départ, que l'affaire du tiers-et-danger ne soit point interrompue et qu'on apporte toute la diligence possible pour avancer ce recouvrement. Je suis tout à vous...[1] COLBERT. »

5e. — « Sceaux, le 5 octobre 1674. Je vous prie de vous appliquer toujours à avancer autant qu'il vous sera possible le recouvrement du tiers-et-danger, et considérez qu'il faut que le Roy en tire un grand secours pendant cet hiver...[2] COLBERT. »

6e. — « A St Germain, le 13 novembre 1674. Comme le Roy a résolu, au dernier conseil, de faire finir l'affaire du tiers-et-danger dans le courant de cet hiver, Sa Mte m'ordonne de vous dire qu'il est nécessaire que vous y donniez une entière application, afin de la faire avancer avec plus de diligence qu'il n'a été fait jusqu'à présent; j'escris au Sr Mascrani et au Sr de St Aurant, qui sont sur les lieux, de s'appliquer plus fortement à tout ce qui peut être de leurs fonctions pour achever ce recouvrement. Je vous prie de me faire exactement scavoir tout ce que vous ferez sur cette affaire ; et en cas que vous ayez besoin de quelque ordre, arrest du Conseil ou telle autre chose que ce soit pour presser les redevables, en m'en donnant avis, je ne manqueray pas de vous l'envoyer. Je suis tout à vous...[3] COLBERT. »

7e. — « A St Germain, le 19 novembre 1674. Je vous envoye

[1] Biblioth. des Invalides, manuscrits Colbert, vol. G. 90, fo 659. Inédit.
[2] *Ibidem*. Inédit.
[3] *Ibidem*, fo 924. Inédit.

cy-jointe, une déclaration du Roy du 7ᵉ de ce mois, concernant le tiers-et-danger, avec les lettres de cachet y jointes; je vous prie de faire remettre entre les mains de Mʳ le Procureur général du Parlement de Rouen le paquet que je vous envoye pour luy à cachet volant ¹, et au surplus de tenir soigneusement la main à ce que la d. déclaration soit promptement enregistrée, suivant les ordonnances de S. M. Je suis tout à vous... ² COLBERT. »

8ᵉ. — « Pellot à Colbert, le XXIIᵉ novembre 1674. J'ay receu, Monsieur, deux lettres du 13ᵉ et 19ᵉ que vous m'avez fait l'honneur de m'écrire, et une déclaration du Roy touchant le tiers-et-danger; je la feray enregistrer incessamment au Parlement; elle facilitera beaucoup le recouvrement, et sera, mesme advantageuse aux particulliers qui possèdent des bois, pour la sûreté des sommes qu'ils payeront pour leur taxe. Demain, le Sʳ de la Verrière, mon neveu, grand maistre des Eaux et Forests de cette Province, doit partir d'icy, et avec luy le Sʳ de Sᵗ Thorant; nous prendrons les résolutions nécessaires afin que cette affaire ne reçoive point de retardement. Je suis... ³ PELLOT. »

9ᵉ. — « A Sᵗ Germain, le 30 novembre 1674. Je n'ay point encore veu le Sʳ de Sᵗ Aurant; sur tout ce qui concerne le tiers-et-danger, je ne scay pas ce qu'il me dira; mais je vous puis dire seulement que je n'y ajouteray pas grande foy, car c'est un homme de peu d'industrie, et qui n'a pas l'activité et les qualitez nécessaires pour faire valoir une affaire qui est

---

¹ Lettre à cachet volant : Une lettre sur laquelle on a mis de telle sorte l'empreinte d'un cachet, que la lettre ne soit pas tout à fait fermée, laissant la liberté de la cacheter tout à fait quand l'on voudra. Dict. de Richelet.

² Biblioth. des Invalides, manuscrits Colbert, vol. G. 90, fº 947. Inédit.

³ Biblioth. nationale, *Mélanges Colbert*, vol. 169, fº 396. Inédit.

bonne en soy. J'en conferreray avec vous, lorsque vous serez icy, et je serois bien aise que M. Mascrani pût venir pour examiner à fond cette affaire avec vous et luy. Je suis tout à vous... [1] COLBERT. »

[1] Biblioth. des Invalides, manuscrits Colbert, vol. G. 90, f⁰ 999. Inédit.

## CHAPITRE CINQUIÈME

APPEL DE L'ARRIÈRE-BAN DE LA NOBLESSE (1674). EXTINCTION
DÉFINITIVE DU TIERS-ET-DANGER.

---

*Ce que c'était que l'arrière-ban de la noblesse. Insuccès de sa levée sous Louis XIV. Causes de cet insuccès. Correspondance de Pellot, à ce sujet, avec Colbert. — Procédés ténébreux dont la royauté usait envers certains parlementaires.*

En 1674, la France était au plus fort de la lutte qui avait suivi la rupture de la paix d'Aix-la-Chapelle. L'Espagne venait de nous déclarer la guerre et s'était unie à la Hollande, à l'électeur de Brandebourg et à l'Empereur contre lesquels nous luttions depuis deux ans. Pour faire face à cette coalition redoutable, il fallait de l'argent, et nous venons de voir Colbert pressant entre autres l'impôt du tiers-et-danger.

Mais la France n'avait pas un moindre besoin d'hommes, car elle eut, cette année-là, à mettre sur pied quatre armées à la fois. Ce fut pour y satisfaire, que le roi, dans le courant de l'été 1674, décida d'ajouter à ses troupes régulières une force depuis longtemps hors d'usage, l'arrière-ban de la noblesse [1]. Cette affaire de l'arrière-ban se trouve donc liée

---

Camille Rousset, *Hist. de Louvois*, t. II, p. 94.

intimement en Normandie à l'affaire du tiers-et-danger.

L'appel de l'arrière-ban de la noblesse était un souvenir lointain du temps où le roi, sans armée permanente et n'étant que seigneur suzerain, avait droit, en temps de guerre, de réclamer le service militaire de tous les possesseurs de fiefs [1]. Mais le système des armées permanentes avait, depuis longtemps, dispensé la royauté de recourir à ces auxiliaires, braves, mais indisciplinés, que leur témérité avait souvent conduits à de sanglants désastres. D'ailleurs, tout ce que la noblesse comptait d'hommes en état de porter les armes étant déjà dans les camps, que pouvait y ajouter l'arrière-ban ?

Néanmoins, un ordre du 17 août 1674 appela pour deux mois la moitié de la noblesse en état de porter les armes appartenant aux provinces situées à moins de cent lieues des frontières que menaçait l'ennemi [2]. Or, la Normandie était dans ce cas. C'étaient les intendants qui avaient la haute main pour toutes les levées d'hommes. Ceux qu'ils désignèrent pour l'arrière-ban eurent un mois pour s'équiper, et durent le faire à leurs frais [3]. Seulement, les manoirs de Normandie comptant bien des familles malaisées, le roi autorisa les intendants à les aider. Vauban avait mauvaise opinion de l'arrière-ban; la misère des nobles de nos campagnes l'effrayait. « L'arrière-ban, écrivait-il à Louvois, qui paraît avoir eu l'idée première de sa levée, ne pouvant être formé que de noblesse fort gueuse et incommodée, ne pourra être que mal équipé ; or, qui est sans équipage à l'armée, est bientôt accablé de misère et de maladies [4]. »

Le maréchal de Créqui fut mis à la tête de l'arrière-ban [5],

---

[1] Camille Rousset, *Hist. de Louvois*, t. II, p. 94.
[2] *Ibidem.*
[3] *Ibidem.*
[4] Lettre de Vauban à Louvois, du 28 août 1674. Dépôt de la guerre, vol. 406, f° 209.
[5] *Hist. de Louvois*, t. II, p. 97.

qui eut ordre de se trouver réuni à Nancy au commencement d'octobre [1]. Il répondit mal à ce qu'on s'en était promis. Le roi en avait espéré 6,000 hommes utiles ; tout au plus le maréchal put-il, de ces 6,000 hommes, former 25 escadrons de 80 chevaux chacun [2], soit un total de deux mille cavaliers qu'il envoya, sans autre apprentissage, à l'armée de Turenne. Celui-ci, après avoir, au mois de juin, gagné la sanglante bataille de Sinzheim, était alors en Alsace, faisant face, à l'aide de son génie, aux forces de l'électeur de Brandebourg et de l'Empereur qui, trois fois plus nombreuses, menaçaient de l'écraser. Aussitôt qu'il eut tâté de l'arrière-ban, frappé de son défaut d'expérience et de discipline, il demanda qu'on l'en débarrassât. Et comme la réponse tardait, il prit sur lui de le renvoyer sur l'heure [3]. Partout où ils passèrent, ils commirent des excès dont se plaignaient les intendants.

Créqui n'en persista pas moins à vouloir s'en servir. Mal lui en prit. Comme ils ne savaient pas se garder, un jour, près de Lunéville, tout l'arrière-ban de l'Anjou fut enlevé [4]. Une autre fois, deux escadrons de la noblesse de Bourgogne laissèrent piller, près de Metz, la vaisselle d'argent du maréchal [5]. Ce fut le coup de grâce. « Il seroit difficile, écrivit alors ce dernier à Louvois, de faire comprendre au Roy la peine que donnent tant de gens peu habitués au commandement, et qui ne peuvent souffrir à l'armée une pauvreté qu'ils supportent chez eux. Ils comptent que, depuis le 19 novembre, les deux mois que le Roy leur avoit demandés sont accomplis [6]. » Ils furent bientôt licenciés en effet.

---

[1] *Hist. de Louvois*, t. II, p. 97.
[2] *Ibidem.*
[3] *Ibidem.*
[4] *Ibidem.*
[5] *Ibidem.*
[6] *Ibidem.*

Une lettre de Pellot nous apprend que l'arrière-ban de Normandie était réuni à Rouen au milieu de septembre pour la revue de départ, fort mécontent de laisser derrière lui l'impôt du tiers-et-danger. Son irritation était grande ; et Pellot insistait pour qu'on les ménageât, car, à ce moment, se découvrait la trahison du chevalier de Rohan, dont la Normandie avait failli être le théâtre. La Tréaumont, qui venait de parcourir cette province, y cherchant des appuis et exploitant le mécontentement qu'y suscitait le tiers-et-danger, avait eu bien soin de se trouver à Rouen en même temps que l'arrière-ban, prêt à profiter d'une révolte, si, d'aventure, la noblesse fût allée jusque-là.

Aussi Pellot vit-il avec plaisir partir l'arrière-ban. Juste en même temps, le 12 septembre, La Tréaumont venait se faire tuer à Rouen, par un des gardes qui procédaient à son arrestation, presque sous les yeux du premier président.

Celui-ci intercéda auprès de Colbert en faveur de l'arrière-ban et finit par obtenir une sursèance au paiement du tiers-et-danger, mais une sursèance de quelques semaines seulement, car Colbert ne voulut jamais entendre parler d'une remise de droits. C'était se montrer bien rigoureux envers de pauvres gentilshommes qui, appelés à l'improviste, quittaient tout pour le service du roi. Trente-quatre ans plus tôt, la royauté avait été plus généreuse quand, dans un cas semblable, elle avait, par un édit du mois de novembre 1639[1], suspendu d'une manière absolue toutes poursuites contre eux, pour quelque cause que ce soit.

« Pellot à Colbert. Rouen le 13 septembre 1674. Toute la noblesse de l'arrière-ban s'est assemblée icy. Il y en a quelques-uns qui ont fait assez de bruit contre le tiers-et-danger, et qui, mesme, au lieu de songer à marcher, ont parlé de député au Roy. Mais M<sup>r</sup> de Beuvron leur a fait

---

[1] *Recueil des anciennes lois françaises,* t. XVII, à sa date.

entendre comme il faut qu'il les feroit arrester. Moy, de mon costé, je leur ay dit qu'ils devoient attendre tout ce qui estoit raisonnable de la bonté et de la générosité du Roy, en bien servant et tesmoignant le zèle qu'ils doibvent. D'ailleurs, par ce que nous a dit Latréaumont qui a esté arresté, et qui est mort, et par les choses que nous avons apprises d'ailleurs, nous avons sceu qu'il se servoit du tiers-et-danger et des exécutions qu'il supposoit meschamment être plus nombreuses et plus violentes qu'elles ne sont, pour tascher d'esmouvoir la noblesse et la détourner de ses bons desseins. Ainsy, je crois que S. M., dans l'estat où sont les choses, peut donner une main levée des saisies pour le tiers-et-danger à ceux qui ont marché présentement pour l'arrière-ban et une surséance de poursuite pour ceux qui doivent marcher au printemps prochain, pour ceux aussi qui sont actuellement dans le service et qui gardent la coste. Cela paroitra seulement procéder de la bonté et justice de S. M., tout le monde estant dans l'obéissance, et cela nuira très peu au recouvrement; car il y a peu à exiger, maintenant, d'eux, et l'on continuera les poursuites contre les autres qui ne sont pas de cette qualité, afin que l'on ne se persuade pas que le recouvrement doit cesser... [1] Pellot. »

On lit ce qui suit, de la main de Colbert, en marge de cette lettre : « A suspendre pour six semaines, par ordre verbal, sans discontinuer. »

Autre lettre, deux jours après :

« Rouen, 15 septembre 1674. Toute nostre noblesse de l'arrière-ban part d'icy tous les jours. Je crois que, demain ou après demain, il n'y en aura plus guères. Elle s'en va satisfaite et bien intentionnée. Ceux qui doivent pour le tiers-et-danger espèrent de la bonté de S. M. que, pendant

---

[1] *Correspondance administ.*, t. III, p. 221.

qu'ils serviront, ils ne seront pas inquiétés. Ainsi, je crois que, dans cette conjecture, il est bien à propos que S. M. donne surséance non pas seulement à ceux qui marchent, mais aussi à ceux qui doivent marcher pour le printemps prochain et aux autres qui servent dans les armées ou sur les côtes, et que l'on prenne pour ce sujet les moyens qui feront moins de préjudice au recouvrement. Il ira tousjours à l'égard des ecclésiastiques, officiers et bourgeois, et je ne crois pas qu'il soit de cette sorte retardé de 100 ou 120,000 livres ; car beaucoup sont déjà entrés en payement, et ceux qui restent de la qualité susdite n'ont pas beaucoup à payer à ce qu'il peut paroistre.

« Il y a grande apparence que Latréaumont estoit venu icy pendant l'assemblée de la noblesse pour la convocation de l'arrière-ban, pour l'esmouvoir sous le prétexte de tiers-et-danger, et l'obliger à députer et à se remuer. Beaucoup m'ont dit qu'il les excitoit à se servir de cette conjecture. Quoiqu'il eut esté à souhaiter qu'il ne fut pas mort si-tost, afin que l'on eut fait une exemplaire justice et que l'on eut connoissance de ses complices, l'accident qui est arrivé ne laisse pas de faire un bon effet, et rend un chacun sage, puisque l'on voit que l'on ne peut guères rien entreprendre contre le service de S. M. que l'on ne soit bientost puni et que la chose ne se découvre... [1] Pellot. »

Cette seconde lettre fit sur Colbert plus d'effet que la première, et, en définitive, le premier président finit par obtenir une certaine latitude, ainsi qu'en témoigne sa dépêche du 26 septembre 1674 :

« L'affaire du tiers-et-danger va tousjours et l'arrière-ban ne l'a guères ralentie ; le S$^r$ Saint-Orin nous a escrit, de

---

[1] *Correspondance administ.*, p. 222. Le dernier paragraphe de cette lettre se trouve reproduit presque textuellement dans une lettre de Pellot à Louvois du même jour. Au livre suivant, à sa date, p. 335.

vostre part, sur ce sujet, qu'il falloit en user avec prudence avec ceux qui seront dans les armées, ce que nous observerons, et tascherons de trouver des ajustements, afin que le recouvrement ne soit guères retardé et que l'on ne se plaigne pas... [1] Pellot. »

Une fois l'arrière-ban liquidé, Colbert s'occupa de tirer du tiers-et-danger un second et dernier profit. Il l'obtint par rachat :

« En 1675, le Roy donna un édit qui offrit le rachat du droit, moyennant 20 livres qu'on dut lui payer par arpent de bois taillis et 60 livres par arpent de bois de haute futaye ; et pour ceux qui avoient esté aliénés par S. M., la moitié de ces sommes. Ce fut la conclusion de cette affaire, qui duroit depuis 1669... [2] »

A ce sujet, Pellot écrivait à Colbert :

« Nous n'obmettons rien pour avancer le recouvrement du tiers-et-danger qui va bien maintenant, et l'on paye de tous cotez. M. le comte d'Armagnac, M. le comte d'Harcourt payent aussi bien que M. l'arch. de Rouen et d'autres gens considérables. Il est vray que les taxes des deux premiers ne sont pas trop fortes. Nous faisons beaucoup d'accommodements pour les termes, le tout dans la seule vue du bien de l'affaire, et pour la faire finir dans cet hyver ou bien quelque temps après, afin que l'on n'en parle plus que comme d'une chose faite... [3] Pellot. »

C'est dans cette même lettre qu'au sujet d'une autre affaire (nous n'avons pu découvrir de laquelle il peut s'agir), Pellot s'exprime en des termes qui commandent l'attention :

« ... Les députez de ce Parlement sont tousjours à Paris

---

[1] *Correspondance administ.*, t. III, p. 223.
[2] *Hist. manusc. du parlement*, t. II, p. 315.
[3] *Correspondance administ.*, t. III, p. 226.

qui s'ennuient. Ils devoient vous aller voir à S¹ Germain, pour scavoir vostre réponse sur la déclaration. Je ne crois pas que l'on y ayt beaucoup à changer ; l'on est résolu à la poursuivre... pourvu que l'on permette à la chambre de ne se tenir pas à la signer ; *et il ne nuira pas que S. M. fasse quelque gratification aux commissaires de la chambre ; je vous en envoyerai la liste, et vous fera y scavoir ce que je croiray qu'il faudra faire...* ¹ Pellot. »

Cette lettre est à rapprocher du document suivant, qui contient la preuve la plus authentique que l'argent joua souvent un rôle dans les questions d'enregistrement.

« Au Roy, Paris, 5 may 1672. Le Parlement (de Paris) enregistra, vendredy dernier, deux édits de l'aliénation des domaines... Cela s'est passé ainsy que V. M. pouvoit le désirer. Le Procureur général a servy à son ordinaire ; le Premier-Président et les autres Présidents de même... Je ne sçais si Vostre Majesté estimeroit du bien de son service de donner quelque gratification aux rapporteurs de ces édits, à quelques uns des plus anciens conseillers et à ceux qui ont le mieux servy. Peut-estre que 12 ou 15,000 livres distribuées ainsy feroient un bon effet pour les autres affaires qui se pourront présenter à l'avenir... ² Colbert. »

Réponse du roi, en marge :

« Je suis très ayse que les édits soyent vérifiés et que chacun ayt fait son devoir. Vous en pouvez témoigner ma satisfaction à chacun en particulier ; quand l'occasion s'en présentera, je vous permets de faire ce que vous jugerez bon pour mon service. A l'égard des gratifications, prenez seulement garde que cela ne tire à conséquence pour les suites ³. »

---

¹ *Correspondance administ.*, t. III, p. 226.
² *Ibidem*, t. V, p. 495.
³ *Ibidem*.

Il semblerait résulter de la lettre suivante de Pellot que Berrier qui passait pour avoir inspiré à Colbert la résurrection du tiers-et-danger [1], aurait été bien aise de s'en affranchir lui-même :

« Mʳ Berrier, en revenant de Basse-Normandie, passera à Argeronne le 10ᵉ du prochain où j'iray conférer avec luy pour l'affaire du tiers-et-danger, qui est sur ses fiefs, afin de la finir entièrement, ce qui se faira par un roolle de modération pour les grosses taxes, et ceux qui méritent quelques considérations, car il est bon, Monsieur, de faire cesser dans la province ce recouvrement avec la douleur et peine qu'il cause... [2] Pellot. »

On verra plus loin [3] que Pellot, pendant sa première présidence, fit en Basse-Normandie d'importantes acquisitions de domaines engagés, dont l'existence dut lui être révélée par des gens au fait d'opérations de cette nature. Ne fût-ce point à Berrier qu'il dut ces révélations, qui le mirent à même d'acquérir, comme nous le verrons plus tard, à des conditions sans doute avantageuses, des portions considérables de domaine public engagé?...

---

[1] « En ce temps-là (septembre 1686), mourut Berrier qui avoit été l'instrument de Mʳ Colbert pour inventer et faire réussir tous les moyens par lesquels il tira de la France de si prodigieuses sommes d'argent... Le Roy lui avoit donné des commissaires, et l'on doutoit qu'il put se tirer d'affaire sans rendre beaucoup d'argent... » *Mém. du marquis de Sourches*, t. II, p. 175.

[2] Biblioth. nationale, *Mélanges Clairambault*, vol. 796, fᵒ 675. Inédit.

[3] Aux chap. vii, viii et ix du livre XVII.

## CHAPITRE SIXIÈME

*Le marquis de Roquelaure en Normandie. — Une flotte hollandaise en croisière sur les côtes de Normandie (1674). — Dangers que court la province. — Correspondance de Pellot avec Colbert.*

Au milieu de l'extrême agitation que suscitaient le tiers-et-danger et l'arrière-ban, le marquis de Roquelaure fut envoyé en Normandie avec un haut commandement.

« Le 12 mai 1674 [1], il vint présenter au Premier-Président la commission qui lui donnoit un haut commandement en Normandie, avec droit de siéger au Parlement et d'y avoir voix délibérative. Cette commission fut enregistrée, et, à quelques jours de là, il vint, à la grand'chambre, occuper son siège de conseiller un jour qu'on y mettoit à exécution une condamnation, à l'amende honorable [2], contre un individu déclaré coupable d'avoir volé les boutons d'argent d'un juste-au-corps, dans la grand'Chambre, l'audience tenante... [3] »

Gaston-Jean-Baptiste, celui-là même que son esprit plaisant a rendu célèbre, alors marquis et bientôt duc de Roquelaure, né en 1619, du même âge par conséquent que Pellot, avait hérité de la valeur de son père, un des fidèles compagnons de Henri IV, dans le carrosse duquel il

---

[1] Registre secret du parlement, année 1674.
[2] Amende honorable : peine accessoire de l'emprisonnement et autres.
[3] *Hist. manusc.*, t. II, p. 112.

était lors de l'attentat de Ravaillac [1], et l'un de ceux qui avaient contribué le plus à sa conversion. « Malheureux, avait-il dit un jour à un ministre qui pressait le roi de rester huguenot : mets donc dans la balance d'un côté le royaume de France, de l'autre les psaumes de Marot, et vois qui des deux l'emportera?... [2] » Quant à Gaston, il s'était, fort jeune, distingué dans toutes les guerres du temps ; demeuré fidèle pendant la Fronde, blessé grièvement en 1652 au siège de Bordeaux, il venait de se faire remarquer dans la guerre de Hollande [3].

Il était chargé de s'opposer en Normandie à l'attaque dont on croyait cette province menacée par mer.

Toutes ses côtes étaient gardées par des milices levées dans la province, sous le commandement de vieux gentilshommes, glorieux débris des anciennes armées.

Son séjour en Normandie fut de courte durée, car le danger à peine passé, il fut nommé gouverneur de la Guyenne après d'Albret, à la suite d'une terrible révolte dont nous dirons un mot, qui, en 1675, ensanglanta Bordeaux [4]. Roquelaure ne devait pas survivre à Pellot et à Colbert, étant mort la même année qu'eux.

Nous allons le trouver jouant aux côtés du premier président un rôle important dans le procès du chevalier de Rohan.

Afin de parer à tout danger du dehors et du dedans, Roquelaure, en l'absence de Montausier, eut, avec l'aide de Beuvron et de Thorigny et les conseils de Pellot, à recourir à des moyens énergiques, et celui-ci avait soin de tenir Colbert au courant. C'est de ce grave épisode qu'il est question dans les lettres qui suivent :

[1] Weiss, *Dictionnaire historique*, au nom de Roquelaure.
[2] *Ibidem*.
[3] *Ibidem*.
[4] Voir ci-après le chap. 1 du liv. XV.

« A Rouen, ce 8 mars 1674. Je me rendray, Monsieur, à Paris la veille de Pasques-Fleuries pour recevoir vos ordres, vous entretenir de ce qui se passe icy, et vous demander vostre protection pour cette ville, afin qu'elle puisse avoir du soulagement dans toutes les diverses demandes d'hommes et d'argent que l'on luy fait et les contraintes que souffrent les habitans de tous costez, dans le dessein où elle est de donner le secours qu'elle pourra à Sa Majesté dans les grands besoings que l'on scait qu'elle a. J'obligerai les habitans d'y envoyer en mesme temps des députez, avec pouvoir à fin de terminer les choses suivant vostre satisfaction. Je suis... [1] PELLOT. »

Le bruit courait que les Hollandais s'étaient assuré un appui dans la province, et n'auraient qu'à s'y montrer pour qu'une révolte y éclatât. Le premier président s'empressa d'en informer Colbert dans une lettre du 25 avril. En même temps, il lui soumit l'idée que, pour parer au danger, le roi ferait bien d'envoyer en Normandie plus de troupes et d'y suspendre la poursuite du tiers-et-danger. Colbert s'empressa de lui remonter le moral :

« Pour réponse à vostre billet du 25 avril, lui écrivit-il le 27, sur les avis qui ont été donnés des offres qui ont été faites au Comte de Monterey [2], je vous diray seulement qu'il est difficile que, dans une aussi grande province que la Normandie, il n'y ait quelques foux ; mais, par la connaissance que je puis avoir de tout ce qui se passe dans cette province, je ne vois aucune disposition à mauvaise volonté de la part des peuples. Ce n'est pas que vous, comme vous êtes sur les lieux, dans une grande et principale fonction, vous devez en avoir beaucoup plus de connais-

---

[1] Biblioth. nationale, *Mélanges Colbert*, vol. 167, f° 427. Inédit.
[2] Gouverneur des Pays-Bas espagnols. Zuniga de Monterey était fils de don Louis de Haro, ministre de Philippe IV, qui avait représenté l'Espagne au traité des Pyrénées.

sance que moy ; mais si, sur un simple avis donné sans fondement, nous venions à suspendre ce qui donne le mouvement aux grandes armées et à la puissance du Roy, il n'y auroit peut-être rien qui fut si préjudiciable à son service, parce que nous enseignerions aux peuples ce qu'ils pouroient faire, et priverions, en même temps, les armées des secours qui les doivent faire agir. C'est pourquoy, il se faut bien donner de garde de suspendre le recouvrement du tiers-et-danger. Ce n'est pas que, dans la discussion, et dans les faits particuliers, vous ne puissiez suspendre quelque poursuite que vous estimeriez plus importante et plus délicate. Je vous conjure toujours de presser les habitans de la ville de Rouen de payer ce qu'ils ont promis... [1] Colbert. »

Et le 4 mai suivant :

« Pour réponse au billet que vous avez pris la peine de m'écrire le 29e du mois passé, je suis de votre sentiment qu'il n'y a aucun fondement aux avis qui ont été donnez des offres faites au Sr Comte de Monterey ; mais il est toujours bon d'observer ce qui se passe dans une province aussi considérable que la Normandie, particulièrement à l'égard de ceux de la R. P. R., lesquels, quoyque bien intentionnez, doivent toujours être observez, surtout dans un temps de guerre contre la Hollande... [2] Colbert. »

« Je crois, lui écrivait-il encore à quelques jours de là, le 11, que vous faites fort bien de prendre occasion d'aller passer les festes [3] à Dieppe, étant bien à propos de raffermir

---

[1] Biblioth. des Invalides, manuscrits Cobert, vol. G. 90, fo 309. Inédit.

[2] *Ibidem*, fo 343. Inédit.

[3] « En may ou en juin échet la feste de l'ascension de N. S., et le Parlement cesse le vendredi avant la Pentecôte jusques au lundi d'après la Trinité, auquel jour est la comparence des juges du bailliage du Cotentin, et six semaines après est la comparence des juges du bail-

les esprits des habitans de cette ville, ce que toutes les visittes qui leur sont rendues par les principaux de la province pourront produire. »

Et le 16 : « Toute la flotte de Hollande étoit le 6 de ce mois, à Schoonveld [1]; on la dit estre puissante, tant en vaisseaux qu'en petits bâtiments plats pour servir aux descentes, en armes, munitions, et en infanterie et cavalerie qui sont embarquées, en sorte qu'il y a lieu de croire qu'ils ont un dessein formé ; et c'est dans le cours de ce mois et du suivant qu'il faut être extraordinairement sur ses gardes... [2] COLBERT. »

La flotte hollandaise resta quinze jours en vue des falaises de Caux. Ce fut un instant aussi critique que solennel ; tout le monde croyait à une invasion. Le premier président s'était joint aux autorités militaires ; et ce fut un jour de grand soulagement, celui où l'on apprit que l'ennemi venait de lever l'ancre, pour aller jeter une même inquiétude sur un autre littoral. Pellot n'eut rien de plus pressé que d'annoncer l'heureuse nouvelle à Colbert :

« A Rouen, ce 5 juin 1674. Je scai que Mr de Beuvron vous mande les nouvelles de Dieppe ; aussi, Monsieur, je crois ne vous en debvoir pas importuner. Les nouvelles d'hier au soir portent que la flotte hollandaise, après avoir esté près de onze jours sur les costes d'Angleterre, à la hauteur à peu près de celles de Caux, a fait voile, hier sur les six heures du matin, après avoir tiré force coups de canon pour signal du départ, et a pris la route de l'ille de Vuit [3], de

---

liage d'Alençon. » Appeaux, *Recueil des règlements du parlement de Normandie*.

[1] Petit fort de Hollande, à cinq lieues de Rotterdam.

[2] Biblioth. des Invalides, manuscrits Colbert, vol. G. 90, f° 389. Inédit.

[3] Wight.

sorte que l'on n'a plus beaucoup à la craindre maintenant sur les costes de Caux, et l'on nous renvoyera bientost nos cinq cents hommes de milice de Rouen. M̄ de Beuvron fait très-bien le service à Dieppe, et l'on ne peut pas mieux s'en acquitter. Il a une table de vingt à trente couverts où les gentilshommes viennent du costé de la basse-Normandie. M̄ de Roquelaure, et M̄ de Torigny sous luy, font bien, aussi, leur debvoir. Je suis... [1] PELLOT. »

Réponse de Colbert, le 15 juin : « Je suis bien aise que les cinq cens hommes envoyez de Rouen à Dieppe, soient retournez dans leurs maisons; et comme le passage de l'armée hollandaise dans la Manche doit ôter à présent la crainte à toute la Normandie, je crois qu'il faut que toutes choses reprennent leur assiette ordinaire, et que vous travaillez, avec le même soin et application, à avancer le recouvrement du tiers-et-danger, les besoins de l'État devenant tous les jours plus grands et plus indispensables. Je suis tout à vous. COLBERT [2]. »

Pellot à Colbert. A Rouen, ce 17 juin 1674 : « J'ay receu, Monsieur, vostre billet du 15ᵉ. Nous contribuerons en ce que nous pourrons à faire reprendre à toutes choses, ainsi que vous le marquez, leur train ordinaire. Elles ont un peu esté détraquées par ces armemens des peuples et de la noblesse. Il faudra estre, pourtant, tousjours un peu sur ses gardes, tant que la flotte hollandoise sera en mer. Alors qu'elle estoit vers l'ille de Vuit, elle prit une chaloupe de Dieppe. Ruiter s'informa beaucoup du maistre de la chaloupe en quel estat étoit Dieppe, si l'on avoit fait des fortifications le long de la mer, si l'on avoit abbandonné la citadelle, et le renvoya dans une

---

[1] Biblioth. nationale, *Mélanges Colbert*, vol. 168, f⁰ 271. Inédit. Original.

[2] Biblioth. des Invalides, manuscrits Colbert, vol. G. 90, f⁰ 520. Inédit.

petite barque ayant retenu ses marins et sa chalouppe. Ce qui incommode beaucoup les habitans de Dieppe, sont ces câpres [1] qui sont toujours en nombre sur leurs costes. Je les avois fort sollicitez d'avoir quelques bastimens en mer pour les retirer ; mais ils disent que, pour avoir des bastimens comme il faut, il leur couteroit plus de trente mille livres, ainsy, qu'ils ne peuvent avoir ce secours que du Roy. De sorte que, si S. M. pouvoit leur donner une ou deux frégates légères, elles assureroient leurs costes, et ils se rendroient en sécurité au Havre ou à Dieppe. Nous ne nous sommes point relaschez pour l'affaire du tiers-et-danger, et continuerons à donner nos soins pour en assurer le recouvrement ... [2] PELLOT. »

Colbert s'empressa d'accorder les frégates que Pellot lui demandait :

« A Paris, le 21 juin 1674. Pour réponse à votre billet du 17e de ce mois, il y a deux légères frégattes armées au Havre, et j'escris par cet ordinaire au Sr Brodard [3] de les faire na-

[1] Corsaires.
[2] Biblioth. nationale, *Mélanges Colbert*, vol. 169, f° 270. Inédit. Original.
[3] Commissaire général de la marine au Havre, de 1671 à 1675, époque où il fut nommé intendant général de la marine à Marseille. — Avant d'être au Havre, il avait eu, de 1666 à 1670, l'emploi de commissaire général à Toulon. C'était une créature de Colbert, qui l'avait en haute estime. Au Havre, Colbert correspondait avec lui directement, passant par dessus le gouverneur duc de St-Aignan, ce qui affectait fort ce dernier, comme en témoigne une lettre de celui-ci à Seignelay, datée du Havre, 1er septembre 1674... « Le marquis de Kerjan arrive en cette rade, avec les vaisseaux des Indes Orientales et l'escadre de Bretagne; il vient à minuit en la citadelle et me demande avec instance que je dépêche un courrier au Roy, pour donner avis à S. M. du grand nombre de vaisseaux ennemis qui sont dans la Manche, et pour demander ses ordres. J'envoye, sur cela, dès deux heures, le capitaine de mes gardes, M. Brodard le jugeant nécessaire, et tous deux écrivent

viguer sur la côte de Dieppe. Si les marchands de cette ville vouloient faire quelqu'effort, Sa M^te pourroit établir une ou deux frégates pour naviguer incessam^t sur leurs cotes et garantir leur pêche... ¹ Colbert. »

Pellot s'empressa de remercier Colbert de ce grand service rendu au commerce de Dieppe :

« 24 juin 1674. Les habitans de Dieppe seront bien resjouis de l'ordre que vous avez donné au S^r Brodard de faire naviguer deux frégates légères sur la côte de Dieppe, afin de la retirer des câpres qui l'infestent. Je les exciteroy, mesme, sur la proposition que S. M. leur fait, de donner deux frégates qui asseureront leur pesche, s'ils veulent s'ayder et faire quelque effort. Je crois, Monsieur, qu'ils doivent accepter ce parti-là ; car ils donnent ordinairement à des capitaines de vaisseaux pour ce sujet, et S. M. les en quittera à meilleur compte et leur donnera une meilleure escorte. Il me semble qu'il n'y aura pas de péril pour ces frégates, car quand elles auront advis que de plus grandes forces viendront de ce costé-là, en se retirant vers les costes et hâvres, l'on ne scaurait aller à elles.

« M^r de Beuvron doibt demain s'en aller à Dieppe ; je l'y

---

au Roy en même temps que moy. Plusieurs jours se passent sans réponse... Le marquis de Kerjan me la demande tous les jours... Enfin, elle vient droit à M^r Brodard... Si je manque de fidélité ou de secret, il faut m'ôter d'une place importante; mais si j'ay tout cela, il est juste de payer mes pas, mes soins et mes veilles par un peu de satisfaction, et faire croire à ceux qui doivent m'obéir que je suis en quelque estime... Aujourdhuy, M^r, un nouveau courrier arrive au Havre avec des ordres pour M^r Brodard, sans qu'il y ait rien pour moy... » *Notices biographiques sur les ducs François et Hippolyte de Saint-Aignan, gouverneurs du Havre*, par L. Guislain-Lemasle. Havre, imp. Alph. Lemasle, 1860, in-4º de 180 pages.

¹ Biblioth. des Invalides, manuscrits Colbert, vol. G. 90, f^o 542. Inédit.

ay fort porté, car il y est plus nécessaire qu'icy. Il achevera de mettre la ville en estat, y restant peu de chose à faire, afin que si la flotte Hollandoise vouloit entreprendre quelque chose à son retour elle n'y trouvat pas son compte ; et comme il n'y a guères d'apparence qu'elle aille maintenant à Baionne, estant si bien préparée, trouvant une occasion favorable dans ces costez, elle pourroit bien s'en servir, me paroissant qu'il n'y a rien à craindre dans ces pays que pour Cherbourg et pour Dieppe ; et si les ordres que l'on donna à Dieppe pendant que nous y estions n'eussent esté exécutez, c'estoit une affaire de vingt et quatre heures, et les ennemis n'en auroient guères pu faire une meilleure.

« Les habitants de cette ville (Rouen) ont résolu une imposition sur les denrées qui se consument dans la ville, pour achever de payer dans les termes les 240$^m$ qu'elle a promise, à quoy elle ne manquera pas. L'on n'a pas encore arresté sur quelles denrées l'on faira l'imposition ; ce sera sans faute mardy. Je les ay portez à prendre cette voye plutost que celle de la capitation, parce que les deux tiers de la ville qui se prétendent privilégiés, s'en seroient exemptés ; ainsi, elle seroit tombée sur les bons bourgeois et marchands seulement, ce qui les auroit accablez et chassé le commerce... [1] PELLOT. »

Les deux tiers de la ville de Rouen se prétendant privilégiés : clergé, noblesse, parlement, etc., etc.; les bons bourgeois et marchands supportant seuls l'impôt de capitation, c'est-à-dire la taxe personnelle : voilà, d'un seul mot jeté là en passant, toute une révélation sur les difficultés au milieu desquelles Colbert avait à se mouvoir comme contrôleur général.

Il suivait avec anxiété les mouvements de la flotte hol-

---

[1] Biblioth. nationale, *Mélanges Colbert*, vol. 168, f° 293. Inédit, Original.

landaise, craignant, après que la Normandie s'en était trouvée affranchie, une descente en Bretagne, puis sur les bords de la Gironde, puis enfin à Bayonne.

Il écrivait le 15 juin à de Sève, intendant de Bordeaux :

« ... Il y a plus de 10 jours que la flotte Hollandoise a le temps aussy favorable qu'elle le peut désirer; ainsy, elle aura vraysemblablement bientôt fait paroitre ce qu'elle a envie de faire... [1] »

Et, le 29 du même mois, au vieux maréchal de Gramont qui s'était rendu à Bayonne pour y organiser la défense :

« ... Les dernières nouvelles que j'ay receues de Bretagne portent que l'armée Hollandoise avoit passé entre l'isle d'Ouessant et la terre ferme ; et, quoyque le vent luy feust fort bon pour aller partout où bon luy sembloit, sa navigation ne laissoit pas d'estre fort lente, parce que tous les vaisseaux ne portoient de toile que pour se soutenir, en sorte qu'il est presque impossible de pénétrer son dessein. Comme les vaisseaux ne peuvent pas porter long-temps un si grand nombre d'hommes que celuy dont ils sont chargés, sans péril de la vie et des autres incommoditez que la mer donne, vû qu'il y a six semaines desja qu'ils sont en mer, il y a beaucoup d'apparence que cette armée ne fera rien; mais il ne faut pas laisser d'estre toujours sur vos gardes. Je ne manqueray pas de vous donner soigneusement avis de tout ce que j'en apprendray... [2] »

En définitive, la flotte hollandaise, après sa station en vue des falaises de Normandie d'où ne lui vinrent les secours sur lesquels elle comptait, longea lentement toutes nos côtes, tenta sans succès une descente à Bellisle, continua de louvoyer jusqu'à Bayonne, entra dans la Méditerranée, et plus

---

[1] Biblioth. des Invalides, manuscrits Colbert, vol. G. 90, f° 50. Inédit.

[2] *Ibidem*, f° 550.

tard, après cette longue diversion, revint dans la Manche pour regagner la Hollande, mais sans avoir livré de combat, ni tenté aucune descente. Le but n'en avait pas moins été atteint, et une partie de nos troupes manqua à nos frontières de terre, par la nécessité où l'on avait été d'en employer aussi à protéger nos côtes.

## CHAPITRE SEPTIÈME

*Des placards appelant à la révolte sont affichés en Normandie jusqu'aux portes de N.-D. de Rouen, 1674. Efforts infructueux de Pellot pour en découvrir les auteurs. Manœuvres sourdes de La Tréaumont.*

Pendant les premiers mois de 1674, la Normandie, surexcitée par la levée des taxes de guerre et surtout par les rigueurs avec lesquelles était poursuivi le recouvrement du tiers-et-danger, fut travaillée par des émissaires de La Tréaumont. Il y préparait un soulèvement qui devait dans sa pensée coïncider avec une révolte semblable en Guyenne et en Bretagne. A cet effet, des placards séditieux furent affichés en beaucoup d'endroits. Le 8 mars 1674, Pellot écrivait à Colbert :

« Mr le Procureur-général de ce Parlement vous doit donner avis d'un placard très séditieux que l'on a affiché à l'entrée de l'Église Notre-Dame (de Rouen), en suite de quoy, le Parlement a ordonné qu'il en seroit informé pour en découvrir les autheurs... [1] »

« Je ne doute point, lui répondait Colbert le 16 du même mois, que vous n'ayez fait faire toutes les diligences possibles pour découvrir l'autheur du placard séditieux qui a été affiché à la porte de l'Église Notre-Dame de Rouen... [2] »

---

[1] Biblioth. nationale, *Mélanges Colbert*, vol. 167, fo 427. Inédit.
[2] Biblioth. des Invalides, manuscrits Colbert, vol. G. 90, fo 186. Inédit.

Les recherches, malheureusement, demeurèrent vaines, car elles se bornèrent à l'arrestation d'un nommé Beauvais, contre lequel il fut impossible de réunir preuves suffisantes. Et, à ce sujet, Pellot, le 11 juin, écrivait à Colbert [1] :

«... Nous voyons s'il se pourra trouver encore quelque preuve contre le nommé Beauvais pour le placard, quoyque les conjectures soient très grandes et fortes qu'il en soit l'auteur. Cependant, nous avons condamné, ces jours passez, à la grande chambre, des gens de Pont-Audemer qui avoient esté arrestez par les juges des lieux sur les ordres que j'avois donnés, pour avoir fait des copies dudit placard, et l'avoir, en quelque façon, débité. Mais néanmoins, comme on a vu qu'ils n'avoient fait cela que par un esprit de curiosité, pour dire des nouvelles et point par mauvaise intention, l'on les a condamnez seulement en quelques amendes, après avoir esté quelque temps en prison et en peine, ce qui les rendra, et les autres à leur exemple, plus sages, afin que semblables libellés séditieux ne soient rendus publics, le mal n'ayant pas été seulement que le placard ait esté affiché, mais de ce que beaucoup de copies en furent envoyées en divers endroits. Ceux-la ont fait pourtant peu d'effet, Dieu mercy ; les advis aussy ne se sont pas trouvez véritables qui portoient que quand la flotte Hollandoise paroistroit sur la coste de Normandie, elle causeroit des soulèvemens ; car, au contraire, on ne peut pas au monde plus tesmoigner de zèle que les milices et la noblesse ont fait pour le service de S. M. et la deffense de la Province ; et je suis persuadé que si les ennemys eussent fait quelque descente, ils n'y auroient pas trouvé leur compte, par la disposition où un chacun se trouve, et par les bons ordres qui ont esté donnez.... [2] PELLOT. »

[1] *Correspondance administ.*, t. II, p. 186.
[2] *Ibidem.*

Cette lettre, après trois mois d'attente, était un aveu d'impuissance ; aussi, ne fut-elle pas du goût de Colbert, qui y répondit le 15 juin en termes assez secs :

« Je n'ai rien à vous dire en réponse à votre billet du 11ᵉ de ce mois sur le fait des placards. Il me semble seulement que si les officiers avoient agi dès le commencement comme vous les avez fait agir depuis, je ne fais aucun doute que l'on en eut trouvé l'autheur... [1] »

Mais arrivons à un épisode qui tient une grande place dans la vie du premier président, nous voulons parler de la conspiration du chevalier de Rohan et de La Tréaumont, et du procès qui s'en suivit. Il y faudrait tout un volume. Malheureusement l'espace nous manque et ce grave épisode ne va pouvoir être par nous qu'effleuré.

On vient de voir combien les populations normandes, la noblesse surtout, étaient partout frémissantes pendant l'été de 1674, et le mécontentement que suscitait parmi elles l'énormité des taxes de guerre. Sous ce rapport, la Normandie était en complète union avec la Guyenne et la Bretagne. La mort de La Tréaumont et les arrestations qui suivirent, vont nous montrer à quoi il tint que notre province n'ait été entraînée dans la révolte qui, quelques mois plus tard, ensanglanta Bordeaux et Rennes.

[1] Biblioth. des Invalides, manuscrits Colbert, vol. G. 90, f⁰ 520. Inédit.

# LIVRE QUATORZIÈME

PROCÈS DU CHEVALIER DE ROHAN ET DE
LA TRÉAUMONT

## CHAPITRE PREMIER

*Rapport du premier président Pellot au parlement sur la conspiration du chevalier de Rohan et de La Tréaumont.*

Nous détachons ce qui suit des registres secrets du parlement [1] :

« Le sept novembre 1674, les chambres assemblées pour l'audience de rentrée... Monsieur le Premier-Président Pellot ayant présidé en l'année présente à la chambre des vacations, a faict, selon l'usage, raport de ce qui s'est passé d'affaires plus importantes en ladite chambre, à peu près en ces termes :

« Messieurs, en rendant compte à la Compagnie de ce qui s'est passé durant la chambre des vacations, je ne doibt pas passer soubs silence ce que j'ay faict touchant la conspiration du chevalier de Rohan et de Lattréaumont, qui a esté heureusement découverte, puisque c'est ce qui en a faict la principale scène et la plus importante.

« J'arrivay en cette ville le lundy dixième de septembre ; je trouvay que la noblesse s'y rendoit de tous costez pour l'arriere-baon, et que Mr le Marquis de Beuvron y estoict pour ce subject.

« Nous feismes, ce jour-là, l'ouverture de la chambre des

[1] Registre secret de 1674. Inédit.

vacations; nous continuames, le mardy, les affaires qui se présentèrent.

« Le mercredy douze, sur les cinq heures du matin, il arriva un courrier du Roy qui m'apporta une lettre de Sa Majesté qui m'advertissoit de la conspiration, et comme le chevalier de Rohan avoit esté arresté, le jour auparavant, à Versailles, sur les trois heures après midy ; me donna ordre de faire arrester Latreaumont et saisir ses papiers, avec un pouvoir de faire arrester ceux que je croyerois y tremper ; et par cette lettre l'on me donnoit advis que le sieur Brissac [1], major des gardes du corps, me venoit trouver pour faire les choses de concert avec moy.

« Aussitost que je reçus cette ordre, je donnay les miens pour scavoir où estoit Latréaumont, et dans ce temps là, le sieur de Brissac arriva ; je luy donnay advis de ce que je faisois, et incontinent j'appris où estoit logé La Tréaumont, et qu'il estoit encore couché, de sorte qu'estant informé qu'il debvoit partir, ce jour-là, pour Ponteaudemer, et craignant qu'il ne fust adverty que Mr le chevalier de Rohan avoit esté arresté, je dis audict sieur de Brissac qu'il falloit y aller tout à l'heure ; je luy donnay quatre de mes gens [2] pour l'accom-

[1] DE BRISSAC (Albert Grillet). D'abord lieutenant, puis capitaine au régiment d'Harcourt, se distingua en 1658 à la bataille des Dunes ; créé en 1667 lieutenant d'une des quatre compagnies des gardes du corps du roi, il servit en cette qualité au siège de Douai, où il eut la cuisse traversée d'un coup de feu, en allant reconnaître un chemin par lequel le roi devait passer. Prit part en 1668 aux sièges que le roi fit en Franche-Comté, et obtint, en 1673, au siège de Maëstricht, la charge de major des gardes. C'est en cette qualité que nous le voyons, en 1674, procéder, à Rouen, à l'arrestation de La Tréaumont. Il garda cette charge jusqu'en 1708, quoiqu'il eût, depuis 1673, été fait successivement brigadier, maréchal de camp et enfin lieutenant général. Le roi, qui l'honorait d'une confiance particulière, n'accordait aucune grâce dans ses gardes sans le consulter. Mort en 1713, à quatre-vingt-trois ans. N'était ni parent ni allié des Cossé-Brissac. WEISS, *Dictionnaire historique*.

[2] Des gardes de la compagnie de la cinquantaine et de la compagnie

pagner, n'ayant pas les trois gardes du corps qui estoient venus avec luy, et les ayant laissez en une hostellerie, proche la porte Martainville. Il fut arresté heureusement, et ses papiers aussy qui estoient dans sa valise ; mais les gardes du corps estant entrez, La Tréaumont ayant pris le temps d'entrer dans la garde-robbe, il se saisit de ses pistolets qui estoient cachez, tira sur un garde un coup dont il est mort, et tira son autre coup qui ne frappa personne et obligea un des gardes de tirer sur luy un coup dont il mourut sur la minuict, et a évité ainsy le chastiment que meritoit l'énormité de son crime. Car l'on a veu ses détestables intentions par ses papiers et les mémoires escripts de sa main, que l'on a trouvez. Il avoit liaison et intelligence avec les ennemys de l'estat ; il vouloit favoriser la descente des ennemys à Quillebœuf, pour s'emparer de ce poste-là, sy important qu'il croyoit pouvoir brider la riviere et incommoder la province.

« Il avoit la chimère de changer le gouvernement, de réduire tout en deux estats, la noblesse et le peuple, et que les religieux et les officiers se rangeroient à l'un de ces deux estats, que l'on establiroit de nouvelles charges et offices, que les gents de la religion prétendue réformée seroient receus à tous les offices et charges indifféremment, et auroient partout l'exercice de leur religion, que l'on fairoit main-basse et que l'on courroit sur tous les gents employez pour la levée des deniers du Roy, comme sy un estat pouvoit subsister sans despenses et sans revenu. Il avoit pris le temps, pour se rendre à Rouen, de l'assemblée de la Noblesse pour l'arrière-baon, dans le dessein d'amener et d'eschauffer la noblesse par des discours séditieux, et la mettre dans une mauvaise disposition pour le service de Sa Majesté, comme il a tasché de faire.

des arquebusiers, qui constituaient une force publique aux ordres du premier président. (Voir le chap. v du livre XV.)

« Quoique tous ces desseins paroissent fort chimériques et visionnaires, ils n'en sont pas moins criminels, car la puissance du Roy, l'affection que la noblesse et ses peuples ont au service de Sa Majesté, auroient, sans doubte, faict eschouer ces projets criminels dans les premiers pas que l'on auroit faict, quand bien mesme ils n'auroient pas esté découverts par la prévoyance et prudence de Sa Majesté, et que l'on n'y auroit pas remédié devant qu'ils ayent esté éclos.

« Je ne vous dis pas le particulier de ce qui s'est passé dans toutte la suitte de cette affaire ; je serois trop long ; mais seulement ce que nous y avons agy de concert avec M. le Marquis de Beuvron qui a reçeu des ordres aussy bien que moy : il a agy dans cette occasion avec tout le zèle, la diligence et la prudence qu'on pouvoit souhaitter, et employé de la bonne sorte l'autorité que luy donnent sa charge et son crédit qu'il a par son mérite et sa qualité.

« Nous avons ensemble faict en sorte, ne manquant en rien à ce que veut une affaire de cette importance, de n'enveloper pas l'innocent avec le coupable, et de n'embarasser pas les gents sur lesquels le soupçon ne pouvoit pas raisonnablement tomber.

« Et sy l'on a arresté [1] quelques uns que nous croyons innocents ou qui se trouveroient tels par la suite, nous l'avons faict par des ordres particuliers de S. M., laquelle ne nous les a pas donnés sans beaucoup de raisons, et nous ne doubtons pas qu'ils ne justifient de leur innocencê.

« Nous n'avons pas manqué de rendre le tesmoignage d'eux que nous debvons, et faire scavoir les choses qui vont à leurs descharges ; mais l'on nous a faict entendre que l'on n'en pouvoit pas élargir que le procès ne fust jugé.

[1] Plusieurs des magistrats devant lesquels parlait le premier président étaient soupçonnés d'être de connivence avec La Tréaumont. L'un d'eux même était en état d'arrestation, comme on le verra plus loin, M. le conseiller d'Héberville, cousin de La Tréaumont,

« Maintenant que Sa Majesté a donné des juges et qu'ils travaillent à l'affaire, bientost elle sera achevée, et l'on rendra justice à un chacun.

« Ce qui doibt satisfaire dans cette malheureuse affaire, c'est qu'ostez les Dépréaux, nepveux de la Tréaumont, qui sont gens de peu de considération, je ne voy aucune personne dans la province qui ayt trempé dans cette affaire criminelle.

« Cette affaire de la Tréaumont m'a assez occupé ; par les résolutions qu'il a fallu prendre, par les interrogatoires des accusez que jay esté obligé moy mesme de faire, ce qui a esté fort long, par les ordres qu'il a fallu incessamment donner dans la province et par les despesches qu'il a fallu escrire à Sa Majesté, et le compte que jay esté obligé de lui rendre de ce qui s'est passé, je n'ay pas peu estre fort assidu à la chambre des vacations. Néantmoins je ne laisseray pas de rendre compte de ce que j'ay veu et de ce que j'ay appris qui a esté faict par messieurs... »

Nous donnerons, sans commentaires, à la suite de ce rapport, des dépêches inédites de Pellot et de ses auxiliaires, en regrettant que l'espace ne nous permette d'en reproduire ici que 35, et que force nous soit, pour les autres, de renvoyer à un volume particulier que nous consacrons au procès du chevalier de Rohan. C'est là que l'on trouvera, outre toute une correspondance inédite des plus intéressantes, une foule d'autres documents, curieux et instructifs également inédits, notamment les interrogatoires des inculpés, les papiers saisis en la possession de La Tréaumont, son projet de république, et une foule d'autres pièces qui viennent jeter un jour complet sur cette conspiration, restée jusqu'ici presque inconnue, « la seule, a écrit le marquis de la Fare[1], qui se soit, sous Louis XIV, terminée par une exécution capitale. »

[1] *Mémoires du marquis de la Fare*, dans la collection Petitot.

Nous appelons l'attention sur les lettres du ministre de la guerre, Louvois, avec lequel Pellot fut surtout en rapport à l'occasion de cette grave affaire [1].

[1] Le nom de La Tréaumont, qui a fini par prévaloir, depuis, sous cette forme, est écrit très diversement dans les pièces du procès. Voici comment on l'a orthographié dans l'acte d'inhumation :

« Le jeudy traiziesme jour de septembre 1674, mourut en la paroisse de Saint-Eloy de cette ville, Gilles Duhamel, escuier, seigneur d'A-tréaumont, colonel d'un régiment de cuirassiers de Hongrie contre les infidèles, aagé de 47 ans. Et le dimanche saisième jour du mesme mois et an, fut apporté par le clergé et inhumé en cette église paroissiale de Saint-Jean : ce quy a esté attesté et signé par Jean Toustain, escuier, seigneur d'Héberville, conseiller au parlement de Rouen, et noble et discrette personne maistre Louis Toutain, pretre, chanoine en l'église cathédrale de Rouen, présans en la dite inhumation, quy ont requis la dite sépulture. »

Registre de la paroisse de Saint-Jean de Rouen, pour l'année 1674, aux archives de l'état civil de Rouen. Inédit.

## CHAPITRE DEUXIÈME

*Trente-cinq lettres inédites, la plupart de Pellot,
relatives au procès du chevalier de Rohan.*

1re. — « Pellot à Louvois, 12 septembre, six heures du matin. Mr j'ay reçu, aujourd'huy, sur les cinq heures du matin, la lettre du 11, que vous m'avez fait l'honneur de m'adresser, touchant le mauvais dessein de Mr le chevr de Rohan pour soulever la Normandie, dont la Treaumont est de la partie ; je connois ce dernier, je doute qu'il soit en cette ville (Rouen), ou, s'il y est, il est caché, car il a accoustumé de me venir voir, et il m'est venu chercher deux ou trois fois à Paris, sans m'avoir rencontré. Je feray toutes les diligences pour le faire arrester, s'il s'y trouve, icy ou ailleurs, et feray saisir ses papiers, suivant l'ordre de S. M. Je tascheray aussi, Monsieur, de découvrir cette homme de cette ville qui doit venir de Bruxelles, et de l'un et de l'autre, je n'oublieray rien pour en scavoir des nouvelles, et concerteray avec Mr le Major des gardes du corps qui doit venir, pour savoir dans cette rencontre ce qui se peut faire pour le service de S. M. Je ne manqueray pas, aussy, de garder le secret qu'il faut, et surtout de la voie dont S. M. a découvert cette conspiration, et vous rendray compte et ponctuellement de ce qui se fera et de ce que je scauray.

« Mr le Duc de Roquelaure doit arriver icy aujourdhuy, et plustot que je ne croyois [1], et cette après-diner on fera la

---

[1] Il était allé sur les côtes de Normandie inspecter les troupes.

revue de la noblesse; je croys, que nous aurons plus de gens que je vous manday hyer, et que ce pourra bien aller à mille maitres qui sont bien intentionnés et qui seront commandés par des gens qui ont servy. J'estime que cette noblesse sera plus docile qu'elle ne l'estoit autrefois quand elle a été convoquée, car il y aura plus de gens de service. Attendant vos ordres, je suis avec respect.... [1] PELLOT. »

2e. — « Pellot à Louvois. A Rouen, ce xiiie septembre. Monsieur, j'eus l'honneur de vous mander hyer, par deux courriers que nous depeschasmes Mr de Brissac et moy, le méchant estat où estoit le sieur de la Treaumont, à cause de sa blessure; il est mort dans la nuit du 12 au 13 à minuit, quoique les chirurgiens eussent assuré qu'il pouvoit vivre dix ou douze jours; je ne l'ay quasi point quitté depuis qu'il a esté blessé, et nous avons fait tout ce que nous avons pu, Mr de Brissac et moy, pour tirer la vérité de luy, à diverses reprises, touchant son méchant dessain, mais inutilement. Nous avons, même, employé le père Patrice, Augustin déchaussé, bien intentionné et qui est connu, pour le consoler, et voir si, par le remord de conscience, il ne voudroit rien déclarer; mais celà a esté aussi sans effect, et il a persisté dans son obstination, en tenant des discours de fanfaronerie et de vanité. Sur quoy, Monsieur, il est bon que je vous remarque quelques circonstances. Comme il fut aresté par Mr de Brissac avec quelques uns de mes gens pour ne perdre de tems, il estoit dans son lict, et Mr de Brissac et luy s'entretenoient fort honnestement; luy ayant fait connoistre qu'il avoit ordre de l'arrester, l'on fit incontinant venir les gardes du Roy qui estoient dans une hostellerie qui estoit éloignée. Comme il vit que lesdits gardes entroient dans sa chambre, estant sur son lict, demy-habillé, il ala en un endroit où estoient ses deux pistolets qui estoient

[1] Dépôt de la guerre, vol. 392. Inédit.

cachez et que l'on n'avoit pu remarquer, s'en saisit et dit à Mʳ de Brissac, en luy présentant le pistolet bandé : vous me voyez, mais vous ne me tenez pas ! Sur quoy, Mʳ de Brissac luy dit : vous estes donc bien coupable ? à quoy l'autre répondit : Ouy mort D... je suis coupable ! Mʳ de Brissac, sur cella, mit la main à l'épée et se mit en garde, et esquiva, ainsi, le coup de pistolet qui donna sur le garde du Roy qui estoit derrière luy, et luy perça le corps ; il tira encore, dans ce tems-là, un autre coup qui ne blessa personne. Sur cela, un autre garde du Roy tira sur luy un coup de carrabine, lequel perça ledit de la Treaumon qui dit : je suis mort ! En suite, l'on le saisit, et l'on le mit sur le lict, et alors, Mʳ de Brissac luy dit : Vous nous avez dit que vous étiez coupable, dites-nous de quoy vous l'estes, autrement, après ce que vous nous avez fait, il n'y a rien que l'on ne fasse pour vous y obliger ? Ledit de la Treaumon se défendict de rien dire ; Mʳ de Brissac l'en pressoit. Ce que voyant ledit de la Tréaumon, il luy dit : donnez moi du papier et j'escriray ce que j'ay a dire ; l'on luy en donna. Dans ces entrefaites, estant adverti de ce qui se passoit au logis où estoit ledit de la Treaumon [1], ma maison n'en estant pas bien éloignée, j'y accourus, et comme j'entray dans la chambre dudit La Treaumon, je le vis couché sur un lit, et Mʳ de Brissac auprès de luy dans une cheze, qui me dit que ledit de la Treaumont écrivoit ce qu'il savoit. Après qu'il eut achevé d'écrire, je pris le billet qu'il avoit écrit, que j'ay mis parmi ses papiers, et qui ne disoit autre chose si ce n'est :
« Je ne vous ay point dit que j'estois coupable, mais la peur
« ne m'a jamais surpris et vos menaces ne me tireront rien ! »
En suite, je luy dis qu'il avoit autre chose à dire, qu'il s'estoit

---

[1] La Tréaumont était descendu dans une hôtellerie où pendait pour enseigne *les Uniques*, sur la paroisse Saint-Godard. Le premier président demeurait rue du Moulinet, sur la paroisse Saint-Patrice. Voir ci-après le chap. v du livre XVII.

emporté à une rebellion inouye et un crime bien énorme, que les plus grands seigneurs obéissoient aux ordres du Roy, et principalement quand ils estoient portez par un de ses principaux officiers; il me répondit qu'il ne cédoit en vertu ny en courage à qui que ce soit. Ensuitte nous le pressames de parler ; mais il nous dit toujours qu'il n'avoit rien fait, et qu'il n'avoit parlé contre le tiers-et-danger que comme tous les autres, et que si on l'avoit voulu employer, il auroit bien servi Sa Majesté. Comme l'on le vit fort mal, on fit venir un chirurgien et un confesseur; il dit fort peu de chose au dernier et aparement ne se confessa que par forme. En suite, l'on le mena au Vieux-Palais [1] où l'on le pressa encore de parler, mais sans effect, quoyque ledit P. Patrice y fit aussi ce qu'il put de son costé. Il ne parla plus de se confesser, bien que ledit Pere luy eut demandé s'il avoit rien à luy dire? à quoy il répondit qu'il avoit tout dit à son premier confesseur. L'on le communia et donna l'extrême-onction, sans qu'il témoignat de la dévotion, quoy qu'il eut le sens bon jusques à la mort. Aussi, un homme qui avoit entrepris non seulement contre l'Estat mais encore contre la religion, comme vous verrez, Monsieur, par son projet, devoit estre bien endurcy. Je suis avec respect, Monsieur, votre très-humble et très-obéissant serviteur. PELLOT. »

*Au bas, en P.-S.* « Tout s'est passé, Monsieur, fort doucement en cette ville, quoyque ledit La Tréaumont y eut force parens et amis, et aucun a cru qu'il estoit bien coupable, puisqu'il s'estoit porté, ainsi, à une action de désespoir.

---

[1] Forteresse construite par les Anglais pendant qu'ils étaient maîtres de la Normandie, qui protégeait Rouen, au sud-ouest, vers la Seine. Le marquis d'Harcourt-Beuvron en était gouverneur, et y demeurait. Elle a été démolie au xviiie siècle. Sur son emplacement existent aujourd'hui la place Henri IV et le quadrilatère de constructions qui s'élèvent entre le boulevard Cauchoise et la rue d'Harcourt, d. p., le quai et la rue Saint-Jacques, d. p.

Vous nous fairez scavoir, s'il vous plaist, si Sa Majesté veut que l'on fasse le procez au cadavre ¹ ; si cela est, il faut donner une commission à M. de Creil, intendant, pour le juger au bailliage de Rouen. Cependant, je le ferai embaumer ², et prierai Mʳ de Brissac de demeurer icy avec ses gardes, qui seroient nécessaires si l'on faisoit ledit procez. Ils n'y demeureront pas long-temps, car, après-demain, je peux avoir votre ordre ; j'interrogeray, aussi, son valet que j'ay fait arrester, et nous verrons si nous découvrirons ceux avec qui il pouvoit avoir commerce.

« J'ay communiqué toutes choses à Mʳ le Duc de Roquelaure. Mʳ de Beuvron a faict tout ce que l'on a pu souhaiter de luy, de très bonne grace et avec beaucoup de zèle.

« Toute nostre noblesse est bien intentionnée ; je luy ay dit ce qu'il faloit sur le tiers-et-danger ; et Mʳ de Beuvron, à quelques uns qui ne parloient pas raisonablement et vouloient députer au Roy, les a menacés de les fayre arrester ; aussy ils sont sages et rendront bon service, et meilleur que n'ont faict autreffois les arrière-bans... ³ PELLOT. »

3ᵉ. — « Pellot à Louvois. A Rouen, ce 14 septembre. Monsieur, je reçus, hier au soir, votre lettre du mesme jour avec celle de Sa Majesté pour faire donner la question à la Tréaumont. Mais, comme j'ai eu l'honneur de vous le

---

¹ Ord. crim. de 1670, art. II du titre XXII :
« Le procès pourra estre fait au cadavre du défunt pour crime de leze-magesté divine ou humaine, duel, homicide, rebellion avec force ouverte, dans la rencontre de laquelle il aura été tué. Le juge nommera d'office un curateur au cadavre du défunt. »
Une fois le cadavre inhumé, le procès ne pouvait être fait qu'à la mémoire.

² Au cas de procès au cadavre, le corps était, en vertu d'ordonnance du juge, « sallé, pour éviter la corruption, et putréfaction d'iceluy, et pour le conserver jusqu'à la perfection du procès... »

³ Biblioth. nationale, manuscrit 7629, p. 33 et 34. Originlal. Inédit.

mander hier, il est mort dans la nuit du 12 au 13 ; ainsi, Monsieur, il n'y a autre chose à faire, si ce n'est de scavoir si Sa Majesté, comme je vous l'ay escrit, veut que l'on face le procez au cadavre, et je pourray avoir demain vostre responce.

« Cependant j'interrogeay, hier au soir, le valet dudit la Tréaumont ; il n'a rien dit de considérable, si ce n'est que M<sup>r</sup> le chevalier de Rohan et ledit la Tréaumont ont eu de grandes confidences avec un nommé Van-den-Enden hollandois, à S<sup>t</sup> Mandé et ailleurs, ainsi, Monsieur, que vous pourrez voir par l'extrait dudit interrogatoire que je vous envoye. De sorte que, par là, l'on peut juger que ledit Vandenenden scavoit la conspiration et en estoit. Ledit valet parle aussi d'un nommé Bourguinet. Mais il n'y a pas grande apparence que ledit chevalier et ledit la Tréaumont vissent celuy-la que par conversation. Nous n'avons pas pu descouvrir que ledit la Tréaumont eut grand commerce avec des gens de Normandie. Si demain nous ne recevons point de vos ordres, M<sup>r</sup> de Brissac s'en retournera, ne voiant pas qu'il soit plus nécessaire icy. Je suis... <sup>1</sup> Pellot. »

4<sup>e</sup>. — « Pellot à Louvois. A Rouen, ce 15 septembre. Monsieur, Nostre noblesse part tous les jours d'icy et je crois que demain ou après-demain il n'en restera quasi plus. Elle s'en va paroissant à present bien intentionnée et bien satisfaite de ce qu'on luy a dit<sup>2</sup>. Il nous est revenu, Monsieur de tous costez, que la Tréaumont a fait tout ce qu'il a pu pour la mettre d'une autre humeur, en taschant de l'esmouvoir sur le sujet du tiers-et-danger, et je crois que c'estoit la principale cause de son voyage en ceste ville. Mais, Dieu mercy, il n'a guères réussi dans ce dessein, non plus que

---

<sup>1</sup> Biblioth. nationale, manuscrit 7629, f<sup>o</sup> 37. Inédit. Original.
<sup>2</sup> Pellot avait fini par obtenir pour elle un allègement au paiement du tiers-et-danger.

dans les autres criminels et téméraires qu'il avoit. Quoy qu'il eut esté à souhaiter que l'on eut pu faire une justice exemplaire d'un si grand scélérat, néanmoins l'accident qui est arrivé ne laisse pas que de faire un bon effet et rendre un chascun sage, puisque l'on voit que Sa Majesté est si bien advertie et donne de si bons ordres qu'il est bien difficile que l'on entreprenne contre son service, sans que l'on soit bientost descouvert et que l'on en trouve le chastiment. Je suis avec respect, Monsieur...¹ PELLOT. »

5ᵉ. — « Pellot à Louvois. A Rouen, ce 16 septembre. Monsieur, j'ay receu la lettre du quinziesme que vous m'avez fait l'honneur de m'escrire; je l'ay montrée aussitot à Mʳ de Brissac qui estoit chez moy, et il s'est disposé, incontinent, à partir. Ainsi, il s'est chargé de mener le valet de la Tréaumont, et de la valise où sont ses papiers, et j'ay donné ordre que l'on inhumat le corps de la Tréaumont sans esclat. S'il y a quelque chose à faire de plus dans les formes, un procèz-verbal de tout ce qui s'est passé, vous me fairez la grâce, Monsieur, de me le faire scavoir ; et si vous désirez scavoir plus de particularitez, Mʳ de Brissac vous en instruira. Nous avons fait tout ce que nous avons cru debvoir faire, et n'avons pas perdu un moment. Il eut esté à souhaitter que l'on eut peu prendre ledit la Tréaumont en vie; mais l'accident de son désespoir n'a pû estre prévu ; cet accident ne laisse pas de faire un bon effet et destruit entièrement ce commencement de conspiration qui n'aura pas de suite, car nous ne voions pas qu'il eut intelligence avec aucune personne considérable de la Province et que l'on eut voulu s'y fier; d'ailleurs, nous nous appercevons que ce qui s'est passé rend sage tout le monde, voiant que Sa Majesté est si bien informée de ce qui s'est fait, et que par sa prudence elle y met bon ordre. Nous prions Dieu pour le bon succez de ses

¹ Biblioth. nationale, manuscrit, 7629, fº 40. Inédlt. Original.

desseins, et que ceux de ses ennemis eschouent ainsi. Je suis toujours avec respect, Monsieur...[1] Pellot. »

6e. — « Louvois à M[r] le Premier Président de Rouen. Du 20 septembre, Versailles. Monsieur, le Roy ayant sujet de croire que le Sr de Créquy[2], seigneur d'une maison qui s'appelle le *Champ-de-Bataille*, est complice de Mr de Rohan et du Sr de la Treaumont, Sa Maj[te] m'a commandé de vous faire scavoir qu'elle desire que vous concertiez avec M[r] le duc de Roquelaure, et en son absence, avec M[r] le Marquis de Beuvron, les moyens de le faire arrester seurement, et de luy prendre tous ses papiers, observant qu'il vaut mieux ne l'arrester de long-temps, et en venir à bout. Il est impossible que le Sr de la Tréaumont n'ayt parlé de son projet à des gens en Normandie, puisqu'il est présentement tout publicq dans Paris qu'il disoit, pour leur montrer qu'ilz ne seroient jamais abandonnés, qu'ilz auroient la protection de tous les ennemis de la France ; on ne leur demandoit qu'ilz se déclarassent qu'après qu'ils auroient touché de l'argent considérablement. Essayez, Monsieur, par quelque voye que ce puisse être, de descouvrir quelqu'un de ceux auxquels il a parlé, afin que l'on puisse, par son moyen, avoir révélation de leurs complices. Je vous adresse une lettre en créance pour Mons[r] de Roquelaure, et, en son absence, pour Mons[r] de Beuvron, afin qu'ils puissent agir de leur part à l'exécution des intentions de S. M.; et même vous pouvez leur faire voir cette lettre, et suis toujours...[3] Louvois. »

---

[1] Biblioth. nationale, manuscrit, 7629, f⁰ 42. Inédit.

[2] Alexandre de Créquy, c[te] de Créquy-Berniolles, seigneur du Champ-de-Bataille près le Neubourg, né en 1624. Il avait, en 1651, épousé Marie Maignard, fille de Charles Maignard, s[r] de Bernières, président à mortier au parlement de Normandie, et sœur de Philippe Maignard, s[r] de Hauville, procureur général au même parlement de 1653 à 1681.

[3] Dépôt de la guerre, vol. 381, f⁰ 389. Inédit.

7ᵉ. — « Pellot à Louvois. Du 21 septembre 1674, Rouen. Mʳ, j'ay reçu la lettre que vous m'avez fait l'honneur de m'écrire, pour faire arrester le Sʳ de Crequy. Mʳ le Duc de Roquelaure n'est pas icy, de sorte que je vais en conférer avec Mʳ le Marquis de Beuvron ; nous ne précipiterons rien et ferons tout ce qu'il faut pour bien exécuter la chose, suivᵗ les intentions de S. M.

« Je doubte fort, Mʳ, que la Tréaumont se soit si fort expliqué sur la conspiration aux gentilshommes qu'il a trouvés en cette ville. Il les a bien animés et excités à s'assembler et à se remuer pour le tiers-et-danger, et je ne sache pas qu'il en ayt davantage dit, quoyque je m'en sois informé de différents côtés ; je tascheray encore à esclaircir davantage ce qui en est. Il y a q. quᵉˢ gentilshommes de la R. P. R. à Pont-Eaudemer, proche Quillebeuf où la Tréaumont debvoit aller, qui sont mal intentionnés ; quoique peu riches, ils ont depuis quelques temps plus d'équipages et de chevaux qu'ils n'avoient ; je les fais observer, et suis de tous côtés sur les avis ; et quand il y aura quelque chose de considérable, je vous en feray part. L'on ne peut pas mieux agir que fait le Marquis de Beuvron ; lorsqu'il sçut que cette noblesse de l'arrière-ban se vouloit remuer pour le tiers-et-danger, il parla si fort et si vigoureusement qu'il dissipa tout dans les commencements. Il est fort aimé dans ce pays ; il y a des amis, et, asseurément, peut très bien servir. Je suis bien ayse que Mʳ le Marquis de Roquelaure vive bien et honnêtement avec luy, à quoy j'ai contribué en tout ce que j'ai pu. Je suis...[1] Pellot.

8ᵉ. — « Louvois à Mʳ le Premier-Président. Du 21 septembre, Versailles. Monsieur, le né Vadenenden[2] qui a

[1] Dépôt de la guerre, vol. 392, fᵒ 166. Inédit.
[2] C'était un vieux Hollandais, élève du philosophe Spinosa, qui était venu, depuis quelques années, établir à Paris, dans le faubourg Picpus,

esté conduit à la Bastille, sur ce que l'on a scu qu'il avoist esté envoyé par la Tréaumont au comte de Monterey, ayant déclaré par son interrogatoire qu'un né Comte de S<sup>t</sup> Martin [1] et un né Chalon, ou Chalou [2], de Rouen, estoyent complices de la Treaumont, le Roy m'a commandé de vous escrire et à Mons<sup>r</sup> de Roquelaure que son intention est que vous les fassiez incessamment arrester et conduire dans le Vieux-Palais de Rouen pour y estre seurement gardez jusques à nouvel ordre de S. M.; faisant la chose, s'il vous plaist, de concert ensemble. Je seray toujours... [3] Louvois. »

9<sup>e</sup>. — « Pellot à Louvois, 22 septembre. Rouen, Monsieur, j'ay reçu la lettre du 21 de ce mois que vous m'avez fait l'honneur de m'escrire pour faire arrester les n<sup>és</sup> le Comte de S<sup>t</sup> Martin et Chalon ou Chalou qui est de Rouen, dont a parlé Vandenenden, par son interrogatoire. Mais M<sup>r</sup>, afin que l'on ne prenne pas ces hommes pour un autre, il faudroit, s'il se peut, que vous prissiez la peine de désigner un peu

---

une école où il enseignait à lire aux petits enfants. De Rohan et La Tréaumont l'avaient envoyé à Bruxelles traiter de leur trahison avec le gouvernement hollandais. Il fut arrêté, poursuivi, jugé, condamné en même temps que de Rohan, et pendu. Voir l'arrêt de condamnation ci-après, p. 362.

[1] François Mallet c<sup>te</sup> de Graville, seigneur de Saint-Martin de Drubec et de Criquebeuf. Il appartenait à la plus haute noblesse, et, à l'époque même du procès, le fils du maréchal de Grancey recherchait la main de sa fille. N'ayant pu l'obtenir de son père, il travaillait à la lui enlever. Cela va même donner lieu à un *quiproquo* assez plaisant; car le comte de Saint-Martin, quand on va l'arrêter, va croire que c'est sur une dénonciation du maréchal de Grancey, pour rendre plus facile l'enlèvement de sa fille. C'était un vieux frondeur.

[2] Jean-Baptiste Chalon, seigneur de Maigremont. D'une famille noble d'Espagne, qui était venu s'établir à Rouen au XVI<sup>e</sup> siècle. C'était un ami de La Tréaumont, avec lequel il avait pris part, en 1658, à des tentatives de soulèvement en Normandie.

[3] Dépôt de la guerre, vol. 381, f<sup>o</sup> 396. Inédit.

ces gens. Je ne connois pas aucun qui s'appelle le C^te de S^t Martin, si ce n'est un gentilhomme qui s'apelle le C^te S^t Martin Rubec, homme mal dans ses affaires, qui a une femme qui demeure ordinairement à Paris, et qui est assez chaud et emporté. Pour le né Chalon ou Chalou, l'on ne peut pas bien demesler qui il est. Il y a trois Chalons à Rouen, honnêtes gens, dont un est conseiller honoraire du Parlement, l'autre qui est son frère est official de Mg^r l'Archevêque, et l'autre qui est leur cousin, a esté secrétaire du cabinet. Je ne crois pas que ce soit un des trois.

« J'ay fait arrester par l'official un religieux Camaldole qui estoit icy il y a 5 semaines, logé dans une bonne hostellerie, que l'on ne scavoit pas ce qu'il faisoit ; il est assez surprenant qu'un homme d'un ordre aussy austère que celuylà, et de la force de celui des Chartreux, fut icy dans une hostellerie si longtemps, s'allant promener de coté et d'autre, ne vivant pas comme un Religieux de cette austérité doit faire ; il se dit de Liege, qu'il vient de Vienne en Autriche, et qu'il y retourne, et qu'il a demeuré à Paris, assez longtemps pour tascher de faire sortir son beau-frère, nommé Paulme, de la Bastille ; si ce qu'il dit est véritable, dont vous nous ferez la grace de nous éclaircir bientot, l'on le sortira des prisons de l'officialité où il est et où il mérite bien d'avoir esté, quand il n'y auroit d'autre raison, si ce n'est celle-ci : d'avoir dit, long-temps icy, la messe sans la permission du grand vicaire. Je suis avec respect... [1] Pellot. »

10^e. — « Louvois à M^r le Premier-Président de Rouen. Du 22 septembre, Versailles. Monsieur, par suite des interrogatoires de Vandenenden, l'on reconnoit qu'un neveu de la Tréaumont, nommé l'abbé des Preaux [2] est de la conspiration ;

---

[1] Dépôt de la guerre, vol. 392, f^o 190. Inédit.
[2] Neveu de La Tréaumont et frère du chevalier de Préaux. Ce dernier, qui était au service du chevalier de Rohan, fut arrêté à Paris et mis à

il estoit, il y a très peu de jours, à Pacy [1], proche Mantes, chez un de ses oncles ou de ses tantes. Comme il est important au service du Roy de se saisir de sa personne, Sa M^te m'a commandé de vous faire scavoir qu'elle desire que vous le fassiez arrester et conduire dans le Vieux-Palais de Rouen, en conséquence de la lettre que jescris à Monsieur le duc de Roquelaure, et, en son absence, à Mons^r le Marquis de Beuvron, avec qui vous concerterez ce qu'il y aura à faire. Je suis... [2] Louvois. »

11^e. — « Louvois à M^r le P^r-P^t de Rouen. Du 22 septembre, Versailles. Monsieur, par la continuation de la Procédure qui se fait contre Vandenendem, le Roy a encore appris qu'un gentilhomme nommé Sourdeval [3] estoit de la conspiration de Mons^r de Rohan. Il estoit, il n'y a que trois jours, à Paris; mais l'on prétend qu'ayant sceu que Vandenendem avoit esté arresté, il s'est retiré en Normandie; de quoy le Roy m'a commandé de vous donner advis, afin que vous preniez soin de descouvrir où il est, et le fassiez arrester, s'il est possible. Le Roy fera rembourser exactement les frais que vous ferez pour l'exécution de ses ordres, en m'en envoyant un mémoire.

« Je reçois présentement votre lettre d'hyer 21. Vanden-

---

la Bastille. Il était l'amant de Camille-Anne Sarrau, veuve en 1^res noces du sieur d'Heudreville et en 2^es noces du comte de Villars-Mallaric. Des lettres de cette dame au chevalier de Préaux, saisies chez le père de celui-ci par les agents de Pellot, firent découvrir leur complicité, qui amena leur condamnation à mort et leur exécution. — Quant à l'abbé de Préaux, il parvint à s'échapper et à éviter le sort de son frère.

[1] Pacy-sur-Eure, aujourd'hui chef-lieu de canton dans l'arrondissement d'Évreux.

[2] Dépôt de la guerre, vol. 381, f° 640. Inédit.

[3] Aymard Dubosc, marquis de Sourdeval, de l'élection de Mortain et de la généralité d'Alençon. Il fut arrêté à Paris, et parvint à établir son innocence.

enden convient d'avoir eu ordre de Mons^r de Rohan d'asseurer M^r de Monterey que, dès que la flotte hollandoise paroistroit sur les côtes de Normandie, il marcheroit à la tête de 300 gentilzhommes desquels il estoit asseuré, pour favoriser la descente des troupes dont lad^e flotte estoit chargée. Il est bien nécessaire qu'il vous plaise de ne rien oublier pour tascher à descouvrir qui ils sont; si ceux d'auprès du Pont-Audemer ont plus d'équipages qu'à leur ordinaire, il faut qu'ils ayent fait cette dépense d'eux mesmes, Vandenenden assurant que le Comte de Monterey n'a encore fait donner aucun argent. Je suis...[1] Louvois. »

12^e. — « Louvois à M^r Pellot. Du 23 septembre, à Versailles. Monsieur, j'ai reçu la lettre que vous avez pris la peine de m'écrire le 22; elle m'oblige de vous dire que je ne scay autre chose sur le Comte de S^t Martin, si ce n'est que Vandenendem m'a dit que c'estoit un homme fort emporté; et comme ce que vous me dites de luy, a du raport à cela, il pourroit bien estre que ce fut luy; si j'estois à Paris je demanderois à Vandenendem des esclaircissements qui pourroyent vous déterminer; mais Sa M^té ayant résolu, aujourd'hui, de nommer des commissaires[2] pour faire le procès à M^r le Chevallier de Rohan et à ses complices, ils interrogeront Vandenendem sur le fait du Comte de S^t Martin et du S^r Chalon ou Chalou; et lorsque l'on aura quelque lumière plus particulière sur ce qui regarde l'un et l'autre, je vous le manderay; cependant il est bon d'observer la

---

[1] Dépôt de la guerre, vol. 381, f^o 600. Inédit.

[2] Il y eut d'abord une commission d'instruction, qui fut composée des deux conseillers d'État de Pommereu et de Bezons, comme magistrats instructeurs, et de la Reynie, maître des requêtes, comme procureur général.

Plus tard fut établie une chambre souveraine de jugement, composée de conseillers d'État et de maîtres des requêtes, sous la présidence du chancelier d'Aligre, avec le même la Reynie pour procureur général.

conduite de ceux qui portent le nom de Chalon à Rouen, et de faire arrester le C^te de S^t Martin. Pour ce qui regarde le Camaldole que vous avez fait arrester, il est vray ce qu'il dit de la solicitation qu'il a fait pour la liberté du S^r de Paumy qui est à la Bastille ; mais c'est un fripon, qu'il faut laisser en prison. Je suis... ¹ Louvois. »

13^e. — « Pellot à Louvois. 24 septembre à 10 heures du matin, Rouen. M^r., M^r le Comte de Crequy a esté arresté ce matin, par les ordres de M^r le Marquis de Beuvron, dans sa maison du Champ-de-Bataille, selon que vous le pourra dire plus particulièrement un courrier que l'on vous a dépêché, qui vous rendra la présente. L'on l'a mené au Pont-de-l'Arche où il demeurera jusqu'à nouvel ordre de S. M. Il a paru fort tranquille, et est venu audevant de ceux qui l'ont arresté, et a dit qu'il ne se sentoit coupable de rien, et qu'il n'estoit pas si fol que de vouloir faire razer deux fois sa maison ². M^r le Procureur général de ce Parlement qui est son beau frère, et Madame la Procureuse générale sa femme estoient chez lui qui l'étoient allés visiter ; l'on a arresté des papiers qu'il avoit ; l'on verra ce que c'est.

« Je viens de recevoir, en mesme temps, les lettres que vous m'avez fait l'honneur de m'escrire, touchant l'abbé des

¹ Dépôt de la guerre, vol. 381, f° 402. Inédit.
² En 1658, de Créquy avait été poursuivi pour avoir, avec La Tréaumont et d'autres, tenté un soulèvement de la Normandie, jugé par contumace et condamné à mort par une commission prise au sein du grand conseil. Son château avait été rasé et ses bois coupés à hauteur d'homme. Trois de ses complices, Bonnesson, Laubardie et de Lézanville, avaient été arrêtés; l'un d'eux, Bonnesson, avait été condamné à mort, et exécuté. L'amnistie qui avait suivi la paix des Pyrénées et la soumission de Condé avait rétabli de Créquy dans ses droits et honneurs. Mais, instruit par cette dure expérience, « il n'estoit pas si fol, dit-il quand Pellot le fit arrêter, que de vouloir faire razer deux fois sa maison. » Le fait est qu'il parvint à se tirer d'affaire cette seconde fois. *Lett., Inst. et Mém.*, liv. I^er, p. 356,360 et suiv.

Préaux, neveu de la Tréaumont, le C^te de S^t Martin de Rubec, Chalon ou Chalou, et un gentilhomme nommé Sourdeval. Nous ferons tout ce qu'il faudra, M^r de Beuvron et moy, pour tascher de les arrester ; et pour le religieux Camaldole, je le laisseray en prison. Je suis... [1] Pellot. »

14^e. — « Le duc de Roquelaure à Louvois. Du 25 septembre, à Caen. Monsieur, je viens de recevoir une lettre de M^r le Marquis de Beuvron et de M^r le Premier-Président de Rouen ; ils me mandent que M^r de S^t Martin se tient à deux lieues de Honfleur ; j'ay fait partir un officier avec quatre gardes ; je les envoye séparément, pour se joindre, demain, à Honfleur ; j'escris au gouverneur auquel j'ay envoyé un ordre ; et l'officier agira de concert avec luy pour tascher de le prendre et ses papiers.

« M^rs de Beuvron et Pellot m'escrivent aussy que S. M. veut qu'on arreste le S^r de Sourdeval ; sa demeure, à ce qu'on m'a dit, est en Basse-Normandie. J'ay depesché, sur l'heure, à M^r le Comte de Thorigny [2] pour qu'il le fasse chercher et prendre avec tous ses papiers ; on ne peut pas manquer un moment pour exécuter, comme on doit, les commandements de S. M. Je ne manqueray pas de vous rendre compte de tout, et d'estre toute ma vie, etc... [3] Roquelaure. »

15^e. — « Le Marquis de Beuvron à Louvois, du 26 septembre, à Rouen. Monsieur, j'ay fait arrester, cette nuit, le S^r Chalon de Mégremont. Il estoit à huit lieues d'icy, chez un Conseiller au Parlement avec qui il avoit party d'icy, et où il estoit souvent. Il ne se doubtoit de rien et n'avoit aucuns papiers. J'ay fait saisir icy sa chambre et ses papiers ; et j'ay

---

[1] Dépôt de la guerre, vol. 381, f⁰ 402. Inédit.

[2] Il avait, sous les ordres du gouverneur de la Normandie, le gouvernement de la Basse-Normandie, avec le titre de lieutenant général Voir ci-après le chap. 1 du liv. XVI.

[3] Dépôt de la guerre, vol. 383, f⁰ 217. Inédit..

ordonné aux gardes de faire sur cela ce que diroit Mᵣ le Premier President auquel j'ay donné avis de la chose, pour prendre lesdits papiers.

« Le Sʳ Chalon Mégrémont est icy, dans le Vieux-Palais, qui arrive. Je le mettray dans une Tour, et le feray bien garder. Je ne scay si c'est luy qu'on a voulu dire, ni s'il est coupable. Il dit n'avoir jamais vu Mʳ de Rohan, n'y y avoir eu commerce, et qu'il n'a vu la Tréaumont à ce voyage icy qu'à sa table et en campagne, et se tient coupable si on dit qu'il luy aye parlé en particulier; et force autres choses pour dire qu'il est innocent, me priant de le faire mener à Paris et partout où on le voudra confronter et interroger, et que toute la grace qu'il demande, c'est qu'on ne l'oublie pas en prison, comme un homme qui n'est pas en grande considération, et qui a peu de gens pour parler pour luy.

« J'avais envoyé pour prendre cet abbé Despréaux. On a scu par des espions qu'on avoit mis à sa recherche hyer au matin, avant que les gardes arrivassent, qu'il estoit monté à cheval, il y a quelques jours ¹, et qu'on ne scavoit où il étoit allé. Ainsy on est revenu sans aller jusqu'à sa maison, de peur de l'épouvanter, et j'ay mis des gens qui taschent à descouvrir où il sera allé, ou s'il reviendra chez luy, et le feray prendre quand je pourray.

« Il y a plus d'apparence qu'il sache quelque chose que ce Mégremont qui ne m'a jamais paru un homme de faction.

« J'attendray, Mʳ, vos ordres au sujet de Mʳ de Créquy; si on ne le mène pas à Paris, je crois qu'il faudra l'amener icy; le chasteau du Pont-de-Larche est fort petit, et le logement incommode, n'estant pas assez séparé de la garnison, qu'on voit et entend toujours.

« Je n'ay pas voulu le mettre à la garde de celuy qui y

---

¹ Sans doute sur l'avis qu'il avait eu de l'arrestation, à Paris, du chevalier de Préaux, son frère, et de la catastrophe de La Tréaumont.

commande, sans votre ordre; j'y ay 18 ou 20 hommes à moy qui le gardent très exactement et à vue. J'en useray ainsy, jusques à nouvel ordre. Je suis avec beaucoup de passion...¹ BEUVRON. »

16ᵉ. — « Le Pʳ-Pᶜⁿᵗ à Colbert. Rouen, le 26 septembre... Nous avons fait arrester Mʳ le Comte de Créquy-Berniolles, suivant les ordres du Roy. On le croit plus malheureux que coupable pour la conspiration de la Tréaumont. Nous avons fait arrester un né Chalon Mégremont, de cette ville, et donné des ordres pour en faire arrester quelques autres que l'on croit avoir eu intelligence avec ledit la Tréaumont... ² PELLOT. »

17ᵉ. — « Le Cᵗᵉ de Thorigny à Mʳ le Duc de Roquelaure, du 26 septembre, à Vire. Mʳ, j'ay fait investir, ce matin, la maison de Mʳ de Sourdeval avec trente chevaux, et ensuite j'ay fait fouiller par des hommes ses lieux les plus secrets. On n'a trouvé que la Dame qui n'a nul commerce avec son mary, estant fort mal avec luy; il n'a point été, depuis trois ans, dans sa maison qui est en décret, et où je ne crois pas qu'il songe guères.

« J'ay fait fouiller ses papiers qui ne se sont trouvés remplis que d'affaires. S'il est dans ce pays icy, je le scauray asseurément, ayant mis des gens en campagne, qui scauront s'il est chez ses amis, comme le Comte de Poille, le Marquis d'Issigny et autres, et de plus, ayant donné ordre au Prevost de se tenir allerte.

« J'attendray à Thorigny vos ordres et vous manderay ce que j'apprendray... ³ THORIGNY. »

18ᵉ. — « Pellot à Louvois. Rouen, ce 27 septembre.

---

1 Dépôt de la guerre, vol. 383, fº 244. Inédit.
2 *Lett., Inst. et Mém.*, t. III, p. 223.
3 Dépôt de la guerre, vol. 383, fº 245. Inédit.

Monsieur, nous avons fait arrester un nommé Chalon dit Maigremont qui est à present au vieux chasteau de Rouen, ayant crû que ce pouvoit estre celui-là dont vous aviez parlé par vos lettres, parce qu'il connoissoit la Tréaumont, et que pendant qu'il a esté en ceste ville, il a esté le plus souvent avec luy ; l'on a saisi ses papiers ; je verray ce que c'est ; l'on luy a parlé de Vandenendem, il dit qu'il ne l'a jamais connu, mais qu'un frère qu'il a l'a connu en Hollande, à ce qu'il luy a entendu dire. L'on esclaircira la chose. Mais, Monsieur, il ne tombe pas grand soubçon sur ce dit Chalon ; il ne faut pourtant rien négliger comme nous faisons, M$^r$ le Marquis de Beuvron et moy.

« Quand au religieux Camaldole, je l'ay fait sortir de prison ; il doit dans sept ou huit jours s'embarquer sur un vaisseau qui doibt partir pour Hambourg, luy ayant déclaré moi-même que si l'on le rencontroit en France, l'on l'envoyeroit en galère... [1] Pellot. »

19$^e$. — « Le duc de Roquelaure à Louvois. Du 29 septembre, à Caen, 6 h. du soir. M$^r$, suivant l'ordre que vous m'avez envoyé, j'ay fait arrester le C$^{te}$ de S$^t$ Martin. L'officier de mes gardes scachant qu'il estoit dehors avec quelque noblesse (à cause, dit le S$^r$ de S$^t$ Martin, que le comte de Grancé vouloit enlever sa fille pour l'épouser), il l'a arresté et conduit icy, en diligence, au chasteau il y a une heure ; on a apporté en mesme temps une cassette, et on luy a pris les papiers qu'il avoit sur luy.

« J'ay supplié M$^r$ de Chamillard et M$^r$ de la Croisette d'aller sur l'heure au Chasteau ouvrir, en sa présence, la ditte cassette. Il ne s'y est trouvé que de vieux papiers, et les lettres qu'il avoit sur luy sont de sa femme, et d'autres, par lesquelles on parle de M$^r$ le Comte de Grancé, et d'autres choses différentes.

[1] Dépôt de la guerre, vol. 383, f° 354. Inédit.

« Mʳ de Chamillard vous rend compte de tout ce que Mʳ de Sᵗ Martin lui a dit, à Mʳ de la Croisette et à luy.

« Il pria l'officier de mes gardes de faire conduire sa femme et sa fille à Honfleur, par des fuziliers, craignant le comte de Grancé. L'officier le fit, et elles partirent en mesme temps. Le Cᵗᵉ de Sᵗ Martin a dit qu'il avoit parlé à Mʳ le Maréchal de Grancé[1] du dessein de Monsʳ son fils pour épouser sa fille. Je suis....[2] ROQUELAURE. »

20ᵉ. — « De Chamillard, Intendant de la généralité de Caen[3], à Louvois, du 29 septembre, Caen. Mʳ, je me suis, tout de suite, rendu au Chasteau de Caen, suivant ce que Mʳ le duc de Roquelaure m'a témoigné estre à propos pour le service du Roy, où j'ai vû, en présence de Mʳ de la Croisette[4], le Sʳ de Sᵗ Martin arresté par ordre de S. M... Et comme je n'avois ordre, pouvoir ny faits pour l'interroger, je me suis contenté de faire l'ouverture de sa cassette en sa présence, et d'examiner tous les papiers qui estoient dans icelle, qui se sont trouvés d'ancienne date, depuis 1654 jusqu'en 1667, et ne concernoient que ses affaires domestiques, ce qui m'a fait connoistre qu'il en avoit d'autres. Et en effet, comme il y avoit d'autres clefs avec celle de sa cassette, il

---

[1] Frère de Rouxel de Médavy, qui était depuis deux ans archevêque de Rouen.

[2] Dépôt de la guerre, vol. 383, fº 272. Inédit.

[3] Guy de Chamillard. D'abord avocat au grand conseil, puis maître des requêtes; réformateur des forêts de Picardie en 1662; commissaire-enquêteur en 1666 de la noblesse en Normandie. Il avait été chargé, concurremment avec Talon, des fonctions de procureur général dans le procès du surintendant Fouquet. Intendant de la généralité de Caen de 1666 à 1675, année où il mourut. Son fils fut contrôleur-général des finances en 1699, et ministre de la guerre en 1701, par un cumul qui dura jusqu'en 1708.

[4] Gouverneur du château dans lequel Saint-Martin fut conduit après son arrestation. Son père, comme gouverneur du même château, avait agi fortement, pendant la Fronde, en faveur du duc de Longueville.

m'a dit que l'une d'icelles estoit la clef du tiroir d'une table sur laquelle il escrivoit, et dans laquelle il y avoit des essences; ledit Sr de St Martin parle volontiers et parle bien; il m'a paru fourny de résolution; dans tout son entretien, qui a esté d'une heure, en présence de Mr de la Croisette, tout son discours estoit de l'enlèvement que Mr le Cte de Grancé voulloit faire de Mademlle sa fille; pourquoy il voulloit assembler ses amis qu'il nous a voulu faire connoistre estre en grand nombre, et avoir beaucoup de considération en son quartier, ce qu'il nous a exagéré souvent, et mesme avec quelque vanité par son discours. Il nous a paru que ses affaires estoient fort en désordre. Et comme je n'avois pas de moyens pour descouvrir quelle part il pouvoit avoir dans les affaires contraires au service du Roy et au bien de l'Estat, je me suis servy de celuy qu'il me présentoit, lui remonstrant que, dans la conjecture présente, il n'auroit point deub former d'assemblée; que ce qui s'estoit passé à Paris et à Rouen obligeoit de veiller plus soigneusement à la conduite d'un chacun. Ayant demandé à Mr de la Croisette s'il connoissoit ce la Tréaumont, pour engager Mr de St Martin de parler sans qu'il m'ait pu pénétrer? Celui-cy a dit de luy-mesme qu'il le connoissoit, qu'il alla avec luy à Conflans, il y a 18 mois, chez Monsr l'archevesque de Paris. Il a parlé de luy comme d'un homme ferme et résolu jusques au dernier moment de sa vie, dont il nous a expliqué de luy-mesme quelques circonstances. Il nous a paru, dans tout son entretien, fort résolu, sans varier et sans affectation, et nous a toùjours fait entendre qu'il ne pouvoit estre arresté que pour l'affaire de Mr le Cte de Grancé; et nous l'avons entretenu dans la pensée qu'il n'y en avoit point d'autre... [1]
CHAMILLARD. »

21e. — « Louvois à Mr le Pr-Pt Pellot, du 29 septembre,

[1] Dépôt de la guerre, vol. 292, fo 273. Inédit.

Versailles. Monsieur, j'ay receu la lettre qu'il vous a plu m'escrire le 27e de ce mois, contenant le discours que vous a fait Monsr le Procureur général du Parlement de Rouen, sur ce qu'il prétend que le Sr de Crequy-Berneuil, son beau-frère, n'a poient eu de part aux mauvais desseins de Monsieur le Cher de Rohan ; mais se sera une chose que l'on connoistra par la suitte, lorsque l'on luy fera son procès et à tous ses complices. Je suis... [1] Louvois. »

22e. — « Pellot à Louvois. A Rouen, ce 30 septembre. Monsieur, j'ai vu et examiné avec Mr le Marquis de Beuvron les papiers du sr Comte de Crequy-Berniol qui furent saisis alors que l'on l'arresta. Nous n'y avons rien remarqué qui fut d'aucune considération, ny qui put donner aucun soubçon contre luy ; seulement force lettres et mémoires particuliers.

« J'ay, aussy, vu et examiné les papiers du Sr Chalon de Maigremont, qui a esté arresté et qui est prisonnier au Vieux-Palais. Je n'y ay trouvé que des papiers qui ne disent rien et ne font point paroistre qu'il aye eu aucune intelligence avec la Tréaumont. Je l'ay fort questionné avec Mr de Beuvron. Ce que nous avons pû seullement aprendre de luy, c'est qu'il a esté autrefois à la guerre avec ledit la Tréaumont ; que pendant le temps qu'il a esté ceste dernière fois en cette ville, il a quasi tousjours bû et mangé avec luy ; mais qu'il ne luy a jamais entendu parler de rien, ny qu'il eut aucun méchant dessain ; que dans l'émotion qu'il y eut de la noblesse de cette province, en 1658 ou 1659, dont ledit sr Comte de Créqui estoit et ledit la Tréaumont, il luy communicqua, comme son ami, partie de ce qu'il faisoit ; qu'il n'a jamais connu Vandenenden, et qu'il est vray qu'il luy semble avoir ouy dire à un frère qu'il a, qui a servi en mer, qu'estant jeune, il a estudié, il y a 25 ou 30 ans, en Hollande, sous ledit Vandenenden, et qu'il croit que son frère qui fut en

[1] Dépôt de la guerre, vol. 292, fo 273. Inédit.

Hollande, il y a 7 ou 8 ans, y vit ledit Vandenenden ; qu'il ne sçait pas où son dit frère est maintenant; qu'il y a longtemps qu'il n'en a ouy parler. Tout ce qu'il dit, Monsieur, paroit assez ingénu ; c'est d'ailleurs un homme maintenant de peu d'expédition, car il est fort gouteux et retenu 3 ou 4 mois, tous les ans, par la goute; et le reste du tems, il l'employe avec ses amis à boire, se divertir, et faire bonne chère.

« Pour l'abbé des Preaux, on ne l'a pas pû trouver. Il est asseurément à present en défiance, et on ne laissera pas de donner les ordres pour tascher de l'attraper si l'on peut. Ilz sont trois frères, neveux dudit la Tréaumont : ledit abbé; le chevalier des Préaux, qui estoit à M<sup>r</sup> le Chevalier de Rohan et que l'on dit estre prisonnier à la Bastille ; et le S<sup>r</sup> Despréaux l'aisné qui estoit icy quand ledit la Tréaumont fut arresté, qui l'avoit entretenu le jour auparavant en particulier, et en partit incontinent qu'il sceut la nouvelle dudit la Tréaumont. Je suis avec respect... Pellot.

« P. S. M<sup>r</sup> de Roquelaure a escrit à M<sup>r</sup> de Beuvron et à moy comme il a fait arrester M<sup>r</sup> le Comte de S<sup>t</sup> Martin de Rubec ; M<sup>r</sup> le Procureur général de ce Parlement et madame la Comtesse de Créqui vont à la Cour, pour parler pour M<sup>r</sup> le Comte de Créqui [1]. »

23<sup>e</sup>. — « Pellot à Louvois. A Rouen, ce 1<sup>er</sup> octobre. Monsieur, M<sup>r</sup> le Marquis de Beuvron vous mande, comment il a fait arrester un curé [2] dont vous lui aviez envoyé un billet, et qu'il a envoyé dans la maison des sieurs Despréaux où l'on a saisi des papiers entre lesquels l'on a trouvé des lettres d'une madame de Villars par lesquelles il paroit qu'elle scavoit la conspiration. C'est une femme qui s'est faite catholique depuis peu, plus pour se mettre à couvert de la mort de

---

[1] Biblioth. nationale, manuscrit 7629, f<sup>o</sup> 48-49. Inédit.
[2] Le curé de la paroisse d'Aigleville. C'est aujourd'hui une commune du canton de Pacy-sur-Eure.

son mari qu'elle estoit accusée d'avoir empoisonné, que par de bons sentiments; elle estoit, à ce qu'il paroit par toutes ses lettres, en grande intelligence avec le chevallier Despréaux pour l'espouser. Mʳ de Beuvron donne ses ordres pour la chercher et la faire arrester, et nous continuerons à suivre cette affaire dont, Monsieur, nous vous rendrons bon compte, et seray toujours, etc...[1] Pellot. »

24ᵉ. — « Le Marquis de Beuvron à Louvois. A Rouen, ce 1ᵉʳ octobre. Monsieur, n'espérant plus que le sieur abbay de Préaux revint chez son père d'où il étoit party, j'envoyoi à la maison de celui-cy, pour prendre toujours les papiers. On m'a apporté, hier à minuit, ce qu'on avoit trouvé, tant à l'abbay qu'au chevallier ; j'ay trouvay des lettres écrites au chevallier, d'une dame qu'il veut épouser, qui a épousé en premières nopces Mʳ d'Heudreville, en secondes Mʳ de Villars-Malaryc, dont elle est veuve depuis quinze mois. J'ay veu, par deux de ces lettres, qu'elle scavoit l'entreprise et les mauvais dessains de ces messieurs, dont je vous envoyeray coppie, en attendant les originaux avec le reste des papiers quand nous les aurons leüs, Mʳ le Premier Président et moy. Je l'ay envoyé prier de venir icy à ce sujet, et je l'attends. Cependant, j'envoye en toute dilligence, arrester cette dame de Villars. Elle estoit icy les jours passés pour un procès, mais elle est retournée en quelqu'une de ses maisons où j'envoye l'arrester et ses papiers, partout où on pourra en découvrir. Encore quelque chose : j'ay envoyé vers Conches, chez une tante de cet abbay de Préox (sic), voir sy, par hazard, il n'y seroit pas retiré, et en mesme temps, au pays de Caux, du costé du Hâvre où il a une curre depuis six mois, quoy qu'il n'y aye pas encore demeuré. Je vous assure, Monsieur, que je n'oublye rien pour cela, et que j'ay plus de

---

[1] Biblioth. nationale, manuscrit 7629, f⁰ 50. Inédit.

cinquante hommes en campagne, les uns armés et les autres déguisés, pour découvrir ces gens-là.

« On m'a aussy amené ce curé d'Égleville ; il n'a encore rien dit, si non qu'il a fait à Paris, pour une résignation, deux voyages dont il s'offre de faire voir la vérité, n'avoir point veu la Tréaumont, ny le Préox parce qu'ils estoient à S<sup>t</sup> Mandé; qu'il vit seulement son frère; qu'il a veu la Tréaumont inopinément, devant sa porte, à son prébitaire où il passa à son dernier voyage, pour aller coucher à Préox [1] chez sa sœur [2] ; qu'il le feut voir à Préox le lendemain matin, en allant à Conche, parce que ledit la Tréaumont lui avoit dit d'y passer pour porter de ses nouvelles à une autre sœur qu'il a et qui demeure en ce pays-là. Nous le retournerons de tous costés, M<sup>r</sup> le Président et moy, pour en scavoir d'avantage ; il m'offre fort d'aller où je voudray pour découvrir et servir à tout ; may je ne m'y firay pas.

« Pour ce qui est de Chalon de Maigremont, je le fais garder fort exactement. M<sup>r</sup> Pellot vous a mandé comme on n'a rien trouvé dans ses papiers. Selon toutes les apparences, ce seroit son frère qui a esté sur mer, dont on a voulu parler. Il n'importe, je le garderay toujours, en crainte de me tromper, jusqu'à nouvel ordre.

« Je crois, Monsieur, que le Roy voulant le service du Chateau et de la place du Vieux Pallais, ce estant à Rouen la seule forteresse qui pourroit commander la ville et contenir les malintentionnés s'y il arrivoit quelque desordre, ce qui n'arrivera cependant pas, à ce que j'espère et dont je peux, je crois, certifier, il seroit bien à propos de faire remonter les canons. Il n'y en a pas un seul en état, et, depuis que mon père a eu ce gouvernement, Sa Majesté n'a jamais fait aucun

[1] Paroisse aujourd'hui supprimée. Elle était dans le voisinage d'Aigleville.

[2] La sœur de La Tréaumont avait épousé le sieur de Préaux, dont le chevalier, amant de M<sup>me</sup> de Villars, était un des trois fils.

fonds ny dépance pour les remonter. Je l'ay fait, plusieurs fois, à mes dépands. Vous scavey, Monsieur, qu'on n'a pas grande crainte d'un chateau où on scait que le canon ne peut tirer, et où le Roy n'a pas grande garnison, n'y entretenant que quatorze soldats et un sergant. Vous estes le maistre de cela, Monsieur, et je vous le représente. Cela yrait à une petite dépance. Je suis avec beaucoup de passion et de respect... r Beuvron. »

25e.. — « Le marquis de Beuvron à Louvois. Du 2 octobre, Rouen. Mr, on arresta hyer Made de Villars chez elle à Heudreville², à huit lieux d'icy. On me l'a amenée à midy ; Mr le Premier-Président estoit chez moy, qui y a disné. Nous l'avons veue arriver, elle ne nous a encore rien dit. Je la feray garder fort soigneusement ; il paroit qu'elle parlera. Nous avons jugé à propos de ne paroistre pas scavoir aucune chose. Je luy ay dit seulement que j'avois eu ordre du Roy de l'arrester, et que je n'en scavois pas encore la raison, qu'elle pouvoit scavoir mieux pour quoy, et qu'elle feroit bien mieux de dire promptement tout ce qu'elle scayt que d'attendre à estre interrogée.

« Je fais chercher partout cet abbé de Préaux. J'ay trois parties en campagne, pour cela, en tous les lieux où je soupçonne qu'il est. Après cela, je n'en feray plus de bruit, pour voir si il se rassurera ; en sous main, on le cherchera toujours ; je ne suys pas fasché d'avoir envoyé chez luy, quoique je ceusse qu'il n'y seroit pas ; j'y ay envoyé de quoy arrester cette femme qui nous apprendra peut-être quelque chose que nous ne scavons pas. On ne luy a trouvé aucuns papiers dans toute sa maison, et mesme chez son curé et dans son village où on a cherché aussy. A propos de curé, Mr, nous ne trouvons pas celuy de Degleville coupable, et Mr le Pr

---

1 Biblioth. nationale, manuscrit 7629, f° 52. Inédit.
2 Heudreville-sur-Eure, aujourd'hui commune du canton de Gaillon.

Président croit qu'on le peut renvoyer ; néantmoins, nous attendrons vos ordres la dessus.

« Madame de Villars est fille de Mʳ de Sarro, conseiller au Parlement de Paris ; elle a un frère nommé de Brise qui estoit gouverneur de Cirk [1]. Je crois qu'il n'a pas grand comerce avec elle, n'ayant pas ouy dire qu'il soit venu en ce pays icy, dans tous les procès qu'elle y a eu. Voilà, Mʳ, ce que j'ay à vous dire aujourdhuy. Je suis avec... [2] Beuvron. »

26ᵉ. — « Pellot à Colbert. A Rouen, ce 2 octobre. Ayant eu advis et quelques preuves qu'une femme nommée la dame de Villars scavoit quelque chose de la conspiration de la Tréaumont, Mʳ de Beuvron l'a fait arrester, et elle est dans le Vieux Palais. Elle pourra, assurément, servir à l'affaire de Mʳ le Chevalier de Rouen (sic). Nous en mandons, Mʳ, le destail à Mʳ le Marquis de Louvois, et attendons les ordres de Sa Majesté. Elle estoit fille de feu M. Sarrau qui estoit conseiller du Parlement de Paris, de la R. P. R. Elle a un frère qui s'appelle de Brie, qui a servi le Roy et qui a esté gouverneur de Cirque (sic) ; elle a eu deux maris ; le dernier qui s'appelloit Villars, qui demeuroit proche Vernon, et estoit de la dite R. P. R., n'est pas mort sans soubçon de poison qui est tombé sur elle, et ses parens ont esté prests de la poursuivre. Je suis avec respect... [3] Pellot. »

27ᵉ. — « Colbert à Pellot, 3 octobre. Je vous remercie des avis que vous me donnez de ce qui se passe dans la suite de l'affaire de la Tréaumont ; comme j'en suis informé icy, il n'est pas nécessaire que vous preniez cette peine ; cependant

---

[1] Sirk. Le camp de Sirk, sur la Meuse, servait à couvrir Thionville et Sarrelouis et à protéger la Champagne.

[2] Dépôt de la guerre, vol. 392, f⁰ 294. Inédit.

[3] Biblioth. nationale, *Mélanges Colbert*, vol. 169, f⁰ 294. Inédit.

je vous prie de me croire toujours entièrement à vous...¹
COLBERT. »

28ᵉ. — « Louvois à Mʳ le Pʳ-Pᵗ à Rouen. Du 3 octobre, Versailles. Monsieur, les deux lettres que vous avez pris la peine de m'escrire m'ont esté rendues avec celle de Monsieur le Marquis de Beuvron, et les extraits de lettres escrites par la dame de Villars au chevalier des Préaux ². Par tout ce que vous et luy me mandez, et par le contenu en ces extraits, il est aysé de voir que cette Dame avoit bonne part pour le chevallier Despréaux dans la conspiration de la Tréaumont et de monsʳ le chevallier de Rohan. Aussy, S. M. desire que vous l'interrogiez le plus amplement que vous pourrez, et que vous fassiez votre possible pour l'obliger à dire la vérité. Que si elle en faisoit quelque difficulté, vous pouvez luy dire que c'est à tort qu'elle veut se charger d'une affaire en déniant ce qu'elle en scait ; que l'on a tout seu par le chevalier Despréaux, après qu'il a esté arresté, et que l'on a, mesme, trouvé sur luy les lettres dont mond. Sʳ de Beuvron m'a envoyé les extraits, qu'elle luy a cy-devant escrites. Vous y adjouterez les choses qui conviendront pour l'obliger à parler, et quand elle aura suby votre interrogatoire, je vous supplie de me l'envoyer pour en rendre compte au Roy. S. M. a résolu de la faire transférer à la Bastille, et, à cette fin, elle va faire partir un brigadier avec six gardes, pour la prendre au Pont-de-l'Arche où je mande à M. de Beuvron de la faire conduire, pour la leur remettre entre les mains. Je suis...³
LOUVOIS. »

¹ Biblioth. des Invalides, manuscrits Colbert, vol. G. 90, f⁰ 810. Inédit.

² La place nous manque pour reproduire ici les lettres de madame de Villars au chevalier de Préaux, qui amenèrent la condamnation capitale et l'exécution de l'un et de l'autre. On les trouvera dans notre volume sur le procès du chevalier de Rohan.

³ Dépôt de la guerre, vol. 382, f⁰ 48. Inédit.

29e. — « Pellot à Louvois. A Rouen, ce 5 octobre, au Vieux-Palais. Monsieur, j'ay receu, ce matin, les lettres du 2e et 3e que vous m'avez fait l'honneur de m'escrire, touchant les prisonniers que nous avons arrestez pour l'affaire de Mr le Chevalier de Rohan, et pour interroger la dame de Villars qui est prisonnière dans le Vieux-Palais, à quoy jay travaillé incontinent que j'ay reseu l'ordre de Sa Majesté. Ladite dame parle assez, mais je crois qu'elle ne dit pas encore tout. Elle n'a dit, Monsieur, que partie, devant qu'elle eut vu ses lettres ; mais aussitost que ie les lui ay montrées, elle a paru fort surprise et elle en a confessé d'avantage. Je vai maintenant achever son interrogatoire, et vous l'envoyerai demain par l'ordinaire, et ses lettres, que l'on remettra à l'exempt des Gardes du Corps qui est chargé de la mener à la Bastille. Pour le Sr Chalon il est prisonnier dans ce Vieux-Palais et non pas au Pont-de-l'Arche. Je ne scai si Sa Majesté veut qu'on le mène à la Bastille [1] ; il n'est point chargé par ce que nous voions de luy. Vous n'en avez point escrit, Monsieur, à Mr le Marquis de Beuvron. Il faudra pour cela, s'il vous plaist, lui envoyer des ordres. Je suis...[2] PELLOT. »

30e. — « Pellot à Louvois. A Rouen, ce 8 octobre. Monsieur, j'ay interrogé le Sr Chalon qui est prisonnier au Vieux-Palais. L'on ne s'est point mespris et c'est le mesme dont parle Vandenenden. Il dénie néantmoins qu'il aye esté destiné par Mr le chevalier de Rohan ny la Tréaumont pour aler à Bruxelles. Mr de Beuvron le fait partir cette après-diné, sous bonne garde, pour le mener au Pont-de-l'Arche, pour y joindre le Sr Comte de St Martin que Mr de Roquelaure y doit envoyer, et qui seront menez, ensuite, sûrement à la Bastille. Vous me mandez aussi, Monsieur, que le Chevallier des Préaux confesse tout sur la coppie des lettres de

---

[1] Il y fut mené, ainsi que le comte de St-Martin de Rubec.
[2] Biblioth. nationale, manuscrit 7629, fos 54 et 55. Inédit.

la dame de Villars qu'il a veüe, et qu'il accuse le S^r d'Aigremont, que le Roy desire estre arresté incessamment. Vous verrez par l'interrogatoire de ladite dame qu'elle dit qu'il est à l'armée de M^r le Prince. Ainsi, Sa Majesté pourra donner ses ordres pour le faire arrester. Néantmoins, nous ne laisserons pas de le faire rechercher chez luy et le faire arrester s'il s'y trouve, et faire saisir ses papiers.

« Je suis bien marri de votre indisposition ; j'espère qu'elle n'aura pas de suites, ce que je souhaite de tout mon cœur, et de pouvoir vous donner des marques que je suis... [1] Pellot. »

31^e. — « Pellot à M^r de la Reynie [2]. A Rouen, ce 12 octobre. Monsieur, touchant ce que vous me marquez, Monsieur, que par l'interrogatoire que jay fait du valet dudit la Truaumont, il paroit que la nommée Chauvet, femme d'un maistre d'escole de cette ville, recevoit des lettres dudit la Truaumont, et qu'il luy avoit donné un sac à garder, un jour ou deux devant qu'il fut blessé : Je vous diray qu'à l'heure mesme, jesclaircis tout-à-fait la chose. Car aussitost que ledit valet m'eust dist cela dans le Vieux-Palais, ce qui fut sur les neuf heures du soir, j'allay trouver ladite Chauvet, et lui demanday ce qu'estoit devenu le sac ? qui parut, d'abord, un peu embarrassée, mais ensuite elle me dit qu'elle avoit remis ledit sac, le jour que ledit la Truaumont fust arresté, au S^r d'Héberville, conseiller aux requestes de ce parlement, cousin dudit la Truaumont. Sans perdre de temps, je mis ladite femme dans mon carosse, et allay chercher le S^r d'Heberville que je trouvay qui soupoit chez le S^r Desoquence, conseiller de ce parlement, et je lui deman-

---

[1] Biblioth. nationale, manuscrit 7629, f^o 57. Inédit.

[2] C'est le fameux lieutenant de police. Il était chargé des fonctions du ministère public auprès de la commission d'instruction. C'était une créature de Colbert, qui s'en servit pour épurer et nettoyer Paris de toutes façons.

day s'il estoit vray qu'il eust retiré de ladite femme un sac appartenant audit la Truaumont, et pourquoy il l'avoit fait, et qu'il ne le devoit pas faire scachant que ledit la Truaumont avoit esté arresté par ordre du Roy, et où estoit ledit sac ? Il me répondit qu'il estoit chez luy, dans un cabinet, et qu'il l'avoit retiré de la dite femme, sachant qu'elle l'avoit (La Truaumont le luy ayant dit,) et qu'il regardoit quelque affaire qu'il avoit à Ponteaudemer, pour laquelle il devoit y aller. Je mis ledit S$^r$ d'Héberville dans mon carrosse avec ladite femme, et nous allasmes, tous en semble, au logis dudit S$^r$ d'Héberville. Il me mena dans sa chambre, prit ledit sac qui estoit sur la cheminée, et me le remit entre les mains. Je representay incontinent ledit sac à ladite femme qui estoit dans une chambre séparée, et luy demanday si c'estoit celuy-là que ledit la Truaumont luy avoit remis et qu'elle avoit remis ensuite audit S$^r$ d'Héberville ? elle déclara que c'estoit le mesme sac, lequel jay encore entre mes mains; et après avoir veu les papiers qui sont dedans, jay trouvé que c'estoit seulement quelques papiers pour une affaire qu'avoit la Truaumont à Pont Eaudemer, ainsy que me l'avoit dit ledit sieur d'Héberville. Voilà tout ce qui s'est passé sur ce sujet. Quand ledit valet eust parlé dudit sac, j'en parlay à l'instant à M. le duc de Roquelaure, à M. de Beuvron et à M. de Brissac, major des Gardes, qui estoient au Vieux-Palais de Rouen, et je leur dis que je croyois qu'il en falloit user ainsy que j'ay faict; et après avoir fait tout ce tour et cette diligence, je vins encore les entretenir de ce que j'avois fait, et nous fusmes tous dans le mesme sentiment que ladite femme et ledit S$^r$ d'Héberville nous avoient dit ingénuement la vérité, et qu'il n'y avoit rien de caché la-dessous. J'attendray les ordres, et seray tousjours... [1] Pellot. »

32$^e$. — « Louvois à M$^r$ Pellot. 15 octobre, Versailles. Mon-

[1] Biblioth. nationale, manuscrit 7629, f° 65. Inédit.

sieur, le Roy ayant appris que Mʳ d'Héberville [1], conseiller au Parlement de Rouen, a eu part dans la conspiration de Monsʳ le chevallier de Rohan, et de feu la Tréaumont, S. M. a résolu de le faire arrester et constituer prisonnier dans le Vieux-Palais de Rouen. L'on a escrit à M. de Beuvron, en cette conformité. Je suis... [2] Louvois. »

33ᵉ. — « Pellot à Letellier [3]. 17ᵉ octobre. J'ay receu la lettre que vous m'avez fait l'honneur de m'écrire du 15 de ce mois ; quoyque Mʳ le Marquis de Beuvron ne soit pas icy, et qu'il ne sera de retour que ce soir, nous n'avons pas laissé de faire arrester le Sʳ d'Héberville, consʳ aux Requestes de ce Parlement, et l'on l'a mis au Vieux-Palais où il n'aura point de communication avec personne, et où il demeurera jusqu'à nouvel ordre. L'on examinera aussi ses papiers, et l'on verra s'ille n'y en a point qui puissent servir.

« Ledit Sʳ d'Héberville est cousin germain de feu la Tréaumont, et devoit aller, le jour que fust arresté le Sʳ de la Tréaumont, avec luy au Pont-Eaudemer, soubz prétexte d'une affaire qu'y avoit ledit la Tréaumont. J'ai toujours cru que la Tréaumont prenoit prétexte de ce voyage pour visiter Quillebœuf où l'on dit qu'il avoit dessein (Pont-Eaudemer n'en est qu'à deux lieues), et pour y voir aussy de ses amis, comme le Cᵗᵉ de Sᵗ Martin de Rubec qui demeure près de Pont-Eaudemer, et qui est maintenant à la Bastille.

[1] Jean Toutain, sieur d'Héberville, conseiller aux requêtes du palais en 1659. C'était un cousin germain de la Tréaumont. Sorti indemne du procès, grâce surtout à Pellot, sans même avoir subi de détention à la Bastille, il vécut jusqu'en 1715, époque où il finit d'une manière fatale, étant mort cette année-là assassiné par deux de ses neveux en sortant du bourg de Cany. Bibliothèque de Rouen, fonds Martainville, manuscrit Bigot, p. 25.

[2] Dépôt de la guerre, vol. 382, fᵒ 146. Inédit.

[3] Louvois étant tombé malade à cette époque, son père l'avait momentanément remplacé comme ministre de la guerre.

« Nous avons examiné les papiers qui ont esté trouvés chez le S^r Daigremont, dans sa maison de Tournebus ¹, qui est proche de Gaillon, lequel S. M. a donné ordre de faire arrester dans l'armée de Mgr le Prince, suivant que vous avez pris la peine de me le mander, et nous n'avons trouvé aucuns papiers qui puissent servir.

« C'est dans le bailliage d'Evreux qu'il s'est fait le plus de chose touchant cette conspiration. Le chevalier des Préaux et l'abbé, neveux de la Tréaumont, y avoient leur maison, et alloient et venoient de là à Paris. Outre cela, il y a encore une sœur qui s'appelle la dame de Folleville, et un autre neveu qui s'appelle Coullierville qui est à deux lieues du Neubourg, lequel Coullierville estoit en cette ville avec Despréaux aîné, quand ledit la Tréaumont fut pris, et qui montèrent à cheval incontinent après, et que l'on m'a dit avoir tenu des discours séditieux pendant l'assemblée de la noblesse.

34ᵉ. — « Pellot à la Reynie. A Rouen, ce 21 octobre. Monsieur, J'ay vu les papiers de M. d'Héberville, conseiller des Requestes de ce Parlement, qui a esté arresté et mis au Vieux-Palais de cette ville ; j'y ai vu quelques lettres de la Tréaumont qui sont écrites audit sieur d'Héberville, en 1671 et 1672 ; mais elles ne parlent de rien. J'y ay seulement trouvé une lettre que je vous envoye, de l'abbé des Préaux, que vous sçavez qui est bien chargé et que nous faisons chercher par tout. Elle est du mois de juin de la présente

---

¹ « Quand vous allez de Rouen à Paris par le chemin de fer, vous pouvez voir sur votre droite, en sortant du tunnel de Roule, un peu avant d'arriver à la station de Gaillon, un fort joli château nouvellement restauré, mais qui, avant sa restauration, flanqué de ses quatre tourelles, présentait l'aspect d'un château féodal du moyen âge. C'est le château de Tournebus. » *Un procès criminel à Rouen, en 1808*, récit lu à l'Académie de Rouen en 1877, par notre excellent collègue et ami M. le conseiller Homberg. Au *Précis des travaux de l'Académie*.

année, dans laquelle il n'y a rien de considérable, si ce n'est qu'au bas de ladite lettre, il y a, comme vous pourrez voir : « M^r de la Tréaumont a eu touttes vos lettres, » qui est une marque qu'il y avoit grande correspondance entre ledit de la Tréaumont et ledit d'Héberville, dans le mois de juin dernier, qui est dans le temps que les complices agissoient le plus pour la conspiration du chevallier de Rohan. Ce qui est encore à remarquer sur ce sujet, c'est que, quoyque ledit S^r d'Héberville aye écrit diverses lettres audit la Tréaumont, comme il paroit par ladite lettre, et qu'il luy en eut fait sans doute réponce, néantmoins, on ne luy en a point trouvé que de 71 et 72, ce qui peut faire croire que celles de 1674 qui pouvoient dire quelque chose, ont été soubstraites. Je suis... [1] PELLOT. »

35^e. — « Pellot à Letellier. A Rouen, ce 30 octobre. M^r, Je dois vous adjouter sur le sujet de cette conspiration, qu'à juger de ce que nous voyons icy, nous ne croyons point qu'osté les des Préaux, neveux dudit la Tréaumont, qui sont gens de peu de considération, et la dame de Villars, il y eut guères d'autres personnes de la Province qui y eussent part ; je dois ce témoignage à cette ville, et, parce que j'apprends que dans le reste de la Province la mémoire de la Tréaumont est en abomination, que l'on a une grand horreur et aversion contre tous ceux qui ont esté de ce criminel dessein ; et mesme, quand on enterra ycy ledit la Tréaumont, ce qui se fit à l'entrée de la nuict, sans cérémonie, néantmoins il ne laissa pas d'y avoir force peuple dans les rues qui luy donnoient mille malédictions et disoient qu'il le falloit jetter à la voirie. Je suis ... [2] PELLOT. »

[1] Biblioth. nationale, manuscrit 7629, f^o 78. Inédit. Original.
[2] Dépôt de la guerre, vol. 393, f^o 239. Inédit.

# CHAPITRE TROISIÈME

### ARRÊT DE LA CHAMBRE SOUVERAINE [1]

*Condamnation et exécution de Louis de Rohan, du chevalier de Préaux, de M<sup>me</sup> de Villars et de Vandenenden. Ce qu'il advint des autres prisonniers.*

« ... Les commissaires députez par Sa Majesté, ausquels Monsieur Le Chancelier a présidé, ont déclaré et déclarent Louis de Rohan, Gilles du Hamel de la Tréaumont, Guillaume Du Chesne chevallier de Préaux, et Anne Sarrau de Villars, deuement atteintz et convaincus du crime de Leze-Majesté, scavoir : ledit LOUIS DE ROHAN, pour les conspirations, proditions et desseins de révolte où il est entré, par la correspondance qu'il a eue et recherchée à cet effet avec les estrangers ennemis de l'Estat et pour les propositions qu'il leur a faites contre le service du Roy et son estat ; ledit GILLES DU HAMEL DE LA TRÉAUMONT, pour avoir tramé les conspirations et desseins de révoltes, pour l'intelligence qu'il a aussy recherchée et entretenue avec les mesmes estrangers ennemis de l'Estat, pour ses pernicieux et détestables escrits,

---

[1] Le procès fut jugé à Paris par une commission de conseillers d'État et de maîtres des requêtes, qui siégea au château de l'Arsenal, sous la présidence du chancelier d'Aligre. L'arrêt fut rendu le 26 novembre 1674, à trois heures d'après-midi, et l'exécution eut lieu le lendemain à la même heure.

et pour la rébellion à force ouverte par luy commise à l'exécution des ordres dudit seigneur Roy ; ledit Du Chesne chevalier de Préaux, pour avoir eu connoissance desdites conspirations, et pour s'estre employé à l'exécution desdits desseins de révolte ; et ladite Sarrau de Villars, pour en avoir eu aussy connoissance, et recherché plusieurs personnes pour les y engager ; Pour réparacion desquels crimes, ont condamné et condamnent lesdits de Rohan, Du Chesne et ladite Sarrau de Villars d'avoir la teste tranchée sur un eschafault qui, pour cet effet, sera dressé en la place de devant la Bastille ; et la mémoire dudit la Tréaumont estre et demeurer à perpétuité condamnée ; Déclarent ledit Vandenenden deuement atteint et convaincu d'avoir participé aux projets desdites conspirations desdits de Rohan et la Tréaumont, et à diverses pratiques, négociations et intelligences contre l'Estat avec les estrangers ennemis de l'Estat ; et pour réparation, ont condamné et condamnent ledit Vandenenden d'estre pendu et estranglé à une potence qui, pour cet effet, sera dressée en la place de devant la Bastille ; Déclarent tous les biens desdits de Rohan, Du Chesne, Sarrau et la Tréaumont tenus en fief du Roy réunis et retournez au domaine du Roy, et tous leurs autres biens de quelque nature qu'ils puissent estre, ensemble ceux dudit Vandenenden, acquis et confisquez audit Seigneur Roy, sur tous leurs dits biens préalablement pris la somme de quatre mil livres, applicables moityé en amende envers le Roy, et l'autre moityé en œuvres pies, ainsy qu'il sera ordonné. Et seront lesdits Du Chesne et Vandenenden appliquez à la question ordinaire et extraordinaire, pour avoir plus ample révélation de leurs complices. Pour, le procès verbal de question et de mort fait et communiqué au procureur général du Roy, estre faict droit sur le surplus du procès, ainsy que de raison [1]. »

[1] Biblioth. nationale, manuscrit 7629.

« La Reynie à Seignelay [1], 27 novembre, 4 heures aprèsmidi. Mʳ, l'exécution vient d'être présentement faite de Mʳ de Rohan, de Madame de Vilars, du chevalier de Préaux et de Vandenenden, dans le même ordre que j'ay l'honneur de vous l'escrire. Je suis... [2] La Reynie. »

« La Reynie à Seignelay, 27 novembre, 7 heures du soir. Mʳ, la Dame de Vilars n'a esté exécutée que la 3ᵐᵉ, celuy qui me l'avoit raporté s'estoit brouillé dans son récit, et il m'a fait m'escompter dans mon billet de 4 heures.

« Mʳ de Rohan est mort, selon qu'il a paru, avec des sentiments dignes d'un chrétien véritablement touché, et sa fermeté n'a rien eu qui n'ayt semblé modeste. Néantmoins, malgré que le grefier l'en ayt fait souvenir plusieurs fois, il a eu de la peine à soutenir la vüe de Vandenenden ; et bien qu'après l'avertissement que le P. Bourdaloue [3] luy en a faict dans la chapelle, il fut disposé à le soufrir, on n'a pas hésité de metre ce misérable estranger dans un lieu séparé.

« La dame de Vilars a tesmoigné une constance extraordinaire jusques dans le dernier momant de sa vie ; après avoir donné tous les ordres nécessaires aux affaires de sa famille avec une grande tranquillité d'esprit, elle a dit au greffier, en alant au lieu du suplice, qu'elle ne croyoit pas que ses juges eussent trouvé au procès assez de preuves contre elle, mais qu'elle le chargeoit de leur dire qu'ils avoient bien jugé, qu'elle estoit coupable, qu'elle estoit entrée dans l'affaire de la révolte de Normandie, et qu'elle avoit agi pour ce dessin. Elle a voulu, après cela, nommer plusieurs personnes à qui elle avoit parlé en Normandie ; mais, aussitost après, elle a dit qu'elle ne le devoit pas faire, parce que ceux

---

[1] Le marquis de Seignelay, fils aîné de Colbert. Quoiqu'il n'eût que 20 ans alors, il jouait déjà un rôle important aux côtés de son père, en attendant d'être ministre de la marine quelques années plus tard.

[2] Biblioth. nationale, manuscrit 7620, fº 120. Inédit.

[3] C'est le célèbre orateur.

qu'elle avoit voulu engager ne s'estoient point engagés en effet, et ne l'avoient pas même escoutée, et qu'ainsi elle leur fairoit tort sans qu'il fut nécessaire ; et elle en est demeurée là.

« Le chevallier de Préaux a subi sa peine, aussi, sans murmurer et avec une assés grande fermeté. Il a dit, à la question, parlant des personnes de qualité qu'il avoit ci-devant nomées dans ses interrogatoires, que la Tréaumont luy avoit dit qu'ils *pouroient* entrer dans l'affaire, et c'est un autre sens que le premier, parcequ'il avoit dit à la Dame de Vilars qu'ils en *estoient*. Et bien qu'en cette façon le fait ne semble d'aucune considération, il a dit au greffier, avant de mourir, qu'il craignoit que ce ne fut la force des tourmens qui le luy eust faict dire, et qu'il en avoit un très grand scrupulle.

« Vandenenden a paru un peu plus foible que les trois autres ; mais son âge, et la rigueur des tourmens [1] peuvent bien, aussi, luy avoir causé cet abatement. Il a dit qu'il scavoit de la Tréaumont qu'il y avoit des gentilzhommes en Guyenne qui devoient monter à cheval, et que le Roy avoit faict précizément ce que luy, la Tréaumont, vouloit faire, en faisant monter à cheval la noblesse de Normandie.

« L'exécution de tous a esté faicte sans tumulte, quoy qu'il y eust grand concours de monde ; les soins des officiers des mousquetaires et des gardes du Roy ont produit en tout un si bon ordre qu'on a remarqué dans ce grand spectacle le mesme silence qu'on auroit dû attendre dans un lieu particulier [2]. Enfin, on peut dire, après ce qu'on a veu en ce

---

[1] Van den Enden et le chevalier de Préaux avaient été soumis à la torture, aux termes de l'arrêt qui les avait condamnés à mort, qu'on vient de lire. On lit les procès-verbaux de torture dans notre ouvrage sur le procès.

[2] L'exécution avait eu lieu publiquement sur la place devant la Bastille.

jour, que la justice du Roy a faict un exemple terrible sur des personnes qui pouvoient estre, chacune à sa manière, capables de penser et d'agir dans le mal avec force et résolution...[1] LA REYNIE. »

Après avoir, par son arrêt du 26 novembre, prononcé la dernière des peines contre de Rohan, Vandenenden, le chevalier de Préaux et Madame de Villars, et déclaré la mémoire de La Tréaumont à perpétuité condamnée, la chambre souveraine, par un arrêt du 28 [2], prononça l'élargissement du comte de Créqui, de Sourdeval, de la femme Vandenenden, de Mallet de Graville comte de Saint Martin, de Bourguignet, de Lasnefranc, valet de La Tréaumont, et de six domestiques de M. de Rohan. A l'égard de d'Aigremont, de Chalon de Maigremont et de l'abbé de Préaux, elle ordonna qu'il serait dans les trois mois informé plus amplement, et que cependant le second serait, sur-le-champ, mis hors la Bastille [3].

La chambre souveraine déclara alors son œuvre achevée, et le 7 décembre, une lettre du roi renvoya les trois accusés réservés devant la juridiction des maîtres des requêtes de son hôtel, « pour leur procès estre continué, fait et parfait, au rapport de l'amé et féal conseiller, le sieur Boulanger d'Hacqueville. »

Furent-ils plus tard l'objet d'un jugement ? On est en droit d'en douter. En effet, les registres de la juridiction de l'hôtel devraient contenir leur sentence de condamnation ou d'acquittement ; or, ils sont absolument muets à cet égard. On doit en conclure qu'ils furent à peu de temps de là l'objet d'une mesure gracieuse qui, en ce qui les concernait, mit fin à tout procès.

[1] Biblioth. nationale, manuscrit 7629, f° 119. Inédit.
[2] *Ibidem*, fos 121 et 124. Inédit.
[3] *Ibidem*.

Et ainsi se serait terminé, plus généreusement qu'il n'avait commencé, le procès du chevalier de Rohan. Car nous pouvons bien dire, sans pouvoir, faute d'espace, en donner ici la preuve, que l'exécution de Madame de Villars et du chevalier de Préaux fut aussi inutile que cruelle, celle de M^me de Villars surtout. Les pièces du procès que nous nous proposons de publier *in extenso*, si le lecteur daigne y recourir, le lui démontreront avec évidence.

# LIVRE QUINZIÈME

# CHAPITRE PREMIER

*La révolte étouffée en Normandie par le procès du chevalier de Rohan éclate l'année suivante en Guyenne et en Bretagne.*

Pendant que les évènements dont nous venons de parler, qui donnèrent tant à faire à Pellot, se passaient en Normandie, toutes les forces de la France avaient été dirigées sur la frontière, pour faire face aux périls de l'invasion. Pellot, et l'évènement prouva qu'il n'avait pas tort, était effrayé de ce vide qui laissait sans défense son vaste ressort, fort agité par la levée des taxes de guerre. Colbert, dans une lettre du 25 avril 1674 que nous avons reproduite[1], s'était efforcé de le rassurer, sans être bien rassuré lui-même. Mais Louvois, qui avait la disposition de toutes les forces, tenait à être sur ce terrain obéi de tous, même de son puissant rival. Heureusement, l'arrestation de La Tréaumont était venue sauver la Normandie d'une explosion imminente.

Dès cette année 1674, les esprits étaient fort montés en Bretagne et en Guyenne, et les craintes des hauts dignitaires y étaient grandes. Au premier président de Pontac qui les lui exprimait, Colbert répondait, le 15 juin 1674, à peu près dans les termes dont il s'était servi dans sa lettre du 25 avril à Pellot, écrite deux mois auparavant :

« Il est bien difficile que, dans une ville comme Bordeaux, il n'y ayt pas quelques meschans esprits fort malintentionnés ;

---

[1] Ci-dessus, p. 309.

mais assurément comme les bien intentionnés prévalent de beaucoup et que tous les bourgeois qui ont quelque bien ont à craindre les effets de quelque sédition, il est nécessaire que ce plus grand nombre s'évertue pour réprimer et punir les premiers mouvements qui pourroient arriver, n'y ayant que ce seul moyen qui puisse conserver l'autorité légitime des magistrats et empescher les suites funestes de ces mouvements [1]. »

Les documents du procès de Rohan tendent à prouver que la Normandie, sans l'arrestation de La Tréaumont, se fût associée à la révolte, qui, l'année suivante, éclata en Guyenne et en Bretagne, révolte terrible qui laissa un instant les révoltés maîtres, faute de forces à leur opposer.

En Guyenne, ce fut la taxe sur le tabac et l'établissement d'une marque sur l'étain qui en furent à la fois la cause et le prétexte. Des lettres adressées sur l'heure même à Colbert [2] révèlent la gravité de cette révolte qui dépassa celle de Rouen de 1639.

« Lombard [3] à Colbert. Bordeaux, du mercredy 27 mars 1675. L'établissement de la marque sur l'étain et de la revente du tabac n'a pas été si facile qu'on se l'estoit proposé, les pintiers ayant suscité le peuple à un surprenant désordre et à une sédition sans exemple... le sieur Fontenel, jurat, estant allé chez les pintiers accompagner les commis, pour faciliter la marque de l'étain, y a trouvé une insolente résistance qui l'a obligé de se retirer, avec les commis, à l'hostel

---

[1] *Lett., Inst. et Mém.*, t. II, p. 342.

[2] *Correspondance admin. sous Louis XIV*, t. III, p. 248 et suiv.

[3] Lombard était un agent très particulier de Colbert, comme en témoigne une lettre que celui-ci lui adressait le 4 juin 1672, au sujet d'un procès pendant au parlement : « Ne manquez pas de solliciter en mon nom tous les juges, et de faire toutes les diligences dont M. D'Urfé aura besoin pour la décision heureuse de l'affaire. » *Lett., Inst. et Mém.*, t. VII, p. 59.

de ville. Comme ils estoient suivis de près, Cal, chevalier du guet, feust contraint de tuer un tonnelier des plus séditieux. Ce meurtre sousleva la populace du quartié S᷉ Michel qui courut confusément chez deux des principaux marchands qui avoient, ensemble, plus de 60,000 livres d'estain ouvré ou en saumon. Cette populace les a pillés, a démoly leurs maisons, et ruiné, en trois heures de temps, ces deux familles, à cause qu'ils ont paisiblement obéy à la volonté du Roy et souffert la marque... Marchant en armes, tambour battant, vers l'hostel de ville, ils ont réclamé aux jurats un de leurs hommes que l'on avoit mis en prison...; rencontrant un marchand de la Rochelle, ils l'ont assommé de plusieurs coups, parce qu'il n'avoit pas voulu crier *vive le Roy sans gabelle!* se multipliant tant en nombre qu'en furie; faisant battre le beffroy aux paroisses, ils ont été desmolir la maison d'un commis du tabac; ayant aperçu un homme qui avoit été domestique de M. de Vivez, subdélégué de M. l'Intendant, ils l'ont tué, ont séparé ses membres, et l'ont inhumainement trainé dans les rues où ils faisoient mille désordres, ce qui donna difficulté à M. le comte de Montégut [1] de revenir au chateau de chez Mad᷉ la Première Présidente, pour conférer avec M. nostre gouverneur... M᷉ de Montégut fut diligemment chez les jurats leur recommander d'advertir les chefs de maison, et, surtout, les bourgeois de se mettre sous les armes.... En passant, M᷉ de Montégut rencontra M᷉ de Vivez sur sa porte, qu'il avoit ouy menacer par la rumeur du peuple, il le pria d'entrer dans son carrosse et le mena au chateau. Tout-à-coup, on les a veus monter vers la maison

---

[1] Le comte, et auparavant chevalier de Montaigu, volontaire au siège de Rocroy en 1650, avait été ensuite gouverneur de cette ville, qu'il fut à son tour forcé de rendre en 1653. — Il avait, en 1650, accompagné à Rouen la reine et Mazarin. Lieutenant général du roi en Guyenne après le marquis d'Ambres, et gouverneur du château Trompette. Mort en 1680. *Lett., Inst. et Mém.*, t. I, p. 2.

de Mʳ de Vivez dont ils ont enfoncé la porte ; ils ont mis le cadavre (de son domestique) dans le carrosse que les uns ont fait brusler au milieu de la cour, tandis que les autres ont couru au pillage de la maison et ont fait brusler ce qu'ils n'ont pu emporter. Quoique cette maison feust une des plus grandes et des mieux meublées de la ville, elle n'a pu assouvir cette canaille qui a esté forcer la maison du Domaine du Roy qu'ils ont, aussy, pillée, ont bruslé les papiers, emporté tous les meubles, et jeté ce qu'ils ne vouloient pas dans un grand feu... Mʳ de Montégut sortit du Chateau à la tête d'un bataillon, pour arrester ce pillage, et entra luy-mesme dans la maison du domaine où un capitaine qui le suivoit reçut un coup de mousquet et trois soldats furent blessez ; aussy feust-il contraint de tuer deux de ces séditieux les plus opiniatres, et prit huit de ceux qui jettoient les meubles par les fenestres, qu'on a conduits au chateau dont l'un avoit encore une torche à la main... dans ce temps, on envoya une compagnie bourgeoise pour garder le bureau du Roy... ils n'ont pu empescher cette canaille d'arracher les fondements de la maison du Sʳ de Vivez...[1] »

*Du même au même.* « Du jeudy, 28. Le Parlement a commencé de donner arrest... pour empescher que les séditieux ne se rendent les maistres ; mais, au lieu d'estre intimidés par la publication de cet arrest, ces canailles ont fait des capitaines qu'ils ont choisy dans le corps des tanneurs ; de quoy Mʳ de Montégut estant averty, il a destaché encore un bataillon pour les suivre devant l'hostel de Mʳ le Mareschal [2], pendant que les grandz Présidents et

[1] *Correspondance admin. sous Louis XIV*, t. III, p. 248.
[2] César Phébus d'Albret, comte de Miossens, maréchal de camp en 1645, lieutenant général en 1650, maréchal de France en 1653, mort en 1676. C'était lui qui, le 18 janvier 1650, avait, avec l'aide de Guitaut et de Comminges, procédé à l'arrestation des princes de Condé, de Conti et du duc de Longueville.

Conseillers vont à tous les quartiers pour exciter les bourgeois et chefs de famille à prendre les armes... Cependant, les mutins se sont saisis de l'hostel de ville, ont fait des prisonniers et n'ont pas espargné Mess. les Conseillers, puisque M. de Tarnau, conseiller, fut tué à la porte de sa maison, et ensuite massacré dans la dernière cruauté. Made sa femme et Made la Première Présidente d'Aulède [1] accourues pour voir ce funeste spectacle, ont esté arrestées par ces misérables qui leur ont baillé des coups... autant ils en voyoient se sauver, autant ils en assommoient, les prenant pour des gabelleurs... tenant Mr le Président Talanne, ils l'ont obligé... de faire rendre les prisonniers qu'ils ont au chateau ou qu'ils mettront le feu aux quatre coins. Mess. du Parlement ont représenté à Mr le Mareschal le danger où ils estoient, et l'ont obligé de prier Mr de Montégut de les faire rendre, ce qui leur a esté accordé... les bourgeois ne veulent pas obéir à leurs magistrats et font connoistre qu'ils ne sont pas faschés de ce désordre, car ils veulent qu'on abolisse les impots, ce qui fait dire que quelqu'un les fait agir,... [2] »

*Du même au même.* « Du vendredy 29 mars. Mr le Mareschal est monté à cheval ce matin, suivy de la noblesse. Il a reprimandé les bourgeois d'avoir souffert tous ces désordres, et leur a fait prendre les armes pour le suivre. Il a fait ouvrir les barricades... il est allé à la place d'armes de St Michel... et a marché à Ste Croix où les séditieux estoient campés dans le cimetière, et où estant entré, la plupart se sont mis à genoux, demandant pardon, amnistie pour les desgats qu'ils ont faits, et qu'on abolit les impots. Ayant dressé leurs demandes par escrit, Mr le Mareschal le leur a fait espérer et qu'ils alloient entrer au Parlement pour obtenir le contenu de leurs demandes... M. de Montégut a receu cet escrit, et

---

[1] Mme de Pontac d'Aulède, femme du premier président du parlement.
[2] *Correspondance admin. sous Louis XIV*, t. III, p. 250.

le Parlement a rendu l'arrest qu'ils ont voulu, et on n'a sceu le leur refuser, afin de les obliger à se retirer...¹ »

*Du samedi 30 mars.* Extrait d'une lettre du maire et des jurats de Bordeaux à Colbert : « Mʳ le Marescal, forçan son indisposition, et au hazard de sa personne, ayant été malheureusement attaqué, le jour d'auparavant, d'une espèce de paralysie ou goutte remontée dans la teste, se mit à la teste des gens de qualité, et les apaisa (les révoltés) en leur promettant de s'employer au près du Roy pour l'extinction du droit de la marque de l'estain, et de celuy du papier timbré... ² »

Mal préparée à la résistance par le régime débonnaire de Daguesseau, sorti depuis peu de l'intendance de Bordeaux, l'autorité se vit forcée de pactiser avec la révolte et une amnistie fut décrétée. Mais bientôt le roi redevenu maître put agir à son tour, et l'une de ses premières mesures fut le transfert à Libourne du parlement.

Moins d'un mois après, de Sève, successeur de Daguesseau, adressait à Colbert les deux dépêches fort curieuses qui suivent :

« 17 avril 1675. L'amnistie que le Roy a eu la bonté d'accorder aux habitans de Bordeaux a fait cesser le feu qui s'estoit allumé ; mais il en reste encore des estincelles qui pourroient faire craindre de nouveaux désordres plus fascheux que les premiers, si les trouppes dont on a fortifié la garnison du Chateau Trompette ³ et celles qui se sont approchées de la ville ne nous mettoient en estat de faire valoir

---

¹ *Correspondance admin. sous Louis XIV*, t. III, p. 250. Le maréchal d'Albret était fort malade alors, et mourut peu de temps après.
² *Ibidem.*
³ Qui avait été reconstruit par les soins de Pellot. Voir le chap. vi du liv. IX, t. 1ᵉʳ, p. 573.

l'autorité du Roy. Dix compagnies du régiment de Navailles qui arrivèrent lundy l'après-diné, mirent une si forte allarme dans les quartiers de S$^t$ Michel et de S$^{te}$ Croix, que les artisans y firent toute la nuit une espèce de patrouille. On tascha, hyer, de les rassurer, en leur faisant cognoistre qu'ils n'avoient rien à craindre ; mais, en mesme temps, on leur a expliqué fortement qu'ils ne doibvent point espérer de nouvelle grace s'ils tomboient dans une seconde faute, et qu'on estoit présentement en état de punir avec sévérité ceux qui fairont le moindre bruit...

« Tauzin estoit le plus riche potier d'estain de Bordeaux, et plus d'un tiers des autres ne travailloit que pour luy. Je le persuaday d'abord de satisfaire aux ordres du Roy et de souffrir la marque de ses ouvrages. Son obéissance luy attira la haine de ses confrères, et il a esté un des principaux martyrs de la sédition. On pilla et démolit sa maison ; toute sa vaisselle fut jetée dans la Garonne ou emportée, et si le Roy n'a quelque pitié de luy, du plus riche marchand d'estain de Bordeaux, il sera le plus misérable des artisans... [1] »

Et le 29 : « ... Ce que je trouve de plus fascheux est que la bourgeoisie n'est guère mieux intentionnée que le peuple [2]. Les marchands qui trafiquent du tabac et qui, outre la cessation de leur commerce, se voyoient chargés de beaucoup de marchandises de cette nature que les fermiers refusoient d'acheter et qu'il ne leur estoit pas permis de vendre aux particuliers [3], sont bien ayses que le bruit continue, pour continuer avec liberté le débit de leur tabac. Les autres négociants s'estoient laissé persuader que du tabac on vouloit passer aux autres marchandises. Les étrangers habi-

---

[1] *Correspondance admin. sous Louis XIV*, t. III, p. 233.
[2] Preuve que le nombre des « malintentionnés » était plus grand que Colbert n'affectait de le croire.
[3] Les marchands de tabac se trouvèrent en Normandie dans le même cas. Voir le chap. VII du liv. XVI ci-après, p.

tués ici, fomentent de leur costé le désordre ; et je ne crois pas vous devoir taire qu'il s'est tenu des discours très insolents sur l'ancienne domination des Anglois ; et si le Roy d'Angleterre vouloit profiter de ces dispositions, et faire une descente en Guienne où le parti des religionnaires est très fort, il donneroit, dans la conjoncture présente, beaucoup de peine. Jusqu'ici le Parlement a fait en corps et chaque officier en particulier tout ce qu'on pouvoit souhaiter du zèle de cette compagnie ; mais vous connaissez l'inconstance des Bordelais...![1] »

En Bretagne, le désordre eut encore plus de gravité, et la révolte de Bordeaux en précipita l'explosion. Bordeaux s'était soulevé le 17 mars ; Rennes éclata un mois après.

La Bretagne, en matière d'impôt, était dans une situation particulière ; depuis sa réunion à la France, ses privilèges avaient été respectés. On peut imaginer la colère qu'y provoqua l'introduction des taxes sur le tabac et sur le papier timbré. Pendant deux ans, il fallut surseoir à les percevoir, et les choses restèrent assez calmes, les états ayant consenti, pour les années 1673 et 1674, un don arbitré, d'un commun accord, l'équivalent de ce qu'auraient produit les deux taxes en question ; mais, en 1675, Colbert ne voulut plus de ce tempérament. Alors, à Rennes, le 19 avril, les bureaux du tabac et du timbre sont ruinés, aux cris de : *Vive le Roi sans Edits !* Ivre de ce premier succès, la multitude ne parlait de rien moins que de piller les financiers. Privé de troupes, de Coetlogon, gouverneur de la ville, se met à la tête de la noblesse et de la milice bourgeoise, et attaque les révoltés qui s'enfuient en laissant une trentaine de morts. Huit jours après, le bruit s'étant répandu que les commis aux taxes étaient protestants, la populace met le feu au temple. Le duc de Chaulnes, gouverneur de la province, se hâte d'accourir

[1] *Correspondance admin. sous Louis XIV*, t. III, p. 253.

après avoir pris à Nantes 150 hommes, seules troupes qu'il ait pu trouver. La révolte s'était répandue à Guingamp, à Quimper, à Châteaulin, dans toute la Basse-Bretagne où les paysans ne voulaient rien entendre, s'étant mis dans la tête qu'après le tabac on irait jusqu'à taxer le blé. De Chaulnes avec ses trois compagnies ayant voulu prendre possession de l'hôtel de ville, la population de Rennes s'y oppose et force lui fut de reculer. De l'avis du parlement, la suspension des nouveaux droits eût été le seul remède : Colbert n'ayant voulu la consentir, le 19 juillet les bureaux furent de nouveau pillés.

Enfin, dans les premiers jours d'août, une force de 6,000 hommes fut mise à la disposition du gouverneur, et alors commencèrent « les penderies ». Vainement les paysans tombaient à genoux, demandant grâce et criant *meâ culpâ,* « seul mot de français qu'ils sachent », de Chaulnes marche sur Rennes, où il entre avec deux compagnies de mousquetaires, six compagnies de gardes françaises et suisses, six cents dragons, plusieurs régiments d'infanterie et un millier d'archers de la maréchaussée, assisté de Marillac, maître des requêtes. Le parlement fut exilé à Vannes [1], et un des faubourgs de Rennes rasé entièrement. « On a chassé et banni toute une grande rue, écrivait M<sup>me</sup> de Sévigné, de sorte qu'on voit tous ces misérables, femmes accouchées, vieillards, enfants, errer en pleurs, au sortir de la ville, sans savoir où aller, sans avoir de nourriture, ni de quoi se coucher [2]. »

---

[1] « Cette province est dans la désolation. M. de Chaulnes a osté le Parlement de Rennes pour punir la ville. Ces messieurs sont allés à Vannes qui est une petite ville où ils seront fort pressés... On vouloit, en exilant le Parlement, le faire consentir, pour se racheter, qu'on bâtit une citadelle à Rennes ; mais cette noble compagnie voulut obéir fièrement, et partit plus vite qu'on ne vouloit... » Lettres de M<sup>me</sup> de Sévigné des 20 octobre et 13 novembre 1675.

[2] Lettre du 30 octobre 1675.

A l'automne, 10,000 hommes de l'armée du Rhin vinrent renforcer ces 6,000 hommes, et un autre maître des requêtes, de Pommereuil [1], fut envoyé avec le titre d'intendant. Grâce aux moyens les plus énergiques [2], l'ordre fut rétabli, et ces 10,000 hommes purent, à la fin de l'hiver, regagner la frontière.

Voilà au prix de quels efforts la Guyenne fut pacifiée, et la Bretagne placée sous le droit commun en matière d'impôt. Et telle fut la crise à laquelle échappa la Normandie, grâce aux mesures qui suivirent la mort de La Tréaumont, et au zèle avec lequel Pellot sut « tenir en bride les malintentionnés ». Il n'avait pas oublié les désastres qui avaient précédé, accompagné et suivi son arrivée en Normandie en 1640 : la révolte des nu-pieds, la sédition de Rouen, l'inertie du parlement, les représailles de Séguier. Il fut assez heureux pour épargner à son ressort le retour d'un état de choses dont tous avaient eu tant à souffrir trente-cinq ans auparavant.

[1] « M. de Pommereuil vient ; nous l'attendons tous les jours ; il a l'inspection de l'armée et pourra bientôt se vanter d'y joindre un beau gouvernement. C'est le plus honnête homme et le plus bel esprit de la robe ; il est fort de mes amis... » Lettre du 11 décembre 1675.

« ... Il est reçu comme un Dieu, et c'est avec raison ; il apporte l'ordre et la justice pour régler dix mille hommes qui, sans lui, nous égorgeroient tous. Sa commission n'est que jusqu'au printemps. Il ne l'a prise que pour faire sa cour et non pour faire sa fortune, qui va plus loin... » Lettre du 8 décembre 1675.

« ... M. de Chaulnes, qui est demeuré à Rennes, est très embarrassé de M. de Pommereuil... » Lettre du 23 décembre.

[2] « ... Vous savez les misères de cette Province : il y a dix ou douze mille hommes de guerre qui vivent comme s'ils étoient encore au delà du Rhin. Nous sommes tous ruinés ; mais qu'importe, nous goûtons l'unique bien des cours infortunées, nous ne sommes pas seuls misérables : on dit qu'on est encore pis en Guyenne... » Lettre à Bussy, du 20 décembre.

## CHAPITRE DEUXIÈME

VARIA

### § 1. *Un singulier avocat.*

Selles [1], avocat de la cour des aides de Rouen, ayant été soupçonné d'un grave méfait, avait dû fuir la justice normande et se retirer à Paris, où il était parvenu à se faire une certaine situation, quand un jour, pour son malheur, il fut à Paris l'objet d'autres plaintes qui l'obligèrent à revenir à Rouen. Sa fuite précipitée le fit soupçonner d'accointances avec La Tréaumont. Colbert et La Reynie l'ayant signalé au premier président, Pellot eut bientôt fait d'exécuter leurs instructions. Il faut croire que le cas n'était pas grave, car le premier président fut le premier à intercéder pour lui et à obtenir qu'il fût mis en liberté, sans procès.

Les lettres qui suivent nous révèlent des particularités curieuses de la vie, au XVIIe siècle, d'un avocat déclassé.

« A M. Pellot. A St Germain, le 2 9b[re] 1674. Le Roy m'ordonna, hier au soir, de vous envoyer le mémoire que vous trouverez cy-joint [2] ; et comme la conduite du nommé

---

[1] Ce nom, dans les lettres qui vont suivre est orthographié fort diversement : Selles, Sel, Celles, Scelles, Selle, Cel. L'orthographe des noms propres était à cette époque le moindre souci des écrivains.

[2] Mémoire non retrouvé.

Sel, avocat de Rouen, a paru à Sa Majesté fort extraordinaire, elle m'ordonne de vous dire qu'elle veut que vous le fassiez arrêter et interroger en même temps sur tous les faits qui résultent de ce mémoire, et que vous m'en envoyez, aussitôt, l'interrogatoire, afin que Sa Majesté puisse prendre résolution sur ce qu'elle aura à faire sur ce sujet...[1] Colbert. »

« Pellot à Colbert. A Rouen, ce 6e novembre 1674. J'avois donné des ordres de tous costez, Monsieur, pour chercher le nommé Celles, et je viens de le faire arrester et son petit laquais Jassemain. Il estoit au Havre et en est revenu hier au soir. Il estoit advocat de la Cour des Aydes de cette ville et comme il avoit de l'esprit, il y réussissoit ; mais comme il fut embarrassé dans une affaire criminelle, estant accusé d'avoir volé quelques tasses d'argent dans des hostelleries, il se retira à Paris où il a playdé quelquefois. Il dit qu'il connoit Mr l'Archevêque de Paris et Mr de Ste Foy[2], maistre des Requestes. Il est assez connu icy ; mais comme il y a des contraintes par corps contre luy, il se tenoit sur ses gardes et il a esté trouvé heureusement. J'ay fait arrêter ses papiers, et cette après disnée je l'interrogeray, et vous envoyeray l'interrogatoire ; vous verrez, Monsieur, ce qu'il portera. Je suis avec respect, etc...[3] Pellot. »

« Il demeure à Paris dans la rue Neufve-Nostre-Dame, avec un nommé Péré, advocat au Conseil ou se disant tel, qui a les clefs de la maison. »

---

[1] Biblioth. des Invalides, manuscrits Colbert, vol. G. 90, fo 895. Inédit.

[2] De Montfort, sr de Ste Foy, maitre des requêtes. — « Il est de Rouen, bon amy de Monsieur l'Archevesque de Paris, dès le temps qu'il l'étoit de Rouen. Il a quitté Rouen tout exprès pour le suivre à Paris ; il demeure à l'archevesché. C'est l'Intendant de Mr l'archevesque. » Mort en octobre 1693. *Origines de plusieurs grandes familles de France*, manuscrits de la bibliothèque de Rouen, au fonds Martainville.

[3] Biblioth. nationale, *Mélanges Colbert*, vol. 169, fo 339. Inédit.

« Pellot à la Reynie. A Rouen, ce 7⁰ novembre 1674. Je vous envoye, Monsieur, l'interrogatoire[1] que j'ay fait du nommé Selle, incontinent qu'il a esté aresté et mené au Vieux-Palais où il est maintenant prisonnier. Il détourne tout ce qui le peut embarrasser et charger, et ne demeure d'accord que de ce qui est indifférent. Il croit que sa femme d'avec qui il est séparé, ou une servante qu'il a chassée, parce qu'elle le voloit, ont donné ces avys contre luy, et il ne parle que de sa servante dont il dit des choses que l'on peut esclaircir ; et si elles se trouvent véritables, elles pourroient rendre le tesmoignage de cette fille suspect. J'ay saisy ses papiers où je n'ay rien trouvé. Il hante actuellement le barreau de Paris et il y playde quelquefois ; il a du bien en ce pays vers Lisieux, et est fils d'un Président de l'Eslection de Ponteaudemer. J'attendray vos ordres, et seray tousjours avec respect, etc... [2] PELLOT. »

« Pellot à Colbert. 22 novembre 1674. J'ay interrogé le sʳ de Selles, advocat, qui est prisonnier au Vieux-Palais de cette ville, sur la lettre, Monsieur, que vous m'avez envoyée ; il me l'a expliquée. Il m'a dit qu'elle n'est pas pour luy, mais qu'elle luy est adressée pour la faire tenir au sʳ de la Beaudrière, advocat au Parlement de Paris, qui demeure dans la rue Neuve-de-Savoye auprez des Augustinz du Pont neuf, ce qui est véritable comme l'on peut voir par la suscription de la dite lettre ; que cette lettre est écritte par une vieille fille de cette ville nommée Martin, qui a eu un garçon du dit Baudrière, et c'est ce garçon dont il est parlé par la dite lettre ; que cette fille adresse ses lettres à lui sʳ de Selles, parce que le dit Baudrière est marié, et qu'elle luy a adressé celle-là à Paris, quoy qu'il soit icy, parce qu'elle ne le sçavoit

---

[1] Cet interrogatoire est fort long et n'offre qu'un très médiocre intérêt.

[2] Biblioth. nationale, manuscrit fr. 7629, f⁰ 92. Inédit.

pas. Je me suis informé de cette fille si cela estoit véritable, dont elle demeure d'accord, et l'on a vu le dit garçon qui a près de dix ans, dont elle dit estre fort chargée. Tout cela a esté éclaircy incontinant et paroit fort véritable; le dit de Selles voudroit bien estre hors de prison et n'a pas la teste trop bien faite; et quand il parloit et se promenoit la nuit dans sa chambre à Paris, cela vient de diverses jalousies qu'il a contre sa femme, plustôt que d'aucun méchant dessain, car l'on assure qu'il est assez assidu dans son mestier d'advocat; ce n'est pas qu'icy, comme j'ay eu l'honneur de vous mander, il n'a du tout bonne réputation, et fut obligé de quicter la cour des Aydes où il plaidoit, à cause qu'il fut soubçonné d'avoir volé quelques gobelets d'argent, et l'on le tient sujet à dérober, quand il trouve quelque chose à l'écart. Je l'ay assuré, Monsieur, que, dans peu, on le tireroit d'affaires et qu'on le metroit en liberté. Sur quoy, j'atendray vos ordres et seray toujours avec respect, etc... [1] Pellot. »

« A M$^r$ Pellot, à S$^t$ Germain, le 2 décembre 1674. Ayant rendu compte au Roy du contenu en votre lettre du 22$^e$ de mois passé, concern$^t$ le nommé Scelles avocat, sa Majesté m'a ordonné de vous dire que, puisque vous n'avez rien trouvé de considérable dans son interrogatoire, vous pouvez, sans difficulté, le faire mettre en liberté. Je suis tout à vous [2]. Colbert. »

---

[1] Biblioth. nationale, *Mélanges Colbert*, vol. 169, f$^o$ 396. Inédit.
[2] Biblioth. des Invalides, manuscrits Colbert, vol. G. 90, f$^o$ 1015. Inédit.

§ 2. *Singulière augmentation de gages imaginée par Colbert. Efforts de Pellot pour amener sa compagnie à y souscrire. L'hérédité des charges de judicature jugée par Colbert.*

En 1675, les nécessités de la guerre conduisirent Colbert à imaginer un genre de taxe qui lui réussit, et auquel on eut plus d'une fois recours par la suite. Ce fut une aggravation de l'impôt sur les offices, dissimulée sous le nom d'augmentation de gages. Cette augmentation de gages était une pure fiction, car elle n'était autre chose que l'intérêt d'un capital auquel chaque officier fut imposé, capital qu'il fut tenu de verser dans un délai fixé.

Le droit annuel, ou plus simplement l'*annuel*, comme on disait alors, était un impôt que devait chaque année payer chaque titulaire d'office, et moyennant lequel sa charge, en cas de mort, passait à son héritier, qui pouvait en disposer comme l'eût fait le titulaire. C'était le prix de l'hérédité des charges, la *Paulette*, comme on l'appelait encore, du nom du chancelier Paulet qui l'avait inventé sous le ministère de Sully. La somme annuelle à payer avait été fixée au soixantième de la valeur présumée de l'office; mais la valeur des offices ayant sans cesse augmenté depuis, le droit annuel, s'il eut été maintenu à son taux primitif, eût été fort au-dessous de ce soixantième. Il avait donc fallu l'élever à diverses reprises. Primitivement, le droit ayant été établi pour neuf ans seulement, son élévation successive avait eu lieu depuis par périodes de neuf années.

En 1648, le surintendant d'Emmery, beau-frère de Pellot, avait imaginé un expédient qui avait soulevé de vives protestations : l'hérédité des charges n'avait été maintenue qu'à la condition que les titulaires paieraient en une seule fois une somme représentant quatre années de gages, dont, par suite, ils s'étaient par compensation vus privés d'un seul coup.

Depuis et à diverses reprises le droit annuel avait été amplifié, et c'est ainsi qu'on était arrivé à l'année 1675.

Cette année-là donc, une déclaration royale mit à la charge des titulaires une somme de plus de dix millions à débourser dans l'année même.

Mais que les temps étaient changés, et que l'année 1648 était loin, où une suppression de gages, destinée à tenir lieu du droit annuel, avait soulevé les Cours souveraines ! Cette fois-ci, une prétendue augmentation, fort onéreuse en définitive, fut enregistrée sans protestation.

Cependant, les difficultés furent grandes pour le premier président de Rouen, quand il lui fallut obtenir de sa compagnie l'exécution de cette mesure fiscale. Il y parvint néanmoins, car on savait qu'il avait Colbert derrière lui. Aussi, fut-ce au puissant ministre qu'il s'adressa pour obtenir quelque adoucissement au sort de ses collègues.

« Il y a peu d'officiers qui ayent payé, écrivait-il à Colbert, le 4 janvier 1675, et je crois, un ou deux seulement du Parlement. Je ne laisse pas de les exciter autant que je peux, et porte M. d'Hocqueville, Premier-Président de la Cour des Aydes, et son fils, Conseiller du Parlement, mon gendre à emprunter pour le payer, ce qu'ils faironl... Ils tiennent, tous, le mesme discours, alléguant leur impuissance, et qu'ils ne peuvent trouver d'argent à emprunter. Il y a quelque chose de vray dans ce qu'ils disent ; mais je ne peux pas croire que ceux qui n'ont pas d'argent n'en trouvent point, puisque la dette aura pour sûreté l'augmentation des gages et le privilège sur la charge. Ils disent, en outre, qu'il n'y a pas de proportion de leurs taxes avec celles du Parlement de Paris, puisque celles des Présidents au mortier de ce Parlement-ci sont à 12,000 livres, quoyque celles des Présidents de Paris ne soient qu'à 16,000 livres, bien que leurs charges vaillent, sans contredit, trois fois plus ; et ainsi des Conseillers. Si l'on vouloit remédier à cette inégalité, cela pourroit porter nos officiers à sortir d'affaire...[1] PELLOT. »

Et quelques jours après, le 30 janvier : « ... Je vous ay escrit touchant le prest des officiers des compagnies de cette ville. Il y en a peu qui payent ; s'il y avoit quelque adoucissement d'une manière ou d'autre, ... ils payeroient quasi tous. Cependant, si l'on augmentoit le delay pour payer, qui finit au 15 février prochain, ils en pourroient plus facilement trouver les moyens...[2] »

Apparemment, le délai que sollicitait le premier président fut accordé, car, dans une lettre subséquente, il écrivait à Colbert que « l'affaire alloit bien et que les magistrats payoient...[3] »

Quelques années auparavant, Colbert avait été sur le point de supprimer l'hérédité des charges, et avait présenté au roi un mémoire à ce sujet dans lequel il disait ceci[4] :

« L'établissement et le long usage de l'*annuel* a augmenté infiniment la considération et le crédit des gens de justice, et a produit, en même temps, la vénalité des charges. La considération, le crédit et cette vénalité, avec ce que la malice des hommes ajoute de droits, d'épices et autres avantages indirects, en ont augmenté prodigieusement le prix, en telle sorte que, peut-estre, toutes les terres du Royaume, estimées suivant leur juste valeur, ne pourroient pas payer le prix de toutes les charges de judicature et de finances... Tout homme, fils de marchand ou autre, qui a eu quelque bien, a toujours emprunté le reste de ce qu'il luy falloit pour se faire

---

[1] *Correspondance admin. sous Louis XIV*, t. III, p. 226.
[2] *Ibidem*, t. III, p. 225.
[3] *Ibidem*.
[4] Mémoire autographe de Colbert aux archives nationales, carton K. 900, pièce 16.

Officier de Cour souveraine, espérant que, par un mariage ou par quelque autre avantage, il se pourroit acquitter. Cette folie est venue jusqu'à tel point que l'on peut tenir pour certain que la moitié, au moins, de ces officiers doivent une partie de leurs charges ; en sorte que non seulement toute la fortune de tous les officiers qui sont, au moins, 40,000, consiste en ce qu'ils se persuadent que leur charge vaut, mais, mesme, celle d'un pareil nombre de leurs créanciers...

« Il est certain que jamais conjoncture ne sera plus favorable pour supprimer l'annuel...

« Avantages de la mesure :

« Tout le crédit et toute la considération des gens de robe, seroient entièrement renversés par ce seul coup. La réformation de la justice se feroit alors avec beaucoup plus de facilité. Les charges dépendant, alors, du Roy seul, les pourvus en seroient plus sages et plus modérés dans les occasions importantes. Les marchands seroient bien plus considérés dans le Royaume, qui en tireroit de grands avantages. La plus grande partie de l'argent du Royaume qui s'employe à ce commerce, se rejetteroit dans le véritable commerce, utile à l'état. Et enfin, le Roy auroit la gloire d'oster cette fascheuse vénalité des charges, que les Estrangers et les François ont toujours comptée comme un des plus grands maux de l'Estat... »

Que de vérités ! C'était en 1665 que Colbert s'exprimait ainsi. Et combien il dut souffrir, quand il vit, résultat funeste de la guerre, la plaie de la vénalité s'étendre encore en 1675, par l'exagération de plus en plus grande du droit annuel, qui rendit à la fin le mal sans remède.

§ 3. *Le parlement envoie une garnison chez le receveur de ses gages. Observations de Colbert.*

Un jour, le receveur des gages de Messieurs du parlement s'étant trouvé en retard de quelques jours, Pellot écrivit à Colbert pour s'en plaindre, et Colbert s'empressa de lui donner satisfaction :

« 22 août 1675, ... J'écris au Receveur Général des finances, en exercice la présente année, de payer les gages de MM. du Parlement dans le même temps qu'ils ont été payés les années passées... [1] »

Mais, sans attendre cette lettre, Messieurs du parlement n'avaient trouvé rien de mieux que d'envoyer une garnison chez leur receveur. Plainte de celui-ci au contrôleur général, qui, fort mécontent, en écrivit au premier président :

« A Fontainebleau. J'apprends, par votre lettre du 28 aout, que le receveur général a payé les gages des officiers du Parlement; mais il s'est plaint à moy que le Parlement avoit envoyé garnison chez luy pour le retardement de peu de jours. Vous savez mieux que personne que le Parlement n'a pas droit d'establir des garnisons sur ce sujet. Vous voulez bien que je vous dise que vous devez empescher ces sortes de contraintes qui sentent la violence, et qui seroient réprimées, si elles étoient portées au Roy; cependant, je donne ordre au dit Receveur de payer ponctuellement leurs gages à l'avenir. Je suis tout à vous... [2] COLBERT. »

---

[1] Papiers Colbert, manuscrits Clairambault, 465, f° 103. Inédit.
[2] *Ibidem*, f° 132. Inédit.

### § 4. *Pellot fait dépouiller les vieux registres du parlement et de l'Echiquier.*

Un des soins de Pellot, quand il fut à la tête du parlement de Normandie, fut d'en étudier les riches archives. Il eut des copistes qu'il chargea d'en extraire ce qui s'y trouvait de plus précieux. Le croira-t-on? L'habitude et les traditions de ces sortes de travaux étaient perdues, et il eut peine à trouver dans Rouen, parmi les lettrés et les vieux praticiens habiles aux écritures, des hommes en état de lire des registres remontant aux premiers temps du parlement, c'est-à-dire vieux de moins de deux siècles. Quant aux registres de l'Echiquier [1], l'écriture en était presque hiéroglyphique à cette époque.

Ces particularités nous sont révélées par sa lettre suivante à Colbert :

« A Rouen, ce 23 juin 1675. Je commence, Monsieur, à faire travailler à copier ce qui est de plus considérable dans nos registres, suivant les recueils qui en ont esté faits, et ce que l'on trouve digne de remarque dans les registres, qui n'est pas dans les recueils. Il y a de vieux registres de l'Echiquier et du commencement du Parlement qu'on a grande peine à déchiffrer. Mais nous taschons à trouver des gens qui les puissent lire... [2] PELLOT. »

Qu'est devenu le recueil composé ainsi par les soins du premier président ? La possession en serait d'autant plus précieuse qu'une partie des registres de l'Echiquier et du parlement sur lesquels ce recueil fut composé a depuis disparu.

[1] « La plupart des registres de l'Echiquier sont en latin. Le plus ancien qui soit venu jusqu'à nous, commence au terme de St Michel de l'an 1317. » Expilly écrivait cela en 1768 (*Dict.*, vo Normandie, p. 240), près de cent ans après cette lettre de Pellot.

[2] Biblioth. nationale, *Mélanges Clairambault*, vol. 796, fo 675. Inédit.

Le recueil de Pellot aurait aujourd'hui toute la valeur des textes originaux, dont il tiendrait lieu.

## 5. Mort du président Bigot. Jugement de Pellot sur ce magistrat.

« Au mois d'avril 1675 mourut Alexandre Bigot, président à mortier, aux funérailles duquel tout le parlement assista en corps de Cour [1]. »

Il avait, à la suite de deux autres magistrats de sa famille, Laurent Bigot [2] et Emery Bigot [3], avocats généraux, rempli sa charge avec éclat, et joué le rôle que nous avons eu à dire, pendant le semestre et la Fronde.

Esprit remuant et plein de ressources, « homme le plus puissant de la robe en son temps. » Ses collègues l'avaient souvent employé à Paris, notamment quand il s'était agi d'y poursuivre la révocation du semestre [4]; et un jour il était venu rendre compte de sa mission, dans un rapport où nous avons puisé, rapport des plus circonstanciés, mais des plus passionnés, où se trouve écrite, au point de vue parlementaire, l'histoire du semestre jusqu'au 7 novembre 1643 [5].

C'était lui qui avait rempli une partie de l'intérim de la première présidence, après le décès du troisième Faucon de Ris et avant l'avènement de Pellot qui le redoutait, et qui, un jour, écrivant à Colbert au sujet de l'abbé Bigot, son fils, a fait, du même coup, du président lui-même un portrait aussi court que vif : « Esprit brouillon, aimant les procès, de

---

[1] *Histoire manusc. du parlement*, t. II, p. 302.
[2] De 1527 à 1570.
[3] De 1570 à 1578, avocat général ; en 1578, président à mortier.
[4] Registre secret du parlement, année 1643.
[5] *Ibidem*. Il serait à souhaiter que ce rapport fût publié en entier.

l'humeur dont étoit son père quand il n'étoit pas raisonnable [1]. »

On comprend que ses préjugés parlementaires, son esprit frondeur et son opposition constante aux mesures de la cour n'aient pas permis au roi de songer à lui pour la première place.

Il n'était plus qu'honoraire quand il mourut; mais, son mérite personnel, son ancienne opposition, son dévouement aux intérêts de sa compagnie lui avaient conservé une certaine popularité, malgré le changement des idées qui avait fait de lui comme le revenant d'un autre âge, au sein de sa compagnie, animée alors d'un tout autre esprit.

Nous n'avons pas trouvé le procès-verbal de ses funérailles. Nous allons y suppléer par le procès-verbal qui fut dressé à la suite du décès d'un doyen du parlement, quelques années après.

§ 6. *Ce qui se passait au décès d'un membre du parlement. Hommage de Pellot à la mémoire de M. Danviray* [2], *s$^r$ de Mathonville, mort doyen du parlement.*

Nous prenons textuellement ce qui suit dans le registre secret de l'année 1679 :

« Du samedy, 18$^e$ jour de fevrier, après dix heures, au Palais. Sur l'advertissement donné à la Cour que le deuil [3] de Monsieur Danviray estoit à la porte, ont esté députés Mes-

---

[1] Lettre à Colbert du 25 novembre 1675, transcrite en entier ci-dessus, p. 235.

[2] Danviray, s$^r$ de Mathonville et de Hacquenonville, conseiller à la grand'chambre. Il comptait 46 années de service, sa réception remontant à 1633. — Un des *anciens*, du temps que Pellot était conseiller.

[3] *Le deuil.* Se prend pour les personnes qui assistent aux funérailles de quelqu'un. — Le *deuil* a passé par cette rue. Voici le *deuil. Dict. de Richelet*, édit. de 1659.

sieurs Delahaye, Auber et Gueroult pour faire la semonce [1], lesquels sont sortys à cet effect ; et estant incontinent rentrés avec toutes les personnes vestues de deuil, Monsieur Auber [2] a dit « qu'il avait pleu à Dieu appeler à soy Monsieur Dan-
« viray ; que Monsieur de Mathonville et les autres enfants
« et héritiers du deffunt supplioient très humblement la Cour
« de leur faire l'honneur d'assister à son inhumation, et de
« leur dire l'heure de la commodité de la Cour. »

« Monsieur le Premier-Président Pellot a dict que « la
« Cour avoit grand regret de la perte qu'elle faisoit par le
« décès de Monsieur Danviray, doyen d'icelle, et qu'elle as-
« sisteroit très volontier à son inhumation et rendroit les
« derniers honneurs à la mémoire des bons services que le dit
« sieur Danviray a rendus au Roy et à ses subjects, dans
« l'exercice et la fonction de sa charge dont il s'est dignement
« acquitté. » Puis les sieurs Auber et Gueroult sont sortis avec le deuil, pour aller aux autres chambres faire la semonce.

« Vers les onze heures, Messieurs sont allés à la maison du dit deffunt sieur Danviray, et ont assisté, en corps, au convoy et inhumation, précédés et suivis des huissiers de la Cour [3]. »

Ce cérémonial dut être suivi aux funérailles du président Bigot. Nous ne savons par quel privilège existe sur les registres du parlement le procès-verbal des funérailles de M. le conseiller Danviray, et pourquoi ces registres sont muets en ce qui concerne notamment les funérailles de M. le président Bigot.

[1] *Semonce*. « Invitation. Prière qu'on envoie faire à des parents ou amis d'assister à une noce, à un enterrement, etc. A Paris, c'est un valet de crieur qui fait la *semonce*. Un parent se charge de la *semonce* des morts. » *Dict. de Richelet*. — Il s'agissait d'inviter le parlement aux obsèques : trois conseillers furent chargés de faire la *semonce* à leurs collègues, c'est-à-dire de les y inviter.
[2] Conseiller-clerc de la grand'chambre.
[3] Registre secret du parlement, année 1679.

# CHAPITRE TROISIÈME

### RENTRÉE DE 1675

---

*Discours du premier président Pellot, sur ce sujet : Que l'homme doit chercher le bonheur non dans les plaisirs des sens, mais dans les satisfactions de l'esprit.*

Pellot, pendant près de quatorze années qu'il fut premier président, dut prononcer bien des harangues. Cependant, aucune, que nous sachions, n'a été imprimée, et nous n'en avons trouvé que deux qui aient été transcrites en entier sur les registres du parlement. L'une : *Sur la nécessité de rétablir les mercuriales*, fut prononcée à la rentrée de 1673 : nous l'avons déjà reproduite. Il prononça l'autre à la rentrée de 1675 sur ce sujet : *Que l'homme doit chercher le bonheur non dans les plaisirs des sens, mais dans les satisfactions de l'esprit*, sujet assez osé, soit dit en passant, si l'on considère la date ; car Pellot discourait sur ce lieu commun, assorti assez artistement d'une foule d'autres lieux communs, au temps même où la passion du roi pour la marquise de Montespan était dans tout son éclat et faisait scandale.

Voici cette harangue. Nous la reproduisons sans y rien changer :

« Advocats,[1] les hommes tristes et sévères qui prétendent

---

[1] Au registre secret du parlement de Normandie, année 1675, à sa date. Inédit. — Il est remarquable que dans sa harangue, prononcée

se dérober aux plaisirs, et qui veulent estre exceptez de cette règle qui, selon le plus grand des pères de l'Eglise, est commune à tous les hommes : *Trahit sua quemque voluptas,* en voulant se changer en mieux et paroistre plus qu'hommes, sont moins qu'hommes ; ils empirent et, en taschant de se rehausser, s'abaissent. Ils avancent des maximes qu'on ne scauroit mettre en pratique, et leurs discours sont comme ces lieux eslevez et inaccessibles que l'on regarde de loing avec estonnement et où l'on ne veut ny l'on ne peut aller.

« Quand ils parlent de cette sorte, ils songent à se faire remarquer en disant quelque chose d'extraordinaire ; mais ils scavent bien que leurs propositions ne sont que des chimères qui ne peuvent subsister que dans leur esprit, puisqu'ils ne peuvent eux-mêmes les mettre en usage, et qu'avec ce visage sévère et cette mine farouche qu'ils affectent, ils ne scauroient s'empescher de ressentir de la joye, qui est, malgré eux, ce qui les soustient dans leurs paroles et dans leurs actions.

« Vouloir bannir de la vie le plaisir et la joye, c'est en quelque sorte blasmer l'autheur de la nature qui en joinct aux actions de nostre vie, pour nous en faire supporter les peines et les travaux ; c'est faire tort à ce souverain distributeur que de refuser son présent et de n'en vouloir pas jouir ; et le plaisir n'est pas seulement comme le sel qui assaisonne les viandes et qui les rend plus agréables au goust, mais il est comme le cinquiesme élément dont on ne peut non plus se passer que des autres, et comme le ressort, et le premier mobile de toutes les actions de la vie.

« C'est une source où il faut que tout le monde puise ; c'est l'âme et le fondement de ce grand ouvrage du monde ;

---

devant tout le parlement, le premier président ne se soit adressé qu'aux avocats, il en faut dans les actions ordinaires pour entretenir la vie, et il est nécessaire dans les fonctions difficiles de l'esprit, pour l'obliger à supporter les peines, les travaux et les obstacles qu'il rencontre dans le chemin de la vertu.

« Mais l'on ne doibt pas chercher la véritable satisfaction dans les plaisirs des sens ; les solides contentements sont ceux de l'esprit. L'homme ne pouvoit estre heureux que par la plus noble partie qui le compose, et il est juste que le plaisir soit le partage de l'esprit, comme du maistre et du souverain, et non pas du corps, qui n'est que le serviteur et l'esclave.

« Ainsy, cet empereur qui alloit partout cherchant de nouveaux plaisirs et n'espargnoit ny les soings ny la despense pour en venir à bout, se mescomptoit grossièrement dans ses dessins. Ses poursuites n'estoient pas seulement vaines, mais elles tendoient à l'impossible, puisqu'il cherchoit dans les plaisirs sensuels ce qui ne pouvoit se trouver que dans la vertu. C'est là qu'il auroit rencontré ce qu'il cherchoit avec tant d'empressement ; car comme les desplaisirs de l'esprit sont les plus sensibles, les plaisirs de l'esprit le sont, sans comparaison, plus que ceux du corps ; ils ont aussy plus de constance, plus de facilité, plus de variété et plus de dignité.

« C'est donc dans la congnoissance des vérités et dans la pratique des actions vertueuses qu'il faut chercher les plaisirs ; aussy, est-ce ce qui produict le repos de la conscience, qui est le souverain plaisir.

« Car la santé, les richesses, la noblesse et la faveur ne rendent point le meschant heureux. Il languit au millieu de tous ces biens apparents. Le serpent est caché soubs les fleurs; le vice laisse un rémords qui est comme une ulcère qui ne se guérit point, et la raison qui adoucit ordinairement les douleurs, augmente dans une âme corrompue celles du repentir, qui sont les plus piquantes et les plus pressantes de toutes, *occultum quatiens animo tortore flagellum.*

« L'on ne jugera pas de la bonté d'un vaisseau parce que sa poupe et sa proue sont dorées et ornées de statues, de bas reliefs; que les chambres sont curieusement et richement peintes et l'embrissées, et parce qu'il est chargé de tout ce qui est de plus précieux; mais sy un ouvrier habile et intelligent y a travaillé, s'il y a employé de bonnes matières, sy, n'ayant rien oublié de tout ce que l'art apprend, le succez outre cela a répondu à ses peines; si le vaisseau se trouve, ainsy, bon voilier, s'il obéit bien au gouvernail, et s'il est en estat de résister aux attaques de la mer.

« De mesme, sy la raison ne nous gouverne, sy nous ne sommes guéris de la bagatelle et de la vanité, sy nous ne sommes défaits des vains désirs, sy nostre âme n'est fortifiée contre les attaques des passions, sy nous ne sommes deslivrez d'avarice et d'ambition, nous ne scaurions, parmi tout ce qui flatte nos sens, avoir un contentement solide et parfaict.

« La félicité de l'homme ne dépend pas des choses passagères qui nous eschappent et ne nous remplissent pas, qui nous donnent ou du desgoust ou du repentir.

« Elle n'est pas fondée sur le sable, mais sur le mortier, et elle ne peut pas s'appuyer sur ce qui n'est que chancelant et non solide.

« Ainsy l'on ne doibt pas espérer de la trouver dans les délices, dans les festins et dans le luxe. Elle se rencontre plus tost dans la poussière et dans le travail, que sur le duvet et dans la mollesse. Car les plaisirs ne peuvent estre de durée; ils meurent en naissant; ils sont sur leurs fins dès leurs commencements; ils nous eschapent quand nous croyons les tenir; ils n'ont qu'un premier feu; quand nous les goutons ils nous desgoutent; l'usage nous les faict perdre, et quand nous croyons tenir un corps, nous n'attrapons que de l'air et du vent.

« La félicité consiste à bien faire son debvoir dans sa profession, à maîtriser ses passions, à dissiper les nuages qu'elles causent, à scavoir les employer pour les bonnes actions, à n'estre point rongé par des soings inutiles, à ne se repaistre point de vaines espérances, à estre content de ce que l'on possède, à estre au-dessus de ce que les hommes recherchent avec tant de peine, à estre ferme dans les adversitez, à ne point se mecognoistre dans les prospéritez, à rendre à un chacun ce qui luy appartient, et à ne faire point despendre ses bons desseins des discours et des opinions téméraires de la multitude.

« Par là, l'homme est véritablement heureux, parce que son contentement ne relève pas de la fortune et ne despend pas d'autruy ; il relève de luy mesme, et par ce moyen, l'édifice n'est pas seulement bien fondé, il est parfait et accomply.

« Et il ne faut pas s'imaginer qu'en vivant de la sorte l'on se prive de beaucoup de plaisirs ; l'on ne se deffaict que de ceux qu'il vaut mieux perdre que conserver, et qui donnent plus de dégoust que de joye, pour posseder ceux qui satisfont véritablement. Et le sage n'est pas content de peu ; ce n'est pas une vanité d'un philosophe ; l'homme a tout en se contentant de ce qu'il possède.

« Il est bien esloigné d'estre comme ce prince ambitieux qui estoit dans l'indigence au milieu de tant de prospéritez, qui manquoit de tout, quoy qu'il eust envahi tant de royaumes, qu'il en eust tant dompté et qu'il en possédat encore un si grand nombre ; car à quoy luy servirent toutes ses conquêtes, puisque son ambition n'estoit point satisfaite, et que souhaitant de nouveaux mondes, l'on peut dire que ce qui luy manquoit estoit sans bornes.

« Comme ce n'est pas sur la superficie de la terre que l'on trouve ce qui est de plus précieux, et que c'est de ses entrailles que l'on tire les plus riches métaux, aussy les véritables biens de l'homme ne sont pas dans l'extérieur et sur la surface, et ce n'est qu'au dedans de luy-mesme qu'il peut trouver un contentement solide.

« C'est par cette règle que nostre incomparable monarque est aussy heureux qu'il est parfaict et accomply. Ce n'est point seulement par la pompe sans égale de la cour qui l'environne, ny parce qu'il possède des palais brillants de marbre et d'or, que ses revenus sont immenses, qu'il commande à des peuples aguerris, qu'il a sur pied de nombreuses armées, qu'il a la science de les faire agir et le courage de les animer par sa présence, qu'il prend des villes et gaigne des provinces, et que, maintenant, il résiste par sa seulle force à toutes les puissances de l'Europe armées et unies contre luy, non : mais nostre Roy est fortuné parce qu'il regne sur ses passions [1] comme sur son estat, qu'il scait se commander soy mesme aussy bien que ses troupes, que la droicte raison le conduict tousjours, qu'il ne s'escarte point de ses voyes, que l'on ne le voict point abuser de sa puissance, que sa justice se faict entendre parmy le bruit des armes comme dans la douceur du repos, qu'au milieu de la guerre il songe à procurer la paix, qu'il n'emploie ses forces que pour diminuer l'orgueil de ses ennemys, les faire changer de sentiments, et non pas pour les terrasser et les destruire, et qu'il a dans l'esprit si bien imprimé cette maxime d'un ancien : *Si quis justitiam sectatus fuerit, major ei quam ex armorum et belli apparatu felicitas eveniet.*

« C'est aussy sur ces sentiments raisonnables que Sa Majesté mesure son bonheur ; ce sont eux qui font en nostre prince cette égalité d'esprit qui est tousjours la mesme sans altération, qui le rendent sy agréable à tous, sy sincère dans ses paroles, sy sage dans ses jugements, sy fidèle dans ses promesses, sy juste dans le discernement qu'il faict des choses,

---

[1] L'adulation, ici, va bien loin !

sy franc dans son procédé, sy pénétrant dans ses affaires et sy judicieux dans la distribution de ses graces.

« Voilà l'exemple que se doivent imposer ceux qui sont élevez dans les dignitez et les charges, Sa Majesté leur apprend que c'est par là qu'ils se doivent estimer heureux et qu'ils ne doivent pas laisser flatter leur vanité de ce pouvoir de disposer des vies et des biens des hommes. A juger tous ces advantages selon les sens, on trouvera assez de désagréments qui les contre-pèsent; et ceux qui les possèdent cognoissent assez que leur emploi est un honneste esclavage, que c'est une retraicte assez austère puisque, par leur occupation ordinaire, ils se trouvent privez de tout ce qui est plaisant et agréable.

« Ainsy, ils ne peuvent tirer leur satisfaction de cette suite de clients qui les accompagnent, de tous ces gents qui sont tous les jours à leurs pieds, de toutes ces marques extérieures d'honneur que leurs employs leur donnent, puisqu'elles sont quasy tousjours plus ennuyeuses et incommodes que touchantes, et qu'ils payent bien ces honneurs par beaucoup de soings, de peines et de veilles.

« Mais leur contentement sera de faire de bonnes actions, de développer et soutenir la justice du pauvre comme du riche, de résister à la recommandation et de n'estre pas esblouis par la faveur, de fermer les yeux à ce qui peut plaire, et d'avoir une ferme résolution de faire vivre en repos et en seureté, soubs l'autorité des loys, ceux qui sont commis à leurs charges. *Tamdiu judex dicitur quamdiu justus putatur, quia nomen quod ab æquitate sumitur per superbiam deletur.*

« De sorte que la recompense de toutes les peines et travaux dans les charges difficiles, c'est le mérite des bonnes œuvres qui faict la satisfaction de la conscience, laquelle est le souverain bien de l'homme et dont le repos tient quelque chose de celuy que Dieu trouve dans la considération de ses ouvrages : *conversus Deus ut aspiceret opera quæ fecerunt manus suæ, vidit quod essent omnia bona nimis.*

« Que les riches, disoit Solon, se contentent de la fausse et incertaine possession de leurs biens ; que les voluptueux se noyent et s'abandonnent tant qu'ils voudront à leurs plaisirs, sy est-ce que les vertueux ne fairont pas comparaison du contentement qu'ils ont avec le leur.

« Et comme tout homme se peut donner cette douceur par tempérance qui est la justice que l'on se faict à soy mesme en se conservant dans un estat raisonnable et en retranchant le superflu, le magistrat se procurera bien plus cette joye par la justice qu'il faict aux autres ; d'autant plus que sa joye est celle de tous les gents de bien.

« Cette justice est comme le bien d'autruy ; ce bien vient par luy au public ; mais ce contentement lui appartient en propre, parce qu'il y a plus de bonheur de faire le bien que de le recevoir, selon la parole divine : *Gratius est dare quam accipere.*

« Et de là vient que la récompense de la vertu est la vertu mesme ; en faisant du bien à autruy, l'on s'en faict à soy mesme ; en aidant l'on se sauve ; en protegeant, l'on est deffendu ; le bon exemple retombe quasy tous jours sur celuy qui le cause ; et quoy que l'on ne s'addonne pas à la vertu par interest, néanmoins il est permis d'en recevoir le prix ; il ne corrompt point la bonne action, puisqu'il la suit et qu'elle n'est pas faicte pour cette fin.

« L'on demandoit à un excellent peintre de l'antiquité pourquoy il estoit si assidu à son ouvrage ? parce que, dit-il, j'y prends plaisir ; sans cela je ny donnerois pas une application sy ordinaire, *molliter assiduum studio fallente laborem.*

« Aussy, qui eust demandé à Auguste la raison qui l'obligeoit de rendre justice avec tant d'assiduité que Mécénas prenoit mesme la liberté de luy en faire des railleries ? il eust, sans doubte, respondu : parce que j'en reçois un plaisir qui passe tout autre plaisir.

« Mais ces douceurs ne sont pas seulement pour ceux qui sont élevez aux charges, ceux qui sont employez dans les autres fonctions de la justice y ont aussy bonne part. L'on peut mieux ressentir qu'exprimer la joye d'un advocat qui, pour deffendre une cause juste, faict bien choix de la matière, la digère dans son esprit, luy donne un bon ordre, la soustient par les plus fortes raisons qu'il met dans tout leur jour, retranche les inutiles qui ne font qu'embarrasser, l'embellit d'ornements qui luy conviennent, sans tomber dans le phœbus ny dans le galimathias, et ensuite, la possédant bien, la prononce et plaide avec grace et succès.

« Il ne plaind pas à tort ses peines, ses veilles et ses estudes, il s'en trouve abondamment récompensé par la satisfaction qu'il void dans les esprits, par l'attention qu'on luy donne, par les applaudissements qui interrompent quelquefois agréablement son discours et qui le suivent et l'accompagnent, et de voir la justice triompher glorieusement par son moyen.

« Cette victoire n'est pas moins agréable que celle que l'on gagne dans les campagnes, quoy qu'elle ne soit pas sy esclatante ; et sy la gloire est plus grande de pousser et deffaire les ennemys déclarez de l'Estat, celle d'aider à destruire l'injustice, la chicane et la violence a aussy son esclat et son prix, puisque la ruine des ennemys cachez et que l'on a dans ses entrailles n'est pas moins utile ny moins advantageuse.

« L'honneur n'est pas seulement pour ceux qui gagnent leur cause, il en reste pour ceux qui ont bien combattu, et qui estant bien persuadez de la bonté et de la justice de leur affaire, ont bien fait leur debvoir.

« Les armes sont journalières ; les circonstances particulières changent avec raison les maximes générales ; les procès ont, outre cela, leurs destinées, et l'on a autant de plaisir à bien chasser qu'à prendre et à venir à bout de son dessein.

« Vous faites outre cela fort souvent les fonctions de juges dans les expédients et les advis que vous donnez, et ce n'est pas une médiocre satisfaction que d'esteindre le feu dans les commencements, et d'estouffer le monstre dans sa naissance, qui causeroit bien des maux sy l'on le laissoit vivre.

« Nous ne debvons pas vous envier ce bonheur, au contraire ; comme vous avez part à la justice, aussy vous la debvez avoir à la gloire qui en revient. Terminez donc autant que vous pourrez les procez, donnez le repos aux familles, faictes cognoistre aux parties les labirinthes où elles se vont engager, sans scavoir quand elles en sortiront. Il n'est pas à craindre que nous demeurions sans occupation ; quand cela seroit, il n'y a personne qui ne deubt souhoitter de voir, à ces conditions, diminuer la foule du palais.

« Procureurs, ne songez pas seulement à l'utile, entretenez l'honneur qui est parmy vous, et que l'on ne dise pas de vous ce qu'un autheur disoit des officiers de son temps : qu'ils ne s'employoient qu'à faire provigner les procès, embarasser le bon droit, chercher à revenir contre ce qui a esté arresté, cacher la vérité, favoriser le mensonge, chercher son profit et abbandonner l'équité, *quorum officium est jura confundere, lites suscitare, transactiones rescindere, dilationes innectere, supprimere veritatem fovere mendacium, questum sequi, æquitatem vendere, versutias concinnare.*

« Ainsy, guidez bien ceux qui se mettent soubs vostre conduite, faictes leur prendre de bons chemins et les plus courts, que vos antiens continuent à empescher les mauvaises procédures, et adjoustent encore à ce qui se faict plus d'exactitude et de sévérité, et croyez tous que la satisfaction de bien faire est vostre plus grande et plus solide récompense ! »

A la même audience, l'avocat général Le Guerchois, «un des plus éloquents hommes du royaume », prononça aussi une harangue. Mais le registre secret ne l'a pas reproduite[1].

Pellot ne manqua pas de narrer à Colbert l'effet qu'avaient produit ces deux belles harangues. Il en reçut un compliment fort flatteur :

« A M. Pellot, P. P. à Rouen. Saint-Germain, 20 novembre 1675. J'ai esté bien ayse d'apprendre par vostre lettre du 15 de ce mois, tout ce qui s'est passé à l'ouverture du Parlement, et les belles harangues qui ont été faites et par vous et par M. Le Guerchois. Je ne doute pas que vous n'ayez reçu beaucoup d'applaudissements de ces belles actions, et qu'elles ne contribuent à porter tous les officiers du Parlement à estre plus réguliers en leurs devoirs, comme aussy qu'elles n'excitent les advocats à faire beaucoup mieux que par le passé... [2] COLBERT. »

En lisant cette harangue et celle que nous avons transcrite plus haut, on aura remarqué le soin qu'a pris son auteur de les assortir de textes latins plus ou moins appropriés au sujet. L'usage de rassembler de ces *lieux communs*, auxquels la langue latine à la vertu de donner une certaine saveur, et d'en faire montre dans une œuvre d'apparat, était fort pratiqué et goûté au xviie siècle. Les lettrés du siècle précédent, notamment Montaigne, leur en avaient donné l'exemple. « Je ne commence, écrivait Balzac, qu'à entamer mes lieux communs, mais le mal est que je ne suis pas maître de mes heures[3] ; » voulant dire par là qu'il avait sous sa main tous ses extraits, mais qu'il lui manquait le temps de les mettre en

---

[1] Les feuilles qui devaient nous transmettre la harangue de Le Guerchois sont restées en blanc sur le registre secret, attendant une transcription que le greffier n'a jamais effectuée.

*Lett., Inst. et Mém.*, t. II, p. 802.

[3] Œuvres de Balzac, IXe dissertation, chap. III, t. II, p. 226.

œuvre. L'auteur d'une Vie de Costar raconte de ce lettré que, ne pouvant plus lire, il avait quelqu'un qui lui lisait à haute voix, à qui Costar faisait marquer, au fur et à mesure, les endroits qui lui paraissaient pouvoir être employés; Costar, une fois qu'ils avaient été transcrits, n'avait plus qu'à utiliser ces lieux communs « ce que lui seul pouvoit faire, ajoute son biographe, car, en ce qui est de ces lieux communs, chacun a son ordre qui lui est propre ; ce qui est excellent pour l'un, et, comme dit Montaigne, lui sert comme d' « une mémoire de papier », ne fait qu'embarrasser un autre, sans lui donner une bonne et agréable nourriture et le mettre en état de produire [1]. »

Bien sûr, Pellot était fort au fait de ce genre de travail, et s'était fait une « mémoire de papier », une bonne et agréable nourriture de lieux communs. L'inventaire d'Agen [2] nous a révélé certain *thesaurus aphorismorum* où il dut fort puiser.

[1] *Vie de M. Costar*, à la suite des *Mémoires de Tallemant des Réaux*, t. IV, p. 286, édit. Montmerqué.
[2] Au t. I, p. 645.

## CHAPITRE QUATRIÈME

« *Panégyrique* [1] *de monseigneur Pellot, Premier-Président au Parlement de Normandie, par M*ᶜ *Lespeudry, advocat au Parlement, à Rouen, chez Claude Jores, rue St-Lô, derrière le palais*, A LA NORT QUI TROMPE. *MDCLXXVI avec permission* [2]. »

Nous ne pouvions avoir la pensée de reproduire en entier cette preuve du goût douteux de Mᶜ Lespeudry qui, pour exalter son héros, fait en 80 pages appel, de fort loin et avec un luxe surabondant, à la mythologie, : l'histoire romaine et grecque, et à ses auteurs favoris Aristote, Vitruve, Sénèque. Nous avons extrait de son élucubration, réduite, nous le pardonnera-t-il? au dixième, ce qui nous a paru offrir un véritable intérêt biographique.

Il faut, ce qui du reste ressort déjà du discours que nous venons de reproduire, remarquer ce que dit Lespeudry des plaisirs abolis par le temps que le premier président fit revivre; « cette alliance, pour parler comme notre auteur, de

---

[1] Ce panégyrique avait été précédé par un autre que nous n'avons pu nous procurer, qui sortit, dès 1674, de la plume d'un sieur Delamotte-Lamotte, sans nom de lieu, in-8º, et qui est écrit dans le même style que celui que nous reproduisons. « Il consiste en six emblèmes gravés que l'auteur tire des armoiries du premier président. » Note manuscrite se trouvant sur un exemplaire du panégyrique de Lespeudry faisant partie de la bibliothèque de l'honorable marquis de Blosseville. Nous en recommandons la recherche aux curieux.

[2] Biblioth. nationale, *Imprimés*, in-8º de 88 pages. L. $\frac{27}{N}$ 16000.

la joie et des rys ; ce mariage des grâces et des passe-temps ; cette restauration des divertissements publics, des bals, des festins, des régales, des danses, des cercles et des assemblées », la magnificence en un mot du premier président. C'était le plein épanouissement du grand règne, le temps de la grande faveur de Madame de Montespan par qui avaient été introduits à la cour un luxe et un faste inconnus avant elle. Alors, le ton d'une cour jeune et brillante tendait à se répandre partout, sous l'impulsion des hauts dignitaires, empressés de se régler sur le maître. Et puis, il y avait à l'hôtel de la première présidence, aux côtés du premier président âgé déjà de 57 ans, Magdeleine Colbert, sa seconde femme, jeune encore (elle avait 44 ans), à laquelle manquaient les joies de la maternité, ce qui la laissait plus libre pour les « plaisirs honnêtes, agréables et licites », pour parler comme notre auteur.

Ce panégyrique de Lespeudry est à rapprocher de la dédicace du docteur Lhonoré que nous avons déjà reproduite : ces deux documents s'accordent pour attester la position considérable qu'avait prise le premier président Pellot, et les changements de plus d'un genre qu'il avait apportés.

*Panégyrique outré du premier président Pellot, par un avocat de son parlement.*

« ... Monseigneur Pellot est un très digne ministre de la justice : ... c'est un nom qui lui appartient par sa prudence, par son intégrité, par sa sagesse.

« L'exercice de ces trois vertus a paru dans les fonctions des trois emplois considérables dans lesquels il a été successivement et où il a monté comme par dégré... Ces employs sont ceux de conseiller au Parlement de Rouen, d'Intendant en plusieurs provinces, et de Premier-Président dans le même Parlement de notre ville à qui il a donné une nouvelle face par les biens qu'il lui a apportez et dont, par avance, nous allons, icy, le remercier...

« Sous sa Présidence, nous voyons le retour de la justice dans ses premiers droits; ses maximes en sont devenues plus saintes, et ses lois plus inviolables ; les observations des unes et des autres sont devenues plus exactes et plus religieuses; autrefois, on n'estoit pas si régulier ni si circonspect ; mais aujourd'huy, l'équitable Président Pellot a étably et mis en usage, jusques à une scrupuleuse pratique, le ministère de la justice...

« Il ne faut pas solliciter Monseigneur Pellot de rendre la justice; il la rend sans en être requis avec une assiduité infatigable; il écoute également les petits et les grands, à toute heure, en tous lieux, à tous moments; il est le premier et le dernier au Palais : sa vie est une attache continuelle, sans repos et sans relâche ; sa maison est le refuge des oppressez... Monseigneur Pellot ne se plaint point de ses travaux, de ses veilles et de ses soins, encore qu'ils soient extrêmement différents et étendus ; lui seul départit toutes choses à tous, avec une tranquillité, une constance surprenantes; et ce que plusieurs autres grands hommes pourroient difficilement exécuter, lui, avec une dextérité et une vigilance éclairées, il le conduit heureusement dans une perfection avantageuse;... il ne se dispense point des séances, il y assiste avec une religieuse ponctualité...

« Monseigneur Pellot à fait revivre les plaisirs de notre ville que le temps sembloit vouloir abolir ; il a fait une alliance de la joye et des rys; il a fait un mariage des graces et des passe-temps; il est le restaurateur des divertissements publics; il a remis en honneur les bals, les festins, les régales, les fêtes publiques, les danses, les cercles et les assemblées; il a fait, même, des dépenses magnifiques pour cet effet; il convie, par ces moyens agréables et licites, à prendre des plaisirs honnêtes, et chasse de la société des

hommes ceux qui sont défendus et criminels ; il ne met point
le peuple dans une retenue farouche et sévère ; ses maximes
n'ont rien d'austère, et, avec ces maximes, il persuade le bien
avec plus d'efficace...

« Monseigneur Pellot a bien raison d'en user ainsi ; c'est
avec bien de la sagesse qu'il prend soin d'entretenir ses
peuples dans les plaisirs, afin de chasser la barbarie de leurs
mœurs et le déréglement de leur volonté, en adoucissant
leurs affections...

« Sous sa Présidence, on a vu le retour des bonnes mœurs
que celuy de la justice et des plaisirs a amené avec eux ; les
inclinations des peuples ont pris de nouvelles habitudes, les
sentiments ont tourné vers de meilleures voyes ; on a paru,
enfin, comme engendré à une nouvelle manière de vivre...

« La bonne justice qu'a rendu au peuple M$^r$ Pellot,
lorsqu'il estoit Conseiller du sémestre au Parlement de
Rouen, a produit tous ces biens ;... nous lui en sommes
encore redevables ;... il écoutoit également les parties, leur
donnoit des audiences favorables ; il avoit de grandes assi-
duitez ; sa charge estoit son employ ; les plaisirs ne faisoient
point l'occupation de sa vie... Il y a des personnes dans notre
ville qui rendent encore témoignage de ses fatigues, de ses
travaux, de ses soins, de son zèle, de son exactitude et de sa
justice. Cette première charge a été pour luy comme un noviciat et une espèce de probation pour de plus hauts employs
et des charges plus importantes... Nous la regardons aussi
comme le fondement de celle d'Intendant qu'il a exercée
depuis, et de celle de Premier-Président qu'il exerce
aujourd'hui avec tant de gloire...

« Sa vertu a été chérie partout ; son Intendance lui a
gagné les affections du peuple dans le Dauphiné, le Poitou,
la Guyenne : ses employs luy ont acquis partout des créatures, ils luy ont fait un grand nombre d'amis, car il a obligé
tout le monde, sans préjudice aux intérêts de son Prince...

« Il est sorty moins riche de son Intendance qu'il n'y étoit entré ; il ne s'est point enrichi de concussions, ses mains sont nettes et son âme est pure. C'est une chose bien glorieuse pour luy et bien digne de louange d'avoir dépensé de son bien au service de son Prince...

« Il a esté juste envers le Roy, ne souffrant l'établissement d'aucuns droits et d'aucunes contributions que du consentement de S. M. et par son autorité seule [1] : il n'a point passé aucun abus sur ces choses, ni sur toutes les autres...

« Il a été juste envers le peuple, par la juste distribution des impôts et l'égal partage des subsides entre les particuliers [2] ; il n'a point souffert qu'un fut plus changé que l'autre ; il n'a point enduré l'oppression des pauvres ; il a réglé toutes choses à proportion des biens...

« Si, devant nous, les Premiers-Présidents n'avoient esté faits perpétuels, notre auguste souverain, en sa faveur, les auroit mis en possession de ce privilège, le faisant jouir, le premier, de ce droit ; son mérite, à coup sûr en est digne... Dans sa Présidence, comme dans son Intendance, et sa première magistrature, sa justice a paru ; il y a eu équité partout ; on accourt pour voir Mgr Pellot que sa justice rend recommandable ; on cherche tous les moyens de plaider devant luy et de l'avoir pour juge ; sur le moindre grief, on appelle à la cour, pour recevoir de luy l'arrêt de son sort ; on en cherche toutes les voyes et on n'en néglige aucune occasion...

« Sans vouloir examiner les défauts des particuliers, les vices des familles, les abus de certains cantons de la Province, et les mœurs de quelques villes qui sont dans le ressort du Parlement dont il est le chef, on peut dire qu'il les

---

[1] Allusion à ses conflits avec le parlement de Grenoble.
[2] Allusion à l'affaire du conseiller d'Orbussan et autres dont il a été question au premier volume, pages 397 et suivantes.

tous réduits, qu'il a fait prendre de meilleures habitudes aux hommes et qu'il a remis le monde dans les meilleures voyes, en sorte qu'on soupire unanimement dans la même idée, dans les mêmes desseins, dans le même bien général, pour la gloire du prince, pour l'honneur de la Province, pour le maintien de la société civile...

» « L'embellissement des villes n'est point un soin indigne des grands hommes... Il y a de grands princes, de grands empereurs et de grands héros qui ont pris le soin des théatres, des places publiques, des Palais, des fontaines, des Ponts, des Marchés qu'ils ont ornés magnifiquement, pour rendre ces villes plus célèbres... C'est à cet exemple que Monseigneur Pellot a travaillé à l'embellissement de la ville de Rouen,... il s'est acquitté de ce devoir en vigilant et zélé chef de justice, et en Premier-Président digne de l'être...

» « Les motifs de cet embellissement ont été l'utilité des peuples et la salubrité de la ville, comme son ornement et sa décoration. Vitruve veut que les rues et les places des villes soient disposées d'une manière que les vents n'y soufflent point, s'il se peut, ou du moins de certains seulement.

» « Mongr Pellot a fait ouvrir nos rues qui étoient étroites et serrées; il a fait abattre les maisons qui en déroboient la lumière; il a fait retrancher les auvants qui aportoient de l'ombre et une grande incommodité. Comme l'air est l'aliment des hommes et qu'ils ne vivent que par son aspiration, il en faut dans les villes, et il est besoin qu'il soit épuré; car si la nourriture est infectée, il s'en suit l'altération et la perte du vivant. Ainsi, M. Pellot a veillé à notre santé et à nos vies; c'est un bien dont nous lui sommes redevables puisque, depuis cela, on ne voit plus de maladie universelle et contagieuse dépeupler tant de quartiers de la ville, comme auparavant.

» « Ce sage Premier-Président a encore rendu au public les

eaux qu'on lui déroboit et que des particuliers détournoient, au grand préjudice de la ville.

« Le Cours de notre ville est encore un des effets des soins et de l'application de notre Premier-Président : il luy en revient une gloire immortelle. Cette gloire, comme ses soins,... les dames semblent luy en avoir plus d'obligation... c'est pour l'amour d'elles que le Cours est fait [1] ; c'est pour les délivrer des insultes du soleil dont les rayons semblent vouloir obscurcir leur teint et noircir leur visage à la promenade... Mgr Pellot a voulu élever des arbres pour opposer de l'ombre entre le soleil et elles,... c'est sous cet ombrage qu'elles jouissent paisiblement de la veue d'une vaste campagne, de prés semés de fleurs, que la nature, sans l'art, a fait croître,... en cet endroit où elles entendent un concert innocent de mille petits oiseaux qui semblent disputer à qui scaura mieux louer leur beauté. C'est encore sous ces charmants ombrages que les Dames en repos conversent tranquillement, et respirent un air salutaire, en regardant le large canal de la Seine qui porte ses eaux à leurs pieds avec tant de gravité et de respect qu'elle semble leur venir rendre des hommages et des aveux, comme à leurs Reines...

« Aristote, en ses œcuméniques, voulant donner la véritable définition d'une ville, dit qu'elle n'est autre chose qu'une mutuelle union entre les citoyens, parce qu'il est nécessaire, pour former une société humaine, que les habitants vivent entre eux dans une grande union : aussi voyons-nous cela à présent à Rouen ; les riches et les misérables se portent une affection réciproque : ceux-là par l'épanchement et l'écoulement de leurs biens, ceux-ci par leurs vœux et leurs prières pour la prospérité de tous les

---

[1] Cours que Pellot avait élevé sur la rive droite, où est aujourd'hui le cours St-Paul et le Champ de Mars. Voir, plus loin, le chap. II du liv. XVI.

citoyens. C'est, enfin, ce qui rend Rouen digne du nom d'une ville illustre et fameuse, et nous jouissons de toutes ces choses par la faveur de l'illustre Pellot... [1] »

[1] Biblioth. nationale. Imprimés L $\frac{27}{N}$ 16,000. Il existe de ce panégyrique une autre édition petit in-12, publiée la même année et chez le même libraire. Un exemplaire s'en trouve dans la bibliothèque de l'honorable marquis de Blosseville, ancien député, conseiller général de l'Eure, et notre collègue à la société de l'Histoire de Normandie.

## CHAPITRE CINQUIÈME

*Pellot veille au maintien des privilèges de la Cinquantaine et des Arquebusiers. — Curieux mémoire de lui à ce sujet. — Création d'un chevalier et d'une compagnie du Guet, malgré son opposition.— Insuccès de cette création.*

Il y avait à Rouen deux milices auxquelles étaient confiées la garde et la police de la ville, la compagnie de la Cinquantaine et celle des Arquebusiers. Ces braves gens rendaient de grands services, et chacun s'y intéressait d'autant plus que ces services étaient pour ainsi dire gratuits : une somme de six mille livres repartie entre tous chaque année, ce qui eût fait quarante livres à peine pour chacun, si la somme eut été distribuée également, telle était leur rémunération. Il fallait y ajouter l'exemption de la taille quant à leurs biens, lorsqu'ils les cultivaient eux-mêmes ; l'exemption des aydes quant aux liquides qui en provenaient, et le *franc-salé*, c'est-à-dire le droit, alors fort apprécié, de prendre le sel en franchise dans les greniers de la gabelle.

Ces divers privilèges leur ayant été contestés, le premier président, en 1673, prit une première fois leur défense et détourna le coup dont ils étaient menacés.

« Rouen, le 17 novembre 1673. J'écris au long à Mr Marin[1] sur le sujet de la Cinquantaine de cette ville, à laquelle on a restreint les privilèges par une déclaration donnée

---

[1] Conseiller d'État, parent de Colbert. Denis Marin avait épousé Marguerite Colbert de Terron. Marie-Charlotte Marin, sa fille, fut la femme du marquis d'Oppède, fils du P. P. du parlement d'Aix, qui lui-même

depuis peu. Comme c'est une compagnie qui rend des services continuellement, et jour et nuit, elle mérite bien que l'on luy conserve ses privilèges, qui lui tiennent lieu de gages. Toute la ville s'intéresse à la protection que vous lui donnerez, et moy particulièrement...[1] Pellot. »

Le danger étant réapparu deux années plus tard, il les sauva encore, et, à cette occasion, adressa à Colbert le mémoire qu'on va lire, qui a pour la ville de Rouen un véritable intérêt.

« Rouen, le 20 juin 1675. Je vous envoye un mémoire pour les compagnies de la Cinquantaine et des Arquebusiers de cette ville, afin d'obtenir leur *franc-salé*, à quoy je n'ay rien à ajouter, si ce n'est que l'on a besoing, en toutes occasions, de ces deux compagnies, qui sont prestes dans un moment, et je crois qu'il ne fault pas leur donner sujet de plainte à présent...[2] Pellot. »

Suit le mémoire en question :

« *La compagnie de la Cinquantaine*, composée de 52 cavaliers ou officiers, fort ancienne, et establie pour le service du Roy et la sûreté de la ville, et pour exécuter les ordres de M$^{rs}$ le gouverneur, Premier-Président du Parlement et ceux qui commandent en leur absence. L'on l'appeloit autrefois la compagnie des 50 Arquebusiers, et depuis elle a été appelée la Cinquantaine. Elle a des titres de plus de 400 ans, en ayant de l'année 1222, portant qu'ils jouiront des privilèges dont ils ont jouy de tout temps.

« Ces privilèges sont d'estre exempts des gens de guerre

---

avait épousé une parente de Colbert. (*Lett., Inst. et Mém.*, t. III, p. 74, et t. IV, p. 116.)

[1] *Correspondance administrative sous Louis XIV*, t. I, p. 847.

[2] *Ibidem. A présent*, c'est-à-dire au moment où la Guyenne et la Bretagne, Bordeaux et Rennes, étaient en pleine révolte, et la Normandie, dégarnie de troupes à la suite du procès du chevalier de Rohan.

tant à la ville qu'à la campagne, de faire valoir leurs héritages par leurs mains sans payer la taille, vendre ou faire vendre 10 queues de vin, outre et par dessus celuy de leur cru, sans payer aucun droit d'aide, et de prendre au grenier à sel de la ville de Rouen, scavoir, pour chaque capitaine, lieutenant et cavalier une mine de sel, en payant seulement le droit de marchand.

« Tous ces privilèges leur ont été confirmés par tous les rois d'heureuse mémoire, et par S. M., et la dite compagnie en a toujours joui jusqu'à présent.

« *La compagnie des Arquebusiers* n'est pas si ancienne que la cinquantaine ; il n'y a pas plus de cent ans qu'elle fut créée, à l'instar de celle de la Cinquantaine. Car, comme la ville augmentoit beaucoup et que la Cinquantaine ne pouvoit suffire, l'on mit sur pied celle des Arquebusiers, composée de 104 soldats ou officiers, pour faire les mêmes fonctions, et Henri II, en 1550, leur donna les mêmes privilèges que ceux de la compagnie de la Cinquantaine, ce qui a esté aussy confirmé par tous les rois ses successeurs.

« Leurs privilèges tiennent à ces deux compagnies lieu de gages ; elles n'ont que 2,000 livres de la ville, et 4,000 livres sur l'état du Roy, pour les dédommager du privilège qu'elles avoient de vendre le vin en détail, ce qui est peu pour 156 soldats. Car il faut que ces gens qui sont bons bourgeois, ouvriers ou artisans, pour bien faire leur charge, quittent leurs affaires et mestiers. Outre cela, depuis peu, M$^r$ de Beuvron et M$^r$ le Premier-Président les employent plus souvent, les obligent à une plus grande assiduité, et ont fait remplir les dites compagnies de gens mieux faits, plus vigoureux, et qui sont plus en état de servir. Ainsy, ils ne pourroient pas subsister de leur paye qui n'est quasi rien, s'ils n'avoient pas de quoy ailleurs. S'ils n'estoient attirés par ces privilèges, on n'en trouveroit pas pour faire le service.

« Ces deux compagnies travaillent jour et nuit, pour la sureté de la ville et pour tenir la main à l'exécution des ordres qu'on leur donne. Toutes les nuits, il y a une brigade de chacune qui marche dans les rues et fait la fonction du guet ; et le jour, elle exécute les ordres qui lui sont donnés pour le service du Roy ou la tranquillité de la ville, et pour tenir la main à l'exécution des ordres de justice. Et enfin, elles font tout. S'il y a quelque désordre elles sont toujours prêtes ; on les commande incontinent et on les employe non pas seulement à la ville, mais à la campagne quand on en a besoin. Dans la dernière conspiration de la Tréaumont, on les employa pour arrester le comte de Créquy, la dame de Villars, le sieur Maigremont et autres, par ordre du Roy. Il n'y a point de lieu de la ville qu'ils ne connoissent, et ne sachent ce qui s'y passe. Aussi, par ce moyen, les voleurs, vagabonds et autres gens de mauvaise vie ne trouvent pas leur compte à Rouen, et la ville en est bientôt purgée.

« Ainsi,... il plaira à S. M. de les laisser jouir de ce privilège de *franc-salé* qui est le plus considérable qu'ils ayent, et ordonner pour cet effect au fermier des gabelles de leur faire délivrer leur sel, ainsi qu'il a toujours accoutumé, ce qui redoublera leur zèle et leur application pour le service...[1] PELLOT. »

La Cinquantaine et les Arquebusiers furent encore sauvés cette fois, grâce à cette intervention du premier président.

Mais, en 1678, une épreuve d'un autre genre vint les atteindre : une nouvelle force publique fut créée à Rouen. Cette création fut l'œuvre de l'intendant Le Blanc, successeur de de Creil. Il pensa qu'il y aurait profit pour le roi par la vente de charges que les riches bourgeois, si on les entourait de quelque prestige, marchanderaient à l'envi. Il en écrivit

[1] *Correspondance admin. sous Louis XIV*, t. I, p. 847.

à Colbert qui lui répondit de Versailles, le 16 juillet 1677...
« faites-moy scavoir ce que l'on pourroit tirer de la création des charges de chevalier du Guet et autres, dont vous me parlez dans vostre lettre du 13 de ce mois... [1]

Le Blanc envoya un mémoire dans lequel il énumérait, d'une part, l'utilité d'une compagnie du Guet; d'autre part, les privilèges dont il faudrait doter les nouvelles charges pour les rendre enviables.

Sans perdre de temps, Colbert lui écrivit de nouveau le 1er août suivant :

« J'ai examiné le mémoire que vous m'avez envoyé touchant l'establissement qui pourroit estre fait à Rouen, d'officiers et archers nécessaires pour former une compagnie qui serviroit à la sûreté publique, en empeschant les désordres des vagabonds et débauchés qui courent la nuit. Comme cet établissement peut estre très-utile, il est nécessaire que vous en conférez avec Mr le Premier-Président du Parlement de Rouen, et que vous travaillez de vostre part à faire en sorte que le Roy en tire un secours de 100,000 livres... [2] COLBERT. »

La réponse de Le Blanc ayant été telle que Colbert pouvait la souhaiter, la compagnie, malgré Pellot, fut créée. Mais elle ne devait pas durer longtemps, et, quelques années après, les Cinquanteniers et les Arquebusiers restaient de nouveau chargés seuls du service.

[1] *Lett., Inst. et Mém.*, t. II, p. 376.
[2] *Ibidem*, p. 379.

## CHAPITRE SIXIÈME

*Colbert dangereusement malade. — Le roi songe à Pellot pour le remplacer.*

Voici un passage fort important de l'éloge anonyme [1] :
« Mʳ Colbert, ministre et secrétaire d'estat, contrôleur général des finances, estant tombé malade et en péril de la vie au mois d'octobre 1676, le Roy se déclara en faveur de M. Pellot pour remplir la place de ce grand ministre. Les premiers Seigneurs de la Cour dont il estoit aimé et considéré, luy en donnèrent avis, et luy en firent des compliments à Paris où il estoit alors ; mais, pour les éviter et ne point donner de jalousie, il se retira à sa maison de campagne à Suresne et ne voulut point aller à la Cour, quoi qu'on luy écrivit que Mʳ Colbert se mouroit... »

Le fait, on le voit, est bien précisé : au mois d'octobre 1676, Colbert étant malade dangereusement, le roi aurait pensé à M. Pellot ; et celui-ci, pour éviter les courtisans qui déjà se tournaient vers l'astre levant, n'aurait trouvé rien de mieux que de s'enfuir dans sa maison des champs.

Malgré toutes nos recherches, nous n'avons rien pu découvrir à l'appui de cette assertion de l'éloge anonyme.

Doit-on la révoquer en doute ?

Pour nous, rien ne vient la démentir, et elle ne nous paraît pas invraisemblable. Voici nos raisons :

Premièrement, l'éloge anonyme a eu pour auteur un

---

[1] Biblioth. de Rouen, fonds Martainville, manusc. Bigot. Inédit.

membre du parlement contemporain de Pellot, ayant reçu ses documents de contemporains et de première main. Or, le fait, s'il est exact, dut transpirer dans le parlement où l'auteur l'aura recueilli.

Secondement, en 1676, le crédit de Colbert était à son apogée. De tous ses auxiliaires, il n'en était peut-être pas un autre pour lequel il eût autant d'estime et d'amitié que pour Pellot. Colbert avait dû bien souvent s'en ouvrir au roi, qui n'eût fait, en jetant les yeux sur lui, que suivre les sentiments de son ministre.

Nous ne nous dissimulons cependant pas l'objection : Colbert avait d'autres parents auxquels il eût dû songer avant de penser à Pellot ? Il est vrai, et l'objection est sérieuse en effet. Mais Colbert en avait-il de plus proches de la valeur du premier président de Rouen ? Le lecteur appréciera.

## CHAPITRE SEPTIÈME

*Le Tellier, chancelier après d'Aligre. Rivalité de Le Tellier et de Colbert. Pellot perd sous Le Tellier une partie du crédit qu'il avait eu à la chancellerie sous Séguier et d'Aligre. — Documents inédits.*

Le chancelier d'Aligre mourut, en 1677, à 85 ans. Il en avait 80, quand, en 1672, il avait, à l'exclusion de Le Tellier, succédé à Séguier, d'abord comme garde des sceaux, puis, comme chancelier.

En 1672, Colbert avait été assez puissant pour tenir son rival en échec : qu'allait-il advenir cette fois ?...

On a écrit que Colbert, inassouvi malgré tous ses emplois, avait rêvé alors la simarre pour lui-même, et que l'archevêque de Paris, Harlay de Chanvallon, avait fait, de son côté un même rêve.

Le Tellier avait été réduit au titre de secrétaire d'État sans portefeuille, depuis que son fils, le marquis de Louvois, lui avait, en 1666, à 26 ans, succédé comme ministre de la guerre [1]. Ce fut en faveur de Le Tellier que le roi se prononça cette fois.

C'est que Louvois était alors tout puissant du grand éclat et de la grande gloire que son merveilleux esprit d'organisation militaire procurait au roi.

---

[1] Onze années plus tôt, en 1655, Le Tellier avait obtenu la survivance du ministère de la guerre pour son fils, qui alors n'avait que 15 ans. Rousset, *Histoire de Louvois*, t. I, p. 14.

A partir de 1661, après Mazarin, la froideur entre Le Tellier et Colbert avait pris un caractère de plus en plus accentué, à mesure que Colbert avait distancé Le Tellier. Le grand grief de Le Tellier, grief qui ne se pardonne pas, c'était l'ingratitude. Une même ambition, un même désir d'absorption réciproque avaient fini par établir entre ces deux hommes un complet antagonisme. Mais à l'époque où nous sommes, la prépondérance de Louvois était en voie de produire contre Colbert l'effet que, quelques années auparavant, la prépondérance de Colbert avait produite contre Le Tellier.

Que Le Tellier ait été un des bienfaiteurs de Colbert, un de ses initiateurs auprès de Mazarin, et, par conséquent, un des auteurs de sa fortune, c'est un point certain.

Né en 1603, Le Tellier était déjà un personnage quand Colbert n'était pas encore né à la vie publique. Maître des requêtes dès 1637, quand Colbert n'avait encore que 18 ans, Le Tellier avait été remarqué de Séguier, qui l'avait choisi pour l'accompagner, lors de sa solennelle chevauchée de Rouen. En récompense, il avait été nommé intendant en chef de l'armée du Piémont, où Mazarin, qui y était en mission, avait été à même de l'apprécier. De Noyers, ministre de la guerre, étant tombé en disgrâce, Mazarin avait élevé Le Tellier à ce poste : il n'avait pas quarante ans. Vers cette époque, celui-ci avait marié sa sœur Claudon à Colbert de S$^t$ Pouange, un des principaux commis de son ministère, oncle du jeune Colbert. Sous cette double influence de S$^t$ Pouange et de Le Tellier, Colbert avait quitté Lyon, et après avoir, pendant quelques mois, grossoyé à Paris chez le notaire Chapelain, était entré dans l'administration de la guerre. Bientôt Le Tellier lui avait confié l'inspection d'un corps de troupes ; puis, frappé de son intelligence et de son activité, il se l'était attaché. En 1650, Mazarin, entre les deux frondes, conduisit en Normandie la reine régente et le jeune roi, pour maintenir dans l'obéissance le parlement de Rouen qu'il gagna à la cause royale en le comblant de faveurs; Le Tellier, resté à Paris, avait senti le besoin d'être tenu au courant des intrigues qui se croisaient autour de la reine-régente, et avait voulu avoir auprès d'elle un agent dont il fut sûr [1]. Il avait fait choix de Colbert, qui avait alors trente ans ; et ce fut là que Mazarin, à qui du reste ses banquiers de Lyon l'avaient recommandé, eut à son tour occasion de le connaître. Il en fut si charmé qu'il obtint de Le Tellier qu'il le lui laissât. Mazarin se l'était attaché à son tour, et Colbert avait pris près de lui une plus haute situation, à mesure que son zèle, son ardeur au travail, son intelligence et sa probité avaient été mieux à même de s'affirmer. Puis, un jour étant venu où le crédit de Colbert avait auprès de Mazarin balancé le crédit de Le Tellier, une lutte pour la domination eût éclaté déjà entre ces deux hommes, également habiles, probes et ambitieux, s'ils n'avaient eu besoin de rester unis dans l'intérêt de leur rivalité commune contre Fouquet, qui partageait avec eux, mais par des raisons bien différentes, la faveur de Mazarin.

Mazarin, tant qu'il vécut, maintint la situation de Fouquet comme celle des deux autres, tous les trois lui ayant rendu pendant la Fronde et continuant de lui rendre de précieux services. Mais après lui, les communs efforts de Le Tellier et de Colbert avaient fini par amener le grand éclat de la chute du surintendant [2].

[1] Dans une lettre à Le Tellier, datée de Rouen, du 7 février 1650, Colbert s'explique ainsi :

« Le Roy arriva hyer à cinq heures du soir, en cette ville où il fut reçu avec les mesmes acclamations et cris de joie qu'à son retour de Compiègne à Paris. Toute la nuit s'est passée en feux de joie, les fenestres éclairées de lanternes, et les passans criant vive le Roy ! Il ne se peut rien ajouter à la joye que témoigne tout le peuple de voir son prince,... » *Lett., Inst. et Mém.*, t. I, p. 1.

[2] « Le Cardinal Mazarin avant que de mourir, avoit donné au Roi des avis contre le Surintendant Fouquet... il lui avoit conseillé d'installer

A partir de là, ces deux ambitieux avaient manœuvré l'un contre l'autre, et bientôt l'ascendant de Colbert s'était accru jusqu'à faire de lui sinon un premier ministre, Louis XIV n'en voulut jamais depuis Mazarin, du moins un ministre prépondérant. Alors, la jalousie de Le Tellier s'était accentuée et avait eu pour motif l'ingratitude que commettait, en le dépassant, un homme beaucoup plus jeune, son élève, sa créature, et qui lui devait tout [1], comme si la reconnaissance pouvait être jamais un obstacle pour un ambitieux, et comme si Le Tellier eut été en droit d'attendre d'un autre une vertu qu'il ne possédait guère lui-même.

---

Colbert sous lui pour veiller à sa conduite et arrêter la profusion de ses libéralités. Le Tellier aimoit l'Estat, et n'aimoit pas Fouquet. Colbert qui avoit été son commis, et qu'autrefois il avoit donné au Cardinal pour le servir dans le maniement de ses affaires domestiques, lui étoit alors fort agréable. Il le croyoit tout à lui et se persuada qu'il garderoit toujours sur cet homme une entière supériorité. Cette raison l'obligea de prendre soin de sa fortune et de travailler à le mettre en état de lui aider à détruire celui qu'il croyoit son ennemi. Le Tellier et Colbert voulurent se joindre ensemble pour leur avantage particulier... Le Roy reçut leurs avis... » *Mémoires de Madame de Motteville*, t. IV, p. 277, édit. de 1855.

2 *Madame de Motteville*, t. IV, p. 309 : « Le cardinal Mazarin étant mort, Fouquet mit tous ses amis en œuvre pour se maintenir et même pour remplir la place qui venoit de vaquer ; le Roy qui étoit prévenu contre lui... n'eut pas de peine à exécuter la résolution qu'il avoit prise il y avoit plus de six mois, de n'avoir plus de Surintendant, non plus que de premier ministre. Le Tellier, persuadé que Colbert étant dans les finances le reconnaitroit toujours comme son maître et son bienfaiteur, fit souvenir le Roy de la manière dont le Cardinal auquel il (Letellier) l'avoit donné pour ménager ses grands biens, lui avoit parlé de son économie et de sa probité ; le Roi déclara hautement, après la prise de Fouquet, qu'il vouloit lui même prendre le soin de ses finances, et pour cela établir Colbert son premier commis. Nous le voyions, prenant le contrepied de Fouquet, venir tout seul chez le Roy, avec un sac de velours noir sous son bras, comme le moindre petit commis de l'épargne. »

Son avènement à la chancellerie après d'Aligre, quand il avait déjà 74 ans, fut donc pour Le Tellier une tardive mais précieuse revanche. Du reste, il n'avait pas à se plaindre ; car si à son égard Colbert devait continuer de se maintenir plus en situation, il n'en était pas de même au regard de Louvois, vis-à-vis duquel Colbert allait être bientôt en voie d'effacement. Telles étaient les luttes dont était chaque jour témoin le monde officiel. Elles empoisonnèrent, on peut dire, deux existences en apparence enviables, et, aux yeux de tous, enviées. A elles deux, les familles Le Tellier et Colbert continuèrent à occuper les hauts emplois. On se lasserait à les énumérer tous. Notons seulement ces deux-ci pour Colbert : son fils aîné, le marquis de Seignelay, ministre de la marine, en 1676, à 27 ans ; un de ses frères, Colbert de Croissy [1], ministre des affaires étrangères en 1679. Si un fils de Le Tellier était arrivé comme à la tête de l'église de France en 1668, dès l'âge de 26 ans, par la coadjutorerie de Rheims, le moment approchait où Colbert aurait une même fortune pour un de ses fils qui allait obtenir, au même âge, la coadjutorerie de Rouen.

La nomination de Le Tellier ne put donc être vue de bon œil par Pellot qui allait perdre une partie du grand crédit qu'il avait eu à la chancellerie sous Séguier et sous d'Aligre. Aussi, ne le voyons-nous pas l'annoncer à son parlement et prendre l'initiative d'un compliment, comme il s'était empressé de le faire pour d'Aligre [2].

Pendant huit ans, la justice allait rester aux mains de Le Tellier qui devait survivre de deux années à son rival. Puis il mourra, comme d'Aligre, à 85 ans, devant alors au grand Bossuet l'immortalité de son nom, que Colbert, privé de cette rare fortune, aura due à ses seules actions.

[1] Charles, son frère cadet, auquel il avait adressé en 1659 la lettre si intéressante que nous avons reproduite au t. I, p. 236.
[2] Ci-dessus, p. 177.

Voici les lettres qui furent transcrites sur les registres du parlement de Rouen à l'occasion de la nomination de Le Tellier :

« Du mercredy, 17ᵉ jour de novembre 1677, en Parlement [1].

« Ont été lues, sur le bureau, les lettres de cachet dont la teneur suit :

« DE PAR LE ROY,

« Nos amés et féaux, la Charge du Chancelier de France ayant vacqué, naguère, par le décès du Sʳ d'Aligre, Nous avons, pour la remplir, aussy tot fait choix de nostre très cher et féal le Sʳ Le Tellier, secrétaire d'Estat, scachant ne pouvoir y mettre un subject qui en soit plus digne et qui ayt une expérience plus consommée dans les affaires les plus importantes de nostre Estat, dont il a eu connoissance depuis plus de trente cinq ans. Et comme nous avons fait cette promotion il y a desja quelques jours, nous ne doubtons pas que vous n'en ayez esté informé ; néantmoins, nous avons bien voulu vous faire ceste lettre pour vous en donner advis et vous mander et ordonner que doresnavant vous ayez à considérer le sieur Le Tellier en la dite qualité de Chancelier de France, luy rendre les honneurs et respects qui appartiennent à la dite charge, et déférer à ce qu'il vous faira entendre concernant le bien de nostre service et celuy de nostre justice, avec assurance que vous fairez chose qui nous sera bien agréable. N'y faictes donc faulte, car tel est nostre plaisir. Donné à Versailles, le 15ᵉ jour de novembre 1677. Louis. »

« Du vendredy, 19ᵉ jour de novembre 1677 [2], en Parlement,

« Lecture a été faicte des lettres du Parlement à Monseigneur Le Tellier, Chancelier de France dont la teneur suit :

---

[1] Registre secret du parlement de Normandie, année 1677. Inédit.
[2] *Ibidem*. Inédit.

«˙ Monseigneur, le Roy ayant fait l'honneur de nous faire sçavoir par sa lettre de cachet en date du 15 de ce mois, qu'il vous a promu à la charge et dignité de Chancelier de France, et nous ayant commandé de vous rendre tous les honneurs et respects qui vous sont dûs et les obéissances aux choses qui regardent son service, le bien de l'estat et de la justice, il est de nostre debvoir, Monseigneur, de vous tesmoigner la joye particulière que nous ressentons de l'honneur qu'il a plû à S. M. de vous faire, en remplissant cette illustre place d'un digne subject qui l'a sy bien méritée par ses services sy grands et sy importants ; et quoy que nous obéissions aux ordres de S. M., néanmoins, Monseigneur, nostre inclination particulière est de vous faire connoistre nostre satisfaction qui ne peut jamais être assez grande en ce rencontre. Tous nos souhaits, Monseigneur, sont que vous jouissiez longtemps de cet illustre employ et que vous daigniez protéger tous les corps de la justice, et principalement cette compagnie qui fait profession d'estre avec un profond respect, Monseigneur, etc., etc... »

« Du mercredy, 1er jour de décembre 1677, en Parlement [1].

« Lecture a été faicte des lettres escriptes à la Cour par Monseigneur Le Tellier, Chancelier de France, dont la forme et la teneur suivent :

« Messieurs, j'ay resçu la lettre que vous m'avez escripte sur ma promotion à la dignité de Chancelier. Je vous remercie de bien bon cœur des marques qu'il vous plaist m'y donner de vostre affection, et vous prie de croire que j'auray tousjours bien de la joye quand il se rencontrera quelque occasion dans laquelle je pourray faire valoir près du Roy le zèle que vous faictes paroistre pour le bien de la justice et

[1] Registre secret du parlement de Normandie, année 1677. Inédit.

celui de son service. Je suis, Messieurs, Vostre très affectionné serviteur, Le Tellier. A S^t Germain en Laye, le 25 novembre 1677 ... »

## CHAPITRE HUITIÈME

*Le Tellier défend au parlement de Rouen de substituer la peine des galères à la peine de mort. Il reproche à Pellot certains arrêts de son parlement.*

Nous avons vu [1] Colbert, en vue d'augmenter le personnel des chiourmes, insister auprès de Pellot, quand celui-ci était intendant, pour que la peine des galères fût prononcée le plus souvent possible, au lieu de la peine de mort, lorsqu'il s'agirait de malfaiteurs jeunes et vigoureux, capables de rendre de bons services comme rameurs. Cet appel avait été entendu, et les choses marchèrent ainsi sous Séguier et sous d'Aligre. L'un et l'autre laissèrent sans contradiction les instructions de Colbert, quelque fautives qu'elles pussent paraître au regard du souverain dont elles semblaient confisquer le droit de grâce. Mais Colbert ne les avait à coup sûr arrêtées qu'après avoir pris les ordres du Roi.

Quand Le Tellier fut devenu chancelier, il jugea utile de rappeler les juges à l'observation de la loi, et il hésita d'autant moins que l'irrégularité venait de Colbert.

Voici la lettre qu'il obtint du roi à ce sujet, et que reçut, un jour, le premier président Pellot :

« A nos amès et feaux, les gens tenant notre Cour de Parlement de Rouen.

« De par le Roy,

« Nos amès et féaux, ayant esté informé que, par un usage

---

[1] P. 275 et suivantes, au t. I.

introduit depuis plusieurs années, nostre Cour de Parlement de Rouen après avoir condamné des criminels à la mort, commue, par le mesme arrest, cette peine en celle des galères, nous nous sommes particulièrement fait instruire du fondement de cet usage, et il ne nous a rien paru qui l'autorise, les ordres donnés en différents temps, par nous ou nos prédécesseurs Roys, pour fortifier les chiourmes des galères, n'ayant pu servir de prétexte à cette manière de prononcer, laquelle est extraordinaire en ce que nostre dicte Cour accorde des grâces qui sont réservées à nostre authorité souveraine et ne peuvent estre dispensées que par nous mesme; nous avons estimé à propos d'y pourvoir, et, pour cet effet, nous vous faisons ceste lettre pour vous deffendre très expressément, ainsy que nous faisons, de prononcer à l'advenir aucune commutation de la peine à laquelle les criminels auront été condamnés, à quoy vous vous conformerez, de crainte de nous déplaire. En ce ne faittes faulte, car tel est nostre plaisir. Donné à S¹ Germain en Laye le 24 juin 1678, Louis ¹. »

Il semblerait que Le Tellier eût voulu faire sentir au premier président Pellot quelque chose de son hostilité contre Colbert. Voici en quels termes, aussi vagues que déplaisants, il lui écrivait, en effet, quelques mois après, le 4 octobre 1678 :

« Je me sens obligé de vous dire qu'il paroit souvent ici des arrests donnés par vostre Parlement, contraires aux règles de la justice. Je suis bien persuadé que vous n'y avez pas de part; mais je ne laisse pas de vous en donner advis, comme à celui qui a plus d'intérest que personne à la réputation de vostre compagnie, et je ne doute pas que vous n'apportiez tous vos soings pour empescher qu'elle ne reçoive de la diminution... ² LETELLIER. »

¹ Registre secret de 1678. Inédit.
² *Correspondance admin. sous Louis XIV*, t. II, p. 210.

« Il a paru, lui écrivait-il encore, dans Paris deux livres imprimés à Rouen par les permissions que le Parlement du dit Rouen en a données. Le Roy a été surpris d'apprendre que votre compagnie ait donné de tels privilèges, et d'autant plus qu'ils ont toute l'étendue de ceux du grand sceau où seulement ces sortes de graces s'expédient. Je vous fais ces lignes pour vous dire qu'il n'appartient point au dit Parlement de donner ces permissions, et qu'il doit s'en abstenir à l'advenir... [1] LETELLIER. »

Nous voilà loin de la correspondance de Colbert et de ses termes affectueux et confiants.

[1] *Correspondance admin. sous Louis XIV*, t. II, p. 210.

# LIVRE SEIZIEME

# CHAPITRE PREMIER

## LE FILS AINÉ DU PREMIER PRÉSIDENT

§ 1. *Claude-François Pellot, avocat.*

En 1678, Claude-François, fils ainé du premier président, se trouvait avoir vingt ans.

Deux années auparavant, ses classes achevées à Paris sous la surveillance de Michel Colbert, frère de sa belle-mère, il avait eu à soutenir sa thèse de philosophie, couronnement des humanités, grande et solennelle épreuve. Le père Ménestrier, ami et compatriote de son père, auteur des légendes latines qui existent au pied des célèbres gravures d'Audran, où sont reproduites les batailles de Vander Meulen et de Lebrun [1], avait pris plaisir à enrichir la thèse de son jeune ami de décorations allégoriques dans lesquelles il excellait, qu'un artiste de talent, le lyonnais Audran peut-être, avait gravées [2]. Au milieu de cet encadrement luxueux où se voyaient des renommées prêtes à publier au loin le succès du triomphateur, brillait la prose du jeune latiniste, imprimée, selon la mode du temps, sur un vaste *in-folio*. En tête était placé ce frontispice pompeux :

---

[1] Inventaire des œuvres du père Ménestrier, à la bibl. de Lyon.
[2] Le P. Menestrier est aussi l'auteur des dessins de la thèse du Prince de Turenne. *(Ibidem).*

LUDOVICO MAGNO EPINICION

*Prolusio academica ad thesas philosophicas
Claudii Pellot Lugdunensis, Neustriæ
Senatus principis filii, in collegio
Prellaco Bellovaco* [1] *humanæ scientiæ placita
propugnantis.* MDCLXXVI.

C'était en 1676 que Claude-François avait soutenu cette thèse en présence de nombreux parents, amis et condisciples. Puis il avait fait ses études de droit, et, deux ans après, en 1678, avait été reçu avocat au parlement de Normandie, n'ayant pas vingt ans [2].

[1] Au XVIIe siècle, il y avait à Paris, en dehors des grands collèges, 28 collèges de moindre importance que l'on appelait collèges privés. Parmi ceux-ci, on en comptait deux, le collège de Presles et le collège de Dormans-Beauvais, dus à des fondations remontant au XIVe siècle. Ils étaient situés à côté l'un de l'autre, rue St-Hilaire, et rue St-Jean de Beauvais. Presles avait un revenu de 12,000 livres et devait entretenir gratuitement 18 écoliers du diocèse de Soissons. Dormans-Beauvais, fondé par le cardinal de Dormans, évêque de Beauvais et chancelier de France, avait un revenu double et devait entretenir 40 écoliers de la Champagne. En 1597, leur contiguïté les amena à se fondre sous le nom de collège de Presles-Beauvais, qui devint fort célèbre au XVIIe siècle, sous le nom abrégé de collège de Beauvais. Il eut, parmi ses professeurs, Duguet, Guérin, Coffin, Crevier, et pour recteur, en 1692, le célèbre Rollin. Nous ne savons pourquoi, en 1689, Presles et Beauvais se séparèrent de nouveau. En 1712, Rollin, à cause de son jansénisme, perdit la direction du collège de Beauvais, qui, en 1760, vint se fondre dans le collège Louis-le-Grand; et ce fut en mémoire de cette fusion que le nom du collège de Beauvais fut inscrit au-dessus de la principale porte du collège Louis-le-Grand. Le jeune Claude Pellot fut donc l'élève du célèbre collège qui, pour la raison que nous venons de dire, s'appelait, alors, *collegium Prellacum-Bellovacum*. Duboulai, *Hist. de l'Univ.*, t. IV, p. 167. Félibien, t. I, p. 525 et 665. Crevier *Hist. de l'Univ.*, t. I, p. 238 et 464.

[2] Le P. Ménestrier s'exprime ainsi au sujet de l'éducation que le premier président donna à ses trois fils :

Allait-il pouvoir entrer dans la magistrature à l'âge où y était entré son père ?

Il ne l'eût pu quelques années plus tôt. En effet, en février 1672, après la mort de Séguier et avant l'avènement de d'Aligre, le roi tenant lui-même les sceaux, avait paru sous l'inspiration de Colbert un édit « portant règlement pour l'âge requis pour les officiers de judicature », dans lequel, le roi remettant en vigueur des ordonnances tombées depuis longtemps en désuétude, avait disposé ceci [1] :

« La réformation de la justice dépendant, surtout, de celle des juges qui la distribuent, il falloit empescher qu'aucun ne fut reçu dans les offices de judicature qu'il n'eut l'âge, l'expérience et la capacité requises pour soutenir, avec créance et dignité, le poids et la grandeur d'un si saint ministère... *A ces causes,* voulons et nous plaist qu'aucuns ne puissent être reçus... dans les offices de conseillers en nos Cours... qu'ils n'ayent vingt-sept ans... à peine de nullité des provisions qu'ils pourroient avoir obtenues... et privation de leurs offices qui demeureront acquis à nostre profit de plein droit, pour en disposer ainsi qu'il nous plaira [2]... »

Mais moins de deux ans après, le roi s'était départi de cette rigueur salutaire, et en 1675, avait paru un autre édit, contresigné d'Aligre conçu dans un tout autre esprit :

« Nous étant fait représenter les diverses raisons que nous ont déduites les officiers de nos cours qui élèvent leurs enfants dans le dessein de les rendre capables d'exercer la magistrature, sur les réglements que nous avons faits concernant l'age pour être admis dans les offices de judicature, contenant que l'exécution des dits reglements pourroit être

---

« Quam a patre acceperat institutionem, vinci nescius, filiis suis parens optimus pie reposuit... »

[1] Recueil des anciennes lois françaises, année 1672.
[2] *Ibidem.*

contraire à notre dessein de faire rendre la justice avec pureté, en ce que les jeunes gens destinés à entrer dans les charges n'y ayant point d'occupation pendant un nombre considérable d'années de leur jeunesse, au lieu d'acquérir la capacité et l'expérience nécessaires, peuvent se débaucher et prendre de mauvaises habitudes dont ils ont peine, ensuite, à se défaire lorsqu'ils ont l'âge de raison ; considérant, d'ailleurs, les prodigieuses dépenses que nous sommes obligé de faire pour soutenir la guerre actuelle; Nous avons résolu de nous départir de nos réglements et ordonnances, et d'en tirer quelque secours dans l'état présent de nos affaires... [1] »

Bref, les dispenses d'âge étaient rétablies ; et l'abus se glissant partout, quand une loi ne le détruit pas radicalement, comme aucun *minimum* d'âge n'existerait désormais, on pourrait revoir le temps où un fils de ministre pourrait être conseiller à dix-huit ans [2], et un fils de premier président à vingt ans [3].

Il n'allait donc pas être difficile au premier président Pellot, avec l'appui de Colbert, de faire entrer dans son parlement son fils à peine sorti des bancs de l'école.

[1] Recueil des anciennes lois françaises, année 1675.
[2] Louvois avait été à 18 ans conseiller au parlement de Metz. Rousset, *Hist. de Louvois*, t. I, p. 15.
[3] « Il n'y a, allait pouvoir, à quelques années de là, écrire la Bruyère, aucun métier qui n'ayt son apprentissage, et, en montant des moindres conditions jusqu'aux plus grandes, on remarque dans toutes un temps de pratique et d'exercice qui prépare aux emplois... Il y a l'école de la guerre: où est l'école du magistrat ? Il y a un usage, des lois, des coutumes : où est le temps, et le temps assez long que l'on employe à les digérer et à s'en instruire ? L'essai et l'apprentissage d'un jeune adolescent qui passe de la férule à la pourpre et dont la consignation a fait un juge, est de décider souverainement des vies et des fortunes des hommes... » CARACTÈRES, au chap. *De quelques usages*.

## § 2. Réception, comme conseiller d'honneur au parlement, du comte de Thorigny, lieutenant général du roi en Basse-Normandie. Une belle harangue de Pellot, avocat.

Mais tout d'abord relatons le seul acte de sa vie d'avocat dont nous ayons retrouvé la trace.

A cette époque, le comte de Matignon qui était lieutenant général du roi en Basse-Normandie, ayant songé, quoique jeune encore, à se démettre bientôt, le roi lui donna pour successeur en survivance son propre frère, le comte de Thorigny ; en même temps il nomma celui-ci conseiller d'honneur au parlement de Normandie, comme l'avaient été avant lui son frère, son père et nombre de ses aieux, car il était le huitième de sa famille à qui cette haute dignité allait écheoir sans interruption.

Il fallut que le comte de Thorigny se présentât devant le parlement pour y prendre, en grand appareil, possession de son siège de conseiller. Ce fut l'occasion d'une cérémonie des plus solennelles, comme il était dans le goût du temps. D'illustres avocats ne dédaignaient pas cette éclatante occasion de discourir ; et nous avons vu le célèbre Basnage faire harangue sur les vertus et les mérites du premier marquis de Beuvron, lors de l'installation de celui-ci comme conseiller d'honneur, en 1643 [1].

Mais laissons la plume au greffier du parlement dont la parole terne et décolorée va cette fois, autant du moins que le permet la froideur de son style officiel, s'animer dans le procès-verbal qui suit :

« Du jeudy [2] 30ᵉ jour de juin 1678, les chambres assem-

---

[1] Reg. secret du parlement de Normandie, de l'année 1643. Voir ci-dessus, p. 106.
[2] *Ibidem*, année 1678. Inédit.

blées, et sur les huit heures et demye, Monsieur de Beuvron [1] est venu en la Cour, au devant du quel Messieurs Danviray et Salles sont allés pour le recevoir ; et estant entré en la chambre du Conseil, le dit sieur Marquis de Beuvron a passé au travers du parquet, à sa place, en hault du banc à main droit de celuy de M<sup>rs</sup> les Présidents, et s'est assis sur un carreau de velours, semé de fleurs de Lys d'or pour ce préparé, lequel ayant salué la compagnie, a dict que monsieur le Comte de Thorigny estoit entre les deux chambres [2], lequel, incontinent, a esté adverty, par le principal commis du greffe civil, d'entrer en la chambre, et a esté conduict par le dict commis jusqu'au bureau de Monsieur le Premier-Président où s'estant mis à genoux sur un carreau à ce préparé, et ayant mis la main sur le tableau de l'Évangile, a prêté le serment au cas requis, et a esté reçu conseiller en la Cour, suivant les lettres de provision registrées en icelle le 21 de ce mois ; et ce fait, s'estant levé, est revenu par derrière les barreaux, et par l'entrée du Parquet du costé des fenestres, au droict de la porte de la chambre a passé, et est allé prendre place sur un carreau de velours, aussy semé de fleurs de Lys d'or, au-dessous et à costé de M<sup>r</sup> de Beuvron, où, après avoir sallué la compagnie, a fait son compliment; au quel Monsieur le Premier-Président a réparty « que la compagnie « estoit bien persuadée de ses bonnes intentions, et que, de « sa part, elle estoit bien résolue d'agir toujours de concert « avec luy en toutes choses qui concerneroient le service du « Roy, le bien public et le repos de la Province ». Messieurs sont allés en suitte en la grande salle des audiences où l'audience publique a esté tenue suivant le registre d'icelle, à laquelle les dits sieurs de Beuvron, de Thorigny et M<sup>r</sup> le Blanc, Intendant, ont assisté. »

[1] Il s'agit ici du 2<sup>me</sup> marquis de Beuvron, qui avait remplacé son père en 1658.
[2] Antichambre, vestibule.

Admirons le soin avec lequel ce procès-verbal décrit les moindres démarches du noble récipiendaire. On peut dire sans figure qu'il marchait là à pas comptés. Et le greffier ne nous fait grâce d'un seul. C'est que tout cela était d'importance extrême, un pas de plus ou de moins, le passage du récipiendaire par tel ou tel point. Et de telles choses, heureux temps, suffisaient à passionner nos pères !

Au milieu de ces détails dans lesquels il se complaît comme le parlement lui-même, le procès-verbal a omis cependant une chose importante : il n'a pas dit ce qui eut lieu publiquement, après la réception du comte de Thorigny. Le voici :

Lorsque le marquis de Beuvron, le comte de Thorigny et l'intendant Le Blanc eurent pris place dans la grande chambre du plaidoyer, les deux premiers après le premier président, le troisième après les présidents à mortier, commencèrent de belles harangues. Le barreau voulut y avoir son tour. Circonstance qui ne put manquer d'aller au cœur du premier président : ce fut son fils, à peine reçu avocat, qui fut appelé à l'honneur d'être l'interprète de ses confrères, et de saluer en leur nom le nouveau conseiller. Il nous a été donné de retrouver sa harangue, qui eut deux fois les honneurs de l'impression sous ce titre :

« *Discours prononcé à l'audience du Parlement de Normandie, le 30 juin 1678, par M. Pellot, lors avocat, et présentement conseiller au dit Parlement, sur la présentation des lettres de lieutenant-général pour le Roy dans la dite Province, de M. de Thorigny* [1]. »

---

[1] Cette pièce, citée par M. Frère dans son *Manuel de Bibliographie Normande*, existe à la bibliothèque de Lyon. Le premier exemplaire que nous en ayons eu appartenait au regretté Dr Debouis, de la société de l'Histoire de Normandie.

Ce discours a été imprimé deux fois : d'abord à Caen, puis à Rouen,

Telle fut la « belle action » qui, avec d'autres, comme le parlement va l'écrire sans cependant nous les faire connaître, valut au jeune orateur de siéger à vingt ans sur les fleurs de lys, sans examen régulier.

### § 3. *Claude-François Pellot, conseiller*.

En effet, deux jours après ce discours, un conseiller faisait rapport au parlement d'une information sur Claude-François Pellot, avocat, pourvu d'un office de conseiller aux requêtes :

« Le Samedy [1], deuxieme jour de juillet 1678, dix heures du matin, toutes les chambres assemblées, celle des *requêtes comprise*,

« M. le Premier-Président est sorti; alors, M<sup>r</sup> le Conseiller Danviray [2] a fait rapport de l'information des vie, mœurs, conversation, religion catholique, apostolique et romaine, et parentelles de M. Claude-François Pellot, avocat, pourvu de l'office de Conseiller en la Cour et commissaire aux requestes du Palais, que tenoit et exerçoit ci-devant, Monsieur

---

ainsi que l'atteste une mention ainsi conçue, qui se lit sur l'exemplaire de Lyon : « *Sur l'imprimé à Caen, — à Rouen, de l'imprimerie d'Eustache Viret, imprimeur du Roy, dans la cour du Palais*, M.DC.LXXVIII. » Depuis, nous en avons découvert un exemplaire dans la bibliothèque de Rouen.

Nous aurions voulu reproduire ici cette belle harangue; mais elle nous eût pris vingt pages. Disons-le franchement : elle est d'une composition si achevée, que nous ne la pouvons croire l'œuvre du jeune avocat. Nous l'attribuerions volontiers à un ami du premier président, au P. Ménestrier, par exemple, ou au P. Commire, ou peut-être bien au premier président lui-même.

[1] Reg. secret du parlement de Normandie, année 1678. Inédit.

[2] Il était doyen, et avait, à ce titre, le privilège des rapports sur les candidatures au parlement, rapports qui lui valaient de fortes épices. — Il mourut au mois de février suivant. On a lu ci-dessus, p. 392 et suivantes, le P. V. de ses funérailles.

Dyel Sr de St Igny ; la dite information ayant été trouvée
duement faite, les provisions au dit sieur Pellot données, et
les lettres de dispense d'age par luy obtenues, et autres pièces
y joinctes vues ; et délibéré ;

« A esté arresté qu'il sera reçu au dit office, et qu'à cette
fin il prendra la loy ; et d'autant plus qu'il a faict, depuis
peu, plusieurs belles actions, et ce, avec applaudissement, il
ne sera point examiné.

« Le dit M. Claude-François Pellot fait entrer, lui ont été
assignés la loy *transigere*, 18e, cap. *de transactionibus*, et le
chap. XIIe *ex partibus extra, de appellationibus* [1]. »

D'ordinaire, avant cette épreuve appelée « la fortuite »,
improvisée en présence de tout le parlement, les candidats
avaient à subir un examen de trois heures sur le droit, la
coutume et la pratique, devant une commission composée
d'un président et de six conseillers [2]. C'est de cet examen
que le jeune Pellot fut exempté, « à raison de plusieurs
belles actions faites par lui depuis peu. » Sans connaître de
ces belles actions autre chose que sa harangue, nous n'avons
là-dessus qu'une chose à dire : le jeune Pellot eût fait une
action encore plus belle, s'il eut daigné se soumettre à tout
l'examen comme les autres. Mais une faveur en amène une
autre : à ce jeune candidat jugé digne par le roi lui-même de
siéger à vingt ans sur ses fleurs de lys, le parlement pouvait-
il moins faire que d'accorder une grâce insigne ?

Donc, six jours après sa superbe harangue, eut lieu sa
réception de conseiller. Elle fut des plus solennelles, et honorée de la présence de tout ce que Rouen comptait de hauts
dignitaires.

Une seule personne y manquait, cependant, ce jour-là
6 juillet, comme le 2 juillet, jour où il avait été fait rap-

[1] Reg. secret du parlement de Normandie, année 1678. Inédit.
[2] *Hist. manuscrite du Parlement*, t. I, p. 47.

port sur sa candidature, son père, dont le procès-verbal de chacune de ces deux journées a pris soin de constater l'absence. Mais, à coup sûr, il n'était pas loin, et de l'une des lanternes où étaient aussi les frères et sœurs du jeune récipiendaire et Magdeleine Colbert, il put assister à tout et entendre une autre belle harangue que prononça, ce jour-là encore, le jeune et éloquent conseiller, comme, du haut de son siège de premier président, il avait entendu, le 30 juin, celle du jeune et éloquent avocat :

« Du mercredy [1], sixieme jour de juillet 1678, à dix heures, Mʳ le *Premier-Président sorty*, les Chambres se sont assemblées pour la réception de Monsieur Claude Pellot, fils de Monsieur le Premier-Président, à l'office de Conseiller en la cour et commissaire aux requestes du Palais, que tenoit et exerçoit deffunt Monsieur Dyel, où sont arrivés Messieurs de Beuvron et de Thorigny, lieutenants pour le Roy en cette Province de Normandie, et Mʳ Leblanc, maitre des Requêtes ; le dit sieur Pellot fait entrer, après avoir fait harangue [2], et exposé la loy et les chapitres qui lui ont été assignés et luy sorty ;

« et délibéré ;

« A été arresté qu'il sera reçu ; et le dit sieur Pellot fait rentrer, a été reçu audit office de Conseiller en la cour, et commissaire aux requestes du Palais, en la manière ordinaire [3] ».

Voilà donc le jeune Pellot conseiller au mois de juillet 1678, à vingt ans ! Entra-t-il de suite en fonctions ? Il s'en fallut de beaucoup. Le premier président ne considérant pas son éducation comme achevée, prit soin, incontinent, de le

---

[1] Reg. secret du parlement de Normandie, année 1678. Inédit.

[2] Nous ignorons si cette harangue a été imprimée ; il ne nous a pas été donné de la retrouver.

[3] Reg. secret du parlement de Normandie, année 1678. Inédit.

faire voyager pendant trois années. Sur la fin de 1679, il informait Colbert de son dessein de lui faire visiter l'Espagne, et sollicitait pour lui des lettres d'introduction : « La résolution, lui répondait Colbert le 4 janvier 1680, que vous avez prise de faire voyager M. Vostre fils en Espagne est très bonne et luy servira beaucoup. Je vous envoye deux lettres de recommandation, l'une pour le Marquis de Villars, ambassadeur en Espagne, et l'autre pour M. de Guénégaud, envoyé extraordinaire en Portugal. Je suis tout à vous [1]. COLBERT. »

Et à cette lettre étaient jointes, en effet, deux lettres conçues dans les mêmes termes, l'une pour M. le Marquis de Villars, l'autre pour M. de Guénégaud :

« M. Pellot qui est de mes amis particuliers, ayant envoyé son fils en Espagne, je vous prie de trouver bon qu'il ayt accès au près de vous, et de vouloir bien l'admettre aux fonctions de votre ministère qui peuvent satisfaire sa curiosité, en considération de la prière qu'il vous fait... [2] COLBERT. »

Le voyage s'effectua en Espagne et en Portugal, du mois de janvier au mois d'août, et le jeune Pellot trouva auprès des personnages auxquels il était recommandé toutes les facilités possibles.

Le marquis de Villars, qui tenait fort à être agréable à Colbert, prit soin de lui en écrire, et celui-ci le remerciait par le billet suivant :

« Villiers-Cotterets, le 29 février 1680. Je vous remercie des bontés que vous avez pour M. Pellot, sur la recommandation que je vous en aye faite [3]. »

---

[1] *Mélanges Clairambault*, vol. 463, p. 12. Inédit.
[2] *Ibidem*.
[3] *Ibidem*, p. 153.

Après avoir visité l'Espagne et le Portugal, Claude-François Pellot parcourut l'Italie, puis l'Allemagne, où il était encore pendant l'été de 1682, comme on le lira plus loin [1], partout et toujours en quête de livres et de manuscrits précieux pour Colbert et pour son père.

On peut se demander dans quel but, devant le faire voyager ainsi, le premier président l'avait fait recevoir si jeune conseiller. Prit-il à Rouen des habitudes qui obligèrent de l'en éloigner ? Quoi qu'il en soit, il semble qu'il n'ait pour ainsi dire pas siégé au parlement de son père, puisque, encore en Allemagne en août 1682, nous le verrons déjà conseiller au parlement de Paris, avant même que son père, en août 1683, ait fermé les yeux.

[1] Chap. ix du présent livre.

# CHAPITRE DEUXIÈME

UNE PAGE DE L'HISTOIRE DU GRAND RÈGNE

## *La paix de Nimègue*

La longue guerre entreprise contre l'Espagne et la maison d'Autriche par Richelieu, puis continuée par Mazarin, avait été conforme à la politique de Henri IV. Elle avait eu pour but une extension rationnelle de nos frontières, un agrandissement méthodique, en dehors de tout esprit de conquête. Richelieu avait eu la bonne fortune de rattacher la Hollande à cette politique, et Mazarin la gloire d'en assurer le triomphe par le traité des Pyrénées.

Plus tard, en 1667, avait eu lieu la guerre de *dévolution* dans le but de nous assurer les Pays-Bas espagnols, en vertu du droit que Louis XIV prétendait tenir de l'infante Marie-Thérèse sa femme. Mais en 1668, il lui avait fallu s'arrêter devant l'opposition inattendue de la Hollande, et Colbert de Croissy avait été, pour la France, le négociateur du traité conclu alors à Aix-la-Chapelle.

C'est Louis XIV lui-même qui l'a écrit dans ses Mémoires :

« J'avois inutilement sollicité l'Espagne, après la mort du Roy catholique, de rendre justice à la Reine, sa sœur, sur les légitimes prétentions qu'elle avoit sur les Pays-Bas.

Accablé de soins continuels, j'avois pris les armes et porté la guerre dans ces provinces, pour faire valoir les droits de cette princesse et lui faire restituer les Estats qui lui appartenoient. Dieu qui est le protecteur de la justice, avoit béni et secondé mes armes ; tout avoit plié devant moi et à peine avois-je paru que la plupart des meilleures places des Pays-Bas s'étoient soumises à mon obéissance. Au milieu de toutes ces prospérités, l'Angleterre ni l'Empire, convaincus de la justice de ma cause, quelque intérêt qu'ils eussent à arrêter la rapidité de mes conquêtes, ne s'y opposèrent point. Je ne trouvay dans mon chemin que mes bons, fidèles et anciens amis les Hollandais qui voulurent m'imposer des lois et m'obliger à faire la paix, et osèrent, même, user de menaces, au cas que je refusasse d'accepter leur médiation. J'avoue que leur insolence me piqua au vif, et que je fus près, au risque de ce qui pourroit arriver de mes conquêtes des Pays-Bas Espagnols [1], de tourner toutes mes forces contre cette altière et ingrate nation. Mais ayant appelé la prudence à mon secours, et considéré que je n'avois ni le nombre de troupes, ni la quotité des alliés requis pour une pareille entreprise, je dissimulay et conclu la paix à des conditions honorables, résolu de remettre la punition de cette perfidie à un autre temps [2]. »

La paix avait donc été conclue en 1668, mais pour une courte durée, car elle contenait en germe une guerre nouvelle dans laquelle la Hollande aurait, cette fois, l'Espagne pour alliée.

Elle éclata dès 1672, et d'abord contre la Hollande seule. C'était une déviation à notre politique, un oubli du droit sur lequel elle se fondait. Ce n'était pas au territoire hollan-

---

[1] Le traité d'Aix-la-Chapelle avait, entre autres, valu à la France Charleroi, Binch, Ath, Douai, Lille, Oudenarde, Courtrai, Bergues, Furnes, etc., etc.

[2] *Mémoires de Louis XIV.*

dais que le roi eût dû demander de nouvelles conquêtes, mais aux Pays-Bas espagnols. A coup sûr, Colbert, qui avait conservé vivante la tradition de Richelieu et de Mazarin, ne pouvait se faire d'illusion sur cette déviation. Vauban ne s'en faisait pas non plus. « Sérieusement, Monseigneur, écrivait-il à Louvois le 19 janvier 1673, le Roy devroit un peu songer *à faire son pré quarré*. Cette confusion de places, amies ou ennemies [1], pêles-mêlées, ne me plaît point. Vous êtes obligé d'en entretenir trois pour une; vos peuples en sont tourmentés, vos dépenses de beaucoup augmentées; vos forces de beaucoup diminuées..., c'est pourquoi, soit par un traité, soit par une bonne guerre, si vous m'en croyez, Mgr, prêchez toujours non la *quadrature du cercle, mais du pré*. C'est une belle et bonne chose que de pouvoir tenir son fait des deux mains [2]. »

Malheureusement, ce ne fut pas la politique du correspondant de Vauban [3]. De Lionne, l'élève et le continuateur de Mazarin aux affaires étrangères, venait précisément de mourir; et la politique séculaire de la France allait être non avenue pour Louvois, qui, dans le but de satisfaire sa rivalité contre Colbert, flatta l'ambition de son maître. Il le poussa dans une guerre qui amena une coalition, dont le résultat, en 1678, ne devait pas même aboutir à ce que les Hollandais étaient disposés à nous offrir dès 1673, quand nous les avions seuls en face de nous.

En 1673, en effet, effrayés de nos premiers succès, ils nous offraient la cession [4] des places du Rhin, du Brabant et de

[1] Espagnoles ou hollandaises.

[2] Vauban écrivait ces lignes en 1673, avant la déclaration de guerre à l'Espagne. — Turenne eût voulu que les villes fortes fussent toutes rasées au fur et à mesure qu'elles seraient prises. Louvois fit prévaloir le système contraire. *Le Président Hénault*, t. III, p. 795.

[3] Lettre de Vauban, citée par Camille Rousset. *Hist. de Louvois*, t. I, p. 709.

[4] La guerre eût fini au bout de trois mois, si on eut suivi l'avis de

toute la Flandre hollandaise, c'est-à-dire tout ce qu'ils possédaient en dehors des sept provinces, avec une indemnité de dix millions. C'était accepter le contact de la France, et consentir l'inévitable et prochaine absorption des Pays-Bas espagnols, héritage de l'infante Marie-Thérèse [1].

Le frère du grand Colbert, négociateur à Aix-la-Chapelle, le fut aussi de la paix qui fut signée à Nimègue avec la Hollande le 10 août 1678, et avec l'Espagne le 15 décembre suivant. Elle l'avait été avec l'Empereur et avec l'Allemagne dès le 15 février.

Le crédit et la faveur de Louvois étaient grands alors [2]. Le temps étant venu de marier sa fille aînée, il n'eut qu'à choisir, et se prononça en faveur du duc de la Roche-Guyon, fils du prince de Marsillac, ami particulier de Louis XIV, petit-fils de l'auteur des *Maximes*.

« J'ai été à cette noce, écrivait Madame de Sévigné, à sa fille : que vous diray-je? Magnificences, illuminations, toute la France; habits rebattus et rebrochés d'or, pierreries, brasiers de feu et de fleurs, embarras de carrosses, cris dans la rue, flambeaux allumés, reculements et gens roués, enfin le tourbillon, la dissipation, les demandes sans réponse, les compliments sans savoir ce que l'on dit, les civilités sans

---

Pomponne qui voulait que l'on se contentât des avantages proposés par les Hollandais et que l'on se rejetât sur les Pays-Bas espagnols pour punir l'Espagne de l'infraction qu'elle avait faite au traité d'Aix-la-Chapelle. Mais l'avis de M. de Louvois l'emporta contre l'avis de M. de Pomponne et de Turenne. *Le Président Hénault*, t. III, p. 794.

[1] Camille Rousset, *Hist. de Louvois*, t. I, p. 297.

[2] « Le roi venait de dicter la paix de Nimègue. Il avait 40 ans et se voyait au comble de l'ambition et de la gloire. Son soleil était à son midi. Louvois, âgé de 37 ans, le servait avec un zèle, une fougue et une capacité sans égale, n'ayant d'autre souci que son propre agrandissement de pouvoir au sein de la grandeur de son maître ; n'ayant d'autre scrupule que celui de n'en pas faire assez... » Sainte-Beuve, *Nouveaux Lundis*, t. VII, p. 54.

savoir à qui l'on parle, les pieds entortillés dans les queues. »
« O vanité des vanités ¹ ! » ajoutait-elle. En effet, au milieu de ce triomphe de l'un avait éclaté la chute d'un autre :
« Mʳ de Pomponne est disgracié, il eut ordre, samedi au soir, comme il revenoit de Pomponne, de se défaire de sa charge... Ce fut M. Colbert qui lui alla faire ce compliment, en l'assurant qu'il *étoit au désespoir d'être obligé*, etc., etc. Mʳ de Pomponne demanda s'il ne pouvoit point avoir l'honneur de parler au Roy et apprendre de sa bouche qu'elle étoit la faute qui avoit attiré ce coup de tonnerre. M. Colbert lui dit qu'il ne le pouvoit pas ; en sorte qu'il écrivit au Roy pour lui marquer son extrême douleur et l'ignorance où il estoit de ce qui pouvoit avoir contribué à sa disgrace ; il lui parla de sa nombreuse famille et le pria d'avoir égard aux huit enfants qu'il avoit... Mʳ de Pomponne n'étoit pas de ces ministres sur qui une disgrace tombe à propos pour leur apprendre l'humanité qu'ils ont presque tous oubliée... ² »

Son retard à remettre une dépêche chiffrée avait été le prétexte de sa disgrâce :

« Il est donc vray, c'est la dernière goutte d'eau qui a fait répandre le verre ; ce qui nous fait chasser notre portier quand il ne nous donne pas un billet que nous attendons avec impatience, l'a fait tomber du haut de la tour, et on s'est bien servi de l'occasion. En vérité, je ne m'accomode point à la chute de ce ministre, je le croyois plus assuré que les autres, parce qu'il n'avoit point de faveur. On dit qu'il y avoit près de deux ans qu'il étoit gâté auprès du Roy... ³ »

« M. de Pomponne prendra bien vite son parti et soutiendra dignement son infortune..., on dit qu'il faisoit un peu négligemment sa charge, que les courriers attendoient ;

---

¹ Lettre du 29 novembre 1678.
² Lettre du 22 novembre 1678.
³ Lettre du 6 décembre 1678.

il se justifie très bien. Mais, mon Dieu, ne voyez-vous pas bien son tort ?... M. Colbert, l'ambassadeur, va remplir cette belle place....Vous comprendrez aisément les conduites de la Providence, quand vous saurez que c'est M. Colbert (de Croissy) qui a la charge.... Comme il est encore en Bavière, son frère la fait pour luy en attendant ; il le lui a écrit, en se réjouissant, et, pour le surprendre, comme si on s'étoit trompé, il a mis au dessus de la lettre : « *à Monsieur, Monsieur Colbert, ministre et secrétaire d'état.* »... Faites un peu de réflexion à toute la puissance de cette famille ; joignez-y les affaires étrangères ; et vous verrez que tout ce qui est de l'autre coté où l'on se marie, ne vaut point cela... [1] »

Cette chute de Pomponne avait été ourdie de longue main par les deux influences contraires, agissant dans un intérêt opposé, et chacune visant le portefeuille qui allait devenir vacant. Ce fut à Colbert qu'il échut. Avait-il gagné son adversaire de vitesse ? Eut-il l'art d'exalter les services de son frère, négociateur heureux de la paix de Nimègue ?

Mais quel coup pour Louvois, qui perdait ainsi le fruit de sa stratégie [2] ! Et ce coup lui arrivait au moment même où la fortune n'avait pour lui que des sourires !

Faut-il en croire St-Simon ? Colbert et Louvois s'étaient réunis pour perdre M. de Pomponne. Mais « Colbert avoit fait promettre à Louvois de n'en point parler à M. le Tellier, avant que la démission eût été envoyée à M. de Pomponne. Louvois étant allé en parler, alors, à son père, celui-ci lui avoit demandé s'il avoit un homme tout prêt pour mettre à cette place ? Non, avoit répondu Louvois. « Mon « fils, vous n'êtes qu'un sot, M. Colbert en sait plus que

---

[1] Lettre du 22 novembre.

[2] « Le plaisant de cette affaire, c'est que celui qui avoit ses desseins, n'en a pas profité et a été plus affligé qu'on ne peut croire. » Lettre du 13 décembre.

« vous et vous vous en repentirez ! » Colbert donc fit nommer son frère de Croissy, et cela brouilla d'autant plus Louvois et Colbert. »

Ecoutons encore là-dessus le meilleur historien du temps : toujours fidèle à ses amis malheureux, M<sup>me</sup> de Sévigné n'a pas peu contribué à jeter de l'intérêt sur Pomponne, comme elle avait su en jeter sur Fouquet : « Un certain homme avoit donné de grands coups depuis un an, espérant tout réunir ; mais on bat les buissons et les autres prennent les oiseaux, de sorte que l'affliction n'a pas été médiocre et a troublé entièrement la joie intérieure de la fête (le mariage de Mad<sup>lle</sup> de Louvois). C'est donc un mat qui a été donné, lorsqu'on croyoit avoir le plus beau jeu du monde, et rassembler toutes ses pièces ensemble [1]. »

Toutes ces choses qui sont pour nous de l'histoire étaient pour Pellot et son parlement la vie de tous les jours. Pellot était en plein courant de tous ces évènements et de toutes ces intrigues, par ses nombreuses affinités avec les Colbert, et il s'en ouvrait à son parlement, dans la mesure que lui permettaient les secrets d'Etat dont il lui arriva souvent d'être dépositaire.

Enfin, un jour il avait pu annoncer la paix de Nimègue, et bientôt reçu du roi ordre de la faire publier dans toute l'étendue de son ressort.

De ces hauteurs de l'histoire générale, redescendons aux faits particuliers à notre parlement ; ouvrons ses registres secrets, et transcrivons les documents qu'ils renferment, auxquels cette paix donna lieu.

On la croyait éternelle ; elle s'annonçait comme telle en effet. Hélas ! elle devait durer quatre ans ; et il semble que pour la rompre, Louis XIV n'eût attendu que la mort de celui qui avait dû tant y applaudir. C'est que, Colbert une

---

[1] Lettre du 8 décembre 1678.

fois disparu, Louis XIV, privé de ce contre-poids, allait pencher décidément du coté de Louvois et entrer dans le système de guerres à outrance, qui fut sa perte.

## CHAPITRE TROISIÈME

*La paix de Nimègue publiée à Rouen. Comment le parlement assistait aux* Te Deum. *Le feu de joie. Deux procès-verbaux du parlement sur ce sujet.*

Les deux procès-verbaux qui suivent font connaître comment il était procédé à la publication des traités de paix, et de quelle manière le parlement assistait aux *Te Deum.*

« Du samedy, 7ᵉ jour de janvier 1679 [1], en parlement, Présents : MM. le premier président Pellot. . . . . . .

« Ont esté leues, au bureau, des lettres de cachet adressées à la Cour, portant ordre d'assister au *Te Deum* quy sera chanté pour remercier Dieu de la paix entre la France et l'Espagne, lesquelles lettres contiennent ce quy en suit :

« *A nos amés et féaux*, les gens tenant notre Parlement de Normandie, Salut. Les difficultés qui ont suspendu jusqu'à présent les ratifications du traité de paix qui a esté cy devant signé, en nostre nom et celuy du Roy d'Espagne, nostre frère et beaufrère, dans le mesme temps qu'il fust aussy conclu avec les Etats-généraux des Provinces Unies des Pays-Bas, ayant esté entièrement levées, et la chose se trouvant enfin consommée par l'eschange qui a été faict, à Nimègue, le 10 de ce mois, dudict traicté, nous envoyons ordre aux gouverneurs de nos Provinces d'en faire la publication par les formes accoutumées ; et comme nous dési-

[1] Registre secret du parlement, année 1679, à sa date. Inédit.

rons qu'il soit rendu grace à Dieu d'un ouvrage sy important, nous escrivons aux archevesques et evesques de nostre Royaume d'en faire et chanter le *Te Deum*; et vous faisons ceste lettre pour vous ordonner d'assister en corps et en robbes rouges à celuy qui sera célébré dans la principale Eglise de nostre ville de Rouen, suivant et conformément à l'arrest de nostre conseil d'estat donné sur ce subjet; et tiendrez la main en ce qui dépend de vous à l'observation et exécution de ceste lettre, à quoy nous vous exhortons. Donné à St-Germain-en-Laye le 24 de décembre 1678. *(Signé)* Louis... »

« Et sur ce que l'on a dit à Mʳ le Premier-Président que le Sʳ Mallet [1], grand vicaire de Monsieur l'archevesque, demandoit à la porte d'entrer et parler à la Cour :

« Le sieur Mallet fait entrer, a dict en ces mots :

« Messieurs, nous avons reçu lettre du Roy qui nous or-
« donne de faire chanter le *Te Deum* pour remercier Dieu
« de la paix qu'il luy a plu donner entre la France et l'Es-
« pagne. »

« M. le Premier-Président a dict que la Cour avoit reçu des lettres du Roy pour assister au *Te Deum*, et que demain, sur les trois heures après midy, la Cour se rendra pour cet effet en l'église cathédrale.

« Le Sʳ Mallet, saluant la compagnie pour se retirer, a dict « qu'il avoit bien de la joye de ce que la commodité de
« la Cour d'assister au *Te Deum*, se rencontroit au temps
« désigné par Monsieur l'archevesque pour le chanter; et
« qu'il donneroit ordre en sorte qu'en toutes les Eglises on
« le chante à la même heure, et on entendra sonner les ca-
« rillons de toutes les Eglises en mesme temps. »

« Le Sʳ Mallet sorty, les lettres du Roy addressées à la

---

[1] Celui dont il est question plus loin, au chapitre intitulé : *Une page du Jansénisme à Rouen.*

Cour ont esté mises aux mains de Mᵉ François Vallée, notaire et secrétaire de la Cour, pour les porter aux autres chambres du Parlement et aux Cours souveraines et les advertir de l'heure du *Te Deum ;*

« Et ont été mandés les eschevins de l'hotel-de-ville par Marrécal, huissier de la Cour, auquel a esté enjoint de se transporter à cet effect à l'hostel-de-ville.

« Sont venus les Sʳˢ Lecouteux et Dufour eschevins, ayant leurs manteaux à manches de soye et toques de velours. Leur a esté dict par le Premier-Président de faire préparer les choses nécessaires et contribuer, en tout ce quy dépend de leurs charges et fonctions, pour rendre la publication de la paix et la cérémonie du *Te Deum* plus solennelle et éclatante que faire se pourra.

« Les eschevins sortys, a été mandé le premier huissier de la Cour auquel a esté dict de se préparer pour publier la paix, en la maniere qui fut observée en l'année 1660 [1], et autrefois que l'on a fait pareille publication de paix.

« Le dit premier huissier sorty.

« Sur les onze heures ou environ, Mᵉ Pierre Chrestien, premier huissier, descendu sur le milieu des degrés de l'entrée du Palais, vestu de sa robbe rouge et couvert de son bonnet fourré à quatre cornes de toille et bordures d'or, assisté des quatre huissiers de la Cour en robes violettes tenant leurs baguettes, a publié la paix à haute et intelligible voix.

« La quelle publication ainsi faicte en la présence des officiers de l'hostel-de-ville, des capitaines et officiers des deux compagnies de la cinquantaine et des arquebusiers, trompettes et tambours envoyés par les eschevins de la ville, a été suivye de grandes et hautes exclamations du peuple qui s'y estoit rendu en affluence et grande confusion, criant

---

[1] La paix des Pyrénées, qui avait été publiée, à Rouen comme partout, avec le plus grand éclat.

de toute part *Vive le Roy!* et du son des fanfares et trompettes et du bruict des tambours. »

« Le dimanche, 8e jour de janvier 1679 [1], sur les trois à quatre heures après midy, la Cour s'est assemblée en robbes rouges où se sont trouvés M. le Premier-Président Pellot... Sur les quatre heures, la Cour est partye du Palais en ordre, marchant deux-à-deux, précédée et suivie de ses huissiers en robbes violettes, leurs baguettes en main, marchant tous deux-à-deux, escortée, aux ailes, des capitaines et officiers de la cinquantaine, ayant leurs escharpes et armes, qui faisoient faire place; et, après les huissiers qui marchoient devant la Cour, alloient ensemble Mes Hieronime Féron et Jean Brindeau, receveurs-payeurs des gages des officiers de la Cour, ayant leurs manteaux à manches de soye et leurs tocques de velours ; après eux, Mes Nicolas Sicart et François Vallée, notaires secrétaires; suivoient Mes Louis Cusson [2] et Guillaume de Montgoubert [3], notaires secrétaires honoraires; les principaux commis du greffe civil, et Me Gilles Fouquet, greffier en chef criminel, vestus de robbes longues; un peu devant Monsieur le Premier-Président, et à costé de sa main gauche, marchoit Me Pierre Chrétien, premier huissier, vestu de robbe rouge, et ayant son bonnet fourré ; et la Cour arrivée en cet ordre dans le chœur de l'église cathédrale, messieurs les présidents et conseillers ont pris leurs places dans les hautes chaires tant du costé de l'Epitre que du costé de l'Evangile; Messieurs les gens du Roy aux basses chaires de main-droite, et les greffiers et nottaires secrétaires aux basses chaires de main gau-

---

[1] Registre secret du parlement, année 1679, à sa date. Inédit.

[2] Le même qui fut mandé à Paris à la suite de la séance du 4 mai 1643, comme on l'a vu t. I, p. 80.

[3] Il était déjà greffier en 1643, comme on l'a vu t. I, p. 82, au procès-verbal de la séance du 1er juin.

che, proche l'entrée du chœur, et les receveurs gageurs et huissiers, en celles d'auprès, d'un costé et de l'autre.

« Peu après, sont entrés Messieurs de la chambre des comptes, lesquels ont pris place aux neuf hautes chaires à eux réservées, suivant l'arrest du conseil, du costé droit [1].

« Après eux, sont entrés Messieurs de la Cour des Aydes, quy sont montés aux neuf hautes chaires aussi réservées pour eux au costé gauche du chœur, suivant le dict arrest du conseil, les huit chaires restantes du costé gauche et quatre du costé droit étant occupées par les chanoines de la dite Eglise cathédrale.

« En suitte, est entré le corps des Eschevins de la ville, conduits par le S$^r$ de Brévedent, lieutenant général civil, vestu de robbe rouge, suivant la permission quy luy en a esté donnée par la Cour, lesquels ont pris place au haut du chœur sur des formes préparées proche les balustres du grand autel.

« Les chantres et chanoines estant venus en chappes au milieu du chœur où le corps de la musique estoit attendant, le *Te Deum* a esté chanté solennellement ; et, après qu'il a été commencé et chanté en partie, Monsieur le Premier-Président est allé mettre le feu au bucher préparé dans le parvis, devant la grande porte de l'Eglise, précédé du sergent à masse, du maistre des ouvrages, des officiers de la ville, de deux huissiers de la Cour et du principal commis du greffe civil d'icelle, et suivi du dict lieutenant général et d'un eschevin de la ville, auxquels sieurs Premier Président, lieutenant général et eschevin ont esté présentées trois torches allumées, avec lesquelles ils ont mis le feu au dict buscher ; et à l'instant ont esté entendues plusieurs exclamations de *Vive le Roy !* et les fanfares des trompettes, et bruit des tambours.

---

[1] Se rappeler, à ce sujet, le chap. 1$^{er}$ du liv. XIII, *in fine*.

« Et Mr le Premier-Président rentré en mesme ordre, en sa place, et les prières aschevées, la Cour est retournée au Palais, les trompettes sonnantes et les tambours battants ; et arrivée dans la grande salle des audiences, Messieurs se sont séparés. »

## CHAPITRE QUATRIÈME

RELATIONS DE PELLOT AVEC COMMIRE. — PELLOT CHANTÉ PAR CE POÈTE

---

Pellot avait la passion de l'étude et des livres. Pendant quatorze années qu'il fut premier président, seule époque où sa vie ait eu quelque fixité, il trouva le temps de réunir une bibliothèque importante dont le catalogue manuscrit dressé après sa mort, existe aux archives du palais de justice de Rouen. Au bas de la dernière de ses trente pages *in-folio*, nous avons lu les signatures de Magdeleine Colbert sa femme, de Claude-François Pellot son fils aîné, et de Bec-de-Lièvre un de ses gendres. Elle est classée avec art : livres saints et leurs commentaires, théologie, philosophie ; histoires de l'antiquité, classiques grecs et latins ; histoire et littérature italienne, espagnole, portugaise ; un fonds complet de livres français : histoire, littérature, science, mais, par dessus tout, droit et jurisprudence.

Nous aurions aimé reproduire le catalogue de ces quatre mille volumes dont il nous a été donné de retrouver quelques-uns qui portent encore l'*ex libris* gravé du premier président, avec ses armes, que domine le mortier et qui recouvrent le manteau. Nous aurions mis ainsi le lecteur à même de mieux connaître celui qui prit plaisir à s'entourer de ces livres, s'il est vrai qu'on connaisse bien l'homme dont on connaît les amis.

L'éloge anonyme ne paraît pas excessif quand il s'exprime ainsi :

« Parmi tant de soins, de longs et pénibles travaux que les emplois de M. Pellot lui ont donnés, ils ne luy ont point fait oublier l'amour des belles-lettres qu'il avoit si bien cultivées pendant sa jeunesse. Plusieurs volumes de recueils qu'il a faicts, des notes sur l'histoire et la jurisprudence, des mémoires importants pour la connaissance de l'état du clergé, de la noblesse, des officiers et des communautés des Provinces où il a esté, font juger de sa capacité et combien il estoit laborieux. Le commerce qu'il entretenoit avec les scavants ; une ample bibliothèque de livres choisis ; les discours qu'il a faits dans plusieurs assemblées générales ; les harangues publiques qu'il a prononcées au parlement, sont des preuves de la grandeur de son génie et d'une profonde érudition. »

Parmi les esprits distingués dans la société desquels il aimait à vivre, il faut, outre le savant jésuite Ménestrier, un des plus savants hommes de son siècle, qui résida souvent à Rouen au temps de Pellot, citer le poète Commire [2], un des maîtres du célèbre collège que les jésuites, grâce à la générosité du cardinal de Joyeuse, avaient à Rouen [3], où affluait alors la fleur de la jeunesse normande. Poète latin des plus purs parmi les modernes qui rêvèrent de faire revivre une langue morte, rival heureux de Santeuil et de Rapin, ami de Menage, de Bouhours, de la Rue et du savant Huet, évêque d'Avranches [4]. Commire fut un des familiers du premier président, un des hôtes dont il aimait à entourer

---

[1] Né à Lyon en 1631, mort à Paris en 1705.

[2] Jean COMMIRE, né à Amboise en 1625, mort à Paris en 1702. On lit dans ses œuvres, édition de 1715, un discours latin qu'il prononça au collège de Rouen sur *les moyens* d'acquérir de la réputation.

[3] C'est le local même où existe aujourd'hui le lycée.

[4] *Biographies Michaud et Weiss,* au mot Commire.

ses loisirs de Suresnes, comme, avant lui, l'Hôpital à Vignay; comme, à la même époque, Lamoignon à Bâville, et bientôt d'Aguesseau à Fresnes.

Nous ne résistons pas au désir de reproduire ici quelques-unes des poésies que Commire lui adressa, où se retrouve quelque chose du parfum d'Horace, que Commire avait pris pour modèle. Nous les détachons de l'édition qui fut publiée en 1678, avec gravures d'Edelinck, sous ce titre : *Joannis Commirii e societate Jesu carminum libri tres*, avec dédicace : *Ad celsissimum Principem Ferdinandum Episcopum Paderbornensem*, qui, sans doute, en généreux Mécène, fit les frais de cette édition vraiment princière [1].

Une fois, le poète célèbre cette vertu maîtresse, l'impartialité, dont il gratifie amplement son illustre ami. Dans son enthousiasme, ne va-t-il pas jusqu'à le comparer à l'astre du jour, qui, parvenu au milieu de sa course, distribue, dans une mesure égale, la lumière et l'ombre, le jour et la nuit! « Image parfaite de ta justice dont ni la fortune, ni les présents ne font fléchir la balance. Avec toi pour président, finit-il par lui dire, la justice n'a qu'un poids! »

> Cum subit æthereæ sidus spectabile libræ,
> Et cœli medio Phœbus in orbe sedet :
> Omnibus ex æquo luces dispensat et umbras,
> Temperat et noctem lance diemque pari ;
> Nec magis auriferos pronus declinat ad Indos
> Quam versus Scythicæ barbara tesqua plagæ.
> Hoc specimen, Pellote, tuæ mirabile in omnes
> Justiciæ nobis mystica signa ferunt.
> Non fortuna tuam flectunt, non munera libram ;
> Ac te, jus unum, præside, pondus habet.

---

[1] L'honorable M. Lormier, notre collègue à la société de l'Histoire de Normandie, en possède dans sa riche bibliothèque un bel exemplaire qu'il a bien voulu mettre à notre disposition.

Un jour, à un de ces *Te Deum* que nos victoires rendaient si fréquents (il s'agissait, cette fois, de la prise de Maëstricht), il arriva qu'au moment où le premier président, usant d'une prérogative essentielle de sa haute dignité, venait d'allumer un feu de joie, un orage épouvantable était venu tout éteindre. Pour le poète, ce ne sera rien moins que Jupiter, jaloux de l'éclat d'une telle fête, qui, pour triompher d'un rival redouté, n'a trouvé rien de mieux que d'appeler les nuages à son secours. Ces feux de joie étaient accompagnés de détonations d'artillerie, plus bruyantes que la foudre : si le dieu n'avait eu la pluie à son aide, s'il n'eut eu que son tonnerre, il était vaincu :

> Cum festos Pelloti ignes spectaret ab alto
> Juppiter, et telis æmula tela suis :
> « Bella, inquit, nobis iterum scelerata parantur,
> Et petit humanus numina nostra furor ! »
> Nec mora; densum atris effudit nubibus imbrem.
> Nulla metus poterat certior esse fides ;
> Et caute ille quidem pluvialibus irruit undis.
> Si res acta foret fulmine, victus erat.

Une autre fois, sortant d'une audience de rentrée, Commire, dans son enthousiasme, ne va-t-il pas jusqu'à mettre son orateur au-dessus des princes de l'éloquence ! Que ne peut l'amitié, doublée de poésie ?

AD ILL. V. CLAVDIVM PELLOT SENATVS ROTHOMAGENSIS
PRINCIPEM,

*Cum gravissima et elegantissima oratione curiam, de more, aperuisset.*

> Aure favete omnes : Themidis dum rite sacerdos,
> Aurea recludens limina, verba facit.
> Proh ! quanta insistit facundis gratia labris ;
> Atque expers fuci, nudus et arte lepos ;

Non sic grandiloqui Demosthenis ora sonabant
  Cum fando Æmonii frangeret arma ducis ;
Non sic terrarum reginam Tullius urbem
  Flexit ad elloquii mollia fræna sui.
Par caput est, mundoque tibi mens æqua regendo
  Gallia ; sunt faciles vincere cuncta manus.
Majestate tua dignam nunc denique linguam
  Quæ leges populis juraque dicat, habe !

... « *Quanta insistit facundis gratia labris* : » C'est possible, nous n'y étions pas ; le poète y était, il a vu et entendu.

Mais «... *expers fuci, nudus et arte lepos!* » Et nous qui, après avoir lu [1] sa harangue de 1675, l'avions trouvée, avec ses lieux communs, ses oppositions d'idées et de mots et ses brillants concetti, le produit d'un long travail et d'un grand effort!

« Que la France ait enfin une langue digne de sa Majesté ! » Ce qui n'existait pas encore aux yeux de cet amant attardé des muses antiques, pour lequel sans doute Corneille, Molière, Racine, Lafontaine et Boileau ne sont pas plus des poètes, que Fléchier, Bourdaloue, Bossuet, des orateurs.

Mais c'est surtout dans la dédicace de son poème sur le prophète Daniel, que Commire a payé au premier président le plus généreux tribut. Tout y est à retenir, et c'est presque une biographie, car on y retrouve, esquissé en poésie à grands traits, ce que déduit à grand'peine notre prose fort vulgaire. Aussi ne résistons-nous pas à en donner ici la traduction et le texte.

Daniel Poema. *Illustrissimo viro Claudio Pellot, Rothomagensis senatus principi.*

« Au temps des vacances, quand l'année, selon la coutume, a ramené les loisirs au Palais et que la paix éloigne

---

[1] Ci-dessus, p. 394 et suiv.

du forum la foule des clients, Pellot, voici un nouvel hôte qui vient solliciter ta bienveillance, certain d'être reçu avec empressement dans ton hospitalière demeure et de te voir faire le premier pas vers lui ; il le mérite, habitué qu'il est à s'asseoir à la table des rois, descendant de rois lui-même ; fier d'être ton semblable, lui gardien rigide de l'équité, lui le divin Daniel, nom saint et vénérable d'un descendant d'Isaac. Le voilà, il vient te prendre pour juge, car il s'agit [1] de défendre les bonnes mœurs et de châtier les divinités impies ; lui qui ne craint la gueule ni les ongles des lions, instruit qu'il est à les dompter par son courage surhumain, dans son admiration pour toi, il se réjouit que ses exploits soient égalés par les tiens, tes vertus égales aux siennes. Un esprit pénétrant, habitué à saisir le vrai, savant à tout pressentir, sagace, entreprenant, incapable d'être trompé ni de tromper, voilà ce qu'il apprécie en toi, et surtout ce constant dévouement à ton maître dont tu as donné tant de preuves en des temps difficiles, sans qu'aucun péril ait pu t'abattre. Que de fois, en effet, excité par un tumulte insensé, un peuple ennemi des lois et donnant au crime le nom sacré de devoir, t'a entouré de ses armes [2] ! Aucune garde armée ne te protégeait et n'éloignait de toi la mort ; tu allais, intrépide, à travers leurs épées où t'appelaient le devoir et les ordres rigoureux d'un prince juste, contraignant, seul et sans armes, des rassemblements armés à fuir et gagner le pardon par le supplice de leurs chefs. Enlacée dans un réseau de manœuvres perfides et condamnée quoique innocente, plus d'une Suzanne aussi t'a eue pour vengeur [3] au moment même où elle allait mourir. Avec quelle éloquence et de quelle voix ne tonnes-tu pas contre ceux que la crainte, une

---

[1] Dans le poème intitulé DANIEL.
[2] Séditions de la Chalosse.
[3] Allusion aux poursuites pour sorcellerie, déjouées par le premier président, et à la poursuite contre le conseiller d'Orbussan ?

passion mauvaise conseillère, la faveur ou une volonté gagnée par des dons ou par de l'or, ont poussés à violer le droit! Il n'est pas jusqu'au juge qui ne craigne ta justice; sachant que ses jugements vont être promptement pesés par toi dans une balance sévère, il est forcé d'être honnête, et ne tente pas une prévarication inutile. Dirai-je la charité dont tu as donné tant de preuves dans les calamités publiques? Dirai-je les ordres rigoureux que ton esprit de conciliation a en secret adoucis? Le courroux du prince que tu es parvenu à apaiser? Et ceux qui ont été détachés par tes conseils des séditions et d'un désordre insensé? Dirai-je la ville agrandie par tes travaux, améliorée à grands frais? Une magnifique promenade; la Seine contrainte de sentir le frein; ses marais desséchés par une levée de terre sur lesquelles les voitures peuvent passer aujourd'hui; des rangées d'ormes disposés avec symétrie: voilà Pellot, qui célèbre tes louanges; voilà qui les célèbrera bien davantage encore: à mesure que ces ormes croîtront, croîtront aussi tes louanges inscrites sur leur jeune écorce!

Mais déjà Daniel a dédaigné la superbe Babylone avec ses murs de brique et ses jardins suspendus, depuis que Rouen lui est apparu; dédaignant la Cour, puisse-t-il se réjouir d'être ton hôte et se reposer avec toi! »

> Dum vacat, et fani redeunt de more calendis
> Otia, paxque fori tota expulit urbe clientes;
> Affatus, Pellote, tuos novus advena poscit,
> Nec dubitat quin se auratis penetralibus ultro
> Accipias, prior et venienti occurrere certes;
> Nam meruit, suetus mensis accumbere regum,
> Regius ipse nepos, et quo se munere gaudet
> Esse tui similem, custos acerrimus æqui,
> Divinus Daniel, sanctum ac venerabile nomen
> Isacidis. Venit ille iterum defendere castos
> Judice te ritus, et in impia vertere pœnas

Numina : nil ungues metuens rictusque leonum,
Quos exosa viris docuit mansuescere virtus.
Quin adeo admirans lætabitur et sua factis
Esse tuis æquata, expressasque artibus artes
Egregiis : solers veri et penetrabile acumen,
Ac longe eventus prudens anteire futuros,
Concilioque sagax, et natum rebus agendis
Ingenium, fallique ignarum et fallere pectus.
Præcipue ille fidem dominis per iniqua probatam
Tempora, constantemque animum infractumque periclis
Suspiciet. Quoties, insano excitata tumultu,
Legum gens inimica et relligionis honestum
Obtendens sceleri nomen, circumstetit armis ?
Cum nulla interea stricto custodia ferro
Protegeret latus et tardaret corpore mortem,
Per medios ibas tamen imperterritus enses,
Quo pietas justique haud mollia jussa vocabant
Principis, æratas acies et inermis et unus
Vertere terga fuga subigens, veniamque mereri
Supplicio auctorum. Sed nec te nulla, nefandis
Circumventa dolis damnataque criminis insons,
Ultorem medio Susanna in funere sensit.
Quantus enim et quanto ore tonas, perrumpere jura
Impulerit si quem metus, aut malesuada libido,
Et favor, et donis auroque inflexa voluntas ?
Ergo et judicium judex timet, atque severæ
Mox acta expendenda sciens examine libræ,
Cogitur esse probus, nec tentat'inutile crimen.
Quid referam ? duris toties in rebus amorem
Expertum populis ? quid ? te mollita sequestro
Protinus imperia et placatas principis iras?
Abductos turbis procul insanoque tumultu
Consiliis cives, auctamque laboribus urbem,
Versamque in melius sumptu et molimine multo ?
Te Stadium, Pellote, ingens, te Sequana frænos
Jussa pati, multoque elutæ ponte paludes,
Stagnaque trita rotis, et digesti ordine longo

Ulmorum celebrant versus; crescentibus illis,
Inscriptæ tenera crescent in cortice laudes !

Et jam coctilibus muris Babylona superbam,
Aere et in medio pendentes despicit hortos
Rothomago visa Daniel : aulamque perosus
Hic potius tecum requiescere gaudeat hospes !

# CHAPITRE CINQUIÈME

### PELLOT MENTOR DU JEUNE NICOLAS COLBERT, COADJUTEUR DE L'ARCHEVÊQUE DE ROUEN

§ 1. *Relations de Colbert avec Rouxel de Médavy. Il le fait nommer archevêque de Rouen.*

Rouxel de Médavy était depuis longtemps évêque de Séez, quand il fut, en 1672, après le départ de Harlay de Champvallon, promu au siège métropolitain de Normandie. C'était un personnage considérable qui connaissait bien Rouen, où nous l'avons vu, en 1639, comme conseiller d'État, à la suite de la sédition des *nu-pieds*.

De Médavy devait beaucoup à Colbert, dont il était un des clients, et, dès 1664, celui-ci l'avait mis à même d'accepter l'archevêché de Bourges, ce dont de Médavy l'avait remercié :

« Dans la proposition qu'il a plu au Roy de me donner l'Archevêché de Bourges, et, pour m'aider à en soutenir la dignité, de vouloir bien que je tirasse récompense de l'Eveché de Séez, je connais assez, Monsieur, que c'est un des coups ordinaires dont vous servez vos amis sans le leur vouloir faire savoir. Mais, permettez, s'il vous plaist, à un de vos serviteurs... [1] »

De Médavy n'avait pas accepté Bourges en 1664, et était

---

[1] Gérin, *Recherches historiques.*

demeuré à la tête du diocèse de Séez où la faveur de Colbert vint le chercher en 1672 pour le conduire à Rouen. Plus tard un lien plus étroit devait unir sa famille aux Colbert : en 1681, un petit-neveu de Rouxel de Médavy épousera une Colbert de Maulévrier, petite-nièce du grand ministre.

Il était âgé déjà et infirme, quand il fut placé sur le siège Métropolitain de Rouen ; aussi s'y rendit-il sans entrée solennelle, et ne fut-il salué que par une députation du parlement. Au compliment qui lui fut fait, « il répondit par un compliment fort poli ; assurant de son zèle à concourir avec la Compagnie au bien public en tout ce qui dépendroit de lui [1]. » Mais il ne vint point prendre sa place au Palais « par une délicatesse de point d'honneur assez mal entendue [2] ». Ce que Pavyot veut dire, c'est que, pour prendre possession du siège de conseiller, il aurait fallu, comme nous l'avons déjà dit, qu'il se soumit, comme avaient fait les deux Harlay, à prêter serment à genoux entre les mains du premier président, ce à quoi de Médavy paraît n'avoir jamais consenti.

Il devait rester pendant près de vingt ans à la tête de l'archevêché de Rouen. Mais l'âge et les infirmités se faisant de plus en plus sentir, il eut, peu d'années après, besoin d'un coadjuteur.

### § 2. *L'Eglise de France envahie par la famille Colbert. De Médavy et Colbert s'entendent au sujet de la coadjutorerie de Rouen.*

Or, si Colbert peupla des siens les intendances, les ambassades et les autres hauts emplois de l'Etat, l'Eglise ne fut pas non plus à l'abri de ses convoitises. Qu'on en juge :

[1] *Hist. manusc. du Parlement*, t. II, p. 394.
[2] *Ibidem*.

Un de ses frères, Nicolas, fut évêque de Luçon, puis d'Auxerre [1]; André, son cousin germain, remplaça celui-ci sur le même siège [2]; Colbert de St-Pouange, aussi son cousin germain, était évêque de Montauban en 1682 [3]; un de ses fils, Antoine Martin, mourut en 1687 grand'croix de l'ordre de Malte [4]; un autre, Louis, eut à 14 ans l'abbaye de Bonport [5], d'un revenu de 18,000 livres, et il arrivera à occuper divers bénéfices s'élevant ensemble à 40,000 liv., quand en 1694 il renoncera à l'état ecclésiastique [6]; un autre parent, Michel Colbert, le propre frère de Magdeleine, seconde femme de Claude Pellot, était général de l'ordre de Prémontré [7]; Joachim, fils de Colbert de Croissy, fut évêque de Montpellier [8]; enfin, un autre fils du grand ministre, Jacques Nicolas, celui qui va nous arrêter, était, quoique bien jeune encore, chef de la célèbre abbaye du Bec, en Normandie, un des foyers de la civilisation au moyen âge, mais bien déchue sous le régime délétère de la commende qui assurait à ce jeune abbé non résident un revenu de 60,000 livres [9].

Pour excuser de telles pratiques, il faut dire que personne alors ne s'en faisait faute. Les abbayes et les évêchés étaient le lot des familles influentes. Le fils aîné de Colbert qui, sous le nom de Seignelay, devait, comme ministre de la marine, ajouter encore à l'illustration de son père, n'a-

[1] Gérin, *Recherches historiques*, p. 180.
[2] *Ibidem*.
[3] *Ibidem*.
[4] *Ibidem*.
[5] *Ibidem*.
[6] « L'abbé Colbert, écrivait Danjean en 1693, qui avoit pour 40,000 livres de rente de bénéfices, en a donné sa démission ces jours passés et s'est mis dans les mousquetaires. »
[7] Ci-dessus, p. 2.
[8] *Biogr. Michaud*, au mot Colbert de Croissy.
[9] Gérin, *Recherches historiques*, p. 178.

vait-il pas eu un bénéfice dès l'âge de 10 ans, quoiqu'il ne fût même pas destiné à l'état ecclésiastique ¹ ? Après avoir fait entrer, dès l'âge de 21 ans, son fils aîné dans les conseils du roi comme ministre de la guerre, Michel Le Tellier n'avait-il pas obtenu pour son autre fils la coadjutorerie du premier siège de France, quand il n'avait que 26 ans, en attendant qu'il en fût titulaire à 29 ans?

De Carné, dans son livre sur *la Monarchie française au XVIII<sup>e</sup> siècle* ², à la vue de ces excès d'influence qui, sous Louis XIV, firent des prélatures une sorte d'apanage aux grandes familles, n'a pu taire là-dessus ses sentiments : « Les évêques nommés par Richelieu avaient été presque tous choisis sous d'excellentes influences, et, à quelques exceptions près, étaient, tous, d'une piété fervente. Mazarin n'avait pas porté dans ses choix les mêmes scrupules, et avait fait des évêchés presque autant que des bénéfices, l'appoint de ses marchés avec la noblesse frondeuse. Colbert et Le Tellier, eux, peuplèrent l'Eglise de France de leurs parents et de leurs créatures ; et ces deux ministres considérèrent le clergé comme un rouage du système administratif, dont ils étaient les habiles et souples instruments. »

Quand donc l'âge et les infirmités eurent pesé davantage sur de Médavy, il se trouva que Colbert avait un fils, arrivé précisément à l'âge où un fils de Le Tellier avait été nommé coadjuteur de Reims ³ : ne pouvait-il donc pas, lui Colbert, pour le sien, songer à une même fortune ?

¹ Gérin, *Recherches historiques*, p. 180.
² P. 204.
³ Né à Turin en 1642, Charles-Maurice Le Tellier avait été nommé coadjuteur du cardinal Barberini, archevêque de Reims, en 1668, et lui avait succédé en 1671. Camille Rousset, *Hist. de Louvois*, t. I, p. 13.

§ 3. *Jacques-Nicolas Colbert. Sa remarquable précocité. Eloge outré que fait de lui de Guémadeuc, évêque de St-Malo. Le pape le nomme à 26 ans coadjuteur de Rouen. Lettres de Colbert à Innocent XI. Remarquable lettre de celui-ci au jeune coadjuteur. Ce que pensait Bossuet de ces nominations prématurées.*

Jacques-Nicolas Colbert, en 1680, n'avait que 26 ans, et déjà des faveurs de tout genre l'avaient accablé. Membre de l'Académie française en 1678, à 24 ans, pourvu de riches abbayes, c'eût été comme le fils aîné de Pellot une sorte de phénomène, s'il fallait en croire ce qu'en disait quelques années plus tôt, au moment où il venait de soutenir une thèse, de Guémadeuc, évêque de St-Malo [1] :

« Je n'ay pas esté trop surpris, écrivait celui-ci à Colbert, du prodige de science que toute la France vient d'admirer en la personne de M. l'abbé votre fils, parce qu'il y a très long temps que je suis informé de la manière dont vous avez pris la peine vous-même de le faire élever et instruire, nonobstant toutes vos plus importantes occupations ; et d'ail-

---

[1] Sébastien de Guémadeuc, cousin de Mme de Sévigné, évêque de St-Malo en 1670, mort en 1702. C'est de lui que Mme de Sévigné écrivait à sa fille le 8 décembre 1675 :

« Mr de St-Malo, qui est Guémadeuc, votre parent, et surtout une linotte mitrée. »

Et le 15, pendant la répression des troubles de la Bretagne :

« Mr de Rohan n'osoit dans la tristesse où est cette province, donner le moindre plaisir. Mais Mr de Guémadeuc, linotte mitrée, âgé de 60 ans, a commencé..., vous croyez que ce sont les prières de quarante heures ? c'est le bal à toutes les dames et un grand souper. C'est un scandale public,... » — scandale public, en effet, car à cette heure-là toute la province subissait les penderies et autres cruautés, conséquence de la révolte de l'été précédent, et toute la Bretagne était dans un deuil profond. Ci-dessus, page 378 et suiv.

leurs, je scais très bien que rien de tout ce qui a l'honneur de vous appartenir ne vous peut satisfaire qui ne soit de la dernière perfection. Mais je n'ay pas eu pour cela moins de plaisir à apprendre, par toutes les relations que mes amis m'ont faittes de l'acte de M. vostre illustre abbé, que jamais on n'avoit respondu sur toutte la philosophie avec autant de netteté d'esprit et de capacité qu'il vient de faire.

« Ce sont là, Mgr, les fruits et la juste récompense de votre application aussi bien que de la sienne ; et vous avez pris tant de plaisir, jusqu'icy, à favoriser les sciences et à faire valoir la vertu, qu'en vérité l'on peut dire que si vous vous eslevés des trônes d'une gloire immortelle, parmi toutes les nations étrangères, pour avoir rendu l'estat florissant et le règne du Roy le plus glorieux qui ayt jamais été, vous vous faites aussi des monuments éternels pour vostre réputation, par l'amour que vous avez pour les scavans et par la protection que vous donnés aux gens de bien en tous rencontres.

« Leurs plumes feront connoistre aux siècles à venir à quel point vos grandes lumières ont pénétré tout ce que l'antiquité a eu de rare, et les moyens extraordinaires avec lesquels vous avez fait réussir tant de glorieuses entreprises de S. M. qui paroitront aussi incroyables à la postérité qu'elles sont dignes du plus grand ministre que l'état ait jamais possédé.... Plaise à Dieu vous y conserver de longues années en parfaite santé, pour le bonheur de votre maître et le nôtre, et que, dans le peu de temps qui me reste à vivre, j'aye, en quelque rencontre, la consolation de vous mieux marquer que par des paroles assés inutiles, avec combien de respect, d'attachement et de fidélité je suis pour jamais...[1] »

« Toute la France admirant un prodige de science, chez

---

[1] *Corresp. adm. sous Louis XIV*, t. IV, p. 720.

un abbé de 18 ans, déjà illustre » : n'y avait-il pas dans ces paroles excessives de quoi énivrer la raison d'un père [1] ?

Nul doute qu'entre de Médavy et Colbert, une entente n'ait eu lieu, pour assurer à Jacques Nicolas le siège métropolitain de Rouen, par une coadjutorerie avec future succession. Mais il fallait l'agrément du Saint Père : à la demande de Colbert et du roi lui-même il ne se fit pas attendre.

Voici deux lettres qu'il écrivit à cette occasion à l'ambassadeur de France et au pape. Si on ne peut qu'être surpris de son insistance à venir importuner la chancellerie romaine pour une misérable remise de droits, il faut approuver la parfaite convenance avec laquelle il s'adresse au Saint Père pour obtenir pour son fils la coadjutorerie de Rouen :

[1] D'Ormesson, peu porté pour Colbert, raconte tout au long ce combat, et il le fait en termes non moins flatteurs :

« Le Vendredy 11 août, le fils de M<sup>r</sup> Colbert soutint ses thèses de philosophie dédiées au Roy, dont le dessin est magnifique, fait par Lebrun. Il m'avoit apporté des thèses : j'y fus de bonne heure. Toute la Cour y estoit, en sy grande foule que l'on ne pouvoit se retourner dans la place. Les cardinaux de Retz et de Vendosme, l'archevêque de Paris et tous les prélats estoient assis dessous la chaire. M. le Chancelier, le Premier-Président et autres Présidents tenoient les bonnes places; les Ducs, Mareschaux de France et grands Seigneurs estoient au milieu, sans ordre. Jamais il ne put y avoir une plus grande assemblée de personnes de toutes conditions. M. l'abbé le Tellier y disputa, et s'estant engagé dans la question de la grace, le respondant luy nia une majeure, à quoy il ne s'attendoit pas, et, surpris, Letellier dit : *nemo unquàm hoc negavit!* Et le père Chenevel régent, répliqua avec chaleur : *Omnes qui rectè sentiunt hoc negant!* M. l'abbé le Tellier répliqua comme offensé, mais je n'entendis pas ce qu'il dit. Il y eut contestation entre M. de Guémadeuc, agent du clergé, et M. de Chavigny à qui disputeroit : le premier l'emporta. M. le duc d'Albret, neveu de M. de Turenne, disputa, et le répondant ne le traita que d'*Abbas illustrissime*, et non de *princeps*.... Jamais père n'a esté s'y ayse que M. Colbert, et son fils a fort bien fait...... » *Journal d'Olivier d'Ormesson*, t. II, p. 553.

« Au duc d'Estrées, ambassadeur de France à Rome. St-Germain, 22 février 1680.

« Le Roy ayant eu la bonté de m'accorder la coadjutorerie de Rouen, S. M. a bien voulu accompagner cette grâce de ses lettres au Pape et à M. le cardinal Cibo, et de ses ordres à ce que vous fassiez à sa sainteté et au sacré Collége toutes les instances qui seront nécessaires pour obtenir le *gratis* des bulles.... J'espère que la grace du *gratis* des bulles me sera accordée par les instances du Roy et vostre entremise, et par l'usage qui a esté pratiqué jusqu'à présent à l'égard de ceux qui ont l'honneur de servir S. M... [1] Colbert.

« Au Pape. St-Germain, 22 février 1680.

« Très S. P., j'accompagne de ces lignes les instances que le Roy ordonne à M. le Duc d'Estrées, son ambassadeur, de faire à V. S., à ce qu'elle ayt la bonté d'accorder à mon fils la coadjutorerie de l'archevêché de Rouen, à laquelle S. M. a bien voulu le nommer.

« Comme j'espère qu'en luy accordant cette grace, Votre Sainteté voudra bien l'accompagner de ses bénédictions, Dieu qui les seconde toujours, suivant les motifs de zèle, de charité et de sainteté de vie qui les animent, accomplira mes souhaits et ceux de mon fils pour le rendre digne d'un si grand ministère. Je recevray la grâce qu'il plaira à Votre Sainteté de luy faire avec toute la reconnoissance et le respect que la sublime vertu et la sainteté de vie de vostre béatitude exigent de tous les chrétiens, particulièrement de celuy qui les admire et qui sera toujours de Votre Sainteté le très humble et très obéissant serviteur... Colbert. »

Innocent XI céda avec bonté aux prières du roi et de son ministre, et, à cette occasion, adressa au futur jeune

---

[1] *Lett., Inst. et Mém.*, t. VII, p. 99.
[2] *Ibidem*, p. 100.

prélat l'admirable lettre qu'on va lire, toute pleine des plus paternels et des plus touchants avis :

« Cher fils, dans notre dernier consistoire secret, nous vous avons élu archevêque de Carthage, quoique ce choix ne fût pas justifié par votre âge ; et nous vous avons envoyé comme coadjuteur, avec espoir de future succession, à notre vénérable frère l'archevêque de Rouen qui y a donné son consentement, pour que vous puissiez venir en aide à sa maladie et à sa vieillesse dans le gouvernement de son Diocèse. En outre, nous vous avons fait remise des droits qui sont dus pour l'expédition de cette coadjutorerie. Malgré l'usage et malgré les besoins de la chancellerie apostolique, nous l'avons fait avec empressement, d'une part pour être agréable au Roy très chrétien qui nous l'a demandé par lettre très instante écrite de sa royale main ; d'autre part, parce que nous avons estimé devoir accorder cette faveur à votre vertu et à votre caractère, ainsi qu'au dévouement filial dont nous vous savons animé envers ce siège suprême, vous et toute la famille Colbert, espérant par ce témoignage de notre paternel amour vous exciter à mieux cultiver encore, dans le vaste champ qui vous est remis, les talents que vous a confiés le père de famille, avec grand fruit et accroissement de la gloire divine. Certes, vous assumez, cher fils, un fardeau fort lourd, et que ceux qui sont à même d'en juger considèrent comme formidable, même pour des épaules angéliques. Pour vous qui avez élevé votre esprit dans les saintes doctrines, vous serez le premier à comprendre que le gouvernement des âmes est la science par excellence. Et parce que ce point ne nous a point paru par votre lettre entré assez avant dans votre esprit, nous conseillons et même nous prescrivons à votre fraternité, avant votre consécration, de lire et relire le livre du bien heureux Grégoire *de cura pastorali*. Car il importe que vous n'approchiez d'un si grand ministère que muni de son secours et de son esprit. Préparez-vous donc résolument pour ce grand œuvre; revêtez-vous de Jésus-Christ qui donne sa grace aux humbles et réconforte ceux qui se font gloire de leur faiblesse, afin de tout pouvoir par lui. Quant à nous, en aucune circonstance nous ne ferons défaut au laborieux ministère auquel vous êtes appelé, chaque fois que vous aurez besoin de l'autorité apostolique; car nous portons votre fraternité dans les entrailles du Christ, et nous nous promettons tout, pour nous et la Sainte Eglise de Dieu, de votre vertu et de votre dévouement [1]. »

Si nous n'avons pas la lettre de remerciement du jeune coadjuteur, nous avons celle de son père :

« Sceaux, 11 mai 1680. Très saint Père, je viens me prosterner aux pieds de Votre Sainteté, pour luy protester de mes respectueux ressentiments des graces extraordinaires et signalées que je viens de recevoir d'elle en la personne de mon fils. Comme elle a bien voulu ajouter dans le bref que le Roy mon maistre a reçu de Votre Béatitude, des termes qui marquent une bonté particulière pour moy et pour ma famille, je la supplie très humblement d'être persuadée que, ne pouvant trouver des termes qui puissent exprimer les véritables sentiments de mon cœur sur toutes ces graces, je me contenteray de prier Dieu qu'il conserve Votre Sainteté en une santé parfaite, et qu'il me donne des occasions de luy faire connaître le respect avec lequel je suis... [2] Colbert. »

Dans la chapelle de Versailles, le jour de Pâques 1681, moins d'un an après cette nomination, Colbert assistait avec toute la cour au sermon que le grand Bossuet prononça devant le roi. Ce jour-là, il tonna de toutes ses forces con-

[1] Gérin, *Rech. hist.*, p. 186, donne de cette lettre le texte latin que nous avons traduit.
[2] *Lett., Inst. et Mém.*, t. III, p. 107.

tre ces nominations excessives. Colbert ne put manquer de faire un retour sur lui-même, car c'était bien à lui que s'adressait l'aigle de Meaux, quand il s'exprimait ainsi :

« Ah ! Messieurs, je vous en conjure, par la foi que vous devez à Dieu, par l'attachement inviolable que vous devez à l'Eglise... par le soin que vous devez à votre salut : ah ! ne jetez pas vos amis, vos proches, *vos propres enfants*, vous-mêmes qui présumez tout de votre capacité sans qu'elle ayt jamais été éprouvée, ah ! pour Dieu, ne vous jetez pas volontairement dans un péril manifeste. Ne proposez plus à une jeunesse imprudente les dignités de l'Eglise comme un moyen de piquer son ambition, ou *comme la juste couronne de cinq ou six ans d'études, qui ne sont qu'un faible commencement de leurs exercices.* Qu'ils apprennent à travailler pour l'Eglise, avant que de gouverner l'Eglise... Quel spectacle, lorsque ceux qui devroient combattre à leur tête, ne sçavent par où commencer... et que celui qui devroit payer de sa personne, paye à peine de mine et de contenance !....[1] »

§ 4. *Le premier président Pellot, mentor à Rouen du jeune coadjuteur. Sa correspondance à son sujet avec Colbert.*

Toutes les fortunes arrivèrent à la fois au jeune prélat. Si de Médavy était l'ami et le client de son père, tout près de lui il trouva à Rouen un parent qui ne lui fut pas moins utile, le premier président. Celui-ci se mit tout entier à sa disposition, et ce fut chez lui qu'il descendit avant que de Médavy eut disposé de son propre palais. La correspondance qui va suivre, pleine d'une vive sollicitude, respire la re-

[1] Sermon de Bossuet devant le roi et la cour, le jour de Pâques 1681.

connaissance de Colbert pour l'inappréciable service que lui rend son vieil ami, en guidant son jeune fils dans cette voie si nouvelle pour lui et si hérissée d'écueils.

« A M. Pellot, P<sup>r</sup>-P<sup>t</sup> à Rouen. Versailles, 28 aoust 1680. J'apprends par vos billets de 21 et 26 aoust, ce qu'il plaist à M. l'archevesque de Rouen de faire pour loger mon fils dans l'archevêché, et la résolution que le Parlement et le chapitre ont prise de le recevoir comme archevêque.

« J'ay reçu aussy, en même temps, réponse à la lettre que je vous avois écrite de ma main; et comme vous estes informé de mes sentiments par ce qu'elle contient, vous me ferez un extrême plaisir de l'exécuter, et même de me faire savoir tout ce qui se sera passé à sa réception. Sur quoy, je ne puis m'empescher de vous dire qu'il est jeune, et, quelque bonne volonté qu'il ayt, il peut faire des fautes que je puis redresser avec facilité si j'en suis informé... [1] Colbert. »

Bientôt, Colbert tombe malade et sa vie est en danger. Le jeune coadjuteur, qui était déjà en tournée pastorale, aurait bien voulu voler au chevet de son père. Il en fut dissuadé par Pellot, qui écrivait à ce sujet à Colbert : « L'exactitude avec laquelle il embrasse tout ce qui peut vous plaire, luy a donné le déplaisir de ne se rendre pas auprès de vous pour y employer ses soins et diminuer ses inquiétudes [2]. »

Au cours de sa première visite pastorale, le jeune coadjuteur trouvait le temps d'écrire à son père. Voici deux de ses lettres :

« Foucarmont, le 26 septembre 1680. Je suis arrivé icy, Monsieur mon très cher père, le mardy au soir, comme javois eu l'honneur de vous le mander, et j'y ay trouvé la

---

[1] *Lett., Inst. et Mém.*, t. VII, p. 119.
[2] *Ibidem*, p. 368.

mission en très bon estat. Les peuples y viennent en foule et avec une grande dévotion. J'en communiay hier le matin un grand nombre, et j'employay toute l'après-dinée jusqu'au soir pour les confirmations. Les pères m'ont dit que j'en avois confirmé 2000. Je feray la mesme chose pendant les trois jours, et en suite j'iray visiter tous les villages à trois lieues à la ronde de l'endroit de la mission. Je prépare un discours sur la *Rechute*... Je remercie Dieu, tous les jours, de la grace qu'il nous a fait de vous rendre la santé, et je lui demanderay qu'elle soit aussi parfaite que nous le souhaitons. Je n'ose prendre la liberté, Monsieur mon très cher père, de vous mander sur cela tout ce que je pense; je me contenteray de vous dire que j'ay sur cela tous les sentiments que mon devoir et ma reconnoissance m'engagent d'avoir [1]. »

« Foucarmont, 3 octobre 1680. Je continue, à présent, mes visites, Monsieur mon très cher père, et j'éprouve que Dieu bénit mon travail, car j'ay trouvé du bien à y faire et je n'ay trouvé nulle résistance. Je visite quelque fois six églises par jour, et j'espère que ce sera utile à cette province. J'observe fort d'avoir beaucoup de douceur pour ceux qui paroissent vouloir se corriger, et d'estre ferme pour ceux qu'on trouve quelque fois opiniastres et arrestés.

« Je fis icy un discours sur la *Confirmation* dans le temps de la grande foule, et on en parut assez content. Je ne le fis pas sur la *Rechute*, comme j'avois eu l'honneur de vous le mander, parce que j'avois desjà commencé mes visites dans le temps que la mission fut terminée; mais je tascheray de faire ce discours à la mission d'Eu, si on me permet de l'achever.

« Je n'ay point trouvé ici d'affaires qui méritent vous estre mandées; mais s'il en arrive, je me donneray l'hon-

[1] *Lett., Inst. et Mém.*, t. VII, p. 364.

neur de vous les écrire. Je remercie Dieu tous les jours, Monsieur mon très cher père, de la grace qu'il nous a faite de vous rendre une santé parfaite, comme j'apprends qu'elle est à présent.... »

Nul doute que, sa tournée pastorale achevée, il n'ait trouvé moyen de voler à Paris. Puis, quelques mois se passent, et il revient à Rouen où il reçoit du premier président qui les lui avait tenues en réserve, certaines affaires administratives ou judiciaires ayant un côté religieux. Pellot avait eu occasion d'entretenir Colbert du travail qu'il tenait ainsi en réserve. Aussi, son fils à peine de retour, Colbert, sans même attendre une dépêche du premier président, s'était-il hâté d'écrire à ce dernier :

« 27 février 1681. Mon fils est à présent avec vous, et je seray bien ayse qu'il accommode les affaires que vous luy avez réservées. Je suis tout à vous [1]. »

Et quelques jours après, le 6 mars, répondant cette fois à une lettre de Pellot :

« Je suis bien ayse d'apprendre par votre lettre du premier de ce mois l'arrivée de mon fils et ce qu'il a commencé de faire pour accommoder les affaires que vous lui avez réservées. Je seray bien ayse d'apprendre de vous le succès que cela aura eu. Vous savez assez combien la bonne conduite des enfants donne de satisfaction aux pères, pour estre persuadé que vous me donnerez avis sincère et véritable de tout ce qui se passera. Je suis entièrement à vous... [2] COLBERT.

Parmi les affaires auxquelles ces dépêches font allusion, il en était une qui préoccupait Colbert. Un s[r] de Pierrefitte, magistrat de l'élection de Pont-Audemer, avait été dénoncé à Colbert comme protestant, et était, de la part de Pellot,

---

[1] Bibliot. nat., *Mélanges Clairambault*, vol. 464, p. 110. Inédit.
[2] *Ibidem*, p. 120. Inédit.

l'objet d'informations rigoureuses. Pellot eut l'idée de remettre au jeune coadjuteur le soin de sa conversion ; il en écrivit à Colbert, et celui-ci, pour y aider, jugea bon de mettre en campagne l'intendant Leblanc, que ses principes jansénistes animaient fort contre les gens de la R. P. R. :

« Pour répondre à votre lettre du 23, écrivait Colbert à ce dernier le 27 février 1681, l'éclaircissement que vous me donnez sur le s[r] de Pierrefitte me suffit. Il seroit fort à souhoiter que cet homme se fit catholique [1], et je serois bien ayse que mon fils y pust réussir [2]. »

Y réussit-il en effet? Nous serions porté à le penser par la lettre suivante à Pellot du 20 mars :

« Vous pouvez facilement vous persuader le plaisir que vos lettres me donnent, quand elles me font connoistre la conduite que mon fils tient et vostre approbation, d'autant plus que je suis persuadé que vous ne me flattez point et que vous me dites la vérité ainsi que vous la connoissez. Vous me ferez toujours un singulier plaisir d'observer avec

---

[1] Voici comment étaient à cette époque reçues les abjurations. Nous relevons l'acte qui suit sur les registres de la paroisse du premier président Pellot, Saint-Patrice :

« Le Dimanche après-midy, 25e jour d'avril 1683, Adrien Renaud, agé de 31 an ou viron, de la Paroisse d'Annouville-sur-Seine, après avoir passé sa déclaration au greffe du Baillage de Rouen le 14e dudit mois et an qui constate qu'il renonce à la Religion prétendue réformée et embrasse la Religion Catholique, Apostolique et Romaine, a faict abjuration de toute hérésie et faict profession de la foi catholique dans l'église paroissiale de St-Patrice, entre les mains de Me Paul de la Porte, Prestre de la dite Paroisse et communauté de St-Patrice ; a été par luy absous, suivant la commission qui luy en a esté donnée par escript par Monsieur de Mascrasny, grand vicaire, de luy signée, présence de Monsieur le Guerchois, Procureur Général du Roy, de M. Ribouville, secrétaire du Roy, de M. Guidet, commis au greffe criminel de la Cour, de M. Leroux, advocat au Bailliage, de M. Lesseville, Procureur au dit Bailliage, et d'autres sous-signez... » Inédit.

[2] Bibliot. nat., *Mélanges Clairambault*, vol. 464, p. 140. Inédit.

soin le détail de toute sa conduite, et de me faire scavoir ce que vous en apprendrez... [1] Colbert. »

A quelques mois de là, nous voyons le premier président se transporter à la Croix-St-Leufroy pour y recevoir de Médavy et son coadjuteur. On voit bien par là que cette antique abbaye était bien plus la chose de Pellot que de son fils Paul, âgé de 17 ans seulement, et encore écolier. Quelle figure celui-ci eût-il pu faire devant ces hauts dignitaires se présentant à son abbaye à la tête d'un cortège imposant !

Pellot y avait suppléé de son mieux, en dépit des religieux que cette intrusion laïque molestait fort, et, la cérémonie faite, n'avait eu rien de plus pressé que d'écrire à Colbert la seule chose qui le pût toucher en tout ceci, les sentiments dont il avait vu le vieil archevêque animé. Tout couvert d'infirmités, celui-ci marchait avec peine en effet, appuyé sur son jeune et vaillant coadjuteur. Comme d'habitude, Colbert s'était hâté de répondre :

« Versailles, le 8e may 1681. J'apprends, par vostre lettre du 6e de ce mois, le voyage que vous avez fait à l'abbaye de la Croix, et la visite que Monsieur l'archevesque de Rouen vous y a rendue. J'espère qu'il sera à présent soulagé de sa goute. Sur la satisfaction qu'il vous a témoignée de mon fils, j'espère qu'il ira toujours de même, et toutes les fois qu'il voudra s'éclaircir de sa conduite et de ses sentiments, je suis assuré qu'il les trouvera conformes à tout ce qu'il peut désirer; et vous me ferez un singulier plaisir de le maintenir toujours dans ces sentiments; je suis entièrement à vous... [2] Colbert. »

Puis, quelques jours après, le 19 mai :
« Je vous remercie des avis que vous continuez de me

---

[1] Bibliot. nat., *Mélanges Clairambault*, vol. 464, p. 209. Inédit.
[2] *Ibidem*, p. 230. Inédit.

donner sur le sujet de la conduite de mon fils ; et comme il me semble qu'elle est très bonne et que j'espère qu'avec l'ayde des grâces que Dieu luy donnera, elle continuera de même, je vous avoue que c'est la plus grande joye que j'aye dans la vie. Je suis entièrement à vous... [1] COLBERT. »

Un jour, de Médavy s'étant expliqué très à cœur ouvert avec le premier président, et le témoignage de sa satisfaction ayant été, cette fois, tempéré par quelques réserves, le premier président crut devoir tout écrire, à deux reprises, à Colbert. Dans sa réponse, où perce une inquiète sollicitude, celui-ci insiste auprès de Pellot pour qu'il obtienne de Médavy que le fardeau soit proportionné à la faiblesse de son jeune suppléant :

« Versailles, 29 may 1681. J'ai reçu vos deux billets des 21 et 22 de ce mois, par lesquels vous m'apprenez ce qui s'est passé entre M. l'archevesque de Rouen et vous, et la satisfaction qu'il vous a témoigné de mon fils ; je suis assuré qu'il l'aura toujours de même et qu'il ne manquera pas à la déférence et soumission de tout ce qu'il désirera.

« Je vous avoue, entre vous et moy, que je souhayterois fort qu'il ne le mit pas à de certaines épreuves qui sont un peu difficiles à un jeune homme ; et surtout, je vous le dis en secret, à la condition que vous n'en parlerez ni à lui, ni à qui que ce soit, que les impressions qu'il a et qu'il donne de certaines sévérités, me semblent fâcheuses.

« Je puis vous dire qu'assurément il ne mérite pas que M. l'archevesque prenne ni donne ces impressions ; mais vous scavez bien que mes maximes sont de ne pas entrer en compte avec mes bienfaiteurs ; il suffit que M. l'archevesque fasse ou désire quelque chose, pour obliger mon fils à le faire et à obéir... [2] COLBERT. »

[1] Bib. nat., *Mélanges Clairambault*, vol. 434, p. 242. Inédit.
[2] *Ibidem*, vol. 429, f° 268. Inédit.

« Je vous remercie toujours, lui écrivait-il encore le 8 juin 1681 sur un ton plus radouci, de la continuation de vos avis sur ce qui regarde la conduite de mon fils. J'espère qu'il se fortifiera dans ses fonctions et que le commencement de sa bonne conduite lui attirera les grâces de Dieu pour l'augmenter à l'avenir... [1] »

Un mois plus tard, Pellot rendait compte à Colbert d'une visite qu'il était allé faire dans la magnifique habitation d'été des archevêques de Rouen : « Je suis bien ayse, lui répondait Colbert le 29 juillet, que vous ayez visité mon fils à Gaillon; mais je vous prie, en même temps, de faire en sorte qu'il ayt le moins de visite possible, parce que son intention estant de s'enfermer dans ce lieu là pour y étudier avec application pendant un mois ou deux, je suis ayse qu'il ne soit pas diverty de ce dessein... [2] Colbert. »

Il devait avoir fort à faire, en effet; car son père l'avait prévenu qu'il allait avoir sur les bras le plus lourd fardeau, un de ceux dont lui parlait Innocent XI, « *onus sane grave et angelicis etiam humeris formidandum.* » Le moment approchait où, comme membre de l'assemblée générale du clergé, il allait, par suite du différend né à propos de la régale, être appelé à trancher la formidable question des deux puissances, dans ces quatre fameux articles, Evangile du gallicanisme, qui furent bien près de jeter l'Eglise de France dans le schisme.

On sait que cette assemblée fut composée sous l'inspiration du roi, de Colbert et de Harlay de Champvallon, et que chaque province ecclésiastique eut à y élire quatre délégués, deux de l'ordre des évêques, et deux du clergé du second ordre.

---

[1] *Mélanges Clairambault*, vol. 464, p. 308. Inédit.
[2] *Lett., Inst. et Mém.*, t. VII, p. 137.

La province de Rouen fit choix, pour l'ordre des Evêques, de Rouxel de Médavy et de Froulay de Tessé, évêque d'Avranches [1]. C'est au sujet de ce dernier que Colbert écrivait « que le Roy estimant qu'il pouvoit y servir plus utilement qu'un autre, il avoit fait choix de luy comme député à l'assemblée du clergé [2] ».

Le métropolitain et l'évêque d'Avranches représentant pour la Normandie l'ordre des Evêques, il n'aurait pas dû y avoir place pour un troisième prélat. Il n'en fut pas élu d'autre, en effet. Néanmoins, de Médavy, à l'ouverture des séances, s'étant présenté avec son jeune coadjuteur, et le cas ayant fait difficulté, les influences dont Colbert disposait furent mises en jeu en faveur de son fils. Il fut décidé qu'il « pourroit assister à l'assemblée, M. l'archevesque de Rouen présent ou absent, mais que leurs deux voix ne seroient comptées que pour une, et que cela s'accordoit à M. le coadjuteur, sans conséquence, à cause de son rare mérite et du nom qu'il portoit [3]. »

Au mois de mars 1681 l'assemblée votait les quatre articles, et ce vote mettait fin à ses travaux.

Deux années vont ensuite s'écouler ; puis le grand Colbert et Pellot vont disparaître, et le jeune coadjuteur restera désormais seul et sans conseils, abandonné à sa seule initiative. Il devait conserver ce titre jusqu'en 1691, où de Médavy étant venu à mourir, il prit possession du siège de Rouen, qu'il conserva pendant dix-sept ans. Arrêtons là ce que nous aurions à en dire.

[1] Gérin, *Recherches hist.*, p. 216.
[2] *Ibidem.*
[3] *Man. de St-Sulpice*, t. IV, cité par Gérin, p. 188.

# CHAPITRE SIXIÈME

### DIVERSES MESURES ÉCONOMIQUES PRISES PAR LE PREMIER PRÉSIDENT PELLOT (1670-1683)

Nous allons réunir ici ce qui concerne quelques-uns des actes de la première présidence de Pellot, en tant qu'ils se rattachent au pouvoir de haute administration dont un chef de parlement était alors investi.

§ 1. *Abus en Normandie dans la levée des droits de jauge et de courtage. Pellot les dénonce à Colbert qui les fait cesser.*

Un droit de jauge et de courtage ayant été établi en 1674 dans toute la France, les agents chargés de la perception l'étendirent en Normandie abusivement, jusqu'à y astreindre les fûts de cidre destiné à la consommation des ménages [1].

---

[1] L'abus datait de loin, car il avait provoqué une remontrance des États de Normandie. Article xv du cahier de 1620 :

« Il est juste de deffendre aux jaulgeurs et à leurs commis de visiter les futailles que les particuliers ont dans leurs maisons, le jaulge n'ayant esté introduit que pour empescher les abus qui se pourroient commettre au fait des marchandises qui se vendent en plain marché, et non pour les vaisseaux que chacun peult avoir chez soy pour son usage et commodité particulière... » *Cahiers des Estats de Normandie sous Louis XIII et Louis XIV*, publiés en 1877 par de Beaurepaire).

Le premier président prit en main la défense de ses administrés dans sa lettre suivante à Colbert, du 21 octobre 1674 :

« ... L'on a estably depuis peu en ceste Province un droit de jaugeage et courtage sur les vins, cidres et autres liqueurs, en vertu d'une déclaration du mois de février de l'année présente, enregistrée depuis peu à la Cour des Aydes. Ce droit sera assez grand en ce païs, à cause de la grande quantité de cidre qui s'y débite. Ce qui fait que l'on s'en plaint un peu, c'est qu'il se lève à la campagne sur toutes sortes de personnes, et il faut que les commis aillent marquer dans toutes les maisons des gentils hommes, ecclésiastiques et autres. Mais ce qui fait le plus de plaintes, c'est que les dits commis exigent ce droit plus que la déclaration ne porte et les ordres qu'ils ont. Car l'on dit qu'ils lèvent le droit de jaugeage sur les muids vides comme sur les pleins, et même sur les barils d'harengs et autres, et qu'ils prennent le droit de courtage sur ceux qui n'ont les dites boissons que pour leurs provisions.

« Les lieux où l'on dit que les commis en abusent le plus sont dans les élections d'Andely, Pont-L'Evesque, Ponteaudemer, Arques, Caudebec et Montivilliers. Ainsi, il vous plaira d'en écrire à M. de Creil, afin qu'il les contienne dans l'ordre, et que ce droit ne se trouve pas encore plus fascheux par les malversations. L'on met, dans beaucoup d'endroits de la province, du petit cidre dans des tonnes de xv à xx muids où l'on met le marc des pommes d'où l'on a tiré le bon cidre et de l'eau par dessus ; et on le met dans des lieux qui ne sont pas gardés où tout le monde en prend pour boire : aussi cela ne vaut guère plus que l'eau. L'on met aussi dans des tonnes du bon cidre qui se garde deux ou trois ans, qui est aussi pour la provision des maisons. Je crois que ce cidre et le petit cidre que l'on met dans ces tonnes pour la provision des maisons ne doivent payer ni courtage, ni jaugeage. J'ai parlé à celuy qui a la ferme de la généralité de Rouen qui en demeure d'accord. Mais il sera bon, pourtant, de mander à MM. les commissaires départis qu'ils tiennent la main afin que les commis ne prétendent pas d'en percevoir les droits.... [1] PELLOT. »

Instruit par cet avis, Colbert, moins de quinze jours après, le 11 novembre, adressait aux intendants la circulaire suivante par laquelle il ramenait le droit à des limites raisonnables :

« Le Roy ayant été informé des difficultés qui se sont rencontrées dans les provinces pour la levée des droits de jauge et courtage, a fait expédier l'arrest que vous trouverez cy-joint, pour régler la levée des dits droits, et particulièrement pour ordonner que le droit de jauge ne sera levé que lors de la vente, et défendu de faire aucunes visites et inventaires dans les maisons des particuliers... Ne manquez pas de publier et faire afficher ce dit arrest aussitost que vous l'aurez reçu, et, au surplus, tenez la main à ce qu'il soit ponctuellement exécuté... [2] COLBERT. »

§ 2. *Changement des jours de marché de Neubourg et de Caen. Comment il était procédé à ces changements au temps de Pellot.*

Les deux lettres suivantes nous révèlent la façon dont les changements des jours de marché étaient alors réglés.

Des lettres du roi décrétaient le changement ; après quoi, il était, avant leur mise en vigueur, procédé à une sorte d'enquête *de commodo*, sur le vu de laquelle le parlement statuait sur l'enregistrement des lettres.

« Pellot à Colbert, 13 janvier 1674. M. Berrier [3] m'a envoyé de vostre part, Monsieur, des lettres du Roy pour chan-

---

[1] *Corresp. administrative*, t. III, p. 224.
[2] *Lett., Inst. et Mém.*, t. II, p. 359.
[3] On a lu ci-dessus, p. 144, la notice concernant Berrier.

ger les jours de marché de Neubourg et de Caen ; l'on fait faire promptement l'information de la commodité, qui est nécessaire afin que l'on puisse exécuter lesdites lettres le 26e de ce moys, comme il est porté par icelles. Je seray tous jours avec respect, etc... [1] PELLOT. »

« Pellot à Colbert. A Rouen, ce 27 janvier 1674. L'on a enregistré, ce matin, en ce Parlement, les deux lettres pour le changement des jours de marché de Neubourg et de Caen : l'on ne l'a pas pû plustost parce que les lettres ont esté réformées, et on ne les a remises qu'avant hier. Mais ce sera assez temps pour faire cet établissement à Neubourg lundy, n'y ayant plus de marchez devant Pasques que la semaine prochaine. L'on aura aussi assez de temps pour faire pareil establissement à Caen. Nostre Compagnie sachant que vous affectionnez cette affaire [2], s'est portée de bonne grace à la terminer sans retardement, en passant par dessus des formalitez qu'elle observe en semblables occasions. Monsieur le procureur général a bien fait pareillement son debvoir et avec diligence, connaissant que la chose pressoit. Je suis aussi obligé de vous dire que le sieur Dumoustier, lieutenant général de Caen, a fait ce que l'on pouvoit souhoiter de luy, en m'envoyant, aussitost que je luy ay demandé, le consentement de la ville et des marchands bouchers pour ce changement. Il n'y a maintenant qu'à exécuter la chose, à quoy sans doubte les gens que vous avez icy ne perdent point de temps... [3] PELLOT. »

---

[1] Biblioth. nationale, *Mélanges Colbert*, vol. 167, fo 156. Inédit.

[2] Colbert affectionnait cette affaire, parce qu'elle avait pour but de donner satisfaction au marché qu'il venait, cette même année, d'établir dans sa terre de Sceaux, comme on le verra plus loin au chap. VI du livre XVII.

[3] Biblioth. nationale, *Mélanges Colbert*, vol. 167, fo 244. Inédit.

### § 3. *Pellot veille à la liberté de l'exportation et du transit dans son ressort.*

Le bruit s'étant à tort répandu en Picardie et dans le Nord qu'une maladie contagieuse régnait en Normandie, le commerce d'exportation et de transit menaçait d'être interrompu. Pellot écrivit à Colbert qu'aucun mal de cette nature n'existant, il y aurait lieu de rassurer les populations afin de maintenir la liberté du commerce.

Colbert, qui avait toute confiance aux communications de Pellot, s'empressa d'écrire à l'intendant d'Amiens les deux lettres suivantes :

« Sceaux, 6 juin 1675. M. le Premier Président du Parlement de Rouen m'écrit qu'il a avis que les villes de Calais, Boulogne et Montreuil ont interrompu leur commerce avec la ville de Pont-Levesque, sous prétexte de maladie contagieuse. Comme cela tireroit à de très grandes conséquences, si l'on n'empeschoit ces villes de procéder par des voyes d'interdiction de cette nature sans presque aucun objet, d'autant que l'Angleterre et tous les autres pays estrangers ne manqueroient pas de suivre cet exemple, et que ne pouvant pas distinguer une petite ville comme Pont-Levesque du reste de la province de Normandie et mesme du Royaume, ils pourroient bien faire une interdiction générale de tout le commerce avec la France, je vous prie de vous informer des raisons que les magistrats de ces villes ont eues pour faire ces interdictions, et de bien empescher qu'ils ne continuent d'en user de cette sorte, vous pouvant assurer qu'il n'y a eu aucune maladie contagieuse à Pont-Levesque, mais seulement des fièvres qui sont presque entièrement cessées à présent... [1] COLBERT. »

---

[1] *Lett., Inst. et Mém.*, t. VII, p. 293.

« 20 juin 1675. Je suis bien ayse que les craintes que M. le Premier-Président du Parlement de Rouen avoit eues sur le fait de l'interdiction du commerce des villes de Calais, de Boulogne, et de Montreuil avec celles de Pont-Levesque et de Rouen n'ayent eu aucun fondement; et comme la maladie qui estoit à Pont-l'Evesque est entièrement terminée, il n'y a plus rien à craindre de ce costé-là [1] COLBERT. »

Ce n'était pas à la légère que Pellot s'était porté fort de l'état sanitaire de son ressort; pour sa propre édification, il avait envoyé sur les lieux le plus célèbre médecin du temps pour les épidémies, le fameux Isnard qui, en 1668, lors d'une peste, avait fait, nous l'avons vu, merveilles à Dieppe et à Rouen [2] :

« A Colbert, ce 23 juin 1675. J'ay reçu la lettre du 20ᵉ que vous m'avez fait l'honneur de m'escrire. J'ay envoyé à Baieux le sieur Isnard, quoy que j'ay cru qu'il y aye plus d'alarme que de mal. Mais, Monsieur, il faut guérir les esprits aussi bien que les corps; ce voyage ne retardera celuy de Paris, pour recevoir vos ordres, que de cinq ou six jours [3]. PELLOT. »

### § 4. *Pellot réglemente la fabrication des toiles. Excès de la réglementation industrielle en France sous Colbert.*

Sous l'année 1676, l'éloge anonyme s'exprime ainsi : « L'application de ce grand magistrat pour faire fleurir le commerce, luy fit prendre soin des manufactures pour em-

---

[1] *Lett., Inst. et Mém.*, t. VII, p. 294.
[2] Ci-dessus, p. 45.
[3] Biblioth. nationale, *Mélanges Clairambault*, vol. 796, fo 675, Inédit.

pescher les abus et les fraudes qui s'y faisoient, particulièrement dans la fabrication des toiles propres pour l'usage de l'Espagne qui n'en vouloit plus, et avoit commencé à s'en pourvoir ailleurs. Pour remédier à ce désordre, il assembla plusieurs fois les Eschevins et les principaux marchands de la ville; sur leur avis et leurs mémoires, il fit donner des arrêts de reglement pour la fabrique de ces toilles dont le commerce est si important qu'il produit des sommes immenses dans la province. »

C'est au sujet de cette affaire que Pellot écrivait à Colbert le 10 mars 1676 : « .... Le projet de reglement pour la manufacture des toiles est arresté. Je l'ay fort concerté avec les principaux marchands en diverses fois, leur ay fait ajouter ou diminuer ce que l'on a trouvé raisonnable et qui ne pouvoit pas porter préjudice, en sorte que les marchands de la ville et ceux qui s'intéressent aux manufactures des toiles, qui paroissoient, au commencement, fort opposés, en sont, quasi tous, convenus ... [1] PELLOT. »

Cette lettre ne put manquer d'être du goût de Colbert, car elle répondait à ses idées économiques sur lesquelles, à coup sûr, s'était modelé le premier président [2]. C'était le moment en effet où, poussant à l'extrême la réglementation, il s'ingéniait à multiplier les précautions les plus minutieuses, traitant notre industrie comme une mineure incapable de faire un pas elle-même.

---

[1] *Corresp. administrative.* t. I, p. 851.
[2] Colbert à de Creil, intendant à Rouen : « ..... Sur toutes choses, je vous prie d'écouter favorablement les marchands, toutes les fois qu'ils s'adresseront à vous, et même de les faire venir souvent pour vous informer de l'estat du commerce et chercher avec eux les moyens de l'augmenter et de le bonifier, et lorsqu'ils voudront quelque chose qui dependra de moy, faites-le moi savoir, s. v. p. afin que je puisse vous en marquer mes sentiments.... » *Lett., Inst. et Mém.*, t. IV, p. 86.

Dès 1666, dans le ressort du parlement de Normandie, il avait fait rendre un édit contre les manufacturiers d'Aumale qui avaient pris la liberté de varier les dimensions et qualités de leurs étoffes selon le goût et la bourse des consommateurs, ce qui avait, dans l'appréciation de Colbert, amené une défectuosité qu'il importait d'empêcher [1].

Trois ans après avait paru l'édit général sur les manufactures d'étoffes de toutes sortes, or, argent, soie, laine, fil, teinture, blanchiment, etc., etc., dont les ouvriers, d'après le préambule de l'édit, s'étaient relâchés au point de ne plus donner à leur ouvrage les dimensions et qualités requises. Tout fut réglementé, non-seulement la longueur, la largeur et la façon, mais le mode même et le procédé de fabrication, à tel point que l'édit allait jusqu'à ordonner le bris de tout métier non réglementaire, et une amende de trois livres par chaque métier contrevenant [2], en attendant que, par des édits subséquents, Colbert en vienne à infliger le pilori à tout industriel en défaut, sans préjudice de la confiscation et de la destruction des étoffes quelque recherchées qu'elles fussent du public [3].

Ce fut de cet édit que le parlement de Normandie refusa d'abord l'enregistrement, et pour lequel Colbert, dans une lettre déjà transcrite [4], réclamait du roi le concours du marquis de Beuvron.

C'est ainsi que, pour détruire des abus dont il semble que le public aurait bien su faire lui-même justice, Colbert interdisait à l'industrie toute initiative et tout progrès; l'emprisonnait dans un réseau de formalités longues et coûteuses; l'astreignait à des pertes de temps considérables; contrariait le goût des acheteurs au lieu de s'y prêter; ren-

[1] *Vie de Colbert*, t. II, p. 322.
[2] *Ibidem*, p. 323.
[3] *Ibidem*, p. 326.
[4] Plus haut, p. 143.

dait impossible, par le fini absolu et nécessaire de leur fabrication, l'usage de certaines étoffes aux classes moins aisées ; et par des exigences de toute sorte, entravait la liberté la plus naturelle et la plus nécessaire [1].

Telles furent les lisières dans lesquelles ce grand ministre jugea bon de tenir le travail national, et dans lesquelles il devait être tenu jusqu'au jour où, un siècle plus tard, Turgot prononça son émancipation.

### § 5. *Pellot envoie à Colbert un arrêt du parlement qui condamne un imprimeur pour livres défendus.*

Ce n'était pas seulement par les armes que le prince d'Orange luttait alors contre Louis XIV ; c'était aussi par des écrits, et ces écrits formaient un complet contraste avec l'encens que prodiguaient au roi les écrivains encouragés par Colbert. L'industrieuse habileté des imprimeurs de Hollande avait su exploiter la situation. Nous ne parlons pas des éditions de livres publiés en France, qui sortaient des presses des Elzeviers et autres, plus belles, moins coûteuses, et non mutilées par la censure, ce qui, quoique contrefaites, les faisait préférer. Nous parlons de cette littérature protestante ou janséniste dont la France était alors inondée ; de ces libelles calomnieux ou orduriers contre le roi et les hauts personnages de sa cour, et de ces ouvrages d'un tout autre ton, écrits en une langue correcte et austère, où tantôt des réfugiés, tantôt même des Français mêlés aux affaires, exhalaient leurs rancunes ou vengeaient les déceptions de leur ambition.

« Le peu d'attention, écrit Pavyot, que l'on avoit à cette époque d'observer les règlements sur la librairie, donnoit lieu de débiter sous le manteau de la cheminée, quantité de

---

[1] *Vie de Colbert*, t. II, p. 329.

livres dangereux, imprimés à Rouen, ou venus de la Hollande. Ce désordre appela l'attention du Premier-Président, et un arrêt du 11 février 1675, fit défense aux imprimeurs et aux libraires de rien imprimer ni débiter sans permission. Le même arrêt ordonna l'établissement d'un syndic qui fut chargé de visiter les imprimeries et les librairies, et de procéder à l'ouverture de tous ballots d'imprimés qui seroient introduits dans la ville [1]. »

Rouen fut en effet une des villes qui inondèrent, au xviie siècle, la France de « méchants livres ». Outre ses presses clandestines, son commerce maritime y favorisait l'introduction d'imprimés venus de l'étranger. Ce fut même, on le verra [2], le scandale de cette diffusion et son impunité qui amenèrent plus tard la révocation de l'intendant Le Blanc. Des condamnations étaient fort souhaitables ; aussi, un jour que le parlement fut assez heureux pour en pouvoir prononcer une, le premier président n'eut-il rien de plus pressé que de la communiquer à Colbert :

« Rouen, le 10 mars 1676. Nous avons jugé hier, à la grand'chambre, Lamothe, imprimeur, et la Chapelle, colporteur, pour avoir imprimé et débité le livre *de l'Evesque de Cour* [3], et autres deffendus. Ils ont été tous deux condamnés à faire amende honorable, nuds-pieds en chemise, à la grande audience du Palais et devant le grand portail de Notre-Dame, et à neuf années de bannissement hors de la Province de Normandie et de l'Isle de France, comme vous pourrez le voir par l'arrest que je vous envoie. L'on le fera exécuter jeudy prochain, ce qui servira d'un grand

---

[1] *Hist. manusc.*, t. II, p. 157.
[2] Au chap. xv du liv. XVII.
[3] *L'Evesque de Cour, opposé à l'Evesque Evangélique*, par l'abbé Vérité, sans indication de lieu, 1674, petit in-12. Cologne, 1682, 2 vol. Cet ouvrage aurait pour auteur Jean le Noir. (Barbier, *Dictionnaire des ouvrages anonymes.*)

exemple en cette ville où il estoit fort nécessaire ; car l'on avoit accoustumé d'y imprimer plus de méchants livres qu'en aucun autre endroit du royaume. Mais l'on y sera plus sage à l'avenir par cette bonne justice, et à cause d'un arrest du Parlement que j'ay fait donner, qui apporte de si grandes précautions qu'il n'y a plus guère rien à craindre de ce costé-là... ! Pellot. »

§ 6. *Pellot consulte Colbert sur les mesures à prendre pour préserver Rouen d'un mal contagieux.*

Dans le courant de l'année 1681, comme un mal contagieux régnait en Espagne, on craignit à Rouen qu'il ne pénétrât dans la province par mer. Pellot écrivit à Colbert pour lui faire connaître les mesures, d'usage en pareil cas, qu'il croyait devoir faire revivre. Il reçut cette réponse :

« 27 février 1681. Pour réponse à vos deux billets des 22 et 25 de ce mois, vous avez très bien fait de chercher des précautions pour empescher que la peste ne s'introduise dans le Royaume par le commerce de Cadis ; mais vous devez observer de ne point donner d'empêchements inutiles au commerce dont vous connaissez l'importance, particulièrement celuy-la. Ainsy, je crois que vous voudrez vous informer soigneusement des marchands, de l'état dans lequel est la dite ville de Cadis. Je suis entièrement à vous [2]. Colbert. »

La chambre de santé crut qu'il serait prudent de recourir à des mesures plus énergiques, et dressa un projet d'arrêt en ce sens. Avant de le soumettre aux chambres assemblées, Pellot crut devoir consulter Colbert. Sans y contredire for-

---

[1] *Corresp. administrative*, t. I, p. 849.
[2] Biblioth. nationale, *Mélanges Clairambault*, volume 464, p. 110. Inédit.

mellement, Colbert appela de nouveau son attention sur le préjudice que les commerçants de Rouen seraient les premiers à éprouver d'une interdiction absolue qui laisserait pour un temps, dans les ports d'Espagne, des marchandises appartenant au commerce français :

« Fontainebleau, le 13 aout 1681. J'ai reçu le projet de l'arrest de votre Parlement que vous m'avez envoyé pour les précautions qui sont à prendre contre la maladie contagieuse, et quoique je n'y trouve aucune difficulté, puisque vous l'avez concerté dans une assemblée faite avec les marchands, je suis pourtant bien aise de vous faire observer que les marchands du royaume ont une très grande quantité de marchandises dans le port de S$^{te}$-Marie et de Cadis, qui y ont été portées long-temps avant qu'il y eut la maladie, et qui n'ont pu être chargées sur les galions et sur la flotte, ce qui mérite quelque réflexion soit pour le present, soit pour l'avenir...[1] COLBERT. »

Et quelques jours plus tard, le 22 août :

« Je vous ay écrit amplement mes sentiments sur le sujet du mal contagieux ; je scauray de mon fils le Coadjuteur le détail de ce que vous luy écrivez au sujet de la juridiction des pauvres. Je suis tout à vous...[2] COLBERT. »

L'affaire en resta là et l'arrêt en question demeura à l'état de projet.

§ 7. *Un sous-prieur condamné pour fausse monnaie. La Normandie envahie par des voleurs. Leguerchois procureur général.*

En 1681, la grand'chambre du parlement eut à juger

---

[1] Biblioth. nationale, papiers Colbert, fonds Clairambault, vol. 465, f° 83. Inédit.
[2] *Ibidem.*

pour fause monnaie, en vertu du privilège qui l'affranchissait de la Tournelle, le sous-prieur d'un monastère de Basse-Normandie. Un crime de ce genre avait un intérêt tout particulier pour le contrôleur général ; aussi Pellot n'eut-il rien de plus pressé que de l'aviser de la condamnation, ainsi que de la disposition de l'arrêt qui ordonnait que le condamné serait soumis à la question. Colbert, aussitôt, de lui répondre, le 22 mai 1681 :

« J'ay reçu, Monsieur, avec vostre lettre du 20ᵉ de ce mois, l'arrest du Parlement rendu contre le moine de Cherbourg ; il y a lieu d'espérer que cet exemple retiendra tous les faux-monnayeurs de Basse-Normandie ; il est étonnant que le Sous-prieur d'une abbaye se soit meslé de ce métier-là. J'écris fortement à M. Méliand[1] pour rechercher toutes ses suites, et pour observer si ce moine ne déclarera rien à la question. Je suis tout à vous... [2] COLBERT. »

La Reynie faisait aux voleurs de Paris une chasse si fructueuse que ceux-ci, épouvantés, s'enfuyaient de la capitale et transportaient ailleurs leurs exploits. La Normandie surtout les vit affluer en foule. Pellot s'en plaignit à Colbert :

« .... à l'égard des voleurs qui sont en vostre province, lui répondait celui-ci le 6 mars 1681, je ne doute pas que vous n'y apportiez remède nécessaire, d'autant plus que l'ordre qui se tient dans Paris et aux environs renvoye tous les voleurs de grands chemins dans vostre Province... [3] »

Cette année-là, Philippe Maignard, sieur de Bernières, « procureur général de peu de capacité, trop faible pour une charge si importante, ce qui faisoit que le public en

---

[1] Il était alors intendant de la généralité de Caen, et le fut, bientôt après, de Rouen.
[2] *Mélanges Clairambault*, vol. 464, p. 253. Inédit.
[3] *Ibidem*, p. 308. Inédit.

souffroit [1], » vint à se démettre en faveur de Pierre Leguerchois qui, depuis 1653, remplissait avec grand éclat la charge de second avocat général, « très habile, de grande probité, et des plus éloquents hommes du Royaume... [2] »

Ce changement fut fort du goût du premier président dont Leguerchois était l'ami. Il s'empressa d'en exprimer sa satisfaction à Colbert.

« Je suis très ayse, lui répondit celui-ci, que le choix que le Roy a fait de M. Leguerchois pour la charge de Procureur général soit conforme à vos sentiments, et que vous espériez que les fonctions de cette charge entre ses mains contribueront beaucoup au bien de la justice. Je suis tout à vous... [3] COLBERT. »

Il est à croire que les voleurs dont la Normandie était alors inondée ne partagèrent pas sur ce changement les sentiments de Colbert et du premier président.

[1] Tableau du parlement de Rouen, ci-dessus, p. 37.
[2] *Ibidem.*
[3] *Mélanges Clairambault*, vol, 464, p. 120. Inédit.

# CHAPITRE SEPTIÈME

### INTRODUCTION DU MONOPOLE DU TABAC

*Crise à laquelle cette mesure donne lieu en Normandie. Pellot est chargé par Colbert de la conjurer et de concilier les intérêts des détenteurs de tabac avec ceux des nouveaux fermiers. Persistance en Normandie de la libre culture. Difficultés que rencontre Colbert pour la détruire.*

En 1674, Colbert amena le roi à créer en France le monopole du tabac. Une déclaration du 27 septembre s'exprimait ainsi :

« L'usage du tabac étant devenu commun dans tous les États, et ayant donné lieu à la pluspart des princes de faire de ce commerce l'un de leurs principaux revenus, nous avons cru pouvoir en établir un semblable, et avons trouvé la proposition qui nous en a été faite d'autant plus raisonnable que ce n'est pas une denrée nécessaire pour la santé ni pour l'entretien de la vie. Le secours que nous espérons tirer de cette marchandise sera un moyen de soulager nos peuples d'une partie des dépenses extraordinaires de la présente guerre [1]. D'ailleurs le prix n'en sera point augmenté,

---

[1] La France était en guerre alors avec l'Espagne, la Hollande et l'Empire. Quelques jours avant cette déclaration du roi, le grand Condé avait gagné la sanglante bataille de Senef (11 août).

et le commerce en dehors de la France en demeurera libre.

« A l'avenir donc le tabac sera vendu et débité, tant en gros qu'en détail, par ceux qui seront par nous préposés à cet effet, au prix par nous fixé; faisons défense à tous autres d'en vendre ni débiter, trois mois après la publication des présentes.

« Voulons que tous les marchands, tant en gros qu'en détail, qui se trouvent chargés de tabac, soient tenus, trois jours après ladite publication, de faire leur déclaration, aux bureaux qui seront établis, de leur quantité et qualité, pour estre les dits tabacs marqués, pesés, inventoriés ; et passé les dits trois mois, la quantité qui leur restera du dict tabac sera prise par les préposés sur le pied de l'achat, sans fraude, moyennant qu'il soit bon, loyal et marchand [1]. »

Cette déclaration vint apporter un grand trouble dans l'agriculture, l'industrie et le commerce de Normandie. La culture du tabac y était en grande prospérité dans beaucoup de communes qui versaient leurs produits à Dieppe, à Rouen et au Havre, où ils se manipulaient sur une grande échelle et devenaient, comme en Bretagne et en Guyenne, l'objet d'un trafic considérable tant en France qu'à l'étranger. Il en résulta une véritable crise, à laquelle Pellot fait allusion dans ses lettres. Cette crise fut même si violente qu'il dut, avec le marquis de Beuvron et de Creil, se rendre à Dieppe pour aviser. Il écrivait de cette dernière ville à Colbert, le 1er mai 1675 : « Nous avons trouvé les choses fort calmes; nous tascherons de les maintenir. De concert avec M. le marquis de Beuvron, nous prenons pour cela les mesures que nous jugeons nécessaires... En différens endroits, dans le pays de Caux, il y a de pauvres paysans qui vont en troupe demander l'aumosne à des gens qu'ils croient

---

[1] *Lett., Inst. et Mém.*, t. VII, p. 404.

accommodés. L'on verra le remède que l'on y pourra faire [1]. »

Heureusement, la prudence et l'habileté de Pellot parvinrent à épargner à la Normandie une révolte pareille à celle qui éclata cette année-là, en Bretagne et en Guyenne, en partie pour cette cause.

Colbert le chargea, de concert avec de Beuvron et de Creil, de régler la situation transitoire.

Tous les épiciers vendaient alors du tabac. Pellot écrivait de Dieppe le 1er mai 1675 : « Quelques marchands espiciers me sont venus trouver; ils se plaignent des commis du droit de tabac; nous tascherons de traitter les choses doucement et de faire en sorte qu'il n'y ayt sujet de plainte de part ni d'autre... [2] PELLOT. »

Puis, le 9 juin, la longue lettre qui suit :

« Nous nous assemblames avant hyer, M. le marquis de Beuvron, M. de Creil et moy, pour tascher de régler les différents qui sont entre l'intéressé au droit nouveau sur le tabac de cette ville de Dieppe, et de quelques autres, les marchands en gros et ceux qui ont des manufactures de tabac.

« *Pour les marchands en détail*, nous les mîmes d'accord avec l'intéressé qui convient de les rembourser, dans quelque temps, des tabacs dont ils estoient chargés, suivant l'estimation qui en sera faite par les experts dont on est convenu.

« *Quant aux marchands en gros*, voicy ce dont ils se plaignent : ils disent « qu'après la publication de la déclaration, on leur devoit donner trois mois pour vendre leurs marchandises; on ne l'a publiée icy que le 22 février dernier, avec l'arrest du conseil, et en mesme temps l'on les a obligez de donner déclaration du tabac qu'ils avoient, et fait

[1] *Corresp. administ.*, t. III, p. 227.
[2] *Ibidem.*

défence de le vendre; ils n'ont donc pas eu le temps de trois mois pour en faire la vente, comme il est porté en la dite déclaration; ils en souffrent d'autant plus que le tabac est une marchandise qui dépérit et diminue tous les jours en le gardant. On leur fait deux propositions qu'ils ne peuvent, selon eux, accepter : la première, d'envoyer leur tabac hors du royaume, ce qui n'est pas raisonnable, puisqu'ils perdroient plus de 10,000 à 12,000 livres de droits qu'ils ont payés, outre le fret et les autres frais qu'ils ont faits pour le faire venir en cette ville. Pour l'autre proposition, selon eux, elle n'est pas plus juste, puisque l'on les veut obliger, en leur laissant la liberté de vendre, de payer 10 sols la livre au traitant pour le tabac du Brésil, et 5 sols pour le tabac commun, puisqu'ils auroient de la peine maintenant à vendre leur tabac le prix auquel monte ce droit-là. Ainsi il est juste que le traitant leur paye le tabac suivant l'estimation qui en sera faite, comme l'on a fait aux marchands en détail, ou qu'en leur permettant de l'envoyer hors du royaume, l'on les rembourse des droits qu'ils ont payez. »

« *Pour ceux qui ont des manufactures de tabac en cette ville de Dieppe*, ils se plaignent « qu'ils ont fait de grands frais pour l'établissement de ces manufactures depuis huit ou dix ans, croyant faire une chose agréable à S. M. et utile à l'Etat; ils faisoient gagner la vie à plus de *3 à 400 personnes* en cette ville, et à plus de 4 à 500 familles aux environs où l'on a planté du tabac; néanmoins, ils se trouvent maintenant ruinez; la proposition qu'on leur fait les acheveroit d'accabler, qui est de donner 5 sols pour livre de tabac au traitant, puisqu'ils ne la vendent gueres plus de 5 à 6 sols; et au moins le dit traitant doit estre obligé d'acheter le tabac qui leur reste qui est manufacturé et celuy qui est en feuilles, pour les tirer de quelque perte, puisque l'on ne leur a pas, non plus, donné les trois mois de temps pour se libérer. »

« Pour moy, je croirois que, pour finir ces contestations qui font crier beaucoup de gens, et pour éviter à ces marchands en gros un peu de perte, aussi bien qu'à ceux qui ont des manufactures, il seroit juste que le traitant acceptât leur tabac suivant l'estimation des experts; autrement ils perdroient quasi entièrement leurs marchandises, et S. M. ne veut pas causer une si grande ruine à ses sujets. Il ne faudra pas une si grande somme au traitant pour cela; car pour 80 ou 100,000 livres, il pourra païer tout le tabac qui est dans cette province, dont il se défera bien par la suite, puisqu'il n'y a que lui ou ses préposés qui en pourront débiter...

« Ce n'est pas que ce traité ne fasse grand tort au commerce du tabac dans le royaume et ne ruine (comme croient les dits marchands) celui des isles d'Amérique ; car peu de gens en voudront apporter en France, ou en faire venir quand ils scauront qu'il faudra qu'ils passent par les mains des traittanz, et subissent la loi qu'ils leur feront. Mais S. M. a sans doute bien examiné que le profit et l'advantage qui luy reviennent dans cette affaire, dans ce temps où elle a besoin d'argent, doit estre au dessus de toutes ces considérations... [1] PELLOT. »

Nous n'avons pas la réponse de Colbert à cette lettre de Pellot, qui ne brille pas par un grand enthousiasme pour le monopole; mais nous avons trouvé celle qu'il adressa le 12 juin au marquis de Beuvron, qui lui avait dû faire de son côté une même doléance :

« Je vous diray seulement, en réponse à la lettre que vous avez bien voulu m'écrire sur l'affaire du tabac, que l'accommodement proposé aux fermiers d'acheter tous les tabacs des marchands en gros, après avoir acheté ceux des

---

[1] *Corresp. admin. sous Louis XIV*, t. II, p. 102.

détaillans, ne se peut exécuter, et que le conseil ayant donné un arrest sur cette affaire qui a esté mise entre les mains de M. de Creil, il doit le faire exécuter sans aucun tempérament... [1] COLBERT. »

Cependant Pellot, de moins en moins convaincu, revenait à la charge et s'efforçait d'obtenir un adoucissement en faveur des commerçants de son ressort :

« Pour l'affaire du tabac, écrivait-il le 23 juin, je tascheray d'accommoder le traitant avec les marchands en gros. Ils vouloient député vers vous, mais je les en ay détournés, et ils n'iront qu'en cas que le traitant ne se porte pas à leur faire quelque raison... [2] PELLOT. »

Le tabac avait pris de telles racines en Normandie, que sa destruction fut longue. A l'intendant, qui ne marchait pas assez vite à son gré, Colbert écrivait le 26 juin 1677 :

« A l'égard des paroisses de l'élection de Pont-de-l'Arche que vous dites qui ont eu permission l'année passée de semer du tabac, le fermier a raison de les vouloir empescher cette année, puisque ce n'est pas l'intention du Roy, et qu'il est très certain que la culture du tabac dans le royaume ruine entièrement le commerce des isles françoises d'Amérique qu'il importe extrêmement au bien de l'Etat de soutenir. Ainsy, tout ce qu'on peut faire en faveur de ces paroisses est d'avoir de l'indulgence pour cette année, sans pourtant leur en témoigner ; mais, au contraire, laissez toujours faire quelques procédures par le fermier, l'intention du Roy n'étant pas qu'ils employent leurs terres à la semence et culture du tabac ; il le faudra, tout au plus tard l'année prochaine, arracher entièrement... [3] COLBERT. »

[1] Hippeau, *Le gouvernement de la Normandie aux dix-septième et dix-huitième siècles*, t. IX, p. 122.
[2] Biblioth. nat., *Mélanges Clairambault*, vol. 796, fº 675. Inédit.
[3] *Lett., Inst. et Mém.*, t. II, p. 376.

L'intendant, sous la pression du sentiment public, continuant à ne se conformer pas aux ordres du ministre, le fermier se plaignit qu'au lieu d'avoir fait détruire les récoltes, il eût rendu une ordonnance portant qu'il serait seulement dressé procès-verbal de l'état des terres plantées. Là-dessus, Colbert d'écrire à Leblanc [1] :

« Vous ne deviez point rendre cette ordonnance, parce qu'elle peut donner la hardiesse de continuer et multiplier cette semence; et au contraire, il faut faire quelque démonstration de vouloir arracher les tabacs qui sont plantés... afin qu'ils soient bien avertis par cette démonstration et que, s'ils continuent l'année prochaine, l'on puisse, sans difficulté, les arracher... COLBERT. »

Malgré tout, la culture n'en continuait pas moins. Trois années après, en 1680, Colbert écrivait encore :

« ... S. M. m'ordonne de vous écrire qu'elle veut que vous vous informiez exactement si les peuples sèment cette plante dans l'étendue de la généralité de Rouen; en quelles élections et combien; de quelles qualités sont les terres et quelle différence il y a du profit que l'on peut tirer de cette herbe avec celuy qu'on retireroit du bled et autres fruits dont ils avoient accoutumé de semer leurs terres auparavant que de les semer de tabac... COLBERT. »

On comprend du reste combien cette persistance de la libre culture devait nuire aux produits de la ferme, et on n'est pas étonné qu'en 1675, ils ne se soient élevés, pour toute la France, qu'à 386,000 livres; mais, en 1678, ils étaient déjà de 1,300,000 livres, pour continuer l'étonnante progression qui est arrivée, aujourd'hui, à 300 millions.

[1] *Lett., Inst. et Mém.*, t. II, p. 377.

# CHAPITRE HUITIÈME

### PELLOT POURVOYEUR DE COLBERT

---

§ 1. *Passion de Colbert pour les livres. Procédés dont il usait pour s'en procurer dans le monde entier.*

La passion de Pellot pour les livres n'était rien en comparaison de celle de Colbert. Ce grand ministre n'était pas moins accessible aux choses de l'esprit qu'aux choses d'économie politique et de gouvernement.

En même temps qu'il réorganisait la bibliothèque du roi, Colbert, imitant en cela le chancelier Séguier dont la bibliothèque était jusque-là sans rivale [1], s'occupa de s'en créer une à lui-même. On peut dire que ce fut, pendant vingt années, sa préoccupation constante. Il fut amené ainsi à réunir la collection la plus riche et la plus complète que jamais, y compris Séguier, particulier eût possédée.

Une lettre circulaire qu'il adressait, en 1672, à ses intendants, notamment à Le Camus, intendant de Riom, frère de la première femme de Claude Pellot, nous révèle les moyens qu'il employait pour satisfaire son goût :

« Le plaisir de former ma bibliothèque étant presque le seul que je prenne..., je sais par expérience qu'il se trouve

---

[1] Le célèbre Montfaucon a publié en 1715 un catalogue célèbre de la partie de la *bibliotheca Segueriana* concernant les manuscrits grecs.

quelquefois dans les monastères et les abbayes d'anciens manuscrits qui peuvent être de considération, et qui sont souvent abandonnés dans la poussière des chartriers par l'ignorance ou le défaut de connoissance des religieux. Vous me ferez, sur cela, un singulier plaisir, dans le cours des visites que vous faites dans votre généralité, de vous informer sans affectation si vous en pouvez trouver, et, en ce cas, d'en traiter ou de vous accommoder aux meilleures conditions qu'il se pourra. Vous jugerez facilement que cette recherche consiste plutôt en quelque sorte d'adresse et de considération que les religieux auront pour vous, qu'en dépense considérable et de prix. Et là où il y aura quelque religieux qui les connoistra, il est probable qu'ils ne voudront pas les vendre. Mais comme ils sont presque tous dans la poussière des chartriers, et inconnus, on peut les avoir avec plus de facilité. Je vous prie de vous mettre un peu en peine, et de me donner une marque d'amitié sur ce sujet [1]. »

Tous s'empressèrent de le satisfaire, comme trente ans auparavant avaient fait leurs prédécesseurs pour Séguier. De Morangis, intendant de Metz, obtint de vrais trésors, la Bible de Charles-le-Chauve notamment, et treize autres manuscrits, dont un passait pour être le livre d'heures de Charlemagne.

« J'ay reçu, écrivait-il à cet intendant le 15 novembre 1674, le manuscrit dont MM. de l'église cathédrale de Metz ont bien voulu me faire présent; je l'ai trouvé très beau et très bien conditionné, et je le considère comme un des plus beaux ornements de ma bibliothèque [2]. »

« Messieurs, écrivait-il à MM. du chapitre de Metz, deux années plus tard, le 11 septembre 1676, j'ay reçu avec beau-

[1] *Lett., Inst. et Mém.*, t. VII, p. 618.
[2] *Ibidem*, p. 77.

coup de satisfaction les trois manuscrits que vous avez bien voulu me donner, outre la belle Bible et les Heures de Charles-le-Chauve dont vous avez bien voulu orner ma bibliothèque il y a déjà quelque temps, et quoique j'en conserve le souvenir pour vous donner des marques de ma gratitude dans toutes les occasions où il s'agira des intérêts de votre chapitre et des vôtres en particulier, je suis bien ayse de vous en donner des marques par ces lignes... [1] Colbert. »

« Je vous prie, mandait-il à de Morangis, d'examiner quel présent je pourrois faire à MM. du chapitre de Metz qui pût bien leur témoigner ma reconnoissance, et qui eût quelque rapport avec celui qu'ils m'ont fait... [2] Colbert. »

Le présent consista en un portrait du roi qui ne dut pas coûter cher au ministre, et dont MM. du chapitre se déclarèrent fort satisfaits.

Ses démarches n'étaient pas toujours aussi bien accueillies, et malgré des demandes réitérées, l'intendant de Limoges ne put obtenir de l'abbaye de Saint-Martial de précieux manuscrits que Baluze y avait découverts [3].

Ses pourvoyeurs n'étaient pas seulement ses intendants ; c'était aussi le personnel des consulats, et nos ambassadeurs à l'étranger.

Le 4 avril 1680, il écrivait à de Guilleragues [4], à Constan-

---

[1] *Lett. Inst. et Mém.*, t. VII, p. 74.
[2] *Ibidem*, p. 78.
[3] *Ibidem*, p. 69.
[4] Lavergne de Guilléragues, d'abord premier président de la Cour des aides de Bordeaux, puis secrétaire du roi et ambassadeur à Constantinople où il mourut en 1684. Ami de Racine et de Boileau qui lui a dédié sa VIIe épître :

> Esprit né pour la cour et maître en l'art de plaire,
> Guilleragues, qui sais et parler et te taire...

tinople : « Vous scavez la curiosité que j'ay d'avoir de bons manuscrits pour l'ornement de ma bibliothèque, et je suis bien persuadé, par l'amitié que vous avez pour moy, que, pendant tout le temps que vous serez à Constantinople, vous prendrez quelque soin d'en faire chercher et de me les envoyer ; faites moy scavoir, de temps en temps, la dépense qu'il faudra faire pour cela, afin que j'y puisse pourvoir. Je suis bien ayse de vous donner avis que le sieur Sauvan, consul de Chypre, m'écrit que l'archevêque de Chypre [1], qui est à présent à Constantinople, a d'assez beaux manuscrits que l'on pourroit peut-être tirer de luy. Vous verrez si cet avis pourra produire quelque chose, sans toutefois rien hazarder, ni vous commettre... [2] COLBERT. »

§ 2. *Pellot se constitue en Normandie le pourvoyeur de Colbert. Don de la ville de Rouen provoqué par Pellot. Délibération des échevins à ce sujet. Les abbayes normandes à la discrétion de Colbert.*

Colbert, qui n'avait pas de secret pour son ami de Rouen et qui n'eût pas un autre auxiliaire aussi dévoué, n'avait pas manqué de lui faire connaître cette recherche de manuscrits et de livres faite pour son compte dans le monde entier. Le 9 février 1674, il le remerciait de l'envoi d'un mémoire sur les provisions des gouverneurs de Normandie, en remontant de deux cents ans :

« J'ay receu, avec la lettre qui vous a plu de m'écrire le 2ᵉ de ce mois, le mémoire concernant les provisions des

---

[1] En une seule fois, ce consul envoya à Colbert 37 manuscrits sur parchemin, en langue grecque, qui ne lui avaient coûté que 105 piastres. *Lett., Inst. et Mém.*, t. VII, p. 69.

[2] *Lett., Inst. et Mém.*, t. VII, p. 104. Adde, commission de Colbert à Sauvan consul de France à Chypre, pour acheter des livres rares en grec et en arabe. Accusé de réception de 37 manuscrits. *Correspondance admin. de Louis XIV*, t. IV, p. 580.

gouverneurs de Normandie depuis près de deux cents ans, je vous remercie du soin que vous avez pris de les faire rechercher... Colbert. »

Si les originaux de ces provisions manquent aujourd'hui aux archives de la Seine-Inférieure, on voit à qui et à quoi il faut l'attribuer.

« Je tasche à trouver icy des manuscrits pour Monsieur Colbert, » écrivait Pellot au bibliothécaire de celui-ci, le 12 juillet 1681.

De toutes les provinces de France, la Normandie en effet était la plus riche, celle où cette chasse d'un nouveau genre devait être le plus productive. L'abbaye du Bec, cette reine des abbayes normandes, qui avait eu dans son sein un docteur de l'Eglise, saint Anselme, avait alors pour abbé un des fils de Colbert qui, en 1680, devait ajouter à ce titre celui de coadjuteur de Rouen. Un autre, Louis, tout jeune encore, était à la tête de l'abbaye royale de Bonport, en attendant que son frère, devenu archevêque de Rouen, lui en procure d'autres qui, un jour, élèveront à 40,000 livres la somme accumulée de ses prébendes [2].

Ce Louis Colbert, dernier des cinq fils du ministre, né le 9 juin 1669, baptisé en 1674 à Versailles, avait eu pour parrain et marraine le dauphin et la reine [3]. Les bulles pour Bonport lui furent données le 22 octobre 1681 ; il n'avait que douze ans [4].

---

[1] Biblioth. des Invalides, manuscrits Colbert, vol. G. 90, f° 103. Inédit.

[2] Plus tard, en 1694, Louis Colbert qui n'avait guère de vocation pour la vie religieuse, résilia ses abbayes et rentra dans le monde avec le titre de comte de Linières. Il épousa Marie-Louise du Bouchet de Sourches, fille du marquis de Sourches, grand prévôt de l'hôtel, auteur de curieux mémoires dont nous avons donné des extraits.

[3] *Lett., Inst. et Mém.*, t. VII, p. 127.

[4] Colbert au cardinal Rospigliosi : « Mon fils l'abbé ayant déjà obtenu

Avant même qu'elles eussent été délivrées, Leblanc, intendant de Rouen, avait offert à Colbert ses services, et, par une lettre du 9 septembre 1681, celui-ci lui répondait en ces termes :

« Je vous remercie du compliment que vous me faites sur l'abbaye de Bonport que le Roy a donnée à mon fils. Je ne refuse point l'offre que vous me faites d'en prendre quelque soin dans la visite que vous ferez de la généralité. J'ay envoyé sur les lieux le sieur Blain qui en a esté desja économe dans le temps qu'elle appartenoit au Roy de Pologne, pour m'apporter les mémoires de l'estat auquel est cette abbaye et la copie des beaux qui en ont esté faits; car mon intention est de l'affermer au plus tot; en cas que quelqu'un s'adresse à vous pour cela, je vous prie de m'en donner avis et mesme de contribuer, autant qu'il sera en vous, à me faire trouver un bon fermier... [1] COLBERT. »

Le jeune abbé ou, pour mieux dire, soit Blain, l'économe du temps du roi de Pologne, soit tout autre procureur de cette sorte, ne perdit pas de temps pour dépouiller cette abbaye. Moins de deux ans après et d'un seul coup, sans doute sur les indications fournies à Colbert par le premier président, elle se dessaisit en sa faveur de quatre-vingt-sept de ses manuscrits les plus précieux, en échange desquels Colbert daignait lui faire parvenir, non pas même un portrait du roi comme aux chanoines de Metz, mais des livres sans valeur. La ville de Louviers, qui hérita en 1791 de ce

---

de S. S. par l'entremise de V. E. la permission de dire jusqu'à 14 ans le petit office au lieu du bréviaire, je vous supplie très humblement de vouloir bien lui accorder l'honneur de vostre entremise pour obtenir de S. S. la continuation de la même grace jusqu'à l'âge de 18 ans, afin que pendant ce temps-là il puisse continuer ses études avec plus d'application et se rendre capable de servir un jour l'Eglise et S. S. suivant ses obligations... » *Lett., Inst. et Mém.*, t. VII, p. 46.

[1] *Lett., Inst. et Mém.*, t. VII, p. 128.

qui restait de sa bibliothèque, contient le catalogue des « manuscrits qui furent remis à la *réquisition* de M. Colbert, ministre, en sa bibliothèque, le 12 mây 1683 », et, à la suite, « l'état des livres qui ont été donnés par M. Colbert, en échange des manuscrits ci-dessus. » Mais fallut-il bien une *réquisition* ? Et ce mot n'est-il pas là pour couvrir une complaisance toute spontanée du très jeune abbé ou de son représentant [1] ?

Nul doute que les autres abbayes normandes n'aient eu le même sort : Jumièges, Saint-Wandrille, Saint-Georges de Boscherville, le mont Saint-Michel, Fécamp, etc., etc. ; tous ces foyers d'étude où des générations de bénédictins avaient produit, pendant des siècles, des masses de manuscrits, Colbert put y puiser à pleines mains, grâce à ses deux fils et grâce aussi au premier magistrat de la province, son ami. Pellot eut en effet, dans ce but, des agents à son service, notamment son ami le poète Commire. Nous avons de cela une preuve certaine dans une délibération qui existe encore aux archives municipales de Rouen, et qui témoigne que non-seulement cette ville, mais toutes les abbayes et communautés de la province furent à l'entière discrétion du puissant ministre, qui, pour obtenir, n'eut, comme cette fois-là par exemple, pas même de désir personnel à exprimer.

« 23 mars 1682. Le s<sup>r</sup> Dufour eschevin a remontré que M. Pellot, Premier-Président du Parlement, estoit venu, ces jours derniers, à l'Hostel-de-Ville, et avoit demandé à entrer pour voir plusieurs livres qui y estoient, notamment ceux qui avoient été vus par le R. P. Commire, jésuite ; qu'il lui avoit fait connoistre que M. Colbert, ministre d'Etat, faisoit une bibliothèque, ce qui estant venu à la connoissance de plusieurs communautés religieuses, chacune s'empressoit de

---

[1] Plus tard Louis Colbert fut garde du cabinet des médailles et bibliothécaire du Roi. *Lett., Inst. et Mém.*, t. II, p. 371.

lui envoyer ce qui estoit de plus rare dans leurs bibliothèques, et que la ville de Rouen ayant tous les jours besoin de sa protection, elle ne se pouvoit dispenser de luy envoyer ceux que M. le Premier-Président demandoit de sa part; et celuy-ci lui avoit dit d'en parler à la première assemblée pour avoir pouvoir, si la compagnie le jugeoit à propos, d'en faire un présent, au nom de la ville, à M. Colbert.

« L'affaire mise en délibération, il a esté arresté que l'on feroit porter à la maison de M. le Premier-Président les livres cy après nommés, scavoir : une ancienne bible, — Boccace, en deux tomes, — Valère-Maxime, — l'Histoire grecque, dite Beaucachardine, — Saint-Augustin, de la cité de Dieu, — l'Histoire romaine, par Saluste, — le Régime des princes, — la Conquête de Jérusalem, — deux anciennes Histoires de France, — une autre Histoire de Charles V, lesquels livres seront présentés à M. Colbert au nom de la ville [1]. »

L'on voit d'ici les facilités qu'eut Pellot à donner satisfaction à la passion de son vieil ami. Combien y en avait-il, en effet, dans les nombreuses justices de Normandie, intéressés à renseigner Pellot et à lui complaire, surtout quand il ne leur en coûtait rien ?

### § 3. *Pellot sauve de la destruction les œuvres manuscrites de Thomas Basin, et les procure à Colbert.*

Au sujet de la bibliothèque de Colbert, Pellot fut en correspondance avec un prélat étranger à son ressort, Serroni, évêque de Mende :

« J'ay reçu, écrivait-il à Baluze le 1<sup>er</sup> janvier 1680, une lettre de l'évesque de Mende qui m'escrit qu'il ramasse les manuscrits que vous souhaittez pour la bibliothèque de

[1] Extrait du reg. A. 28 des délibérations du conseil de Rouen, de 1671 à 1698.

M. Colbert, qu'il en a fait tirer quelques extraicts et vous les doibt faire adresser...[1] »

Et le 23 mars suivant : « J'escris aussy à M. l'évesque de Mende, afin qu'il se ressouvienne des manuscrits qu'il vous a promis pour M. Colbert...[2] »

Mais ce fut surtout en Normandie que ses recherches s'exercèrent :

« Pellot à Baluze. A Rouen, ce 11 juillet 1681. Je tasche à trouver ici des manuscrits pour Monsieur Colbert. Je ne scay si vous avez celuy que M. le Roy vous debvoit fournir ? Quand je seray à Paris, j'ascheveray l'affaire si elle n'est pas faite...[3] »

C'est à lui que l'on doit la conservation du manuscrit unique des œuvres de Thomas Bazin, évêque de Lisieux au xve siècle, auteur, entre autres, d'une histoire latine de Charles VII et de Louis XI, que le savant M. Quicherat a, le premier, livrée de nos jours à l'impression [4]. Ce manuscrit, aujourd'hui à la Bibliothèque nationale, provient de la bibliothèque de Colbert dont il porte les armes, et il y était entré grâce à Pellot, comme en témoigne sa lettre à Baluze du 23 mars 1688 : « M. l'évesque de Lizieux est à Lizieux. Je luy ay escrit touchant le manuscrit de Thomas Basin, afin qu'il ne l'oublie pas et qu'il le retire des mains du chanoine qui l'a...[5] PELLOT. »

Les auteurs de *Gallia Christiana* ont écrit, en parlant de Thomas Bazin : « *Extabant omnia ejus opera manuscripta Lexovii, apud Guillelmum le Rebours presbyterum, unde*

---

[1] Biblioth. nat., manuscrits Baluze, vol. 212, f° 275. Inédit.

[2] *Ibidem*, f° 279. Inédit.

[3] *Ibidem*, f° 307. Inédit.

[4] Ils sont aujourd'hui à la Bibliothèque nationale, fonds latin 5,962, ancien 8,442, 2. L'édition de M. Quicherat, faite aux frais de la Société de l'Histoire de France, est de 4 vol. in-8°, 1855-1865.

[5] Biblioth. nat., manuscrits Baluze, vol. 212, f° 279. Inédit.

*ad ejus nepotes transiere, deinde a nepotibus in bibliotecam Stephani Baluzii, et tandem in bibliotecam regiam...* [1] »

*Gallia Christiana* se trompe en articulant que les manuscrits de Thomas Basin entrèrent d'abord dans la bibliothèque de Baluze. La lettre de Pellot que nous venons de transcrire démontre qu'ils allèrent tout droit à celle de Colbert.

N'hésitons pas à l'écrire : c'est à Pellot que nous sommes en partie redevables de la conservation du précieux manuscrit des œuvres de Thomas Bazin, qui aurait fort risqué de se perdre sans ses soins.

[1] T. XI, col. 7.

## CHAPITRE NEUVIÈME

CLAUDE-FRANÇOIS PELLOT SE CONSTITUE AUSSI LE POURVOYEUR
DE COLBERT

*Correspondance avec Baluze, à ce sujet, du premier président et de son fils. — Ce que devint la bibliothèque de Colbert.*

Nous avons écrit plusieurs fois le nom de Baluze. Né en 1632, Baluze avait été le bibliothécaire, le collaborateur et l'ami du savant archevêque de Toulouse, de Marca, auteur du célèbre traité *De concordantia sacerdotii et imperii*, mort en 1662, le jour même où il recevait ses bulles d'archevêque de Paris. Quelques années après, il était entré chez Colbert, et avait mis à son service sa grande connaissance des manuscrits et des livres.

Quand, en 1679, le premier président eut décidé de faire voyager son fils en Espagne, en Portugal, en Italie et en Allemagne, imitant en cela Colbert qui, en 1671, avait fait voyager aussi son fils, de Seignelay, à l'âge de vingt ans [1], il ne put manquer de le mettre à la disposition de Colbert, et se concerta, à cet effet, avec Baluze. On va voir, par la

[1] *L'Italie en 1671*. Relation d'un voyage du marquis de Seignelay, précédée d'une étude hist. par Clément. Paris, 1867, Didier.

correspondance qui va suivre, adressée à ce savant par Pellot et par son fils, que ce concours fût fort utile. Nous placerons ici, sans autre commentaire, les lettres, au nombre de douze, toutes inédites, qu'il nous a été donné de retrouver en original, dans la volumineuse collection de Baluze, à la Bibliothèque nationale. Les sept premières ont trait aux investigations de Pellot fils en Espagne; les cinq autres à ses investigations en Italie et en Allemagne.

1re. — « A la Croix [1], ce 1er janvier 1680. Pellot à Baluze. Je vous envoye, Monsieur, un mémoire [2] des livres que mon fils a pû seulement trouver à Madrid, de la qualité que vous les souhaittez pour la bibliothèque de Monsieur Colbert. Mandez-moy si vous les voulez, et il les acheptera. Il va de Madrid à Tolède, Cordoue, Cadis, Séville, Lisbonne. De là, il retournera à Madrid, où il sera tout le moys de mars, et de là il retournera en France par Barcelone. Dans tous les lieux il cherchera encore les livres portez par vostre mémoire, et il ne manquera pas de les achepter s'il les trouve.

« Envoyez-moy, s'il vous plaît, Monsieur, sans perte de temps, vostre réponse, car c'est dimanche prochain que part l'ordinaire pour l'Espagne. Je vous souhaitte bonne année, et suis entièrement à vous [3]. Pellot. »

2e. — « A Rouen, ce 17 février 1680. Le même au même. Je vous envoye, Monsieur, un mémoire de livres que mon fils a desjà achetez en Espagne. Il fera toutes les recherches

[1] La Croix-St-Leuffroy. Le premier président était allé passer le premier janvier dans l'abbaye de son fils. On s'étonne qu'il ait pu n'être pas à Rouen ce jour-là. Mais, d'un autre côté, il avait à recevoir, avec l'hommage de ses religieux, les rentes de l'abbaye.

[2] Ce mémoire manque, ainsi que les autres dont il va être question dans les lettres suivantes.

[3] Biblioth. nat., manusc. Baluze, vol. 212, fo 275. Inédit.

nécessaires pour trouver les autres que vous luy avez marqués. S'il ne les trouve tous, il en trouvera une partie, et ceux qui se pourront assurément rencontrer. Il me mande qu'il s'est servy de beaucoup de gens, entr'autres de D. Pedro de Bolgar que vous connaissez, qui est homme de mérite et à qui vous avez escrit. Il luy a dit, et beaucoup d'autres, qu'on a eu le missel Mozarabe [1] à bon marché que de l'avoir eu pour 40 pistoles, et qu'il avoit fait offrir plusieurs fois d'un missel Mozarabe 70 pistoles, qu'il ne croit pas qu'il y en aye plus en Espagne, osté un qui est dans la bibliothèque de l'archevesché de Tolède ; je ne scay pas si ce qu'ils disent il le faut prendre pour argent comptant, mais, quoy qu'il en soit, vous aviez mandé qu'on offrit jusques à 50 pistoles, et vous l'avez eu pour 40.

« Il me mande qu'il ne manquera pas, en passant à Sarragoce, de voir D. Louis d'Exea, grand justicia d'Arragon. Cependant, il luy escrit qu'il le remboursera des livres qu'il a achetez par vostre ordre pour Monsieur Colbert, et qu'il s'en chargera pour les emporter en France.

« Je n'ay pas encor nouvelles que mon fils soit party de Madrid ; mais je crois qu'il l'est présentement, car il me mande du 25 qu'il en devoit partir dans 7 ou 8 jours. Il va voir le reste de l'Espagne, ira à Tolède, Cordoüe, Grenade, Séville, et s'en reviendra par Lisbonne à Madrid, où il demeurera un mois entier, de sorte qu'au commencement de may, il s'en reviendra par Sarragoce et Barcelonne en France. Je vous le mande à particulier, Monsieur, affin que, si vous avez quelque commission à luy donner, vous me l'envoyez, et les lettres que l'on luy escrira luy seront rendues promptement et sûrement aux lieux où il sera, car

---

[1] Le rite et la liturgie Mozarabe ou Mozarabique étaient particuliers aux provinces d'Espagne qui avaient été soumises à la puissance arabe ou arabique.

j'ay ses adresses. Je suis entièrement à vous... ¹ Pellot. »

3e. — « Rouen, 28 février 1680. Le même au même. J'ay reçeu, Monsieur, une lettre de mon fils, de Madrid, du 8 de ce mois. Je vous envoye un mémoire de livres qu'il a achetés à Madrid depuis le dernier mémoire que je vous ay envoyé, par lequel le prix des dits livres est marqué. Vous verrez qu'ils ne coustent pas, s'il me semble, trop chers. Prenez la peine de marquer par une croix ceux que vous voudrez pour la bibliothèque de Monsieur Colbert. Je prendray les autres pour moy, surtout les livres d'histoire.

« Il me mande qu'il a fait grande connoissance avec M. le marquis de Mondexar qu'il a vu souvent. Il en a usé le plus honnestement du monde pour M. Colbert, car il a desja donné quelques livres qui sont curieux, et a promis, quand mon fils sera de retour à Madrid, de luy donner ceux qui sont marquez par le mémoire cy-joint, sur lequel vous marquerez aussy, s'il vous plaist, par une croix, ceux que vous voudrez pour M. Colbert, et qu'il n'a pas dans sa bibliothèque. Pour les autres, je verray si je les prendray. Le dit marquis de Mondexar souhaitte quelques livres de France qu'il ne sera pas difficile de trouver, entre autres vos œuvres ², que je feray acheter et les luy envoyeray incessamment, affin que mon fils les luy puisse présenter à son dit retour à Madrid.

« Comme vous scavez que c'est un fort honneste homme, très-curieux, vous verrez si vous trouvez à propos que M. Colbert luy fasse présent des livres d'estampes du Lou-

---

¹ Biblioth. nat., manusc. Baluze, vol. 212, f⁰ 270. Inédit.
² Les ouvrages que Baluze avait déjà publiés à cette date étaient :
*Regum francorum capitularia,* 2 vol. in f⁰.
*Epistolæ Innocentiæ papæ III,* 2 vol. in f⁰.
*Miscellanæa,* 7 vol. in 8⁰.
La 1re édition du manuscrit de Lactance : *De mortibus persecutorum.*

vre, touchant le Carrouzel, les tapisseries du Roy et les festes de Versailles, en cas qu'on ne les luy aye pas donné ; et en ce cas, si M. Colbert estoit dans ce sentiment, vous pourriez me les envoyer icy. Je les feroys partir avec les livres que je dois luy envoyer, et mon fils les luy présenteroit.

« Mon fils me mande que toutes les après-diner et soirs, les curieux et habiles s'assemblent chez luy [1] dans sa bibliothèque, qu'on commence par y boire du chocolat et d'autres boissons, après quoy l'on se met sur les nouvelles et autres conversations agréables et utiles ; il estoit du party de la reyne mère qui fut éloigné de Madrid pendant le gouvernement de Don Juan [2] ; depuis sa mort il est revenu, et il ne veut plus se mesler d'affaires, mais seulement se divertir agréablement dans les belles lettres et autres honnestes plaisirs.

« Mon fils a trouvé le livre intitulé : *Joannes Albinus, De gestis regum Neapolitanorum ;* mais il dit qu'on s'est aperceu qu'on le cherchoit et qu'un curieux l'a retiré, lequel présentement n'a point de honte d'en demander 12 pistoles. Il dit qu'il ne paroit pas valoir plus de deux escus et qu'il n'y a point d'Espagnol qui en voulût donner plus d'une pistole. Mandez-moy ce que vous voulez qu'on en donne. Il taschera de l'avoir à bon marché à son retour, s'il le trouve encor, et ne s'en pressera point pour cela ; si on faisoit trop le renchery, il partira et donnera ordre à quelqu'un de l'acheter au prix que l'on croira en devoir raisonnablement donner.

[1] C'est-à-dire chez le marquis de Mondézar.

[2] Don Juan, fils naturel de Philippe IV. Né en 1629, d'une capacité et d'une valeur qui n'eurent d'égale que l'incapacité de Charles II, fils légitime de Philippe IV et de Marie-Thérèse d'Autriche. Il avait été éloigné des affaires à la mort de Philippe IV et avait pris parti alors contre la reine régente. En 1677, il était revenu au gouvernement, lors de la disgrâce de la reine. Don Juan était mort depuis peu, quand Claude-François **Pellot** fit son voyage en Espagne.

« Mon fils a du partir de Madrid le 12 de ce mois ; il s'en va à Tolède, Cordoüe, Séville, Cadix, et reviendra par Lisbonne à Madrid, où il sera sur la fin du mois d'avril. Je donneray des ordres affin que les livres que je dois luy envoyer pour le marquis de Mondexar, y soient dans ce temps-là. Il sera encore à Madrid trois semaines ou un mois, et s'en reviendra en France sur la fin du mois de may [1], passera par l'Arragon et Sarragoce, où il verra D. Hyeronimo d'Exea, grand justicia d'Arragon, prendra les livres qu'il luy donnera et les luy payera.

« Si vous avez quelque chose à me mander, et que vostre réponse arrive icy avant samedy, comme cela se peut faire, je pourray escrire à mon fils par l'ordinaire d'Espagne qui partira dimanche soir. Je suis, Monsieur, votre très humble et très obéissant serviteur [2]. Pellot. »

4ᵉ. — « A Rouen, ce 23 mars 1680. Le même au même. Je vous envoye, Monsieur, un mémoire des livres que mon fils a achetés depuis celuy que je vous ay envoyé, ou que M. le marquis de Mondexar luy a donnés. Vous me marquerez ceux que vous souhaitterez pour la bibliothèque de Monsieur Colbert. Il me marque que, tant ceux-là que ceux qu'il a acheté cy-devant, il les a fait emballer, et qu'il les envoye par Bilbao, qui est une commodité fort sûre.

« J'envoye à mon fils, à Madrid, dans 2 ou 3 jours, des livres qu'il souhaitte pour M. le marquis de Mondexar ; je les envoye sur un vaisseau qui part jusques à Bilbao, et de là un correspondant que j'ay au dit lieu de Bilbao, les fera tenir à Madrid sûrement. Si vous voulez envoyer quelques livres à M. le marquis de Mondexar, vous n'avez qu'à me les faire tenir icy, et je les luy envoyray ; car quand bien même

---

[1] On verra par les lettres qui vont suivre qu'il n'y rentra qu'au mois de septembre.
[2] Biblioth. nat., manusc. Baluze, vol. 212, f⁰ 273. Inédit.

le ballot que je luy envoye serait party, l'on trouve toujours icy des commoditez pour Bilbao. Je suis entièrement à vous [1]. PELLOT. »

5e. — « A Rouen, ce 3e juillet 1680. Le même au même. Je vous envoye, Monsieur, un nouveau mémoire des livres que mon fils a acheptez. Je prendray ceux que vous ne voudrez pour M. Colbert. Il estoit encore à Madrid, le 13e juin, et en debvoit partir quelques jours après, c'est-à-dire qu'il ne sera à Lyon que vers la fin de juillet.

« Pour le missel mozarabe et le bréviaire mozarabe, il me mande qu'il est bien conditionné et imprimé sur du parchemin, mais qu'on ne veut pas donner les deux à moins de soixante pistoles, et qu'il ne les acheptera pas si l'on ne se relasche au prix que vous avez marqué. Je suis, Monsieur, entièrement à vous [2]. PELLOT. »

6e. — « A Rouen, ce 4 aoust 1680. Le même au même. J'ay receu, Monsieur, vostre lettre du 31 du mois passé, et quasy en mesme temps une caisse de livres dans laquelle il y a une petite caisse de livres cachettée que vous envoyez à M. le marquis de Mondexar, et outre cela les livres espagnols que mon fils vous a envoyez, que M. Colbert avoit dans sa bibliothèque ; j'y ay aussy trouvé l'histoire de Dreux pour M. le marquis de Mondexar que je luy envoyray, et un exemplaire de Lactence [3] dont vous me faites présent et duquel je vous remercie. Cette caisse de livres pour M. le

---

[1] Bib. nat, manusc. Baluze, vol. 212, f° 279. Inédit.

[2] *Ibidem*, p. 287.

[3] Foucault, étant intendant de Montauban, avait, en 1678, découvert de nombreux manuscrits dans l'abbaye de Moissac, qu'il avait envoyés à Colbert. Le joyau de cette découverte était le traité manuscrit de Lactance, *De mortibus persecutorum*, traité que l'on croyait perdu. L'impression et la publication en avaient eu lieu en 1679, par les soins de Baluze. Introd. aux *Mémoires de Foucault*, p. CXVII et suiv.

marquis de Mondexar avec d'autres que je luy dois envoyer, je les envoyray par la première commodité à Bilbao et les adresseray à M. le marquis de Villars, ambassadeur, comme j'ay fait les autres.

« J'ay receu des lettres de mon fils de Sarragoce, du 14 du mois passé ; il m'a envoyé deux mémoires de livres dont vous trouverez des copies cy-jointes. Il y a un mémoire dont la plus part des livres luy ont esté donnez par M. le marquis de Mondexar pour M. Colbert, suivant qu'il est escrit à la marge. Il y a un autre mémoire de livres qui luy ont esté donnez par un historiographe du Roy d'Espagne qui demeure à Sarragoce ; je ne scay pas pourquoy mon fils les a receus, mais il faudra que je lui fasse quelque présent de cette valeur. Je vous envoye copie de la lettre qu'il a escritte à mon fils, que j'ay fait traduire.

« L'on prétend, Monsieur, que tous ces livres sont plus rares que ceux que vous avez receus ; on les a bien emballez, à ce que l'on me mande, et l'on devoit les envoyer de Madrid dèz le commencement du mois passé à Bilbao, à nostre correspondant qui m'a envoyé les autres cy-devant. Je n'ay pas de nouvelles qu'ils soient encor arrivez à Bilbao. Aussi tost que j'en auray, je vous en feray part, et quant on les aura receus je vous les envoyray, affin que vous choisissiez ceux que vous souhaittez. Il y en a quelques uns qui sont doubles ; vous choisirez l'exemplaire que vous voudrez, et me laisserez l'autre.

« Il n'a pas acheté le bréviaire et missel mozarabe ; c'est qu'il l'a trouvé trop cher à 60 pistoles et qu'il n'avoit pas receu ma lettre par laquelle je luy mandois qu'il l'achetat mesme à 60 pistoles, s'il ne pouvoit pas l'avoir à meilleur marché, comme vous me l'aviez mandé ; mais il faut que ma lettre ne soit pas arrivée devant son départ de Madrid. Ce qu'il y aura à faire, est qu'il faudra s'adresser à quelqu'un, affin qu'après qu'il les aura visités, il les achète si l'on est toujours dans ce dessein. En ce cas, j'escriray à mon fils pour sçavoir à qui il faudra s'adresser ; car il me mandoit que c'estoit un mistère, et que les gens qui en avoient parlé, l'avoient fait en grand secret. J'attendray de vos nouvelles, et suis entièrement à vous [1]. PELLOT. »

7ᵉ. — « A Rouen, ce 12 aoust 1680. Le même au même. Mon fils m'escrit du 28 du passé de Barcelonne, et m'addresse un paquet pour vous, que je vous envoye. Il m'escrit quelques nouvelles dont je vous fais part et de quelque autre chose que sa lettre contient, sur quoy vous nous fairez scavoir vos intentions.

« Il me mande que nos quaisses de livres sont parties de Madrid le 14 ou le 15 du passé, que nous aurons icy advis aussi tost qu'elles seront parties de Bilbao, et que si l'on veut quelque chose de Madrid, qu'il y a de bons correspondans et fidèles. Je suis, Monsieur, entièrement à vous [2]. PELLOT. »

Ici s'arrête la correspondance d'Espagne. Elle reprend, pour l'Italie, l'année suivante :

1ʳᵉ. — « A Rome, ce 24 juin 1681. Pellot fils à Baluze. Monsieur, j'ay déjà acheté quelques livres de ceux qui sont marquez dans vos mémoires, et feray toutes les diligences possibles pour trouver les autres.

« Les deux derniers tômes des anales d'Odorius Raynaldus et l'*Epitome Italiæ sacræ, authore Julio Lucento*, ne sont point encore en vente.

« Je ne manqueray point d'acheter les opuscules de Catharin et d'Egidius Romanus, comme aussi Hortensius *in Decretales*, suivant ce que vous en avez écrit à M. de Bru.

« Je crois, Monsieur, que vous estes bien persuadé que

---

[1] Biblioth. nat., manusc. Baluze, vol. 212, fᵒ 293. Inédit.
[2] *Ibidem*, fᵒ 297. Inédit.

je tacheray de m'acquitter de mon mieux de cette commission, et suis, Monsieur, vostre très-humble et très-obéissant serviteur [6]. PELLOT. »

2e. — « A Rouen, ce 21 juillet 1681. Pellot à Baluze. Je vous envoye, Monsieur, des mémoires de livres que mon fils a acheptez à Rome pour Monsieur Colbert ou pour moy, et de ceux qu'il trouve encore à achepter, et le prix. Vous me manderez, s'il vous plaist, sur cela vos sentiments; si de ceux qui sont pour moy, vous en souhaittez pour la bibliothèque de Monsieur Colbert, vous n'avez qu'à me le marquer. Vous me fairez aussi scavoir si vous me conseillez les livres qui ne sont pas acheptez, au prix marqué. Mais je vous prie de me mander vos advis au plus tost, et que je les reçoive, au plus tard, vendredy prochain, parce que cela presse, mon fils ne devant plus guère rester à Rome.

« Le correspondant de M. Albergue qui est à Baionne, me mande qu'il a receu la quaisse où est le missel mozarabe et qu'il l'envoye au sr Rolin, banquier de Paris, qui demeure dans le Cloistre St-Jacques-la-Boucherie [2]. PELLOT. »

3e. — « A Rome, ce 11 novembre 1681. Pellot fils à Baluze. Je pars aujourd'huy, Monsieur, de cette grande ville et j'envoye à mon père trois ballots de livres : celuy qui est marqué n° 3 est plein de constitutions synodales et des autres livres que vous m'avez mandés par vos mémoires, et que j'ay pu trouver. Il y a aussi une boete de reliques insignes que Monsieur le Cardinal Casanate m'a donnée pour vous envoyer. Je vous puis assurer que cette Eminence a pour vous tous les sentiments d'estime et d'amitié que vous méritez. Il a eu pour moi des honnetetez particulières, et je crois que c'est en partie à cause qu'il scavoit que vous me

---

[1] Biblioth. nat., manusc. Baluze, vol. 212, f° 305. Inédit.
[2] *Ibidem*, f° 307.

faites l'honneur de me mettre au nombre de vos amis. Dans les deux autres ballots, il y a le *Tractatus tractatuum* en 28 volumes in-f⁰, et d'autres livres dont j'avais aussi receu des mémoires, et que je croy estre pour la bibliothèque de mon père. Je m'en vais d'ici à Florence, et de là à Venise où je prendray langue pour mon voyage d'Allemagne. Je ne manqueray pas de chercher avec soin, dans les villes principales par où je dois passer, les livres qui restent à acheter, puis qu'ils sont pour la bibliothèque de M. Colbert à qui notre maison a de si grandes obligations. Je suis, Monsieur, avec plus de passion que personne du monde, vostre très humble et très obéissant serviteur [1]. PELLOT. »

4ᵉ. — « Rouen, 11 décembre 1681. Pellot à Baluze. Je vous envoye une lettre de mon fils [2] et un mémoire des livres qu'il a acheptez pour la bibliothèque de M. Colbert. Ils sont dans un ballot qui vient avec d'autres qui sont pour moy, par la voie de Lyon et de Marseille : aussi tost que je l'auray receu, je vous l'envoyeray.

« Je vous ay escrit une lettre il y a quelques jours ; je ne scay si vous l'avez receue. Je vous escrivois de quelques manuscrits et de quelques livres que je vous priois de m'achepter si vous les trouviez. J'espère d'estre ces fêtes à Paris ; j'auray l'honneur de vous y voir et de vous asseurer, Monsieur, que je seray toujours vostre très humble et très obéissant serviteur [3]. PELLOT. »

5ᵉ. — « Rouen, 25 juin 1682. Pellot à Baluze. Je vous envoye, Monsieur, le mémoire des livres que mon fils a achepté en Allemagne, et qu'il m'envoye de Strasbourg. Vous marquerez ceux que vous désirez pour Monsieur Colbert, et les autres je les garderay.

---

[1] Biblioth. nat., manusc. Baluze, vol. 212, f⁰ 300. Inédit.
[2] Ce doit être la lettre précédente, adressée à Baluze par Pellot fils.
[3] Biblioth. nat., manusc. Baluze, vol. 212, f⁰ 298. Inédit.

« Il en envoye encore d'Italie, par la voie de M. de Varangeville¹ qui s'en revient de Vénize ; je vous en donneray advis aussi tost qu'ils seront arrivez. Je vous remercie de V. Mss. de M. de Marca ², que Chartonnet, mon homme, vous aura asseurément remis. Je suis, Monsieur, entièrement à vous ³. Pellot. »

Terminons sur ce point en disant ce que réservait l'avenir à cette bibliothèque que le grand Colbert avait, avec l'aide de Pellot, amassée avec tant d'amour.

Après lui, elle passe à deux de ses fils, de Seignelay, ministre de la marine, et Nicolas, archevêque de Rouen. Puis elle devient la propriété du comte de Seignelay, fils de l'un, neveu de l'autre, qui, en 1728, ne reculera pas devant la pensée de livrer tous ces trésors à la dispersion ! En quoi Colbert devait être moins heureux que Séguier dont la bibliothèque eut la rare fortune d'entrer dans l'abbaye Saint-Germain-des-Prés, grâce à son petit-fils, de Coislin, évêque de Metz, qui en était abbé.

Les imprimés furent mis en vente, sur un catalogue en 3 vol. in-12, qui renfermait 18,219 articles. Quelques-uns atteignirent des prix fort élevés, notamment une bible sur velin, imprimée en 1462 à Mayence, qui fut vendue 3000 livres. Ce pouvait bien être « l'ancienne bible » que Pellot avait obtenue des échevins de Rouen ? Les manuscrits n'auraient pas échappé à un même désastre si le cardinal Fleury n'avait eu la patriotique pensée de les placer tous, au prix de 300,000 livres, dans la bibliothèque du roi.

---

1 Ce doit être le fils de Pierre Roque, sʳ de Galleville et de Varengeville, qui avait été du parlement de Rouen avec Pellot au temps du semestre. Sans doute, les deux jeunes gens avaient fait ensemble le voyage d'Italie.
2 De Marca avait légué ses manuscrits à Baluze.
3 Biblioth. nat., manusc. Baluze, vol. 212, f° 260. Inédit.

Parmi ces manuscrits se trouvait la correspondance de Colbert, réunie en volumes innombrables où il nous a été donné de puiser, et notamment les lettres de ou à Pellot.

## CHAPITRE DIXIÈME

COLBERT CONSENT A POSER POUR SON AMI

En 1680, Pellot ne possédait pas encore une toile qui lui rappelât les traits de son ami. Ce n'était pas chose facile d'avoir un portrait de Colbert; absorbé par un travail incessant, il n'avait guères d'heures à donner aux peintres qui se disputaient l'honneur de fixer ses traits.

Parmi les hôtes habituels de Colbert, il faut en citer un qui fut aussi l'ami de Pellot, et que le temps a couvert d'un oubli, inévitable, hélas! mais injuste, l'abbé Jean Gallois [1], le parent de maître Philippe Gallois, notaire à Paris de 1646 à 1687, qui, après avoir ouvert la vie civile de Colbert par son contrat de mariage en 1648, devait la clore par son inventaire en 1683 [2]. Né à Paris en 1632, fils d'un avocat au parlement, Jean Gallois avait embrassé l'état ecclésiastique pour se livrer tout entier à l'étude. Colbert, qui avait su le discerner, lui avait, en 1667, confié la direction du *Journal des savants* [3]; quelques années plus tard, en 1673, il l'avait fait recevoir de l'Académie française, le mê-

---

[1] Pour tout ce qui va suivre: *Mém. de Nicéron*, t. VIII, édit. de 1729. — Son éloge par de Fontenelle, t. V de l'édit. de 1742. — L'un n'a guère fait que copier l'autre.

[2] *Lett., Inst. et Mém.*, t. VII, p. 604.

[3] T. Tastet, *Les 40 fauteuils de l'Académie française*, t. III, p. 5.

me jour que Fléchier et que Racine. Colbert avait fini par lui donner logis dans son hôtel, et s'en était fait un compagnon indispensable, au point de le mettre de ses voyages, utilisant ainsi dans son commerce les longues heures que lui prenaient ses courses si fréquentes de Paris à Versailles.

« C'étoit, a écrit Fontenelle, un homme d'un tempérament vif, agissant, et fort gai, fertile en expédients, n'ayant d'occupation que les livres, dont il avoit mis ensemble plus de 12,000 volumes... [1] » Combien d'idées furent remuées, combien de projets conçus et arrêtés dans leurs longs tête-à-tête! Un biographe [2] va jusqu'à prétendre que Colbert en aurait profité pour se faire initier à la langue latine. C'est oublier que Colbert, latiniste quoique financier, avait fait chez les Jésuites de Reims d'excellentes humanités. Ce qui est plus certain, c'est que ce fut l'abbé Gallois qui lui inspira plusieurs des œuvres qui l'ont immortalisé, entre autres les diverses Académies, notamment celle des Inscriptions. Il l'aida très activement dans la composition de sa bibliothèque, et fut l'éditeur du *breviarium Colbertinum* [3]. Et n'eût-il pas été étrange que Colbert se fût fait imprimer pour son usage particulier un livre d'heures en une langue qu'il n'eût pas comprise? Or l'abbé Gallois, ami du savant Baluze, autre commensal de Colbert, l'était au même degré de Pellot. Ce fut par l'abbé Gallois que celui-ci obtint enfin de faire arriver un peintre jusqu'au modèle convoité ; aussitôt, il en exprima sa joie à Baluze :

« Je suis bien obligé à M. l'abbé Gallois, lui écrivait-il de Rouen le 4 août 1680, des bons offices qu'il m'a rendus, affin d'avoir l'heure de M. Colbert pour le faire peindre. On me mande qu'ils ont eu leur effet, et qu'il ne faut plus

---

[1] Eloge de Gallois par Fontenelle, t. V de l'édit. de 1742.
[2] Biogr. de Michaud, au nom de Jean Gallois.
[3] *Ibidem*.

que fort peu de temps pour achever son portrait... [1] »

Quel fut l'artiste employé par Pellot? Son nom n'est pas dans cette lettre, et malheureusement nous n'avons pas la correspondance de Pellot avec l'abbé Gallois.

Nous pensons que ce fut Mignard. Notre raison est qu'il existe dans les cartons de la bibliothèque nationale un portrait, gravé, de Pellot intendant, au bas duquel se lisent ces mots : *Mignard pinxit*. Pourquoi se serait-il, cette fois, adressé à un autre? Il fallait, d'ailleurs, un peintre digne du modèle.

Mais qu'est devenu ce cher portrait qui, bien certainement, fut apporté à Rouen? S'il y existe quelque part, parmi les représentants des Bec-de-Lièvre ou ailleurs, un portrait de Colbert daté de 1680, signé ou non de Mignard, il est vraisemblable que c'est celui dont il s'agit ici, et qu'il a appartenu au premier président.

[1] Biblioth. nat., manusc. Baluze, vol. 212, p. 293. Inédit.

# LIVRE DIX-SEPTIÈME

SUITE ET FIN DE LA PREMIÈRE PRÉSIDENCE DE
CLAUDE PELLOT

# CHAPITRE PREMIER

### TROISIÈME ET DERNIER REGARD SUR LE PARLEMENT

*Discipline. — Réformes.*

Jetons un dernier regard sur la compagnie dans laquelle Pellot tenait alors une si grande place. Cette fois, ce sont les réformes qu'il y a introduites et sa discipline qui vont nous occuper.

§ 1. *Mesure disciplinaire contre un conseiller, pour soufflet donné à un président. Exil à Issoudun. Excuses à genoux devant tout le parlement.*

Les trois procès-verbaux qui vont suivre sont tirés des registres secrets. Nous ne voulons dire qu'un mot sur ce regrettable incident, ce fut une question de préséance qui y donna lieu. — Le manquement avait eu lieu le 24 janvier 1678; l'exil à Issoudun avait été ordonné le 29 avril; la réparation qui y mit fin fut du 7 février 1679 : l'exil avait duré neuf mois.

1º « Du lundy, 24ᵉ jour de janvier 1678, les chambres assemblées... est entré, après l'avoir demandé, Monsieur David Grenier, sʳ de Cauville, président aux requêtes du Palais [1], lequel, après avoir pris place au banc de messieurs des Enquestes, a dict : « qu'il se venoit plaindre à la Cour de « ce que Mr Heurtault [2], conseiller commissaire, lui avoit « donné un soufflet dans la chambre des dites requestes »; et lui a esté dict par Monsieur le Premier-Président de donner sa plainte par escrit; ce qu'ayant fait, les chambres ont été assemblées; et présents MM. les Présidents : Premier... lecture de la plainte rendue par le s[r] de Cauville, et délibéré; a esté arrêté qu'il en sera informé par Messieurs Danviray et Duhoullay [3], à ce commis et députés. »

2° « Du mercredy, 26e jour de janvier 1678, M. Danviray a faict rapport de la requeste présentée par Monsieur Heurtault, conseiller, commissaire aux Enquestes du Palais, en forme de plainte contre M. Grenier de Cauville, Président aux Requestes; lecture faicte de la dite plainte, et délibéré; a esté arresté que la requeste dudit sieur Heurtault demeureroit jointe au procès, et qu'il sera continué d'informer sur celle présentée par le dit sieur Grenier de Cauville. »

3° « Du mercredy, 7e jour de febvrier 1679. Les chambres du Parlement, assemblées en la chambre du Conseil, où estoient : MM. le Premier-Président Pellot... lecture a été faite, sur le bureau, de l'arrest du Conseil d'Estat du Roy dont la teneur suit :

« Sur ce quy a esté représenté au Roy, en son conseil,
« que S. M. ayant esté informée des différents qui estoient
« entre les officiers de la grande chambre, enquestes et re-
« questes du Parlement de Rouen, notamment au sujet de
« la séance des Présidents des Requestes, les chambres as-
« semblées, elle auroit, par arrest de son conseil, ordonné
« que les parties remettroient leurs pièces entre les mains

[1] Président aux requêtes depuis 1673.
[2] Jean Heurtault, conseiller aux enquêtes depuis 1665.
[3] Alphonse du Houllay, s[r] d'Argouges, conseiller-clerc depuis 1665.

« du sr Marquis de Chasteauneuf, secrétaire d'Estat, pour
« lui en faire rapport; mais le dit procès n'ayant pu estre
« mis en estat, S. M. par autre arrest de son conseil d'état,
« du 31 décembre 1677, auroit ordonné que, en attendant
« le jugement deffinitif dudit cas, les Présidents des Reques-
« tes ou anciens en leurs absences, auroient, lors de l'as-
« semblée des chambres du Parlement dans la chambre du
« conseil, les deux plus proches places, hors du parquet,
« du banc estant à main-droite des Présidents audit Parle-
« ment [1], et les autres conseillers des requestes placés confu-
« sément avec ceux des enquestes [2]; lequel arrêt ayant été
« envoyé pour estre registré et executé, quelques conseillers
« des dites Enquestes en auroient eu tant de mécontente-
« ment que le sr Heurtault, l'un d'eux, se seroit emporté à
« un tel point que non seulement il auroit dit plusieurs
« injures atroces au sr de Cauville, Président aux dites re-
« questes, mais encor lui auroit donné un soufflet dans sa
« place lorsqu'il présidoit dans sa chambre; de quoy S. M.
« ayant eu coynoissance, elle auroit, par arrest de son con-
« seil d'Estat, du 22e jour de mars dernier, ordonné que les
« informations qui avoient été faictes pour raison de ce, se-
« roient incessamment envoyées, et cependant que le sieur
« Heurtault seroit interdit de la fonction de sa charge; et
« par autre arrest du dit conseil, du 29 avril en suivant,
« après s'estre faict représenter les dites informations, elle
« auroit ordonné qu'il demeureroit interdit de l'exercice d'i-
« celle, et que, trois jours après la signification qui luy se-

[1] C'est-à-dire que, contrairement à ce qui avait eu lieu jusque-là, le président des requêtes siégerait immédiatement à la suite des autres présidents.

[2] C'est-à-dire que, au lieu de venir à la suite du parlement, leur président à leur tête, les conseillers des requêtes auraient, dans les assemblées générales, leur place pêle-mêle avec les autres conseillers, selon la date de leurs nominations respectives.

« roit faicte du dit arrest, il se retireroit dans la ville d'Is-
« soudun pour y demeurer jusques-à-ce qu'autrement il en
« eust esté ordonné par S. M.; laquelle voulant que le dit
« Heurtault, auparavant d'estre rétably, fasse au dit sieur
« Président, réparation convenable à l'affront qu'iceluy
« Heurtault luy a faict; — Ouy ce rapport, et le tout consi-
« déré; le Roy estant en son conseil, a ordonné et ordonne
« que le dit s$^r$ Heurtault viendra incessamment de la ville
« d'Issoudun en celle de Rouen, où il comparoîtra le jour
« que les chambres du Parlement seront assemblées par le
« sieur Pellot, Premier-Président, et dans le parquet de la
« grande chambre il se mettra à genoux, la teste nue,
« devant le sieur Président de Cauville, et luy dira à haute
« et intelligible voix QU'IMPRUDEMMENT ET MAL A PROPOS IL
« S'EST PORTÉ A LUI FAIRE L'INJURE DONT IL S'EST PLAINT, LUY
« EN DEMANDANT TRÈS-HUMBLEMENT PARDON, LE PRIANT DE L'OU-
« BLIER ; ce fait, pourra le dit s$^r$ Heurtault reprendre les
« fonctions de sa charge, et jusques à ce, en demeureroit
« interdict; enjoint S. M. au dit sieur Premier-Président et
« au sieur Procureur Général du dict Parlement de tenir la
« main à l'exécution du présent arrest; fait au conseil d'Es-
« tat du Roy, Sa Majesté y estant, à Versailles, le 5$^e$ jour de
« Décembre 1678. Signé, Phélippeaux. »

« Cette lecture ainsy faicte, le dit sieur Heurtault, adverty,
est entré, et s'estant mis à genoux dans le parquet de la
chambre, teste nue, a prononcé ces termes, à haute et intelligible voix :

« Je déclare qu'imprudemment et mal-à-propos, je me
suis emporté à faire à Monsieur de Cauville l'injure dont il
s'est plainct, je luy en demande humblement pardon et le
prie de l'oublier.

« Ce que le dit s$^r$ Heurtault ayant dict, il s'est levé et
retiré derrière les bancs du Parquet, avec messieurs des Enquestes. »

§ 2. *Le premier président règle la situation de la chambre des requêtes. Il s'efforce de la mettre sur le même pied que le reste du parlement. Impuissance de sa réforme.*

En 1680, Pellot parvint à régler la contestation qui régnait entre les requêtes et les autres chambres du parlement.

François Ier avait créé les requêtes en 1543 [1]; mais au lieu d'établir des charges, il avait remis le service aux six plus anciens conseillers du parlement [2]. Plus tard, le personnel du parlement ayant été réduit, il ne s'y était plus trouvé que juste le nombre qu'il fallait pour la grand'chambre, la tournelle et les enquêtes, qui, de deux chambres, avaient même dû être réduites à une seule [3]. Alors, on avait délivré des commissions à des avocats pour le service des requêtes [4]; et ce n'avait été que sous Charles IX qu'avaient été créées sept charges spéciales au service des requêtes, dont une de président et six de conseillers [5], et plus tard, lors du semestre, il en avait été ajouté trois.

Au premier abord, il semble que ces magistrats des requêtes eussent dû se trouver placés sur un même pied avec les autres du parlement. Il n'en fut rien. « L'idée qu'on avoit eue de cette chambre quand elle n'étoit point remplie par des Conseillers véritables ne s'effaça point; on leur opposa une foule de difficultés pour le rang; on ne les appeloit point aux assemblées générales; on ne les employoit point dans les députations; on procédoit à leur réception

---

[1] *Hist. manusc.*, t. I, p. 52.
[2] *Ibidem.*
[3] *Ibidem.*
[4] *Ibidem.*
[5] *Ibidem.*

comme à celle des juges des bailliages ou des Présidiaux ; dans les cérémonies publiques, ils ne se fondoient point dans le Parlement, mais marchoient à sa suite, séparément; bref, comme des juges subalternes, on les intimoit sur l'appel de leurs sentences [1]. »

La justice de ces malheureux officiers des requêtes était reléguée dans un coin obscur du palais. Un jour, en 1674, le parlement s'émut de leur hardiesse : « Quoi qu'ils eussent jusques-là toujours tenu leurs audiences dans un petit canton de la salle des Procureurs, qui étoit renfermé de balustrades, assez près du parquet des huissiers, » ne s'étaient-ils pas avisés, cette fois, de vouloir tenir leur audience dans leur chambre. « Le Procureur Général ne put s'empescher de porter plainte de cette téméraire innovation, et le Parlement donna arrêt leur faisant défense de rendre des sentences ailleurs que dans leur petit canton, à peine de nullité de leurs jugements, et aux avocats et Procureurs d'y plaider, ni occuper, à peine de 50 livres d'amende et d'interdiction [2]. »

Il faut le reconnaître, ces marques d'infériorité étaient en rapport avec les attributions. La chambre des requêtes était, en effet, un petit parlement dans le grand, une annexe de cette cour souveraine, non souveraine elle-même. Elle avait des attributions spéciales, et constituait une juridiction de premier degré pour les causes privilégiées, soustraites aux justices ordinaires. Juges du premier degré, comment les requêtes pouvaient-elles prétendre marcher égales des juges souverains? D'ailleurs leurs charges étaient spéciales à leur juridiction subordonnée, et jamais, quelque longs que fussent ses services, un conseiller aux requestes ne pouvait, à moins d'acheter une autre charge et dépouiller,

[1] *Hist. manusc. du Parlement*, t. I, p. 302.
[2] *Ibidem.*

au préalable, son titre, arriver à la chambre des enquêtes, et moins encore, bien entendu, à la grand'chambre.

Mais quand Pellot eut résolu de procurer à son fils une charge de conseiller aux requêtes, il s'employa à relever cette institution. De là cette innovation provisoire de 1677, qui avait amené le grand éclat du conseiller Heurtault. Il semble vraiment que Pellot fit un tour de force, quand, à trois années de là, il obtint du grand conseil une déclaration définitive donnant entière satisfaction à toutes les réclamations que le parlement avait, depuis plus d'un siècle, obstinément repoussées [1].

Cette déclaration royale du mois de juillet 1680, dont Pellot fut le rédacteur, vint proclamer que les requêtes faisaient partie du parlement; qu'il devait être procédé à leur réception de la même manière qu'il était procédé pour les autres conseillers; qu'ils prendraient, le jour de leur réception, séance à la grand'chambre, et y jugeraient, ce jour-là, comme faisaient en pareil cas les conseillers des enquêtes; que dans toutes les députations où on avait coutume de faire entrer des conseillers des enquêtes, il devrait y en avoir aussi des requêtes; qu'il y aurait à les convoquer à toutes les assemblées générales, mêlés aux conseillers de la grand'chambre et des enquêtes, du jour de leur réception [2].

Bref, leur fusion dans le parlement fut complète. La déclaration réservait au roi la connaissance de tous différends

[1] Déclaration du roy pour la discipline de la chambre des requestes du 15 avril 1680.
Déclaration du mois de juillet suivant, définitive et contradictoire, entre les officiers de la grand'chambre, des enquestes et des requestes. « *Au recueil des Edits, déclarations et arrêts du Conseil, concernant la chambre des Requestes du Parlement de Normandie.* Rouen, chez des Rocques, MDCCVIII, un vol. in-12. »

[2] *Histoire manusc. du Parlement.*

qui pourraient s'élever à l'avenir entre le parlement et eux : précaution sage, émanant d'un chef de compagnie qui connaissait bien le péril d'une revanche, que le parlement n'aurait manqué de prendre, si cette disposition ne lui eût lié les mains.

A partir de ce jour, la chambre des requêtes, comme elle en avait toujours eu la prétention, eut la satisfaction de se trouver *en droit* sur un pied d'égalité avec le reste du parlement. Nous disons en droit, car, *en fait*, il fut loin d'en être ainsi. Pellot ne put rien contre la nature des choses ; et les magistrats des requêtes restèrent inférieurs aux autres : d'une part, parce qu'ils n'étaient pas souverains; d'autre part, parce qu'ils ne pouvaient, en tant que possesseurs d'une charge des requêtes, arriver aux enquêtes. Aussi leur office fut-il toujours d'un prix moins élevé, et leur considération toujours loin de celle de leurs collègues. En un mot, ils continuèrent de rendre des jugements, et, quoique porteurs des insignes du parlement, ils ne rendirent jamais d'arrêts [1].

§ 3. *Le premier président Pellot, malgré l'opposition du parlement, poursuit et obtient la création d'une seconde chambre des enquêtes. Utilité de cette création. Ses heureux effets.*

Depuis la suppression de la chambre de l'édit, la chambre des enquêtes se trouva composée de 57 magistrats [2]. 12 d'entre eux, il est vrai, allaient, pendant un trimestre, faire

---

[1] « Les *sentences* et *jugements* provisoires des requestes seront exécutés nonobstant oppositions ou appellations quelconques... ne pourront les Requestes connoistre des saisies, criées et décrets qui se feront en exécution de leurs *sentences* et *jugements*. » *Déclaration du 6 juillet 1680.*

[2] *Hist. manusc. du Parlement*. Éloge anonyme.

à tour de rôle le service de la tournelle [1]; mais, ces douze conseillers déduits, il en restait quarante-cinq, quand, règlementairement, il aurait suffi qu'ils fussent dix [2]. De son côté, la grand'chambre était surchargée, et les procès s'y éternisaient. Puis, les jeunes conseillers des enquêtes restaient oisifs, sans être mis à même de rendre aucun service et de s'instruire.

Le premier président fut frappé de cette situation. Pour donner de l'occupation aux jeunes magistrats et les rendre plus capables de succéder un jour aux anciens; pour soulager ceux-ci et accélérer la justice, il s'occupa de la création d'une seconde chambre des enquêtes [3], mesure fort sage, et qui n'était d'ailleurs qu'un retour à l'état ancien, tel qu'il avait existé pendant une partie du seizième siècle : chose de grande conséquence en un temps où l'on tenait tant aux traditions. Malgré cela, Pellot rencontra au sein de son parlement une opposition des plus vives qui le tint d'abord en échec [4].

Enfin, sa réforme fut décrétée au mois d'août 1680. Ils étaient cinquante-sept dans la seule chambre des enquêtes. Ils allaient être vingt-huit dans cette chambre dédoublée; et, avec une déduction de huit conseillers seulement au lieu de douze, soit de quatre pris dans chacune des deux chambres nouvelles pour la tournelle, ils allaient rester vingt-quatre, quand à la rigueur il suffisait qu'ils fussent dix pour juger. Six magistrats de la grand'chambre portèrent à quatorze le nombre des conseillers criminels [5].

[1] *Hist. manusc. du Parlement.* Éloge anonyme.
[2] *Ibidem.* Une ordonnance royale avait fixé à dix le nombre *minimum* de magistrats pour la validité des arrêts.
[3] Éloge anonyme.
[4] Mém. pour servir à l'oraison funèbre de M. Pellot. (Biblioth. nat., fonds français, L $\frac{N}{29}$, n° 16,001.)
[5] *Hist. manusc. du Parlement*, t. II, p. 209. Éloge anonyme.

Le règlement statua que les conseillers des enquêtes seraient distribués également dans les deux chambres, selon l'ordre de leur réception : en d'autres termes, les conseillers impairs à l'une, et les conseillers pairs à l'autre. Il fut dit que les procès seraient également répartis, de manière à assurer, autant que possible, à chacune, un nombre égal d'affaires, et, ce qui était fort à considérer, un même chiffre d'épices.

On reconnut le bon effet que produisit ce changement ; une louable émulation entra dans l'esprit des conseillers de l'une et de l'autre chambre. Leur assiduité et leur application à rendre une exacte justice firent bientôt reconnaître l'avantage de cet heureux établissement [1].

Le palais manquant d'un local pour la chambre nouvelle, le premier président, qui aimait fort les constructions, eut bientôt fait d'en dresser le plan, qu'il soumit à Colbert ; mais les nécessités de la guerre furent cause que Colbert ne put rien faire ; et force fut, plus tard, à la ville de Rouen d'en faire les frais [2], au moyen d'une taxe spéciale d'octroi.

Une chose que Pellot obtint plus aisément, ce fut en faveur de Thomas de Bec-de-Lièvre son gendre, déjà conseiller, une présidence à mortier dont la création de cette seconde chambre fit reconnaître la nécessité [3].

Ce dédoublement amena un résultat imprévu, c'est que les deux enquêtes prirent l'habitude de se réunir, arrière de la grand'chambre, pour leurs intérêts communs, et de prendre des arrêts de règlement qu'elles intitulèrent fièrement « les chambres des enquêtes assemblées ». Qu'allait devenir la grand'chambre à côté de cette souveraineté rivale ?

---

[1] Eloge anonyme.

[2] *Hist. manusc.*, t. II, p. 344. Cette construction eut lieu sous la présidence de M. de Montholon (1692-1703).

[3] Lett. de Colbert, transcr. ci-dessus, p. 186.

En 1682, Pellot obtint un arrêt du conseil qui interdit aux enquêtes tous arrêtés et toutes assemblées de cette nature [1].

Parlant du premier président, Ménétrier, dans son style épigraphique, relate la réforme de la chambre des enquêtes dans les termes suivants :

> Publicis non privatis commodis intentus,
> Ut litigantes citius a foro eximeret,
> Ut lites exactius disceptaret,
> Inquisitionum classem in duas dimisit :
> Proposito
> Assensêre cordatiores, reclamârunt timidi,
> Subsannârunt invidi, disturbârunt inquieti ;
> Pervicit acris judicii vis,
> Provida et recti consciæ mentis inconcussa tenacitas ;
> Exiit edictum a Cæsare
> Claudi peritiam, sapientiam, sedulitatem comprobante.
> Intentum hodie probant rescriptum, venerantur ;
> Communi singuli fruuntur bono ;
> Et beneficum iratis serviisse,
> Et magnanimum officiis invitos demeruisse
> Uno omnes ore profitentur [2].

## § 4. *Pellot règle le service des présidents à mortier.*

L'édit du mois de juillet 1680, portant création d'une seconde chambre des enquêtes, régla du même coup le service des présidents du parlement :

Deux présidents à mortier seront attachés à chacune des chambres [3].

---

[1] *Hist. manusc.*, t. II, p. 358.

[2] Mémoire pour servir à l'oraison funèbre du premier président Pellot.

[3] Bientôt le parlement se trouva constitué de : 10 présidents, y compris le premier président, 102 conseillers dont 13 conseillers-clercs (il est

Le premier président sera toujours à la grand'chambre avec le doyen des présidents à mortier ou, comme on disait alors, avec le deuxième président, plus un autre président, par voie de roulement ; sauf au premier président à continuer d'aller présider l'une des enquêtes ou la tournelle, quand bon lui semblera.

Pour les autres présidents, ils auront à s'entendre tous les ans, à la St-Martin, pour le service de la tournelle et des enquêtes, et pour le service de la grand'chambre.

### § 5. *Pellot réglemente le service des vacations.*

De graves abus existaient dans la justice des vacations. A la vérité, un ancien règlement avait organisé ce service, déterminé ses juges, fixé le nombre des titulaires et des surnuméraires ou suppléants. Mais il arrivait que ces surnuméraires siégeaient même quand les titulaires étaient en nombre. Bien plus, quand il s'était agi de favoriser certaines causes, on avait vu des magistrats venir aux vacations, quoiqu'ils ne fussent pas même suppléants de cette chambre. Pour couper court aux abus, Pellot obtint un règlement nouveau : cette chambre sera composée d'un président, de six conseillers de la grand'chambre et de six des enquêtes ; la liste de service en sera arrêtée chaque année, et chaque année le personnel en sera entièrement renouvelé, de telle sorte que tous les magistrats du parlement y passent à tour de rôle. Enfin, la liste sera envoyée au chancelier, pour ne devenir exécutoire qu'avec son approbation. Défenses à tous magistrats étrangers à cette liste de prendre part à ce service spécial.

remarquable que le nombre des conseillers-clercs n'avait pas augmenté depuis 1499), 1 procureur général, 2 avocats généraux, 8 substituts. C'était son état en 1722. *Dict. d'Expilly*, v° *Normandie*, p. 240.

# CHAPITRE DEUXIÈME

### LE PREMIER PRÉSIDENT PELLOT RÉTABLIT L'ADMINISTRATION, LA POLICE, LES FINANCES ET LES HOSPICES DE ROUEN

Les travaux publics étaient une passion chez Pellot, passion rare chez les administrateurs de cette époque.

Nous l'avons vu à Montauban et à Agen, mais surtout à Bordeaux, pousser les édiles aux améliorations matérielles : pavage de la ville, réfection de ses quais, nettoyage de ses rues, reconstruction de la tour Cordoen et du château Trompette. Et que n'eût-il fait encore, s'il n'eut eu à lutter contre une inertie et un mauvais vouloir qui trop souvent le paralysèrent ! Mais, comme intendant, il avait pour les travaux publics un droit qu'il n'eut plus au même degré comme premier président ; son rôle à Rouen eût donc pu sur ce point devenir moins actif, sans qu'il eût manqué à sa charge. Mais il n'en fut rien.

Trois raisons le conduisirent : une aptitude particulière ; une expérience acquise ; un crédit prépondérant auprès de Colbert. Il sut persuader à ce dernier qu'il pouvait être le bienfaiteur de cette grande cité, « une des premières du royaume ». Ajoutons-y les instructions de Colbert à l'intendant de Rouen ; car on peut dire que, pendant sa première présidence, Pellot absorba en grande partie les attributions administratives de ce dernier. Et rappelons-nous à ce sujet les instructions que reçut de Creil, quand il vint, en 1672, à succéder à la Galissonnière [1] :

« Monsieur Pellot estant chef de la généralité en laquelle vous allez servir, il est nécessaire que vous conserviez avec luy une estroite et parfaite correspondance. En oultre de cette raison générale, vous me ferez plaisir d'en user ainsy par la raison de la longue amitié qui est entre luy et moy... »

Or, lorsque Pellot arriva à Rouen, tout y était à faire. Au milieu de ses chefs-d'œuvre du moyen âge et de la renaissance, que pas un de ses habitants ne comprenait alors, pas même, rendons-lui bien cette justice, M. le premier président Pellot, la ville restait exposée à tous les périls d'une insalubrité qui, à des époques périodiques, décimait sa population. On sortait à peine d'une crise de cette nature, et, en 1668, une terrible peste était encore une fois venue s'abattre sur elle.

Cette insalubrité, Pellot eut bientôt fait d'en découvrir la cause. Elle ne tenait ni à la situation de la ville, ni à son climat, mais à l'incurie de ses administrateurs, qui laissaient, sans y remédier, de vastes marais exhaler leurs miasmes pestilentiels, et leur ville regorger d'immondices, abandonnant au hasard des pluies torrentielles le soin de la purger trois ou quatre fois par an, quand, dans l'intervalle, une contagion n'y avait pas éclaté [2].

Pellot entreprit à Rouen ce qu'il avait réalisé à Bordeaux. La ville fut pavée; ses immondices chaque jour enlevées; de lui date le nettoyage journalier par tombereaux. Ses rues étroites et tortueuses, où ni l'air ni le soleil ne pénétraient,

[1] Ci-dessus, liv. XII, chap. IV, p. 170 et ci-après p. 566.
[2] Il est à remarquer que, depuis Pellot, Rouen est devenu une ville des plus salubres. Les fièvres paludéennes y sont inconnues. Le climat y est même devenu comme fébrifuge au point qu'on y envoie pour achever leur guérison des militaires atteints des fièvres africaines.

étaient encore rétrécies par les entreprises des habitants, par les enseignes démesurées des marchands ; il n'était pas jusqu'à l'eau qui ne fût détournée de ses fontaines publiques, au profit de particuliers influents. Tout rentra dans l'ordre. Un contemporain, le D<sup>r</sup> l'Honoré, nous a déjà attesté ces choses dès 1673, dans cette dédicace, bizarre mais fort instructive, que nous avons reproduite [1]. Lespeudry, dans son panégyrique non moins singulier, rend le même témoignage en 1676 [2], et Commire dans sa belle poésie, en 1678 [3].

Colbert le lui a attesté à lui-même dès 1674, dans une lettre où se lit ce passage : « Il y a lieu d'espérer que le bon ordre que vous avez estably dans cette ville, continuera et augmentera tous les jours... »

Un pont de bateaux, construit en 1630, était le seul, depuis la chute du pont de la reine Mathilde qui, sur une étendue de plus de quarante lieues, existât sur son beau fleuve. Il menaçait de périr faute d'entretien, comme avait péri le magnifique pont en pierre qu'il n'avait qu'à moitié remplacé. La ville était sans ressources, en proie à la concussion. Ses hospices manquaient de fonds pour ses malades, et pour les 1900 familles pauvres qui étaient alors à leur charge.

Du côté de Paris, du pied de la montagne Ste-Catherine jusqu'à l'enceinte de la ville, c'est-à-dire jusqu'aux portes Guillaume-Lion, Martainville, Saint-Hilaire, et au delà au Nord, sur une longueur de 1,000 mètres et une largeur égale, régnait un vaste cloaque, un fétide marais, foyer incessant de fièvres paludéennes [4].

---

[1] Au liv. XII, chap. IV, p. 180.
[2] Au liv. XV, chap. IV, p. 406.
[3] Au liv. XVI, chap. IV, p. 465.
[4] Tout l'espace où est aujourd'hui le Champ-de-Mars, qui, en ce temps-là, n'était pas à l'abri des inondations de la Seine, et la portion de la ville construite, à partir de la porte Guillaume-Lion jusqu'au

Quant aux échevins, « l'élection s'en faisoit par cabales, et, pour 200 ou 300 pistolles, on arrivoit aux charges municipales. Aussi, nul marchand considérable, écrivait Colbert en 1665, n'y entre-t-il, et ce sont, à présent, des gens de rien [1]. »

Tout changea pendant la première présidence de Pellot. Certes, ce ne fut pas l'œuvre d'un jour; les lettres qu'on va lire prouvent que, de 1670 à 1683, il n'y épargna ni peines ni soins. Mais la dédicace du médecin l'Honoré nous a démontré qu'il avait en trois années fait déjà un grand pas dans cette voie; et on reconnaît la parfaite justesse de ce passage de l'éloge anonyme qui atteste son activité dévorante, en même temps que sa passion pour les grandes améliorations matérielles :

« La ville de Rouen a ressenty les effets de la continuation du zèle et de l'application de M. Pellot, pour le bien de la justice, le soulagement des pauvres, l'intérêt du public et l'ornement de cette grande ville. Les rues estoient très-mal pavées, fort sales et puantes, par les ordures qu'on y jettoit; les avances des bancs des boutiques et des hauts-vents [2] les rendoient plus étroites et embarrassantes. Il les fit repaver, et alligner tout le reste, comme on le voit à présent; on fit des cloaques publics dans divers quartiers, pour empescher les ordures et la puanteur qui les infectoient, et

Champ-de-Mars. Le fleuve, à partir de la porte Guillaume-Lion jusqu'à l'église St-Paul, a été, par Pellot, rétréci par une forte levée de terre servant de digue : c'est aujourd'hui l'avenue St-Paul. Voir, pour connaître l'état de cette partie de Rouen avant Pellot, le plan dressé en 1656 par l'ingénieur Gomboust.

[1] *Lett., Inst. et Mém.*, t. VII, p. 285.

[2] Haut-vent : sorte de persiennes qui, en se rabattant horizontalement, formaient une sorte de rayon de près d'un mètre de large en dehors des boutiques, sur lequel les marchands exposaient leurs marchandises pendant le jour.

l'on établit l'usage de ces banneaux, comme à Paris pour enlever les boues des rues et des places. Par cette bonne police, la ville a été délivrée des maladies populaires dont elle estoit souvent affligée... [1]

« Il n'y avoit point de promenade aux environs de cette grande ville : pour le plaisir et la commodité du public, il fit planter le cours qui est au bout du port, le long de la rivière (sur la rive droite), un des plus beaux et des plus agréables qui soit en France [2]. (Le cours Saint-Paul.)

« L'hopital de Rouen n'avoit pas assez de revenus pour nourrir et entretenir la moitié de ses pauvres; il estoit sur le point de tomber, sans le secours de M. Pellot qui luy fit accorder par le Roy un octroy considérable pour le faire subsister et en augmenter les bâtiments. Il fit ensuite de bons reglements dont on se sert encore si utilement pour la conduite et l'administration de cet hopital... [3]

« L'entretien du pont de bateaux, un des plus beaux ouvrages de l'Europe, coutoit beaucoup, tous les ans, à la ville, à cause du flux et du reflux de la mer, des glaces et du passage continuel des charrettes et autres voitures. M. Pellot obtint de S. M. une somme de 10,000 livres par an, qui fut imposée avec la taille sur les trois généralités de la province de Normandie pour aider à fournir à cette dépense. Il engagea les échevins à épargner sur cette somme tout ce qu'ils pourroient pour le dessein qu'il leur communiqua de faire un grand chemin depuis le bout du quay jusqu'au haut de la côte S$^{te}$-Catherine [4]. L'utilité de ce grand ouvrage l'a fait continuer après sa mort, et l'on y travaille encore tous les jours pour le mettre dans sa perfection. »

[1] Eloge anonyme. Inédit.
[2] *Ibidem*.
[3] *Ibidem*.
[4] Il s'agit ici de la route qui fut construite à travers la côte Ste-Catherine à partir de l'église St-Paul jusqu'à son sommet.

Paviot, dans son histoire manuscrite du parlement, dit de son côté :

« C'est au goust de Claude Pellot pour les ouvrages publics, que la ville de Rouen est redevable du magnifique cours qui règne le long de la rivière de Seine [1], » depuis la porte de Guillaume-Lion, ajouterons-nous, jusqu'au pied de la côte S$^{te}$-Catherine; car il ne faut pas confondre ce cours, qu'il créa sur la rive droite, avec celui qui existe sur la rive gauche, le cours la Reine, lequel est antérieur à Pellot, ainsi qu'en témoigne le plan de l'ingénieur Gomboust dressé en 1656.

L'éloge anonyme ajoute :

« Pour l'entreprise, l'exécution et l'entretien de tous ces ouvrages, aussy commodes qu'ils sont utiles au public, il tenoit des assemblées générales et particulières les jours qu'on n'entroit pas au Palais. »

On semble assister au fait suivant, dont l'auteur dut être maintes fois témoin :

« Il alloit luy mesme visiter les travaux, pour examiner s'ils estoient exécutez conformément aux plans et aux devis qui en avoient esté faits; sa présence les faisoit avancer, et animoit les ouvriers qui recevoient souvent des marques de sa libéralité... Sa générosité a fait voir à sa famille, après sa mort, qu'il n'estoit pas du nombre de ceux que les emplois enrichissent, puisque, outre les bienfaits du Roy, il y a dépensé une partie de son bien... »

Mais il est temps de transcrire une partie de sa correspondance, qui concerne l'administration de Rouen.

Nous allons la classer sous trois paragraphes, selon qu'elle a trait au personnel des échevins, des quarteniers et des consuls; aux hospices; à l'administration de la ville proprement dite.

---

[1] *Hist. manusc. du Parlement*, t. II, p. 107.

§ 1. *Echevins, quarteniers et consuls de Rouen.*

Comme une élection d'échevins devait avoir lieu à Rouen au mois de juillet 1671, Pellot, à diverses reprises, conféra avec Colbert sur un réglement à prendre à ce sujet, de manière à assurer de bons choix et à empêcher « les brigues ». Le règlement se faisant attendre, Pellot insista pour obtenir l'envoi du règlement, afin de « remplir la maison de ville d'honnestes gens. »

« Rouen, 14 juin 1671. Si vous trouvez à propos, Monsieur, de donner l'arrest pour la nomination des eschevins de cette ville, il faut que nous l'ayons au commencement du mois de juillet, autrement il nous seroit inutile, parce qu'alors ladite nomination se fait, et je le tiens fort nécessaire, en l'estat où sont les choses, pour remplir la maison de ville d'honnestes gens....[1] PELLOT. »

Ce règlement produisit de bons résultats ; l'élection fut excellente, et l'intendant s'empressa d'en écrire à Colbert, en lui annonçant ce qui était la pierre de touche, que M. le premier président était fort satisfait :

« De la Galissonnière, intendant de Rouen à Colbert, le xi juillet 1671... Je ne pus faire procéder qu'hier à l'élection des eschevins... M. le premier président vient de me dire que le Parlement et toute la ville estoient très contents du choix qui avoit esté fait, et qu'on ne pouvoit faire une meilleure élection...[2] »

L'élection qui survint à trois ans de là, sous l'intendant de Creil, fut excellente aussi, grâce à Pellot, qui comme toujours s'empressa d'en aviser Colbert :

« Versailles, le 13e juillet 1674. Je suis bien aise, lui ré-

[1] Bibl. nationale, *Mélanges Colbert*, vol. 156 bis, f° 670. Inédit.
[2] *Correspondance admin. sous Louis XIV*, t. I, p. 827.

pondit celui-ci, d'apprendre, par votre billet du 6ᵉ de ce mois, que la ville de Rouen ait élu ses eschevins du nombre des plus honnestes gens; il y a lieu d'espérer que le bon ordre que vous avez establi dans cette ville continuera et augmentera tous les jours... [1] Colbert. »

Outre l'élection des échevins, il y avait celle des quarteniers. L'un de ces derniers, étant venu à mourir en 1673, il y eut à pourvoir à son remplacement. A ce sujet Pellot écrivit à Colbert la lettre suivante qui offre un véritable intérêt, au point de vue des attributions départies aux quarteniers :

« A Rouen, ce 4ᵉ janvier 1673. Le sieur Jordain, marchand de cette ville et un des directeurs de la Société des Indes Orientales, est mort depuis un jour ou deux. C'estoit un de nos meilleurs marchands, des plus intelligents et qui avoit plus d'approbation. Ainsi, c'est une perte pour le commerce d'icy. Comme il y a peu à faire en cette ville pour la Société des Indes Orientales, je ne crois pas, Monsieur, qu'il en faille mettre un autre à sa place, puisque, s'il me semble, il en reste encore trois qui sont les sieurs Fermanel [2], Sepot et Du Hameil, qui sont plus que suffisans pour

---

[1] Bibl. des Invalides, manuscrits Colbert, vol. G. 90, fº 592. Inédit.

[2] Fermanel, sʳ d'Epinay, premier consul des marchands de Rouen en 1639, prieur de la juridiction consulaire en 1655, échevin de la ville en 1665. En 1666, le chevalier de Clerville le signalait à Colbert comme un des plus riches et des plus anciens négociants de Rouen.

Colbert était avec lui en relations suivies et faisait cas de son expérience commerciale. Un jour qu'il avait un procès au parlement de Rouen, Colbert écrivit à son sujet, à l'intendant de Creil, cette lettre fort à son honneur :

« 24 décembre 1672, le sʳ Fermanel, marchand à Rouen, ayant toujours fort bien servy dans toutes les occasions qui se sont présentées pour le rétablissement du commerce du Royaume, le Roy veut lui donner sa protection dans toutes ses affaires. Comme il a un procès au Parlement, dans lequel il croit que tout ce qui s'est passé particulière-

faire ce qu'il faudra. Il laisse, outre cela, la place de quartenier, qui est une charge de ville dont il y en a quatre qui sont pour trois ans, qui ont chacun un quartier de la ville, ont soing des pauvres valides et autres choses de la ville ; de là, ils remplissent toujours les charges d'eschevins, ce qui fait, Monsieur, qu'elles sont fort souhaittées de nos bourgeois, et que, pour celle-cy, il y a beaucoup de brigues. Il fut donné, il y a près de deux ans, pour empescher ces brigues, un arrest à vostre raport, portant la manière de laquelle l'on doilt faire la nomination de ces charges, ce que l'on fait difficulté de suivre, par quelque meschante interprétation que l'on donne à l'arrest, et l'on ne voudroit pas nommer un marchand. Nous faisons notre possible affin que l'on fasse un bon choix, et conformément à ce qui est ordonné. Mais si l'on y trouvoit de la résistance, nous aurons recours à l'authorité du Roy, et demanderons pour cela vostre protection, afin que l'on aye un bon sujet pour maintenir l'ordre dans la ville que l'on a commencé à y rétablir ; n'ayant autre but, et que de vous faire paroistre le respect et la passion avec laquelle je seray toute ma vie, Monsieur...[1] Pellot. »

A cette lettre, Pellot avait joint un projet d'arrêt que Colbert s'empressa de lui renvoyer :

« St-Germain, le 24 janvier 1673, Monsieur, vous trouverez cy-joint l'arrest du conseil, nécessaire pour procéder à l'élection d'un quartenier de la ville de Rouen en la place du S$^r$ Jourdain ; et comme vous connoissez parfaitement la

---

ment au sujet de la C$^{ie}$ des Indes-Orientales peut avoir laissé dans l'esprit de ses juges des impressions qui pourroient lui nuire, S. M. voudroit lui donner le secours d'une évocation. Mais auparavant elle désire que vous entendiez le dit Fermanel et que vous examiniez avec lui s'il n'y auroit pas quelque autre expédient pour accomoder cette affaire... » *Lett., Inst. et Mém.*, t, II, p. 484.

[1] Bibl. nationale, *Mélanges Colbert*, vol. 163, f$^o$ 34. Inédit.

nécessité d'exécuter ponctuellement cet arrest, je me dispenseray de vous prier d'y tenir la main, ne doutant pas que vous ne fassiez tout ce qui dépendra de vous pour maintenir le bon ordre qui est establv dans l'hotel de lad. ville [1]. Je suis... COLBERT. »

La juridiction des consuls, — c'était à Rouen le tribunal de commerce du temps, car, par consuls, il ne faut pas, à Rouen, entendre les magistrats municipaux, comme on l'entendait dans certaines villes du Midi, — la juridiction des consuls de Rouen, disons-nous, avait, en 1610, acheté un local pour y rendre la justice. Plus de soixante ans après, les consuls furent recherchés à raison de cette acquisition, pour le paiement d'un droit de « nouveaux acquets [2] ». Comme toujours, ce fut à la puissante intervention de Pellot qu'ils eurent recours. Celui-ci, qui était alors à Paris, intercéda par la lettre suivante à Colbert, qui fut bien accueillie, car on ne voit plus dans la correspondance trace de cette affaire.

« A Paris, ce 18 septembre 1673. Je vous envoye, Monsieur, la requeste des consuls de Rouen dont vous a parlé hier le S‍r Catalan pour estre deschargés d'une taxe des nouveaux acquets faite sur eux, à cause d'une acquisition faite par eux d'une maison, il y a soyxante ans, qui sert pour leur judiction. J'en ay conféré avec M. Berrier qui n'y trouve pas de difficulté; aussi il n'y en a pas, s'il me semble. Ce-

---

[1] Bibl. des Invalides, manuscrits Colbert, vol. G. oo, f⁰ 29. Inédit.
[2] *Nouvel acquet :* droit exigé des gens de main-morte sur toutes leurs acquisitions d'immeubles non-encore soumis au droit d'amortissement. *Amortissement :* contribution du tiers de sa valeur, prélevée sur toute propriété qui tombait en main-morte. — Les communautés qui ne voulaient point amortir désignaient un particulier, non prêtre, moine, ni étranger, qui, à l'égard des droits np roi, était censé propriétaire du bien acquis, et portait le nom d'homme *vivant, mouvant* et *confisquant.* Les hôtels-Dieu et hôpitaux étaient exempts du droit d'amortissement.

pendant, on a saisi les meubles des consuls et establi des gardiens par ordonnance de M. de Creil, ce qui fait grande peine à ces consuls qui sont bons marchands, et rendent tous les jours la justice. Ainsi, Monsieur, il vous plaira faire donner un arrest à leur descharge et prendre la peine de me l'adresser. Je suis avec respect, votre... etc. [1]
Pellot... »

§ 2. *Pellot s'occupe de l'établissement à Rouen d'un hôpital général. Ses efforts pour lui créer des ressources.*

Voici, réuni, ce qui atteste les efforts de Pellot en faveur des pauvres de la ville de Rouen.

En 1674, « l'état fascheux dans lequel se trouvoit l'hôpital général porta le parlement à nommer des commissaires pour s'assembler chez le Premier-Président avec les députés des autres Cours, afin de prendre les mesures convenables à la situation de cette maison qu'il estoit nécessaire de soutenir... [2] »

« L'année suivante, les besoins pressants de l'hôpital général et l'utilité dont il estoit à la ville, engagèrent la compagnie à se cotiser pour soutenir un sy sage et sy pieux établissement, et à ordonner qu'une partie de l'argent destiné au festin de l'Ascension y seroit employé... [3] »

Le festin dont il est ici mention, c'était ce repas homérique donné chaque année, le jour de la délivrance du prisonnier, à tout le parlement, par ses deux membres derniers reçus, et qui coûtait jusqu'à 3,000 livres [4].

[1] Bibl. nat., *Mélanges Colbert*, vol. 156 bis, f° 656. Inédit.
[2] *Hist. manusc. du Parlement*, t. II, p. 297.
[3] *Ibidem*, t. II, p. 329.
[4] On l'appelait le « festin du cochon »; il fut supprimé en 1692. Ce fut le premier président de Montholon qui proposa « d'abattre le repas vulgairement appelé le cochon, et qui avoit beaucoup d'indécence ».

Nous avons relevé le document qui suit dans les archives de l'hospice de Rouen :

« Du mardi xvi⁰ jour d'octobre 1675, au bureau tenu par Messieurs Auber [1], de Puchot [2] conseillers, de Corneville, de Gueroult et Lancthuit,

« A esté par M. Auber conseiller, représenté une lettre missive de M. Pellot, conseiller du Roy en ses conseils et Premier-Président en son Parlement de Normandie, adressée de Paris aux sieurs administrateurs dud. bureau des hospices de la ville de Rouen, dont la teneur suit ;

« Messieurs, j'apprends avec grand plaisir, par la lettre
« que vous avez pris la peine de m'écrire, que l'ordre
« pour le renfermement des pauvres a esté sy bien executé
« qu'il a produit un grand fruict et qu'il cause mille béné-
« dictions. J'en ay entretenu aujourd'hui Sa Majesté et M.
« Colbert qui en sont très satisfaits; et Sa Majesté m'a té-
« moigné qu'elle trouvoit fort à propos que l'on donnast
« une plus grande aumosne aux pauvres familles que leurs
« maris ont abandonnez pour servir le Roy dans ses ar-
« mées [3], ce que je croy que vous trouverez très juste et très
« raisonnable de faire, aussy bien que d'user de sévérité
« et d'exactitude affin que ce bon ouvrage s'affermisse. Pour
« moi je n'obmettray rien pour seconder votre zelle dans
« une si bonne occasion de vous faire paroistre que je seray
« toujours, Messieurs, votre très humble et très obéissant
« serviteur [4]. PELLOT. »

[1] François Auber, sʳ de la Haye, conseiller-clerc. Il était, en 1675, doyen du parlement; conseiller depuis 1617.

[2] Nicolas Puchot, sʳ des Alleurs, conseiller depuis 1653.

[3] La France était alors au plus fort de la guerre contre la Hollande, l'Espagne et l'Allemagne. Ce fut cette année-là que Turenne fut tué au moment d'infliger à Montécuculli une défaite certaine. 27 juillet.

[4] Registre des délibérations de l'hospice général de Rouen, année 1675. Inédit.

En 1676, nouveaux efforts : « Pellot à Colbert, ce 10 mars 1676. Je fis faire, il y a deux ou trois jours, une assemblée générale de cette ville, pour trouver les moyens pour faire subsister l'hospital des Valides [1], Il fut résolu unanimement qu'on demanderoit permission à S. M. d'imposer un droit sur le *pied fourché* [2], lequel ira à près de 50,000 livres par an, ce qui sera suffisant pour nostre dessein, avec les charités et les revenus que le dit hospital a d'ailleurs. Ce droit ne s'imposera néanmoins que quand l'octroy qui se lève pour les 240,000 livres qu'on a données à S. M. sera finy, ce qui sera au mois d'avril prochain. Ainsy, le peuple ne sera pas surchargé; au contraire, il sera soulagé d'une imposition que l'on avoit faite sur le vin et le cidre ; et mesme celle du *pied fourché* sera notablement diminuée, principalement sur le porc dont vivent les pauvres gens, et sur le mouton, ce qui ne laissera pas de faire nostre somme par le bon ménage.

« Cette imposition estoit de la dernière nécessité, aussy tout le monde y a donné les mains présentement, quoy qu'on y eust résisté d'abord ; car les charités diminuent fort, et les charges augmentent, ledit hospital donnant l'aumosne, toutes les semaines, à près de 1,900 familles, et faisant travailler plus de 600 ou 700 pauvres qu'il a, outre les besoins auxquels il subvient.

« Nous avons encore fait, depuis deux ou trois jours, une autre chose pour le dit hospital. Comme on a, depuis peu, fait observer les reglements pour empescher la mendicité, l'on ne voit point maintenant gueuser dans la ville, et l'on a esté obligé pour cela, de renfermer plus de pauvres ; il se

---

[1] C'était l'hôpital qui est situé dans le faubourg Martainville, à l'extrémité de la ville opposée à celle où se trouve l'hôpital qui, du temps de Pellot, s'appelait *Lieu-de-Santé*, et qui est aujourd'hui l'hôpital proprement dit, ou Hôtel-Dieu.

[2] Taxe de consommation sur les bestiaux.

trouve qu'il n'y avoit pas de bastiment dans cet hospital où ils estoient très serrés, ce dont ils estoient fort incommodés et souffroient beaucoup, ce qui faisoit craindre que cela ne causat des maladies dans les chaleurs qui vont venir. J'ay fait résoudre que l'on mettroit partie des dits pauvres dans l'hospital de santé qui est un grand bâtiment hors la ville [1], fort propre pour cela, qui ne s'en trouvera que mieux, estant habité. Si le mal contagieux arrivoit (dont Dieu nous préserve) on feroit revenir partie des dits pauvres, du jour au lendemain, dans l'hospital d'où ils sortiront. Cependant, l'on travaille à faire augmenter les bastiments autant que l'on peut, et suivant le fonds que l'on a. Tous les habitants témoignent estre satisfaits de ces ordres, auxquels, si on ne les excitoit néanmoins, et si on ne les pressoit, ils ne songeroient pas... [2] Pellot. »

« En 1676, pour le soulagement des pauvres de l'hospital général, le Roy, écrit Paviot, accorda un octroi pour lever 4 l. 10 sous par beuf, 45 s. par vache, 15 s. par porc, 6 s. par veau, et 5 s. par mouton, en faveur des hopitaux. Quelques bouchers se mutinèrent, et menacèrent de fermer leurs boutiques, ce qui tendoit à une émotion populaire ; mais le Parlem<sup>t</sup> donna un arrest dont la sévérité contint cette canaille dans le devoir. Le Roy ne laissa pas d'en estre informé, et donna des ordres à la compagnie, par une lettre de cachet qu'il luy adressa, de faire toutes les poursuites nécessaires pour découvrir et faire punir les auteurs de ces mouvements [3]. »

---

[1] Ce bâtiment forme actuellement le noyau des bâtiments compris dans la vaste enceinte qui constitue l'Hôtel-Dieu, dont l'entrée est rue de Crosne, proche la rue du *Lieu-de-Santé*. Une partie des bâtiments de l'Hôpital de santé est due à Pellot.

[2] *Corresp. admin. sous Louis XIV*, t. I, p. 850.

[3] *Hist. manusc.*, t. II, p. 333.

A cette occasion, le secrétaire d'Etat de Châteauneuf, neveu de Pellot, écrivit aussi au marquis de Beuvron :

« 12 juillet 1676. A mon retour en ville, j'ai reçu la lettre qu'il vous a plu de m'écrire, du 4 de ce mois, ensemble celles de MM. Pellot et Le Blanc, au sujet de l'émotion survenüe à Rouen par le complot des bouchers de la ville, pour ne point exposer de viande en vente, afin d'éluder l'imposition en faveur de l'Hopital général. Mais, en mesme temps, l'on a été bien aise d'apprendre que la chose n'a eu aucune mauvaise suite par les ordres que vous et ces MM. avez apportés pour empescher le désordre. Dont ayant rendu compte de votre vigilance particulière en cette rencontre, S. M. a témoigné de vous en savoir gré ; néanmoins, considérant que, peu de jours auparavant, il y avoit eu une autre émotion, et que, par la conséquence, il est important à son service que les coupables de cette dernière soient sévèrement punis, le Roy écrit au Premier-Président de leur faire et parfaire le procès ; de quoi, M. j'ai eu ordre de vous donner avis, afin que vous y teniez la main, et que, par la justice qui sera faite, les peuples se contiennent dans le respect et l'obéissance qu'ils doivent à leur souverain, CHATEAUNEUF [1]. »

Colbert à Pellot, le 4 janvier 1680 : « J'apprends par votre lettre du 29 du mois passé ce que vous avez fait pour l'hopital des valides de Rouen ; sur quoy, je n'ay qu'à louer votre zèle pour le public... [2] »

Et à Leblanc, le 18 avril suivant : « La prochaine fois que

---

[1] Hippeau, le Gouvernement de la Normandie au xviie et xviiie siècles, t. IX, p. 123. Cet ouvrage a été fait à même les archives du château d'Harcourt. Malheureusement, ces archives furent détruites en 1793, moins la partie relative au xviiie siècle, et c'est ainsi qu'ont péri les lettres précieuses que le premier président avait dû échanger, en maintes circonstances, avec le deuxième marquis de Beuvron, de 1670 à 1683.

[2] Biblioth. des Invalides, vol. 463, p. 12. Inédit

M. Pellot viendra icy, je l'entretiendray sur ce qui regarde l'hopital des valides, COLBERT [1].

« En 1681, Pellot détermina le Roy à pourvoir d'une manière plus large au soulagement des pauvres de Rouen, par l'établissement d'un Hopital général des Valides, dont il ordonna que le Premier-Président seroit administrateur en chef perpétuel, et qu'au nombre de ceux qui seroient nommés pour l'administration ordinaire, il y eut toujours un conseiller de la grand'chambre et un des enquestes. Le Procureur Général estoit, aussi, nommé pour assister au bureau, en qualité de directeur et administrateur perpétuel toutes fois qu'il le jugeroit à propos. L'Edit qui ordonnoit cet établissement accordoit aux administrateurs l'exemption de tutelle et de curatelle, ajoutant que l'orsque l'hopital seroit surchargé par le nombre des pauvres, les administrateurs seroient obligés d'en avertir l'Archevesque, le Premier-Président, et le Procureur Général, pour estre fait assemblées générales, en l'hostel-de-ville, aux fins d'estre pourvu aux besoins et nécessités de l'hospital [2]. »

### § 3. *Administration.* — *Travaux publics.* — *Police de la ville de Rouen, rétablie par Pellot.*

La première lettre qu'on va lire atteste la maladie contagieuse qui avait régné à Rouen, deux années avant Pellot, et enlevé 8,000 de ses habitants :

« Les Conseillers eschevins de la ville de Rouen, à Colbert. En l'hotel de ville, le 15 février 1669. Nostre communauté est tellement endebtée de dépenses extraordinaires de la peste, qu'il nous est impossible d'y subvenir davantage.

---

[1] Biblioth. des Invalides, vol. 268. Inédit.
[2] *Hist. manusc. du Parlement.*

Car, bien que les *éventeurs*[1] venus de Carcassonne nous ayent cousté beaucoup, nous nous trouvons encore plus surchargés de la dépense et des aliments du sʳ Isnard[2] qui, non satisfait d'avoir reçu 930 livres, outre 118 livres que nous avons payés à son hostellerie, n'est point dans la résolution de se contenter de cette somme, et prétend 10 livres par jour depuis le 14 octobre jusqu'à ce qu'il reçoive l'honneur de vos ordres ; et comme il n'est plus nécessaire icy, puisqu'il a plu à la miséricorde de Dieu de nous délivrer de son fléau, nous supplions très humblement votre grandeur d'avoir la bonté, après qu'elle se sera fait informer de l'état de nostre ville, de nous descharger de cette dépense inutile[3]. »

« Colbert au Pʳ-Pᵗ Pellot. Janvier 1671. L'application que vous donnez à l'établissement d'une bonne police dans la ville de Rouen, sera assurément fort avantageuse, et je ne doute pas que vous n'y réussissiez. Ce qui s'observe dans Paris vous en doit donner l'exemple, laquelle, quoique infiniment plus difficile, ne laisse pas d'avoir un heureux résultat... [4] Colbert. »

« Le même au même. 20 novembre 1671. Aussytot que M. de la Galissonnière aura achevé son travail, je ne manqueray pas d'en rendre compte au Roy et de contribuer, autant qu'il pourra dépendre de moy, à ce que S. M. accorde quelque fonds à la ville de Rouen, pour l'employer à sa police... [5] Colbert. »

[1] *Eventeurs* : gens qui faisaient passer les marchandises au parfum pour les purifier.
[2] Médecin fameux, que Colbert avait envoyé à Rouen à raison de la contagion.
[3] *Corresp. adm. sous Louis XIV*, t. I, p. 802.
[4] *Ibidem*, t. I, p. 92.
[5] *Ibidem*, t. I, p. 845. Le mot police est pris ici, bien entendu, dans son sens le plus large, et avec la signification à lui donner dans les mots : intendant de police.

« Le même au même. Paris, le 11 décembre 1671. Je suis bien ayse d'apprendre que vous soyez, enfin, convenu de commencer à paver les plus grandes rues de la ville de Rouen. En même temps, j'ay donné ordre au paveur de Paris de vous laisser prendre le pavé qui vous sera nécessaire pour ce travail [1], et cela sera exécuté avec d'autant plus de facilité, que les ouvrages du pavé de Paris diminuront considérablement l'année prochaine... [2] COLBERT. »

Ce fut à la provocation de Pellot que le parlement finit l'année 1671 par un règlement de police générale fort étendu, « pour procurer la netteté des rues négligées depuis fort longtemps [3]. » Mais nous ne pouvons insister là-dessus.

Voici une dépêche des plus importantes du premier président à Colbert :

« Rouen, ce 19 janvier 1672. M. de la Galissonnière Intendant vous envoye son procès verbal, fait en vertu d'un arrest du conseil, touchant le revenu de cette ville de Rouen et l'ordre que l'on y peut apporter, avec un projet d'arrest qu'il a dressé sur ce sujet. Sur quoy, je vous diray qu'il a fait son travail, après avoir fort examiné la chose, vu les choses, entendu les eschevins et principaux habitants de la ville, et reçu les mémoires et ecclaircissements que je luy ay pu donner de mon costé. De sorte que, si S. M. a agréable de suivre son avis, je ne doubte point que l'on n'establisse un bon ordre dans cette ville et meilleur qu'il n'a jamais esté. Car, par le retranchement que l'on fait de ses

---

[1] Il y avait alors un singulier moyen de transporter sans frais les pavés à leur destination. Entre Orléans et Paris, par exemple, les rouliers étaient tenus de se charger, quand ils retournaient à vide, d'un certain nombre de pavés qu'ils laissaient sur la route au point qui leur était indiqué.

[2] *Correspondance admin.*, t. I, p. 815.

[3] *Histoire manusc.*, t. II, p. 293.

despenses superflues et le bon usage de ses deniers, elle aura de quoy subvenir à ses despenses ordinaires et à celles auxquelles on l'engage de nouveau pour la mettre en très bon estat. Outre cela, il lui restera quelque chose pour payer le principal de ses debtes.

« Ce qu'il y a, c'est que l'on demande que S. M. lui rende quelques-uns de ses octroys qu'elles lui a ostés, qui ne vont néanmoins qu'à dix mille livres par an.

« Mais il faut que S. M. considère, s'il luy plaist, qu'elle luy a osté ses octroys à diverses fois, qui estoient de grand revenu, et que de ceux qu'elle a réunis à ses fermes, depuis cinq ou six ans, la dicte ville en avoit de bon, par an, toutes charges payées, plus de 35,000 livres; en luy retranchant les dicts octroys à diverses reprises, S. M. avoit toujours promis de luy faire 10.000 livres de fonds, tous les ans, pour l'entretien de son pont, de son quay et de ses ouvrages publics.

« Outre cela, c'est que S. M. ne perdra rien à cette restitution ; car elle s'estoit chargée, les années dernières, de la despense de l'entretien du pont et ne pouvoit pas s'en dispenser à l'avenir, jusques à ce qu'elle luy eust augmenté son revenu, laquelle dépense s'élève à 10,000 livres par an, dont elle sera maintenant deschargée.

« Ce qui doibt encore porter Sa Majesté à faire cette grâce à cette ville, c'est que nous l'engageons à de nouvelles despenses, comme au nettoiement des rues qui n'alloit autrefois qu'à 1,900 livres, parce qu'on ne faisoit pas ce qu'il falloit, et laquelle va maintenant à près de 6,000 livres par an, à cause que l'on a bien autrement soin du nettoiement, et que l'on oblige les tombereaux d'aller tous les jours par les rues.

« Nous engageons aussy cette ville à une nouvelle despense pour les pavés des lieux publics, comme le quay, les halles, et autres places de la ville, puisque les bourgeois ne sont obligés qu'à la dépense des pavés qui sont devant leur logis.

« De plus, la ville aura moyen d'establir ses fontaines et autres ouvrages publics, toutes lesquelles despenses elle ne faisoit quasi plus ; aussi cette ville étoit comme abandonnée et en grand désordre.

« J'ay bien tasché à trouver les moyens pour faire quelque nouvelle imposition sur les denrées qui entrent dans cette ville, afin que l'on ne fut pas à charge à S. M. Mais toutes les denrées sont, ici, quasi toutes plus chargées qu'à Paris, et si fort, qu'on ne doibt plus les augmenter; car si on le faisoit, cela feroit tort aux droits du Roy, empeschant qu'il y entrat tant de denrées, comme l'expérience le fait connoistre.

« L'on ne peut plus dire que l'on ne fait ici bon usage des deniers publics; car les derniers eschevins qui ont demeuré trois ans en charge, estoient de très honnestes gens, et ont disposé des deniers publics avec beaucoup d'économie, ceux qui sont maintenant en charge ne leur cèdent point en bonne intention, et par la manière dont ils agissent.

« Enfin, si le Roy a cette bonté pour cette ville, qui est, après Paris, une des plus considérables du royaume [1], et lui est si importante, il lui donnera moyen de se rétablir, et en sera, à juste titre, le restaurateur... [2] PELLOT. »

Nous n'avons pas à appeler l'attention sur cette lettre. C'est un véritable plaidoyer en faveur de la ville de Rouen, émané de son magistrat le plus autorisé. Colbert, sans se montrer insensible à de telles raisons, exprimées d'une façon

---

[1] C'est ce que dit élégamment Estienne Pasquier :

> Gallia quantumvis Parisina gaudeat urbe :
> Clara suo gaudet Neustria Rotomago.

Dict. d'Expilly, v° Normandie.

[2] *Corresp. administ.*, t. II, p. 219.

si claire et si saisissante, demanda cependant à Pellot de nouvelles justifications :

« Suivant l'ordre que vous m'avez donné, écrivait celui-ci à Colbert, quelques mois après, le 17 août 1672, je vous enverrai dans un jour ou deux les extraits des comptes de la recepte et despense de cette ville, des derniers rendus, avec un état au vrai de son revenu présentement, par lesquelles pièces j'espère, Monsieur, que vous verrez clair dans ses affaires, et jugerez qu'elle a besoin de quelques secours pour subsister.. [1] PELLOT. »

Le 31 juillet 1672, il lui avait déjà écrit :

« ... Je vous diray, Monsieur, que cette ville n'a pas un revenu suffisant pour subsister, et pour subvenir à ses dépenses... Mais s'estant mise sous votre protection, et estant, après Paris, la ville de France qui doit être des plus considérées, il y a lieu d'espérer que S. M., d'une façon ou d'autre, lui donnera moyen de subsister, et que, par vostre crédit, vous la tirerez de ce mauvais pas.

« L'on ne doit pas attendre que, pour sa subsistance, elle augmente les droits sur les denrées, étant déjà plus chargée que Paris, le Roy en retirant plus de 2 millions, et si on augmentoit les droits, on nuiroit même aux revenus du Roy... [2] PELLOT. »

Enfin, « le 24 aoust 1672. Pour satisfaire aux ordres que vous m'avez donnés d'examiner l'estat du revenu et de la dépense de la ville de Rouen, afin de vous en rendre raison et que vous puissiez voir ensuite si la dite ville a besoin d'une augmentation de revenu pour subvenir à ses dépenses, j'auray l'honneur de vous dire que j'avois déjà examiné les comptes avec M. de la Galissonnière et M. Dubasset, trésorier de France de cette généralité. Néanmoins, je les

---

[1] Biblioth. nat., *Mélanges Colbert*, vol. 161, f° 163. Inédit.
[2] *Corresp. administ.*, t. II, p. 220.

ay revus et examinés de nouveau, particulièrement avec le dit s^r Dubasset et les eschevins, ensemble les baux et adjudications du revenu de la dite ville. Ainsi, l'on n'en peut pas être plus esclaircy que nous le sommes présentement... Vous verrez par le dit estat du revenu et despense... que la dite ville ne peut subsister ni entretenir ses ouvrages publics, si elle n'a quelques secours de S. M., et que, sans cela, elle sera obligée de les abandonner comme elle l'a fait les années dernières. Mais ce qui la maintiendra autant que ce secours, ce sera le bon ordre qui sera aporté par l'arrest du Conseil [1], s'il est donné conforme au projet que je vous envoye, et suivant à peu prez que nous l'avions arresté le dit s^r de la Galissonnière et moy... Comme vous allez arrester, dans peu de temps, les commissions des tailles, je vous prie de résoudre la somme que S. M. agréera qui soit imposée dans les trois généralités de la Province, pour le secours de cette ville, afin que l'on continue de la policer, embellir et y mettre un bon ordre, comme on l'a fort bien et heureusement commencé...[2] PELLOT. »

Colbert fit droit aux demandes que lui adressait Pellot au nom de la ville, et celui-ci s'empressa de le remercier :

« A Rouen, ce 31° aout 1672. Cette ville vous est fort obligée, Monsieur, de la protection que vous lui donnez auprès de Sa Majesté. Elle doit par ce moyen espérer de bons succez dans ses affaires [3]. »

Le 3 septembre 1674 : « ... Les eschevins ont adjugé l'octroi a des gens bien solvables, pour 17 mois, à condition

[1] L'arrêt que le conseil avait à rendre dans le procès pendant entre la ville de Rouen et le receveur du domaine (voir la lettre suivante), ce fut Pellot, sa lettre l'atteste, qui rédigea le projet de l'arrêt à obtenir du conseil.
[2] *Correspondance admin.*, t. III, p. 220.
[3] Biblioth. nat., *Mélanges Colbert*, vol. 161, f° 288. Inédit.

de payer la somme de 240,000 livres au Roy dans les termes... Pellot. »

Puis, le 26 : « Je me suis donné l'honneur de vous escrire pour les *eschevins* de cette ville de Rouen afin que l'on ne donne pas la préférence aux nouveaux fermiers des aydes, d'un octroi que les eschevins ont establi pour payer la somme de 240,000 livres que cette ville doit fournir au Roy suivant l'accommodement qu'elle a fait. Si l'on donnoit cette préférence, cela osteroit le crédit et donneroit une grande alarme que l'on veut unir ce droit aux fermes [1]. Je vous suplie de protéger cette ville dans cette occasion, qui est importante... [2] Pellot. »

« A M. Pellot. Versailles, le 5e octobre 1674. Monsieur, pour réponse à vostre lettre du 26 du mois passé, les sousfermiers des aydes m'ont bien demandé la subrogation du bail des octrois de la ville de Roüen; et comme je ne la leur ay point accordée, vos pouvez assurer ceux qui en sont fermiers qu'ils en jouiront sans trouble... [3] Colbert. »

Le P.-P. Pellot à Colbert. Rouen, 27 janvier 1675. « *Les eschevins de cette ville* vous demandent la continuation de vostre protection, touchant une nouvelle demande que le traittant des taxes des villes leur a fait. Quoy qu'on ayt réglé par votre grace la taxe de Rouen à 240.000 livres, et les termes dans lesquels elle la doit payer, à quoy elle a satisfait régulièrement, n'y ayant plus des quatre termes qu'un à payer qui n'est pas encore eschu, qu'elle payera ponctuellement dans le temps comme les autres, néanmoins le traittant leur demande encore 2 sols pour livre, ce qui iroit à 24,000 livres, et rendroit cette taxe, laquelle l'on a desja

---

[1] C'est-à-dire, rendre cet octroi permanent, de passager qu'il devait être.
[2] *Correspondance admin.*, t. III, p. 223.
[3] Bibl. des Invalides, manuscrits Colbert, vol. G. 90, f° 810. Inédit.

assez de peine d'acquitter, bien facheuse par cette nouvelle surcharge, de la quelle nous vous supplions tous d'exempter cette ville qui vous regarde comme son bienfaiteur, et qu'elle puisse mettre cette nouvelle grace parmi celles dont elle vous est redevable [1]. Pellot. »

Nous avons à peine besoin de dire que cette demande fut aussi bien accueillie que les précédentes.

§ 4. *Création d'une route à travers la côte Ste-Catherine.*

Une fois que le vaste marais qui existait entre Rouen et la côte Ste-Catherine eut été comblé, asséché et assaini par de belles plantations et par une chaussée qui mettait cette partie de la ville à l'abri des inondations périodiques de la Seine, Pellot amena les échevins à entreprendre, pour faire suite à cette chaussée, une large route au pied de la côte Ste-Catherine jusqu'à Bonsecours, où cette route rejoindrait l'ancien chemin de Paris aboutissant à la porte Martainville.

Colbert à Leblanc, Intendant. Versailles, 15 octobre 1680. « J'ay reçu avec votre lettre du 11 septembre, le devis des ouvrages à faire pour la construction d'une *chaussée* pour se rendre au chemin de Paris en la montagne Ste-Catherine, en commençant au bout du cimetière de l'église Saint-Paul, dont la dépense est estimée 71,640 livres; ensemble le projet de l'arrest que vous demandez pour ordonner que la somme de 10,000 livres qui s'impose par chacun an sur les généralités de Rouen, Caen et Alençon, également pour les réparations et entretenements du pont et pavé de Rouen, sera continuée pendant six années consécutives, à commencer de 1682, sur les contribuables aux tailles des dites trois généralités, pour les deniers en provenant estre employés à

[1] *Correspondance admin.*, t. III, p. 226.

la construction de la dite chaussée ; surquoy, je vous prie de me faire scavoir comment les dits ponts et pavés de Rouen seront entretenus, si on employe les 10,000 livres qui y sont destinées à la construction de la dite chaussée, pour que, en cas qu'ils ne fussent pas entretenus d'ailleurs, vous voyez s'il seroit à propos d'abandonner des ouvrages qui sont faits, pour en commencer d'autres ; et en cas qu'il soit absolument nécessaire de faire la dite chaussée, il faudra le proposer au Roy et examiner sur quel fonds cette dépense pourra estre prise... [1] COLBERT. »

Colbert à Leblanc. Saint-Germain, 16 janvier 1681. « ... Les eschevins de Rouen ne viendront pas à bout de divertir le fond de 10,000 livres ; il faut seulement leur laisser la liberté de délibérer sur le sujet du chemin de Ste-Catherine, et ensuite l'on verra ce qu'il conviendra de faire pour le bien de la ville et du commerce... [2] »

Le projet de construire une route jusqu'au haut de la montagne Ste-Catherine avait partagé les habitants de Rouen ; les échevins y faisaient difficulté. Des factums furent même imprimés, dans les quels les plans du premier président étaient critiqués avec passion. L'intendant s'en étant plaint à Colbert : « J'ay reçu, lui répondit le 26 février 1681 celui-ci, votre lettre par laquelle vous me donnez avis du libelle que vous avez vu sur la table du Premier-Président ; surquoy je vous diray que cela ne mérite aucune réflexion ; il suffit seulement de bien faire, et il ne faut pas s'étonner de ce qu'on dit, particulièrement dans la province où il y a toujours de petits esprits qui n'ont aucune occupation que celle que l'envie et la jalousie leur donnent. Au surplus, si la ville de Rouen ne veut pas la descente que vous aviez cru estre avantageuse à cette ville, il ne la

---

[1] *Lett., Inst. et Mém.*, t. IV, p. 515.
[2] *Ibidem.*

faut pas faire ; et le Roy profitera du fonds destiné à cet ouvrage... Colbert. »

Pellot n'eut pas la satisfaction de voir la fin de ce « dessein qu'il avoit communîqué aux eschevins, d'un grand chemin partant du bout du quay jusqu'au haut de la côte Ste-Catherine... » C'est ce que nous apprend ce passage déjà cité[1] de l'éloge anonyme : « L'activité de ce grand ouvrage l'a fait continuer après sa mort, et l'on y travaille encore tous les jours pour le mettre dans sa perfection. »

Pour traiter les divers sujets de ce chapitre d'une manière complète, ce n'eût pas été trop, comme à Bordeaux, d'un livre tout entier. Mais force nous est de nous hâter, et, à notre grand regret, de laisser de côté une foule de dépêches et de documents des plus instructifs.

*Operum publicorum studiosissimus,* dirons-nous, une dernière fois de lui, à ce propos.

Puis, avec Commire, parlant de ses travaux à Rouen :

> ...... Auctam laboribus urbem,
> Versamque in melius sumptu et molimine multo,
> Te Stadium, Pellote, ingens, te Sequana frænos
> Jussa pati, multoque elutæ ponte paludes,
> Stagnaque trita rotis, et digesti ordine longo
> Ulmorum celebrant versus : crescentibus illis,
> Inscriptæ tenera crescent in cortice laudes !

---

[1] Sous Louis XVI, un champ de Mars et une caserne ont pris la place de la belle promenade plantée d'arbres qu'avait créée Pellot, et chantée par le poète Commire, son ami.

## CHAPITRE TROISIÈME

PELLOT DEVENU PREMIER PRÉSIDENT N'OUBLIE PAS SES BONS
AMIS D'AGEN

———

De toutes les villes de ses cinq intendances, Agen fut une de celles que Pellot affectionna davantage, et où il eut plus de plaisir à résider. Aussi, quand il fut premier président, son souvenir resta-t-il fidèle à cette ville, et fut-il heureux de s'employer pour elle. Nous avons des lettres de lui, datées de Rouen, conservées aux archives d'Agen [1], qui en témoignent.

Pellot s'était lié, notamment, avec une des premières familles de l'Agenais, les Lusignan, qui paraissent se rattacher aux célèbres Lusignan du Poitou [2]. Il n'y avait pas entre eux échange seulement de lettres ; les Lusignan envoyaient à leur ami de Rouen des vins de leur crû ; il y répondait par l'envoi de produits normands.

Cette amitié fut durable, car sept ans après qu'il eut quitté leur province, les Lusignan ayant eu besoin de la protection du maréchal d'Estrades [3], songèrent à Pellot pour ar-

---

[1] Nous en devons la communication à l'honorable M. G. Tholin, archiviste du département de Lot-et-Garonne.
[2] C'est l'opinion de M. G. Tholin.
[3] Le comte d'Estrades prit part, en 1672, à la campagne de Hollande,

river jusqu'à lui. En cette circonstance ce fut M<sup>me</sup> de Lusignan qui prit la plume. Il s'agissait aussi des intérêts d'Agen, car la réponse du premier président est restée aux archives de cette ville :

« A Madame de Lusignan. De Rouen, le 1<sup>er</sup> janvier 1676. Je vous suis obligé, Madame, de m'avoir envoyé la lettre de M. le Mareschal d'Estrades. Je luy escris. Vous verrez la lettre. Mais, si vous l'envoyez, je vous prie que vous soïez seure d'avoir responce. Vous aurez asseurément un baril de cidre et les autres choses que je vous ay promises. Je suis tout à vous... PELLOT. »

*P. S.* « Je ne vous envoie pas une lettre pour M. de Chasteauneuf en faveur des consuls d'Agen, mais je luy escriré asseurément, et à M. Colbert, sur ce qu'ils souhaitent [1]. »

Quelques mois plus tard, Pellot écrivait directement aux consuls de cette ville, et, cette fois, sur un sujet bien différent [1] :

« A Paris, ce 13 novembre 1677. Messieurs, La femme de mon cuisinier nommé Delahaye, couturière de sa profession, qui est establye depuis huit ou dix ans à Agen, es-

où eut lieu le célèbre passage du Rhin, campagne qui eût été suivie de la conquête de la Hollande tout entière, si les Français n'avaient négligé Muiden, où se trouvaient les écluses qui retenaient les eaux toujours prêtes à envahir les terrains déprimés autour de la capitale de la Hollande. Le détachement qui occupait Muiden ignorant l'importance de ce poste et s'en étant éloigné, les habitants en profitèrent pour ouvrir les écluses et amenèrent ainsi une vaste inondation qui rendit imprenable la capitale de la Hollande. D'Estrades avait été ambassadeur en Hollande et savait que Muiden était la clé du pays. L'histoire lui a reproché d'avoir averti trop tard le roi de l'importance de ce poste. (Camille Rousset, *Hist. de Louvois*, t. I, p. 366.) Précisément, cette année là même, d'Estrades fut envoyé, avec Colbert de Croissy et d'Avaux, au congrès de Nimègue.

[1] Aux archives de l'hôtel de ville d'Agen. Inédit.

tant souvent incommodée du logement des gens de guerre qui passent dans vostre ville, je vous prie de vouloir bien la traitter favorablement dans les occasions, et de l'exempter, si cela se peut, du dit logement de gens de guerre, dont je vous seray obligé, et seray toujours, Messieurs, vostre très humble et très affectionné serviteur [1]. PELLOT. »

### § 1. *Pellot veille, de Rouen, à la liquidation des dettes de la ville d'Agen.*

Nous avons déjà vu, pendant son séjour en Guyenne Pellot s'occuper des dettes des communes, ou, comme on disait alors, des paroisses ou communautés. Grossies de longue main par une mauvaise administration et par les guerres civiles, ces dettes, dans bien des lieux, étaient arrivées à un chiffre fort lourd. On avait, pour y faire face, imaginé un moyen qui nous est resté familier, les octrois ; mais, en 1647, Mazarin avait mis la main sur cette ressource [2]. Au lieu de créer alors de nouveaux moyens de faire face au service de sa dette, chaque paroisse l'avait grossie inconsidérément par des emprunts ou des aliénations. Bref, quand Colbert succéda à Fouquet, c'est-à-dire l'ordre au désordre, les finances de beaucoup de paroisses de Guyenne étaient dans le plus triste état. Pour réparer le mal, Colbert recourut à plusieurs moyens : d'abord il fit poser en principe qu'aucune ne pourrait désormais aliéner ou emprunter sans autorisation ; puis il leur fit rendre la moitié de leurs octrois. Mais, avant tout, il voulut tirer à clair et arrêter une bonne fois leur passif, par une liquidation qu'il confia à ses intendants. Nous avons vu Pellot traiter souvent de ce grave sujet, dans ses lettres à Colbert et à Séguier.

---

[1] Aux archives de l'hôtel de ville d'Agen. Inédit.
[2] Introduction de Baudry aux *Mémoires de Foucault*, p. LXXXII.

Le travail ne devenait définitif que par un arrêt du conseil, qui homologuait l'œuvre des intendants ou la réformait.

Pellot s'était acquitté de cette liquidation avec le zèle qu'il mettait à tout. « En Guyenne... il a liquidé pour plus de vingt millions de debtes des communautez, lesquelles estoient auparavant en proye à leurs créanciers; leur a, par ce moyen, donné le repos qu'elles souhaitoient... [1] »

Mais à Montauban et à Agen, il n'avait pu conduire son œuvre à fin, et le soin de l'achever était passé à ses successeurs. En 1674, sa succession vint aux mains de Foucault, intendant singulier qui devait mieux s'entendre à liquider le protestantisme, qu'il ne s'entendait à liquider les dettes des paroisses. Ce travail, sous lui, marcha fort mal, et son incurie contrariait fort Colbert :

« J'ay vu et examiné, lui écrivait celui-ci le 22 juillet 1679, le procès-verbal que vous m'avez envoyé des debtes vérifiées sur le général des pays et élections qui composent la généralité de Montauban, et je suis surpris que par la lettre qui l'accompagnoit, vous disiez que les commissaires establis pour la liquidation ont ordonné l'imposition des debtes particulières des paroisses, puisque l'intention du Roy n'a jamais esté de leur donner ce pouvoir, mais seulement d'examiner et vérifier les debtes prétendues, les admettre ou rejeter, et dresser le procès-verbal du tout, pour l'envoyer au Conseil, afin que S. M. puisse ensuite, ordonner les impositions nécessaires... [2] COLBERT. »

Et le 2 août : « Vous demeurez d'accord que le travail que M. Pellot fit en 1663, soit pour la liquidation des debtes, soit pour l'imposition des sommes pour le payement des dites debtes, fut autorisé par trois arrests du Conseil, et

---

[1] Lettre de nomination de Pellot à la première présidence, ci-dessus, p. 23.

[2] Annexes aux *Mémoires de Foucault*, p. 430.

vous convenez que les impositions, depuis ce temps, ont esté faites seulement par les commissaires qui ont travaillé à cette liquidation. Je vous avoue que je ne croyois pas que vous seriez tombé dans une faute si considérable que celle-là, ny ayant rien de plus criminel, ny de plus grande conséquence dans l'état, ny même de plus contraire aux ordonnances que d'imposer sur les peuples sans commission ou lettres expresses du grand sceau..... prenez bien garde de ne plus retomber, à l'avenir, dans une faute pareille... [1] COLBERT. »

Puis enfin, le 18 juillet 1681 :

« Je fais expédier les arrests pour autoriser la liquidation que vous avez faite des debtes de la communauté de Montauban. Mais il est nécessaire que vous m'envoyez un procès-verbal, en forme, de la liquidation que vous avez faite, avec votre avis signé de vous, et que ce procès-verbal soit raisonné, en sorte que je puisse faire connoître au Roy les raisons et motifs de vos avis, estant impossible d'en pouvoir rendre compte à S. M. sur les mémoires informes que vous m'envoyez, qui ne sont presque ni datés, ni signés [2]. »

En 1680, la liquidation d'Agen était enfin arrivée à terme et il ne s'agissait plus que d'obtenir à Paris, du conseil des finances, l'arrêt qui devait donner à cette liquidation force de chose jugée. C'était une grande affaire pour la ville ; une grande affaire aussi pour ses créanciers, qui avaient été l'objet de fortes réductions, à raison de la nature de leurs titres, que des trafics de toute sorte avaient fait passer par beaucoup de mains avant d'arriver aux derniers possesseurs, qui les avaient eus souvent à vil prix. A cette époque où les sollicitations jouaient un grand rôle, il importait que la ville fût appuyée auprès du conseil des fi-

[1] Annexes aux *Mémoires de Foucault*, p. 434.
[2] *Ibidem*.

nances, car ses créanciers n'allaient pas manquer d'y défendre chaudement leurs intérêts. Les consuls d'Agen ayant peu de confiance en Foucault, songèrent à leur ancien intendant, à qui ils envoyèrent copie de leur liquidation. Elle devait lui être familière, car il y avait travaillé. Le haut fonctionnaire chargé à Paris de cette affaire était Nicolas Desmarest [1], un neveu de Colbert, celui-là même qui, disgracié en 1684, après la mort de son oncle, sera, en 1707, rappelé avec éclat, et pourvu alors du titre de contrôleur général.

Pellot, qui connaissait beaucoup ce neveu de Colbert, ne put manquer de lui recommander l'affaire, ainsi qu'en témoignent ses deux lettres suivantes aux consuls d'Agen :

« Rouen, ce 24 janvier 1680, Messieurs, j'ai receu votre lettre du 12 de ce mois, avec la coppie du procez-verbal de la liquidation des debtes de votre ville, et vous avez bien fait d'en envoyer autant à M. Desmarest, auprès duquel je vous ay rendu, sur ce sujet, tous les bons offices que vous pouvez désirer, vous assurant que je seray bien aize dans les occasions qui se présenteront, de continuer à vous donner des marques de l'estime que j'ay pour vous, et que je suis toujours, Messieurs, votre très humble et très affectionné serviteur [2], PELOT. »

« A Rouen, ce 13 juillet 1680. Messieurs, vous devez estre persuadé que je vous rendray toujours tous les services que je pourray dans les occasions, et que si, dans celle du restablissement des interests de vostre pays, jy peux quelque chose, je m'y employray très-volontiers, et à vous faire paroistre que je suis, Messieurs, votre très humble et très affectionné serviteur [3], PELLOT. »

[1] *Lett., Inst. et Mém.*, t. VII, p. 62.
[2] Aux archives de l'hôtel de ville d'Agen. Inédit.
[3] *Ibidem.*

## § 2. *Don singulier de la ville d'Agen à Pellot.*

Nous avons déjà vu que Pellot avait dans les armées son second fils, le chevalier Pellot. En 1682, pendant les quelques années de paix qui suivirent le traité de Nimègue, il était capitaine d'une compagnie dans le régiment d'infanterie du roi [1]. Ce grade de capitaine entraînait de lourdes charges. Un capitaine, en effet, était tenu de pourvoir au recrutement de sa compagnie, à sa nourriture, à sa solde et à son entretien, moyennant une somme à forfait qu'il recevait du roi.

C'est que l'armée alors n'appartenait pas exclusivement à l'Etat. Elle appartenait, par parcelles, à ses officiers, soit qu'ils eussent été gratifiés de leurs charges, soit qu'ils les eussent acquises à beaux deniers comptants. Un régiment, une compagnie étaient une propriété aussi réelle qu'un moulin ou qu'un champ... les maîtres de camp ou colonels dans leurs régiments, les capitaines dans leurs compagnies, disposaient des charges inférieures. Le roi ne fournissait que l'argent; aux officiers le soin, à l'aide de cet argent, de recruter eux-mêmes et de faire vivre leurs soldats, d'acheter et d'entretenir les chevaux, habits et armes [2].

Un jour, le chevalier Pellot ayant eu besoin d'hommes pour compléter sa compagnie (on était dans l'année qui précéda la rupture de la paix de Nimègue, et Louvois, prévoyant, tenait à remplir les vides), son père songea à en réclamer des eschevins d'Agen, qui poussèrent la gracieuseté jusqu'à lui faire présent de « deux bons soldats ».

« A Rouen, ce 15 mars 1682. Messieurs, je vous suis

---

[1] Notice sur Pellot et sa famille. Au fonds Martainville, Biblioth. de Rouen.

[2] *Hist. de Louvois*, de Camille Rousset, t. I, p. 168.

sensiblement obligé du présent que vous m'avez fait de deux bons soldats pour la compagnie de mon fils le chevalier, qui est capitaine dans le régiment du Roy ; je ne regarde pas cela, Messieurs, comme une petite faveur, d'autant plus que c'est une marque de l'amitié que vous avez toujours pour moy. Je vous puis assurer que je vous en tesmoigneray ma reconnoissance dans les occasions, et que je suis, avec toute la passion possible, Messieurs, vostre très humble et très affectionné serviteur... [1] Pellot.

« A M[rs] les Eschevins d'Agen. »

Pellot s'était employé avec tant de zèle à la défense de ses intérêts, que la ville d'Agen lui devait bien un témoignage de reconnaissance, et elle n'avait su en trouver aucun qui le touchât davantage, que ce don gracieux fait pour son fils.

[1] Aux archives de l'hôtel de ville d'Agen. Inédit.

# CHAPITRE QUATRIÈME

UNE PAGE DU JANSÉNISME A ROUEN. — RÉVOCATION DE L'INTENDANT LEBLANC, AMI DE PELLOT

*Circulation de livres jansénistes longtemps pratiquée à Rouen avec impunité. Liaison de l'intendant Leblanc et de Pellot, avec le P. Dubreuil, curé de Ste-Croix-St-Ouen, principal fauteur de la propagande janséniste à Rouen. La duchesse de Longueville, pénitente du P. Dubreuil. Perroté, subdélégué de l'intendant Leblanc, complice du P. Dubreuil. Arrestation de celui-ci et de ses complices. Emprisonnement de Perroté. Rigueurs excessives dont le P. Dubreuil fut l'objet durant 14 ans. Révocation de Leblanc. Rôle de Pellot dans toute cette affaire.*

Un des livres jansénistes qui fit le plus de bruit dans la seconde moitié du XVII$^e$ siècle, fut « *le nouveau Testament, traduit sur la Vulgate, avec les différences du grec, Migeon, Mons, 1667* [1] ».

Cet ouvrage fut de suite attribué au grand Arnauld et non sans beaucoup de raison, car lui-même a révélé qu'il y avait

---

[1] Imprimé à Amsterdam en 2 vol. in-8º chez Elzevier. — Une 2ᵉ édition parut à Rouen, en 1673, chez Viret. *Dict. des anonymes*, de Barbier.

collaboré [1], et Racine a été jusqu'à donner la mesure de cette collaboration : « Le nouveau Testament de Mons fut l'œuvre de cinq personnes, Messieurs de Sacy, Arnauld, Lemaistre, Nicole et le duc de Luynes. M. de Sacy faisoit le canevas, et ne le remportoit presque jamais tel qu'il l'avoit fait, mais il avoit la principale part aux changements, estant assez fertile en expressions ; M. Arnauld estoit presque toujours celui qui déterminoit le sens ; M. Nicole avoit presque toujours devant luy St-Chrysostôme et Bèze : ce dernier, afin de l'éviter [2]. »

Cette traduction fut vivement attaquée par un ecclésiastique de Rouen, le Dr Mallet, chanoine et archidiacre de la cathédrale [3], dans un livre intitulé : « *Examen de quelques passages de la traduction du nouveau testament imprimé à Mons.* » Dans cet ouvrage, anonyme comme le livre auquel il répondait, le Dr Mallet n'avait épargné ni la personne d'Arnauld, ni sa traduction, ni surtout le fait de reproduire en langue vulgaire les Saints Livres.

Dès l'époque où parut cette attaque, Arnauld, encore en France, s'était mis à l'œuvre pour y répondre, et le premier volume de son travail était déjà achevé quand ses amis parvinrent à lui faire comprendre que sa réponse pourrait le conduire à la Bastille [4]. Mais, en 1680, réfugié dans la libre Hollande, son premier soin fut de publier sa réponse en la signant ; et comme ses amis lui représentaient le péril qu'il y aurait à faire circuler en France son livre avec son nom : « Quoi, disait le vieil athlète, M. le Dr Mallet vient de se déclarer l'auteur de « *l'Examen* » et je ne pu-

---

[1] Lettre d'Arnauld. — Lett. 194, p. 283.
[2] *Dict. des anonymes*, de Barbier, t. II, p. 453, où ce passage de Racine est reproduit.
[3] Il en a été déjà question ci-dessus, p. 456.
[4] Arnauld, lett. du 21 septembre 1680.

blierois qu'en tremblant et sans oser l'avouer, un écrit où j'ay fait la réfutation de ce livre monstrueux ? je ne suis pas capable d'une telle lâcheté [1] ! »

L'ouvrage fut tel qu'on devoit l'attendre du fougueux polémiste. Aussi, quand il s'agit de le faire circuler, les jansénistes ne s'épargnèrent-ils pas. Ils étaient nombreux et ardents au service de leur cause, à la ville comme à la cour, dans le clergé comme dans la magistrature et l'administration ; l'autorité était impuissante contre leur propagande occulte, depuis l'époque des Provinciales ; et rien ne donnait plus à faire à la Reynie.

Or, de toutes les villes de France, il en était peu où le jansénisme eût poussé d'aussi profondes racines qu'à Rouen. On l'avait bien vu dès les Provinciales, où une partie des curés de la ville s'était prononcée pour « les petites lettres [2] ». On peut, dès lors, penser s'il y eut faveur à y propager le nouvel ouvrage, surtout quand on le savait dirigé contre une des notabilités, à Rouen, du parti contraire : Rouen, « où l'on avoit accoutumé, au dire de Pellot, d'imprimer et débiter plus de méchants livres qu'en aucun autre endroit du royaume, et où un grand exemple de répression étoit fort nécessaire ; » Rouen où les imprimés de Hollande pénétraient sans qu'on sut comment ni par qui. Comme

[1] Recueil des lettres d'Arnauld. — Addé *Port-Royal*, t. V, p. 296.
[2] Requête présentée par Messieurs les curés de Rouen à Monseigneur leur archevêque, le 28 août 1656 (à la suite des Provinciales dans la plupart des éditions de ce livre fameux).

Table des propositions les plus dangereuses de la morale de plusieurs nouveaux casuistes, tirées fidèlement de leurs ouvrages. *Ibidem*.

Requête d'un curé de Rouen à un curé de la campagne sur le procédé des curés de la dite ville contre les doctrines de quelques casuistes, pour servir de réfutation à un libelle intitulé : *Réponse d'un Théologien. Ibidem.*

Requête des curés de Rouen présentée à l'officiel le 28 octobre 1656. *Ibidem.*

toujours, ce fut le hazard qui mit sur la voie. Un jour, on saisit 1000 exemplaires de ces imprimés d'Arnauld, dans des ballots adressés à un épicier de la ville [1]. Pris sur le fait, ce naïf commerçant reconnut de suite que c'était chez lui habitude, et que, depuis longtemps, il portait, sans les ouvrir, ces ballots chez un ecclésiastique qu'on était bien loin de soupçonner, le P. Dubreuil [2], oratorien célèbre, curé de la paroisse Ste-Croix-St-Ouen, ecclésiastique des plus respectables, âgé déjà de 70 ans, qu'entourait à Rouen la vénération de tous, et, pour tout dire, le propre directeur qu'avait eu la duchesse de Longueville [3], morte depuis peu, quand elle s'était trouvée à Rouen ; car, depuis son éclatante conversion, cette femme, excessive en tout, était devenue passionnée pour Port-Royal. C'était en partie par les soins de ce prêtre autorisé que s'effectuait la distribution des livres d'Arnauld, avec le concours d'autres ecclésiastiques qui furent arrêtés avec lui [4].

Mais on découvrit une bien autre chose : le P. Dubreuil était en relations fort suivies avec Perroté, le propre secrétaire de l'intendant Leblanc. Perroté, de son côté, recevait de Soissons des ballots jansénistes [5], et, pour les faire pénétrer dans Rouen et dans Paris, n'avait rien imaginé de mieux que de les couvrir d'un laissez-passer de l'intendant lui-même [6].

La signature d'un intendant servant de passeport à des écrits qu'il avait ordre de saisir, et les auteurs d'une telle

---

[1] *Port-Royal*, t. V, p 326. — Adde *Lett.*, *Inst. et Mém.*, t. VI, p. 182.

[2] *Ibidem.* Le gendre de Claude Pellot, Thomas-Charles Bec-de-Lièvre, président à mortier, demeurait sur cette paroisse, rue de la Seille.

[3] On verra ci-après deux lettres d'elle à son sujet, en note, p. 595.

[4] *Lett.*, *Inst. et Mém.*, t. XI, p. 182.

[5] *Port-Royal*, t. V, p. 121.

[6] *Ibidem.*

fraude se trouvant parmi ses domestiques ! Le cas était violent; on peut imaginer l'éclat qu'il produisit et l'impression qu'en dut ressentir la Reynie dont les agents les plus habiles étaient depuis longtemps aux abois.

Et qu'était-ce que l'intendant Leblanc ? Non pas un intendant ordinaire [1] : il appartenait à l'élite du personnel administratif, et avait dû à son rare mérite l'intendance de Rouen. Créature de Colbert qui lui avait donné toute sa confiance ; ami, confident, commensal du premier président Pellot. C'était à n'y pas croire. Du reste, on ne put jamais avoir preuve contre lui d'une participation consciente ; mais c'était déjà trop d'avoir rendu la fraude possible par ses relations avec ceux qui la pratiquaient ; et il était en faute pour n'avoir pas su la découvrir.

Avouons-le : les apparences étaient bien contre lui. Le P. Dubreuil était son ami et son commensal. Mais plus grand encore était la liaison du P. Dubreuil avec Perroté, qui, lui, fut forcé d'avouer sa connivence, qu'il expia par la prison [2]. Or, Perroté n'était pas seulement le secrétaire de Leblanc ; il était pour lui une sorte de beau-père d'une espèce rare, le second mari de la seconde femme de son père [3], et tous trois, à Rouen, vivaient ensemble, Leblanc, sa belle-mère et Perroté son second mari. Perroté était, comme le bras droit, *l'alter ego* de l'intendant, quelque chose comme son subdélégué permanent.

Des perquisitions chez le P. Dubreuil y amenèrent la découverte de nombreux écrits d'Arnauld, entre autres « des Mallet » [4]. Ce fut le point de départ d'une recherche qui s'effectua par les soins de Leblanc, opérant sous l'œil

---

[1] *Lett., Inst. et Mém.*, t. II, p. 116.
[2] Il y eut jusqu'à onze personnes dans les chaînes au sujet de cette affaire des ballots. *Port-Royal*, t. V, p. 326.
[3] Lettre de Seignelay à Leblanc, *infrà*, page 592.
[4] Lettre de Colbert à Leblanc, *infrà*.

ombrageux de la Reynie [1], en vertu d'ordres de Colbert. Il ne fallut rien moins que le crédit de celui-ci pour que l'affaire ne lui fût point enlevée sur l'heure. La Reynie exigea de Leblanc qu'il fît fouiller les navires venus de Hollande et les marchandises étant dans les magasins de la douane [2]. De mêmes recherches furent faites à Dieppe et au Havre. Bref, le commerce se trouva pendant plusieurs jours, comme paralysé par suite de ce travail minutieux.

Par une première lettre du 16 octobre, Colbert avait insisté auprès de Leblanc pour qu'il ne négligeât rien de ce qui pouvait, dans une circonstance si critique, ne laisser place à aucun doute sur sa probité administrative :

« Fontainebleau, le 16 octobre 1682. Vous verrez, par les ordres du Roy ci-joints, les intentions de S. M. sur la découverte d'une affaire qui a paru assez extraordinaire. Quoyque, par tout ce que je vous envoye, il soit parlé de quelques-uns de vos domestiques qui sont impliqués dans cette affaire et particulièrement le sr Perroté, vostre secrétaire, je dois vous dire que S. M. n'a pas hésité à vous en renvoyer la connoissance. Estant informée comme elle est de vostre probité et du zèle que vous avez pour son service, elle n'a pas douté que vous lui en donnassiez une preuve certaine dans cette occasion ; et il est bien nécessaire que vous me donniez part le plus souvent que vous pourrez de tout ce que vous ferez en cette affaire.

« En cas que vous ne vous trouviez pas à Rouen, il est nécessaire que vous partiez aussytost que vous aurez mon paquet pour vous y rendre et y travailler incessamment à tout ce qui regarde cette affaire... [3] COLBERT. »

---

[1] Lettres de Colbert et de Seignelay, *infra*.

[2] Relation de la retraite de M. Arnauld dans les Pays-Bas, citée dans *Port-Royal*, t. V, p. 323.

[3] *Lett., Inst. et Mém.*, t. VI, p. 182.

C'était à la suite de cet ordre que Leblanc avait agi avec la vigueur que nous venons de dire. Et il n'avait qu'à se bien tenir, car de Harlay avait à cœur la mémoire du D$^r$ Mallet, un des prêtres qui lui avaient été le plus dévoués quand il était archevêque de Rouen.

Les 21, 23 et 24 octobre, Leblanc s'était empressé d'adresser à Colbert la preuve de ses efforts, dans des rapports précis et circonstanciés à l'occasion desquels Colbert lui écrivit en des termes qui durent ranimer son courage :

« Fontainebleau, le 28 octobre 1682. Pour répondre à vos lettres des 21, 23 et 24 de ce mois, j'ay rendu compte au Roy de tout ce que vous avez fait dans l'affaire du commerce des livres défendus, dont S. M. vous a renvoyé la connoissance, et elle a été satisfaite de ce commencement de procédure. Elle ne doute point que vous n'approfondissiez cette matière autant qu'il conviendra au bien de la justice, pour rompre entièrement ce commerce qui ne peut être que très-préjudiciable au bien de l'Estat. Continuez, s'il vous plaist, cette instruction, et exécutez ponctuellement les Mémoires qui vous seront envoyés par M. de la Reynie.

« Vous ne devez pas hésiter à faire ouvrir les ballots qui se sont trouvés chez le Père du Breuil, en faire un inventaire et me l'envoyer pour en rendre compte au Roy... [1]
Colbert. »

Grâce aux efforts de Colbert, Leblanc échappa du premier coup à une disgrâce. Mais son insuccès dans l'instruction qui suivit exaspéra ses adversaires ; les attaques redoublèrent; on allait jusqu'à mettre en doute son impartialité, et on laissait entendre qu'en d'autres mains l'instruction eût amené d'autres résultats. Seignelay, à son tour, entreprit de le sauver, car il ne fallait rien moins que ces hautes influences pour arrêter la foudre qui le menaçait.

---

[1] *Lett., Inst. et Mém.*, t. VI, p. 78.

C'était à de Seignelay qu'avait été confiée tout spécialement l'affaire des libelles. Quand, après un voyage qu'il avait fait à Rochefort et à Seignelay, il eut appris ce grave épisode, il s'empressa d'écrire à Leblanc l'irritation du roi, les efforts de l'archevêque de Paris, la disgrâce dont il était menacé, l'adjurant de se sauver par quelque acte énergique. Leblanc était un honnête homme que son intérêt personnel ne fit pas dévier de la ligne qu'il s'était imposée; il ne songea pas à en perdre d'autres pour se sauver lui-même, ni, pour se maintenir ou s'élever, à profiter de la disgrâce des autres.

« Seignelay à M. le Blanc, Intendant à Rouen. Fontainebleau, le 7 novembre 1682. Le voyage que j'ay fait à Rochefort et celui que je viens de faire à Seignelay ayant fait passer par mon père l'affaire des libelles distribués par le moyen du s$^r$ du Breuil, dont il vous a écrit, il m'a remis entre les mains, à mon retour, les interrogatoires que vous avez fait prester au dit du Breuil et autres, nommés dans l'instruction et les mémoires envoyés par M. de la Reynie. C'est sur cette affaire que le Roy m'ordonne à présent de vous écrire.

« Vous devez être informé qu'on a averty S. M. que le s$^r$ Perroté qui paroist un des principaux auteurs de cette affaire, a épousé la veuve de M. votre père, qu'on a prétendu que vous n'estiez pas en estat de pouvoir faire les diligences nécessaires pour découvrir la vérité.

« Il est d'ailleurs arrivé que le P. du Breuil a escrit plusieurs lettres à Paris depuis sa détention, dont quelques-unes estant tombées entre les mains de M$^r$ l'archevesque de Paris, il en a donné avis au Roy, ce qui a fait croire que le Père du Breuil n'est pas gardé comme il le doit estre. On a même dit à S. M. que vous aviez une liaison intime avec le P. du Breuil, qu'il mangeoit souvent chez vous et fréquentoit fort vostre maison. »

« Il a mesme passé par les interrogatoires qui ont esté envoyés, que vous n'avez pas poussé la matière où elle doit aller, eu egard aux pièces convaincantes qu'on a entre les mains, et S. M. s'est étonnée qu'en une affaire si claire, où il y a tant d'auteurs trouvés saisis, tant de preuves littérales contre eux par des mémoires ou par des instructions qu'ils ont écrits, on n'ayt pu parvenir à l'éclaircissement du moindre fait ; en sorte que toute cette affaire, que S. M. estime très-importante à son service, se réduit à un estat inutile et duquel on ne peut tirer aucun éclaircissement.

« Je suis trop de vos amis pour ne pas m'intéresser à ce qui peut vous regarder en une affaire de cette conséquence dans laquelle vous ne scauriez apporter trop d'exactitude et de précaution, pouvant mesme vous dire que c'est une marque très-essentielle de l'estime de S. M. pour vous que la résolution qu'elle a prise de vous laisser la suite de cette affaire dans laquelle je l'ay assurée que, oubliant tout autre interest que celui de son service, vous travailleriez avec tout le soin nécessaire à découvrir la vérité... [1] Seignelay. »

« Le même au même. Fontainebleau, le 8 novembre 1682. Je rendray compte au Roy de la lettre que je viens de recevoir de vous, et vous ne devez pas douter que je me serve de cette occasion avec plaisir pour vous marquer la part que je prends à tout ce qui vous regarde, vous connoissant d'ailleurs aussy intègre que vous l'estes, et aussy incapable de toute autre vue que celle de votre devoir.

« S. M. m'ordonne vous envoyer ce courrier exprès pour vous dire que comme l'affaire du P. du Breuil ne se termine pas à ce qui s'est passé à Rouen, et que l'on a trouvé icy plusieurs choses qui vont à prouver qu'il est fort meslé dans le commerce des libelles, il faut se donner de garde de continuer les confrontations que vous avez commencées, par ce

---

[1] *Lett., Inst. et Mém.*, t. VI, p. 185.

que cela seroit capable de rendre inutile les preuves que l'on a contre luy. Ainsi, vous devez vous contenter de ramasser toutes les lumières que vous pourrez recevoir sur les lieux et de le faire garder avec grand soin [1]. »

Et le lendemain, 9 : « ... Je vous recommande d'étendre vos recherches sur un nommé Lamothe [2], imprimeur à Rouen, qui est, dit-on, fort compromis ... [3] »

Malgré tous ces efforts, la situation de Leblanc ne fit qu'empirer. L'instruction des libelles lui fut enlevée et remise à la Reynie [4]; le P. Dubreuil et joints, notamment Perroté, furent transférés à la Bastille [5], mais sans que les résultats auxquels arriva la Reynie aient été autres que ceux auxquels était arrivé Leblanc.

« On ne tire rien ici des interrogatoires du P. du Breuil, lui écrivait Colbert à la fin du mois de novembre 1682, si ce n'est qu'il est dans une liaison intime avec M. Arnauld, ce que nous savions déjà ... [6] »

Quel fut le résultat final?

Contre le P. Dubreuil, une détention perpétuelle jusqu'à sa mort, à 14 ans de là [7].

Après avoir séjourné à la Bastille, il fut transféré à St-Malo, à Brest, à la citadelle d'Oléron, au fort Brescou sur la Méditerranée, où il resta cinq ans, et enfin au fort d'Alais, où il mourut à 84 ans, en 1696 [8]. La ma-

---

[1] *Lett., Inst. et Mém.*, t. VI, p. 185.

[2] Le même contre lequel le parlement avait, en 1678, prononcé la condamnation que nous avons fait connaître.

[3] *Lett., Inst., et Mém.*, t. VI, p. 185.

[4] Lettre de Colbert à Leblanc, du 28 novembre 1682.

[5] *Port-Royal*, t. V, p. 326.

[6] *Lett., Inst. et Mém.*, t. VI, p. 186.

[7] *Ibidem*, p. 187.

[8] Sainte-Beuve, *Port-Royal*, t. V, p. 345. — *Lett., Inst. et Mém.*, t. VI, p. 190.

nière dont il supporta, pendant 14 ans, des rigueurs qui doivent être blamées, poussées à ce degré contre un prêtre de cet âge, ne contribuèrent pas peu à jeter sur lui l'intérêt. Partout, il devint l'objet d'une sorte de vénération. Pour les jansénistes, ce fut le *Martyr de M<sup>r</sup> de Paris* [1]. De Harlay l'avait toujours présent, et c'était lui, au dire des jansénistes, qui prenait soin qu'il ne restât pas trop de temps dans la même prison [2]. On le promena de forteresses en forteresses, toutes plus incommodes les unes que les autres. Il supportait son mal avec résignation [3]. « Vous voilà mon très cher Père, lui écrivait le P. Quesnel quand il fut transféré à Alais dans les Cévennes, vous voilà à votre septième station. Vous avez droit à l'indulgence plénière [4]. »

Arnauld, de son exil, souffrait fort de cette longue persécution d'un vieillard qui s'était compromis pour lui : « Est-il possible, écrivait-il en février 1672, qu'on ne puisse trouver personne qui représente au roy le misérable état où est le P. du Breuil, pour obtenir au moins qu'on traite avec indulgence un si homme de bien ? Ne pourrait-on pas engager quelqu'un des ministres à en parler à S. M. ou, à leur défaut, Madame de Guise, ou Madame la princesse de Conti, ou Madame de Maintenon ?... [5] »

L'archevêque de Paris était déjà mort quand il mourut, lui, le 6 septembre 1696, à Alais [6].

[1] *Ibidem*, p. 335.
[2] *Ibidem*, p 338.
[3] *Port-Royal*, t. V, p. 338.
[4] *Ibidem*, p. 340.
[5] Lettre d'Arnauld à Madame de Fontpertuis, de février 1692. — *Port-Royal*, t. V, p. 330.
[6] Madame de Longueville n'avait pas été témoin de cette longue persécution de son directeur, car elle était morte dès 1679. Qu'eût-elle pensé, elle qui écrivait en 1677, lorsqu'il était question que le P. du Breuil quittât sa cure de Rouen pour être grand-vicaire de Grenoble :
« L'affaire du P. du Breuil ne sera pas si aisée à décider, car je ne

596   LIVRE XVIII — CHAPITRE QUATRIÈME

Leblanc avait été révoqué dès le mois de décembre 1682 [1].

Quel fut le rôle du premier président Pellot dans toute cette affaire ? Nous aurions aimé le savoir d'une manière positive. Loin de nous la pensée qu'il soit demeuré passif, et nous sommes convaincu qu'il resta dévoué, dans la mesure du possible, à l'intendant dont il était l'ami. Mais que pouvait-il ? Et que pouvait Colbert lui-même ? Harlay de Champvallon avait le roi dans ses intérêts, et il y aurait eu péril à traverser en cette circonstance « Mr de Paris ».

Mais toutes ces rigueurs furent impuissantes à arrêter à

vous cèle pas qu'il est l'homme du monde en qui j'ai le plus de confiance et qui m'est le plus nécessaire pour mon secours dans mes terres (c'est-à-dire quand elle était en Normandie). Mais j'ay bien peur d'être obligée de demeurer d'accord que le secours qu'il peut donner à un Evêque tel que M. de G. (Le Camus, évêque de Grenoble, neveu de la première femme de Claude Pellot) est préférable à celui que j'en reçois. » *Correspondance de Madame de Longueville*, recueillie par Victor Cousin, t. III, p. 279, de la IVe série.

Et l'année suivante, de son château de Trie (arrondissement de Beauvais), le 22 octobre 1678 : « J'ay communié à Rouen le jour de St-Luc selon que je l'avois projeté avec le P. du Breuil qui m'a accompagné jusqu'ici... Ma sortie de Rouen a été comme mon entrée : le peuple m'accompagna comme il m'avoit reçue, en me donnant de grandes bénédictions, en pleurant et en montrant tout ce qu'une amitié très sincère peut faire voir. M. le Nain et le P. du Breuil pleurèrent sans s'en pouvoir empêcher... La place de devant ma maison, les degrés et les chambres étoient si combles de monde, qu'on ne pouvoit ni entrer, ni sortir. Un reste d'esprit du monde m'a fait prendre quelque plaisir à cela.. » *Ibidem*, p. 286.

[1] *Lett., Inst. et Mém.*, t. II, p. 371. Il devait survivre longtemps à sa disgrâce, n'étant mort qu'en 1707, après avoir refusé l'ambassade de Constantinople. Cet administrateur avait mis un soin extrême à transcrire dans des volumes qui sont aujourd'hui à la bibliothèque nationale toute sa correspondance avec Colbert, ce dont il faut lui savoir d'autant plus de gré que c'est à cette circonstance qu'est due la conservation des dépêches de Colbert concernant les finances de 1675 à 1679, les originaux en ayant été perdus. *Ibidem*, t. II, p. 371.

Rouen « les mauvaises impressions », et le mal y continua après Colbert et Letellier. Le Père Dubreuil mourut en 1696 : or, à quelques années de là, de Pontchartain, devenu chancelier après Boucherat, irrité de cette impunité contagieuse, un jour, adressa la dépêche suivante à l'intendant de Rouen :

« 4 août 1706. Je suis obligé de vous escrire que, par les avis que l'on reçoit de toutes parts, il n'y a pas d'endroit dans le royaume où l'on imprime les libelles deffendus avec plus de licence qu'à Rouen ; on prétend que la cause de cette licence est la maxime de police de cette ville qui consiste à y protéger la liberté du commerce envers et contre tous, et à favoriser les moyens qui sont propres à y attirer de l'argent. Il semble que, sans préjudicier à ce commerce, on y pourroit bien, en suivant de certaines règles, empescher ces mauvaises impressions, qui, après tout, ne peuvent estre que d'une médiocre utilité à quelques canailles qui ne sçauroient faire valoir leur profession d'imprimeur par les voyes permises et légitimes... [1] »

[1] *Corresp. administ.*, t. II, p. 707.

## CHAPITRE CINQUIÈME

FAVEURS SUR FAVEURS

---

« Le Roy touiours satisfait des services de M. Pellot, luy donna, le 15 janvier 1682, un brevet de pension de 6000 livres par an. » Ainsi s'exprime l'éloge anonyme [1].

Quelques mois plus tard, le roy « assura à sa famille 25,000 écus (75,000 livres) par un brevet de retenue sur sa charge [2] ». Ajouté à une retenue de pareille somme que le roi lui avait déjà accordée en 1669, son brevet se trouva porté à 150,000 livres, égal au brevet de son prédécesseur. Mais sur les 150,000 livres payés par lui aux héritiers de Ris, en 1669, le roi l'avait gratifié de 75,000 livres comptant, soit, au total, 225,000 livres de gratifications, actuelles ou posthumes.

[1] *Adde* le panégyrique de Michel de St-Martin, au chap. suivant.
[2] *Ibidem*.

## CHAPITRE SIXIÈME

ENCORE UN PANÉGYRIQUE, SOUS FORME DE DÉDICACE

---

« *Dédicace par Michel de St-Martin, Escuier, Seigneur de la Mare du Désert, Prêtre Docteur de Théologie en l'Université de Rome, et Protonotaire du Saint-Siège, A Monseigneur Pellot, d'un ouvrage intitulé :* Moiens faciles et éprouvez, dont Monsieur de Lorme, premier Médecin et ordinaire de trois de nos Rois, et Ambassadeur a Clèves pour le Duc de Nevers, s'est servi pour vivre près de cent ans. — *Imprimé à Caen chez Martin Yvon.* MDCCLXXXII. »

Cette dédicace, en la forme, vaut celles du D$^r$ Lhonoré et de M$^e$ Lespeudry ; mais elle demande à être reproduite comme celles-ci, car, au fond, elle contient aussi des documents utiles. Nous en avons toutefois éliminé ce qui n'est que phrase et pathos, deux choses dans lesquelles ce troisième panégyriste a bien pris soin de ne pas le céder à ses devanciers.

« Monseigneur,...
« Tout le monde est plein des Sages Règlements que vous avez faits et que vous avez mis en usage pour la Police des gens de guerre durant votre Intendance en Dauphiné...

« Les peuples de Poitou, pendant que vous avez eu l'administration de cette vaste Province, ont trouvé du soulagement à leurs peines par la merveilleuse conduite que vous avez tenue, qui sans les accabler leur faisoit fournir les grandes sommes de deniers que les besoins de l'Etat les obligoient de paier....

« Ce n'était pas assez, Monseigneur, que votre sagesse eût utilement servi dans une si grande étendue de Païs : il falloit qu'on en ressentît les effets chez nos voisins : La Catalogne en avoit besoin pour le service de l'Etat[1] ; les soins que vous y avez pris pour dissiper les divisions qui étoient entre les chefs des troupes du Roy, et la réunion des esprits que vous avez procurée, y ont soutenu le nom et la gloire des armes de Sa Majesté...

« Mais, le Roiaume ne pouvoit pas se priver long-temps de votre présence. La Guienne et le Béarn seront des Monuments éternels de votre intrépidité, aussi bien que de votre prudence et de votre zèle pour le service du Roy. Vous n'y avez pas moins fait les fonctions d'un général d'armée, que d'un magistrat; Vous avez renouvelé la manière de ces anciens Romains, qui n'étoient pas moins admirables par leur vertu militaire, le casque en tête, à la conduite des légions, qu'ils l'avoient été par leur sagesse, lorsque sous leurs robes ils avoient donné leurs avis ou formé des Loix dans les assemblées du Sénat. Vos travaux, en étouffant la rébellion de ces provinces, y ont rétabli le repos en des temps très-facheux, lorsque les ennemis de cette Couronne, voyant qu'ils ne pouvoient tenir contre la Sagesse et la valeur de notre Invincible Monarque,

---

[1] C'est par erreur que la chevauchée de Pellot en Catalogne est placée, ici, après son intendance à Poitiers. Pellot était, il est vrai, déjà nommé intendant du Poiton quand il fut envoyé en Catalogne ; mais il ne prit possession de son intendance qu'à son retour de sa chevauchée. Voir, à ce sujet, le chap. VII du livre IV.

étoient appliquez à exciter ou à fomenter des révoltes au dedans du Royaume. On ne dit rien de trop hardi ni de flatteur en assûrant que vous avez soutenu les forces et la réputation de l'Etat, et que Sa Majesté en a eu le moien de faire plus glorieusement la Paix, qu'elle a donnée à l'Europe...

« Tant de services signalez, Monseigneur, ont augmenté l'inclination du Roy pour vous, et lui ont persuadé que c'étoit un choix très-avantageux pour ses interests que de vous élever à la dignité de chef du Parlement de nôtre Province. Vous y avez répondu à son attente, et rempli les fonctions de Premier-Président avec l'admiration de tout le monde. Cette gravité majestueuse avec laquelle vous prononcez les arrests a imprimé du respect en tous ceux qui ont eu le bonheur de vous écouter. Notre Université, aussi bien que tout le reste de la Province, a été dans l'étonnement, lorsque vous étant allée rendre ses soumissions, Elle vous a entendu répondre sur le champ en langue latine à des discours préméditez. La latinité en laquelle vous vous exprimez, étoit aussi pure et aussi noble que si vous étiez né au siècle d'Auguste, et que si vous aviez eu le temps de faire le choix de vos expressions [1]. Si par la force de la parole vous avez si pleinement charmé les esprits, vous avez beaucoup d'avantage gagné les cœurs par votre conduite. La protection que vous avez donnée aux misérables; le soin des chemins pour la commodité du commerce et des voiageurs; l'application à l'établissement ou à l'augmentation des Hopitaux; l'exactitude avec laquelle vous avez fait châtier les criminels ; la diligence et l'incorruptibilité dans l'administration de la Justice ; cette profonde sagesse avec laquelle vous avez si prudemment ménagé les interests du Prince et de ses Peuples, vous ont

---

[1] Cette belle latinité n'était-elle point de Commire ?

attiré les bénédictions des uns et les grâces de l'autre. La satisfaction que Louis le Grand en témoigne se fait connoître tous les jours par de nouvelles marques : la fameuse Abbaie de la Croix dont il a gratifié Monsieur vôtre fils l'Abbé; six mil livres de pension qu'il vous a donnés cette année, et, tout récemment, vingt-cinq mille écus qu'il vient d'assurer à vôtre famille par un Brevet de retenuë sur votre charge, en sont des preuves toutes fraîches et toutes constantes...

« Je croy, Monseigneur, dire en ce peu de paroles tout ce qu'on peut penser de plus naturel, pour donner quelque intelligence de votre mérite, ce Prince incomparable ne donnant des marques de son affection qu'à des sujets qui en sont dignes...

« Je suis, Monseigneur, De votre Grandeur, Le tréshumble et très-obéissant serviteur, de Saint-Martin, Docteur en Théologie, et Protonotaire du St-Siège. — A Caen, le 19 juillet 1682. »

# CHAPITRE SEPTIÈME

PASSION DE PELLOT POUR LA TERRE

Une fois à la tête du parlement, Pellot avait pris en Normandie droit de cité et s'y était établi sans esprit de retour.

Il y acheta des biens.

Ses premières acquisitions se firent à Rouen même.

Dès le mois de novembre 1674, devant Maubert et Maurice, notaires [1], Me Pierre Lejaulne, avocat au Parlement, lui vendait « une maison avec jardin, fond de terre, héritage et cour, le tout d'un seul tenant, sis en la franche-bourgeoisie de la ville de Rouen, rue du Moulinet [6], Paroisse St-Patrice ».

Six mois après, le 8 juin 1675, devant Cavé et Gruchet, notaires [3], un sieur Desperrois, de Rouen, lui vendait « un

---

[1] Registres du tabellionage de Rouen, année 1674, aux archives du palais de justice.

*Vidimus* de la Chambre des comptes de Normandie du 3 décembre 1697, aux archives de la Seine-Inférieure.

[2] La rue du Moulinet avait été construite sous l'ancien château de Philippe-Auguste où fut enfermée Jeanne d'Arc. Elle lui était contiguë à l'ouest. (Plan de l'ancien château dressé en 1635, au Précis des travaux de l'Académie de Rouen pendant les années 1865 et 1866, p. 238.)

[3] *Ibidem*. Année 1675 pour le tabellionage et 1697 pour la Chambre des comptes.

quart et un demy-quart d'une maison » située même rue du Moulinet, même paroisse St-Patrice.

Enfin, deux années plus tard, le 11 août 1677, il devenait propriétaire, toujours rue du Moulinet, d'une maison que lui vendait un sieur Fauquet [1].

Ces trois acquisitions se constituaient d'immeubles formant un seul tout, et qui étaient bornés : « d'un côté par le sieur Vaignon; d'autre côté et d'un bout, par Messire J.-B. Lesdo, seigneur de la Rivière d'Ingueville; d'autre bout, enfin, par le pavé du Roy [2], » c'est-à-dire par la rue du Moulinet.

Deux maisons, plus un quart et un demi-quart de maison, le tout en la même rue et se joignant : cela aurait pu donner à penser que le premier président s'était fait bâtir, sur l'emplacement de vieilles constructions, un bel hôtel. L'acte du mariage de sa fille Marie-Anne [3] nous a prouvé que, dès le mois de février 1674, il habitait la paroisse St-Patrice, sur laquelle était la rue du Moulinet. D'autre part, la quittance de dot qui lui fut signée le 21 avril 1674 a déjà établi qu'à cette date, son gendre demeurait rue du Moulinet. Or, il demeurait chez son beau-père, qui avait pris l'engagement d'avoir chez lui les jeunes époux, pendant cinq ans, à partir du mariage.

Et en effet, c'était bien dans cette rue du Moulinet [4] que

---

[1] Année 1675 pour le tabellionage et 1697 pour la Chambre des comptes.

[2] Reg. du tabellionage de Rouen, année 1684.

[3] Ci-dessus, page 195.

[4] D'après Expilly, qui écrivait au milieu du XVIIIe siècle, « le superbe hotel abbatial de St-Ouen avait été, du consentement des abbés, la demeure des Premiers-Présidents du Parlement, et ensuite des gouverneurs de la Province. » Nous ne savons à quelle époque les premiers présidents eurent leur demeure à St-Ouen. Ce ne fut pas après Pellot puisque, à partir de 1717, un hôtel qui coûta 400,000 livres, prises sur les produits de l'octroi, fut construit derrière le palais de jus-

demeurait le premier président. Il y avait loué un hôtel appartenant à la famille de M. Samson Vaignon qui avait été, de 1661 à 1663, pour le civil, greffier en chef du parlement[1]. Mais l'hôtel loué par lui devint trop exigu, après le mariage de sa fille Marie-Anne. De là, le parti qu'il avait pris d'acheter de vieilles maisons contigues à l'hôtel dont il était locataire. Il avait donc, du mois de novembre 1674 au mois d'août 1677, acheté des s[rs] Lejaulne, Desperrois et Fauquet « les maisons que ceux-ci possédoient rue du Moulinet, contigues à l'hotel de Monsieur Vaignon, les avoit fait abattre, et avoit fait construire en leur place les chambres et appartements qu'il avoit jugés nécessaires pour l'usage de la maison qu'il occupoit, appartenant à M. Vaignon[2] ». Puis, ces chambres et appartements une fois construits, il avait percé des ouvertures dans le pignon de la maison de M. Vaignon, donnant sur son nouveau fond, de manière à établir une communication directe entre sa propriété et l'hôtel dont il n'était que locataire, et à se faire ainsi de l'une et de l'autre une seule et même habitation, plus commode et plus complète.

Ne lui fallait-il pas, en effet, un vaste espace pour toutes ces belles choses que nous a tant vantées Me Lespeudry dans son panégyrique[3]? « Ces plaisirs que le temps semblait avoir abolis, et que, sous l'impulsion de sa seconde femme, le Premier-Président avait fait renaître à Rouen ; cette nouvelle alliance de la joye et des ris ; ce mariage renais-

tice pour loger les premiers présidents. Ce ne fut pas non plus du temps des Faucon de Ris. Il faudrait donc reporter ce fait au XVIe siècle. *Dict. de Géographie*, v[o] Rouen, t. VII, p. 403.

[1] Il y eut au parlement de Normandie, pendant deux siècles, de 1499 à 1699, deux greffiers en chef, l'un pour le civil, l'autre pour le criminel. *Catalogue du Parlement de Normandie*, p. 155 et suiv.

[2] On verra ci-après l'acte de revente de ces maisons par Pellot fils.

[3] On a lu ce panégyrique ci-dessus, p. 406 et suiv.

sant des grâces et des passe-temps; ces divertissements publics, ces bals, ces festins, ces régales, ces fêtes, ces danses, ces cercles, ces assemblées, ces dépenses magnifiques : » le logis loué de M. le greffier Vaignon pouvait-il bien y suffire? A de nouvelles habitudes, à une nouvelle manière de vivre ne fallait-il pas un logis autrement disposé?

Du reste, l'acquisition de ces trois maisons ne lui avait pas été onéreuse; il l'avait faite à charge de paiement de plusieurs rentes, s'élevant ensemble à 300 livres, représentant un capital de 6,000 livres.

### § 1. *Biens du domaine public engagés. Colbert les met en vente sur les détenteurs.*

A cette époque, Colbert eut recours à une mesure financière fort rigoureuse. Sous les règnes précédents et sous le ministère de Fouquet, des parties plus ou moins considérables du domaine avaient été engagées contre des avances d'argent, que l'Etat n'avait jamais remboursées, de sorte que les biens engagés ainsi étaient restés aux mains des engagistes, qui avaient fini par se croire à l'abri de toutes recherches : d'autant mieux qu'un édit du 14 octobre 1654 avait décidé que « moyennant paiement, par les engagistes, d'une année de revenu des biens engagés, ceux-ci seroient propriétaires incommutables, sans qu'ils pussent être retranchez ni recherchez à l'avenir pour quelque cause que ce fut [1] ». Mais aucun délai n'avait été primitivement fixé à l'Etat pour le retrait : la chose n'échappa point à Colbert, et il crut pouvoir se fonder sur le principe de l'inaliénabilité du domaine pour, malgré en faire la promesse de 1654, la base d'une opération financière. Il décida donc que les

[1] Recueil des édits enregistrés au parlement de Normandie, de 1643 à 1683.

biens engagés seraient mis en vente sur les détenteurs, et adjugés à qui en offrirait, outre la somme à rembourser à l'engagiste, la soulte la plus forte au profit de l'Etat. Pour ce qui concerne la Normandie, un édit du mois d'avril 1672, « relatif à l'aliénation des petits domaines jusqu'à concurrence de 400,000 livres de revenu », porte ceci :

« Le tout, soit que les dits domaines soient en nos mains *ou en celles des engagistes, mais à la charge du remboursement de ceux-ci*, pour, par les adjudicataires, en jouir et les posséder, eux et leurs héritiers, à titre de propriété incommutable [1]. »

Pour la mise en œuvre de cette mesure, une commission fut établie au Louvre et rendit ses décisions sous cette formule : « Chambre souveraine des commissaires-généraux, départis par S. M. pour l'aliénation, la vente et la revente des domaines. »

Elle eut à juger les incidents, et ils ne pouvaient manquer d'être nombreux, auxquels allait donner lieu cette mesure rétroactive, aussi grave en son genre, à coup sûr, et aussi rigoureuse que l'était, à la même époque, une autre dont nous avons parlé, celle du tiers-et-danger, et qui allait profondément, comme celle-ci, troubler la propriété privée, sans souci des longues possessions.

Cependant, il faut dire que chaque engagiste fut libre de conserver son domaine, en restant adjudicataire sur lui-même, au moyen d'une soulte plus forte que celle de ses concurrents. Mais là était l'abus, la soulte en question, puisque des lois antérieures en avaient solennellement affranchi les détenteurs.

Du reste, l'achat des domaines engagés fut, sous l'ancienne monarchie, toujours considéré comme une opération

[1] Recueil des édits enregistrés au parlement de Normandie, de 1643 à 1683.

aléatoire. Foucault, quand il était intendant de Caen, en 1695, ayant eu un jour occasion de consulter là-dessus Chamillard, alors contrôleur général, en reçut la réponse suivante :

« Sans doute, l'occasion est favorable en ce moment pour les domaines, mais ne les mêlez que le moins que vous pourrez à votre bien. Il n'y a de sûr que les échanges, et le reste a des retours qu'on ne sauroit éviter tôt ou tard... [1] »

### § 2. *Pellot achète de l'Etat la partie engagée du domaine de Trévières. A quelles conditions.*

Or, parmi les biens que la commission du Louvre mit en vente, se trouva « la fief-ferme de Trévières, en Normandie, dans le Balliage de Caen, Vicomté de Bayeux, consistant en domaine fieffé et non fieffé, rentes seigneuriales, droits de four et moulins-banaux, marché, coutumes et autres appartenances et dépendances, relevant du Roy à cause de sa Chastellenie de Bayeux [2] ».

Guillebert de Trévières avait été le dernier propriétaire de ce domaine, qui, après lui, s'était trouvé morcelé [3]. Une partie, le fief même de Trévières, était venue aux mains du roi, qui l'avait engagé [4]. L'autre partie, appelée fief de la Rámée, était restée la propriété de Henry, écuyer, seigneur de Vouly [5].

En 1675, les commissaires-généraux mirent en vente la

---

[1] *Mémoires de Foucault*, p. 310.
[2] Registre de la Chambre des comptes de Normandie de l'année 1677. Aux archives de la Seine-Inférieure. Inédit.
[3] *Ibidem.*
[4] *Ibidem.*
[5] *Ibidem.*

première partie du fief-ferme de Trévières, aux charges suivantes [1] :

1° Entretenir la terre en fief de S. M.; 2° lui en faire foi et hommage, à chaque mutation de propriétaire; 3° payer, par chacun an, à la recette du domaine à Bayeux, un écu d'or de rente féodale perpétuelle; 4° rembourser comptant à l'engagiste tout ce qui pouvait lui être dû par l'Etat; 5° enfin, payer à l'Etat une soulte qui serait débattue à la chaleur des enchères.

Y eut-il enchères sérieuses? Dans tous les cas, Pellot fut déclaré adjudicataire, le 21 octobre 1675, moyennant, outre les autres charges qui viennent d'être déduites, une somme de 1,700 livres, plus deux sols pour livre, soit, au total, 1,870 livres [2].

Ainsi, c'était pour toucher une soulte de 1,870 livres que Colbert remuait ainsi une propriété privée! Résultat bien mince, il faut en convenir, si on songe au trouble qui dut en résulter par les recours auxquels cette reprise tardive dut donner lieu de la part du détenteur évincé contre les propriétaires successifs, en remontant jusqu'à l'engagiste. Et qu'était-ce, lorsque, comme il avait pu arriver, celui-ci avait vendu sans garantie contre une reprise semblable qu'on avait bien pu, les édits royaux à la main, croire impossible? Le dernier détenteur pouvait être ruiné du coup!

### § 3. *Pellot achète la partie non engagée du domaine de Trévières.*

A quelque temps de là, Mademoiselle Ysabeau d'Aigneaux, veuve de Henry, écuyer et seigneur de Vouly, au nom et

---

[1] La teneur de ce cahier de charges est relatée dans un arrêt de la Chambre des comptes du 23 décembre 1697. — Aux archives de la Seine-Inférieure. Inédit.

[2] *Ibidem.*

comme tutrice de ses enfants, faisait mettre en vente, devant les juges de la vicomté de Bayeux, « les fief, terre et seigneurie de la Ramée, scitués en la paroisse de Trévières, » seigneurie importante, car elle s'étendait aussi sur les paroisses de Formigny, d'Angronville, de Mandeville, de Rubercy, de Bernesc, de Briqueville, de Baines, de Couvains et autres circonvoisines ; « domaine fieffé et non fieffé, mouvant et relevant du Roy, à cause de sa Chastellenie de Bayeux, par un quart de fief de Haubert [1]. »

C'était la seconde partie de Trévières, celle qui n'avait jamais appartenu au domaine. Pellot devait la désirer fort cette seconde moitié; et ce fut à lui, en effet, qu'elle fut adjugée, à des conditions que les titres que nous avons sous les yeux ne font pas connaître [2], pas plus qu'ils ne font connaître la somme qu'il avait eue à payer à l'engagiste du fief de Trévières, de sorte que nous ignorons par quel prix, en définitive, Pellot fit cette double acquisition.

§ 4. *Pellot obtient du roi la réunion de ses deux propriétés de Trévières en une seule. Érection de Trévières en châtellenie. Lettres du roi qui prononcent cette érection, et créent deux foires à Trévières.*

Son premier soin, aussitôt qu'il eut ces deux propriétés, fut de songer à les réunir comme elles l'avaient été autrefois, et d'obtenir pour elles le titre de châtellenie. Mais, aux termes du droit féodal, au roi seul il appartenait de statuer sur ces deux points.

Son second soin fut de tirer de son bien tous les profits dont il était susceptible.

Or, son acquisition domaniale comprenait, on l'a vu,

---

[1] Registres de la Chambre des comptes de Normandie, année 1697.
[2] *Ibidem.*

entre autres choses, « les droits de four, moulins banaux, marchés et coutumes de la paroisse de Trévières. »

Pellot connaissait la source de richesse dont une foire est susceptible ; et nous l'avons déjà vu [1] en établir quatre, à la suite de l'acquisition qu'il avait faite, en 1664, de St-Martin-Lards en Poitou.

Or, à Trévières [2], il y avait bien un marché tous les lundi et vendredi, mais pas de foires. Pellot pensa qu'il lui serait utile, à lui nouveau seigneur, comme à ses nouveaux vassaux, d'y créer une foire; mais comme elle ne pouvait s'établir sans dépenses, il s'offrit de bâtir « les halles, boutiques, estaux, échoppes, clôtures et autres choses nécessaires pour la commodité des marchands qui viendroient y troquer, et y jouiroient des privilèges des autres foires franches de Normandie ».

Ce fut le double objet d'une requête qu'il présenta, en suite de laquelle le roi lui délivra les lettres qui suivent :

« Louis, par la grâce de Dieu, Roy de France et de Navarre, à tous présents et advenir, *salut* [3].

« Nostre amé et féal, conseiller en nos conseils, Premier-Président en nostre cour de Parlement de Normandie, le sieur Pellot, Seigneur de Port-David et autres lieux, Nous a représenté « qu'estant propppriétaire, premièrement, du fieffe-« terre et seigneurie de la Ramée, scituée en la paroisse « de Trévières, et qui s'extend en celles de Formigny, « Angranville, Mandeville, Rubercy, Bernesc, Bricqueville,

[1] Au t. I, p. 326.

[2] « Trévières : Bourg du Bessin, en Normandie, diocèse de Bayeux, parlement de Rouen, intendance de Caen, 778 habitants. On estime le veau et le beurre de Trévières. Il s'y tient de gros marchés. Il y a haute justice. » *Dict. univ. de la France ancienne et moderne*, t. III, 1726.

[3] Registres de la Chambre des comptes de Normandie, année 1677. Aux archives de la Seine-Inférieure. Inédit.

« Baines, Couvains et autres circonvoisines, le dit fief con-
« cistant en Domaine fieffé et non fieffé, mouvant et rele-
« vant de nous, à cause de nostre chastellenie de Bayeux
« province de Normandie, par un quart de fief de haubert,
« en conséquence de l'adjudication par décret qui luy en a
« esté faicte par les sentences du bailly de Caen ou son
« Lieutenant au siège de Bayeux, en datte du 17º octobre
« 1676; deuxièmement, de la fiefferme de Trévières scituée
« en nostre dite province, vicomté du dit Bayeux, concis-
« tant en domaine fieffé et non fieffé, rentes seigneurialles,
« droits de four et moullins-banaux, marchés, coustumes et
« autres apartenances et dépendances, au dit Sʳ Pellot ap-
« partenants, au moyen d'aliénation qui luy en a esté faicte
« à perpétuité par les sieurs commissaires-généraux par
« nous depputez pour l'alliénation, vente et revente de nos
« domaines, il désireroit, sous notre bon plaisir, joindre,
« unir et incorporer ses deux propriétés, pour estre, par
« luy, ses successeurs ou ayant cause, possédez comme un
« seul et mesme fief, ainsy qu'ils estoient possédez par Guil-
« lebert de Trévières, cy-devant propriétaire de l'une et de
« l'autre seigneurie, sous le titre, nom et appellation du fief
« et chastellenie de Trévières, comme le tout relevant de
« nous à cause de notre chastellenie de Bayeux; et d'autant
« que le marché qui se tient, de temps immémorial, tous
« les lundy et vendredy, au dit bourg de Trévières, n'est
« pas suffisant pour la vente et le débit des danrées, bestiaux
« et autres marchandises, qui y croissent en abondance, il
« nous a représenté qu'il seroit nécessaire, pour la commo-
« dité de nos subjets des lieux circonvoisins et l'advantage
« des habitans du dit bourg de Trévières, d'y créer et esta-
« blir deux foires par chacun an, ce que ledit sieur Pellot
« nous a requis faire, et de la dite union et érection des dites
« foires, luy en faire expédier nos lettres à ce nécessaires; »

« A ces causes, Désirant gratifier et favorablement traicter

le dit sieur Pellot, en considération des services qu'il nous
a rendus et qu'il continue de nous rendre, tant en l'exercice
et fonction de sa dicte charge de Premier-Président en notre
Parlement de Normandie, qu'en plusieurs emplois que
nous luy avons confiez dans nos affaires les plus importantes où il nous a donné des marques essentielles de sa
fidélité et affection, *scavoir faisons* que, de nostre grace
spécialle, plaine puissante et authorité Royalle, avons joint,
uny et incorporé les sus-ditz fief-terre et seigneurie de la
Ramée à la susditte fief-ferme de Trévières, amplement
mentionnées aux dittes adjudications de décret, et au sus-
dit contract de vente qui luy a esté faicte par lesdits sieurs
commissaires de nostre domaine; pour le tout estre, à l'a-
venir, tenu et possédé par le dit sieur Pellot, ses hoirs,
successeurs et ayans cause, comme un seul et mesme fief,
sous le titre, nom et appellation de fief et chastellenie de
Trévières, avec les droits apartenants aux chastelains, comme : chasteau, fossez, pont-levis et tous autres, et s'en
éjouir, luy et ses successeurs ou ayant cause, ainsy qu'ils
adviseront bien; voullons et nous plaist que nos dits subjets, vassaux et tenanciers des dits fief et fief-ferme, présentement unis et qui en relèvent noblement, rendent au dit
sieur Pellot et ses successeurs, seigneurs chastelains de Trévières, et sous lequel nom et appellation, les foy et hommages qu'ils lui doivent, et que les dits foy et hommages
nous soient rendus à ladvenir, par les dits seigneurs chastelains de Trévières, ainsy qu'ils y sont tenus à cause des
d. fief et fief-ferme; Et de nostre plus ample grace et authorité que dessus, nous avons, par ces mêmes présentes,
créé, érigé et estably, créons, érigeons et établissons, au dit
lieu de Trévières, en outre le marché qui s'y tient les jours
de lundy et vendredy, deux foires par chacune année qui
y seront tenues, scavoir : la première, le quatorziesme juin,
jour de la feste de St-Aignan pastron de la dicte paroisse

qui durera trois jours ; la deuxiesme, le cinquiesme novembre, quatriesme jour après la feste de la Toussainct, qui durera le même temps de trois jours, durant lesquelles, s'il arrivoit qu'il y eût un dimanche ou feste solemnelle, elles seront continuées au lendemain par autant de temps; lesquelles foires seront tenues, en la dicte paroisse de Trévières, au lieu qui sera, à cette fin, désigné par le dit sieur Pellot, auquel nous permettons de prendre et recevoir ou faire recevoir les droits deus, suivant les usages et coustumes de la province, et, à cette fin, de faire bastir halles, boutticques, estaux, échoppes, closturés et autres choses nécessaires pour la seurreté des marchandises et commodité des marchands qui voudront aller et venir, auxquels nous permettons d'y trocquer, vendre et acheter, débiter en gros et en détail, et générallement y négocier toutes sortes de denrées et marchandises licites et permises, et jouir des mesmes privilèges et franchises dont jouissent les autres foires franches de nostre dite province, pourveu, toutefois, qu'à trois lieues à la ronde, il n'y ait, les dits jours, d'autres foires auxquelles le dit establissement puisse préjudicier.

« Donné à Saint-Germain-en-Laye, au mois de Febvrier, l'an de grace mil six cent soixante et dix sept, et de nostre reigne le trente quatriesme : Signé : Louis, et, sur reply : *par le Roy*, signé *Phélypeaux*, avec paraphe, et scellé en queue d'un grand sceau, avec un contre scel de cire verde [1]. »

### § 5. *Grand crédit de Pellot prouvé par cette création.*

La création incessante de foires et de marchés avait, dès

---

[1] Reg. de la Chambre des comptes de Normandie, année 1677. Aux archives de la Seine-Inférieure. Inédit.

longtemps, provoqué des plaintes des États de Normandie. On lit dans leur cahier de 1629 :

« Plusieurs obtiennent de V. M. lettres pour establir en leurs villages nouveaux marchez, ce qui ruine le commerce de vos villes, et vostre peuple qui va à ces marchez plus tot pour yvrogner que pour y faire trafficq. Nous supplions V. M. révoquer toutes les lettres qu'elle a concedez depuis dix ans, et qu'il luy plaise aussy n'en concéder à l'advenir. » (art. XXVI.)

A cette remontrance, le roi avait répondu :

« Les foyres et marchez ne seront concedez cy-après qu'aux terres qui sont en tiltre de chastellenye [1]. »

L'érection de Trévières en châtellenie avait donc été nécessaire pour y rendre possible la création de foires. Mais avec le double appui de Colbert et de Phélypeaux, marquis de Châteauneuf, spécialement chargé de l'administration de la Normandie, Pellot avait pu atteindre son but.

Du reste, il ne faisait en cela qu'imiter Colbert lui-même, qui, à peine seigneur de Sceaux, n'avait rien eu de plus pressé que d'y établir un marché, et, pour en assurer la réussite, s'était étudié non seulement à supplanter le marché de Bourg-la-Reine, mais à ruiner le marché séculaire de Poissy.

« Les bouchers de Paris, écrivait-il à Chamillard, intendant de Caen, le 25 avril 1674, ayant résolu de venir désormais tous les lundis et les jeudis de chaque semaine acheter au marché de ma terre de Sceaux les bestiaux dont ils auront besoin, et de commencer, mesme, dès jeudy prochain, je crois qu'il est à propos d'en avertir les principaux marchands qui ont accoustumé d'envoyer jusqu'à présent leurs bestiaux au marché de Poissy. Comme on m'a assuré

[1] *Cahier des États de Normandie* sous Louis XIII et Louis XIV, recueillis et annotés par de Beaurepaire. Rouen, 1877, t. II, p. 159.

que le sieur la Chesnaye-Lemercier qui est des plus considérables, et qui fait sa résidence ordinaire dans votre généralité, est fort connu de vous et qu'il a une entière déférence à vos ordres, je vous prie de l'envoyer chercher aussytost la présente reçue, et de luy faire scavoir qu'il vous fera un singulier plaisir d'envoyer doresnavant ses bestiaux au marché de Sceaux au lieu de les envoyer à Poissy, comme il a fait jusqu'à présent : d'autant plus que les bouchers de Paris devant sans faute y venir, il y trouvera bien plus seurement le débit de ses bestiaux. Vous m'obligerez de me faire scavoir par le premier ordinaire ce que vous aurez pris la peine de faire pour cela...[1] COLBERT. »

Colbert avait donc transféré à Sceaux [2] le marché qui, de temps immémorial, se tenait à Bourg-la-Reine, et non content de cela, il travaillait à absorber Poissy, affaire pour lui fort importante, car le roi lui avait fait don des droits des marchés et foires de Sceaux. Pellot ayant un même profit, dut aussi se servir de l'intendant de Caen pour alimenter Trévières ; car, tant était grande alors son action, les intendants de Normandie n'étaient guère que ses subdélégués.

[1] Biblioth. des Invalides, manuscrits Colbert, 1674, f° 291.
[2] Les lettres d'érection sont du 1er mai 1673.

## CHAPITRE HUITIÈME

*Pellot agrandit son domaine de Trévières. — Lettres du roi qui y réunissent plusieurs terres et seigneuries, et même des maisons de Rouen. — Le roi ratifie toutes les acquisitions de domaines engagés faites jusque-là par Pellot. Inanité de ces ratifications sous l'ancienne monarchie.*

Voilà l'ancien fief et l'ancienne chastellenie de Trévières reconstitués, et voilà notre premier président châtelain de Trévières, en même temps que seigneur de Port-David, de St-Martin-Lards et des Deffends ! Voilà deux foires nouvelles créées à Trévières, comme il en avait été créé quatre à St-Martin-Lards ! Brillant résultat dont il dut être fier. Et cependant, ce domaine de Trévières ainsi enrichi, amplifié et agrémenté, ne suffit pas à son heureux possesseur. Vraiment, il aurait bien pu s'appliquer à lui-même ce que nous l'avons vu déduire si bien aux autres, dans une harangue de rentrée, où, dissertant sur la nécessité de savoir borner ses appétits, il nous représente « l'ambitieux dans l'indigence au milieu des prospéritez, manquant de tout quoi qu'il ait envahi des Royaumes, dont l'ambition n'est jamais satisfaite, et qui souhaite toujours de nouvelles terres, si bien qu'on peut dire que ce qui lui manque au milieu de son abondance, est sans bornes [1] ».

Suivons donc notre philosophe dans sa passion de s'a-

---

[1] Harangue de rentrée de 1675, ci-dessus, p. 398.

grandir, et voyons-le, comme tant d'autres, négliger de pratiquer ses belles maximes.

Dès le 16 décembre 1677 les commissaires départis par S. M. pour la vente *à perpétuité* de ses domaines lui adjugent au Louvre 65 acres et trois vergées de terre sises au lieu de Trévières, par une soulte de 1,200 livres au principal et 120 livres pour les 2 sols par livre, à la charge : 1º de les tenir de S. M. en foi et hommage; 2º de rembourser un contrat d'engagement signé le 3 juin 1659, par le roi, avec un s[r] Delabarre [1].

Moins d'une année après, le 23 août 1678, devant les mêmes commissaires, achat de la fief-ferme de Rubercy, située aussi dans la vicomté de Bayeux, non loin de Trévières, à la charge : 1º de la tenir en fief de S. M.; 2º de rembourser à l'engagiste la somme par lui avancée au roi ; et, en outre, une soulte de 650 livres de principal et 65 livres de dixième [2].

Le même jour, enfin, devant les mêmes commissaires, achat de la fief-ferme de Mandeville, sise en la même vicomté de Bayeux, proche aussi la châtellenie de Trévières, à la double charge aussi de foi et hommage et remboursement de la finance due à l'engagiste, et, de plus, moyennant une soulte de 650 livres en principal et 65 livres de dixième [3].

Arrivé à ce degré d'arrondissement, Pellot sentit le besoin d'unir ses trois nouvelles acquisitions à sa châtellenie. Chose singulière, il songea à y joindre aussi les deux maisons et le quart et demi-quart de maison que nous avons vu [4]

---

[1] *Vidimus* du 3 décembre 1697, aux registres de la Chambre des comptes. Archives de la Seine-Inférieure.
[2] *Ibidem*.
[3] *Ibidem*.
[4] Ci-dessus, page 603.

qu'il avait achetés à Rouen. Ce fut l'objet d'une supplique qui se trouve reproduite dans les lettres suivantes, qui y firent droit :

« Louis, par la grâce de Dieu, Roy de France et de Navarre, à tous présens et advenir, *salut*. Nostre amé et féal conseiller en nos conseils, maistre des requestes honoraire de nostre hostel, et Premier-Président en notre cour de Parlement de Normandie, Claude Pellot, chevallier seigneur des Deffens, Port-David, Trévières et autres lieux, nous a remontré « qu'ayant dessing d'agrandir et embellir la terre
« et seigneurie de Trévières que nous avons, cy-devant, en
« sa faveur érigée en tiltre et dignité de Chastellenie, non
« seullement de quelques édifices [1] et bastiments conve-
« nables au dit tiltre, mais encore de revenus suffisans et ca-
« pables de porter cette dignité, Il a acquis, des sieurs com-
« missaires par nous dépputtez : 1º la quantité de soixante
« cinq acres trois vergées de terre, scituez dans la ditte
« Chastellenie de Trévières Vicomté de Bayeux ; 2º la fief-
« ferme ou fief de Rubercy, scitué en la ditte Vicomté de
« Bayeux, et 3º une autre fief-ferme nommée Mandeville,
« scituée en la ditte vicomté de Bayeux : le tout amplement
« mentionné et spéciffié dans trois contrats qui en ont esté
« passez à son proffict par les dits sieurs commissaires, à
« nostre chasteau du Louvre, comme plus offrant et der-
« nier enchérisseur, ainsy qu'il est plus amplement spéci-
« fié par les d. contractz : lesquels contracts le dict sieur
« Pellot nous a très-humblement supplié voulloir agréer,
« aprouver et ratiffier, et, en outre, unir, joindre et incor-
« porer les dits héritages y contenus à sa dicte terre et
« chastellenye de Trévières, mesme deux maisons et un
« quart-et-demy de maison, scituées en la ville de Rouen,

---

[1] Nous n'avons pu savoir de quels édifices il peut s'agir : sont-ce, par hasard, les maisons de Rouen ?

« rue du Moullinet, paroisse Sainct-Patrice, par luy ac-
« quises des nommez Le Jaulne, Desperroy et Fouquet,
« pour touttes les sus-dittes acquisitions, avec la d. sei-
« gneurie et chastellenye de Trévières, ne faire et compo-
« ser, à l'advenir, qu'une seulle et mesme chastellenye, le
« tout relevant nuement de nous à cause de nostre vicomté
« de Bayeux, à la réserve des sus dittes maisons qui sont
« de la franche bourgeoisie de nostre ditte ville de Rouen,
« et, à cette fin, ledit sieur Pellot nous a humblement sup-
« plié de luy voulloir expédier nos lettres à ce nécessaires. »

« A CES CAUSES, après avoir faict veoir en notre conseil les
sus dictz trois contracts de l'adjudication qui en a esté faicte
au dit sieur Pelot par les d. sieurs commissaires, nous
avons iceux contracts agréez, aprouvez, confirmez et ratif-
fiez, et, par ces présentes, signées de nostre main, les agréons,
aprouvons, confirmons et ratifions ; voullons et nous plaist
qu'ils sortent leur plain et entier effect, selon leur forme et
teneur, et qu'en vertu d'iceux, ledit sieur Pellot, ses successeurs et ayans cause, jouissent des d. fief-fermes y men-
tionnez pleinement, paisiblement et perpétuellement, comme de leur propre chose, vray et loyal héritage, sans qu'à
l'avenir ils y puissent estre troublez, ni inquiétez en quelque sorte et manière que ce soit ; Et désirant faire connaître
au dit sieur Pellot la satisfaction que nous avons de ses
services et luy donner lieu de nous les continuer, Nous,
ayant égard à la supplication qu'il nous a faite, avons joint,
uny et incorporé, et, de nostre grâce spéciale, pleine puissance et authorité Royalle, joignons, unissons et incorporons, à la sus dite terre seigneurie et chastellenye de Trévières, les dits soixante cinq acres trois vergées de terre, la
dite fief ferme de Rubercy et celle de Mandeville, ensemble
les dittes deux maisons et un quart-et-demy de maisons,
scituées en la dite franche bourgeoisie de la ville de Rouen,
pour le tout, avec la dite seigneurie de Trévières, ne com-

poser à l'advenir qu'une seule et mesme chastellenye sous le nom et appellation de Trévières, aux clauses et conditions portées par les d. contractz, pourveu toutefois qu'au contenu en ces dites présentes, il n'y ait rien de contraire aux usages et coustumes des lieux ny de préjudiciable à nos droits et ceux d'autruy. Car tel est nostre plaisir ; et afin que ce soit chose ferme et stable à toujours, nous avons faict mettre notre scel à ces dittes présentes, données à Sainct-Germain, au mois de Décembre, l'an de grâce 1678, et de nostre reigne le 36e. Signé : Louis. Et sur le reply : par le Roy, Phélypeaux, avec paraphe, et scellé, en lacs de soye, d'un grand sceau, avec un contre-scel en sire verde [1]. »

Pellot, inquiet sur la valeur de ses acquisitions domaniales, n'avait pas négligé cette occasion d'obtenir une ratification. « Après avoir fait veoir en nostre conseil les trois contracts d'adjudication qui a esté faite au sr Pellot, nous avons iceux contrats agréez, approuvez, confirmez et ratifiez; et par ces présentes, signées de nostre main, nous les aprouvons, agréons, confirmons et ratifions ; voulons et nous plaist qu'ils sortent leur plain et entier effet, selon leur forme et teneur; et qu'en vertu d'iceux le dit sr Pellot, ses successeurs et ayans cause, jouissent pleinement, paisiblement et perpétuellement, sans qu'à l'avenir ils puissent être troublez, ni inquiétez en quelque sorte et manière que ce soit... »

Il n'avait pas tort certes d'agir avec cette précaution, car, malgré le caractère perpétuel donné à ces ventes, par le roi lui-même, dans ces lettres spéciales, expressément signées de lui, et dans d'autres qui vont suivre, il arrivera que le domaine, dans un pressant besoin d'argent, exigera des pos-

---

[1] Registres de la Chambre des comptes, année 1679. Aux archives de la Seine-Inférieure. Inédit.

sesseurs une taxe importante, à laquelle le domaine engagé de Trévières n'échappera pas plus que les autres.

Quoi qu'il en soit, grâce à cette annexion officielle, Trévières se trouvait désormais pourvu « de revenus suffisans pour porter la dignité de châtellenie ». La requête qui est en tête de ces lettres nous fait connaître que cette châtellenie allait être embellie « d'édifices et batiments convenables à son tiltre ». Pellot, rassuré désormais par le caractère irrévocable donné à sa propriété, y fit-il construire un château ? Car, pour qu'une châtellenie fût parfaite, il fallait, comme le nom l'indique, un château. Nous n'avons trouvé aucun document qui nous le fasse soupçonner. Plus tard, sous son fils, Trévières de châtellenie deviendra comté : mais soit comtes, soit châtelains, jamais, que nous sachions, les Pellot n'habiteront Trévières.

# CHAPITRE NEUVIÈME

### PELLOT CONTINUE D'ARRONDIR SON DOMAINE DE TRÉVIÈRES

Dans sa passion pour la terre, le premier président continue d'agrandir Trévières.

A ce domaine amplifié ainsi, il manquait encore bien des terres en effet, notamment certains domaines engagés sur lesquels Pellot put bien appeler l'attention de la commission souveraine du Louvre.

Et puis, s'il pouvait devenir seigneur dimant ! Il lui faudrait bien aussi une carrière qui est dans son voisinage ! Cela lui rendrait la construction d'un château plus facile. Il y a aussi certain herbage enclavé dans son domaine et plusieurs terres sur la paroisse de Trévières que d'autres que lui possèdent : comme ce serait bien mieux s'il pouvait tout avoir à lui tout seul !

Dès la fin de 1678, par sentence du sénéchal, il obtient l'union et incorporation, à sa châtellenie, de la sergenterie ou prévôté-fieffée de la seigneurie de Trévières.

Puis, le 15 février 1680, les commissaires lui adjugent la fief-ferme ou fief d'Écrainville, pour une soulte de 600 livres, plus 60 livres de décime [1], à la charge de le tenir en

---

[1] *Vidimus* de la Chambre des comptes du 3 décembre 1697. Aux archives de la Seine-Inférieure, Inédit.

fief mouvant de S. M., et de rembourser comptant les engagistes.

Le 24 mars 1681, devant Bourse et Lefebvre, notaires à Rouen [1], les sieurs Canouville, seigneur du Breuil, Canouville, seigneur du Mesnil, et Henry de Baudre, déclarent consentir qu'il « s'esjouisse de la terre appelée le haut Bosc, située en la chastellenie de Trévières ».

Le 1er septembre 1681, devant Jacques Legrain, notaire royal au bailliage et vicomté de Bayeux, contrat d'échange entre Pellot d'une part, les abbé et religieux de Montebourg [2] d'autre part, aux termes duquel les dits sieurs abbé et religieux « baillent au sieur Pellot, les fief-ferme, terre et seigneurie de Létang qu'ils possèdent en la paroisse de Trévières », moyennant quoi Pellot leur donne en contre-échange un domaine engagé situé à plus de 20 lieues de là, en la vicomté de Valogne, « le fief-terre et seigneurie de Vaux, avec les maison, héritage et rente en dépendant, assis en la paroisse de Saint-Floxel [3]. »

Deux jours après, le 3 septembre, entre les mêmes et devant les mêmes, autre contrat par lequel les dits abbé et religieux lui cèdent tous et chacun des droits de dîmes dont ils jouissent dans l'étendue de la paroisse de Trévières, et, à ce moyen, le sieur premier président devenu seigneur dimant, les tiendra quittes de 60 livres de rente seigneuriale qu'ils lui doivent à lui-même, comme seigneur de Trévières ; et il se chargera en outre de payer pour eux une rente de

---

[1] Reg. du tabellionage de Rouen, de 1681, aux archives du palais de justice. Inédit.

*Vidimus* de la Chambre des comptes, du 3 décembre 1697. Inédit.

[2] Montebourg. Aujourd'hui chef-lieu de canton du département de la Manche, arrondissement de Valognes. C'était une abbaye de Bénédictins, de 12,000 livres de revenu.

[3] St-Floxel. Aujourd'hui une des 22 communes du canton de Montebourg.

112 livres 5 s. 6 d. qu'ils doivent annuellement aux sieurs de la Sainte-Chapelle de Paris [1].

Le 14 novembre 1682, adjudication à son profit, en la vicomté de Bayeux, du fief-terre et seigneurie de la Luzerne dont ni la contenance ni le prix ne sont dans les actes que nous possédons.

Enfin, le 3 mars 1683, par contrat devant Nativelle et Lebrun, notaires à Bayeux, François Eudes, sieur de Lestang, lui cède, sur la paroisse de Trévières, une carrière et un herbage.

Telles furent les acquisitions par lesquelles, depuis 1677, il ajouta, chaque année, à son domaine :

En 1678, la prévosté fieffée de sa seigneurie de Trévières ;
En 1680, le fief d'Ecrainville ;
En 1681, la terre appelée le Haut-Bosc ;
En 1681, la terre de l'Etang ;
En 1681, les dîmes de la paroisse de Trévières ;
En 1682, la terre de la Luzerne ;
En 1683, enfin, une carrière et un herbage.

En vérité, rien que la mort n'était capable de l'arrêter dans sa fureur de s'arrondir. Elle allait le saisir avant même qu'il eût eu la satisfaction de voir réunies féodalement à sa châtellenie les acquisitions faites par lui dans ce but depuis 1677, et sans qu'il eût eu la satisfaction que La Bruyère accorde aux heureux du siècle :

« Il faut avoir trente ans pour songer à sa fortune ; elle n'est pas faite à cinquante ; l'on bâtit dans sa vieillesse, et l'on meurt quand l'on en est aux peintres et aux vitriers [2]. »
Pour lui, hélas ! la maison sera encore à construire en entier !

---

[1] *Vidimus* de la Chambre des comptes, du 3 décembre 1697. Aux archives de la Seine-Inférieure. Inédit.
[2] CARACTÈRES. Au chap. *Des biens de fortune*.

# CHAPITRE DIXIÈME

#### MORT DU PREMIER PRÉSIDENT PELLOT

Le 7 août 1683, la *Gazette de France* [1] contenait la nouvelle suivante :

« Messire Claude Pellot, Premier-Président du Parlement de Rouen, mourut en cette ville (Paris), le 3e de ce mois, âgé de 64 ans. Il avoit esté Maistre des requestes, et avoit exercé avec beaucoup de capacité, durant quatorze ans, les intendances de justice dans les provinces de Dauphiné, de Poitou, de Limousin et de Guyenne. »

Puis, au mois de septembre suivant, le *Mercure* [2] publiait cette notice biographique :

« Le Parlement de Rouen a perdu son illustre Chef, en la personne de Mre Claude Pellot, seigneur de Port-David, des Deffends, Trévières et autres lieux, qui mourut icy (Paris), le 3 d'aoust, après une maladie de deux mois. Il avoit 64 ans. Après avoir esté Conseiller au Parlement de Rouen, il fut Maistre des requestes, et Sa Majesté à qui sa capacité estoit connue, l'envoya en Dauphiné dans le temps des guerres d'Italie, et en Roussillon [3], pour faire observer la discipline aux troupes qui y passoient. Il fut ensuite envoyé dans les

---

[1] A la Biblioth. nationale.
[2] A la Biblioth. publique de Rouen.
[3] *Chevauchée en Catalogne, après la déroute de Camprédon*, au t. I, p. 225.

intendances de Poitou, de Limousin et de Guyenne, où il exécuta les ordres du Roy avec une fermeté digne de son zèle. Le succès en fut fort grand, principalement dans la Guyenne, qui estoit remplie de bandits et de scélérats, du costé de la Chalosse et du Béarn. Il en purgea le païs, et les réduisit à l'obéissance. Le grand nombre de belles réparations qu'il a fait faire en plusieurs villes de ces provinces, rend pour luy un glorieux témoignage de l'entière application qu'il a toujours eue à ce qui pouvoit contribuer au bien public. Après quinze ans de services rendus dans les intendances, Sa Majesté l'honora, en 1669, de la charge de Premier-Président du Parlement de Normandie. Il l'a exercée près de quatorze ans, avec beaucoup d'honneur et d'estime. Son principal soin estoit d'établir de l'ordre en toutes choses, sur tout au Palais où il a introduit des usages très-utiles, et fait en sorte que les jeunes Conseillers, qui avoient peu d'occupation auparavant, en ayent assez pour se rendre capables de leurs charges. L'établissement qu'il a fait d'un hôpital général pour les pauvres de la ville, est une marque du zèle qui le portoit à les soulager. Il laisse trois fils, l'un Conseiller au Parlement de Paris, qui s'est signalé dans le barreau par plusieurs actions publiques, et qui a voyagé dans la plus grande partie de l'Europe; le second, capitaine dans le régiment du Roy; et le troisième, abbé de la Croix S$^t$ Leuffroy au diocèse d'Evreux. »

Une notice, restée manuscrite jusqu'ici, qui fut évidemment écrite aussi sous le coup de la catastrophe, existe à la Bibliothèque nationale [1]. Nous la reproduisons également, sans en rien retrancher :

« Claude Pellot, chevalier seigneur de Port-David, de Sandars, les Deffends et de Saint Martin Lars, seigneur chastelain de Trévières, successivement Conseiller au Parlement,

[1] Au cabinet des titres, dossier Pellot.

Mᵉ des requestes, intendant de la justice en Dauphiné, Poitou, Limousin et Guyenne, avoit été, en considération de ses services, nommé Premier-Président au Parlement de Rouen, le 29 novembre 1669, et reçu le 14 avril 1670. Il aimoit les gens de lettres et avoit une belle bibliothèque. Il avoit fait dresser des états de toutes les personnes considérables des provinces où il avoit été intendant, où l'on voyoit leur caractère, leurs biens, leurs amis et leurs ennemis, avec beaucoup de particularités très singulières [1]; il avoit un esprit sublime et étoit fort capable de gouverner, car il estoit grand politique; aussy M. Colbert, quoyque son parent, craignoit fort qu'il n'aprochat de la Cour [2]. Il mourut à Paris, le 3 aoust 1683, rue de l'Université, et fut porté, en grande pompe, à dix heures du soir, à Saint-Sulpice, sa paroisse, d'où il fut porté aux Minimes de la place Royalle, pour y estre inhumé en la chapelle des Le Camus [3]; et avoit sur son cercueil un drap mortuaire comme celuy des ducs et pairs, la couronne ducale, le mortier et le manteau. Son oraison funèbre fut prononcée, le 7 aoust, en l'Eglise Cathédrale de Rouen, par le père Ménestrier, jésuite, ce qui ne s'étoit pas encore pratiqué pour le Premier-Président de Rouen. Il laisse 3 fils et 3 filles [4]. »

[1] Ces « états », qui seraient aujourd'hui fort précieux, existent-ils encore ? Il ne nous a pas été donné de les retrouver.

[2] Voilà un passage inexplicable pour nous, et qui répugne avec tout ce qu'il nous a été donné de savoir des relations de Pellot et de Colbert. Le lecteur qui a eu tous les documents sous les yeux, peut se faire juge d'une telle articulation. Pour nous, nous n'hésitons pas à la repousser comme calomnieuse.

[3] A côté de Claude Lecamus, sa première femme ? Le couvent des Minimes était situé au Marais, dans la rue qui s'appelle encore la rue de la Chaussée des Minimes. On appelait ces religieux Minimes de la place Royale, pour les distinguer des Minimes de Vincennes et de Chaillot.

[4] L'auteur ne mentionne pas les 5 filles religieuses, sans doute parce que, mortes civilement, elles ne comptaient plus.

L'oraison funèbre du père Ménestrier, compatriote et ami du premier président, n'a jamais été imprimée ; il ne nous a pas été donné d'en retrouver de copie manuscrite [1], et nous ignorons même s'il en exista dans le temps. Nous savons seulement qu'elle fut prononcée avec grand éclat, devant tout le parlement et devant tout Rouen :

« On lui fit un service solemnel dans l'église Cathédrale de Rouen où les compaignies des Cours et le corps de ville assistèrent. Le père Ménestrier, Jésuite, y prononça l'oraison funèbre... [2] » Ainsi s'exprime l'éloge anonyme.

Arrivé à ce point, nous nous garderons de rien dire qui puisse paraître un panégyrique. Nous venons de dérouler aussi impartialement qu'il nous a été possible la vie de l'un des principaux acteurs de la première moitié du grand règne dans l'ordre civil ; notre récit parle mieux que tout ce que nous pourrions ajouter.

A vous qui nous avez fait l'honneur de nous suivre jusqu'ici, à vous maintenant, cher lecteur, de conclure et de juger !

Mais quelle bonne fortune ce fut pour ce serviteur dévoué, comme ce devait en être une, un mois plus tard, pour le grand ministre, son maître et son ami, d'avoir fermé les yeux à temps pour ne point voir le déclin du grand œuvre auquel l'un et l'autre, et l'un à la suite de l'autre, ils avaient si puissamment collaboré ! Colbert, « le plus grand ministre qu'ait eu la France... homme mémorable à jamais... [3] » Pellot, son auxiliaire préféré, l'intendant « tout à lui »,

[1] S'il faut en croire une notice écrite sur le P. Ménestrier, celui-ci avait l'habitude d'improviser ses oraisons. L'oraison funèbre du premier président n'est pas mentionnée dans le catalogue de ses œuvres qui existe à la bibliothèque de Lyon.
[2] Biblioth. de Rouen, fonds Martainville, manusc. Bigot.
[3] *Le Président Hénault (Abrégé chronologique.)*

celui de tous entre tant d'autres qui sut le mieux se pénétrer de ses vues et les réaliser, et qui, si la France, en 1676, eut perdu Colbert, aurait peut-être été appelé au périlleux honneur d'occuper son poste glorieux !

Nous ne nous croyons pas quitte encore envers vous, ami lecteur. Il nous semble que nos recherches, si elles s'arrêtaient au point où nous sommes, n'auraient pas entièrement satisfait votre curiosité légitime.

Cette première présidence, que Claude Pellot avait remplie avec un si grand éclat : qu'en advint-il après lui ?

Et sa veuve ? et son frère ? et ses fils ? et ses filles ? et tous ses parents qui ont successivement passé sous nos yeux ? et sa descendance ? et ce patrimoine, si chèrement, si laborieusement amassé ?...

Il nous faut, quelque peine qu'il nous en coûte, arriver à le découvrir. Nous aboutirons ainsi à cette catastrophe entière, absolue, qui est, hélas ! ici-bas, la fin de toutes choses !

# LIVRE DIX-HUITIÈME

CE QU'IL ADVINT DE LA PREMIÈRE PRÉSIDENCE, DE LA
FAMILLE ET DU PATRIMOINE DE CLAUDE PELLOT

1683-1793

# CHAPITRE PREMIER

### L'HÉRITAGE JUDICIAIRE DU PREMIER PRÉSIDENT PELLOT

La succession judiciaire de Claude Pellot, après être restée vacante plusieurs mois, finit par écheoir au fils de son prédécesseur, à Charles Faucon de Ris, marquis de Charleval et comte de Bacqueville, qui, pour prendre la tête du parlement de Normandie, quitta, comme avait fait Pellot, l'intendance de Bordeaux, où il avait remplacé de Sève en 1678 [1].

D'après l'article du *Mercure* que nous venons de transcrire, Claude Pellot fut malade deux mois. Aurait-il senti sa fin approcher, et songé à se démettre? Et serait-ce là le sens de ce passage des *Mémoires* de Foucault :

« Au mois d'aoust 1683, mon père a pensé à traiter pour moi, avec M. Pellot, de la charge du Premier-Président de Rouen [2]. »

N'ayant réussi alors, et le décès survenu, Foucault avait sollicité du roi la faveur de son choix ; il ne fut pas plus heureux : « Juin 1684, la charge de Premier-Président au Parlement de Normandie étant vacante par la mort de M. Pellot, mon père a décidé que je la demandasse au Roy. Mais elle a été donnée à M. de Ris [3]. »

[1] *Lett., Inst. et Mém.*, t. II, p. LLLXXVI.
[2] *Mémoires de Foucault*, p. 207.
[3] *Ibidem*, p. 220.

Voilà la date du choix de Charles Faucon de Ris : Juin 1684.

Tout était de tradition à cette époque; les charges se transmettaient de père en fils, même quand elles étaient au choix du roi. Cela étant, qui donc aurait pu entrer en lutte avec un compétiteur qui comptait parmi ses ancêtres quatre premiers présidents, dont trois à Rouen ?

Cette illustre souche de chefs de parlement n'avait cessé, depuis plus d'un siècle, de produire de nobles rejetons.

Alexandre Falconi, Patrice de Florence, ayant épousé une Médicis [1], avait subi le sort de la famille de sa femme; chassé de Florence, au seizième siècle [2], il était venu en France, dans le Languedoc [3], où son nom de Falconi avait fini par se franciser. Plus tard, leur fils, grâce à Catherine de Médicis qui avait retrouvé en lui non seulement le descendant d'un fidèle serviteur de sa maison, mais un parent, avait été comblé de faveurs, et après avoir été, sous Henri III, membre du grand conseil, était devenu premier président du parlement de Bretagne. Après lui, grâce à la faveur de Marie de Médicis, puis à celle de Mazarin, trois de ses descendants, Alexandre, Charles et Louis, avaient, avant Pellot, siégé coup sur coup à la tête du parlement de Normandie.

Quoique Charles Faucon de Ris ait été appelé à cette charge dès le mois de juin 1684, il n'en prit possession que

---

[1] *Origine de plusieurs grandes familles de France.* — Manusc. de la bibl. de Rouen, fonds Martainville. — C'est un abrégé du manuscrit qui existe à laBibliothèque nationale, qui a pour auteur le frère Léonard de Sienne. « Ce prétendu Léonard a été un curieux en bibliographie, de la fin du XVIIe siècle, qui a fait plusieurs recueils dont il a légué les manuscrits aux Petits-Pères; ils sont aujourd'hui à la biblioth. nationale. Dans celui qui est marqué n° 22, l'auteur se désigne de la sorte : Fr. Léonard de Sainte Catherine de Sienne, 1696, Augustin déchaussé, indigne. » Quicherat, *Notice sur Thomas Bazin*, t. I.

[2] *Ibidem.*

[3] *Ibidem.*

deux ans après, en 1686 ¹, ayant eu à régler dans l'intervalle le paiement préalable des 150,000 livres, dont, par deux brevets successifs, le roi, en 1669 et 1682, avait gratifié Pellot, son prédécesseur.

« Le Roy, écrit le marquis de Sourches, choisit M. de Ris, maître des requêtes, intendant à Bordeaux, pour être Premier-Président du Parlement de Rouen, lui donnant sur cette charge un brévet de retenue de cent mille livres, et tous les appointements qui étoient eschus depuis la mort de M. Pelot, dernier possesseur, ce qui faisoit à peu près la somme de cent cinquante mille livres qu'il étoit obligé de payer aux enfants de M. Pelot, pour le brevet de retenue que le Roy avoit donné à celui-ci sur cette charge... ² »

Ce quatrième Faucon de Ris ne devait pas demeurer longtemps à la tête du parlement de Rouen, où son passage, du reste, a fort peu marqué. Il n'avait pas les qualités qui avaient donné à la première présidence de Claude Pellot un si grand lustre. Et puis, les temps déjà étaient changés. Colbert mort, l'astre royal déclinait visiblement ; l'orage déjà s'annonçait ; après un règne de près un demi-siècle, rien déjà ne réussissait plus.

En 1691, la première présidence fut de nouveau vacante, Charles Faucon de Ris étant mort cette année-là, à 47 ans ³.

Une troisième fois, Foucault se mit sur les rangs, mais sans plus de succès. Colbert, son protecteur, n'était plus, et avec lui avait cessé sa fortune :

¹ *Catalogue et armorial du parlement de Normandie.*
² *Mémoires*, t. II, p. 19. Adde *Journal de Dangeau*, t. I, sous la date du 1ᵉʳ février 1687 :
« M. de Ris paye 150,000 fr. aux enfants de M. Pellot qui avoit un brevet de retenue, et le Roy lui donne un brevet de retenue de 100,000 fr., avec les appointements de la charge depuis 1683 que M. Pellot est mort. »
³ *Lett., Inst. et Mém.*, t. II, p. 742.

« J'étois alors, écrit-il tristement, Intendant en Poitou où ayant reçu plusieurs dégouts de M. de Louvois qui étoit ennemi déclaré de tous les amis de M. Colbert, et de ceux qui étoient attachés à sa famille, je priay M. de Seignelay de me retirer de Poitiers... [1] »

Et plus loin :

« La charge de Premier-Président de Rouen ayant vaqué au mois de mai 1691, par la mort de M. de Ris, je l'ay demandée au Roy et en ay escrit à messieurs les Ministres ; mais elle fut donnée à M. d'Esneval... [2] »

Nous ne savons sur quoi s'est fondé Foucault pour nommer ici M. d'Esneval. Il n'y avait alors au parlement de Rouen aucun magistrat de ce nom, Anne-Claude Robert Leroux, baron d'Esneval et d'Acquigny, qui fut président à à mortier en 1712, n'ayant été nommé conseiller qu'en 1706... [3]

Quoi qu'il en soit, il ne fut nullement question de Claude-François Pellot qui, âgé alors de 33 ans, était, depuis 1683, conseiller au parlement de Paris ; et ce fut d'Hennequin, procureur général au grand conseil, qui fut d'abord choisi [4].

« Il (d'Hennequin) fut nommé Premier-Président du Parlement de Normandie, ainsi qu'il l'avoit souhaité, mais, bientôt, par après, il en remercia S. M. [5], avant toute prise de possession. »

Le roi, au refus d'Hennequin, se prononça en faveur de Montholon, personnage fort riche par son union avec la fille

---

[1] *Mém. de Foucault*, p. 245, et plus haut, p. 242 : « M. de Louvois dont la mort de M. Colbert n'avoit pu éteindre la haine qu'il lui avoit portée pendant sa vie, ne cessoit d'en faire ressentir les effets aux personnes qui lui avoient été attachées... »
[2] *Mém. de Foucault*, p. 277.
[3] *Catalalogue et armorial du parlement de Normandie*.
[4] *Origine de plusieurs grandes familles*.
[5] *Ibidem*.

unique de M. de la Guillaumie, greffier en chef du grand conseil[1]. De Montholon vendit vingt cinq mille écus sa charge de conseiller, et eut à verser 100,000 livres, pour brevet de retenue à Mme Ve de Ris[2]. Mais le roi ne voulut point le gratifier d'un brevet pareil[3]. En quoi il eut raison, étant donnée sa grande fortune, qui lui rendait cette faveur inutile. Et, à cette occasion, le roi même dit qu'il ne donnerait plus de brevets de retenue pour les grandes charges, voulant rester maître d'en disposer à son gré[4]. Rien en effet, ne liait davantage la royauté que cette pratique qui écartait le choix d'un successeur sans fortune, auquel l'acquit préalable du brevet de retenue était impossible[5].

Pour son serment de fidélité, de Montholon eut à payer 300 pistoles[6], somme que Pellot avait lui-même versée en 1669.

C'était aussi une illustre lignée que celle des Montholon. L'un d'eux avait été garde des sceaux sous François Ier[7].

Un autre, sous Henri III, l'était devenu presque de force, de simple avocat. La chose est contée plaisamment dans les chroniques du temps[8] :

Henri III étant à Blois, avait envoyé à Paris le jeune Benoist, fils de son trésorier, à Montholon, avocat au parlement, pour lui annoncer qu'il l'avait fait garde des sceaux. Le bonhomme étant venu lui-même ouvrir sa porte, était

---

[1] *Origines de plusieurs grandes familles*, au nom de Montholon.
[2] *Ibidem.*
[3] *Ibidem.*
[4] *Ibidem.*
[5] « En janvier 1684, j'ay esté proposé pour la charge de Premier-Président de Bordeaux, vacante par la mort de M. d'Aulède : mais il falloit donner 290,000 livres de brevet de retenue, ce qui ne me convenoit pas... » *Mémoires de Foucault*, p. 92.
[6] *Origines de plusieurs grandes familles.*
[7] *Ibidem.*
[8] *Origines de plusieurs grandes familles*, au nom de Montholon.

tombé de son haut quand il avait su l'objet du message du roi. Après en avoir délibéré avec ses enfants, poussé par eux, il avait fini par accepter. Il était donc parti pour Blois, dans le plus simple appareil, monté sur la mule qui lui servait pour, de la rue Saint-André-des-Arts, gagner chaque jour le palais, son clerc le suivant sur un cheval de louage, avec un simple sac à l'arson de la selle pour tout bagage. Benoît lui avait voulu remettre 1,000 pistoles de la part du roi pour son entrée en campagne, ce qui était assez naturel : « est-ce que le Roy me veut déjà corrompre, » avait répondu cet honnête homme, aussi méfiant que bizarre ? à Dieu ne plaise que je prenne son argent, sans l'avoir gagné ! » Arrivé à Blois en cet équipage, il prit pour le roi le duc de Bellegarde, et l'alla saluer. Les courtisans de rire : « C'est signe que la Cour ne l'a pas gâté, aurait répondu le Roy. » Montholon avait continué sa vie simple et modeste, se servant de vaisselle d'étain. A la mort de Henri III, n'ayant pas voulu sceller sous un roi protestant, il avait remis les sceaux et repris sa profession d'avocat [1].

Ce fut le descendant de cette race austère que le parlement de Rouen eut à sa tête pendant dix ans [2].

La vertu du premier président de Montholon fut à la hauteur de celle de ses ancêtres :

---

[1] *Origines de plusieurs grandes familles.*

[2] Que les temps étaient changés, et combien son ancêtre se fût récrié ! Son arrivée fut l'occasion de fêtes qui coûtèrent la vie à l'intendant : « M. d'Herbigny, intendant à Rouen, donna une grande collation à M. le Premier-Président. Il servit de la glace et des vins glacés, et se coucha sur les onze heures du soir, sans rien ressentir. Mais une demie-heure après, se sentant mal, il demanda un verre d'eau, et mourut devant minuit. Il a été mis en dépôt dans l'église paroissiale de St-Patrice, jusqu'à ce qu'on le porte au marquisat de Thibouville, proche Harcourt, où il devoit dépenser 2,000,000 de livres pour se bâtir un château. Il y avoit déjà fait porter quantité de matériaux. » *Origines de plusieurs grandes familles.*

Un gentilhomme de Normandie ayant démêlés avec de Boisguilbert, conseiller au parlement de Rouen [1] et ne trouvant huissier, procureur ni avocat pour se faire rendre justice, s'alla plaindre à M. le premier président de Montholon qui lui fournit tout le cortège souhaitable, et fit plaider sa cause devant lui. Voyant que les jeunes conseillers allaient pour M. de Boisguilbert, leur ancien, il leur dit : « Le Roy, Messieurs, en sera informé ! » Et il obtint ainsi justice pour le bon droit du gentilhomme [2].

Plus heureux que Claude Pellot, de Montholon devait compter un de ses descendants sur son siège de premier président.

En effet, après que s'y furent successivement assis : 1° Nicolas-Pierre Camus, sieur de Pontcarré, en 1703 ; 2° Geoffroy Macé Camus, sieur de Pontcarré, en 1726 ; 3° Armand-Thomas Hue de Miromesnil, en 1757 ; après le règne éphémère du parlement Maupeou, à la tête duquel fut, à Rouen, placé Thiroux de Crosne, intendant célèbre de la généralité les sceaux furent rendus au premier président Hue de Miromesnil ; et le roi, bientôt, nomma à la place de celui-ci François de Montholon, petit-fils de Charles François. Après lui, en 1782, un troisième Camus de Pontcarré, Louis-François-Elie, fut mis à la tête du parlement. A celui-ci était réservé le triste honneur de clore la liste trois fois séculaire de ses vingt premiers présidents [3].

Mais nous avons assez parlé de la succession judiciaire du premier président Pellot. Disons maintenant ce qu'il advint de sa succession civile.

---

[1] Nicolas Le Pesant, s<sup>r</sup> de Boisguilbert, conseiller en 1675. Fils de l'auteur du livre « *le Détail de la France* », dont nous avons donné un extrait au t. I, p. 400.

[2] *Origines de plusieurs grandes familles.*

[3] *Catalogue et armorial du parlement de Normandie*, p. 66.

# CHAPITRE DEUXIÈME

L'HÉRITAGE CIVIL DU PREMIER PRÉSIDENT PELLOT

---

§ 1. *Son fils aîné l'accepte sous bénéfice d'inventaire.*

Claude Pellot était mort laissant un testament par lequel il instituait pour son héritier et légataire universel Claude François, son fils aîné, et pour exécuteur de ses dernières volontés, son beau-frère, M. Richard de la Barollière [1], doyen du grand conseil [2].

Ce testament, entre autres legs pieux, renfermait une disposition de quatre mille livres [3] en faveur des hospices de Rouen, pour lesquels Pellot avait hérité de l'affection que son père et son aïeul avaient eue pour les hospices de Lyon [4]. Ménétrier le dit en termes pompeux : « Domesticis majorum exemplis qui tot et tanta in pauperes Lugduni contulerunt, provocatus, parum habuit solari præsentes, nisi et absentibus et nascituris provideret, nisi eos a dura petendi necessitate

---

[1] Richard, sieur de la Barollière, avait épousé une sœur du premier président. Ce fait, attesté par une notice concernant le premier président, aux manuscrits Bigot, fonds Martainville, nous était inconnu lors de la rédaction du livre Ier Ce serait une sixième sœur.

[2] Une lettre de M. l'abbé Mascranny ci-après.

[3] *Ibidem.* Reg. des hosp. de Rouen, année 1686.

[4] Voir au t. I, le livre Ier.

liberaret... vivens largitionibus, moriens grandi legato locupletavit...[1] »

Dans quel état allait-on trouver sa succession?

Elle ne pouvait, pour certaine nature de biens, manquer d'être obérée. Pellot, en effet, comme l'a écrit son panégyriste, « avoit toujours soutenu avec beaucoup d'honneur et de magnificence, la grandeur et la dignité de ses employs dans les festes de rejouissances publiques, et avoit toujours montré combien il estoit sensible à la gloire de S. M... Sa générosité et son désintéressement ont fait voir à sa famille[2], après sa mort, qu'il n'estoit pas du nombre de ceux que les employs et les charges ont enrichis, puisqu'outre les bienfaits du Roy, il a dépensé pour son service une partie de son propre bien[3]. »

Ce qu'il y a de certain, c'est que le légataire universel n'accepta que sous bénéfice d'inventaire. Mesure grave, car c'était une sorte de répudiation de patrimoine, de la part d'un fils aîné qui allait recueillir une grande fortune. En effet, quelque pauvre que pût être un côté de sa succession, il était des biens nobles, fiefs et seigneuries, propriétés inaliénables, et substituées, dont Claude Pellot avait, au profit

---

[1] Mém. pour servir à l'oraison funèbre, Biblioth. nat., fonds français, L $^N_{29}$, n° 16,001.

[2] *A sa famille* : faut peser ce mot, mis ici avec intention, par opposition à *son fils aîné*.

[3] Le premier président avait un secrétaire qui l'avait suivi à Paris où il était resté après sa mort pour mettre ordre aux affaires de sa succession, comme en témoigne l'acte suivant : « Le mardy dix-neuviesme jour d'octobre 1683, a été baptisé à Rouen, en la paroisse de Saint-Patrice, le fils de Paul Favre, secrétaire de feu Monsieur le Premier-Président, *absent*, et de Suzanne Morailly, son espouze, né du jour précédent, et a esté nommé Paul, par Me Nicolas Bidot, commissaire examinateur au Balliage et siége Presidial de Rouen, et Damoiselle Catherine Bailliard, parrain et marraine soussignés... » Reg. de la paroisse Saint-Patrice, aux arch. de l'état-civil de Rouen. Inédit.

de son fils aîné, enrichi son patrimoine : Saint-Martin-Lars, Les Deffends, Trévières, etc., etc.

Quoi qu'il en soit, tout son mobilier dût être vendu, jusqu'à sa vaisselle d'argent et autres meubles précieux dont une partie fut rachetée par M$^{me}$ de Bec-de-Lièvre, sa fille, au prix de 5,183 livres [1] ; sa belle bibliothèque eut le même sort ; et une orangerie qu'il avait léguée à de Bec-de-Lièvre, son gendre, fut mise en vente aussi. Pour la posséder, le légataire dut la payer [2].

### § 2. *Vente par Claude-François Pellot des propriétés de Rouen acquises par son père. Contrat de cette vente. Curieux détails.*

Il fallut revendre les immeubles que Claude Pellot, de 1674 à 1677, avait acquis « en la franche bourgeoisie de Rouen », et sur l'emplacement desquels il avait élevé les constructions qui avaient de beaucoup ajouté au logis qu'il tenait de M. le greffier en chef du parlement. Celui-ci étant mort depuis plusieurs années, le premier président était devenu locataire de son fils, Marc-Antoine-Samson Vaignon qui, en 1682, avait été nommé conseiller au parlement [3]. Le capital de 6,000 livres dont ces immeubles étaient grevés lors de leur acquisition, n'avait point été remboursé par le premier président. Bien plus, les arrérages de ces 6,000 liv. avaient cessé d'être acquittés, si bien que l'un des créanciers n'avait rien trouvé de mieux que de saisir les immeubles. L'affaire se compliquait de ce que le premier président avait appuyé ses constructions sur le mur de M. Vaignon, sans en avoir, au préalable, acquis la mitoyenneté, et de ce que,

[1] Transaction intervenue en 1685, entre Claude-François Pellot et Mme de Bec-de-Lièvre, sa sœur.

[2] *Ibidem.*

[3] *Catalogue et armorial.*

pour accéder aux constructions faites par lui sur son propre fonds, il n'avait rien imaginé de mieux que de dégrader l'hôtel Vaignon en y pratiquant des ouvertures et même des fenêtres qui lui avaient donné accès et jour sur lui-même.

Or, M. le procureur général à la Cour des aides, dont la propriété bornait « d'un côté et d'un bout » l'immeuble de M. le premier président, avait sur cet immeuble un droit de servitude. Il lui était donc plus facile qu'à tout autre de l'acquérir ; et ce fut lui, en effet, qui en devint propriétaire, en s'engageant à payer les arrérages et le capital des rentes, et à réparer, jusqu'à concurrence de 1,500 livres, les dégâts commis par le premier président sur la propriété Vaignon. C'est ce qu'atteste l'acte qui va suivre, où l'on trouvera des détails authentiques sur l'habitation de Claude Pellot à Rouen, et que nous croyons, à ce titre, utile de reproduire :

« L'an mil six cens quatrevingtquatre [1], le seiziesme jour d'aoust, à Rouen, par devant les notaires gardes-nottes commis par Sa Majesté,

« Fut présent le sieur Jacques Le Hard, escuier, sieur de Loucelles, demeurant à Rouen, paroisse St-Patrice, rue du Sacre, au nom et comme procureur spécialement fondé de Mre Claude-François Pellot, chevalier, seigneur de Trévières, Conseiller au Parlement de Paris, fils et héritier par bénéfice d'inventaire et légattaire universel, suivant la différence des coutumes, de deffunt Mre Claude Pellot, chevalier, Conseiller du Roy en ses conseils, Maistre des requestes honoraire de son hostel, Premier-Président au Parlement de Normandie..., lequel sieur Le Hard, en sa ditte qualité, a vendu, cédé et délaissé afin d'héritage à Me Jean-Baptiste Lesdo, escuier, seigneur de la Rivière d'Ingulville et autres seigneuries, Conseiller du Roy en ses conseils, Procureur

[1] Registres du tabellionage à Rouen, année 1684. Aux archives du palais de justice. Inédit.

général de Sa Majesté en sa Cour des aides de Rouen, présent, acquéreur pour luy, ses hoirs et ayans cause, c'est à savoir : la maison, place, fond de terre et héritages concistans en un corps de logis de fond en comble, ainsy qu'il est bâty, construict et qu'il s'extend, de laquelle maison il y en a une portion servant d'alcosve *(sic)* à la maison dud. seigneur acquéreur : le tout assis en la paroisse de St-Patrice, rue du Moulinet, borné : d'un costé, Monsieur Vaignon, Conseiller au Parlement; d'autre costé et d'un bout, le dit seigneur acquéreur ; et d'autre bout le pavé du Roy ; et tout et autant que led. feu seigneur Premier-Président en avait acquis de : M<sup>e</sup> Pierre Le Jaulne, advocat en la Cour ; François Desperrois, bourgeois de Rouen ; et M<sup>e</sup> Abraham Fauquet, héritier de M<sup>e</sup> Isaac Houg, procureur au Parlement, son ayeul, lesquelles maisons et héritages led. feu sieur Pellot, Premier-Président, avoit achepté pour la commodité de la maison dont il jouyssoit alors, à la charge de payer plusieurs debtes expriméez aux d.. contrats; et auroit, en conséquence, le dit sieur Premier-Président, fait abattre les d. maisons et construire en leur place, les chambres et appartemens qu'il avoit jugé nécessaire pour l'usage de la maison qu'il occupoit, appartenant à Monsieur Vaignon, de manière que, depuis son décéds, la place vuide et les chambres nouvellement construites n'ont peu estre louées à personne, et les debtes dont le feu sieur Premier-Président s'estoit chargé n'ont point esté acquittez, en sorte que M<sup>e</sup> André Poullain, advocat au Parlement, auquel il estoit obligé, par le dict contract du 9 octobre 1674, de païer le principal et arriérage de cinquante-six livres de rente a fait sommer le dit seigneur vendeur de luy payer les arriérages de la dite rente, et, en conséquence, a fait saisir réellement la dite maison et héritages et poursuit actuellement le décret; par l'évènement duquel il seroit à craindre que le prix ne fust pas porté à une somme assez considérable pour acquitter

le principal et arriérages de toutes les rentes qui sont encore
deues : pour à quoy obvier, et pour le bien et utilité commune de la dite succession, a fait le dit sieur Claude-François
Pellot, par son mandataire, la présente vente des dites
maisons et place vuide et hérittage, au dit sieur Procureur
général, pour par luy en jouir de ce jour et à ladvenir
comme de chose à luy appartenant, le subrogeant, à cet effet,
à tous ses droits, noms, raisons et actions ; à laquelle fin les
titres et contrats concernant la propriété et pocession des dits
héritages ont esté mis entre ses mains; Et fut faite la présente
vente moïennant le prix et somme de six mil neuf cens
quatre vingt livres (suit dans le contrat, l'affectation jusqu'à
concurrence de 6,000, du prix de vente à verser aux crédirentiers); Et d'autant que la d. maison est inhabitable en
l'estat quelle est de présent, séparée de la maison du sieur
Vaignon, et que, pour pouvoir la louer, il convient, de
nécessité, faire nettoyer la dite place, porter les vuidanges,
construire une cuisine et autres lieux commodes, il a esté
arresté que le dit sieur acquéreur pourra y employer, jusqu'à
la somme de quinze cens livres, de l'employ de laquelle il
sera cru à son simple mémoire et quittance des ouvriers,
pour en estre remboursé en cas de clameur ; à laquelle fin,
le dit sieur acquereur fera dresser un procès verbal de l'estat
des place et maison; et d'autant que Monsieur Vaignon
prétend que les d. bastimens faits construire par le d. seigneur Premier-Président ont esté affichez dans la muraille
de sa maison sans droict, il a esté arresté que le d. sieur
acquéreur se deffendra ou s'accommodera de la d. prétention
avec le d. sieur Vaignon, de telle manière qu'il jugera à
propos, sans pouvoir sur ce sujet revenir directement ny indirectement contre le d. vendeur ou autres héritiers et bien
tenants dudit feu seigneur Premier-Président; sera pareillement tenu le d. sieur acquéreur de faire boucher toutes les
ouvertures qui ont esté faites à la muraille du grand corps de

logis dudit sieur Vaignon qui donne communication à la dite maison vendue ; et demeurera aussy le d. seigneur acquereur subrogé à tous les droicts, noms, raisons & actions du d. seigneur vendeur, pour faire fermer au d. sieur Vaignon les ouvertures faites par le d. feu seigneur sur les héritages de présent vendus......................................

« Fait et passé à Rouen en l'hostel du dit seigneur procureur général, le mercredy avant midi, seize aoust, mil-six-censquatre-vingt-quatre, présence de Me Jean Lengeigneur, advocat, et Théophile Lamort, demeurant à Rouen.

« (Signé) : Huard, Lengeigneur, Lamort, Lefebvre ; lecture faite. »

§ 3. *Part de cadets. Transaction entre Claude-François Pellot et sa sœur Marie-Anne, dame de Bec-de-Lièvre, au sujet des successions de leur père, de leur mère, etc.*

La liquidation de la succession du premier président présenta de sérieuses difficultés et bien des fois on fut sur le point de plaider. A la fin de 1685, plus de deux ans après son ouverture, rien n'était encore fini.

Claude-François Pellot, comme héritier et légataire universel, avait des comptes à rendre à ses frères et sœurs, à raison de cinq successions que leur père avait touchées pour eux.

Il devait notamment ces comptes à sa sœur Marie-Anne, dame de Bec-de-Lièvre, qui lui demandait sa part :

D'abord de la succession de M$^{me}$ Claude Le Camus, leur mère, et de celle de Geneviève Pellot, leur sœur, décédée, avant 1683, religieuse de l'abbaye de Montmartre ;

Puis, de trois autres successions : 1° de celle d'Edouard Le Camus qui, devenu simple prêtre après avoir été procureur général, était mort en 1680, laissant presque tout son bien à un couvent[1]; 2° de celle de Jean Le Camus, mort intendant de Champagne[2]; 3° de celle de M^me François Le Camus, veuve de M. Le Roux de la Verchère. Tous trois, morts sans enfants, étaient frères et sœur de la première femme du premier président, oncles et tante, par conséquent, des enfants de celle-ci, qui étaient leurs héritiers, mais pour partie seulement, car il y avait d'autres neveux et nièces avec lesquels les enfants Pellot avaient eu à concourir.

Le premier président avait réglé les comptes de ces cinq successions, et établi les sommes à revenir à chacun de ses enfants sur les fonds par lui encaissés pour eux; mais ces comptes, il ne les leur avait point encore soumis quand la mort l'était venue surprendre. Ses enfants n'avaient donc eu, de son vivant, ni à les accepter ni à les contester, et c'était avec leur frère aîné, comme représentant leur père, qu'ils allaient avoir à faire ce règlement.

Alors, des difficultés s'élevèrent, d'une part en ce qui concernait l'intérêt des capitaux encaissés par le défunt; d'autre part, au sujet de certaines sommes dont le légataire universel refusait de leur tenir compte; et comme on ne s'entendait pas, il allait falloir plaider.

Devant quel tribunal? Là encore il y avait dissentiment.

A Rouen, selon les Bec-de-Lièvre, comme étant le lieu du domicile du feu sieur premier président;

A Paris, au contraire, selon l'héritier, parce que c'était à Paris que les successions s'étaient ouvertes, que leur père était mort, et que lui-même, le rendant compte, demeurait présentement.

Un procès menaçait de s'engager sur la compétence, et qu'eût-ce été ensuite sur le fond?

De l'avis de leurs parents et amis, les deux parties finirent

---

[1] Voir au t. I, p. 653.
[2] *Ibidem.*

par comprendre qu'il y aurait impiété à s'obstiner dans cette voie, et résolurent de tout terminer de la façon suivante :

Marie-Anne Pellot, dame de Bec-de-Lièvre et de Brumare, renoncera à rien demander à son frère aîné, à quelque titre et pour quelque cause que ce soit, pour aucune de ces cinq successions, et aussi pour celle de son propre père ; moyennant quoi, son frère s'engagera à lui payer, mais seulement comme héritier bénéficiaire, une somme de 31,500 livres qui deviendra exigible seulement lors du versement par M. Faucon de Ris, le nouveau premier président, de la somme de 150,000 livres dont le roi avait gratifié leur père à titre de brevet de retenue sur son successeur. Telle fut la transaction « faite et passée à Rouen, en l'hostel du seigneur président de Bec-de-Lièvre [1], l'année 1685, le premier jour de décembre après midy, devant Bourdet et Lepelletier, notaires, et signée d'eux, ainsi que de Pellot, de Bec-de-Lièvre, et de Marie-Anne Pellot de Brumare [2] ».

Si, à cette somme de 31,500 livres, on ajoute une autre somme de 13,000 livres précédemment reçue, il se trouve que Marie-Anne de Bec-de-Lièvre reçut, pour sa part de ces six successions, 45,000 livres environ.

Pour connaître quelle fut, en définitive, sa part totale, il faut à ces 45,000 livres ajouter sa dot de 60,000 livres et les 20,000 livres auxquelles avaient été estimés l'habitation et l'entretien des jeunes époux pendant cinq années. On arrive ainsi à un patrimoine de 125,000 livres environ [3].

Ce dut être aussi la part de ses deux sœurs de Conserans et de la Fare.

Quant à leurs cinq sœurs religieuses, leur sort fut bien

---

[1] Le gendre de Pellot était président depuis 1684.
[2] Registres du tabellionage de Rouen, année 1685. Aux archives de la cour d'appel. Inédit.
[3] Soit 450,000 francs de nos valeurs actuelles.

différent; car, d'après le droit commun, la part de tout religieux sur le patrimoine paternel était constituée d'une simple dot inférieure à sa vocation héréditaire, dot qui avait été irrévocablement réglée lors de l'entrée en religion [1]. A partir de là, M<sup>lles</sup> Pellot, mortes pour la vie civile, l'avaient été aussi pour leur famille, et avaient cessé de compter pour le règlement de ses intérêts. Elles n'eurent donc rien à voir dans la liquidation et le partage de ces diverses successions.

Il en fut de même de leur frère Paul que son père avait

[1] Foucault, qui avait une grande fortune, eut, quand il était intendant de Caen, à doter une de ses filles qui entrait en religion. A ce propos, une de ses sœurs lui écrivait cette lettre curieuse :

« Mon bien cher frère... l'abbesse vous demande ce que vous ferez pour votre fille... nous lui avons dit que nous n'avions pas traité ce chapitre avec vous... elle nous a dit qu'il falloit vous demander si vous vouliez donner 1,000 livres d'argent comptant, 100 écus de pension pour le couvent, et de meubler et équiper la fille... reste la pension particulière pour la fille... Il nous est revenu qu'elle voudroit que vous lui donnassiez 100 écus; mais nous avons rejeté fort loin cette proposition, et nous avons dit qu'il nous paraissoit que 100 livres estoient une pension très-raisonnable; mais la petite fille insiste à avoir davantage, et je ne scay s'il ne vous en coustera pas 150 écus... »

« Mon très-cher père, écrivait aussi la jeune novice à son père... Je me suis déjà donné l'honneur de vous mander que j'étois en noviciat. Je m'appuie sur la bonté que vous m'avez toujours temoignée et qui me fait croire que vous ne trouverez pas mauvais que je m'adresse à vous même, mon bien cher et honoré père, plutôt qu'à un autre, pour obtenir la grâce d'avoir pour ma pension particulière 200 livres et pour la maison 400 livres. Je vous prie de considérer que la maison n'est pas en état de me donner toutes les choses qui me sont nécessaires, et je scay que j'ay assez de santé, mais je peux devenir infirme et je suis bien aise de ne manquer de rien. De plus, mon très-cher père, c'est que je n'auray que le bien que vous me ferez présentement, et que, si vous n'avez pas la bonté de me faire un bon parti à présent, c'est pour ma vie et il ne sera plus temps de m'en repentir. J'espère que vous ne me refuserez pas ce que je vous demande... » *Mém.*, p. 348.

doté d'une abbaye qui, la nourriture des religieux déduite, lui aurait assuré, dès 1677, un revenu de 9,000 livres, si le premier président ne se l'était réservé de son vivant.

Il faut, en ce qui concerne Marie-Anne, dame de Bec-de-Lièvre, ne pas omettre un legs de 10,000 livres que lui avait fait son oncle et parrain, Etienne Gérard Le Camus, premier mari de Magdeleine Colbert, seconde femme de son père. Mais ce legs de 10,000 livres n'avait été stipulé payable qu'au décès de la veuve du premier président, de sorte que bien des années allaient passer encore avant que ce legs arrivât à échéance. Et fut-il même payé alors? Magdeleine Colbert, deux fois veuve et deux fois douairière, avait aux mains la fortune de son premier mari, sans avoir eu à fournir de caution, de sorte que Marie-Anne de Bec-de-Lièvre fut sans garantie contre le péril d'une mauvaise gestion de sa belle-mère.

§ 4. *Part d'aîné.*

Au milieu de cette situation de ses cohéritiers, quelle fut celle du fils aîné?

Magnifique, ainsi que le voulait la loi d'alors.

En effet, il devint seigneur des divers fiefs dont son père avait été possesseur : Port-David et Sandards, dont le premier président avait hérité de son père ; les Deffends, Saint-Martin-Lards, Galapeau [1], Trévières. Il eut surtout cette dernière seigneurie, que le premier président affectionnait particulièrement; et voici l'aveu qu'il en passa à Rouen, plusieurs années plus tard, le 4 avril 1691. Il avait trente-quatre ans alors, n'ayant attendu que cet âge pour sortir du Parlement de Paris et devenir maître des requêtes de l'hôtel.

[1] Nous n'avons rien trouvé sur cette seigneurie et nous ignorons même où elle était située.

## § 5. *Aveu de Claude-François Pellot pour la seigneurie de Trévières* [1].

« Du Roy, nostre sire et souverain seigneur, Claude-François Pellot, chevalier, conseiller du Roy en ses conseils, maistre des requestes ordinaires en son hostel, seigneur et chastelain de Trévières, Port-David, les Deffends et autres terres et seigneuries, fils et héritier par bénéfice d'inventaire et légataire universel, suivant la différence des coustumes, de feu messire Claude Pellot, chevalier, conseiller du Roy en tous ses conseils, maistre des requestes honoraire de son hostel, premier président au parlement de Normandie,

« Confesse et avoue tenir, par foy et hommage, du Roy nostre d. seigneur, à cause de sa Chastelenie et vicomté de Bayeux,

« C'est à scavoir : la terre et chasteau de Trévières dont le chef est assis en la paroisse dudit lieu, composé des fiefs de la Ramée et de Trévières, réunis par lettres patentes de sa Maiesté, et des fiefs, terres et seigneuries de Rubercy et Mandeville, ensemble soixante cinq acres de terre, assis en la vicomté de Bayeux, et de deux maisons et un quart et demy quart de maison, situées en la franche bourgeoisie de la ville de Rouen, aussi réunies à la dite chatellainie de Trévières par autres lettres patentes de sa Majesté, lesquelles maisons ont esté depuis aliénées et vendues par contrat du seiziesme aoust 1684 [2].

« Et consiste ladite Chastelainie, tant en domaine fieffé que non fieffé, maisons, droits, etc. (Suit le dénombrement.)... [3]

---

[1] Registre de la chambre des comptes de Normandie, année 1691. Aux archives de la Seine-Inférieure. Inédit.

[2] On a lu ce contrat ci-dessus, p. 642.

[3] Il n'est que la répétition de ce qui est aux lettres royales des février 1677 et décembre 1678, reproduites ci-dessus, p. 611 et 619.

« Lesquels fiefs, terres, seigneuries, m'appartiennent en ma qualité d'héritier du dit deffunct sieur Pellot, mon père.

« A cause du quel franc-fief de Trévières, je doy au Roy, mon souverain seigneur, foy et hommage, reliefs et dixiesme, aydes coustumiers quand il y eschet, baon et arrière-baon, comme les autres possédans fiefs nobles en la province de Normandie.

« Le présent adveu et desnombrement baillé selon la contenance dont j'en jouis à present, à la mesure du Roy, et suivant les connoissances et lumières que j'en puisse avoir, saouf à augmenter ou diminuer s'il eschet, et sans préjudice de tous mes autres droits et actions : lequel aveu j'ai signé de mon seing manuel, et ay apposé le cachet de mes armes. Fait aujourd'hui à Rouen, le quatriesme jour d'avril mil six cens quatre-vingt-onze. Signé PELLOT »

Et, à côté de la signature, le cachet ne cire rouge portant les armes de Pellot [1].

### § 6. *Refus (ou retard?) de l'héritier à exécuter les legs pieux de son père.*

Au milieu de cette splendeur, on a lieu d'être surpris de la lenteur que mit le nouveau seigneur à exécuter les legs pieux de son père.

« M. Busquet est prié, est-il dit le 29 janvier 1686, dans une première délibération des administrateurs des hospices de Rouen, d'écrire à M$^{me}$ veuve Pellot afin d'avoir paiement de 4,000 livres aumônées au bureau par M. le Premier-Président... [2] »

La veuve n'avait pu que transmettre cette réclamation au fils aîné, héritier et légataire universel. Puis, près d'une

---

[1] Registre de la chambre des comptes, années 1691. Inédit.

[2] Archives des hospices de Rouen. Aux hospices de Rouen. Reg. de l'année 1686. E. II. Inédit.

année s'était passée ; et alors autre et plus instante délibération, ainsi conçue :

« 18e décembre 1686 : Il a été arresté que M. l'abbé de Mascrany sera vu par quelqu'un de Messieurs, et prié de faire prendre temps certain à M. Pellot de satisfaire au paiement du legs testamentaire de feu M. le Premier-Président, son père... [1] »

Poussé à bout, le légataire universel avait alors demandé un délai de quatre mois. Puis, troisième délibération dont voici les termes :

« 4e de mars 1687 : M. Busquet, conseiller et président de ce bureau, a dit qu'il a vu M. Pellot, fils et héritier bénéficiaire de feu M. le Premier-Président, au suject du legs testamentaire d'icelui, lequel lui a demandé temps de quatre mois pour lui faire une réponse positive au sujet du dit legs; que, depuis ce temps, sur ce que l'on a parlé de faire quelque diligence, et que mon dit sieur Busquet a parlé de la chose à M. le Premier-Président [2], qui a promis, allant à Paris à Pasques prochain, qu'il en parleroit à mon dit sieur Pellot et en rendroit réponse à son retour ; — sur quoi délibéré ; — a été arresté que l'on attendra retour de M. le Premier-Président après Pasques, afin de voir ce qu'il aura terminé avec M. Pellot fils; mon dit sieur Busquet est prié de continuer ses soins pour en faire souvenir à M. le Premier-Président avant son départ... [3] »

Ces démarches restèrent stériles, sans que Claude-François daignât même adresser une communication qui pût être portée aux délibérations.

[1] Archives des hospices de Rouen. Aux hospices de Rouen. Reg. de l'année 1686. E. II. Inédit.

[2] Charles Faucon de Ris. Il avait été installé premier président quelques mois avant.

[3] Archives des hospices de Rouen. Registres E. II. Année 1687. Inédit.

Ce retard, retard étrange, continua pendant des années. Il contristait fort l'abbé Mascranny, vicaire général, son cousin germain, qui cinq ans plus tard, en 1691, en écrivait en termes très durs à un de ses confrères du chapitre de Rouen, l'abbé Boyvinet :

« J'ai du chagrin de voir que M. Pellot exécute si mal les dernières volontés de son père. Je crois que le meilleur party, puisque vous voulez bien vous en mesler, seroit que vous prissiez la peine, comme un des administrateurs de l'Hôtel-Dieu de Rouen, d'écrire à ce sujet à M. Richard de la Barolière, doyen du grand conseil, qui est nostre parent et exécuteur testamentaire de feu le Premier-Président, afin qu'il employe son ministère pour l'exécution de ses legs pieux [1]. »

Claude-François aurait-il consenti à hériter des seigneuries de son père, et se serait-il néanmoins, pour répudier un legs sacré, retranché derrière sa qualité d'héritier bénéficiaire ?...

[1] Archives de la Seine-Inférieure. G. 3686. Inédit.

## CHAPITRE TROISIÈME

### TRÉVIÈRES ÉRIGÉ EN COMTÉ

En 1693, Claude-François Pellot obtint du roi l'érection de Trévières en Comté, et eut désormais, pour luy et l'aîné de ses descendants mâles à perpétuité, le titre de comte de Trévières. Ce nom nouveau aura même tant de prestige pour ses descendants, qu'il leur fera dédaigner le nom de Pellot sous lequel leur famille s'était illustrée, tandis qu'elle rentrera dans une sorte d'obscurité sous le nom de Trévières, si bien qu'il va nous être assez difficile de la suivre jusqu'au bout.

Voici les lettres par lesquelles Louis XIV, en 1693, érigea Trévières en comté :

« Louis [1], par la grâce de Dieu, Roy de France et de Navarre, à tous présens et avenir salut. Nostre ame et féal conseiller en nos conseils, maistre des requestes ordinaire de nostre hostel, Claude-François Pellot, chastellain de Trévières, Nous a remontré que « par nos lettres patentes du « mois de Febvrier mil-six-cents-soixante-dix-sept, nous « aurions, en faveur du sieur Pellot de Pord-David, son « père, aussy conseiller en nos conseils, maistre des re-

[1] Registres de la chambre des comptes de Normandie, année 1683. Inédit.

« questes honoraire de nostre hostel, Premier-Président en
« nostre Parlement de Normandye, joint, uny et incorporé
« plusieurs fiefs et autres possessions y mentionnées à une
« seulle et mesme terre et seigneurie, et icelle décorée du
« tiltre, qualité et dignité de chastelenie, sous le nom de
« Trévières ; et depuis, par autre de nos lettres du mois de
« décembre mil-six-cens-soixante-et-dix-huict, nous aurions,
« encore en faveur du dict deffunct sieur Pellot, joint, uny
« et incorporé à la dicte chastellenie de Trévières, soixante-
« cinq acres trois vergées de terre, les fiefs-ferme de Mande-
« ville et de Rubercy, ensemble deux maisons et un quart
« et demy de maison en la franche-bourgeoisie de la ville de
« Rouen, le tout acquis par le dit sieur Pellot par les
« contrats mentionnés ès dictes lettres, que nous aurions
« aprouvés et rattifiez, ainsy que le tout est plus ample-
« ment spécifié par nos dites lettres, au moyen desquelles
« unions la dicte chastellenie de Trévières se trouve d'un
« revenu suffisant, capable de porter le tiltre et dignité de
« Comté, duquel le dit sieur exposant nous a très-humble-
« ment faict supplier de la vouloir décorer, et luy en faire
« expédier nos lettres sur ce nécessaires. »

« A ces causes, mettant en considération les bons et
agréables services qui nous ont esté rendus par le dict feu
sieur Pellot; ceux qui nous ont esté aussy rendus par le dit
sieur Pellot, son fils exposant, tant dans la charge de nostre
conseiller au Parlement et commissaire aux requestes du
palais de Rouen, dans celle de nostre conseiller au Parlement et commissaire aux requestes de nostre palais à Paris,
que ceux qu'il continue de nous rendre actuellement dans sa
charge de maistre des requestes ; et encore en considération
des services qui nous ont pareillement esté rendus et que
continue de nous rendre le sieur Chevalier Pellot, son frère,
colonel du régiment d'infanterie de Bigorre, dans nos armées
où il s'est signalé plusieurs fois dans des occasions très-im-

portantes, particulierement l'année dernière, au passage de Suze où, avec le détachement qu'il commandoit, il repoussa les ennemis et les obligea de se retirer ; et pour tesmoigner au dit exposant la satisfaction qui nous en reste ; après avoir faict venir en nostre conseil nos dites lettres d'union et érection de Chastellenie de Trévières, des mois de febvrier mil-six-cens-soixante-dix-sept et décembre mil-six-cens-soixante-huict, cy-attachées sous le contre-sceel de nostre chancellerie ; Nous, de nostre grâce spécialle, plaine puissance et authorité Royale, avons créé, érigé, élevé et décoré, créons érigeons, élevons et décorons, par ces présentes signées de nostre main, la d. Chastellenie de Trévières, circonstances et dépendances d'icelle, en tiltre, nom, dignité et prééminence de Comté, pour en jouir et user, par le dit sieur Pellot, ses enfant [1], posterité et lignée nais et à naistre en loyal mariage, au d. nom, tiltre et dignité de comte de Trévières ; Voullons et nous plaist que tels ils se puissent dire, nommer et qualiffier en tous actes, tant en jugement que dehors ; qu'ils jouissent de pareils honneurs, droits, armes, blazons, authorité, prérogatives, prééminances en fai ct de guerre, assemblées d'estats, de noblesse et autrement, tout et ainsy qu'en jouissent les autres comtés de nostre province de Normandie. Donné à Versailles, au mois d'aoust, l'an de grâce mil six-cens-quatre-vingt-treize, et de nostre reigne le cinquante-uniesme. *Signé* : Louis, et sur le reply : par le Roy, Signé, Phelypeaux avec paraphe, et scellé en lacs de soye d'un grand sceau, avec un contre scel de cire verde [2]. »

[1] *Enfant* : au singulier. Preuve surabondante que Claude-François Pellot n'avait qu'un fils.

[2] Registre de la Chambre des comptes de Normandie, année 1693. Inédit.

## CHAPITRE QUATRIÈME

### LE CHEVALIER PELLOT

Dans les lettres qui précèdent, on aura remarqué ce que le roi daigne dire du chevalier Pellot, second fils du premier président.

Nous n'avons jusqu'ici guère eu occasion de le rencontrer, éloigné qu'il fût de bonne heure de sa famille. Entré fort jeune au service au moyen d'une lieutenance que son père lui avait achetée, plus tard il était devenu capitaine, c'est-à-dire propriétaire d'une compagnie dans un régiment du roi, et c'est ce grade qu'il occupait à la mort de son père. Il avait été nommé colonel l'année suivante. Dangeau nous donne la date de sa promotion :

« *Mardi, 5 septembre 1686.* Le Roy fit, ce jour-là, encore 14 colonels, comme les derniers qu'il avoit faits. Ces 14-ci prendront leur rang selon leur ancienneté de commission de capitaines, et ceux qui ne l'étoient point seront les derniers. Voici leurs noms, sans ordre..... Le Camus, PELOT, Amanzé, capitaines dans le régiment du Roy...[1] »

Sept ans après, en 1693, dans les lettres qui viennent d'être transcrites, nous le retrouvons encore colonel du régiment de Bigorre, où il se signale en plusieurs rencontres, dans la longue campagne du Piémont sous Catinat, parti-

[1] *Journal* t. I.

culièrement au passage de Suze ; et cet exploit du frère cadet n'avait pas servi de peu au frère aîné, sur le compte duquel le roi, en effet, n'a guère trouvé à dire.

En 1690, profitant de ce que nous avions sur les bras l'Allemagne, la Hollande, l'Angleterre et l'Espagne, le duc de Savoie s'était aussi déclaré contre nous. Cette année-là, Catinat avait été mis à la tête de nos troupes contre le Piémont, dans lesquelles était entré le régiment d'infanterie de Bigorre, ayant le chevalier Pellot pour colonel. Le 13 août, Catinat avait gagné la bataille de Staffarde, et le régiment de Bigorre avait fortement contribué à cet éclatant succès. La prise de Saluces et celle de Suze avaient suivi cette victoire importante. En 1691, la guerre avait continué, et Catinat avait pris Villefranche, Nice et d'autres villes : mais le manque de troupes l'avait déjà forcé, cette année-là, à se tenir sur une sorte de défensive. L'année suivante, le Roy, épuisé d'hommes, avait été contraint de réduire encore l'armée de Catinat, qui s'était vu impuissant à empêcher l'invasion et le ravage du Dauphiné. C'était là que le colonel Pellot s'était fort distingué. Chargé, avec un faible détachement, de s'opposer au passage du col de Suze, il avait réussi à repousser l'ennemi, qui n'avait pu du moins envahir la France par ce point, résultat qui fut d'autant plus remarqué que nos efforts avaient été vains sur d'autres. On peut penser si Catinat, bon juge du mérite, avait sû exalter cet exploit du colonel Pellot. L'année suivante, nous devions être plus heureux : au mois d'octobre 1693, deux mois après les lettres royales que nous venons de transcrire, Catinat allait gagner la bataille de la Marsaille, puis envahir, à son tour, le Piémont jusqu'à Turin, ayant à sa suite le chevalier Pellot à la tête de son régiment.

Encore colonel en 1694, à trente-trois ans, il mérita d'être brigadier, c'est-à-dire général à trente-cinq ans, en 1696, le janvier :

« Voici, dit Dangeau, sous cette date, la liste des brigadiers qui furent faits avant-hier : ... Cavalerie... Infanterie... Pelot [1] »

C'est encore Dangeau qui nous révèle qu'il prit part à la guerre que nécessita, à la mort de Charles II, la revendication de la couronne d'Espagne, par Philippe duc d'Anjou, peti-tfils de Louis XIV :

..... « Mercredi 22 décembre 1700. Les troupes qui doivent s'embarquer en Provence y arriveront le 7 du mois qui vient... On a, en même temps, nommé deux autres lieutenants-généraux et quatre maréchaux de camp qui marcheront avec les troupes qui doivent suivre... Il y a quatre brigadiers d'infanterie qui sont... Pelot. »

Après avoir continué de guerroyer bien des années en Espagne et ailleurs jusqu'à la paix d'Utrecht en 1714, il n'eut pas la gloire de mourir sur un champ de bataille, pendant ces sombres années du grand règne, où la France épuisée fut sur le point de mourir elle-même.

Une procuration qu'il eut à donner le 26 avril 1726 [2] nous révèle qu'il demeurait alors rue du Bac, à Paris, avec Claude-François, son frère aîné, goûtant auprès de lui un repos auquel lui avait bien donné droit toute une vie au service de la France.

Un passage du *Mercure* donne la preuve qu'il mourut dans son lit, quelques mois après, sans laisser d'enfants, célibataire. Année 1726 [3] :

« Etienne-Gérard Pellot, brigadier des armées du Roy, chevalier des ordres de N. D. du Mont-Carmel et de Saint-Lazarre de Jérusalem, mourut à Paris, le 24 juin dernier,

---

[1] *Journal*, tome V.

[2] Archives du département de l'Eure, fonds de l'abbaye la Croix-St-Leufroy. Inédit.

[3] Bibliothèque de Rouen.

âgé de 65 ans. » Ce qui reporte sa naissance à 1661, quand son père était intendant de Limoges et de Poitiers. Le *Mercure* ne parle ni de sa femme, ni de ses enfants, ce qu'il n'eût certes manqué de faire, s'il en eut laissé après lui.

## CHAPITRE CINQUIÈME

### EXTENSION DU COMTÉ DE TRÉVIÈRES

Le premier président était mort, nous l'avons vu, sans avoir eu le temps de faire entrer féodalement dans sa chastellenie de Trévières les diverses acquisitions qu'il avait faites dans ce but depuis le mois de décembre 1678, époque où il avait obtenu la réunion des fiefs de Rubercy et de Mandeville, de deux maisons et de un quart et demy de maison, et de 65 acres de marais.

Quand le comte de Trévières eut fini de régler la succession de son père, et après qu'il eut, nous aimons à le croire, acquitté enfin ses legs pieux, il s'occupa de réaliser cette pensée de réunion que son père avait caressée, et, dans le courant de l'année 1694, présenta une nouvelle requête que le roi exauça par les lettres qui suivent :

« Louis[1] par la grâce de Dieu Roy de France et de Navarre. A tous présents et à venir, Salut.

« Nostre amé et Feal conseiller en nos conseils, Maistre ordinaire des requestes de nostre hostel, Claude-François Pellot comte de Trévières, Nous a remontré que, « par nos « lettres patentes du mois de Febvrier mil six cens soixante- « et-dix-sept, Nous aurions en faveur du feu sieur Pellot de

---

[1] Registre de la Chambre des comptes de Normandie, année 1694. Aux Archives de la Seine-Inférieure. Inédit.

« Port-David son père, Président en nostre cour de Parle-
« ment de Normandie, joint, uny et incorporé plusieurs
« fiefs et autres terres et possessions mentionnées, à une
« seulle et mesme terre et seigneurie, et icelle décorée du
« tiltre et dignité de chastelnie, sous le nom de Trévières; et
« par aultres lettres du mois de décembre mil six cens
« soixante-dix-huict, nous aurions encore, en faveur du dict
« sieur Pellot père, joint, uny et incorporé, à la ditte terre et
« chastellenie de Trévières, soixante-cinq accres trois vergées
« de terre en marais, les fiefs-fermes de Mandeville et de Ru-
« bercy, ensemble deux maisons et un quart et demy de
« maison seize en la franche bourgeoisie de la ville de Rouen;
« et depuis, par autres nos lettres du mois Daoust mil six
« cens quatre vingt treize, Nous aurions, en faveur du dit
« sieur Pellot exposant, décoré la d. chastellenie de Trévières
« du tiltre, nom, dignité et prééminence de comté, sous le
« nom de Trévières; laquelle comté de Trévières le dit sieur
« exposant ayant dessing d'agrandir et embellir, et y attacher
« des revenus suffisans et capables de porter cette dignité, il
« désireroit, sous nostre bon plaisir et permission, y joindre,
« unir et incorporer la sergenterie ou prevosté fieffée de la sei-
« gneurie de ... Trévières, la fief-ferme ou fief D'Ecrain-
« ville et ses dépendances, plus la terre appelée le Chambosc,
« et ses dépendances, relevant du dit sieur exposant, assize
« en la ditte paroisse de Trévières, plus le franc fief de Tré-
« vières, fief ferme terre et seigneurie de Lestang, situés en
« la dite paroisse de Trévières, avec le droit de patronnage,
« de présentation à la cure du dit Trévières et autres lieux
« circonstances et dépendances relevant nuement de nous;
« une portion des dixmes dans la paroisse du dit Trévières et
« aux environs; plus l'herbage, et carrière assize en la pa-
« roisse de Rubercy, aussy acquis, par le dit feu sieur Pelot,
« de François Eudes sieur de Lestang; pour toutes les susd.
« acquisitions, ne faire et composer, à l'avenir, qu'une seule

« et mesme comté, le tout relevant nuement de nous, à cause
« de nostre chastellenie et vicomté de Bayeux ; et, à cette fin,
« le d. sieur exposant nous a très-humblement faict supplier
« d'agréer, ratifier, confirmer et approuver les dits contrats
« d'acquisitions, eschanges, lettres-patentes des mois de fe-
« vrier mil six cens soixante-dix-sept et décembre mil six
« cens soixante-dix-huict, avec les contracts y mentionnés et
« aultres tiltres sus-datez. »

« A CES CAUSES, mettant en considération les bons et agréables services qui nous ont esté rendus par le dict feu sieur Pellot père tant dans les Intendances et divers emplois que nous luy avons confiés qu'en dernier lieu en l'exercice de la dite charge de premier président en nostre cour de Parlement de Rouen où il nous a donné des marques essentielles de son affection à nostre service dans nos affaires les plus importantes ; ceux qui nous ont esté aussy rendus par le dit sieur Pellot, son fils, exposant, dans la charge de nostre conseiller au Parlement et commissaire aux requestes de nostre Pallais à Paris, que ceux qu'il continue de nous rendre actuellement dans sa charge de maistre des requestes ; et encore en considération des services qui nous ont esté pareillement rendus et que continue de nous rendre le sieur chevalier Pellot, son frère, colonel du régiment d'infanterie de Bigorre dans nos armées, où il s'est signalé plusieurs fois dans des occasions importantes ; et pour tesmoigner au d. exposant la satisfaction qu'il nous en reste ; après avoir fait examiner en nostre conseil nos dites lettres d'unions et d'érections de chastellenie et de comté de Trévières, ensemble les d. contracts d'acquisition, échanges et sentences d'adjudication et de réunion des héritages et sergenteries y mentionnees, le tout attaché sous le contre scel de nostre chancellerie, Nous, de nostre grâce spécialle, plaine puissance et authorité royalle, avons joint, uny et incorporé, et, par ces présentes signées de nostre main, joignons, unissons et incorporons à la d. terre, seigneurie et comté de Trévières (suit l'énumération des diverses propriétés énoncées en la requête), tous lesquels contracts, lettres et tiltres cy-dessus dabtez, nous avons approuvez et confirmez par ces d. présentes ; voulons qu'ilz soient exécutez selon leur forme et teneur, ainsy que nos d. lettres d'union et érection de chastellenye et de comté, et tous les contracts y mentionnés, et qu'en vertu d'iceux, le dit sieur Pellot, ses sucesseurs et ayans cause, jouissent des fiefs-fermes, fiefs nobles et autres droits et héritages en roture y mentionnés, plainement, paisiblement et perpétuellement, comme de leur propre chose, vray et loyal héritage, sans qu'à l'avenir ils y puissent estre troublez ny inquiettez en quelque sorte et manière que ce soit ; pour le tout ne composer à l'avenir qu'une seule et mesme comté, sous le dit nom et appellation de Trévières. Car tel est nostre plaisir. Et afin que ce soit chose ferme et stable à toujours, nous avons faict mettre notre scel à ces d. présentes. Donné à Versailles, au mois daoust, l'an de grâce mil six cens quatre-vingt-quatorze, et de nostre regne le cinquante deuxiesme. *Signé* Louis. *Et sur le reply* : par le Roy, Phélipeaux, avec paraphe et scellé en lacs de soye, d'un grand sceau, avec un contre scel de cire verde. »

*Taxe imposée, en 1697, à Claude-François Pellot, à raison des domaines engagés acquis par son père.*

On le voit : pas plus que le premier président, son fils n'avait laissé passer l'occasion de solliciter du roi une ratification des ventes domaniales qui constituaient la plus belle partie de son comté :

« Nous avons approuvé toutes ces ventes, déclare de nouveau le roi dans les lettres que nous venons de transcrire; nous voulons que les contrats qui les constituent soient exécutez selon leur forme et teneur, et qu'en vertu d'iceux, le sʳ Pellot, ses successeurs et ayans-cause, jouissent de ces biens plainement, paisiblement et perpétuellement, comme de leur chose propre, comme de leur vray et loyal héritage, sans qu'à l'avenir ils puissent estre troublez ni inquiétez en quelque sorte et manière que ce soit... »

Quoi qu'il en soit de toutes ces ratifications et de la solennité de ces formules royales, il arriva un jour, et il était dès lors prochain, où le trésor aux derniers abois commanderait impérieusement des sacrifices. Les domaines engagés étaient restés une proie toujours présente à l'avidité du fisc, depuis que Colbert avait su, en 1675, en tirer parti. Colbert était mort depuis trop longtemps, il est vrai, et les finances, en 1696, étaient aux mains de Chamillart, le fils de celui que nous avons vu rapporteur du procès Fouquet, puis intendant de Caen à l'époque du procès de Rohan. Dans un pressant besoin d'argent, Chamillart, oubliant un peu ce qu'il avait écrit à Foucault deux ans auparavant [1], ne résista pas à la tentation, et, sous prétexte de confirmer leur possession, leva sur les détenteurs domaniaux une forte taxe. Nous lisons ce qui suit dans un arrêt de la cour des comptes de Normandie du 23 décembre 1697 [2], au sujet des domaines engagés, faisant partie du comté de Trévières :

« Vu... un extrait collationné du rôle de modération des sommes qui ont été ordonnées estre payeez au Roy par les possesseurs des domaines et droits domaniaux, où le sʳ Pellot est employé pour la fief-ferme de Trévières, le marais de Trévières, les fiefs-fermes d'Ecrainville, de Rubercy et de Mandeville ;

« Vu l'arrest du conseil des finances, le Roy y estant, du 30 avril 1697, par lequel le dit sʳ Pellot est tenu de payer

[1] Voir ci-desus, p. 608.
[2] Registre de la Chambre des comptes, année 1697. Aux Archives de la Seine-Inférieure. Inédit.

2,750 livres, pour sa taxe de confirmation des domaines à lui aliénez. (Suit le détail des domaines.)

« La Cour des Comptes, sur le vû de la quittance de ces 2,750 livres, ordonne que les contrats d'aliénation dont il s'agit seront registrés ès registres de la dite Cour, pour le dit s$^r$ Pellot en jouir selon leur forme et teneur, mais à la charge de payer tous les ans, au domaine de Bayeux, savoir : 22 livres 10 sols de rente à cause des dits fiefs fermes ; 12 deniers pour le marais ; 12 livres 14 sols pour les terres et prairies incorporés à la terre de la Ramée ; et, en outre, avec mise en demeure de rapporter dans les six mois les quittances des remboursements faits aux engagistes, faute de quoi ces remboursements devront se faire aux mains du Roy. »

Ce ne fut pas, comme on pourrait le croire, la dernière taxe extraordinaire qu'eurent à payer les comtes de Trévières à « titre de confirmation des domaines à eux aliénés ». Ils furent, par la suite, tenus à d'autres confirmations semblables, confirmations dont ils se fussent d'autant mieux passés, à coup sûr, que, loin d'être un affranchissement, chacune de ces taxations semble n'avoir été qu'un encouragement pour d'autres enregistrements prétendus confirmatifs, plus onéreux les uns que les autres, malgré les engagements les plus solennels, chaque fois et vainement répétés par la royauté.

# CHAPITRE SIXIÈME

DEUX SAINTES RELIGIEUSES, MARIE-CHRISTINE ET CLAUDE-
SÉRAPHIQUE PELLOT

Nous savons déjà que des huit filles du premier président cinq avaient embrassé la vie religieuse. Sur trois, qui furent aux abbayes royales de Poissy et de Montmartre, nous n'avons pu rien découvrir. Quant aux deux autres, ses filles aînées, Marie-Christine et Claude-Séraphique, entrées, à Lyon, fort jeunes dans un couvent de la Visitation, elles y vécurent de longues années et y moururent comme des saintes, à tel point que leurs vies sont mises encore sous les yeux de celles qui leur ont succédé, à titre d'édification. Nous avons retrouvé ces pieuses légendes [1], et nous ne saurions résister à les donner ici, en les abrégeant, mais sans rien leur ôter du parfum de douce piété et de chrétienne vertu qu'elles exhalent. Rien ne parle mieux en faveur du premier président et de sa vertueuse compagne. D'ailleurs, il s'y trouve des documents pour la vie même de celui qui est l'objet particulier de notre étude. Ecrits à une époque contemporaine, ces récits ont une autorité incontestable, surtout quant aux dates qui y sont énoncées. C'est même par là que nous

[1] *Année sainte des Dames de la Visitation de Sainte-Marie.* 12 vol. grand in-8º, Lyon, 1869, Josserand. — Au tome I, p. 16, on a, par erreur, imprimé Josserandot.

avons pu, après l'attentat qui, de nos jours, a détruit l'état civil du vieux Paris, arriver à dater avec certitude le mariage que Claude Pellot et Claude Le Camus contractèrent à un âge où ils étaient encore presque des enfants. Voici le préambule de la vie de ces deux saintes filles du premier président.

« Ces deux très-honorées sœurs eurent pour père M. Claude Pellot, d'abord maître des requestes, puis successivement intendant du Dauphiné, du Limousin, du Poitou, de la Guyenne, et enfin Premier-Président au Parlement de Rouen. Son rare génie, son mérite supérieur lui avoient acquis la considération générale. Louis XIV lui-même en faisoit état, ainsi que S. M. daigna le marquer plusieurs fois. Non moins estimable étoit son épouse M<sup>lle</sup> Claude Le Camus, tante du cardinal de ce nom. Il en eut onze enfants qui, tous, marchèrent sur les traces de leurs dignes parents. Les trois fils se distinguèrent par la vertu, les talents et la valeur dans les différentes charges de l'Eglise, de la robe et de l'épée. Trois des filles contractèrent des alliances considérables ; l'une épousa M. de la Fare Tornac ; l'autre M. de Mauléon de Foix, vicomte de Conserans ; et la troisième, M. de Bec-de-Lievre, Président à mortier au Parlement de Rouen. Cinq choisirent la meilleure part : une à la célèbre abbaye de Poissy, deux à celle de Montmartre et les deux aînées au premier monastère de la Visitation de Lyon. Ce sont nos vertueuses sœurs Marie-Christine et Claude-Séraphique. »

1° *Marie-Christine Pellot, décédée en notre premier monastère de Lyon le 8 août 1710, âgée de 69 ans, dont 53 de profession.*

« Notre sœur Marie-Christine naquit à Paris dans le cloître N.-D., un lundi, le 16 septembre 1640, et fut baptisée le même jour à Saint-Jean-le-Rond [2]. Elle étoit si faible, que Madame sa mère la tint, pendant sept mois, dans du coton. Elle la consacra à la très-sainte Vierge et fit vœu de lui faire porter des vêtements blancs jusqu'à l'âge de sept ans. Aussitôt que cette chère petite en eut atteint cinq, en 1645, on la plaça dans la royale abbaye de Poissy, de l'ordre de Saint Dominique. Les guerres civiles ayant obligé les Dames de Poissy de sortir de leur couvent pour mettre leur personne en sûreté, notre petite sœur quitta une maison où elle avoit reçu tant de marques d'attachement et revint auprès de Madame sa mère. Celle-ci lui trouvant l'esprit et le jugement formés, jugea qu'il étoit temps de la préparer à la première communion, et la lui fit faire le jour de la Visitation, dans l'église des Trinitaires.

« Peu de temps après, ses parents jugèrent à propos de l'envoyer rendre visite à M^me Pellot, son aïeule, qui habitoit la ville de Lyon. Elle n'y fut pas plus tôt qu'elle demanda d'entrer à la Visitation, pour voir à loisir sa sœur cadette Séraphique, alors déjà au nombre des pensionnaires. On exauça ses désirs, et, en franchissant la porte du cloître, elle se jetta aux pieds de la mère Marthe-Séraphique de Ponsein, alors en charge, en lui disant : « Ma mère, je ne sortiray « jamais de séans ; je veux être Religieuse dès que j'en au- « ray l'âge : Dieu m'en a donné la vocation, et il me presse « de vous le dire. »

« Trois mois avant d'avoir accompli ses quinze ans, en 1655, notre petite sœur sollicita la grâce d'être admise à son essai. Mais on dut modérer son empressement, Monsieur son père ayant fait retarder la cérémonie de sa vesture jusqu'au 7 octobre 1655, jour de S^t Denis, afin de pouvoir s'y trouver. Il fit à cette bien-aimée fille les plus pressantes instances pour l'engager à retourner à Paris [1], lui promettant de lui laisser choisir entre toutes maisons religieuses de cette

---

[1] Où il était alors maître des requêtes, n'ayant été nommé intendant en Dauphiné qu'en 1656.

grande ville celle qui lui plairoit davantage. Mais elle persista à vouloir demeurer à Lyon.

« Le don de piété naissoit en notre chère sœur Marie-Christine d'une foi vive et profonde. Elle avoit l'âme grande, noble, généreuse, compatissante, éloignée de toute bassesse, extrêmement droite, humble et incapable de mépriser personne. Ses précieuses qualités rendoient cette bien-aimée sœur extrêmement chère à la communauté, qui s'est, plusieurs fois, fait un plaisir de lui confier la charge d'assistante.

« La princesse Marie-Anne de Wurtemberg, la seule personne de sa famille qui professât la religion catholique, ayant choisi le premier monastère de Lyon pour y fixer son séjour en 1689, notre chère sœur Marie-Christine fut nommée pour l'entretenir. Sa prudence, sa discrétion, son heureuse mémoire, les agréments de sa conversation, tout la rendoit propre à plaire à la princesse, qui la prit en effet en grande affection. Ce fut elle qui ferma les yeux à cette illustre exilée... C'étoit une vierge vigilante, sans cesse occupée à désirer la venue de l'Epoux. Le soir du 8 août 1710, au moment où elle commençoit le premier psaume de matines, son âme s'en alla exalter le Seigneur et se réjouir en son Sauveur pour toute l'éternité. »

2º *Claude-Séraphique Pellot, décédée en notre premier monastère de Lyon le 22 novembre 1717, à l'âge de 76 ans, dont 59 de profession.*

« Elle naquit à Paris le 21 décembre 1641, et fut baptisée, le même jour, à Saint-Jean-le-Rond de N.-D. La bonne semence qu'on s'empressa de jeter dans l'âme de cet enfant fructifia en peu de temps ; sa piété, jointe à son heureux naturel, à ses spirituelles saillies, à son extérieur plein de grâces, la rendirent l'objet des complaisances de M[r] et de Mme Pellot, et firent désirer à son aïeule paternelle, qui habitoit Lyon [1], de la prendre chez elle. On ne put la lui refuser. L'aimable petite fille s'en attira bientôt toute la tendresse, de même que celle des personnes de distinction qui venoient visiter la respectable Dame ; nous citerons entre autres Monseigneur le Cardinal Archevêque Alphonse de Richelieu. Elle n'étoit pas encore depuis un an à Lyon qu'il fut convenu que le soin de son éducation seroit confié à nos sœurs de Bellecour...

« On ne tarda pas à juger que le Ciel avoit de grands desseins sur elle... Les belles qualités dont elle étoit douée faisoient souhaiter à M$^r$ et à M$^{me}$ Pellot de l'établir dans le monde. Ils la pressèrent de se rendre à leurs vœux, mais rien ne put ébranler sa fermeté. A quinze ans, en 1656, Claude-Séraphique commença l'essai de la vie religieuse et justifia, pendant son année de probation, la haute idée qu'elle avoit fait concevoir de son mérite. On la vit constamment exacte à la règle, appliquée à tous ses devoirs. Son égalité d'âme et sa tendre piété étoient remarquables. Chargée de travailler pour la sacristie, elle l'enrichit de magnifiques broderies ; son adresse et son goût étoient merveilleux. Sa vertu qui ne le cédoit point à ses talents jeta un vif éclat dans les soins assidus et rebutants qu'elle prodigua, pendant plusieurs années, à une sœur ancienne, infirme de corps et d'esprit.

« Plus tard, elle fut mise en différents offices et fit paraître tant de capacité que la très-honorée mère Marthe-Séraphique de Ponsein la jugea propre, quoiqu'elle fut bien jeune encore, à soutenir le poids des grandes affaires occasionnées au monastère de Bellecour par le procès de canonisation de notre saint fondateur, François de Salles. Cette maison étant le recours de presque toutes celles de l'institut, il ne se peut dire les peines qu'elle se donna ; elle écrivoit au nom de la

---

[1] Où elle était revenue habiter lors du décès de son mari, à Paris, en 1642.

supérieure une multitude de lettres à nos seigneurs les évêques, archevêques et cardinaux ; le jour, ne pouvant y suffire, elle y employoit les nuits, comptant pour rien les fatigues. Elle avoit alors 24 ans ; elle entreprit de décorer le plus magnifiquement possible, l'église du monastère pour les fêtes de la canonisation. Plusieurs mois furent consacrés à ce travail. Les dépenses faites pour cette solemnité et pour la béatification s'élevèrent à dix mille livres, qui furent entièrement soldées au moyen de dons généreux qu'elle obtint de différentes personnes de sa famille.

« On lui confia successivement les charges de dépensière, de maîtresse de pensionnat et d'infirmière. Elle exerça ensuite la charge de sacristine, et ce fut passionnément bien, pour nous servir des propres termes de nos constitutions. Toutes les libéralités que ses parents faisoient à la maison étoient employées par elle à augmenter et à embellir les ornements sacerdotaux. De plus, elle fit boiser et peindre le chœur au moyen des mêmes ressources [1], et, toute sa vie, elle continua de procurer à l'église du monastère bien des avantages. On lui dut, entre autres objets de prix, un magnifique tableau de plus de six pieds, avec cadre doré en relief.

« Nommée plus tard économe, notre sœur Claude-Séraphique ne satisfit pas moins que précédemment. Elle descendoit dans tous les détails, pourvoyoit à tous les besoins. Elle débrouilloit les affaires les plus obscures, régloit les plus épineuses avec une facilité peu commune. Nos sœurs lui furent redevables de quantité de réparations et d'accommodements : par son habileté à faire des provisions à propos, elle trouvoit des ressources pour les procurer sans grossir les dépenses ordinaires [2]. Les grands avantages d'une telle administration

---

[1] Obtenues de sa famille.
[2] On reconnait, dans cette aptitude de Claude-Séraphique, quelques-unes des qualités administratives de son père.

engagèrent les supérieures à la continuer dans cette charge l'espace de douze ans.

« Elle remplit celle de directrice avec un égal succès : possédant la science du discernement des esprits, elle mesuroit ses instructions à la portée de chacune de ses filles, les aidoit dans leurs difficultés, les éclairoit dans leurs doutes... enfin toute sa conduite étoit éminemment propre à inspirer l'esprit religieux et l'amour de nos saintes maximes.

« La joie fut extraordinaire dans la maison lorsque, en 1697 (elle avoit alors 56 ans), elle fut élevée pour la première fois à la supériorité. Pendant 12 ans qu'elle a été en charge, elle n'a discontinué de faire célébrer des messes pour le repos de celles à qui elle avoit fermé les yeux. Elle eut la douleur de compter dans le nombre sa vertueuse aînée, notre sœur Marie-Christine Pellot, dont elle payoit la tendresse par un juste retour.

« Les deux triennaux de la très honorée Marie-Auguste de Châteauvieux expirés en 1709, nos sœurs se remirent avec bonheur sous la conduite de leur bonne ancienne mère Claude-Séraphique Pellot.

« En 1715, dernière année de sa supériorité, elle fit célébrer, avec beaucoup d'éclat, à ses chères filles, le centième anniversaire de la fondation du monastère, établi par notre sainte mère de Chantal le 2 février 1615.

« Notre chère mère, qui ne savoit reculer devant aucune difficulté pour procurer le bien de sa famille religieuse, avoit, à l'aide des secours de ses parents et amis, fait faire des réparations et accommodements importants lors de sa première supériorité. Durant la seconde, elle signala encore son dévouement par des constructions importantes.

« Au mois de septembre 1716 elle fut atteinte d'un rhumatisme dont les douleurs aiguës la conduisirent au tombeau l'année suivante.

« ... On a lieu de croire que l'auguste Marie présida à

son dernier moment, et lui en enleva l'amertume, car il fut si doux et si tranquille qu'à peine put-on s'en apercevoir, quoique toutes les sœurs présentes eussent les yeux fixés sur cette vertueuse mourante... »

## CHAPITRE SEPTIÈME

PAUL PELLOT, TROISIÈME FILS DU PREMIER PRÉSIDENT, ABBÉ
COMMENDATAIRE DE LA CROIX-SAINT-LEUFROY

*Décadence et ruine de cette abbaye sous sa commende.*

Nous avons vu [1] le premier président obtenir en 1677, sous le nom de son fils Paul, âgé de moins de quatorze ans, l'abbaye de la Croix-Saint-Leufroy. Pendant les premières années qui suivirent cette nomination abusive, ce fut le premier président qui fut, en réalité, maître de l'abbaye, et les intérêts matériels de celle-ci ne durent pas trop souffrir, grâce à l'esprit d'ordre et d'économie du premier président. Mais il ne put en être de même de la discipline, qui dut subir déjà de rudes atteintes, quand les moines n'eurent, pour les gouverner, au lieu d'un abbé sérieux et digne de ce nom, qu'un simple prieur claustral, dépourvu d'autorité morale et de prestige.

En 1683, à la mort de son père, Paul Pellot n'avait pas vingt ans. Pas plus qu'avant, ce jeune abbé commendataire ne réside à la Croix. Il n'y résidait pas encore six ans après, car dans une procuration que reçurent de lui, en 1689, deux notaires du Châtelet, il leur déclare « demeurer à Paris,

[1] Au chap. VII du livre XII.

séminaire et paroisse Saint-Sulpice [1] ». Un historien de l'abbaye [2] affirme qu'il habita toujours la capitale et ne fit jamais à la Croix que de courtes apparitions, à de longs intervalles.

Une révolution s'opère alors dans le régime intérieur de l'abbaye : la vie commune cesse d'y exister parmi les quelques religieux qui y sont encore. Chacun d'eux s'est taillé, à même ses vastes locaux, une demeure à son gré [3] ; le grand chantre s'est attribué un caveau particulier, le prieur une demeure particulière; chaque religieux un ménage et un domestique. Il semble qu'on n'y songe plus qu'à bien vivre. Entre cet abbé qui n'a ce titre que pour être en droit de vivre de l'abbaye, et ses moines, c'est une querelle incessante au sujet des revenus, l'un s'efforçant d'en attirer à Paris le plus qu'il peut, les autres de s'en réserver le plus possible : jusqu'à ce que, le 12 avril 1714, une transaction soit signée sur les bases suivantes : un tiers des revenus à l'abbé; un tiers aux religieux ; le dernier tiers à l'abbé, mais pour être employé à l'entretien du monastère [4]. Malheureusement, l'abbé qui va toucher ce dernier tiers ne songera guère à en faire l'emploi convenu.

A cette époque, un bénédictin encore animé de l'esprit de saint Benoist, esprit qui avait fait surgir de notre sol ces magnifiques demeures, longtemps notre seul foyer de lumière intellectuelle, visitant la Croix-Saint-Leufroy, s'émut à la vue du spectacle qu'il avait sous les yeux : presque plus de religieux ! et le peu qui en reste devenu tout à fait étran-

---

[1] Archives du département de l'Eure, fonds de l'abbaye Saint-Leufroy.
[2] *Notice sur l'abbaye de la Croix-Saint-Leufroy*, par l'abbé Lebeurier. Evreux, Huet, édit. 1866.
[3] Inventaire après le décès de Paul Pellot, archives de l'Eure, fonds Saint-Leufroy.
[4] Notice de l'abbé Lebeurier.

ger aux règles de leur institut, « par la faute, prend-il soin
d'ajouter, de l'abbé commendataire [1]. » Le désordre est arrivé
à un degré tel que les peines morales ne comptent plus ; il
faut en venir aux châtiments corporels.

Un jour, le 12 janvier 1719, un sieur de la Barge, apprenant que son oncle, religieux de l'abbaye, vient d'être emprisonné par le prieur, va jusqu'à craindre pour sa vie, tant les violences des moines sont devenues notoires, et il n'hésite pas à porter plainte au lieutenant criminel du siège présidial d'Évreux, et voilà ce dernier vite en campagne, tant il partage à cet égard les craintes du plaignant. Nous ne résistons pas à placer ici le document manuscrit trouvé par nous aux archives de l'Eure [2], qui nous a révélé ce fait, où les préoccupations de vie matérielle éclatent au grand jour.

Il expose donc au lieutenant criminel que « la veille, à
« l'issue de la grand'messe conventuelle, lorsque son oncle,
« Charles Ferrand, prêtre religieux profez de l'abbaye, estoit
« en chemin de rentrer dans son logement, il avoit été surpris de voir se jeter sur son corps dom Havet, prieur
« claustral, et deux de ses religieux, dom Monthéléon et
« dom Buterne, lesquels tous trois, de force et de violence,
« l'avoient enfermé dans un cachot où il étoit réduit sur la
« paille ; et comme le dit neveu étoit dans l'ignorance du
« sujet qui avoit pu porter des religieux à agir ainsy, il en
« rendoit sa plainte à M. le lieutenant criminel, à l'effet par
« celui-ci de constater la façon injurieuse et scandaleuse
« dont il avoit été usé envers son oncle, et de se transporter
« le jour même à l'abbaye avec le procureur du Roy, assisté
« d'huissiers, de cavaliers de la maréchaussée et du plai-

---

[1] *Dictionnaire historique du département de l'Eure*, au mot la Croix-Saint-Leufroy, un vol. in-4°, Andelys, 1868.
[2] Fonds de l'abbaye Saint-Leufroy. Inédit.

« gnant, pour obliger le prieur et les religieux à représenter
« ledit Ferrand. »

Le jour même, malgré l'heure avancée et la mauvaise
saison (on est en plein hiver), après s'être concerté avec M.
Ledoulx de Bacquepuis, procureur du roi, le lieutenant criminel, M. Pierre-François Chrétien, se hâte de se rendre à
l'abbaye avec les huissiers, la maréchaussée et le plaignant.
Il y arrive, avec le procureur du roi, à huit heures du soir.
Ici, nous laissons parler son procès-verbal [1] :

« Avons esté conduit au devant de la principalle entrée,
que nous avons trouvé fermée ; avons fait sonner et frapper à
la porte. A l'instant, est venu du dedans de la maison un
*quidam* avec une lumière ; à la faveur de laquelle nous l'aurions vû par les trous qui donnent du jour à la dite porte ;
lequel *quidam* avons fait interpeller par notre premier huissier-audiencier d'ouvrir et nous faire parler à dom prieur.
Ce *quidam* nous demande : qui estes-vous ? de quelle part
venez-vous ? A quoy le procureur du Roy répond : de sa
part et de notre ordre ! Le dit *quidam* ayant dit : un moment! s'est retiré. Après quoy, comme nous avons fait sonner et frapper de rechef à la porte, seroient survenus contre
icelle, du dedans de la maison, deux personnes qui parloient
ensemble, et que le procureur du Roy qui les a vus par les
dits trous, a remarqués, à la faveur de la lumière dont ils
estoient éclairés, être habillés de noir et religieux de la maison ; auxquels nous avons enjoint faire ouverture du couvent. L'un d'eux auroit répondu : il est trop tard, le prieur
est couché, de quelle part veut-on lui parler ? — En vertu
d'un ordre de justice, de nous émané, et de la requisition du
procureur du Roy. — Donnez-nous ledit ordre ? — Il ne se
peut donner ainsy ; ouvrez-nous !... — Sur quoy ayant

---

[1] Ce procès-verbal est aux archives de l'Eure, fonds de Saint-Leufroy. Inédit.

gardé un profond silence, nous avons, par notre huissier, fait faire, à haute et intelligible voix, sommation et commandement aux dits prieur et religieux, et ce, par quatre différentes fois, de nous faire ouverture de la dite porte? A quoy personne n'ayant voulu répondre ny satisfaire, avons déclaré et fait déclarer par le dit notre huissier que nous nous retirions, pour du tout dresser procès-verbal.

« Et le lendemain [1] mardy, treizième jour de janvier, nous, lieutenant criminel, en la présence du procureur du Roy, nous sommes sur les huit heures du matin, transporté de rechef en l'abbaye de la Croix-Saint-Leufroy, aux fins d'obliger les prieur et religieux de nous représenter le sieur Ferrand ; où estant et la porte nous ayant esté ouverte, avons esté conduit dans l'apartement du S$^r$ prieur que nous avons interpellé de nous dire le lieu où peut estre le S$^r$ Ferrand ?

« Les S$^{rs}$ Havet et de Buterne, prieur et religieux « nous
« ont suplié de déclarer le sujet de notre arrivée du jour
« d'hier en ce monastère, à une heure déjà assez avancée de
« la nuit, et si on nous a dit qu'il y avoit quelque criminel
« ou quelque voleur caché dans la maison? Car ils ne peu-
« vent se persuader que la justice employe la force pour
« faire évader un religieux vagabond et scandaleux ; les dé-
« sordres de dom Ferrand, sa mauvaise conduitte, ses em-
« portements, désobéissances, rebellions à luy prieur et au
« chapitre [2] ont engagé la communauté d'ordonner qu'il
« seroit arresté, détenu et enfermé, pour l'empescher de
« vaguer sans permission ny obédience, et pour lui donner
« occasion de rentrer en luy-même. C'est une suite de
« la discipline monastique de n'être tenus de rendre de

[1] Archives de l'Eure, fonds Saint-Leufroy. Inédit.
[2] Ces grands mots : chapitre, communauté, qui impliquent un personnel nombreux, sont mis là pour masquer l'état vrai du personnel de l'abbaye, déjà réduit presque à néant.

« comptes à personne qu'à leur supérieur immédiat qui est
« M. l'évêque d'Evreux. Il est inouy et sans exemple que
« des juges laiques ayent entrepris de donner atteinte à cette
« discipline; si, au préjudice de ces représentations, nous
« voulons passer outre, ils déclarent qu'ils protestent de nul-
« lité, et de se pourvoir par tout où il appartiendra pour
« avoir réparation d'un tel grief... »

« Le sieur Dioré de la Barge a réparti :

« Qu'il nous suplie de lui donner acte de ce que les ré-
« ponses des S^rs prieur et religieux donnent lieu de croire
« qu'il y a quelque chose d'extraordinaire et de mistérieux
« dans la détention qu'ils conviennent avoir faite de la per-
« sonne du dit S^r Ferrand, sous prétexte de désobéissance et
« autres prétendus sujets de plainte, comme s'ils avoient une
« juridiction les uns contre les autres. Pourquoy il requiert
« qu'il nous plaise ordonner que ledit S^r Ferrand sera par
« eux représenté, pour scavoir son état, les causes de sa
« détention et de quelle manière elle a esté faite, rien n'etant
« plus interressant pour la société que de scavoir ce qu'est
« devenu une personne que l'on a subittement suprimée, ce
« qui donne lieu de soupconner qu'il luy peut estre arrivé
« des accidents non seullement par les violences exercées en
« sa personne lors de sa détention, mais encore par les mau-
« vais traittements qui peuvent s'en estre suivis, dans l'inté-
« rieur de leur maison ou ailleurs... En outre, le S^r Dioré
« de la Barge requiert acte de ce que à l'occasion du régime
« de vivre dont il a cy-devant parlé, le S^r Buterne nous a
« dit avoir fait porter à dom Ferrand, le jour d'hier, dans sa
« chambre, plusieurs livres de viande et un poulet d'Inde [1],
« ce qui est une preuve que, depuis sa détention, l'on s'est
« emparé de l'apartement qu'il occupoit et de tous ses effets,

[1] Un poulet d'inde : le pauvre homme !

« titres et papiers de conséquence, et même de famille, qui y
« estoient renfermés... »

« Alors, lesdits S$^{rs}$ Havet, prieur, Buterne et de Monthéléon survenu depuis et présent,... nous ont déclaré « que
« dom Ferrand a esté enfermé en conséquence d'une délibé-
« ration capitulaire portée sur les registres; qu'ils ne sont
« point tenus de nous le représenter, mais que cependant ils
« veullent bien le faire voir à nous en particulier, ainsi
« qu'au procureur du Roy; que la communauté en a usé à
« l'égard du S$^r$ Ferrand ainsy qu'elle en a usé à l'égard de
« ses autres membres; qu'il y a quelques années elle fit pa-
« reillement enfermer dom Morand, en conséquence d'une
« pareille délibération capitulaire à laquelle le dit dom Fer-
« rand a luy-même signé; que quoyque une communauté
« religieuse ait droit de correction, même par punition cor-
« porelle, sur ses membres, conformément à la règle de S$^t$
« Benoist, il est néanmoins vray qu'elle n'a pas droit de vie
« et de mort sur eux; que si, par hazard, on nous avoit dit
« qu'on voulut tuer ou mutiler dom Ferrand, ou que l'on
« le traite de façon que mort doive s'en suivre, ils consén-
« tent de nous le représenter, mais non pas à ses parents ny
« à d'autres, un religieux estant mort au monde; que dom
« Ferrand a esté arresté et conduit dans le lieu où il est, par
« des religieux, à l'ayde des domestiques de la maison; qu'un
« supérieur et une communauté [1] sont en droit d'arrester
« les lettres et papiers des religieux, sans estre tenus d'en
« rendre compte à personne; que l'abbaye de la Croix se
« gouverne par la même règle que les autres maisons de
« l'ordre de S$^t$ Benoist; que l'on ne peut estre trop surpris
« de l'entreprise que l'on veut faire dans cette occasion con-
« tre leur privilège, leurs droits et celui de leur supérieur

---

[1] Supérieur, communauté, délibération capitulaire : il n'y avait pas alors six religieux dans l'abbaye !

« majeur et immédiat qui est M. l'évêque d'Evreux ; c'est à
« luy seul qu'il faut s'adresser au sujet de dom Ferrand, et
« non pas à nous comme juge royal ; ils ne croient pas que
« nous voulions faire usage de notre autorité pour faire
« sortir et évader un moyne vagabond et désordonné, et ils
« ne comprennent pas que nous ayons écouté et admis une
« plainte en cette occasion, et que nous nous soyons trans-
« porté avec main armée dans leur monastère; si nous
« avions jugé à propos de leur écrire un mot au sujet du dit
« Ferrand, ils se seroient fait un honneur et un plaisir d'y
« répondre ; mais notre démarche est contre l'autorité ecle-
« siastique, et en particulier contre celle de M. l'évêque d'E-
« vreux... »

« Nous, lieutenant criminel, avons ordonné que les dits
S$^{rs}$ prieur et religieux de son obéissance, nous représente-
ront ledit S$^r$ Ferrand, pour constater l'état de sa personne.

« A l'instant, nous avons esté conduit au lieu où est détenu le dit S$^r$ Ferrand, où estant, en la présence du procureur
du Roy, avons trouvé le dit S$^r$ Ferrand dans un arrière-cabi-
net, couché dans un lit sans rideaux, auquel S$^r$ Ferrand
avons demandé s'il scavoit le sujet de sa détention ; s'il avoit
esté maltraité lorsqu'il y a esté conduit ; s'il est traitté humai-
nement, et si on lui fournissoit les aliments nécessaires à la
vie? A quoy il nous a répondu « que c'étoit par ordre de la
« communauté ; qu'il n'avoit point esté maltraitté ; qu'il
« s'estoit rendu au lieu où il est de sa bonne volonté, et
« qu'on luy fournit les aliments convenables et nécessaires
« à la vie ».

« Dont, et de tout ce que dessus, le lieutenant-criminel a
dressé procès-verbal, pour valoir et servir ce que de droit. »

A quelques années de là, quand Paul Pellot viendra à
mourir à Paris, au mois de janvier 1726, ses religieux, devenus libres alors dans l'expression de leurs griefs, n'auront

rien de plus pressé que d'exercer un recours contre les héritiers de leur prétendu abbé, qui a laissé péricliter la mense abbatiale. Car Paul Pellot n'a jamais été abbé que de nom; il n'a jamais fait partie de la grande famille de S¹ Benoist; c'est un intrus dans son sein; il n'a jamais été mort civilement comme l'était alors tout vrai religieux; c'est un prêtre séculier qui n'a cessé de compter dans sa famille civile, et c'est elle qui va en hériter, activement et passivement. Le 23 avril 1726, en effet, nous voyons « Messire Claude-François Pellot, comte de Trévières, et Messire Etienne-Gérard Pellot [1], chevalier brigadier des armées du Roy, demeurans ensemble à Paris, rue du Bac, tous deux habiles à se dire et porter héritiers de défunt Messire Paul Pellot, leur frère », mander deux notaires du Châtelet, auxquels ils déclarent « constituer Laurent Gicquedel, maître charpentier demeurant à Vernon, pour leur expert, à l'effet de faire la visite, prisée et estimation des réparations qui peuvent être à faire dans l'abbaye de la Croix-Saint-Leufroy, fermes et bâtiments en dépendants... [2] »

Cette expertise a lieu, tant par l'expert des héritiers que par un autre homme à ce entendu, expert des religieux, et elle établit que l'église surtout est dans un état déplorable : 18,000 livres sont nécessaires pour les réparations les plus urgentes à la charge des héritiers [3].

Au cours de l'inventaire qui a lieu alors, éclate un incident qui est toute une révélation sur le régime étrange de cette étrange abbaye. Il nous est attesté par un autre document que nous allons extraire, comme le précédent, des archives de l'Eure. C'est un procès-verbal dressé, non plus

[1] Ce dernier devait mourir à deux mois de là, en juin, comme on l'a vu ci-dessus, p. 660.
[2] Archives du département de l'Eure, fonds Saint-Leufroy, original. Inédit.
[3] *Ibidem.*

par le lieutenant-criminel comme en 1717, mais par le lieutenant civil. « Les scellés ont été, de la réquisition des religieux, apposés sur les meubles, titres et effets, après le décès de Paul Pellot, pour sûreté des réparations qui sont à faire au manoir abbatial, fermes et lieux en dépendants. »

Le 11 mars 1726 [1] « estant, écrit le lieutenant civil, sorti de la salle à manger pour procéder à la reconnaissance des scellez apposés par nous le 26 janvier, Legros, gardien des scellés, nous a remontré que samedy dernier, sur les quatre à cinq heures après midy, estant à Evreux pour prendre nos ordres, et ayant dit aux domestiques qu'en cas qu'il fit beau temps ils pourroient pescher quelques morceaux de poisson dans la pièce d'eau, dom Havet, prieur, et un S$^r$ Buterne, laique qui est dans la dite abbaye depuis presque deux ans, homme furieux, voulurent traîner le concierge de l'abbaye à la rivière, frappèrent les autres domestiques à coups de bâton, en disant qu'ils estoient les maîtres et qu'on leur devoit demander permission de pescher, et ordonnèrent aux domestiques de sortir à l'heure mesme ; arriva ensuite dom Morand, religieux, attrouppé de deux vagabonds inconnus, qui joignirent dom Havet et le S$^r$ Buterne, et enlevèrent de force et de violence le poisson que les domestiques avoient pesché, quelques instances et remontrances que le concierge leur pût faire : présence de témoins qui rapporteront ces insultes et violences, demandant que le procureur du Roy fasse informer des dits faits pour leur répression. (Signé) LEGROS... [2] »

« A quoy, par les S$^{rs}$ Havet, prieur, Buterne, religieux, et dom Gabriel Morand, prebtre, religieux de la dite abbaye, aussy présent, a été dit : qu'il est vray que luy S$^r$ prieur alla, samedy dernier, se promener dans le jardin, sur l'avis

---

[1] Archives de l'Eure, fonds Saint-Leufroy. Inédit.
[2] *Ibidem.*

qu'il eut qu'on y peschoit depuis un mois, mais sans intention d'y faire aucunes violences ; qu'il demanda un plat de poisson dont il fut refusé, avec beaucoup de parolles injurieuses et le baston haut, par un nommé Colin, ancien chartier de l'abbaye ; sur quoy, le S$^r$ Buterne ayant insisté à avoir du poisson, il lui déchargea sur la teste un coup du baston qu'il avoit en sa main ; sur quoy, le poisson nouvellement pesché fut abandonné. Et par ledit S$^r$ Morand a esté dit que tout ce qui a esté avancé contre luy par le S$^r$ Legros est absolument faulx ; que véritablement, sur le soir, il entra dans le jardin avec deux M$^{rs}$ de Conches qui l'estoient venus voir pour les promener ; qu'ils n'ont insulté ni parlé à personne mal à propos. (Signé) HAVET, BUTERNE, MORAND [1]. »

« Et par le dit S$^r$ Legros a esté dit : que s'il a fait pescher dans la pièce d'eau depuis un mois, ce n'a esté que pour nourrir les deux chapellains qui sont dans la dite abbaye ; que le poisson qui a esté emporté samedy dernier n'a point esté cédé comme l'avancent M$^{rs}$ les religieux, mais enlevé par eux de force et de violence [2]. »

Quel ramassis de gens de toute sorte, dans ce lieu qui fut sanctifié autrefois par le travail et la prière !

De Mathan, qui succède à Paul Pellot, ne trouve que quatre religieux dans l'abbaye et n'a rien de plus pressé que de réduire chacun d'eux à une portion congrue de 450 livres ; et comme l'entretien de l'antique église lui coûterait trop, il trouve plus simple de la faire démolir. Ce fut le coup de grâce. Obsédé par ses religieux qui déclarent mourir de faim sous un tel régime, il obtient leur translation dans d'autres maisons de leur ordre ; et alors, l'abbaye étant

---

[1] Archives de l'Eure, fonds Saint-Leuffroy.
[2] *Ibidem.*

vide, il l'abandonne à l'évêque d'Evreux, qui, en 1739, en prend possession et y fonde un petit séminaire [1].

Voilà ce qu'était devenue en un demi-siècle, sous le régime délétère de la commende, et sous le gouvernement inepte d'un abbé fictif, une abbaye qui, sous la règle austère de Saint-Benoist, avait été une des gloires de ce célèbre institut [2] !

[1] Aujourd'hui, il n'a été conservé de l'ancienne abbaye que l'habitation des abbés. *Mém. et notes* d'Auguste Leprevost, membre de l'Institut, sur le département de l'Eure, 1863, t. I, p. 569.

[2] Notice de l'abbé Lebeurier.

## CHAPITRE HUITIÈME

LA VEUVE, LE FRÈRE ET UN NEVEU DU PREMIER PRÉSIDENT

### § 1. *La veuve du premier président.*

A la mort du premier président, Magdeleine Colbert quitta Rouen et retourna habiter Paris. Ce fut pour calmer sa douleur que son frère, abbé général de l'ordre de Prémontré, composa un livre sous ce titre : « Lettres de consolation, adressées à Madame Pellot, ma sœur, qui venoit de perdre son mari, Premier-Président au Parlement de Rouen. »

Nous aurions voulu donner des fragments de ce livre où doivent se trouver des détails biographiques fort importants. Malgré nos recherches dans les dépôts publics et dans les établissements religieux de l'ordre de Prémontré, il est resté pour nous introuvable.

Son existence est attestée par ce passage du *Spiritus litterarius sancti Norberti :*

« Michel Colbert conscripsit, elucubravit et publicæ luci typi beneficio commisit... litteras pietatem usquequaque spirantes, quibus non modo sororem suam viduatam conjuge Pellote, Rothomagensis senatûs principe, sed et christianos omnes pie, sancte et solide consolatus est [1]. »

---

[1] *Spiritus litterarius sancti Norberti,* in-4º, Wurtbourg, 1771, p. 189.

Sᵗ-Simon, dans un passage relatif au comte de la Vauguyon, nous a révélé tout un côté de la vie de Magdeleine Colbert. Elle a soixante-trois ans, car cela se passe à Paris, en 1693, dix ans après qu'elle fut devenue veuve pour la seconde fois, et trois ans avant sa mort :

« Fromenteau, par son mariage, s'étoit seigneurifié et avoit pris le nom de comte de la Vauguyon... Comblé d'honneur bien au-delà de ses espérances, il représenta au Roy le misérable état de ses affaires et n'en tira que de rares et très-médiocres gratifications. La pauvreté peu à peu lui tourna la tête, mais on fut très long-temps sans s'en apercevoir. Une des premières marques qu'il en donna fut chez Madame Pelot, veuve du premier président du parlement de Rouen qui avoit, tous les soirs, un souper et un jeu uniquement pour ses amis en petit nombre. Elle ne voyoit que fort bonne compagnie, et La Vauguyon y étoit presque tous les soirs. Jouant au brelan, elle lui fit un renvi[1] qu'il ne tint pas. Elle l'en plaisanta et lui dit qu'elle étoit bien aise de voir qu'il étoit un poltron. La Vauguyon ne répondit mot; mais, le jeu fini, il laissa sortir la compagnie, et quand il se vit seul avec Madame Pelot, il ferma la porte au verrou, enfonça son chapeau dans sa tête, l'accula contre la cheminée et lui mettant la tête entre les deux poings, lui dit qu'il ne savoit ce qui le tenoit qu'il ne la lui mit en compote pour lui apprendre à l'appeler poltron. Voilà une femme bien effrayée, qui, entre ses deux poings, lui faisoit des révérences perpendiculaires, et des compliments tant qu'elle pouvoit, et l'autre toujours en furie et en menaces. A la fin, il la laissa plus

---

L'abbaye de la primitive observance de Prémontré rétablie de nos jours à Saint-Michel, près Tarascon (Bouches-du-Rhône), a déjà réuni 25,000 volumes, notamment les ouvrages des membres de son ordre. Elle n'a pu encore mettre la main sur le livre de Michel Colbert. (Lettre de l'abbé à l'auteur, du 12 décembre 1876.)

[1] Ce que l'on ajoute, au cours d'une partie, à la somme engagée.

morte que vive, et s'en alla. C'étoit une très-bonne et très-honnête femme, qui défendit bien à ses gens de la laisser seule avec La Vauguyon; mais qui eut la générosité de lui en garder le secret jusqu'après sa mort et de le recevoir chez elle à l'ordinaire où il retourna comme si de rien n'eut été... [1] »

« Très-bonne et très-honnête femme » : bel éloge sous une plume si mauvaise !

Le *Mercure*, au cahier de juillet de l'année 1696 [2], contient ce qui suit :

« Voici les noms des personnes distinguées, de l'un et de l'autre sexe, décédées sur la fin du mois passé ou au commencement de celui-cy... Dame Magdeleine Colbert, veuve de Claude Pellot, conseiller du Roy en tous ses conseils, Premier-Président en son Parlement de Rouen. Elle étoit sœur de Michel Colbert, abbé, chef et général de l'ordre de Prémontré, et avoit épousé en premières noces Estienne Le Camus, surintendant des bâtiments de S. M. Elle n'a laissé aucuns enfants de ses deux maris. »

### § 2. *Le frère du premier président.*

Nous avons déjà vu [3] que le premier président avait un frère plus jeune que lui. Moréri [4] en parle longuement. Après avoir pris ses degrés en Sorbonne, J.-B. Pellot avait été reçu docteur. Un procès-verbal, qui est aux archives de la Seine-Inférieure, constate que, le 16 juillet 1642, à une époque où son frère était conseiller à Rouen, J.-B. Pellot prenait possession du prieuré de St-Pierre-de-Chaumont-

---

[1] *Mémoires*, t. I, p. 115. Edit. Chéruel.
[2] A la biblioth. de Rouen.
[3] Au t. I, p. 14.
[4] T. VIII, p. 175. Edit. de 1759.

en-Vexin [1]. Il fut, quelques années plus tard, chanoine de la cathédrale de Paris [2]. Plus tard aussi il eut l'abbaye de Landais, de l'ordre de Citeaux, dans le diocèse de Bourges. Son esprit, son amour pour les sciences et sa politesse lui avaient valu l'estime et la recherche des savants. C'était alors un prêtre mondain, mêlé aux meilleures sociétés, et très porté aux calculs d'ambition. C'est à cette première époque de sa vie que se place un épisode assez scabreux que nous a révélé Tallemant des Réaux dans ses *Historiettes*, fort sujettes, il est vrai, à caution :

« Particelli d'Emmery faisoit tant de civilités à la femme de son fils, que celui-ci disoit que s'il devoit être jaloux de quelqu'un, ce seroit plutôt de son père que de personne. Il le fut pourtant bien de l'abbé Pellot, frère d'un beau-frère de madame d'Emmery. Ce garçon, qui étoit fort jeune, s'étoit couché, sans pourpoint, sur des chaises, durant les chaleurs, dans la chambre de madame Toré, belle-fille de Particelli d'Emmery. La dame vint, et lui, en riant, alla lui sauter au cou. Le mari arriva à ce moment-là et se mit à coups de poing sur l'abbé, qui se sauva comme il put. M. d'Emmery, son beau-père, disoit : elle sera si sotte, qu'elle ne se divertira pas et pourtant le fera croire à tout le monde [3]. »

En 1648, il était, comme chanoine de Notre-Dame de Paris, un des familiers du cardinal de Retz, avec lequel il s'était trouvé le jour de l'arrestation de Broussel, le 26 août :

« L'on éclata tout d'un coup, écrit à ce sujet le cardinal dans ses *Mémoires* [4]; l'on s'émut; l'on courut; l'on cria; l'on

---

[1] Archives de la Seine-Inférieure, fonds ecclésiastiques. G. 1813. L.
[2] *Mémoires du cardinal de Retz*, t. I, p. 155.
[3] T. III, p. 119 et suiv.
[4] T. I, p. 155. Présentement : Retz rédigea ses *Mémoires* de 1671 à 1675.

ferma les boutiques... je ne laissay pas de prendre le parti, sans balancer, d'aller trouver la Reine et de m'attacher à mon devoir préférablement à toutes choses. Je le dis en ces propres termes, à Chapelain, à Gomberville et à Plot *(sic)*, chanoine de Notre-Dame et présentement chartreux, qui avoient dîné chez moi... »

Mais bientôt, le P. Pellot avait fait un retour sur lui-même ; renonçant au monde et à ses dignités, il remit son canonicat et courut se cacher à la grande Chartreuse où il eut une vie fort austère : c'était à l'époque où son frère était intendant du Dauphiné. A quelques années de là, ses amis, qui ne l'avaient pas oublié et qui connaissaient son mérite, souhaitèrent pour lui un évêché, persuadés qu'il avait alors toutes les qualités que demande St Paul à un évêque [1].

Ici doit prendre place un passage singulier du *Journal* d'Olivier d'Ormesson [2]. C'est sous l'année 1667 :

« Aujourd'hui, le père Lallemant m'a dit que le Père Annat, confesseur du Roy, avoit proposé au Roy le père Pellot, chartreux, ci-devant abbé, pour l'evesché de Sisteron, mais que le Roy l'avoit refusé, disant que le P. Pellot ne croyoit pas en Dieu ; le Roy avoit maintenu sa volonté dans le Conseil, en présence de M. Colbert qui avoit dit que M. Pellot, l'Intendant, frère de l'abbé, s'estoit fait bien des ennemis pour avoir bien servy Sa Majesté. Depuis, Mr Pellot, Intendant, en avoit demandé justice au Roy dans une lettre... »

Si ce récit est vrai, et, à raison de sa source, il paraît difficile de le révoquer en doute, il ne peut s'expliquer que par les préventions qu'auraient valu au P. Pellot le souvenir

---

[1] Moreri t. VIII, p. 175.
[2] T. II, p. 499.

de sa vie d'autrefois. Il était, à cette date, 1667, prieur de la Chartreuse de Villefranche en Rouergue.

« Depuis sa retraite, dit Moréri, le P. Pellot avoit préféré l'obscurité et la pénitence à tout l'éclat des grandes places. Ce n'avoit même été que malgré lui qu'il avoit fini par accepter la charge de prieur de la Chartreuse de Villefranche », pendant que son frère était intendant de la généralité de Montauban, dont Villefranche était un des chefs-lieux d'élection.

Plus tard, Claude Pellot avait amené son frère à Rouen, et celui-ci était devenu co-adjuteur de la Chartreuse de cette ville. Les deux frères purent ainsi, malgré le cloître, entretenir à Grenoble, à Montauban et à Rouen, des relations suivies, auxquelles le Père Commire était fort mêlé, ainsi qu'en témoignent plusieurs de ses poésies, dédiées « ad J.-B. Pellot, Cartusianum [1] ».

Il mourut jeune encore, et avant son frère, comme le prouve ce passage des *Annales des Chartreux*, du 20 mai 1680 :

« Obiit D. Joan Bapt. Pelot, professus cartusiæ, coadjutor Domus sancti Juliani Rothom, alias prior Domus Villæfranchæ. »

Au sujet de son amour pour les lettres, nous avons le témoignage de l'abbé de marolles, qui a confondu les deux frères dans un même éloge, dans son singulier livre intitulé : « Dénombrement où se trouvent les noms de ceux qui m'ont donné de leurs livres, ou qui m'ont honoré de leur estime, de leur amitié ou de leur civilité [2]. »

### § 3. *L'abbé Mascranny*.

L'abbé François Mascranny, que Pellot avait amené avec

---

[1] *Commirii carminum libri quatuor*, Edit. de 1678.
[2] P. 429.

lui en Normandie, simple docteur en théologie, avait, nous l'avons vu [1], par le crédit de son oncle, obtenu d'être d'abord chanoine, puis grand-vicaire et chancelier de l'église de Rouen. Nous ne voyons pas qu'il soit arrivé à la situation plus élevée que son oncle avait rêvée pour lui. Mais, dès 1675, il était vicaire-général. Il survécut longtemps à son oncle, et il était encore vicaire-général en 1691, lors de l'avènement de Nicolas Colbert, qui lui maintint cette dignité [2]. Il la possédait encore en 1698, et c'est cette année-là que nous le rencontrons pour la dernière fois. Le 11 août 1698, il cédait sa prébende de chanoine et sa chancellerie à Jacques Routier, du diocèse d'Evreux, qui, de son côté, lui faisait abandon de son prieuré de Saint-Christophe-sur-Avre [3]. La vieillesse approchait, et ce saint prêtre voulait vivre ses dernières années dans la solitude et le recueillement, loin de la grande ville de Rouen et des rumeurs de son antique basilique.

Au commencement de cette même année 1698, l'abbé Mascranny avait perdu son neveu, Barthélemy, maître des requêtes [4], fils de son frère Mascranny, sieur de Verrière, que nous avons vu à la tête des forêts de Normandie, à l'époque du tiers-et-danger. Barthélemy, petit-neveu de Claude Pellot, laissait pour héritière d'une fortune de 1,200,000 livres [5] une toute jeune fille, Marie-Madeleine-Emilie Mascranny [6], seule enfant qu'il eût eue de son mariage, contracté le 9 janvier 1690 avec Jeanne-Baptiste Lefebvre de

---

[1] Ci-dessus, p. 228 et suiv.

[2] Archives de la Seine-Inférieure, fonds ecclésiastiques, série G, nos 1 à 1566, p. 31.

[3] Ibidem.

[4] Origines de plusieurs grandes familles de France, à l'article Mascranny, manusc. du fonds Martainville. Biblioth. de Rouen.

[5] Ibidem.

[6] Ibidem.

Caumartin [1], fille de celui que nous avons vu, en 1665, aux grands jours d'Auvergne, et sœur consanguine de l'élève de Fléchier. Jeanne-Baptiste Lefebvre de Caumartin était morte fort jeune dès 1695 [2], et Barthélemy Mascranny, veuf, n'avait cru pouvoir rien faire de mieux, en mourant, que de confier au respectable abbé Mascranny, son oncle, la tutelle et la garde de sa jeune orpheline [3]. Cette arrière-petite nièce de Claude Pellot épousera, en 1709, François-Joachim-Bernard Pottier, duc de Gèvres [4].

On lit dans le cahier du *Mercure*, de mai 1716 : « Messire de Mascranny prestre, docteur de Sorbonne, chanoine, grand vicaire, et chancelier de l'église de Rouen, prieur de Saint Christophe, seigneur et baron d'Armentières [4], mourut le 13 de ce mois. Etoit oncle de madame la marquise de Gesvres. »

[1] Le P. Anselme, t. VI, p. 543.
[2] *Ibidem*.
[3] *Origines de plusieurs grandes familles*.
[4] Le P. Anselme, t. VI, p. 545.
[5] Armentières, alors paroisse, aujourd'hui commune du canton de Verneuil, arrondt d'Evreux. Saint-Christophe-sur-Avre est aussi une commune du même canton.

## CHAPITRE IX

LE VICOMTE DE CONSERANS ET LA CHAMBRE DES POISONS

*Un épisode de la chambre des poisons. Le vicomte de Conserans amant de la célèbre la Voisin. Il donne asile à un complice de cette empoisonneuse. Lui-même est soupçonné d'avoir tramé avec elle l'empoisonnement de la vicomtesse de Conserans et du premier président.*

Il nous faut pourtant bien aborder ce chapitre, que nous avons retardé le plus possible, et que nous aurions voulu n'avoir pas à écrire.

Elisabeth Pellot qui s'était, à Agen, le 9 juin 1666, mariée avec un si grand éclat [1] : eh bien ! le vicomte de Conserans était un homme indigne qui, pour arriver jusqu'à elle, avait pris un faux masque de vertu !

En fait de crimes, le grand siècle, on ne le sait que trop, n'est demeuré en reste avec aucun autre ; mais il est un genre dans lequel il a excellé, les empoisonnements.

Deux femmes surtout ont marqué alors dans cette science et cette pratique abominables : Marie-Marguerite de Dreux d'Aubrai, marquise de Brinvilliers, décapitée en place de grève, puis brûlée le 16 juillet 1676 par arrêt du parlement ;

---

[1] Au chap. 1 du liv. X, p. 585 et suiv du t. I.

et Charlotte Deshayes, veuve Monvoisin, dite la Voisin, brûlée aussi en place de grève, le 20 février 1680, par arrêt de la chambre des poisons, dite chambre ardente [1].

Pendant de longues années, à partir de 1664, cette la Voisin avait vécu dans le luxe avec ses amants, « grâce à sa poudre et à son eau de succession. » Dès 1667, elle avait, il est vrai, failli tomber entre les mains de la justice, lors de l'arrestation de deux de ses complices, Dubuisson dit Lesage et Mariette, Mariette surtout, prêtre indigne, chef de la maîtrise de l'église St-Séverin, et, pour la Voisin, un auxiliaire précieux, car il était maître en fait d'empoisonnements, d'avortements, de conjurations et de pratiques diaboliques, au point de se prêter à dire des messes sacrilèges, et à faire commerce d'hosties consacrées, que cette femme mêlait à ses breuvages et à ses poudres [2]. Mais Mariette appartenait à une famille de magistrature ; aussi, en avait-il été quitte pour un emprisonnement auquel ses protecteurs avaient bientôt mis fin [3]. Lesage, aussi, avait pu, au bout de peu d'années, sortir des galères.

Redevenu libre, Mariette avait obtenu un asile chez la Voisin. Mais son contact étant un danger, bientôt elle avait jugé prudent de l'envoyer au fond d'une province, chez un de ses galants. Et à qui s'était-elle adressée ? Au vicomte de Conserans, qui, à cette époque (1670?), n'était pas encore séparé de sa femme. Quant à la Voisin, elle avait, jusqu'en 1678, continué son métier comme par le passé.

[1] Tout ce qui va suivre a été tiré de l'ouvrage intitulé ARCHIVES DE LA BASTILLE, *Documents inédits recueillis et publiés* par FRANÇOIS RAVAISSON, conservateur à la bibliothèque de l'arsenal. 8 vol. in-8º. Paris, Durand et Pédonne-Lauriel. La procédure de la chambre des poisons y comprend une partie des t. IV, V et VI.

[2] La Reynie semble admettre que Mme de Montespan aurait été en rapport avec la Voisin et avec Mariette, à l'époque où elle travaillait à la rupture du roi avec la Vallière, t. VI, *passim*.

[3] Notes de la Reynie au t. VI, p. 362, 372 et 437.

Les procédures de la chambre des poisons sont pleines de révélations à cet égard.

On y lit, entre autres, cette déclaration de Marie-Marguerite Monvoisin, 21 ans, propre fille de l'empoisonneuse la Voisin :

« Je n'ay plus vu Mariette chez ma mère, depuis qu'elle l'a envoyé au V<sup>te</sup> de Conserans, sous le nom de prieur de S<sup>te</sup> Catherine, avec une lettre par laquelle elle prioit le V<sup>te</sup> de Conserans de le recevoir comme il l'auroit reçue elle-même... [1] »

Une complice de la Voisin qui fut brûlée aussi, la Leroux, a déclaré « que la Voisin avoit eu de l'argent de M<sup>r</sup> de Conserans, pendant qu'il étoit son galant ». Et c'est sans doute parce qu'il avait cessé de pouvoir lui en donner, qu'elle « avoit, en 1665, dit un jour à la Leroux qu'elle vouloit voir M<sup>r</sup> de Conserans marié [2] ». Plus tard, la Voisin lui avait appris « qu'il étoit marié, mais mal avec sa femme et avec M. Pellot son beau-père... [3] »

Dubuisson dit Lesage nous apprend que le vicomte de Conserans n'avait pas commerce qu'avec la Voisin : « Depuis ma sortie des galères, j'ay écrit, a-t-il dit, au V<sup>te</sup> de Conserans, par ordre de la Leroux, pour le prier de faire revenir Mariette à Paris... [4] »

« M<sup>r</sup> de Conserans est de ma connaissance de longue main », avait dit la Voisin, dans un interrogatoire du 11 octobre 1679 [5]. Et, en effet, nous savons par la déclaration de la Leroux que leurs relations étaient antérieures au mariage du vicomte, qui est de 1666. « Je lui ay appris la chiromancie; pour raison de quoy j'en ay eu une montre; une

---

[1] T. VI, p. 195.
[2] *Ibidem*, p. 26.
[3] *Ibidem*.
[4] *Ibidem*.
[5] *Ibidem*, p. 15.

autre fois, j'en ay eu trente pistoles, pour une fiole d'or potable... Je reconnois avoir montré à Lesage des lettres que le V<sup>te</sup> de Conserans m'avoit écrites... Mariette est resté chez moy 3 ou 4 jours à sa sortie de prison, et s'est retiré ensuite chez M. le V<sup>te</sup> de Conserans... [1] »

Lors de la création de la chambre des poisons en 1678, chambre qui fut composée de huit conseillers d'État et de six maîtres des requêtes, avec la Reynie procureur-général, on reprit toute la vie de la Voisin et de ses complices. Lesage fut de nouveau arrêté. Quant à Mariette, la Reynie ayant fini par découvrir où il avait trouvé refuge, écrivit à Louvois, le 27 septembre 1679, « d'envoyer à M<sup>r</sup> de Conserans lui faire demander Mariette par ordre du Roy ; que S. M. scavoit qu'il s'estoit réfugié chez luy et qu'il falloit qu'il le trouvât ; qu'on estoit informé de son commerce avec la Voisin, et qu'il avoit intérêt à faire trouver Mariette... [2] »

---

[1] T. VI, p. 15.
[2] T. VI, p. 160. Louvois à de Ris, intendant à Bordeaux, du 27 septembre 1679. « Il est d'une extrême importance pour le service du Roy de faire arrester un homme qui est retiré chez le V<sup>te</sup> de Conserans, et qui se fait appeler S<sup>te</sup> Catherine. Il est natif de Paris et prestre, et s'appelle Mariette. Il a esté banny de Paris pour mauvaise conduite, et adressé au V<sup>te</sup> de Conserans par des gens dont la conduite est fort suspecte... Comme il se peut faire que le V<sup>te</sup> de Conserans se soit meslé des mesmes affaires pour lesquelles le Roy ordonne l'emprisonnement dudit S<sup>te</sup> Catherine, il est d'une grande conséquence que celuy que vous chargerez de vous informer si cet homme est sur les lieux, agisse de manière qu'il ne donne aucune jalousie ni au V<sup>te</sup> de Conserans ni à S<sup>te</sup> Catherine ; et comme l'affaire, dont il est accusé, est des plus graves, il ne seroit que bien à propos que, sous prétexte d'aller faire les tailles de ce côté là, ou d'aller visiter le pays voisin de la maison où demeure le vicomte, vous y allassiez vous-même pour faire arrester en votre présence S<sup>te</sup> Catherine, s'il se trouve dans le pays... Si le V<sup>te</sup> de Conserans faisoit sa demeure dans un lieu qui ne fust point de votre département, je vous supplie de me le mander... Louvois. » Dépôt de la guerre, dans le volume à sa date.)

Cinq mois ensuite se passent en recherches infructueuses ; et dans l'intervalle, le 20 février 1680, avant l'arrestation de Mariette, la Voisin est brûlée en place de grève. Puis enfin, le 29 du même mois, Louvois peut annoncer à la Reynie que Mariette est arrêté [1].

Impatient, la Reynie aurait voulu provoquer par lettre des explications du V^te de Conserans. Mais, mieux avisé, Louvois, qui voit en celui-ci un complice, lui déclare qu'il n'en faut rien faire [2].

Mariette, l'hôte du vicomte, mourut à peine ramené à Paris. S'était-il fait justice avec ses propres poisons ?...

Dans une confrontation avec Lesage, comme il méconnaissait tout. « Si tu n'avois été complice de la Voisin, lui riposta Lesage, tu ne serois pas retourné chez elle à ta sortie de S^t Lazare !... Elle et toy, vous avez fait ensemble plus de dix empoisonnements... [3] »

« La Voisin a raison de parler de Gautier (un autre de ses agents), avait déclaré le même Lesage : elle est de commerce avec luy depuis 10 à 12 ans ; Gautier devoit faire l'empoisonnement de M. Pellot... [4] »

L'empoisonnement de M. Pellot ! Cette articulation si grave d'un attentat à la vie du premier président, proférée par Lesage, les commissaires instructeurs l'ont jugée assez

---

[1] T. VI, p. 183 : « Ce n'est que pour vous donner avis que Mariette, autrement dit le P^r de S^te Catherine, a été arrêté chez les pères de l'Oratoire, à Toulouse, par les soins de M. le vicomte de Conserans. »

[2] « Louvois à la Reynie, 1^er mars 1680. Je n'escriray point à Toulouse pour avoir les mémoires que vous proposez de demander au V^te de Conserans, non seulement parce que le dit V^te n'est plus à Toulouse, mais encore parce qu'il n'y a pas apparence qu'il donne volontiers des éclaircissements... » T. VI, p. 184.

[3] T. VI, p. 387.

[4] *Ibidem.*

sérieuse, pour la relever dans un interrogatoire qu'ils ont fait subir à la Leroux [1].

Le premier président aurait-il eu, parmi ses propres domestiques, des gens qui y auraient été placés pour attenter à sa vie ? Là-dessus, écoutons encore Lesage, dans son interrogatoire du 1er janvier 1680 :

« Dubois, qui fut pendu avec la Gaillarde (autre acolyte de la Voisin), étoit le frère de Dubois qui a soin de la bibliothèque de M. Pellot, Premier-Président à Rouen. [2] »

Sous ce passage, l'éditeur des archives de la Bastille, M. Ravaisson, a placé cette note terrible : « Ce bibliothécaire était fort suspect, et il paraît avoir été placé là par M. de Conserans, gendre de M. Pellot [3]. »

Celui-ci était-il donc entouré d'assassins, soudoyés par son gendre ? Ce n'est pas tout. Il avait eu aussi à son service un nommé Beaumont, qui l'avait quitté pour entrer chez M. Delafont, intendant en Flandre. Or, à son lit de mort, ce Beaumont, pris de remords, fit au sujet de son séjour chez le premier président des révélations d'une nature

---

[1] « D. Si elle n'a point vu plusieurs fois le Vte de Conserans chez la Voisin ?

« R. Ouy, et la Voisin disoit qu'elle lui avoit donné de l'or potable pour un mal qu'il avoit. La Voisin en a eu bien de l'argent, et une belle montre en or qui valoit bien 30 louis.

« D. Si elle ne sçoit point que le Vte traitoit de l'empoisonnement de sa femme avec la Voisin ?

« R. Elle ne sçoit point cela. Il est bien vrai qu'elle a entendu dire à la Voisin que M. de Conserans et sa femme n'étoient point bien ensemble.

« D. Si elle n'a point ouy parler que le Vte de Conserans voulut empoisonner M. Pellot, son beau-père ?

« R. Elle n'a point ouy parler de cela. La Voisin ne lui a dit qu'une chose : c'est que le Vte de Conserans étoit son amant. » T. V, p. 487.

[2] T. VI, p. 80.

[3] *Ibidem.*

telle, que l'intendant dut les signaler à Louvois. Aussitôt celui-ci de lui répondre : « L'affaire de votre valet de chambre peut être importante, par rapport à ce qui se trouve dans le procès de la Voisin... Je vous prie de m'en envoyer un mémoire, le plus ample que vous pourrez... »

Ce mémoire, cette confession, nous ne les avons pas lus, mais l'éditeur des archives de la Bastille les a lus, lui, dans la la volumineuse procédure de la chambre des poisons ; et voici la mention accablante dont il accompagne cette lettre de Louvois :

« Ce Beaumont avait été mis au service de M. Pellot par M. de Conserans qui paroit en avoir voulu à la vie de ce magistrat, dont il était gendre [1]. »

Il est vrai, la chambre ardente n'avait pas encore fait la lumière sur ce point, au moment où, pour couper court à la divulgation d'une série de crimes épouvantables et à des poursuites compromettantes pour beaucoup, le roi crut devoir la dissoudre et arrêter brusquement son œuvre. Qu'y a-t-il en définitive là-dessous ? Un crime manqué ? Une tentative non suivie d'effet ? Moins que cela encore, un simple projet ? On ne sait. Mais frappés de l'accusation proférée par Lesage ; frappés de la déclaration de Beaumont à son lit de mort ; frappés de la présence, chez le premier président, par les soins du V$^{te}$ de Conserans, d'un bibliothécaire, frère d'un empoisonneur, pendu comme tel ; frappés du commerce, presque public, du V$^{te}$ de Conserans avec une empoisonneuse de profession, avec un prêtre exécrable, complice de celle-ci, et avec une tourbe d'empoisonneurs avérés, les magistrats de la chambre ardente, comme ressource extrême, ont posé à la Voisin les questions suivantes, lors de la torture à laquelle ils l'ont soumise, quelques heures avant sa combustion.

[1] T. VI, p. 58.

« *D.* Si elle n'a point adressé Mariette à de Conserans, pour luy donner asyle chez luy ?

« *R.* De Conserans a donné asyle à Mariette parce qu'il l'avoit vu chez elle. C'est la Leroux qui le luy a adressé.

« *D.* Si de Conserans ne lui a rien proposé, à l'égard de Madame sa femme, et de M. Pellot, son beau-père ?

« *R.* Elle a dit tout ce qu'elle scait sur le fait de Conserans. La fiole d'or qu'elle lui a donné, n'avait rien de mauvais.

« *D.* Pourquoy elle a dissimulé de connoitre Beaumont, valet de chambre de M. Pellot ?

« *R.* Il venoit tant de monde chez elle ! Beaumont, dont on lui parle, et qu'elle ne connoit point, peut y être venu comme d'autres... [1] »

Quel mystère d'iniquité tout cela suppose ! Et par quelles angoisses ils ont dû passer, la vicomtesse de Conserans et son père ! Mais qui pouvait faire supposer, en 1666, à celui-ci, et à sa vertueuse compagne, que l'homme qu'ils prenaient pour gendre allait, pour goûter les chastes caresses de leur chère Elisabeth, s'arracher, ruiné, usé, corrompu jusqu'à la moelle, aux étreintes lascives d'une empoisonneuse !...

Pauvre vicomtesse !... Pauvre premier président !...

---

[1] T. VI, p. 456.

## CHAPITRE DIXIÈME

CLAUDE-FRANÇOIS PELLOT, FILS AINÉ DU PREMIER PRÉSIDENT
PREMIER COMTE DE TRÉVIÈRES

---

Le fils aîné du premier, président devenu en 1678, à 20 ans, conseiller au parlement de Normandie, s'était, en 1682, à vingt-quatre ans, marié à Magdeleine Leclerc de Lesseville [1] qui en avait vingt-deux.

La fortune des Leclerc de Lesseville remontait à Henri IV. Après la bataille d'Ivry, le roi s'étant trouvé sans ressource, un riche tanneur de Meulan avait mis ses biens à sa disposition, et, pour l'en récompenser, le roi l'avait ennobli [2]. C'était un nommé Leclerc, qui devint ainsi seigneur de Lesseville. Lui, resta fidèle à son métier de tanneur, et il y mourut [3], mais ses descendants, grâce à la faveur royale, entrèrent dans les hauts emplois [4]. L'un de ses petits-fils, de 1658 à 1665, après avoir été aumônier du roi, fut évêque de Coutances [5]. Un autre était président à mortier au par-

[1] *Origines de plusieurs grandes familles de France*, à l'article Leclerc de Lesseville. — Manusc, de la biblioth. de Rouen, fonds Martainville.
[2] *Ibidem*.
[3] *Ibidem*.
[4] *Ibidem*.
[5] *Lett., Inst. et Mém.*, t. VI, p. 451. C'était un ami dévoué de Colbert, auquel, dans une lettre du 12 juin 1664, il rendait compte de la manière dont le cardinal de Retz, alors à Paris, employait son temps.

lement de Paris en 1691, après y avoir été conseiller aux requêtes en 1662, ce qui lui a valu de prendre place alors, sous d'assez vilaines couleurs, dans la galerie de portraits [1] on pourrait vraiment dire satiriques, où nous avons peut-être trop puisé. Un fils de ce président, conseiller à la cour des aides de Paris, eut trois filles, et ce fut l'aînée qui épousa Claude-François Pellot [2].

Celui-ci, qui n'avait pas attendu la mort de son père pour vendre sa charge de conseiller au parlement de Normandie, était à l'époque de son mariage conseiller aux requêtes du parlement de Paris, où il ne devait, non plus, rester longtemps, car nous le trouvons en 1691, à peine âgé de 34 ans, maître des requêtes de l'hôtel, comme nous l'a attesté son aveu passé pour la châtellenie de Trévières [4]. C'était l'usage : on commençait par être, fort jeune, grâce à des dispenses, conseiller de parlement, et ensuite on devenait maître des requêtes, aussitôt que l'on avait acquis l'âge légal, trente-quatre ans.

Cette charge de maître des requêtes, Claude-François Pellot l'occupa fort peu [5]. L'auteur d'un manuscrit qui est à la bibliothèque de Rouen, n'est pas flatteur pour Claude-François ; il s'exprime en effet ainsi :

« Etant pressé par des pertes faites dans le jeu [6], il vendit sa charge de maistre des requestes, en 1695, à M. Rouillié. »
Il avait alors trente-huit ans.

---

[1] « Esprit bourru, de peu d'estime dans le palais; a son frère, M. l'évêque de Coutances, qui le peut gouverner. Homme de grands biens et de la dernière lésine. » *Correspondance administ.*, t. II, p. 67.
[2] *Origines de plusieurs grandes familles.*
[3] Notice sur M. le président Pellot, publiée par le *Mercure*, reproduite plus haut, p. 629.
[4] Plus haut, p. 651.
[5] *Origines de plusieurs grandes familles*, à l'article Rouillié.
[6] *Ibidem.*

Ainsi, Claude-François mettait fort peu d'empressement à exécuter les legs pieux de son père, si tant est qu'il les ait jamais exécutés, ce qu'il n'avait pas encore fait, dans tous les cas, au bout de huit ans, en 1691 ; mais il perdait au jeu des sommes assez fortes pour être obligé de vendre sa charge !

Voilà le double fait que nous révèlent des documents contemporains dont les uns sont à l'abri du soupçon : ce sont la lettre de l'abbé Mascranny et les délibérations des hospices de Rouen que nous avons été prendre aux archives publiques ; et dont celui-ci, par ses détails précis et circonstanciés, ne paraît, non plus, pouvoir être aisément contesté.

Comme conseiller et comme maître des requêtes, autant que comme fils et parent, Claude-François Pellot fait donc assez triste figure, et nous paraît avoir mal répondu aux espérances que son père avait fondées sur lui, comme aîné. Que nous sommes loin de son point de départ, quand, en 1678, à 20 ans, il avait prononcé devant le parlement et les hauts dignitaires de Normandie cette belle harangue que le défaut d'espace ne nous a pas permis de reproduire !

Il eut, nous l'avons déjà dit, le goût des voyages : c'est la seule particularité que l'auteur d'une notice sur le premier président ait cru pouvoir porter à son avoir [1] ; et parcourut fort jeune encore une grande partie de l'Europe, grâce, il est vrai, à son père et aux grandes facilités que lui procura Colbert, chose rare et méritoire, néanmoins, à une époque où les voyages étaient fort difficiles et compliqués. Nous ne croyons pas qu'il en ait publié de récits ; du moins, n'en avons-nous eu révélation que par des lettres à Baluze, lettres que nous avons reproduites plus haut.

Cette même notice parle de lui comme s'étant signalé au barreau par plusieurs actions publiques. C'est pousser loin l'excès de l'éloge ! Nous avons déjà dit à quoi se réduisaient

---

[1] Notice du *Mercure*, reproduite p. 629.

ces prétendues actions d'éclat, chez un jeune homme qui cessa d'être avocat à 20 ans.

En 1699, il acheta moyennant 8,600 livres le fief des petits Deffends, ce qui lui permit de se qualifier seigneur des grands et petits Deffends.

Il mourut à Paris en 1732, à 76 ans [1]. Sa femme était morte dès le 22 mars 1723, à 63 ans [2].

Il nous est attesté par l'éloge anonyme du premier président, qui se trouve à la bibliothèque de Rouen, que Claude-François Pellot n'eut qu'un fils, filleul du premier président dont il portait le prénom.

Voici la lettre imprimée [3] qui fait part du décès du premier comte de Trévières :

« M. M..., Vous estes priez d'assister aux messes pour le repos de l'âme de Messire Claude-François Pellot, chevalier, comte de Trévières, seigneur de Galapiaut, Port-David, les Deffends et autres lieux, conseiller du Roy en ses conseils, ancien maistre des requestes, qui se diront vendredy, quatriesme avril 1732, depuis neuf jusqu'à midy en l'église des R.R.P.P. Augustins du grand couvent ; Messieurs et Dames s'y trouveront, s'il leur plaist.

« Un *De profundis*, s. v. p. »

[1] *Mercure de France*, avril 1732, p. 798.
[2] *La Chesnaye-Desbois*, t. V, p. 83.
[3] Au cabinet des titres, dossier Pellot.

# CHAPITRE ONZIÈME

### CLAUDE PELLOT, PETIT-FILS DU PREMIER PRÉSIDENT
### DEUXIÈME COMTE DE TRÉVIÈRES

En 1732, Claude Pellot hérita des seigneuries qu'avait possédées avant lui Claude-François, son père, Claude, le premier président de Rouen, son aïeul, et aussi, en partie, Claude, l'échevin de Lyon, son bis aïeul. Il fut à son tour comte de Trévières, seigneur de Port-David, des grands et petits Deffends et autres lieux, suivit la même voie et entra jeune au parlement de Paris, où il était conseiller quand, au mois d'avril 1726 [1], il épousa Marguerite Mégret, fille de Nicolas Mégret, seigneur de Passy, conseiller secrétaire du roi et grand audiencier de France [2], laquelle lui donna un fils ayant pour prénoms Claude-Anne-François. Le 28 février 1731 [3], elle lui en donnait un second, Auguste-Louis-Denis, qui eut pour parrain Denis-Auguste, comte de la Fare, maréchal de camp, son oncle paternel, et pour marraine Louise-Françoise Joly de Fleury, femme de Jean-Nicolas Mégret de Sérilly, avocat général à la cour des aides, parente maternelle [4].

Plus sage que son père, ce second comte de Trévières sut

[1] *Mercure de France*, mai 1726, p. 1076.
[2] *Ibidem*.
[3] *Ibidem*, février 1731, p. 181.
[4] *Ibidem*.

rester au parlement et y passer doucement sa vie, et il était de la grand'chambre, quand il mourut en 1769, dans un âge fort avancé, laissant un seul fils.

Claude avait perdu sa femme dès le mois d'août 1733 [1]. Celle-ci, à sa mort, lui avait laissé, il est vrai, deux fils [2], mais l'un d'eux, le cadet, Auguste-Louis-Denis avait survécu de peu à sa mère.

Nous avons trouvé à la bibliothèque nationale [3] un exemplaire imprimé de la lettre du décès du second comte de Trévières, conçue à peu près dans les mêmes termes que la lettre de décès de Claude-François, son père :

« Vous êtes prié d'assister aux convoi et enterrement de haut et puissant seigneur Claude Pellot, chevalier, seigneur comté de Trévières, seigneur de Port-David, des grands et petits Deffends, et d'autres lieux, conseiller du Roy en sa cour de Parlement et grande chambre d'icelle, décédé en son hostel, rue de Seine, faux-bourg Saint-Germain, qui se feront mardi 14 mars 1769, à sept heures du soir, en l'église Saint-Sulpice, sa paroisse.

« *De profundis.*

« De la part de Mr le comte de Trévières, son fils. »

« *Son fils :* » ce qui donne bien la certitude que le défunt, comme son père, n'avait laissé qu'un fils après lui [4].

---

[1] *Mercure de France*, année 1733, p. 894.
[2] *Ibidem.*
[3] Au cabinet des titres, dossier Pellot.
[4] Quelques jours avant de mourir, le 8 février 1769, Claude Pellot, deuxième comte de Trévières, avait fait son testament devant Me Guivres (Grivet ou Grives ?), notaire à Paris. Inventaire en 1793, par Me Hua.

# CHAPITRE DOUZIÈME

CLAUDE-ANNE-FRANÇOIS PELLOT, DERNIER COMTE DE TRÉ-
VIÈRES, GRAND MESSAGER DE L'UNIVERSITÉ DE PARIS

§ 1. *Ce que c'était que le grand messager de l'Université de Paris.*

Le troisième comte de Trévières, troisième et dernier descendant du premier président, n'appartint pas à la magistrature. Il fut « grand messager de l'Université de Paris ».

Que pouvait-ce bien être, dans la seconde moitié du xviii<sup>e</sup> siècle, qu'un grand messager de l'Université de Paris?

Au moyen âge, cette Université, pour ses écoliers dont beaucoup venaient à elle de fort loin, avait dû créer des mesures de tutelle et de protection. Entre autres, d'une part, elle avait établi dans toute la France un service d'agents, commissionnés et patronnés par elle, appelés ses « petits messagers », *missarii volantes;* d'autre part, elle avait, à Paris même, fondé ses « grands messagers ».

« L'Université, écrit Caillet [1], avait obtenu fort anciennement la permission d'établir des messagers chargés de

---

[1] *De l'administration sous Richelieu*, t. II, p. 263. — Chéruel, *Institutions et coutumes de la France*, aux mots MESSAGERS et MESSAGERIES.

porter dans les provinces les lettres des écoliers, et de rapporter les réponses avec l'argent, les vêtements et autres objets que les parents voulaient faire parvenir à leurs enfants. Mais le peu de sûreté qu'il y avait alors sur les routes, interrompant souvent les voyages des messagers, les écoliers furent plus d'une fois obligés d'avoir recours à des bourgeois de Paris, de leurs amis ou de la connaissance de leurs familles, pour se procurer ce dont ils avaient besoin. Ces bourgeois profitèrent de l'occasion pour réclamer les privilèges des messagers. L'Université consentit à les prendre sous sa protection, et, dès lors, on distingua les grands et les petits messagers de l'Université...[1] Les fonctions des petits messagers avaient eu d'abord pour objet le seul service des maîtres et des écoliers ; mais elles s'étendirent peu à peu au transport des lettres et des paquets des particuliers. Ces messagers entreprirent ensuite la conduite de toutes personnes... Ce fut l'origine des messageries... »

Et l'historien de l'Université : «... Comme les écoliers, à raison de la distance et des frais, restaient souvent bien des années loin de leurs familles, il avait été établi à Paris, où ils étaient à poste fixe, de « grands messagers » qui servaient aux écoliers de tuteurs et de banquiers, par opposition aux petits messagers volants[2] qui, (eux ou leurs agents) voya-

[1] *Histoire de l'Université de Paris*, par Jourdain, p. 129.
[2] Il paraît que, normalement, il ne devait y avoir que deux offices de petits messagers par diocèse. Mais l'Université, pour se faire de l'argent, ayant vendu de ces offices un bien plus grand nombre, et les titulaires de ces offices étant exempts de la taille, les Etats de Normandie en portèrent plainte :

« Entre aultres abuz que commet le recteur de l'Université de Paris, sur les provisions qu'il délivre pour les offices de messagers, c'est que, au lieu que, par les ordonnances, il ne doibt y avoir que deux messagers au plus par chaque diocèse, qui, pour s'esjouir de l'exemption de la taille, sont tenus de faire registrer leurs lettres en la Cour des aydes de cette province, s'y est-ce néantmoins qu'il se trouve qu'en tel dio-

geaient d'une ville à l'autre, avec les bagages et les lettres de leurs clients... »

Jusqu'à la fin du xviie siècle, ses petits messagers et ses messageries procurèrent à l'Université d'importants revenus [1]. Lorsque les Jésuites introduisirent la gratuité dans leurs écoles, l'Université vit les siennes désertées, et pour lutter contre cette concurrence d'un genre nouveau, il lui fallut employer de mêmes armes [2]. Elle trouva dans la finance qu'elle tirait de ses messageries, un fonds pour payer ses professeurs qui, s'il faut en croire Rollin, auraient été, pendant cette crise, dans un dénuement extrême, et réduits souvent à tendre la main à leurs élèves [3]. Lorsque, sans souci de ce privilège exorbitant, Richelieu, pour ramener à l'État le profit des transports monopolisés par l'Université, créa, en 1634, des offices « d'intendants et de contrôleurs généraux des messagers, voituriers et relais du royaume », les partisans, qui prirent à ferme ces services, firent aux messagers, voituriers et relays de l'Université une concurrence redoutable, à laquelle vint mettre le comble, en 1640, un arrêt du conseil qui restreignit son privilège au seul service de ses maîtres et de ses écoliers [4]. Heureusement pour elle, cet arrêt fut, contre le gré de Richelieu, rapporté l'année suivante [5], et les deux services marchèrent parallèlement près d'un siècle.

Alors, « il n'y avoit si petit bourg qui n'eut son messager royal et son messager de l'Université ; il y en avoit à pied

---

cèse il y a jusqu'à quinze ou vingt pourvus des dicts offices... » *Cahiers des Etats de Normandie*, publiés par M. de Beaurepaire.

[1] Caillet, t. II, p. 284.
[2] *Ibidem*.
[3] « Mercedulas a discipulis exigere ; mendicam porrigenti manum nummulos aliquot discipuli annumerant. » Rollin, cité par Caillet, t. II, p.
[4] *Ibidem*, p. 288.
[5] *Ibidem*.

pour porter les lettres ; en charrette pour porter les hardes, et à cheval pour conduire les hommes [1]. »

La lutte avait continué entre les deux services rivaux jusqu'en 1719. Mais, cette année-là, les messageries et les postes de l'Université furent réunies aux messageries et aux postes royales, au prix d'une rente annuelle que l'Etat s'engagea à payer à l'Université, rente qui fut fixée au vingt-huitième du prix moyennant lequel le roi affermait annuellement ses messageries et ses postes [2].

A partir de ce jour, c'en fut donc fait des petits messagers de l'Université, de ses postes et de ses messageries.

Quant à ses grands messagers, pourvus d'offices pour servir de tuteurs et de banquiers à ses écoliers, il faut croire qu'ils persistèrent, d'après ce que nous savons du comte de Trévières.

En effet, il eut le triste honneur d'être des derniers grands messagers, ayant survécu de peu à l'Université elle-même, qu'engloutit le naufrage de l'ancien régime ; et c'est en cette qualité que nous allons le voir, dans un instant, faire, en 1786, acte de foi et hommage au roi, pour son comté de Trévières, entre les mains du chancelier Hue de Miromesnil, un des chefs du parlement de Normandie après le bisaïeul du comte.

### § 2. *Mariage du troisième comte de Trévières avec une descendante d'Elisabeth Pellot.*

Claude-Anne-François Pellot n'avait guère que trente ans, quand, le 4 février 1759, il avait épousé [3] Claude-Louise-

---

[1] Furetière, dans son dictionnaire, édition de 1727, revue et augmentée par Basnage de Berval.

[2] Caillet, t. II, p. 287.

[3] Le contrat civil de leur mariage avait été reçu en février 1759 par M⁰ Savigny, notaire à Paris. (Mention dans l'inventaire de M⁰ Hua, dont

Elisabeth-Sophie de Polignac, qui en avait dix-neuf, étant née en 1740. Elle descendait en ligne directe du premier président, par Elisabeth Pellot, vicomtesse de Conserans, de la manière suivante :

Elisabeth Pellot, mariée si malheureusement en 1666 à cet affreux Paul-Gabriel de Mauléon de Foix, vicomte de Conserans [1], avait eu, en 1668, un seul enfant, une fille, Claude-Françoise, dont son frère, Claude-François, premier comte de Trévières, avait été le parrain. Cette Claude-Françoise de Conserans, en 1688, avait épousé J.-B. de Jean, baron de Launac, maître des requêtes [2]. De ce mariage était née, le 11 novembre 1691 [3], un seul enfant, une fille, Gabrielle-Elisabeth [4] qui, le 11 janvier 1718, avait été mariée à Paris, en l'église S.-Barthélemy, à Louis-Denis de Fédherbe de Modave, « résident pour le Roy de France auprès de la République du Valais, au pays des Suisses [5]. » Cette union de Gabrielle-Elisabeth de Launac avec Fédherbe de Modave, n'avait pas été plus heureuse que celle de son aïeule Elisabeth Pellot avec le vicomte de Conserans. Au bout de quelques années, d'accord avec ses parents, elle avait eu la malencontreuse idée d'en poursuivre la nullité, à raison de prétendus rapt, supposition de personne et de nom, et défaut de consentement de ses père et mère [6]. Mais deux arrêts du Parlement de Paris, des 3 février 1723 et 23 juin 1725, avaient maintenu son union [7].

le successeur, en 1878, était Me Donon, rue Saint-André-des-Arts, à Paris.)

[1] Au t. I, chap. 1 du livre X, et au t. II, chap. ix du livre XVIII.
[2] *Calendrier de la noblesse*, année 1763, *passim*, La Chesnaye-Desbois, v° de Mauléon.
[3] *Ibidem*.
[4] *Ibidem*.
[5] *Ibidem*, année 1764, v° Fédherbe de Modave.
[6] La Chesnaye-Desbois, *Dictionnaire de la noblesse*, v° de Mauléon.
[7] *Ibidem*.

Une seule enfant était née de ce mariage litigieux, et encore une fille, Françoise-Elisabeth, qui avait, le 1ᵉʳ octobre 1739, épousé François-Alexandre ! comte de Polignac [1].

De la comtesse de Polignac étaient nées deux enfants, deux filles encore. C'était l'aînée, Claude-Louise-Elisabeth-Sophie, qui, le 4 février 1759, était devenue la femme du troisième comte de Trévières [2].

Ajoutons que sa sœur cadette, Marie-Françoise, fut unie, en octobre 1764, à Marie-François Perusse d'Escars, marquis de Montral [3].

Quant à la vicomtesse de Conserans, devenue veuve pour son bonheur, elle n'avait rien eu de plus pressé que de se remarier. Survivant à Mᵐᵉˢ de Launac et de Modave, ses fille et petite-fille, elle avait, il semble, oublié ses malheurs au sein de sa seconde union ; car elle avait vécu jusqu'en 1742, presque centenaire [4], assez pour voir sa quatrième génération en la personne de Claude-Louise-Elisabeth-Sophie de Polignac et de Marie-Françoise, sœur de celle-ci.

Ainsi, le troisième comte de Trévières, en épousant Claude-Louise-Elisabeth-Sophie de Polignac, épousait sa propre cousine. Entre les deux époux, la parenté sera même encore assez proche pour que, à défaut de descendants directs, et de collatéraux des côté et ligne Pellot plus rapprochés en degré, ce soit elle qui, en 1793, au décès de son mari, vienne, non comme femme mais comme héritière, recueillir en vertu de la règle *paterna paternis* encore en vigueur alors, les propres paternels laissés par son mari, c'est-à-dire toute cette partie substituée du patrimoine du premier président, la plus belle certes, qui, échue en 1683 à son fils aîné, était passée

---

[1] La Chesnaye-Desbois, *Calendrier de la noblesse*, vº de Polignac.
[2] *Ibidem*, aux années 1759 et suivantes.
[3] *Ibidem*, année 1764.
[4] *Ibidem*, vº de Mauléon.

de celui-ci au deuxième comte de Trévières en 1732; puis au troisième, en 1769.

### § 3. *Acte de foi et hommage du troisième comte de Trévières.*

De même que le troisième comte de Trévières fut le dernier grand messager de l'Université, de même il fut un des derniers qui vint faire, comme avant lui quatre de ses ancêtres, acte féodal de foi et hommage au roi.

Moins de trois ans, en effet, avant la nuit du 4 août 1789, le garde des sceaux de France dressait le procès-verbal qui suit, constatant l'hommage du troisième comte de Trévières, hommage tardif, car il y avait déjà 17 ans qu'il eût dû être rendu, ce qui constituait un défaut dont le roi dut relever son vassal :

« Aujourd'huy [1], 23e jour du mois d'aoust 1786, s'est présenté en personne, par devant nous, Armand-Thomas Hue, chevalier, marquis de Miromesnil, garde des sceaux de France, commandeur des ordres du Roy, le sieur Claude-Anne-François Pellot, chevalier, comte de Trévières, seigneur des grands et des petits Deffends, de Port-David et autres lieux, grand messager de l'Université de Paris, lequel s'estant mis en devoir et posture de vassal, a fait et rendu en nos mains les foy et hommage qu'il est tenu de rendre au Roy, notre souverain seigneur, pour raison du comté de Trévières et autres fiefs y réunis, circonstances et dépendances, mouvant et relevant de S. M. à cause de son duché de Normandie et vicomté de Bayeux, et a promis de s'acquitter, envers ledit seigneur Roy, de tous les droits et devoirs de vassalité dont il est tenu à cause dudit comté, dont

[1] Registres de la Cour des comptes de Normandie de 1786. Aux archives de la Seine-Inférieure. Inédit.

nous avons octroyé audit sieur comte de Trévières le présent acte, sur lequel toutes lettres nécessaires seront expédiées.

« En foy de quoi, nous avons signé de notre main les présentes, à icelles fait apposer le cachet de nos armes, et contresigner par notre premier secrétaire, à Paris, les jours, mois et an que dessus. HUE DE MIROMESNIL. »

En vertu donc de ce serment, les lettres suivantes avaient été expédiées :

« Louis, *par la grâce de Dieu, Roy de France et de Navarre*, à nos amés et féaux conseillers, les gens tenant nostre cour de Parlement à Rouen, et autres officiers qu'il appartiendra, SALUT.

« Notre cher et bien-aimé le sieur Claude-Anne-François Pellot, comte de Trévières, seigneur des grands et petits Deffends, du Port-David et autres lieux, grand messager de l'Université de Paris, nous ayant fait et rendu en personne, le 23 aoust de la présente année, ès-mains de notre-cher et féal chevalier, garde-des-sceaux de France, le sieur Hue de Miromesnil, commandeur de nos ordres, les foy et hommage qu'il est tenu de nous faire pour raison du comté de Trévières, fief de la Ramée et autres fiefs y réunis, circonstances et dépendances d'iceluy, mouvant et relevant de nous, à cause de notre duché de Normandie et vicomté de Bayeux, nous avons de notre grâce spéciale, pleine puissance et autorité royale, reçu et recevons, par ces présentes, ledit sieur de Trévières aux dits foy et hommage, sauf notre droit et l'autrui.

« Vous mandons et enjoignons que si, à faute des dits foy et hommage par le dit comte de Trévières, seigneur de la Ramée et autres y réunis, les revenus, circonstances et dépendances d'y celui étoient saisis et arrêtés, vous ayés incontinent et sans délai, à lui en faire, comme nous lui en faisons, pleine et entière main-levée, à la charge par lui de bailler sés aveu et dénombrement dans les temps requis par la coutume, et de payer les droits et devoirs auxquels il est tenu. Donné à Paris, le 30ᵉ jour d'aoust, de l'an de grâce 1786, et de notre règne le seizième, Louis. Par le Roy, en son conseil, signé : le Bègue, avec griffe et paraphe. Scellées, en simple queue, du grand scéau de cire jaune, et contre scellées de même cire. »

« Les dits actes de foy et hommage, et lettres patentes sur iceluy, registrés ès-registres de la Cour des aydes et finances de Normandie, au bureau des comptes, ce consentant le procureur général du Roy, pour, par l'impétrant, jouir de leur effet, à la charge par luy de rendre aveu et dénombrement du dit comté de Trévières au Roy, en la Cour, dans le délai de trois mois suivant, et aux termes de l'arrêt de la ditte Cour de aujourd'huy, 25 septembre 1786 [1]. »

§ 4. *Mort du troisième comte de Trévières, sans enfants, en pleine Terreur. Extinction de la descendance mâle du premier président. Sa mort donne ouverture à quatre successions. Mᵐᵉ veuve de Trévières succède aux propres paternels de son mari, Les Leclerc de Lesséville. Les Mégret. Décès de Mᵐᵉ veuve de Trévières au cours de la liquidation. La succession de celle-ci, par l'effet de la législation nouvelle, abolitive de la recherche de l'origine des biens, échoit toute entière à sa sœur, émigrée. L'Etat en prend possession. Vente, par la nation, de Trévières, des Deffends, etc., etc. Conclusion.*

Mais la Révolution allait survenir et ruiner de fond en comble l'établissement fondé, avec tant de peine, par Claude Iᵉʳ, l'échevin, le prévôt des marchands de Lyon,

---

[1] Reg. de la Cour des comptes de Normandie, année 1786. Aux archives de la Seine-Inférieure. Inédit.

l'ami du cardinal Alphonse Richelieu, le membre autorisé du conseil du grand ministre de Louis XIII; elle allait ruiner cet établissement, qu'avait, sur ces solides assises, élevé si haut Claude II<sup>e</sup>, le conseiller du parlement de Rouen de 1641; le maitre des requêtes, serviteur fidèle d'Anne d'Autriche et de Mazarin; le parent, l'ami, le confident de Colbert; son complice dans la chute de Fouquet, qui fut la fortune de la France, de Colbert et la sienne; l'intendant modèle, dont l'esprit toujours ouvert et l'intelligence toujours en travail avaient si puissamment aidé le grand ministre du grand roi; le premier président, auteur de la réforme de la jurisprudence en matière de sortilèges, restaurateur de la ville de Rouen et de ses hospices, bienfaiteur de ses pauvres, arbitre, oracle du parlement de Normandie pendant quatorze ans, et, pour tout dire, le successeur peut-être de Colbert, s'il lui eut survécu!

Elle allait mettre la main sur son précieux patrimoine, que les trois comtes de Trévières s'étaient religieusement transmis.

Ne croit-on pas rêver quand, à moins de cent ans de nous, on lit l'acte de foy et hommage que nous venons de transcrire? C'est que, malgré les changements survenus dans les idées et les mœurs, les anciennes formes étaient restées debout. La féodalité avait encore sur notre sol son empreinte, empreinte devenue presque nominale, il est vrai, mais odieuse. La nation continuait à être divisée en trois classes; et quoique la noblesse eût perdu depuis longtemps sa partie contre la royauté, il lui restait contre le reste de la nation ses privilèges réels et personnels, sans raison d'être désormais, puisqu'elle avait cessé de remplir dans l'Etat une œuvre spéciale. L'ancienne France, cette France à l'épanouissement de laquelle Claude Pellot avait tant collaboré, reposait sur des bases désormais impossibles. La royauté le sentait, et, tutrice vigilante de la grande nation qu'elle avait engendrée, elle travaillait à conduire cette nation par de nouvelles voies, vers ses nouvelles destinées. Le moment était venu de lui créer une charte nouvelle, et de la délivrer d'entraves surannées, fondées sur des distinctions particulières de personnes, de castes et de corps qui avaient fait leur temps. Louis XVI semblait avoir été l'instrument suscité par Dieu pour ce grand œuvre, et dans son amour passionné pour le peuple, il y travaillait de son mieux, sans s'arrêter aux obstacles accumulés sous ses pas.

Mais vainement, sous l'influence de Malesherbes, aura-t-il donné aux accusés le droit de libre défense ; aux dissidents la liberté de conscience ; à tous la sécurité sous la loi. Vainement, aura-t-il décrété le rétablissement de l'édit de Nantes, la suppression de la censure et des lettres de cachet. Vainement, son chancelier, Hue de Miromesnil, lui aura-t-il fait signer l'édit abolitif de la torture. Vainement, avec l'aide de Turgot, aura-t-il entrepris des réformes plus étendues : un régime administratif qui ramène l'unité dans le gouvernement et l'égalité dans l'Etat ; des assemblées provinciales qui habituent la nation à la vie publique et la préparent aux états généraux ; la suppression des corvées dans les campagnes, des douanes entre les provinces, des jurandes, des corporations, des maîtrises : il verra les parlements, toujours arriérés, prendre la défense des corvées, des jurandes et des douanes intérieures, et l'obliger à sacrifier un ministre qui, « seul avec lui, veut le bien du peuple. » Vainement, sous Calonne, le roi réunira les notables de la nation : composée de privilégiés, cette assemblée s'opposera, de concert avec le parlement, à tous les projets de la royauté. En vain, Brienne exilera à Troyes le parlement de Paris, pour avoir raison de son opposition, factieuse autant qu'insensée : Brienne aura contre lui l'opinion publique égarée. En vain, aussi bien inspiré que Maupeou, Lamoignon, ensuite, tentera une sage réforme administrative et judiciaire :

l'opinion, conduite par les parlements, se montrera partout hostile.

C'en est fait de l'ordre ancien! Mais pour la première fois, dans notre France, il ne sera pas donné à la royauté de profiter des réformes dont elle a pris l'initiative. Quant aux parlements, impuissants à contenir le torrent qu'ils ont lâché, ils seront, les premiers, submergés. Les Etats généraux s'assemblent le 5 mai 1789, mais ne se contentent pas de consacrer les réformes déjà arrêtées par la royauté et d'en établir d'autres dans une même sage mesure ; lancés avec une furie toute française sur une mer inconnue, sans boussole ni gouvernail, ils échouent bientôt, « autant sous leurs fautes propres que sous les coups des factieux [1]. »

On est en pleine révolution, et la royauté est déjà perdue. Le 1er octobre 1791, l'Assemblée législative ouvre ses pâles séances, pour les clore au bout d'une année, le 21 septembre 1792, quelques jours après les massacres qui impriment à la régénération de notre pays un sceau fatal.

Alors commence la Convention, qui inaugure par l'abolition de la royauté son règne sanglant.

Il semble que le troisième comte de Trévières n'ait attendu que cet instant pour fermer les yeux. Il meurt à Paris, le 5 février 1793 [2], quelques jours après son roi, âgé de 65 ans, sans laisser d'enfants [3], en sa demeure, qui avait été aussi celle de son père, rue de Seine, section des quatre nations [4], dans son lit, privilège assez rare, car on est déjà en pleine Terreur [5].

[1] Mignet, introd. à l'*Histoire de la Révolution française.*
[2] Inventaire de Mᶜ Hua.
[3] *Ibidem.*
[4] *Ibidem.*
[5] Le tribunal révolutionnaire, œuvre de Danton, qui en demanda pardon à Dieu et aux hommes, et qui fut une de ses victimes, est du 10 mars 1793.

Cependant, la vieille loi des successions, telle que l'a faite « la coutume de Paris », est encore en vigueur, pour peu de temps, il est vrai, car la loi radicale de nivôse an II est proche. A défaut d'enfants, qui les représentent tous, le représentant de chaque ancêtre, le plus proche en degré, va encore venir réclamer sa part des biens du défunt : *paterna paternis, materna maternis*. Quatre successions, en réalité, vont donc encore s'ouvrir à propos d'une seule, à la mort du dernier comte de Trévières. D'abord, la succession aux meubles et acquets personnels du défunt : elle ira à l'héritier le plus proche en degré, quel qu'il soit ; 2° la succession aux propres immobiliers que le comte de Trévières a recueillis de ses ancêtres Pellot : elle ira au plus proche héritier Pellot ; 3° la succession aux propres immobiliers qu'il a recueillis dans la succession de sa mère, Marguerite Mégret : elle ira au plus proche héritier Mégret ; 4° enfin, la succession aux propres immobiliers qui lui proviennent de son aïeule maternelle, Magdeleine Leclerc de Lesseville : elle ira au plus proche héritier Leclerc de Lesseville.

Mais il ne se présentera aucun héritier masculin du nom de Pellot, car il n'en existe plus : le nom vient de s'éteindre avec le troisième « ci-devant », comte de Trévières.

En effet, Claude I$^{er}$, l'ancien échevin de Lyon, mort en 1642, avait bien eu deux fils ; mais l'un d'eux avait été chartreux.

Claude II$^e$, le premier président, avait bien eu trois fils ; mais l'un d'eux, aussi, avait été en religion, et l'autre, militaire, était mort sans enfants, et non marié.

Claude III$^e$, premier comte de Trévières, fils aîné du premier président, n'avait eu qu'un fils.

De même, Claude IV$^e$, deuxième comte de Trévières.

Mais, sous cet amoncellement de ruines, produites par un état social qui s'écroule, ne doit-on pas croire la vie civile étouffée ? Il n'en est rien ; la vie civile continue de fonctionner, comme la vie matérielle. On naît, on se marie, on meurt sous la terreur ; on fait des contrats de mariage, des inventaires, des liquidations de succession, des partages sous la Terreur. Et cependant la Révolution va atteindre son paroxysme. La défection de Dumouriez [1] ; le soulèvement de la Vendée [2] ; la lutte de la Montagne contre la Gironde [3] ; la mise hors la loi des Girondins, des émigrés et des prêtres ; le triomphe de Marat [4] ; les prisons trop étroites pour tous les suspects qu'il faut verser dans les couvents sécularisés où déjà ils regorgent. Personne n'est sûr du lendemain. Le nom de Polignac est, à lui seul, une cause de proscription !

Et cependant, à ce moment où elle aurait dû s'effacer, on voit « M$^{me}$ Claude-Louise-Elisabeth-Sophie de Polignac » se présenter chez M$^e$ Hua le 19 février 1793 [5], et réquérir ce notaire de procéder à l'inventaire des biens laissés par Claude-Anne-François « Pellot-Trévières », son mari. Elle déclare se présenter en trois qualités : « 1º à cause de la communauté de biens, qui a eu lieu entre elle et lui, laquelle communauté elle se réserve d'accepter, ou d'y renoncer, suivant qu'elle avisera par la suite [6] ; 2º comme créancière de la succession de son mari, pour raison de ses reprises, dot, douaire, préciput et autres conventions matrimoniales [7] ; 3º comme habile à se dire et porter, faute d'enfant, et de pa-

---

[1] Avril 1793. Proscription des Girondins, juin 1793.
[2] Mars 1793.
[3] 2 juin 1793.
[4] Mai 1793, à la suite de son acquittement, sur la poursuite des Girondins. Son assassinat est du 14 juillet suivant. — Chute de Robespierre, 27 juillet 1794 (9 thermidor an II).
[5] Inventaire de M$^e$ Hua. Inédit.
[6] *Ibidem*.
[7] *Ibidem*.

rents plus proches dans la ligne paternelle, seule héritière quant aux propres paternels de son mari et de ceux de son côté et ligne ¹, » comme descendante au cinquième degré de Claude Pellot, premier président, et, au quatrième, d'Elisabeth Pellot, vicomtesse de Conserans, dont « Pellot-Trévières » son mari était lui-même le petit-neveu.

A sa suite se présentent quatre personnes :

Premièrement, ensemble et collectivement, au nombre de trois :

1° Claude-Antoine Béziade d'Avaray, maréchal de camp, demeurant ordinairement à Paris, rue de Grenelle, faubourg Saint-Germain, et, de présent, à Avaray, à la représentation de Marguerite-Elisabeth Mégret, sa femme ; 2° Antoine-Jean-Marie Mégret d'Etigny, demeurant à Paris, rue du Coq-Héron, section du Mail ; 3° Antoine-Jean-François Mégret de Sérilly, citoyen de la commune de Passy, département de l'Yonne ² ; tous les trois cousins germains du sr de Trévières.

Deuxièmement, seul :

---

¹ Inventaire de Me Hua.

² *Ibidem.* Le 21 prairial an II (9 juin 1794), sur un acte d'accusation dressé par Fouquier-Thinville, jugement par le tribunal révolutionnaire de Madame Elisabeth, sœur de Louis XVI, et de vingt-trois autres, au nombre desquels un Lamoignon de Malesherbes, cinq membres de la famille Loménie de Brienne, Mme veuve de Montmorin, et Mme de Mégret de Sérilly, la propre femme de celui dont il s'agit ici. Tous furent condamnés à mort pour conspiration contre la République. Mais Mme de Mégret de Sérilly s'étant déclarée enceinte, il fut, en ce qui la concernait, sursis à l'exécution. Le 9 thermidor étant survenu moins de deux mois après (27 juillet 1794), elle fut sauvée. Cependant, son décès n'en avait pas moins été inscrit sur les registres de l'état-civil, en même temps que celui de ses vingt-trois co-condamnés. Lors du procès Fouquier-Thinville, Mme de Mégret de Sérilly se présenta à l'audience, comme témoin contre lui, tenant à la main son propre extrait mortuaire. Campardon, *Le Tribunal révolutionnaire de Paris*, t. I, p. 325. Plon, 1866.

4° Anne-Marguerite Leclerc de Lesseville, veuve de Pierre-Jacques Rousseau de Chamoy, cousine issue de germain du sʳ de Trévières [1].

La dame d'Avaray, et les sʳˢ Mégret d'Etigny et Mégret de Serigny, « habiles tous les trois, à se dire et porter héritiers, chacun pour un tiers, des meubles et acquets du sʳ Pellot de Trévières, leur cousin germain [2], comme étant ses parents les plus proches en degré : » première succession : *succession aux meubles*.

« De plus, les mêmes Dᵉ d'Avaray, sʳˢ d'Etigny et de Serilly, habiles à se porter héritiers, quant aux propres maternels provenant de Nicolas Mégret, aieuls maternels du sʳ de Trévières [3] : » deuxième succession : *materna maternis*.

« La dame Anne-Marguerite Leclerc de Lesseville, vᵉ de Chamoy, comme habile à se dire et porter seule et unique héritière, quant aux biens propres de la ligne Leclerc de Lesseville [4] : » troisième succession : *materna maternis*.

Enfin, Mᵐᵉ « Pellot-Trévières », seule héritière des propres paternels de son mari, comme parente la plus proche dans la ligne Pellot [5] : quatrième succession : *paterna paternis*.

Il est donc procédé à l'inventaire, et Mᵉ Hua a déjà consacré de longues vacations au dépouillement de cette fortune, aussi opulente que compliquée; à l'analyse et au classement des nombreux contrats, qui constatent toutes les acquisitions du premier président, que nous avons eues à raconter. Avant tout, il a relevé à grand'peine et avec soin l'origine paternelle ou maternelle de chacune des propriétés immobilières. Près d'une année s'écoule à ce travail, quand, au

---

[1] Inventaire de Mᵉ Hua.
[2] *Ibidem*.
[3] *Ibidem*.
[4] *Ibidem*.
[5] *Ibidem*.

cours même de la liquidation, en avril 1794, M^me « veuve Pellot-Trévières » vient à mourir elle-même, à 53 ans [1] !

Or, son héritier, c'est, pour le tout, sa sœur, Marie-Françoise de Pérusse d'Escars, marquise de Montal [2]. En effet, depuis la mort du « ci-devant c^te de Trévières », l'économie des successions a été changée du tout au tout ; la loi de nivôse an II [3], avec son inflexible niveau, est survenue, abolitive de la recherche de l'origine des biens. A l'héritier le plus proche en degré, quel qu'il soit, toute la fortune du défunt. Et le comte de Trévières, dernier grand messager de l'Université, un des derniers dans son acte de foi et hommage au roi, aura été un des derniers, aussi, dont la succession se sera ouverte sous l'empire du régime ancien ! De même que la succession de sa veuve va être l'une des premières à inaugurer le régime successoral de la loi de nivôse !

Mais François de Pérusse d'Escars, « ci-devant » marquis de Montal, a émigré ; et, en épouse fidèle, la « ci-devant marquise » a suivi son mari en émigration. Leurs deux noms sont sur la liste fatale, car la loi révolutionnaire ne pardonne pas à l'épouse de suivre son époux, et elle punit de mort, sur la simple constatation de son identité, tout émigré, fût-ce une femme, qui serait trouvé sur le sol de la République. Déjà leurs propres biens ont été confisqués. Instruit de la succession qui vient d'écheoir à la « ci-devant » marquise de Montal émigrée, l'Etat intervient à la liquidation de M^e Hua, en la personne d'un agent du domaine [4], pour réclamer son droit, né de la confiscation. Tous les immeubles provenant du « ci-devant comte de Trévières », devenus la propriété de sa femme, puis de la sœur de celle-ci, deviennent propriété de l'Etat, qui se trouve ainsi avoir aux

[1] Inventaire de M^e Hua.
[2] *Ibidem.*
[3] Janvier 1794.
[4] Inventaire et liquidation de M^e Hua.

mains Port-David, Trévières, les Deffends, bref, tout le patrimoine immobilier du premier président [1].

Bientôt, la terre des Deffends, acquise en partie par Pellot pendant qu'il était intendant en Poitou, en partie par son fils, sise en la paroisse de Soulièvres, élection de Parthenay, est vendue par la nation [2].

Bientôt aussi, la terre de Trévières subit le même sort. Le 19 ventôse an III, la nation la vend en détail à une douzaine de particuliers, pour un prix total de 268,975 livres [3], payable en assignats, car l'argent a disparu.

Ainsi s'éteignait la descendance directe du premier président ! Ainsi s'effondrait ce patrimoine, fruit des labeurs de tant de générations !

A quelques années de là, en 1823, une loi vint indemniser les propriétaires que la Révolution, dans un jour de colère, avait dépouillés. Tous, à quelque classe qu'ils appartinssent, leurs héritiers et ayant-cause, furent mis en demeure de faire valoir leurs droits.

A cet instant, Mme la comtesse Héralde de Polignac, tant pour elle que pour les autres neveux, héritiers de feue Mme Marie-Françoise de Polignac, dame de Pérusse d'Escars, marquise de Montal, leur tante [4], se présente. Ce furent eux qui vinrent recueillir, pour leur tenir lieu de Trévières, des Deffends, etc., l'inscription de rente 3 % représentant désormais les biens que la nation avait saisis, confisqués et vendus.

Ainsi devait finir une race, dont un des chefs avait contribué à conduire, dans la seconde moitié du XVIIe siècle, la

[1] Inventaire de Me Hua.
[2] Dossier d'indemnité aux archives des Deux-Sèvres.
[3] Dossier d'indemnité aux archives du Calvados.
[4] *Ibidem.*

royauté de France à son plus haut degré de force et de splendeur!

Ainsi devait s'éteindre la famille, le patrimoine et jusqu'au nom de Claude PELLOT, conseiller, maitre des requêtes, intendant, premier président du parlement de Normandie!

FIN DU TOME SECOND ET DERNIER.

# TABLE ANALYTIQUE DU SECOND VOLUME

Pages

Claude Pellot premier président du parlement de Normandie (1670-1683) . . . . . . . . . . . . . . . . .   1

## LIVRE ONZIÈME

Chapitre premier. — Claude pellot premier président. Le parlement et la normandie en 1669. — § 1. Claude Pellot est nommé premier président du parlement de Normandie (novembre 1669). Il se remarie. Magdeleine Colbert, sa seconde femme. Famille de celle-ci. Détails domestiques. Apogée du crédit de Colbert et de Pellot. Importance, sous l'ancienne monarchie, d'un chef de parlement. Lettre curieuse, à ce sujet, de Colbert au président de Montesquieu, oncle de l'auteur de l'*Esprit des lois*. — § 2. Les trois Faucon de Ris, prédécesseurs de Pellot, 1608-1663. Alexandre Faucon de Ris, 1608. Charles Faucon de Ris, son frère, 1628. Jean-Louis Faucon fils de ce dernier, 1647. Mort de celui-ci en 1663. Interrègne de sept années, rempli par les présidents de Franquetot et Bigot, jusqu'à la nomination de Claude Pellot, 1663-1669. Un quatrième Faucon de Ris, successeur de Pellot en 1685. Ces quatre premiers présidents du parlement de Normandie descendants de Claude Faucon de Ris, premier président du parlement de Bretagne. — § 3. Situation politique du parlement de Normandie en 1669. Son entière soumission au pouvoir royal. Le président Bigot lui-même s'avoue vaincu. Projet de transfert à Caen du parlement de Normandie, conçu par Colbert, « pour rendre la ville de Rouen beaucoup plus marchande, et éloigner de la robe les fils de famille. » — § 4. Lettres de provision du premier président. Son serment entre les mains du roi. Texte de ces deux documents. — § 5. Réception du premier président Pellot au parlement. Procès-verbal de sa réception. Son serment entre les mains du président Bigot, son ancien adversaire. Texte de son serment. Son compliment d'installation. — § 6. Tableau du parlement de Normandie en 1670. Notes fort méchantes sur une partie du personnel du parlement, envoyées, en 1662, à Colbert par l'intendant Bochart de Champigny. — § 7. Les divers services du parlement au temps de Pellot : 1º Service judiciaire : grand'chambre, enquêtes, chambre de l'édit, tournelle, requêtes ; 2º Service administratif : chambre de police, chambre de santé, chambre perpétuelle, etc. Le palais fermé près de deux cents jours par an, par suite de vacances et de fêtes religieuses. — § 8. Juridictions qui relevaient du parlement : présidiaux ; sept grands bailliages ; cinquante-trois vicomtés ; innombrables justices d'église et seigneuriales ; amirautés, consuls, etc. — § 9. Les appeaux ; ce que c'était. Assises distinctes de chaque grand bailliage au parlement. Époques de ces assises. — § 10. Services administratifs et financiers de la province. Trois généralités ; trois intendances ; trois bureaux de trésoriers-généraux ; trente et une élections ; une chambre des comptes ; une cour des aides ; une table de marbre ; une vicomté de l'eau ; une cour des monnaies, etc., etc... Notice sur les divers intendants qui ont administré les trois généralités de Normandie sous Pellot. — § 11. Trois hauts dignitaires de Rouen, en 1669 : le duc de Montausier ; le marquis de Beuvron ; l'archevêque Harlay de Champvallon. Notice sur chacun d'eux. . .   5

Chapitre II. Débuts remarquables du premier président. — § 1. Il sauve la vie à une cinquantaine de malheureux, condamnés par le parlement à être brûlés vifs comme sorciers. Sa lettre courageuse à Colbert, par laquelle il dénonce ces condamnations et leurs juges. Jurisprudence cruelle du parlement de Normandie contre les sorciers. Pellot, à l'insu du parlement, obtient un arrêt du grand conseil qui la condamne. Protestations du parlement, dont le président Bigot prend l'initiative. Du grand soin que prend Pellot de dissimuler son action. — § 2. Texte de l'arrêt du grand conseil qui anéantit les poursuites pour sorcellerie pendantes devant le parlement de Normandie. Grand éclat que produit cet arrêt, sorti de la plume du premier président. — § 3. Réveil, après Pellot, de la jurisprudence cruelle de son parlement. De prétendus sorciers d'Avranches sont sauvés du bûcher par l'intendant Foucault, en 1694. — § 4. D'autres prétendus sorciers sont, la même année, sur un rapport du conseiller Bigot, brûlés par arrêt de la chambre des vacations du parlement, à laquelle cette affaire a été, contre toutes les règles, déférée comme urgente. . . . . . . . . . . . . . . . . . . . . . . . . . . . . 65

Chapitre III. Pellot provoque du parlement des mesures contre les abus du régime féodal. Éloges sceptiques que lui adresse Colbert à ce sujet . . . . . . . . 84

Chapitre IV. Premier regard sur l'intérieur du parlement. — § 1. La charte du parlement. Singulier conflit auquel elle avait donné lieu entre un conseiller et un avocat général. — § 2. Le pain, le vin, le sel, les épices du parlement. Vains efforts de Colbert en vue de supprimer les épices. Égoïsme des parlements au point de vue de leurs privilèges injustes. Leur âpreté à les défendre et à les étendre. . . . . . . . . . . . . . . . . . 86

Chapitre V. Suite du chapitre précédent. — § 1. Élévation abusive du prix des charges de judicature au temps de Pellot. Comment étaient éludés les règlements royaux édictés en vue d'y mettre ordre. Pots de vin. L'intègre d'Ormesson ne s'en faisait faute. Minces profits en dehors des épices. Pourquoi les charges de judicature étaient si recherchées. Du soin extrême que mettait le parlement à maintenir sa supériorité envers et contre tous. Exemples. — § 2. Etroite précaution que prenait le parlement avant d'admettre un conseiller d'honneur. Texte de divers procès-verbaux du parlement à ce sujet. — § 3. A qui appartenait-il, en l'absence du gouverneur de la province, d'allumer le feu de joie lors des *Te Deum* ? Au premier président du parlement ou au vice-gouverneur ? Deux conflits à ce sujet entre le parlement et le premier marquis de Beuvron. Texte d'une délibération fort curieuse du parlement à ce sujet. Le premier président met fin à ce conflit. Moyen ingénieux qu'il emploie pour atteindre son but. — § 4. Honneurs que le parlement et le marquis de Beuvron, vice-gouverneur de la province, se devaient mutuellement. Procès-verbaux à ce sujet. . . . . . . . . . . . . . . . . . . . . . . .  98

CHAPITRE VI. RENTRÉE DU PARLEMENT DE NORMANDIE EN 1671. Harangues de M. Leguerchois, avocat général, sur ce sujet : que l'amitié doit être sacrifiée à la justice; et du premier président, sur les ruines que produit la chicane, sur l'excellence du commerce maritime et l'utilité de compagnies maritimes puissantes. Hommage rendu à la harangue du premier président par un avocat de son parlement, dans un manuscrit resté inédit . . .  114

CHAPITRE VII. PELLOT ET LE PRIVILÈGE DE SAINT ROMAIN. Ce que c'était que le privilège de saint Romain. Son origine, ses abus. Efforts du parlement pour le contenir dans de justes bornes. Tendances de l'Église de Rouen à l'étendre. Conflits à ce sujet. Insinuation du privilège. Ce que c'était que l'insinuation. Ses effets. Procès-verbal d'un arrêt d'insinuation. La confrérie de Saint-Romain. Son rôle et ses attributions. La fête de l'Ascension à la cathédrale et au parlement. Comment délibérait le chapitre; comment délibérait le parlement. Le luxueux repas du cochon. Procès-verbal d'un arrêt portant délivrance d'un prisonnier. Le premier président Pellot entreprend d'assurer le dernier mot au parlement contre le chapitre. Désespoir du chapitre quand il apprend que le premier président Pellot est allé à Paris soutenir auprès de Colbert les prétentions du parlement. Demi-succès du premier président. . . . . . . 119

## LIVRE DOUZIÈME.

Chapitre premier. Rentrée du parlement en 1673. Discours du premier président sur la nécessité de rétablir les mercuriales. Insuccès de sa tentative. . . . . . . . 135

Chapitre II. Le droit de remontrances sous le premier président Pellot. — § 1. Le parlement de Normandie viole l'ordonnance de 1667, en modifiant, avant de l'enregistrer, la célèbre ordonnance de 1670 sur la procédure criminelle. Le premier président, sous la pression de Colbert, finit par obtenir de son parlement un enregistrement pur et simple. — § 2. Le parlement refuse d'abord d'enregistrer l'édit célèbre de Colbert qui, pour rétablir le mobilier agricole ruiné par les guerres civiles, déclare, pour un temps, les bestiaux et bêtes de labour insaisissables. Le premier président réussit à en obtenir l'enregistrement pur et simple. — § 3. Le parlement refuse d'enregistrer le fameux édit de Colbert sur les manufactures. Colbert irrité envoie à Pellot un ordre exprès du roi pour l'y contraindre. — § 4. Sept lettres du premier président Pellot au sujet de l'enregistrement d'édits fiscaux. Ses condoléances à Colbert au sujet de la difficulté de faire enregistrer par son parlement des édits de cette nature. L'enregistrement des édits fiscaux souvent obtenu à prix d'argent. — § 5. Le parlement refuse d'enregistrer l'édit qui donne au fisc un privilège pour le recouvrement des amendes. Longue correspondance échangée entre Pellot et Colbert à ce sujet. Efforts du premier président pour couvrir sa compagnie et surtout l'opposition ardente du président d'Étalleville. Colbert oblige Pellot à le lui dénoncer. Exil du président d'Étalleville. Émotion des enquêtes. Pellot obtient du parlement qu'on ne lui vote pas sur la bourse commune un subside pour lui venir en aide pendant sa relégation à Chartres. Opinion d'un écrivain du xvii<sup>e</sup> siècle sur l'anarchie parlementaire. Haine de Louis XIV, de Colbert et de Pellot contre les excès des parlements. . 139

CHAPITRE III.#LE DROIT DE REMONTRANCES SOUS LE PREMIER PRÉSIDENT PELLOT (suite). — § 1. Le marquis de Beuvron et l'intendant de Creil, porteurs d'un ordre exprès, font enregistrer au parlement l'édit de 1673, restrictif du droit de remontrances. Discours habile du premier président pour amener son parlement à enregistrer cet édit. Ce que pense de ce discours l'historien du parlement. Pellot s'empresse d'annoncer à Colbert son succès. — § 2. Enregistrement de l'édit des formules. Correspondance, à ce sujet, de Pellot avec Colbert. François d'Aubusson, marquis de la Feuillade, qui a reçu du roi le don de faire imprimer ses ordonnances, fait assigner devant le grand conseil l'imprimeur du parlement qui s'était permis d'en faire imprimer de son côté. Pellot obtient de Colbert grâce pour son imprimeur. . . . . 160

CHAPITRE IV. VARIA. — § 1<sup>er</sup>. L'intendant de Creil. Colbert, en l'envoyant à Rouen, lui recommande « d'entretenir avec le premier président une étroite et parfaite correspondance, par la raison de la longue amitié qui est entre eux ». — § 2. Mort de Séguier. Dernier regard sur son long ministère. D'Aligre, octogénaire, est fait garde des sceaux en 1672, puis chancelier en 1674. Colbert, déjà garde des sceaux et chancelier de fait pendant les dernières années de Séguier, le devient davantage encore pendant l'intérim qui suit la mort de celui-ci, puis pendant le ministère de l'octogénaire d'Aligre. Ce que pense de son choix M<sup>me</sup> de Sévigné. Mot spirituel qu'elle prête

au roi à cette occasion. Prépondérance du crédit de
Pellot à la chancellerie sous Séguier et sous d'Aligre.
Compliments que d'Aligre échange avec notre parlement. Sous l'ancienne monarchie, les fonctions de garde
des sceaux et celles de chancelier étaient en principe indivisibles. Exemples. — § 3. Dédicace aussi instructive
que singulière du docteur Germain Lhonoré, médecin de
Rouen, au premier président, « touchant la description
d'un monstre dont une femme de Rouen est accouchée ».
Il rend hommage, dès 1673, aux grands travaux faits par
le premier président pour l'embellissement et l'assainissement de la ville . . . . . . . . . . . . . . . . . . .  170

CHAPITRE V. DÉTAILS DOMESTIQUES. — § 1. Pellot marie
sa fille Marie-Anne à Thomas-Charles de Bec-de-Lièvre.
Il obtient pour son gendre des dispenses d'âge pour
siéger à son parlement comme conseiller. Les Bec-de-
Lièvre. Texte de l'acte de mariage pris sur les registres
de l'église Saint-Patrice. Où demeurait à Rouen le premier président. — § 2. Texte du contrat réglant les
conditions du mariage de Marie-Anne Pellot. Les diverses personnes signataires de son contrat. Quittance
de sa dot. Promesse du premier président de loger et
nourrir les jeunes époux et leurs cinq domestiques pendant cinq ans, moyennant trois mille livres par an.
Habits de noces, bagues et joyaux donnés par le premier
président à sa fille, pour une valeur de cinq mille livres.
— § 3. Heureuse fécondité de Marie-Anne. Trois enfants en trois ans. Fac-simile des signatures des déclarants, parrains et marraines, pris au pied des actes de
baptême de ses trois enfants. — § 4. Élisabeth Pellot,
vicomtesse de Conserans. Ses malheurs. Elle se réfugie
à Rouen, auprès de son père. Indignité du vicomte.
Renvoi pour ce qui le concerne à un chapitre ultérieur.
— § 5. Une sœur du grand Colbert religieuse à Rouen.
Soins que Pellot prend d'elle. Sa correspondance à son
sujet avec Colbert. Faveurs insignes que Pellot obtient

pour son couvent. Notice sur cette sainte religieuse. Son intime union avec une sœur de Fouquet, l'ennemi capital de son frère . . . . . . . . . . . . . . . . .  184

CHAPITRE VI. VARIA. — § 1. Nombreuses lettres de recommandation de Pellot à Colbert. — § 2. Cent cordes de bois que les forêts de Normandie devaient au premier président. Colbert conteste ce privilège à Pellot et l'oblige à lui en produire les titres. — § 3. Pellot obtient un surcroît d'épices en faveur de deux présidents de son parlement. Argument ingénieux dont il use pour l'obtenir de Colbert. — § 4. Une ample gratification de 12,000 livres accordée à Pellot, *transeundo*. . . . . . . . . . .  206

CHAPITRE VII. AUTRES DÉTAILS DOMESTIQUES. — Pellot use au profit de sa famille de son crédit auprès de Colbert. Magnificence du premier président. Ses aveux de détresse : ses trois fils, qui deviennent grands, à élever et à nourrir ! cinq filles en religion, trois filles mariées ! Intégrité du premier président. En 1672, il sollicite pour la première fois de Colbert une abbaye pour lui-même, mise sur la tête de son troisième fils, âgé alors de dix ans. Trois lettres de lui à Colbert à ce sujet. Il obtient, en 1677, l'abbaye de la Croix-Saint-Leuffroy, puis, en 1681, le prieuré de Villemoutiers. . . . . . . . . . . .  218

CHAPITRE VIII. LES TROIS MASCRANNY, NEVEUX DU PREMIER PRÉSIDENT. — Ils lui doivent leur fortune. — 1º Mascranny, sieur de la Verrière, maître-général des eaux et forêts de Normandie. — 2º L'abbé Mascranny, vicaire général du diocèse de Rouen. Pellot pose la candidature de ce neveu pour l'Assemblée générale du clergé. L'ancienne Église de France dans ses rapports avec l'État. Les assemblées provinciales et l'assemblée générale du clergé de France. Comment elles se constituaient. De quels ecclésiastiques elles se composaient. Candidatures officielles seules tolérées au temps de Pellot. Correspondance de Pellot avec Colbert et de

Seignelay à ce sujet. Insuccès de l'abbé Mascranny. Pellot lui voit préférer un fils du président Bigot. — 3° Mascranny, sieur de Montangle, capitaine de frégate, en croisière dans la Manche, Pellot le recommande à Colbert. . . . . . . . . . . . . . . . . . . . . . 227

## LIVRE TREIZIÈME.

Chapitre premier. Deuxième regard sur le parlement. Conflits. — § 1. Le premier président règle un conflit entre la grand'chambre et la chambre des enquêtes au sujet de la distribution des causes. — § 2. Il ne peut mettre fin à un conflit entre les présidents pour le service de la grand'chambre. — § 3. Pellot termine le conflit séculaire qui existait entre son parlement et la chambre des comptes pour la préséance. Origines de ce long conflit. Collision scandaleuse à laquelle il avait donné lieu entre les deux compagnies lors de la première entrée à Rouen de l'archevêque Harlay Ier. Protestations incessantes de la chambre des comptes. — § 4. Son conflit avec les avocats au sujet de leur prétention de marcher devant elle, à la suite du parlement. Comment Pellot y mit fin. Généralité de conflits semblables dans toute la France au xviie siècle . . . . . . 241

Chapitre II. Deuxième regard sur le parlement. Conflits. (Suite.) — § 1. Le premier président rétablit la paix entre son parlement et la cour des aides. L'union de sa fille Marie-Anne avec un fils du premier président de cette cour est un gage de l'union des deux compagnies. — § 2. Conflit pour la préséance entre le doyen des conseillers-clercs et le doyen des conseillers-lays. Pellot ne parvient pas à le résoudre. — § 3. Procédé excessif de la chambre des enquêtes envers les avocats. Elle va jusqu'à édicter contre eux une amende arbitraire. Les avocats du parlement en grève. Pellot prend leur défense. — § 4. La journée des Carreaux. — § 5. Si les ecclésiastiques non promus, au moins, au sous-diaconat, pouvaient être admis comme conseillers-clers ? Les enquêtes leur en contestent le droit. Pellot prend parti pour eux. — § 6. Conflit entre les présidents Bigot et d'Amfreville sur cette question : si Bigot, président honoraire, a droit de recevoir à chaque *Te Deum* une protestation écrite de la Chambre des comptes, ou si ce droit appartient à d'Amfreville, doyen des présidents en exercice ? Le parlement le tranche en faveur d'Amfreville . . . . . . . . . . . . . . . . . . . . . 253

CHAPITRE III. PELLOT ET COLBERT UNIS PAR UNE ÉTROITE AMITIÉ. Habitude qu'avaient Colbert et Pellot de se consulter réciproquement. Colbert se fait auprès de Pellot solliciteur de procès. Abus de la sollicitation au XVIIe siècle. Ce qu'en pensait La Bruyère. Si l'articulation d'un historien est vraie que Colbert n'a pas eu d'amis. Exception, tout au moins, en ce qui concerne Pellot. Nombreuses preuves, émanées de Colbert. Leur amitié bien méritoire, pour avoir duré toute leur vie, sans un instant de défaillance. Cicéron et Montaigne, les deux philosophes qui ont le mieux écrit sur l'amitié, pris pour juges du différend . . . . . . . . . . . . . 260

CHAPITRE IV. LE TIERS-ET-DANGER. — § 1. Origines de cet impôt tout normand. En quoi il consistait. Sa désuétude. — § 2. Colbert le ressuscite en l'aggravant, et, contre le gré du parlement, remet aux trois intendants de Normandie le soin de son rétablissement. — § 3. Efforts du parlement pour restreindre cet impôt et pour s'y soustraire. Le roi, malgré Pellot, autorise le parlement à en délibérer. Pellot, assisté du président Bigot, présente au roi ses remontrances. Elles ne sont pas accueillies. Émotion des enquêtes. Pellot parvient à les contenir. Sa nombreuse correspondance avec Colbert à ce sujet. — § 4. Persistance de Colbert. Son âpreté. Soumission du parlement. Colbert lui remet la suite de l'affaire. Création, à cet effet, d'une chambre de réformation. Colbert charge Pellot de la composer et de la présider. — § 5. Correspondance nombreuse. — § 6. Neuf autres lettres relatives au tiers-et-danger . . . . . . . .   274

Chapitre V. Appel de l'arrière-ban de la noblesse de Normandie. extinction définitive de l'impôt du tiers-et-danger. Ce que c'était que l'arrière-ban de la noblesse. Louvois décide le roi, menacé sur toutes ses frontières, à convoquer l'arrière-ban de la noblesse normande. Insuccès de cette levée, quoique Pellot en eût bien auguré. Causes de cet insuccès prédit par Vauban. Correspondance de Pellot à ce sujet avec Colbert. Procédés ténébreux dont la royauté usait envers certains parlementaires. Extinction du tiers-et-danger. . . . .   298

Chapitre VI. La Normandie menacée d'invasion. Le marquis de Roquelaure est envoyé en Normandie. Une flotte hollandaise, à la provocation du chevalier de Rohan et de La Tréaumont, vient croiser sur les côtes de Normandie, dans la pensée qu'une descente lui sera facilitée par la noblesse. Efforts de Pellot pour conjurer le danger. Départ de cette flotte sans coup férir. Joie de Pellot. Sa correspondance avec Colbert . . . . . . . .   307

Chapitre VII. La Tréaumont appelle la Normandie a la révolte. Des placards séditieux sont affichés jusqu'aux portes de la cathédrale de Rouen. Efforts infructueux du premier président pour en découvrir les auteurs. Mécontentement de Colbert. Manœuvres sourdes de La Tréaumont. La noblesse normande en fermentation, par suite du tiers-et-danger, de la levée de l'arrière-ban et de nombreux impôts de guerre. . . . . . . . . .   318

## LIVRE QUATORZIÈME.

Procès du chevalier de Rohan, de La Tréaumont et de leurs complices. . . . . . . . . . . . . . . . . . . .   321

Chapitre premier. Rapport du premier président fait à l'audience de rentrée du parlement, en 1674, sur le rôle joué par lui dans les poursuites faites à la suite de la conspiration du chevalier de Rohan et de La Tréaumont. Celui-ci, arrêté à Rouen par ordre du premier président, se tue presque sous ses yeux, après avoir tué un des gardes du roi. . . . . . . . . . . . . . . . . . . . . 323

Chapitre II. Trente-cinq lettres inédites de Pellot, de Louvois, du marquis de Beuvron, etc., relatives au procès du chevalier de Rohan . . . . . . . . . . . . 329

Chapitre III. Texte de l'arrêt de la chambre souveraine, constituée à Paris pour le jugement du procès. Condamnation à mort du chevalier de Rohan, du chevalier de Préaux, de M$^{me}$ de Villars et de Vandenenden. La mémoire de La Tréaumont condamnée à perpétuité. Lettre inédite de La Reynie, procureur général près la commission souveraine de jugement, à de Seignelay, sur l'exécution de l'arrêt et sur la manière dont les condamnés ont subi leur peine. Le célèbre Bourdaloue les assiste à leurs derniers moments. Ce qu'il advint des gentilshommes normands arrêtés, non compris dans l'arrêt de condamnation. Renvoi, pour les détails, à l'ouvrage particulier que l'auteur consacre à cette conspiration et à ce procès. . . . . . . . . . . . . . . . . 362

## LIVRE QUINZIÈME.

Chapitre premier. La révolte, étouffée en Normandie par l'arrestation de La Tréaumont, qu'avait effectuée à Rouen le premier président, ensanglante, l'année suivante, la Guyenne et la Bretagne. Récit sommaire de cette révolte, qui eût éclaté aussi en Normandie, sans l'énergie de Pellot. . . . . . . . . . . . . . . . . . . . . . . 371

Chapitre II. Varia. — § 1. Un singulier avocat. — § 2. Singulière augmentation de gages imaginée par Colbert. Efforts de Pellot pour amener sa compagnie à y souscrire. Il l'obtient d'abord du premier président de la cour des aides et du fils de celui-ci, conseiller au parlement, son gendre. L'hérédité des charges de judicature jugée et condamnée par Colbert. — § 3. Le parlement se permet d'envoyer une garnison chez le payeur de ses gages, en retard de quelques jours. Observations de Colbert. — § 4. Pellot fait dépouiller pour son usage les vieux registres de son parlement et de l'échiquier. Sa difficulté de trouver à Rouen des praticiens habiles à lire les vieilles écritures du xv<sup>e</sup> et du xvi<sup>e</sup> siècles. Qu'est devenu le précieux recueil manuscrit, ainsi composé par Pellot ? — § 5. Mort du président Bigot, l'ancien adversaire de Pellot. Jugement de ce dernier sur ce magistrat. — § 6. Ce qui se passait au décès d'un membre du parlement. Hommage de Pellot à la mémoire de M. Danviray, sieur de Mathonville, mort doyen du parlement. . . . . . . . . . . . . . . . . . . . . . . . 381

Chapitre III. Rentrée de 1675. Discours inédit du premier président sur ce sujet : « que l'homme doit chercher le bonheur, non dans les plaisirs des sens, mais dans les satisfactions de l'esprit. » Ce qu'avait d'osé un tel discours prononcé à l'époque de la pleine passion du roi pour M<sup>me</sup> de Montespan. Lieux communs et aphorismes latins dont sa harangue est émaillée. Abus des lieux communs dans les harangues de ce temps . . . . 394

Chapitre IV. Panégyrique de monseigneur Pellot par M<sup>e</sup> Lespeudry, avocat au parlement. Utilité historique de cet éloge outré, comme témoignage des améliorations de tout genre introduites par le premier président dans l'administration et la police de la ville de Rouen. . . . 406

Chapitre V. La cinquantaine et les arquebuziers. Pellot veille au maintien des privilèges de la cinquantaine et des arquebuziers, deux compagnies de volontaires chargées alors de la police de la ville. Mémoire de lui à ce sujet, adressé dans leur intérêt à Colbert. L'intendant Leblanc obtient de Colbert la création d'un chevalier et d'une compagnie du guet, malgré Pellot. Insuccès de cette création. . . . . . . . . . . . . . . . 414

CHAPITRE VI. Colbert dangereusement malade, 1676. Le roi songe à Pellot pour le remplacer . . . . . . . . . . 419

CHAPITRE VII. LE TELLIER CHANCELIER APRÈS D'ALIGRE, 1677. Rivalité de Le Tellier et de Colbert. Examen rétrospectif. Pellot, par son dévouement à Colbert, perd, sous Le Tellier, une partie du crédit qu'il avait eu à la chancellerie sous Séguier et sous d'Aligre. Compliment échangé entre le parlement et Le Tellier, à l'occasion de la promotion de celui-ci. . . . . . . . . . . . . . . . 421

CHAPITRE VIII. RÉACTION. Le Tellier défend au parlement de Rouen de substituer, en certain cas, la peine des galères à la peine de mort, substitution qu'avait prescrite Colbert en 1662. Il reproche au premier président certains arrêts de son parlement . . . . . . . . . . . . 429

## LIVRE SEIZIÈME.

CHAPITRE PREMIER. LE FILS AÎNÉ DU PREMIER PRÉSIDENT. — § 1. Sa thèse de philosophie dédiée au roi. Il est reçu à vingt ans avocat au parlement de Normandie, 1678. — § 2. Réception au parlement, comme conseiller d'honneur, du comte de Thorigny, lieutenant-général du roi en Normandie. Une belle harangue que le jeune Pellot prononce à cette occasion, au nom du barreau, devant tout le parlement. Si cette belle harangue, qui a été imprimée deux fois, est bien l'œuvre du jeune avocat ? Regrets de l'auteur, que la place lui manque pour la reproduire. — § 3. Le jeune avocat Pellot est reçu conseiller au parlement à vingt ans, avec dispenses d'examen, « pour ses belles actions. » Son père, avant qu'il ne siège à son parlement, le fait voyager pendant trois ans en Espagne, en Italie et en Allemagne. Documents inédits . . . . . . . . . . . . . . . . . . . . . . . . 435

CHAPITRE II. UNE PAGE DE L'HISTOIRE DU GRAND RÈGNE. La paix de Nimègue, 1678. Le soleil de Louis XIV à son midi. . . . . . . . . . . . . . . . . . . . . . . . . . 447

Chapitre III. La paix de Nimègue à Rouen. Comment cette paix y fut publiée. Curieux document inédit tiré des registres du parlement. Comment le parlement assistait aux *Te Deum*. Le feu de joie. . . . . . . . . . . . 455

Chapitre IV. Pellot et le poète Commire. Pellot chanté par ce poète, son ami. Reproduction de diverses pièces de ses poésies le concernant . . . . . . . . . . . . . 461

Chapitre V. Pellot mentor du jeune Nicolas Colbert, son cousin, coadjuteur de l'archevêque de Rouen. — § 1. Relations de Colbert avec de Médavy, conseiller d'État et évêque de Séez. Il le fait nommer archevêque de Rouen. — § 2. L'Église de France envahie par la famille Colbert. De Médavy et Colbert s'entendent au sujet de la coadjutorerie de Rouen. — § 3. Jacques-Nicolas Colbert. Sa remarquable précocité. Eloge outré que fait de lui de Guémadeuc, évêque de Saint-Malo, « linotte mitrée. » Il est de l'Académie française à vingt-quatre ans. Le pape, à la sollicitation de son père, le nomme, à vingt-six ans, coadjuteur de Rouen. Lettre de Colbert à Innocent XI. Remarquable lettre de celui-ci au jeune coadjuteur. Ce que pensait Bossuet de ces nominations prématurées. — § 4. Le premier président Pellot mentor à Rouen du jeune coadjuteur. Correspondance à son sujet, en grande partie inédite, de Pellot avec Colbert. . . . . . . . . . . . . . . . . . 470

Chapitre VI. Diverses mesures économiques prises par le premier président Pellot. — § 1. Abus en Normandie dans la levée des droits de jauge et de courtage. Pellot les dénonce à Colbert, qui les fait cesser. — § 2. Changement des jours de marché du Neubourg et de Caen, effectué dans l'intérêt de Colbert. Pellot s'y emploie avec grand zèle. Comment il était procédé à ces changements. Pour être agréable et plus prompt, Pellot obtient du parlement qu'il soit procédé sans observer les règles et délais ordinaires. — § 3. Pellot veille à la

Pages

liberté de l'exportation et du transit dans son ressort. — § 4. Pellot réglemente la fabrication des toiles en Normandie. Excès de la règlementation industrielle en France sous Colbert. Industriels contrevenants exposés au pilori. — § 5. Pellot envoie à Colbert un arrêt de son parlement qui condamne un imprimeur pour livres défendus. Rouen foyer de « mauvaises impressions ». — § 6. Pellot consulte Colbert sur les mesures à prendre pour préserver Rouen d'un mal contagieux. — § 7. Le sous-prieur d'une abbaye normande condamné pour fausse monnaie. La Normandie envahie par les voleurs, par suite de la chasse que leur fait à Paris le lieutenant de police La Reynie. Le Guerchois nommé procureur général. Satisfaction qu'en éprouve le premier président, son ami. . . . . . . . . . . . . . . . . . . . . . . . 489

CHAPITRE VII. INTRODUCTION EN FRANCE DU MONOPOLE DU TABAC. Crise et misère auxquelles cette mesure donne lieu en Normandie, où le tabac se cultivait et fabriquait sur une grande échelle. Pellot est chargé par Colbert de conjurer cette crise et de concilier les intérêts des détenteurs de tabac avec ceux des nouveaux fermiers. Persistance en Normandie de la libre culture du tabac. Difficultés que rencontre Colbert pour la détruire. . . 503

CHAPITRE VIII. PELLOT POURVOYEUR DE COLBERT. — § 1. Passion de Colbert pour les livres. Procédés dont il usait dans le monde entier pour se procurer des manuscrits. — § 2. Pellot se constitue en Normandie le pourvoyeur de Colbert. Son ami, le poète Commire, se fait dans ce but un des courtiers du premier président. Don de livres par la ville de Rouen à Colbert, provoqué par Pellot. — § 3. Délibération de ses échevins à ce sujet. Les abbayes normandes et leurs riches bibliothèques à la discrétion de Pellot et de Colbert. — § 4. Pellot sauve de la destruction les œuvres manuscrites de Thomas Bazin, l'historien de Charles VII, et les procure à Colbert . . . . . . . . . . . . . . . . . . . . 510

CHAPITRE IX. LE FILS AINÉ DU PREMIER PRÉSIDENT SE CONSTITUE AUSSI LE POURVOYEUR DE COLBERT. Correspondance inédite à ce sujet, du premier président et de son fils aîné, avec le célèbre Baluze, bibliothécaire de Colbert, pendant le voyage de Pellot fils en Espagne, en Portugal, en Italie et en Allemagne. Achats de nombreux manuscrits et de livres rares. Prélèvement qu'en fait Colbert; Pellot garde pour lui le surplus. Ce qu'il advint de la riche bibliothèque de Colbert, après sa mort . . . . . . . . . . . . . . . . . . . . . . . 520

CHAPITRE X. COLBERT CONSENT A POSER POUR SON AMI. Pellot, pour obtenir que Colbert laisse un peintre lui faire son portrait, se sert de deux de ses amis, Baluze, bibliothécaire de Colbert, et surtout Jean Gallois, académicien, commensal de ce dernier. Ce qu'était l'abbé Gallois. Services qu'il a rendus à Colbert. Joie de Pellot quand il apprend que Colbert a consenti à poser. . . . . . . 633

## LIVRE DIX-SEPTIÈME.

SUITE ET FIN DE LA PREMIÈRE PRÉSIDENCE DE CLAUDE PELLOT. 537
CHAPITRE PREMIER. TROISIÈME ET DERNIER REGARD SUR LE PARLEMENT. DISCIPLINE. RÉFORMES. — § 1. Mesure disciplinaire prise contre un conseiller des enquêtes, pour soufflet donné par lui à un président des requêtes en pleine audience, à raison de la préséance. Exil de ce conseiller à Issoudun, sur un ordre du roi. Ses excuses à genoux au président outragé, devant tout le parlement. — § 2. Le fils aîné du premier président devenu conseiller aux requêtes, son père s'efforce de rehausser cette chambre, et obtient du roi une décision qui la met pour le rang sur un même pied avec le parlement. Impuissance de sa réforme. — § 3. Le premier président, malgré l'opposition de son parlement, poursuit et obtient la création d'une seconde chambre des enquêtes, sans création de nouvelles charges de conseillers. Utilité de cette

création. Ses heureux effets. Son gendre de Bec-de-Lièvre obtient une charge de président à mortier, créée à ce propos. — § 4. Pellot règle le service des présidents à mortier. — § 5. Il règlemente le service des vacations.    539

CHAPITRE II. LE PREMIER PRÉSIDENT PELLOT RÉTABLIT L'ADMINISTRATION, LA POLICE, LES FINANCES ET LES HOSPICES DE ROUEN. Passion de Pellot pour les travaux publics. Il réalise à Rouen ce qu'il avait réalisé à Bordeaux, à Montauban et à Agen. Facilités que lui donne son grand crédit auprès de Colbert, qui fait que l'intendant de Rouen n'est en quelque sorte que son subdélégué. Pellot assainit Rouen, restaure son pont et ses chaussées, établit une levée de terre qui préserve une partie de la ville des inondations de la Seine, fait paver ses rues, fait restituer à l'usage du public ses fontaines détournées au profit de quelques-uns, agrandit ses hospices, augmente leurs ressources, empêche de « gueuser » dans les rues, etc. Hommage que lui rend à ce sujet son éloge anonyme. Les maladies contagieuses, qui jusque-là sévissaient à Rouen, ont cessé depuis lui. — § 1. Élections d'échevins et de quarteniers. Consuls de Rouen. — § 2. Établissement à Rouen d'un hôpital général. Efforts de Pellot pour lui créer des ressources. — § 3. Administration, travaux publics, police de la ville. — § 4. Création d'une route à travers la côte Sainte-Catherine. Nombreuse correspondance inédite de Pellot avec Colbert sur tous ces points. Impossibilité de tout dire. Nécessité d'abréger. . . . . . . . . . . . . . . .    551

CHAPITRE III. PELLOT, DEVENU PREMIER PRÉSIDENT, N'OUBLIE PAS SES BONS AMIS D'AGEN. Sa liaison avec les Lusignan. Il reste l'intermédiaire entre la ville d'Agen et Colbert. Sa singulière recommandation aux consuls d'Agen, à l'occasion de la femme de son cuisinier. — § 1. Il veille de Rouen à la liquidation des dettes d'Agen et recommande les finances de cette ville à Colbert. Foucault impuissant à prendre en main la cause de cette ville, bien qu'il en soit l'intendant. Reproches que lui adresse Colbert à ce sujet. — § 2. Le chevalier Pellot, fils cadet du premier président, capitaine d'infanterie. Droits et devoirs des capitaines à cette époque. Ils sont chargés de recruter eux-mêmes le personnel de leur compagnie. La ville d'Agen, pour être agréable à son père, fait don au capitaine Pellot de deux bons soldats. Correspondance inédite. . . . . . . . . . . . . . . . . . 577

Chapitre IV. Une page du jansénisme a Rouen. Révocation de l'intendant Leblanc, ami de Pellot. Circulation de livres jansénistes longtemps pratiquée à Rouen avec impunité. Liaison de l'intendant Leblanc et de Pellot avec le P. Dubreuil, curé de Sainte-Croix-Saint-Ouen. Le hasard fait découvrir que cet ecclésiastique est à Rouen le principal fauteur de la propagande et du colportage jansénistes. La duchesse de Longueville, pénitente à Rouen du P. Dubreuil. Perroté, sorte de beau-père de Leblanc et son subdélégué, habitant avec lui l'hôtel de l'intendance, use de la signature de l'intendant pour faire entrer en toute franchise dans Rouen et Paris des ballots de livres jansénistes. Arrestation du P. Dubreuil, de Perroté et de plusieurs autres. Rigueurs excessives dont le P. Dubreuil fut l'objet durant quatorze ans. Sa mort en prison à quatre-vingt-quatre ans. Colbert s'efforce de sauver Leblanc. Révocation de celui-ci. Rôle de Pellot dans l'affaire. Correspondance de Colbert. Lettres de M$^{me}$ de Longueville. . . . . . . . 585

Chapitre V. Faveurs sur faveurs. Le roi donne au premier président un brevet de pension de 6,000 livres. Il ajoute 25,000 écus à son brevet de retenue . . . . . . 598

Chapitre VI. Encore un panégyrique sous forme de dédicace. Œuvre, en la forme, aussi peu réussie que possible, mais valeur extrême des renseignements qu'elle contient . . . . . . . . . . . . . . . . . . . . . 599

Chapitre VII. Passion de Pellot pour la terre. Pellot

achète en la franche bourgeoisie de Rouen deux vieilles maisons, plus un quart et un demi-quart de maison rue du Moulinet, le tout se joignant. Ces vieilles maisons, contiguës à celle qu'il habitait, qu'il tenait de M. Vaignon, conseiller au parlement, il les fait abattre et reconstruit sur leur terrain un local qui ajoute au logis trop exigu qu'il tenait de M. Vaignon. Dégradation qu'il se permet à cette occasion sur la propriété de celui-ci. — § 1. Biens du domaine public engagés. Colbert les met en vente sur les détenteurs. En quoi cette mesure fiscale de Colbert est reprochable. — § 2. Pellot achète de l'État la partie engagée du domaine de Trévières. A quelles conditions. Mince profit pour l'État de cette opération du fisc, faite au mépris de la foi publique. — § 3. Pellot achète la partie non engagée du domaine de Trévières. — § 4. Il obtient du roi la réunion de ces deux propriétés en une seule. Erection de Trévières en châtellenie. Lettres inédites du roi qui prononcent cette érection et créent deux foires à Trévières. Abus des créations de foires et de marchés sous l'ancienne monarchie. Doléances à ce sujet des états de Normandie de 1629, dans l'intérêt des populations qui ne vont aux foires que pour « yvrogner ». Colbert, pour assurer le succès d'un marché aux bestiaux qu'il a créé dans son domaine de Sceaux et dont le roi lui a donné les profits, s'efforce d'anéantir les marchés séculaires de Bourg-la-Reine et de Poissy. Même intérêt et même conduite de Pellot à Trévières. . . . . . . . . . . . . . . . . . . 603

CHAPITRE VIII. PELLOT AGRANDIT SON DOMAINE DE TRÉVIÈRES. Lettres inédites du roi qui y réunissent trois domaines engagés, nouvellement acquis par le premier président, ainsi que son immeuble de la rue du Moulinet, à Rouen. Pellot profite de la circonstance pour solliciter du roi la ratification de toutes ses acquisitions de domaines engagés. Ratification solennelle du roi. Inanité de semblables ratifications sous l'ancienne monarchie. Si Pellot s'est construit un château à Trévières ? 617

Chapitre IX. Pellot continue d'arrondir son domaine de Trévières. En 1678, il achète la prévôté fieffée de sa seigneurie de Trévières ; en 1680, le fief d'écrainville ; en 1681, le Haut-Bosc ; en 1681, la terre de l'Étang et les dîmes de la paroisse de Trévières ; en 1682, la terre de la Luzerne ; en 1683, une carrière et un herbage. Il meurt sans même avoir la satisfaction que La Bruyère prête aux heureux du siècle : de se bâtir un château, et de mourir « quand l'on en est aux peintres et aux vitriers »................ 623

Chapitre X. Mort du premier président, le 3 aout 1683, a Paris. Article de la *Gazette de France* qui annonce sa mort. Notice biographique du *Mercure*. Notice manuscrite contemporaine prise à la Bibliothèque nationale, au cabinet des titres. Comment sa mort fut célébrée à Rouen. L'auteur, après avoir réuni, aussi impartialement et complètement que possible, tous les documents orginaux et inédits qu'il a pu se procurer sur cet auxiliaire préféré du grand Colbert, sur cet agent énergique et dévoué du pouvoir royal, laisse maintenant au lecteur, sur le vu et l'étude de ces documents, le soin de conclure, et de juger Pellot.............. 626

## LIVRE DIX-HUITIÈME ET DERNIER.

Ce qu'il advint de la première présidence, de la famille et du patrimoine de Claude Pellot (1683-1793). . . . 631

Chapitre premier. L'héritage judiciaire du premier président. Foucault y prétend sans succès ; avec Colbert avait cessé sa fortune. Charles Faucon, sieur de Ris, comte de Charleval et marquis de Bacqueville, premier président après Pellot, 1684. Sa mort, 1691. Pellot a pour deuxième successeur Charles-François de Montholon, sieur d'Aubervilliers............. 633

Chapitre II. L'héritage civil du premier président. —

§ 1. Son fils aîné, légataire universel, l'accepte sous bénéfice d'inventaire. Le premier président meurt laissant des dettes. — § 2. Vente de ses propriétés de Rouen au procureur général de la cour des aides. Celui-ci s'engage à réparer les dégradations que le premier président avait faites à la propriété de M. Samson Vaignon, dont il était locataire, en y « affichant » des constructions. Texte du contrat de vente. — § 3. Part de cadets. Transaction entre le fils aîné du premier président et sa sœur Marie-Anne, dame de Bec-de-Lièvre. Pour ses droits dans la succession de leur père et dans celles de leur mère et de quatre autres, Marie-Anne accepte de son frère aîné 31,500 livres à prendre à même les 150,000 livres du brevet de retenue dû par M. Faucon de Ris. A quoi, en définitif, s'éleva la part totale de celle-ci et celle de ses deux sœurs de la Fare et de Conserans. — Part des cinq religieuses. Part de Paul, abbé de la Croix-Saint-Leufroy. — § 4. Part d'aîné. Claude-François Pellot hérite de toutes les seigneuries de son père, notamment de Trévières. — § 5. Son aveu, passé en 1691, pour la seigneurie de Trévières. — § 6. Son refus (ou retard ?) à exécuter le legs de son père aux hospices de Rouen. Trois délibérations des administrateurs des hospices à ce sujet, qui le pressent d'exécuter ce legs. Chagrin de l'abbé Mascranny de voir ce legs pieux encore inexécuté en 1691. . . . . . . . . . . . . . . . . . . . . . 640

CHAPITRE III. TRÉVIÈRES ÉRIGÉ EN COMTÉ. Lettres inédites du roi qui prononcent cette érection. Claude-François, comte de Trévières. Trévières devient le nom habituel des Pellot. . . . . . . . . . . . . . . . . . . . . . . . . . . . . 655

CHAPITRE IV. LE CHEVALIER PELLOT. Glorieux témoignage que lui rend le roi. Capitaine en 1683. Colonel en 1686. Ses hauts faits sous Catinat, dans les campagnes de celui-ci contre le duc de Savoie (1690-1693). Bataille de Staffarde. Défense héroïque du col de Suze. La Marsaille. Il est fait général à trente-cinq ans. Il prend part, en

Espagne, à la guerre de Philippe, duc d'Anjou. Sa mort en 1726, dans son lit, chez son frère aîné, à Paris . . .      658

CHAPITRE V. EXTENSION DU COMTÉ DE TRÉVIÈRES. Lettres inédites du roi qui y réunissent les diverses acquisitions faites par le premier président depuis 1678 jusqu'à sa mort. Ratification par le roi, dans ces lettres, de toutes les ventes de domaines engagés faites au premier président. Inanité des lettres de ratification sous l'ancienne monarchie. Taxe imposée, en 1697, à Claude-François Pellot, à raison des divers domaines engagés vendus à son père . . . . . . . . . . . . . . . . . . . . .      662

CHAPITRE VI. DEUX SAINTES RELIGIEUSES, FILLES DU PREMIER PRÉSIDENT, MARIE-CHRISTINE ET CLAUDE-SÉRAPHIQUE PELLOT. Abrégé de deux notices contemporaines sur ces saintes religieuses, se trouvant dans l'*Année sainte des Dames de la Visitation de Sainte-Marie* . . . . .      668

CHAPITRE VII. PAUL PELLOT, TROISIÈME FILS DU PREMIER PRÉSIDENT, ABBÉ COMMENDATAIRE DE LA CROIX-SAINT-LEUFROY. Décadence et ruine de cette abbaye sous sa commende. Ses discussions avec ses religieux au sujet du partage des revenus. Il n'emploie pas à l'entretien de l'abbaye le tiers que les religieux lui ont laissé dans ce but. Sa résidence continuelle à Paris. Désordres dans l'abbaye. Descente que prétend y faire un soir la justice d'Évreux sur une plainte pour séquestration et sévices. Refus et protestation des moines. La justice forcée de se retirer une première fois sans avoir pu pénétrer dans l'abbaye. Texte inédit des procès-verbaux dressés à cette occasion. Mort de l'abbé Paul Pellot, 1726. Etat de délabrement dans lequel il a laissé tomber l'abbaye. Sa succession, après expertise contradictoire, forcée de verser 18,000 livres pour réparations urgentes. Rixes fréquentes entre les moines et des particuliers. Texte inédit de procès-verbaux dressés sur une plainte de ces derniers. Suppression de l'abbaye, 1739 . . . . . . . . . . . .      676

CHAPITRE VIII. LA VEUVE, LE FRÈRE ET UN NEVEU DU PRE-
MIER PRÉSIDENT. — § 1. La veuve du premier président.
Lettres de consolation que fait imprimer et lui adresse
son frère, abbé général de Prémontré, à l'occasion de
son second veuvage, lettres aujourd'hui introuvables et
vraisemblablement perdues. Passage curieux des mémoires de Saint-Simon au sujet de M^me veuve Pellot,
« très bonne et très honnête femme. » Sa mort, 1696.
— § 2. Le frère du premier président, prieur de Saint-
Pierre-de-Chaumont, en Vexin, en 1642. Chanoine de
Paris en 1648. Ses relations avec le cardinal de Retz,
chez lequel il dîne le jour de l'arrestation du conseiller
Broussel. Sa conversion. Il devient chartreux. Ce qu'en
pensait le roi en 1667. Curieux passage du Journal de
d'Ormesson. Il devient à Rouen coadjuteur de la Chartreuse Saint-Julien. Commire lui dédie des poésies. Sa
mort, 1680. — § 3. L'abbé Mascranny. En 1698, il cède
sa prébende de chanoine et sa chancellerie. La même
année, un de ses neveux, en mourant, lui confie la tutelle
et la garde de sa jeune fille, née de son mariage avec
Jeanne-Baptiste Lefebvre de Caumartin. Sa mort en 1716.   688

CHAPITRE IX. LE VICOMTE DE CONSERANS ET LA CHAMBRE DES
POISONS. Indignité du vicomte. Un épisode de la chambre
des poisons. Le vicomte de Conserans amant de l'empoisonneuse La Voisin. Il donne, dans les Pyrénées,
asile à un prêtre, complice de cette empoisonneuse. La
Reynie, informé, transmet à Louvois ordre de faire
arrêter ce complice chez le vicomte. Précautions que
prend Louvois pour cette arrestation. Ordre qu'il donne
à l'intendant de Ris d'aller arrêter lui-même. Mort de
ce complice, aussitôt après son arrestation. De Conserans
soupçonné par la chambre des poisons d'avoir tramé
l'empoisonnement de la vicomtesse de Conserans et du
premier président. Tristes détails. Le premier président
entouré d'assassins soudoyés par son gendre? Interrogatoires en ce sens, auxquels la chambre des poisons a

soumis, à l'épreuve de la question, l'empoisonneuse La Voisin et la Le Roux, sa complice. . . . . . . . . . 696

Chapitre X. Claude-François Pellot, fils aîné du premier président, premier comte de Trévières. Son mariage, en 1682, étant conseiller à Rouen, avec Magdeleine Leclerc de Lesseville, fille d'un conseiller à la cour des aides de Paris. Origine des Lesseville. Il est conseiller au parlement de Paris en 1683, maître des requêtes en 1691. Forcé, par suite de pertes au jeu, de vendre sa charge en 1695. A-t-il jamais acquitté le legs de son père aux hospices de Rouen ? Combien il a peu répondu aux espérances que son père avait mises sur lui comme aîné ! Sa mort à soixante-seize ans, en 1732, laissant un seul fils. . . . . . . . . . . . . . . . . . . . . . . . . 704

Chapitre XI. Claude Pellot, petit-fils du premier président, deuxième comte de Trévières. Heureux le deuxième descendant du premier président, de n'avoir pas d'histoire ! Il passe doucement sa vie comme conseiller au parlement de Paris. Sa mort, en 1769, laissant un seul fils . . . . . . . . . . . . . . . . . . . . . 708

Chapitre XII. Claude-Anne-François Pellot, troisième et dernier descendant du premier président, troisième et dernier comte de Trévières. — § 1. Le dernier descendant de Claude Pellot grand messager de l'université de Paris. Ce que c'était que le grand messager de l'université de Paris. — § 2. Son mariage, en 1759, avec Claude-Louise-Élisabeth-Sophie de Polignac, sa cousine, descendante au quatrième degré d'Élisabeth Pellot, vicomtesse de Conserans. Preuves de sa filiation. — § 3. Acte de foi et hommage du troisième comte de Trévières, 1786. Texte inédit de cet acte de foi et hommage, et des lettres du roi délivrées à la suite. — § 4. Mort du troisième comte de Trévières le 5 février 1793, sans enfants, en pleine Terreur. En lui s'éteint la descendance directe mâle de Claude Pellot. La mort du troisième comte de Trévières donne ouverture à quatre successions. M$^{me}$ veuve de Trévières succède aux propres paternels de son mari, provenant des Pellot, comme la plus proche héritière des Pellot, par sa descendance directe d'Élisabeth Pellot, vicomtesse de Conserans. Les Leclerc de Lesseville. Les Mégret. Avril 1794, décès de M$^{me}$ veuve de Trévières en pleine Terreur, au cours de la liquidation de la succession de son mari, effectuée sous le régime de l'ancienne loi sur les successions, encore en vigueur le 5 février 1793. La loi de nivôse an II (janvier 1794) vient donner toute la fortune à l'héritier le plus près en degré. La succession de M$^{me}$ veuve de Trévières écheoit, par suite, pour le tout, à sa sœur émigrée. Confiscation de cette succession. Vente, par la nation, de Trévières, les Deffends, etc. En 1823, la famille de Polignac reçoit une indemnité comme ayant droit au patrimoine des Pellot, à la représentation de la sœur de M$^{me}$ veuve de Trévières. Conclusion . . . . . 710

*Achevé d'imprimer le 23 février 1882.*

www.ingramcontent.com/pod-product-compliance
Lightning Source LLC
Chambersburg PA
CBHW070056020526
44112CB00034B/1309